NOUUM TEST
LATINE

SECUNDUM EDITIONEM SANCTI HIERONYMI

AD CODICUM MANUSCRIPTORUM FIDEM
RECENSUERUNT

IOHANNES WORDSWORTH, S.T.P

EPISCOPUS SARISBURIENSIS

ET

HENRICUS IULIANUS WHITE, A.M., S.T.P.
**NOUI TESTAMENTI INTERPRETATIONIS PROFESSOR
APUD COLLEGIUM REGIUM LONDINI**

EDITIO MINOR
CURANTE HENRICO I. WHITE

SIMON WALLENBERG

LONDINI

© 2007 Simon Wallenberg ISBN 1-84356-024-0
Bookblock
Cover Design
Typesetting in Larger Print to the Original

Bishop John Wordsworth
Curate Henry White 1889

Retypeset from the Original 1889 Copy
Oxford Claredonian Press

Published by The Simon Wallenberg Press

Printed in the United States of America and United Kingdom

Printed On Acid Free Paper

New Testament in Latin

Bishop John Wordsworth
Curate Henry White

Simon Wallenberg Press

Wordsworth, John   (1843–1911), Bishop of Salisbury from 1885. A grand-nephew of W. Wordsworth, was one of the best Latin scholars of his day. From 1878 he worked on a critical edition of the Vulgate New Testament. As bishop he was an invaluable adviser to Archbishop. E. W. Benson and an enthusiastic worker in the cause of reunion, especially with the Swedish and Old Catholic Churches.

After the Reformation, the Vulgate was reaffirmed in the Council of Trent as the sole, authorized Latin text of the Bible. To reinforce this declaration, the council commissioned the pope to make a standard text of the Vulgate out of the countless editions produced during the Renaissance and manuscripts produced during the middle ages.

It is called today the Sixto-Clementine Vulgate, or simply the Clementine. Three printings of this edition were published, in 1592, 1593 and 1598.

The Clementine Vulgate of 1592 became the standard Bible text of the Roman Rite of the Roman Catholic Church until 1979, when the Nova Vulgata was promulgated.

After the publication of the Clementine Vulgate, few critical editions were published. One of these brought out amongst widespread review and acclaim, was the New Testament by Bishop J. Wordsworth and H.J. White in 1889. The Bishop Wordsworth edition is republished here by the Simon Wallenberg Press.

In 1907 Pope Pius X commissioned the monks of the Benedictine Abbey of St. Jerome in Rome to prepare a critical edition of Jerome's Vulgate as a basis for a revision of the Clementine. Only the Old Testament was ever completed the and fruit of this labor led to the creation of the Nova Vulgata.

The Benedictine critical edition was used as a basis for much of the Old Testament of the Stuttgart Vulgate. As only the Old Testament was completed. The New Testament edition of Bishop Wordsworth and Curate White published in 1889 and reprinted here complements this critical edition.

This Bible comes with a companion Latin English dictionary specifically compiled, titled: The Dictionary of the Vulgate New Testament: A Dictionary of Ecclesiastical Latin by JM Harden. The dictionary is published by Simon Wallenberg Press ISBN 1843560178.

PRAEFATIO AD LECTOREM

Noui Testamenti Latini recensionis Hieronymianae, quam iamdudum ʻUulgatamʼ homines appellare solent, editio haec minor textum exhibet quem editione maiore[1] editores Iohannes Wordsworth, Episcopus Sarisburiensis, et Henricus I. White adprobauerunt, usque ad finem S. Pauli ad Romanos Epistulae; in reliquis uero Noui Testamenti libris ad textum componendum tantum eos codices inspexerunt quos maximi esse momenti rati sunt. Quapropter in altera quidem parte polliceri non possunt manum extremam accessisse operi, credunt tamen, cum demum editio maior typis impressa fuerit, fore ut textus eius ab hoc qui lectori beniuolo nunc commendatur haud multum abhorrere uideatur. In priore operis parte nihil a textu editionis maioris differt, nisi quod continue neque secundum uersiculos Amiatinos, quos ʻcola et commataʼ nuncupant uiri docti, impressus est; quod in nominibus

---

[1] Nouum Testamentum Domini Nostri Iesu Christi secundum editionem Sancti Hieronymi ad codicum manuscriptorum fidem recensuit Iohannes Wordsworth S.T.P., Episcopus Sarisburiensis, in operis societatem adsumto Henrico Iuliano White A.M. Oxonii: E Typographeo Clarendoniano. MDCCCLXXXIX . . . MDCCCCV.

propriis etc., litteris capitalibus usi sumus ; quod
interpunctionem uerborum ad normam, quantum
fieri potuit, diuisionum in textu Amiatino adhibita-
rum addidimus ; quod eandem paragraphorum diuisionem quam in Reuisione Anglica, A.D. 1881
edita, inuenias secuti sumus ; quod interdum dis-
crepantias orthographicas quae in editionem nostram
maiorem irrepserant sustulimus ; denique quod
menda preli pauca correximus. Capita et uersus
eodem modo distinximus quo Robertus Stephanus
in sua Bibliorum Latinorum editione quae A.D. 1555
in lucem prodiit. Sectiones canonesque Eusebia-
nos secundum editionem accuratam uiri doctissimi
Eberhardi Nestle [1] imprimendos curauimus. Scripturae sacrae locos parallelos selectos margini adpo-
suimus ex eis quos in Nouo Testamento Anglico
notis marginalibus plenius instructo [2] nuper edidit
Prelum Clarendonianum ; est tamen ubi et editionem
Nestelianam contulimus ; porro alios locos parallelos
addidit editor si quando operae pretium esse uidebatur, quorum delectum dispositionemque siue
recte siue perperam factam sibi uni lectorem rogat
ut imputet.

Codices quos in Nouo Testamento citauimus hi
sunt :— .

[1] Novum Testamentum Graece et Latine curavit E. Nestle :
editio tertia recognita. Stuttgart : Priviligierte Württem-
bergische Bibelanstalt, 1910.
[2] The New Testament in the Revised Version of 1881
with fuller references. Oxford : University Press, 1910.

A = Codex Bibliorum *Amiatinus*, nunc Floren-
tinus, Bibliothecae Laurentianae (saec. VII–
VIII), iussu Abbatis Ceolfridi in Northum-
bria scriptus ; familiae tamen *Italicae* meridionalis satis antiquae, ut nobis uidetur,
textum praebet.

C = Codex Bibliorum *Cauensis*, qui in mona-
sterio Cauensi prope Neapolim exstat (saec.
IX), in Hispania scriptus ; optimam familiae
Hispanicae formam, nostro iudicio, exhibet.

D = Codex Noui Testamenti *Armachanus* (Book
of Armagh), nunc Dublinensis, Collegii
Sanctae Trinitatis, saec. IX (A. D. 812 ut uidetur) scriptus ; familiae *Hibernicae* textum
exhibet.

F = Codex Noui Testamenti *Fuldensis* (saec. VI),
iussu Uictoris Episcopi Capuae A.D. 541–546
scriptus, et ab ipso Uictore correctus ; familiae antiquissimae *Italicae* est, et in Euangeliis cum Amiatino concordat, quamquam
per reliquos Noui Testamenti libros in alias
partes it.

G = Codex Bibliorum *Sangermanensis*, nunc
Parisinus, B. N. Lat. 11553 (saec. IX). In
Mattheo ueteris uersionis est et in hac
editione non citatur ; in reliquis Noui Testamenti libris Uulgatae uersionis est et
maximi momenti, quamuis interdum ex
Graeco correctus, et hic illic lectionibus

ueteris uersionis turbatus ; textum optimum familiae *Gallicae* meridionalis, ut nobis uidetur, exhibet.

H = Codex Bibliorum *Hubertianus*, nunc Musei Britannici Add. 24142 (saec. IX uel X) ; textum bonum et antiquum conseruat magna ex parte cum Amiatino concordantem ; sed haud raro corrector lectiones recensionis *Theodulfianae* in margine adscripsit ; Theodulfus enim episcopus erat Aurelianensis A. D. 788–821 et in textu Bibliorum emendando multum desudauit.   Hubertiano desunt Actus Apostolorum, neque ultra 1 Pet. iv. 3 procedit.

V = Codex Bibliorum *Vallicellanus* B. vi, Romae seruatus (saec. IX) ; specimen optimum, ut uidetur, recensionis *Alcuinianae*, ab Alcuino iussu Caroli Magni susceptae et A. D. 801 perfectae.   In Euangeliis haec recensio maxime cum Amiatino concordat, in ceteris uero Noui Testamenti libris cum Fuldensi.

Praeter hos septem codices, quos per totum Nouum Testamentum testati sumus, duo Euangeliorum codices citauimus, cum propter uetustatem tum propter excellentiam lectionum ; codex uterque ex Italia originem trahere uidetur, scilicet

M = Codex Euangeliorum *Mediolanensis* Ambrosianus C. 39 Inf. (saec. VI).

PRAEFATIO AD LECTOREM

Z = Codex Euangeliorum *Harleianus*, Musei Britannici Harl. 1775 (saec. VII).

Ex editionibus impressis perpetuo citauimus recensiones Bibliorum *Sixtinam* (𝔖), iussu et auctoritate Papae Sixti V, A. D. 1590, et *Clementinam* (ℭ), iussu et auctoritate Papae Clementis VIII, editas, quarum altera etiam hodie in Ecclesia Romana pro authentica habetur. Clementinae quidem tres editiones officiales editae sunt annis 1592, 1593, 1598, quae editiones non semper inter se consentiunt. Itaque, ubi uariantes lectiones maioris momenti sunt, annum proprium editionis post siglum addidimus, e. g. ℭ (1592), ℭ (93, 98); porro nonnumquam siglis ℭ* et ℭᶜ indicauimus lectionem pristinam et correctiones postea factas in exemplari Clementino nunc in Bibliotheca Uaticana Romae seruato.[1]

Sixtinam et Clementinam ubicumque a nostro textu discrepant citauimus, iis tantum uarietatibus exceptis quas infra in hac praefatione enumerabimus, scilicet quae ad orthographiam (p. xi), aut ad diuisionem uerborum (p. xiii) spectant; porro minutiora quaedam ubi 𝔖ℭ habent siue j pro i, v pro u,

---

[1] Ad hanc rem usi sumus editione nouissima Clementina a u. cl. P. M. Hetzenauer curata, sc. Biblia Sacra Uulgatae Editionis ex ipsis exemplaribus Uaticanis inter se . . . collatis critice edidit P. M. Hetzenauer, O. C., Oeniponte MCMVI. Recensionis Sixtinae exemplaria in Museo Britannico et in Bibliotheca Societatis Bibliophilorum Britannicae et Externae seruata consuluimus.

siue interpunctionem exhibent non multum a nostra
alienam, siue in usu capitalium litterarum aliquantulum uariant, notatu digna non habuimus.

Codices manuscriptos contra numquam citauimus
nisi ubi testimonium eorum magni momenti esse et
aliquid ad textum archetypum enucleandum adferre
uidetur. In notulis, lectionem a nobis adprobatam
et in textum receptam semper litteris crassioribus
impressimus; lectiones quae a textu nostro diffe-
runt litteris romanis, quas dicunt, impressae sunt.
Hisce siglis et compendiis usi sumus : —

+	= addit, addunt
om.	= omittit, omittunt
>	= transponit, transponunt
inc.	= incipit, incipiunt
init.	= initium
Inscr.	= Inscriptio
Subscr.	= Subscriptio
disting.	= distinguit, distinguunt
sec., *tert.*, *etc.*	= secundum, tertium, etc.
al.	= alii
A*, Aᶜ, etc.	= A (manus prima), A (correc-tor), etc.

Cetera compendia et sigla per se clara erunt.

Uerborum quorundam orthographiae, in quibus
scribendis editiones nostra et Clementina semper
aut paene semper uariant, nullam in notulis nostris
mentionem fecimus. Exempli causa proponantur

haec, ubi lectionem nostram litteris crassioribus, Clementinam romanis, impressimus.

adclamare, adcurrere : acc.

adferre (*interdum*), adfirmare, adfligere : aff.

adleuare : all.

adnuntiare : annunciare

adponere, adprehendere, adpropiare, adpropinquare : app.

adquiescere, adquirere, adquisitio : acq.

adsidere, adsignare, adsimilare, adsistere : ass.

adspirare (*interdum*) : asp.

adstare, adsteterunt *et* adstiterunt : astare, astiterunt

adsumere (*interdum*), adsumsi (*interdum*), adsumtio : assumere, assumpsi, assumptio

adulescens : adolescens

Barnaban : Barnabam

caena, caenare : coe.

Caiaphas, -phan : Caiphas, -pham

calciamentum, calciatus : calce.

caritas, carus : char.

circumire : circuire

conlaudare, conloqui : coll.

conpati, conpertus, conpungere : comp.

contemtus, contemtor : contemptus, contemptor

corrigia : corigia

cotidie, cotidianus : quot.

eicere : eijcere (*similiter* abijcere, adijcere, obijcere, proijcere, reijcere, subijcere, *etc.*)

elemosyna : eleem.

epistula : epistola

Esaias : Isaias

exsurgere : exurgere

faenerari. faenum : foen.

fiala : phiala

grabattum : grabatum

harena, harundo : ar.

PRAEFATIO AD LECTOREM

Helias : Elias
heresis : haeresis (*interdum*)
Hieremias, Hiericho, Hierusalem, Hierosolyma : Ier.
holus : olus
inlucescere, inludere, inlusor, inluminare, inluminatio : ill.
inmaculatus, inminere, inmittere, inmundus, inmunditia : imm.
inpedire, inponere, inpositio, inpossibilis, inprudens,
inpudicus, inpudicitia : imp.
inreprehensibilis : irr.
intellegere : intelligere
Iohanna, Iohannes : Ioanna, Ioannes
Israhel : Israel
lacrima, lacrimare : lacryma, lacrymare
litus : littus
Mattheus : Matthaeus
mercennarius : mercenarius
milia : millia
Moses : Moyses
Nathanahel : Nathanael
nauem : nauim (*in Euangeliis tantum*)
nuntiare, denunt., renunt. : nunc., denunc., renunc.
oboedientia (*et* inob.), oboedire, oboeditio : obed.
oportunitas, oportunus : opp.
optuli (*interdum*) : obtuli
paenitentia, paenitet : poen.
paracletus : paraclitus
praegnas : praegnans
proeliari, proelium : prae.
querella : querela
quicquam, quicquid : quidq.
quotiens : quoties
Sarra : Sara
simulacrum : simulachrum
sollicitudo, sollicitus : soli.
spiritalis : spiritualis (*fere semper*)

summittere (*interdum*) : submittere (*interdum*)
sumsi : sumpsi
temtare, temtatio : tent.
uilicare, uilicatio, uilicus : uill.
ungentum : unguentum

Item diuisiones uel coniunctiones uerborum, ubi constanter a nostra differt Clementina editio, in notulis negleximus. Tales sunt

(*a*) Diuisiones :

ab inuicem, ad inuicem : abinuicem, adinuicem

ante quam, plus quam, prius quam : antequam, plusquam, priusquam

bene facere (*fere semper*) : benefacere

de foris, de intus, de super, de sursum : deforis *etc.*

id ipsum, se ipsum, semet ipsum, te ipsum, uos ipsos, uosmet ipsos : idipsum *etc.*

legis peritus : legisperitus

ne quando, ne quis, si quidem : nequando, nequis, siquidem

pater familias, mater familias : paterfamilias, materfamilias

quo usque, quoad usque, usque quo : quousque *etc.*

terrae motus : terraemotus

uale facere : ualefacere

uerum tamen : uerumtamen

(*b*) Coniunctiones :

etsi, etiamsi : et si, etiam si

quomodo : quo modo $\mathfrak{S}$ (*non* $\mathfrak{C}$)

Quo desiderio Iohannis Sarisburiensis Episcopi huius operis tam praecipui auctoris quam participis strenui afficiamur uerbis exprimere nequimus.

H. I. WHITE.

Londini, *d.* 24 Aug. 1911.

xiii

EPISTULA AD DAMASUM

BEATO PAPAE DAMASO HIERONYMUS

Nouum opus facere me cogis ex ueteri, ut post
exemplaria scripturarum toto orbe dispersa quasi
quidam arbiter sedeam et, quia inter se uariant,
quae sint illa quae cum Graeca consentiant ueritate
decernam. Pius labor, sed periculosa praesumptio,
iudicare de ceteris ipsum ab omnibus iudicandum,
senis mutare linguam et canescentem mundum ad
initia retrahere paruulorum. Quis enim doctus
pariter uel indoctus, cum in manus uolumen ad-
sumpserit et a saliua quam semel inbibit uiderit dis-
crepare quod lectitat, non statim erumpat in uocem,
me falsarium me clamans esse sacrilegum, qui audeam aliquid in ueteribus libris addere, mutare, cor-
rigere? Aduersum quam inuidiam duplex causa me
consolatur : quod et tu qui summus sacerdos es fieri
iubes, et uerum non esse quod uariat etiam maledi-
corum testimonio conprobatur. Si enim Latinis exemplaribus fides est adhibenda, respondeant quibus:
tot sunt paene quot codices. Sin autem ueritas est
quaerenda de pluribus, cur non ad Graecam originem reuertentes ea quae uel a uitiosis interpretibus
male edita uel a praesumptoribus imperitis emendata peruersius uel a librariis dormitantibus aut addita sunt aut mutata corrigimus? Neque uero ego
de ueteri disputo testamento, quod a septuaginta
senioribus in Graecam linguam uersum tertio gradu
ad nos usque peruenit. Non quaero quid Aquila

xiv

quid Symmachus sapiant, quare Theodotion inter
nouos et ueteres medius incedat : sit illa uera interpretatio quam apostoli probauerunt. De nouo nunc
loquor testamento, quod Graecum esse non dubium
est, excepto apostolo Mattheo, qui primus in Iudaea
euangelium Christi Hebraeis litteris edidit. Hoc
certe cum in nostro sermone discordat et diuersos
riuulorum tramites ducit, uno de fonte quaerendum
est. Praetermitto eos codices quos a Luciano et
Hesychio nuncupatos paucorum hominum adserit
peruersa contentio : quibus utique nec in ueteri in-
strumento post septuaginta interpretes emendare
quid licuit nec in nouo profuit emendasse, cum multarum gentium linguis scriptura ante translata doceat falsa esse quae addita sunt.

Igitur haec praesens praefatiuncula pollicetur
quattuor tantum euangelia, quorum ordo iste est,
Mattheus Marcus Lucas Iohannes, codicum Graecorum emendata conlatione sed ueterum. Quae ne
multum a lectionis Latinae consuetudine discrepa-
rent, ita calamo temperauimus ut, his tantum quae
sensum uidebantur mutare correctis, reliqua manere
pateremur ut fuerant.

Canones quoque, quos Eusebius Caesariensis
episcopus Alexandrinum secutus Ammonium in decem numeros ordinauit, sicut in Graeco habentur
expressimus ; quodsi quis de curiosis uoluerit nosse
quae in euangeliis uel eadem uel uicina uel sola sint,
eorum distinctione cognoscat. Magnus siquidem
hic in nostris codicibus error inoleuit, dum quod in
eadem re alius euangelista plus dixit, in alio, quia
minus putauerint, addiderunt ; uel dum eundem
sensum alius aliter expressit, ille qui unum e quattuor primum legerat, ad eius exemplum ceteros
quoque aestimauerit emendandos. Unde accidit
ut apud nos mixta sint omnia, et in Marco plura

EPISTULA AD DAMASUM

Lucae atque Matthei, rursum in Mattheo Iohannis et Marci, et in ceteris reliquorum quae aliis propria sunt inueniantur. Cum itaque canones legeris qui subiecti sunt, confusionis errore sublato, et similia omnium scies et singulis sua quaeque restitues. In canone primo concordant quattuor, Mattheus Marcus Lucas Iohannes; in secundo tres, Mattheus Marcus Lucas; in tertio tres, Mattheus Lucas Iohannes; in quarto tres, Mattheus Marcus Iohannes; in quinto duo, Mattheus Lucas; in sexto duo, Mattheus Marcus; in septimo duo, Mattheus Iohannes; in octauo duo, Lucas Marcus; in nono duo, Lucas Iohannes; in decimo propria unusquisque, quae non habentur in aliis, ediderunt. Singulis euangeliis ab uno incipiens usque ad finem librorum dispar numerus increscit. Hic nigro colore praescriptus sub se habet alium ex minio numerum discolorem, qui ad decem usque procedens indicat, prior numerus in quo sit canone requirendus. Cum igitur aperto codice uerbi gratia illud siue illud capitulum scire uolueris cuius canonis sit, statim ex subiecto numero doceberis, et recurrens ad principia in quibus canonum est distincta congeries, eodemque statim canone ex titulo frontis inuento, illum quem quaerebas numerum eiusdem euangelistae qui et ipse ex inscriptione signatur inuenies, atque e uicinia ceterorum tramitibus inspectis quos numeros e regione habeant adnotabis; et cum scieris, recurres ad uolumina singulorum, et sine mora, repertis numeris quos ante signaueras, reperies et loca in quibus uel eadem uel uicina dixerunt.

Opto ut in Christo ualeas et memineris mei, papa beatissime.

EXPLICIT EPISTULA HIERONYMI

CANONES I–II

CANON I, IN QUO QUATTUOR

Mt	Mc	Lc	Ioh	Mt	Mc	Lc	Ioh	Mt	Mc	Lc	Ioh
8	2	7	10	211	121	238	21	306	187	290	174
11	4	10	6	220	122	239	77	310	191	297	69
11	4	10	12	220	129	242	85	313	194	294	172
11	4	10	14	220	129	261	88	314	195	291	166
11	4	10	28	244	139	250	141	314	195	291	168
14	5	13	15	244	139	250	146	315	196	292	175
23	27	17	46	274	156	260	20	318	199	300	176
23	27	34	46	274	156	260	48	320	200	302	178
23	27	45	46	274	156	260	96	320	200	302	180
70	20	37	38	276	158	74	98	325	204	310	184
87	139	250	141	280	162	269	122	326	205	311	188
87	139	250	146	284	165	266	55	326	205	313	194
98	96	116	40	284	165	266	63	328	206	314	196
98	96	116	111	284	165	266	65	331	209	315	197
98	96	116	120	284	165	266	67	332	210	318	197
98	96	116	129	289	170	275	126	334	212	321	201
98	96	116	131	291	172	279	156	335	214	324	199
98	96	116	144	294	175	281	161	336	215	317	198
133	37	77	109	295	176	282	42	336	215	319	198
141	50	19	59	295	176	282	57	343	223	329	204
142	51	21	35	300	181	285	79	348	227	332	206
147	64	93	49	300	181	285	158	349	228	333	208
166	82	94	17	302	183	287	160	352	231	336	209
166	82	94	74	304	184	289	170	352	231	336	211
209	119	234	100	306	187	290	162				

CANON II, IN QUO TRES

Mt	Mc	Lc	Mt	Mc	Lc	Mt	Mc	Lc	Mt	Mc	Lc
15	6	15	72	22	186	88	141	251	131	36	76
21	10	32	73	23	40	92	40	80	135	38	78
31	102	185	74	49	85	94	86	97	137	44	167
32	39	79	76	52	169	94	86	146	143	57	90
32	39	133	79	29	86	103	1	70	144	59	12
50	41	56	80	30	44	114	24	41	149	66	35
62	13	4	82	53	87	116	25	42	149	66	43
62	13	24	82	53	110	116	25	165	153	69	36
63	18	33	83	54	87	116	25	177	164	79	144
67	15	26	83	54	112	121	32	127	168	83	95
69	47	83	85	55	88	122	33	129	168	83	206
71	21	38	85	55	114	123	34	147	170	85	96
72	22	39	88	141	148	130	35	82	172	87	98

CANONES III–V

Mt	Mc	Lc	Mt	Mc	Lc	Mt	Mc	Lc	Mt	Mc	Lc
174	91	99	203	114	270	248	143	253	301	182	286
176	93	101	205	116	224	249	144	254	308	189	305
178	95	102	206	117	232	251	146	255	312	193	299
178	95	217	208	118	233	253	148	204	316	197	293
179	99	197	217	127	240	258	150	257	317	198	295
190	105	195	219	128	241	259	151	258	322	202	309
192	106	216	223	130	243	264	155	156	338	218	322
193	107	121	225	134	245	269	154	228	339	219	325
193	107	218	226	133	244	271	42	230	340	220	327
194	108	152	229	135	137	278	160	263	342	222	323
194	108	219	229	135	246	281	163	268	344	224	328
195	109	220	242	137	237	285	166	265	346	225	330
198	110	221	242	137	248	285	166	267	353	232	337
199	111	173	243	138	249	296	177	280	354	233	338
201	112	222	248	143	209	296	177	284			

CANON III, IN QUO TRES

Mt	Lc	Ioh	Mt	Lc	Ioh	Mt	Lc	Ioh	Mt	Lc	Ioh
1	14	1	64	65	37	111	119	148	112	119	87
1	14	3	90	58	118	112	119	8	112	119	90
1	14	5	90	58	139	112	119	44	112	119	142
7	6	2	97	211	105	112	119	61	112	119	154
7	6	25	111	119	30	112	119	76	146	92	47
59	63	110	111	119	114						

CANON IIII, IN QUO TRES

Mt	Mc	Ioh	Mt	Mc	Ioh	Mt	Mc	Ioh	Mt	Mc	Ioh
18	8	26	204	115	135	279	161	72	307	188	164
117	26	93	216	125	128	279	161	121	321	201	192
117	26	95	216	125	133	287	168	152	323	203	183
150	67	51	216	125	137	293	174	107	329	207	185
161	77	23	216	125	150	297	178	70	329	207	187
161	77	53	277	159	98	299	180	103	333	211	203
204	115	91									

CANON V, IN QUO DUO

Mt	Lc	Mt	Lc	Mt	Lc	Mt	Lc	Mt	Lc	Mt	Lc
3	2	30	49	46	153	55	170	68	105	96	184
10	8	34	194	47	134	57	61	78	108	102	69
12	11	36	162	48	191	58	60	84	111	104	71
16	16	38	53	49	150	60	171	86	109	105	193
25	46	40	52	51	59	61	64	93	145	107	73
27	48	41	55	53	125	65	172	95	160	108	115
28	47	43	123	54	54	66	66	96	182	110	118

CANONES VI–X

Mt	Lc	Mt	Lc	Mt	Lc	Mt	Lc	Mt	Lc	Mt	Lc
119	126	138	168	183	198	231	215	241	175	265	157
125	62	156	57	187	199	232	142	255	202	266	155
127	128	158	226	197	272	234	136	256	205	266	157
128	132	162	161	213	235	236	135	257	213	267	158
129	130	175	200	221	181	237	138	261	207	270	229
132	81	182	187	228	139	238	140	262	212	272	231
134	120	182	189	231	176	240	141				

CANON VI, IN QUO DUO

Mt	Mc	Mt	Mc	Mt	Mc	Mt	Mc	Mt	Mc	Mt	Mc
9	3	145	60	165	80	224	131	275	157	309	190
17	7	148	65	169	84	246	140	282	164	311	192
20	9	152	68	173	89	247	142	286	167	330	208
22	11	154	71	180	100	250	145	288	169	337	217
44	126	157	72	189	103	252	147	290	171	341	221
77	63	159	73	202	113	254	149	292	173	347	226
100	98	160	76	214	120	260	152	298	179	350	229
139	45	163	78	215	124	263	153	305	185		

CANON VII, IN QUO DUO

Mt	Ioh	Mt	Ioh	Mt	Ioh	Mt	Ioh
5	83	19	32	120	82	207	101
19	19	19	34	185	215		

CANON VIII, IN QUO DUO

Lc	Mc	Lc	Mc	Lc	Mc	Lc	Mc	Lc	Mc
23	12	27	28	89	56	103	97	277	216
25	14	28	17	91	61	247	136	335	230
27	16	84	48	100	75				

CANON IX, IN QUO DUO

Lc	Ioh	Lc	Ioh	Lc	Ioh	Lc	Ioh	Lc	Ioh	Lc	Ioh
30	219	274	227	303	186	307	190	312	190	341	221
30	222	274	229	303	190	312	182	340	213	341	223
262	113	274	231	307	182	312	186	340	217	341	225
262	124	303	182	307	186						

CANON X, IN QUO MATTH. PROPRIE

2	33	56	106	136	181	210	235	319
4	35	75	109	140	184	212	239	324
6	37	81	113	151	186	218	245	327
13	39	89	115	155	188	222	268	345
24	42	91	118	167	191	227	273	351
26	45	99	124	171	196	230	283	355
29	52	101	126	177	200	233	303	

CANON X

CANON X, IN QUO MARC. PROPRIE

19	43	58	70	81	90	94	104	132	213
31	46	62	74	88	92	101	123	186	

CANON X, IN QUO LUC. PROPRIE

1	31	106	149	176	201	236	278	308
3	50	107	151	178	203	252	283	316
5	51	113	154	180	208	256	288	320
9	67	117	159	183	210	259	296	326
18	68	122	163	188	214	264	298	331
20	72	124	164	190	223	271	301	334
22	75	131	166	192	225	273	304	339
29	104	143	174	196	227	276	306	342

CANON X, IN QUO IOH. PROPRIE

4	31	58	81	108	134	157	181	212
7	33	60	84	110	136	159	189	214
9	36	62	86	112	138	163	191	216
11	39	64	89	115	140	165	193	218
13	41	66	92	117	143	167	195	220
16	43	68	94	119	145	169	200	224
18	45	71	97	123	147	171	202	226
22	50	73	99	125	149	173	205	228
24	52	75	102	127	151	177	207	230
27	54	78	104	130	153	179	210	232
29	56	80	106	132	155			

EUANGELIUM SECUNDUM MATTHEUM

1-17
Lc. 3. 23-38.

LIBER GENERATIONIS Iesu Christi filii Da-1 uid, filii Abraham.

Abraham genuit Isaac : Isaac autem genuit 2 Iacob : Iacob autem genuit Iudam et fratres eius : Iudas autem genuit Phares, et Zara 3 de Thamar : Phares autem genuit Esrom : Esrom autem genuit Aram : ¹ Aram autem 4 genuit Aminadab : Aminadab autem genuit Naasson : Naasson autem genuit Salmon : ¹ Salmon autem genuit Booz de Rachab : Booz 5 autem genuit Obed ex Ruth : Obed autem genuit Iesse : Iesse autem genuit Dauid 6 regem.

Gen. 21. 3,
25. 26, 29. 35.
Gen. 38. 16-
30, 46. 12.
1 Par. 2. 1-15.
Ruth 4.
18-22.
Ex. 6. 23.
Ios. 6. 25,
He. 11. 31,
Iac. 2. 25.

Dauid autem rex genuit Salomonem ex ea quae fuit Uriae : Salomon autem genuit 7 Roboam : Roboam autem genuit Abia : Abia autem genuit Asa : Asa autem genuit Iosaphat : 8 Iosaphat autem genuit Ioram : Ioram autem genuit Oziam : Ozias autem genuit Ioatham : 9 Ioatham autem genuit Achaz : Achaz autem genuit Ezechiam : Ezechias autem genuit 10 Manassen : Manasses autem genuit Amon : Amon autem genuit Iosiam : ¹ Iosias autem 11 genuit Iechoniam et fratres eius in transmigratione Babylonis.

1 Reg.
(Sam.) 16. 1,
17. 12.
2 Reg.
(Sam.)12. 24.
1 Par. 3.
10-14.

Et post transmigrationem Babylonis, Iecho-12 nias genuit Salathiel : Salathiel autem genuit

1 Par. 3.
15-19.
4 Reg. 24. 15.
1 Esdr. 3. 2,
5. 2,
Agg. 1. 1.

Inscr. SANCTVM IESV CHRISTI EVANGELIVM SECVN-DVM MATTHAEVM 𝕾ℭ   1. ³ Zaram 𝕾ℭ   Esron 𝕾ℭ   ⁵ Rahab 𝕾ℭ   ⁷ Abiam . . . Abias 𝕾ℭ

I   B

13 Zorobabel : Zorobabel autem genuit Abiud :
Abiud autem genuit Eliachim : Eliachim autem
14 genuit Azor : ¹Azor autèm genuit Sadoc: Sadoc
autem genuit Achim : Achim autem genuit
15 Eliud : ¹ Eliud autem genuit Eleazar: Eleazar
autem genuit Matthan: Matthan autem genuit

Lc. 3. 23.   16 Iacob : Iacob autem genuit Ioseph uirum
Mariae de qua natus est Iesus, qui uocatur
Christus.

17   Omnes ergo generationes ab Abraham usque $\frac{2}{10}$
ad Dauid, generationes quattuordecim : et a
Dauid usque ad transmigrationem Babylonis,
generationes quattuordecim : et a transmigratione Babylonis usque ad Christum, generationes quattuordecim.

Lc. 1. 27, 35.   18 CHRISTI AUTEM GENERATIO SIC ERAT. Cum $\frac{3}{5}$
esset desponsata mater eius Maria Ioseph,
ante quam conuenirent inuenta est in utero
19 habens de Spiritu sancto.   Ioseph autem uir $\frac{4}{10}$
eius cum esset iustus et nollet eam traducere,
20 uoluit occulte dimittere eam.   Haec autem
eo cogitante, ecce angelus Domini in somnis
apparuit ei, dicens, Ioseph fili Dauid, noli
timere accipere Mariam coniugem tuam : quod
enim in ea natum est, de Spiritu sancto est :

Lc.1.31,2.21,   21 pariet autem filium et uocabis nomen eius
Act. 4. 12.   Iesum : ipse enim saluum faciet populum

Es. 7. 14.   22 suum a peccatis eorum.   Hoc autem totum
factum est, ut adimpleretur 'id quod dictum
est a Domino per prophetam dicentem :

23   Ecce uirgo in utero habebit, et pariet
filium,
et uocabunt nomen eius Emmanuhel :

¹³ Eliacim 𝕮   ¹⁵ Mathan 𝕾𝕮   ¹⁷ ergo : itaque 𝕾𝕮   ¹⁸ *Litte-*
ris cap. uel rubr. incipiunt codd. plur., non autem 𝕾𝕮   ²⁰ > app.
in somnis 𝕾𝕮   ²² *om.* id 𝕾𝕮   ²³ vocabitur 𝕾   Emmanuel 𝕾𝕮

quod est interpretatum, Nobiscum Deus. Ex- 24
surgens autem Ioseph a somno, fecit sicut
praecepit ei angelus Domini : et accepit coniugem suam : et non cognoscebat eam donec 25
peperit filium suum primogenitum: et uocauit
nomen eius Iesum.

Cum ergo natus esset Iesus in Bethleem 2   Lc. 2. 4, 6, 7.
Iudaeae in diebus Herodis regis, ecce magi
ab oriente uenerunt Hierosolymam 'dicentes: 2
Ubi est qui natus est rex Iudaeorum ? uidimus   Num. 24. 17.
enim stellam eius in oriente : et uenimus
adorare eum. Audiens autem Herodes rex, 3
turbatus est et omnis Hierosolyma cum illo:
et congregans omnes principes sacerdotum et 4
scribas populi, sciscitabatur ab eis ubi Christus
$\frac{5}{7}$ nasceretur. At illi dixerunt ei, In Bethleem 5   Mic. 5. 2.
Iudaeae: sic enim scriptum est per prophetam :   Ioh. 7. 42.

    Et tu Bethleem terra Iuda,   6
    nequaquam minima es in principibus Iuda:
    ex te enim exiet dux qui reget populum
    meum Israhel.

$\frac{6}{10}$ Tunc Herodes clam uocatis magis diligenter 7
didicit ab eis tempus stellae quae apparuit
eis : ' et mittens illos in Bethleem, dixit : Ite 8
et interrogate diligenter de puero : et cum inueneritis renuntiate mihi, ut et ego ueniens
adorem eum. Qui cum audissent regem ab- 9
ierunt : et ecce stella quam uiderant in oriente
antecedebat eos, usque dum ueniens staret
supra ubi erat puer. Uidentes autem stellam 10
gauisi sunt gaudio magno ualde : et intrantes 11   Ps. 71 (72).
domum inuenerunt puerum cum Maria matre   10, 15.
eius : et procidentes adorauerunt eum : et   Es. 60. 6.

---

²⁴ exurgens 𝕾ℭ   2. ¹ Bethlehem 𝕾ℭ *semper*   Iuda 𝕾ℭ
⁵ Iudae ℭ ; Iuda 𝕾   ⁶ dux: iudex F   regat Hᶜ *al.* 𝕾ℭ

apertis thesauris suis obtulerunt ei munera,
12 aurum, tus, et murram.   Et responso accepto
in somnis ne redirent ad Herodem, per aliam
uiam reuersi sunt in regionem suam.

13   Qui cum recessissent, ecce angelus Domini
apparuit in somnis Ioseph, dicens : Surge et
accipe puerum et matrem eius, et fuge in
Aegyptum, et esto ibi usque dum dicam tibi :
futurum est enim ut Herodes quaerat puerum
14 ad perdendum eum. Qui consurgens accepit
puerum et matrem eius nocte et recessit in
15 Aegyptum : et erat ibi usque ad obitum
Herodis : ut adimpleretur quod dictum est

Os. 11. 1.   a Domino per prophetam dicentem : Ex
16 Aegypto uocaui filium meum. Tunc Herodes
uidens quoniam inlusus esset a magis, iratus
est ualde : et mittens occidit omnes pueros
qui erant in Bethleem, et in omnibus finibus
eius, a bimatu et infra secundum tempus
17 quod exquisierat a magis.   Tunc adimpletum
est quod dictum est per Hieremiam prophetam
dicentem :

Hierem. 18   Uox in Rama audita est,
31. 15.   ploratus et ululatus multus :
                    Rachel plorans filios suos,
                    et noluit consolari quia non sunt.

19   Defuncto autem Herode, ecce apparuit angelus Domini in somnis Ioseph in Aegypto
20 ¹ dicens : Surge et accipe puerum et matrem
eius, et uade in terram Israhel : defuncti sunt
21 enim qui quaerebant animam pueri. Qui
surgens accepit puerum et matrem eius et

¹¹ thus 𝕮 myrrham 𝕾𝕮   ¹³ Surge accipe (*om.* et) 𝕾   ¹⁴ secessit 𝕾𝕮   ¹⁸ *distingu.* audita est ploratus, et ululatus m. 𝕾𝕮, *ita ut*
ploratus *sit genetiui casus*   ¹⁹ > ang. Dom. apparuit 𝕾𝕮   ²¹ consurgens 𝕾𝕮

uenit in terram Israhel. Audiens autem quia 22
Archelaus regnaret in Iudaea pro Herode patre
suo, timuit illuc ire : et admonitus in somnis
secessit in partes Galilaeae. Et ueniens habi- 23 Mc. 1. 9,
tauit in ciuitate quae uocatur Nazareth : ut   Ioh. 1. 45.
adimpleretur quod dictum est per prophetas
Quoniam Nazareus uocabitur.   Es. 11. 1 (?), 53. 2 (?).

$\frac{7}{3}$ In diebus autem illis uenit Iohannes Ba- 3   1–12
ptista, praedicans in deserto Iudaeae : ¹ et di- 2   Mc. 1. 2–8, Lc. 3. 2–17.
cens Paenitentiam agite, adpropinquauit enim
$\frac{8}{1}$ regnum caelorum. Hic est enim qui dictus 3
est per Esaiam prophetam dicentem :   Es. 40. 3, Ioh. 1. 23.
　　　Uox clamantis in deserto,
　　　　　parate uiam Domini,
　　　　　rectas facite semitas eius.
$\frac{9}{6}$ Ipse autem Iohannes habebat uestimentum de 4
pilis camelorum, et zonam pelliciam circa lumbos suos : esca autem eius erat lucustae et
mel siluestre. Tunc exiebat ad eum Hiero- 5
solyma et omnis Iudaea et omnis regio circum
Iordanen : et baptizabantur in Iordane ab eo 6
$\frac{10}{5}$ confitentes peccata sua. Uidens autem mul- 7
tos Pharisaeorum et Sadducaeorum uenientes
ad baptismum suum, dixit eis : Progenies uipe-   12. 34, 23. 33.
rarum, quis demonstrauit uobis fugere a futura
ira ? Facite ergo fructum dignum paeniten- 8
tiae : et ne uelitis dicere intra uos, Patrem 9   Ioh. 8. 33, 39,
habemus Abraham : dico enim uobis quoniam   Ro. 2. 28.
potest Deus de lapidibus istis suscitare filios
Abrahae. Iam enim securis ad radicem ar- 10 Ioh. 15. 6.
borum posita est : omnis ergo arbor quae non

---

²² quia : quod 𝔖ℭ　　illuc : illo 𝔖ℭ　　²³ Nazaraeus 𝔖ℭ
3. ² appropinquabit (Hᶜ)V𝔖　　³ qui dictus : de quo dictum 𝔖
⁴ pelliceam 𝔖ℭ　 locustae 𝔖ℭ　 ⁵ exibat 𝔖ℭ　 circa 𝔖ℭ　 Iordanem 𝔖ℭ　　⁶ > ab eo in Iord. 𝔖ℭ　　⁷ futura : ventura 𝔖ℭ
⁹ potens est Hᶜ(V*)𝔖ℭ　　¹⁰ arboris 𝔖

facit fructum bonum excidetur et in ignem

Ioh. 1. 15, 26,
Act. 1. 27, 33.
5, 11.
16, 19. 4.

11 mittetur. Ego quidem uos baptizo in aqua in $\frac{11}{1}$ paenitentiam : qui autem post me uenturus est fortior me est, cuius non sum dignus calciamenta portare : ipse uos baptizabit in Spiritu 12 sancto et igni. Cuius uentilabrum in manu $\frac{12}{5}$ sua : et permundabit aream suam : et congregabit triticum suum in horreum : paleas autem comburet igni inextinguibili.

13-17
Mc. 1. 9-11.
Lc. 3. 21, 22.

13 Tunc uenit Iesus a Galilaea in Iordanen ad $\frac{13}{10}$ 14 Iohannem ut baptizaretur ab eo. Iohannes autem prohibebat eum, dicens : Ego a te 15 debeo baptizari : et tu uenis ad me ? | Respondens autem Iesus dixit ei : Sine modo : sic enim decet nos implere omnem iusti-

Ioh. 1. 33, 51.

16 tiam. Tunc dimisit eum. | Baptizatus autem $\frac{14}{1}$ Iesus confestim ascendit de aqua : et ecce aperti sunt ei caeli : et uidit spiritum Dei descendentem sicut columbam, uenientem

12. 18, 17. 5,
Mc. 9. 7,
Lc. 9. 35.
Ps. 2. 7,
Es. 42. 1.

17 super se. Et ecce uox de caelis dicens : Hic est filius meus dilectus, in quo mihi complacui.

1-11
Mc. 1. 12, 13.
Lc. 4. 1-13.

4 Tunc Iesus ductus est in desertum ab 15/2 2 Spiritu ut temtaretur a diabolo. Et cum ieiu- 16/5 nasset quadraginta diebus et quadraginta no- 3 ctibus, postea esuriit. Et accedens temtator dixit ei : Si filius Dei es, dic ut lapides isti 4 panes fiant. Qui respondens dixit : Scriptum

Dt. 8. 3.

est Non in pane solo uiuit homo, sed in omni 5 uerbo, quod procedit de ore Dei. Tunc adsumit eum diabolus in sanctam ciuitatem : et 6 statuit eum supra pinnaculum templi, et dixit

---

[11] > baptizo vos 𝕾ℭ   igne 𝕾, *et* 12   [13] Iordanem 𝕾ℭ
[16] columbam + et 𝕾ℭ.   4. [1] ab : a 𝕾ℭ   [4] > solo pane 𝕾ℭ
[5] assumpsit *codd. pl.* 𝕾ℭ   super 𝕾ℭ

ei: Si filius Dei es mitte te deorsum: scriptum Ps. 90 (91).
est enim quia   11, 12.
> Angelis suis mandabit de te :
> et in manibus tollent te,
> ne forte offendas ad lapidem pedem tuum.

Ait illi Iesus : Rursum scriptum est Non tem- 7 Dt. 6. 16.
tabis Dominum Deum tuum. Iterum adsu- 8
mit eum diabolus in montem excelsum ualde :
et ostendit ei omnia regna mundi et gloriam
eorum. Et dixit illi, Haec tibi omnia dabo, si 9
cadens adoraueris me. Tunc dicit ei Iesus, 10 Dt. 6. 13.
Uade Satanas : scriptum est enim Dominum
$\frac{17}{6}$ Deum tuum adorabis et illi soli seruies. Tunc 11
reliquit eum diabolus : et ecce angeli accesse-
runt et ministrabant ei.

18/4   Cum autem audisset quod Iohannes traditus 12 Mc. 1. 14.
                                                    Lc. 3. 20,
19/7 esset, secessit in Galilaeam. Et relicta ciuitate 13 4. 14.
Nazareth, uenit et habitauit in Capharnaum   Mc. 1. 21,
maritimam, in finibus Zabulon et Nepthalim :   Lc. 4. 31.
ut impleretur quod dictum est per Esaiam pro- 14 Es. 9. 1, 2.
phetam :

> Terra Zabulon et terra Nepthalim :   15
> uia maris trans Iordanen,
> Galilaeae gentium :
> populus qui sedebat in tenebris   16
> lucem uidit magnam :
> et sedentibus in regione et umbra mortis,
> lux orta est eis.

---

6 mandabit CHVZ^c *etc.* : -uit ADFZ*𝔖ℭ   et . . . tollent : ut
. . . tollant 𝔖   7 *distingu.* Iesus rursum : Scriptum est 𝔖 *cum* CF
8 assumpsit *codd. pl.* 𝔖ℭ   9 illi : ei 𝔖ℭ   > omnia tibi 𝔖ℭ
10 Satana 𝔖ℭ   12 audisset + Iesus 𝔖ℭ   13 maritima 𝔖ℭ
Nephthalim 𝔖ℭ   14 adimpleretur 𝔖ℭ   15 Nephthalim ℭ,
Nephtalim 𝔖 Iordanem 𝔖ℭ Galilaea FZ^{c}Vℭ *distingu.* Galilaea
gentium populus, ℭ   16 sedebat : ambulabat 𝔖   > vidit lucem
𝔖ℭ   in reg. et in umbra DF ; in reg. umbrae HV𝔖ℭ

Mc. 1. 14, 15. 17 Exinde coepit Iesus praedicare et dicere : $\frac{20}{6}$
Paenitentiam agite : adpropinquauit enim re-
gnum caelorum.

18-22   18 Ambulans autem iuxta mare Galilaeae uidit
Mc. 1. 16-20.   duos fratres, Simonem qui uocatur Petrus et
Lc. 5. 2-11.
Ioh. 1. 40-42.   Andream fratrem eius, mittentes rete in mare,
19 erant enim piscatores. | Et ait illis : Uenite $\frac{21}{2}$
post me, et faciam uos fieri piscatores homi-
20 num. At illi continuo relictis retibus secuti
21 sunt eum. Et procedens inde uidit alios duos $\frac{22}{6}$
fratres, Iacobum Zebedaei et Iohannem fra-
trem eius, in naui cum Zebedaeo patre eorum,
22 reficientes retia sua : et uocauit eos. Illi autem
statim relictis retibus et patre secuti sunt eum.

Mc. 1. 39, 23 Et circumibat Iesus totam Galilaeam, do- $\frac{23}{1}$
Lc. 4. 15;   cens in synagogis eorum, et praedicans euan-
cf. 9. 35.
gelium regni : et sanans omnem languorem et
24 omnem infirmitatem in populo. Et abiit opinio
eius in totam Syriam : et obtulerunt ei omnes
male habentes, uariis languoribus et tormentis
comprehensos, et qui daemonia habebant, et

Mc. 3. 7, 8, 25 lunaticos et paralyticos : et curauit eos. Et
Lc. 6. 17.
secutae sunt eum turbae multae de Galilaea,
et Decapoli, et Hierosolymis, et Iudaea, et de
trans Iordanen.

Mc. 3. 13, 5 Uidens autem turbas ascendit in montem : $\frac{24}{10}$
Lc. 6. 12, 17.   et cum sedisset accesserunt ad eum discipuli
2 eius. Et aperiens os suum docebat eos, dicens : $\frac{25}{5}$

3-12   3 Beati pauperes spiritu quoniam ipsorum est ^{5}
Lc. 6. 20-23.   regnum caelorum.
Es. 61. 2, 3.

4 Beati mites quoniam ipsi possidebunt ter- $\frac{26}{10}$
Lc. 6. 21.   ram.

Ps. 36(37). 11. 5 Beati qui lugent quoniam ipsi consolabuntur. $\frac{27}{5}$

---

[17] adpropinquabit H$ (appr.)   [18] autem + Iesus $ℭ   [25] et
tert. et quart. + de $ℭ   Iordanem $ℭ   5. [1] autem + Iesus $ℭ

8

28/5 Beati qui esuriunt et sitiunt iustitiam quo- 6
niam ipsi saturabuntur.

29/10 Beati misericordes quoniam ipsi misericor- 7 Iac. 2. 13.
diam consequentur.

Beati mundo corde quoniam ipsi Deum 8 Ps. 23 (24). 4,
uidebunt. Heb. 12. 14.

Beati pacifici quoniam ipsi filii Dei uocabun- 9
tur.

Beati qui persecutionem patiuntur propter 10 1 Pe. 3. 14.
iustitiam quoniam ipsorum est regnum caelo-
rum.

30/5 Beati estis cum maledixerint uobis et perse- 11 1 Pe. 4. 14.
cuti uos fuerint, et dixerint omne malum ad-
uersum uos mentientes propter me : gaudete 12
et exultate quoniam merces uestra copiosa est
in caelis : sic enim persecuti sunt prophetas

31/2 qui fuerunt ante uos. Uos estis sal terrae : 13 Mc. 9. 50,
quod si sal euanuerit, in quo sallietur ? ad ni- Lc. 14. 34, 35.
hilum ualet ultra nisi ut mittatur foras et con-

32/2 culcetur ab hominibus. Uos estis lux mundi : 14
non potest ciuitas abscondi supra montem posita: neque accendunt lucernam et ponunt eam 15 Mc. 4. 21,
sub modio, sed super candelabrum ut luceat Lc. 8. 16, 11.
omnibus qui in domo sunt : sic luceat]ux 16 1 Pe. 2. 12.
uestra coram hominibus, ut uideant uestra
bona opera et glorificent Patrem uestrum qui
in caelis est.

33/10 Nolite putare quoniam ueni soluere legem 17
aut prophetas : non ueni soluere sed adim-

34/5 plere. Amen quippe dico uobis : donec tran- 18 Lc. 16. 17.
seat caelum et terra, iota unum aut unus apex

35/10 non praeteribit a lege donec omnia fiant. Qui 19 Iac. 2. 10.

---

⁹ *om.* ipsi 𝕾ℭ   ¹¹ uobis + homines 𝕾   *om.* propter me F
¹³ salietur 𝕾ℭ   mittatur : proiciatur F   ¹⁶ > opera uestra
bona 𝕾ℭ

ergo soluerit unum de mandatis istis minimis
et docuerit sic homines, minimus uocabitur in
regno caelorum: qui autem fecerit et docuerit,
20 hic magnus uocabitur in regno caelorum. Dico
enim uobis quia nisi abundauerit iustitia uestra
plus quam scribarum et Pharisaeorum, non intrabitis in regnum caelorum.

Ex. 20. 13,   21   Audistis quia dictum est antiquis, Non occi-
Dt. 5. 17,   des: qui autem occiderit, reus erit iudicio. Ego
1 Ioh. 3. 15.   22 autem dico uobis: quia omnis qui irascitur
fratri suo reus erit iudicio: qui autem dixerit
fratri suo, racha, reus erit concilio: qui autem
Mc. 11. 25.   23 dixerit, fatue, reus erit gehennae ignis. Si ergo
offeres munus tuum ad altare, et ibi recordatus
fueris quia frater tuus habet aliquid aduersum
24 te: relinque ibi munus tuum ante altare, et
uade, prius reconciliare fratri tuo: et tunc ue-
Lc. 12. 58, 59.   25 niens offers munus tuum.   Esto consentiens $\frac{36}{5}$
aduersario tuo cito dum es in uia cum eo: ne
forte tradat te aduersarius iudici: et iudex tra-
26 dat te ministro: et in carcerem mittaris. Amen
dico tibi, non exies inde donec reddas nouissimum quadrantem.

Ex. 20. 14,   27   Audistis quia dictum est antiquis, Non moe- $\frac{37}{10}$
Dt. 5. 18,   chaberis. Ego autem dico uobis: quoniam
Iob. 31. 1.   28 omnis qui uiderit mulierem ad concupiscen-
dum eam, iam moechatus est eam in corde suo.
18. 9,   29 Quod si oculus tuus dexter scandalizat te, erue
Mc. 9. 47.   eum et proice abs te: expedit enim tibi ut pereat unum membrorum tuorum, quam totum
18. 8,   30 corpus tuum mittatur in gehennam. Et si dex-
Mc. 9. 43.   tera manus tua scandalizat te, abscide eam et

¹⁹ *om.* qui autem fecerit . . . regno caelorum D   ²⁰ *om.*
uersum C   ²² raca 𝔖ℭ   ²³ offers 𝔖ℭ   ²⁴ reconciliari 𝔖ℭ
offeres 𝔖ℭ   ²⁸ quoniam: quia 𝔖ℭ   ³⁰ dextra 𝔖ℭ   abscinde 𝔖

proice abs te: expedit enim tibi ut pereat unum
membrorum tuorum, quam totum corpus tuum
eat in gehennam. Dictum est autem, Quicum- 31
que dimiserit uxorem suam, det illi libellum
repudii. Ego autem dico uobis : quia omnis 32
qui dimiserit uxorem suam, excepta fornicationis causa, facit eam moechari : et qui dimissam duxerit adulterat.

Iterum audistis quia dictum est antiquis, 33
Non peierabis : reddes autem Domino iura-
menta tua. Ego autem dico uobis, non iurare 34
omnino : neque per caelum quia thronus Dei
est : neque per terram quia scabellum est pe- 35
dum eius : neque per Hierosolymam quia ciuitas est magni regis: neque per caput tuum iura- 36
ueris quia non potes unum capillum album
facere aut nigrum. Sit autem sermo uester, 37
est, est, non, non: quod autem his abundantius
est, a malo est.

Audistis quia dictum est, Oculum pro oculo, 38
et dentem pro dente. Ego autem dico uobis, 39
non resistere malo. Sed si quis te percusserit
in dextera maxilla tua praebe illi et alteram :
et ei qui uult tecum iudicio contendere et tuni- 40
cam tuam tollere, remitte ei et pallium : et qui- 41
cumque te angariauerit mille passus, uade cum
illo alia duo. Qui petit a te da ei : et uolenti 42
mutuari a te ne auertaris.

Audistis quia dictum est, Diliges proximum 43
tuum, et odio habebis inimicum tuum. Ego 44
autem dico uobis : diligite inimicos uestros :
benefacite his qui oderunt uos : et orate pro

19. 7,
Mc. 10. 4,
Dt. 24. 1.

19. 9,
Mc. 10. 11, 12,
Lc. 16. 18,
1 Cor. 7. 10,
11.

Leu. 19. 12,
Ex. 20. 7,
Dt. 5. 11,
23. 21-23.
Num. 30. 3,
Iac. 5. 12.
Es. 66. 1.
Ps. 47 (48). 3.

2 Cor. 1. 17,
Iac. 5. 12.

Ex. 21. 24,
Leu. 24. 20,
Dt. 19. 21.
39–42
Lc. 6. 29, 30,
Rom. 12. 17,
19.
1 Cor. 6. 7.

Lc. 6. 35.

Leu. 19. 18.
Dt. 23. 6,
1 Esdr. 9. 12.
Lc. 6. 27, 28,
35.
1 Thess. 5. 15,

---

³¹ illi : ei 𝔖ℭ   ³³ peierabis AF(H)MVZ* : periurabis CDZ²
al. 𝔖ℭ   ³⁹ dexteram maxillam tuam 𝔖ℭ   ⁴⁰ tecum + in 𝔖
dimitte 𝔖ℭ   ⁴¹ illo + et 𝔖ℭ

11

1 Pe. 3. 9.
Rom. 12. 20.
Lc. 6. 35.

45 persequentibus et calumniantibus uos : ut sitis filii Patris uestri qui in caelis est : qui solem suum oriri facit super bonos et malos : et pluit

Lc. 6. 32.

46 super iustos et iniustos. Si enim diligatis eos qui uos diligunt, quam mercedem habebitis ? 47 nonne et publicani hoc faciunt ? Et si saluta-ueritis fratres uestros tantum, quid amplius fa-

Lc. 6. 36.
Leu. 19. 2.
1 Pe. 1. 16.

48 citis ? nonne et ethnici hoc faciunt ? Estote ergo uos perfecti : sicut et Pater uester caelestis perfectus est.

6 Attendite ne iustitiam uestram faciatis co-ram hominibus ut uideamini ab eis : alioquin mercedem non habebitis apud Patrem ue-strum qui in caelis est.

2 Cum ergo facies elemosynam, noli tuba ca-nere ante te, sicut hypocritae faciunt in syna-gogis et in uicis, ut honorificentur ab homini-bus : amen dico uobis, receperunt mercedem

Rom. 12. 8.

3 suam. Te autem faciente elemosynam nesciat 4 sinistra tua quid faciat dextera tua : ut sit ele-mosyna tua in abscondito : et Pater tuus qui uidet in abscondito reddet tibi.

23. 5.

5 Et cum oratis non eritis sicut hypocritae, qui amant in synagogis et in angulis platearum stantes orare, ut uideantur ab hominibus : amen 6 dico uobis, receperunt mercedem suam. Tu autem cum orabis, intra in cubiculum tuum : et clauso ostio tuo ora Patrem tuum in abscon-dito : et Pater tuus qui uidet in abscondito red-

Mc. 12. 40.
Lc. 20. 47.

7 det tibi. Orantes autem nolite multum loqui sicut ethnici : putant enim quia in multiloquio

u. 32,
Mc. 11. 24.

8 suo exaudiantur. Nolite ergo adsimilari eis : scit enim Pater uester quibus opus sit uobis

Marginal numbers: 41 / 5 (at v.46), 42 / 10 (at ch.6), 43 / 5 (at v.7)

---

⁴⁶ diligitis 𝕊ℭ   6. ² facis 𝕊ℭ   ⁶ oraueris 𝕊ℭ   tuo *om.*
𝕊ℭ   ⁷ ethnici + faciunt 𝕊   quia : quòd 𝕊ℭ   ⁸ quibus :
quid 𝕊ℭ

ante quam petatis eum. Sic ergo uos orabitis: 9
Pater noster qui es in caelis, sanctificetur nomen tuum : ¹ adueniat regnum tuum : fiat uo- 10
luntas tua sicut in caelo et in terra. Panem no- 11
strum supersubstantialem da nobis hodie: et 12
dimitte nobis debita nostra, sicut et nos dimittimus debitoribus nostris : et ne inducas 13
nos in temtationem : sed libera nos a malo.
$\frac{44}{6}$ Si enim dimiseritis hominibus peccata eorum, 14
dimittet et uobis Pater uester caelestis delicta
uestra : si autem non dimiseritis hominibus, 15
nec Pater uester dimittet peccata uestra.

$\frac{45}{10}$ Cum autem ieiunatis, nolite fieri sicut hypo- 16
critae tristes : demoliuntur enim facies suas
ut pareant hominibus ieiunantes : amen dico
uobis quia receperunt mercedem suam. Tu 17
autem cum ieiunas unge caput tuum, et faciem
tuam laua : ne uidearis hominibus ieiunans, 18
sed Patri tuo qui est in abscondito : et Pater
tuus qui uidet in abscondito reddet tibi.

Nolite thesaurizare uobis thesauros in terra: 19
ubi erugo et tinea demolitur, et ubi fures effo-
$\frac{46}{5}$ diunt et furantur. Thesaurizate autem uobis 20
thesauros in caelo : ubi neque erugo neque
tinea demolitur, et ubi fures non effodiunt nec
furantur. Ubi enim est thesaurus tuus, ibi est 21
$\frac{47}{5}$ et cor tuum. Lucerna corporis est oculus : 22
si fuerit oculus tuus simplex, totum corpus

Margin references:

9-13
Lc. 11. 2-4.
Lc. 22. 42.
18. 21-35,
Mc. 11. 25.
26. 41,
Mc. 14. 38,
Lc. 22. 40.
Ioh. 17. 15.
Ecclus. 28. 2,
Lc. 6. 37.

Es. 58. 5-9.

19. 21,
Lc. 12. 33, 34,
18. 22,
1 Tim. 6. 18,
19.

Lc. 11. 34, 35.

---

¹¹ **supersubstantialem** AHMVZ *al.* 𝔖ℭ : cotidianum CD *al.* ;
supersubstantialem cotidianum F ¹² dimisimus DZ* ¹³ > nos
inducas 𝔖ℭ ; patiaris nos induci D (*cf. Tert.* ' *de Orat.*' viii) malo
+amen 𝔖ℭ ¹⁵ dimittet + vobis 𝔖ℭ ¹⁶ demoliuntur Z*
(*uid.*) *al. et Hieron.* (*comm. in Mt.*) *diserte* : exterminant ACDFHMV
al. 𝔖ℭ appareant 𝔖ℭ ¹⁹ aerugo 𝔖ℭ *et* 20 ²⁰ demolitur :
exterminat C ²² corporis + tui 𝔖ℭ oculus *pr.* + tuus 𝔖ℭ
> si oc. tuus fu. simplex 𝔖ℭ

20. 15. 23 tuum lucidum erit : si autem oculus tuus nequam fuerit, totum corpus tuum tenebrosum
erit. Si ergo lumen quod in te est tenebrae
Lc. 16. 13. 24 sunt, tenebrae quantae erunt. Nemo potest $\frac{48}{5}$
duobus dominis seruire : aut enim unum odio
habebit et alterum diliget, aut unum sustine-
bit et alterum contemnet : non potestis Deo
25-33   25 seruire et mamonae. Ideo dico uobis ne solli- $\frac{49}{5}$
Lc. 12. 22-
31.   citi sitis animae uestrae quid manducetis, ne-
1 Tim. 6. 8. que corpori uestro quid induamini : nonne
anima plus est quam esca, et corpus quam
Iob. 38. 41. 26 uestimentum ? Respicite uolatilia caeli, quoniam non serunt neque metunt, neque con-
gregant in horrea : et Pater uester caelestis
pascit illa : nonne uos magis pluris estis illis?
27 Quis autem uestrum cogitans potest adicere
28 ad staturam suam cubitum unum? Et de uestimento quid solliciti estis ? Considerate lilia
agri quomodo crescunt : non laborant neque
3 Reg. (1 29 nent: dico autem uobis quoniam nec Salomon
Reg.) 10. 4-7. in omni gloria sua coopertus est sicut unum
30 ex istis. Si autem faenum agri, quod hodie
est et cras in clibanum mittitur, Deus sic ues-
31 tit : quanto magis uos minimae fidei ? Nolite
ergo solliciti esse, dicentes Quid manducabi-
mus aut quid bibemus, aut quo operiemur ?
32 ¹haec enim omnia gentes inquirunt : scit enim
Rom. 14. 17. 33 Pater uester quia his omnibus indigetis. Quaerite autem primum regnum Dei et iustitiam
34 eius : et haec omnia adicientur uobis. Nolite
ergo esse solliciti in crastinum : crastinus

---

²³ > fuerit nequam 𝕾𝕮   tenebrae *sec.* : ipsae tenebrae 𝕾𝕮
erunt ? 𝕾𝕮   ²⁴ mammonae 𝕾𝕮   ²⁵ corpus +plus 𝕾𝕮   ²⁸ estis.
𝕾   ³⁰ autem : enim 𝕾   foenum 𝕾𝕮   minimae : modicae
𝕾𝕮   ³³ autem : ergo 𝕾𝕮   *om.* Dei AZ*   ³⁴ > soliciti esse 𝕾𝕮

enim dies sollicitus erit sibi ipse : sufficit diei
malitia sua.

$\frac{50}{2}$ Nolite iudicare ut non iudicemini : in quo 7₂
enim iudicio iudicaueritis iudicabimini : et in
qua mensura mensi fueritis metietur uobis.
$\frac{51}{5}$ Quid autem uides festucam in oculo fratris tui, 3
et trabem in oculo tuo non uides ? Aut quo- 4
modo dicis fratri tuo, Sine eiciam festucam de
oculo tuo : et ecce trabes est in oculo tuo ?
Hypocrita, eice primum trabem de oculo tuo : 5
et tunc uidebis eicere festucam de oculo fratris
tui.

$\frac{52}{10}$ Nolite dare sanctum canibus, neque mittatis 6
margaritas uestras ante porcos : ne forte con-
culcent eas pedibus suis, et conuersi disrum-
pant uos.

$\frac{53}{5}$ Petite et dabitur uobis : quaerite et inuenie- 7
tis : pulsate et aperietur uobis. Omnis enim 8
qui petit accipit : et qui quaerit inuenit : et
pulsanti aperietur. Aut quis est exuobishomo, 9
quem si petierit filius suus panem, numquid
lapidem porriget ei? Aut si piscem petet, num- 10
quid serpentem porriget ei ? Si ergo uos cum 11
sitis mali, nostis bona dare filiis uestris : quanto
magis Pater uester qui in caelis est, dabit bona
$\frac{54}{5}$ petentibus se. Omnia ergo quaecumque uultis 12
ut faciant uobis homines, et uos facite eis: haec
est enim lex et prophetae.

$\frac{55}{5}$ Intrateperangustamportam : quia lata porta 13
et spatiosa uia quae ducit ad perditionem : et
multi sunt qui intrant per eam. Quam angusta 14

Marginal references:

1-5
Lc. 6. 37, 38,
41, 42.
1 Cor. 4. 5.
Mc. 4. 24.
Rom. 2. 1.

15. 26.

7-11
Lc. 11. 9-13.
Mc. 11. 24.
21. 22.
Ioh. 14. 13,
16. 23, 24.

Lc. 6. 31.
Tob. 4. 16.

Lc. 13. 24.

Mc. 10. 24.   19. 24,   porta et arta uia quae ducit ad uitam : et pauci
sunt qui inueniunt eam.

24. 11, 24,   15   Attendite a falsis prophetis, qui ueniunt ad $\frac{56}{10}$
Mc. 13. 22.   uos in uestimentis ouium : intrinsecus autem

12. 33,   16 sunt lupi rapaces : a fructibus eorum cogno-
Lc. 6. 44, 45.   scetis eos.   Numquid colligunt de spinis uuas 57/5
17 aut de tribulis ficus ?   Sic omnis arbor bona 58/5
fructus bonos facit : mala autem arbor fructus

Lc. 6. 43.   18 malos facit.   Non potest arbor bona fructus
malos facere : neque arbor mala fructus bonos

3. 10,   19 facere.   Omnis arbor quae non facit fructum
Lc. 3. 9,   20 bonum, exciditur et in ignem mittitur : igitur
Ioh. 15. 2, 6.

Lc. 6. 46.   21 ex fructibus eorum cognoscetis eos.   Non omnis $\frac{59}{3}$
Rom. 2. 13,   qui dicit mihi Domine, Domine, intrabit in
Iac. 1. 22.   regnum caelorum : sed qui facit uoluntatem
Patris mei qui in caelis est, ipse intrabit in

Lc. 13. 25–27.   22 regnum caelorum. Multi dicent mihi in illa die, $\frac{60}{5}$
Domine, Domine, nonne in tuo nomine pro-
phetauimus, et in tuo nomine daemonia eieci-
mus, et in tuo nomine uirtutes multas fecimus?

23 Et tunc confitebor illis Quia numquam noui
uos : discedite a me qui operamini iniquitatem. $\frac{61}{5}$

24–27   24 Omnis ergo qui audit uerba mea haec et facit 5
Lc. 6. 47–49.   ea, adsimilabitur uiro sapienti, qui aedificauit

25 domum suam supra petram : et descendit pluuia, et uenerunt flumina, et flauerunt uenti, et
inruerunt in domum illam, et non cecidit : fun-

26 data enim erat supra petram.   Et omnis qui
audit uerba mea haec et non facit ea, similis
erit uiro stulto, qui aedificauit domum suam

27 supra harenam : et descendit pluuia, et uenerunt flumina, et flauerunt uenti, et inruerunt

[14] arcta 𝔖ℭ   uia + est 𝔖ℭ   [17] > malos fructus 𝔖ℭ
[18] > malos fructus *et* bonos fructus 𝔖ℭ   [19] excidetur *et* mittetur
𝔖ℭ   [22] > in nomine tuo *ter* 𝔖ℭ   [23] a me + omnes 𝔖
[25] irruerunt 𝔖ℭ *et* 27   super ℭ   [26] super 𝔖ℭ

in domum illam, et cecidit, et fuit ruina eius
magna.

$\frac{62}{2}$ Et factum est cum consummasset Iesus 28
uerba haec, admirabantur turbae super doctrinam eius : erat enim docens eos sicut pote- 29
statem habens : non sicut scribae eorum et
Pharisaei.

22. 33,
Mc. 1. 22,
11. 18,
Lc. 4. 32,
Ioh. 7. 46.

$\frac{63}{2}$ Cum autem descendisset de monte, secutae 8
sunt eum turbae multae.   Et ecce leprosus 2
ueniens adorabat eum, dicens : Domine, si uis
potes me mundare.   Et extendens manum 3
tetigit eum Iesus, dicens : Uolo, mundare.
Et confestim mundata est lepra eius. ¹ Et ait 4
illi Iesus : Uide nemini dixeris : sed uade ostende te sacerdoti, et offer munus quod praecepit Moses in testimonium illis.

2-4
Mc. 1. 40-44.
Lc. 5. 12-14.

Lc. 17. 14.
Leu. 13. 49,
14. 2-32.

$\frac{64}{3}$ Cum autem introisset Capharnaum, accessit 5
ad eum centurio, rogans eum ¹ et dicens : Do- 6
mine, puer meus iacet in domo paralyticus et
male torquetur.   Ait illi Iesus : Ego ueniam 7
et curabo eum.   Et respondens centurio ait : 8
Domine, non sum dignus ut intres sub tectum
meum : sed tantum dic uerbo et sanabitur
puer meus.   Nam et ego homo sum sub pote- 9
state, habens sub me milites : et dico huic
Uade et uadit : et alio Ueni et uenit : et seruo
meo Fac hoc et facit.   Audiens autem Iesus 10
miratus est, et sequentibus se dixit : Amen
dico uobis non inueni tantam fidem in Israhel.

5-13
Lc. 7. 1-10 ;
cf. Ioh. 4. 47-
54.

$\frac{65}{5}$ Dico autem uobis quod multi ab oriente et oc- 11
cidente uenient, et recumbent cum Abraham
et Isaac et Iacob in regno caelorum : filii au- 12

Lc. 13. 28, 29.

²⁷ eius : illius 𝕾ℭ   ²⁸ doctrina 𝕾ℭ   ²⁹ habens + et 𝕾ℭ
om. eorum 𝕾   8. ¹ sequutae 𝕾ℭ   ³ > Iesus manum, tetigit
eum 𝕾ℭ   ⁷ + et *ad init.* 𝕾ℭ   ⁹ potestate + constitutus 𝕾ℭ
alii ℭ

tem regni eicientur in tenebras exteriores : ibi

9. 29, 15. 28. 13 erit fletus et stridor dentium.   Et dixit Iesus $\frac{66}{5}$
centurioni : Uade, et sicut credidisti fiat tibi.
Et sanatus est puer in hora illa.

14-16
Mc. 1. 29-34.
Lc. 4. 38-41. 14   Et cum uenisset Iesus in domum Petri, uidit $\frac{67}{2}$
15 socrum eius iacentem et febricitantem.   Et
tetigit manum eius, et dimisit eam febris : et
16 surrexit et ministrabat eis.   Uespere autem
facto optulerunt ei multos daemonia habentes :
et eiciebat spiritus uerbo : et omnes male ha-
Es. 53. 4. 17 bentes curauit.   Ut adimpleretur quod dictum est per Esaiam prophetam dicentem : Ipse
infirmitates nostras accepit, et aegrotationes
portauit.

Mc. 4. 35.
Lc. 8. 22.
19-22
Lc. 9. 57-60. 18   Uidens autem Iesus turbas multas circum
19 se, iussit ire trans fretum.   Et accedens unus $\frac{68}{5}$
scriba ait illi : Magister, sequar te quocumque
20 ieris.   Et dicit ei Iesus : Uulpes foueas habent, et uolucres caeli tabernacula : Filius autem hominis non habet ubi caput reclinet.
3 Reg. (1
Reg.) 19. 20. 21 Alius autem de discipulis eius ait illi : Domine,
permitte me primum ire et sepelire patrem
22 meum.   Iesus autem ait illi : Sequere me : et
dimitte mortuos sepelire mortuos suos.

23-27
Mc. 4. 36-40.
Lc. 8. 22-25. 23   Et ascendente eo in nauiculam, secuti sunt $\frac{69}{2}$
24 eum discipuli eius.   Et ecce motus magnus
factus est in mari, ita ut nauicula operiretur
25 fluctibus : ipse uero dormiebat.   Et accesserunt et suscitauerunt eum, dicentes : Domine,
26 salua nos, perimus.   Et dicit eis : Quid timidi
estis, modicae fidei ? Tunc surgens increpauit

---

¹² ibi : ubi 𝕾   ¹³ > illa hora 𝕾ℭ   ¹⁷ aegrot. + nostras 𝕾ℭ
¹⁸ iussit + discipulos 𝕾   ²⁰ tabernacula DᶜZ *al.*, *et* tabern. ubi
requiescant F : nidos ACHMV𝕾ℭ ; nidos tabernacula D*   caput
+ suum 𝕾   ²⁵ accesserunt + ad eum discipuli eius D𝕾ℭ   ²⁶ eis
+ Iesus 𝕾ℭ   increpauit AH* : imperauit CDFHᶜMVZ𝕾ℭ

uento et mari: et facta est tranquillitas magna. Porro homines mirati sunt, dicentes : 27
Qualis est hic quia et uenti et mare oboediunt ei ?

Et cum uenisset trans fretum in regionem 28
Gerasenorum, occurrerunt ei duo habentes
daemonia, de monumentis exeuntes, saeui nimis ita ut nemo posset transire per uiam illam.
Et ecce clamauerunt, dicentes : Quid nobis 29
et tibi, fili Dei ? Uenisti huc ante tempus
torquere nos ? Erat autem non longe ab illis 30
grex porcorum multorum pascens : daemones 31
autem rogabant eum dicentes : Si eicis nos,
mitte nos in gregem porcorum. Et ait illis : 32
Ite. At illi exeuntes abierunt in porcos : et
ecce impetu abiit totus grex per praeceps in
mare, et mortui sunt in aquis. Pastores autem 33
fugerunt : et uenientes in ciuitatem nuntiauerunt omnia, et de his qui daemonia habuerant.
Et ecce tota ciuitas exiit obuiam Iesu : et uiso 34
eo rogabant ut transiret a finibus eorum.

70
1

Et ascendens in nauiculam, transfretauit : 9
et uenit in ciuitatem suam.   Et ecce offere- 2
bant ei paralyticum iacentem in lecto : et uidens Iesus fidem illorum, dixit paralytico :
Confide fili, remittuntur tibi peccata tua. ¹ Et 3
ecce quidam de scribis dixerunt intra se : Hic
blasphemat.   Et cum uidisset Iesus cogita- 4
tiones eorum dixit : Ut quid cogitatis mala in
cordibus uestris ? Quid est facilius dicere Di- 5
mittuntur tibi peccata ? aut dicere Surge et

Right margin:

28-34
Mc. 5. 1-17.
Lc. 8. 26-37.

Mc. 1. 24,
Lc. 4. 34, 41.

Mc. 5. 21,
Lc. 8. 40.
2-8
Mc. 2. 3-12.
Lc. 5. 18-26.

---

²⁶ ventis 𝔖ℭ   ²⁷ *om.* et *pr.* 𝔖ℭ   ²⁸ uenisset + Iesus 𝔖
²⁹ tibi + Iesu 𝔖ℭ   ³⁰ > mult. porc. 𝔖ℭ   ³¹ nos + hinc 𝔖ℭ
³² ecce + magno 𝔖   ³³ nunt. + haec· 𝔖   his : eis 𝔖ℭ   ³⁴ rogabant + eum 𝔖   9. ¹ ascendens + Iesus 𝔖   ² et uidens
> videns autem 𝔖   ⁵ peccata + tua 𝔖ℭ   aut : an 𝔖ℭ

6 ambula? Ut sciatis autem quoniam Filius
hominis habet potestatem in terra dimittendi
peccata, tunc ait paralytico : Surge tolle lec-
7 tum tuum, et uade in domum tuam. Et surrexit
8 et abiit in domum suam. Uidentes autem turbae timuerunt : et glorificauerunt Deum qui
dedit potestatem talem hominibus.

9 Et cum transiret inde Iesus, uidit hominem $\frac{71}{2}$
sedentem in teloneo Mattheum nomine : et
ait illi Sequere me. Et surgens secutus est eum.

10 Et factum est, discumbente eo in domo, $\frac{72}{2}$
ecce multi publicani et peccatores uenientes
11 discumbebant cum Iesu et discipulis eius. Et
uidentes Pharisaei dicebant discipulis eius :
Quare cum publicanis et peccatoribus mandu-
12 cat magister uester? At Iesus audiens ait : $\frac{73}{2}$
Non est opus ualentibus medico, sed male
13 habentibus. Euntes autem discite quid est :
Misericordiam uolo et non sacrificium. Non
enim ueni uocare iustos sed peccatores.

14 Tunc accesserunt ad eum discipuli Iohannis
dicentes : Quare nos et Pharisaei ieiunamus
frequenter, discipuli autem tui non ieiunant?
15 Et ait illis Iesus : Numquid possunt filii sponsi lugere quamdiu cum illis est sponsus? Uenient autem dies cum auferetur ab eis sponsus,
16 et tunc ieiunabunt. Nemo autem inmittit
commissuram panni rudis in uestimentum uetus : tollit enim plenitudinem eius a uesti-
17 mento, et peior scissura fit. Neque mittunt
uinum nouum in utres ueteres : alioquin rum-
puntur utres, et uinum effunditur, et utres pereunt : sed uinum nouum in utres nouos mittunt, et ambo conseruantur.

9–17
Mc. 2. 14–22.
Lc. 5. 27–38.

12. 7.
Os. 6. 6.

Ioh. 3. 29.

6 > autem sciatis 𝕊ℭ   quia 𝕊ℭ   9 telonio 𝕊ℭ   12 medicus 𝕊ℭ

74
2

Haec illo loquente ad eos, ecce princeps 18
unus accessit et adorabat eum dicens : Filia
mea modo defuncta est : sed ueni inpone manum super eam, et uiuet.   Et surgens Iesus 19
sequebatur eum et discipuli eius.   Et ecce 20
mulier, quae sanguinis fluxum patiebatur duodecim annis, accessit retro et tetigit fimbriam
uestimenti eius : ¹ dicebat enim intra se : Si 21
tetigero tantum uestimentum eius, salua ero.
At Iesus conuersus et uidens eam dixit : Con- 2;
fide filia, fides tua te saluam fecit.   Et salua
facta est mulier ex illa hora.   Et cum uenisset 23
Iesus in domum principis, et uidisset tibicines
et turbam tumultuantem, ¹ dicebat : Recedite : 24
non est enim mortua puella, sed dormit.   Et
deridebant eum.   Et cum eiecta esset turba, 25
intrauit et tenuit manum eius, et surrexit puella.   Et exiit fama haec in uniuersam terram 26
illam.

75
--
10

Et transeunte inde Iesu, secuti sunt eum 27
duo caeci, clamantes et dicentes : Miserere nostri, fili Dauid.   Cum autem uenisset domum, 28
accesserunt ad eum caeci.   Et dicit eis Iesus :
Creditis quia possum hoc facere uobis ? Dicunt ei : Utique, Domine.   Tunc tetigit ocu- 29
los eorum, dicens : Secundum fidem uestram
fiat uobis.   Et aperti sunt oculi illorum : et 30
comminatus est illis Iesus, dicens : Uidete ne
quis sciat.   Illi autem exeuntes diffamauerunt 31
eum in tota terra illa.

Egressis autem illis, ecce optulerunt ei ho- 32
minem mutum, daemonium habentem.   Et 33

18-26
Mc. 5. 22-43.
Lc. 8. 41-56.

12. 22-24.
Lc. 11. 14, 15.

eiecto daemone, locutus est mutus : et mira-
tae sunt turbae dicentes : Numquam apparuit
34 sic in Israhel.   Pharisaei autem dicebant : In
principe daemoniorum eicit daemones.

4. 23, 35   Et circumibat Iesus ciuitates omnes et cas- $\frac{76}{2}$
Mc. 6. 6.   tella, docens in synagogis eorum, et praedicans
euangelium regni, et curans omnem languo-
14. 14, 36 rem et omnem infirmitatem.   Uidens autem $\frac{77}{6}$
Mc. 6. 34.   turbas misertus est eis, quia erant uexati et
iacentes, sicut oues non habentes pastorem.
37 Tunc dicit discipulis suis : Messis quidem $\frac{78}{5}$
Lc. 10. 2, 38 multa, operarii autem pauci.   Rogate ergo Do-
Ioh. 4. 35.   minum messis, ut eiciat operarios in messem
Mc. 6. 7, 10 suam.   Et conuocatis duodecim discipulis suis, $\frac{79}{2}$
Lc. 9. 1.   dedit illis potestatem spirituum inmundorum
ut eicerent eos, et curarent omnem languorem
et omnem infirmitatem.

2-4   2   Duodecim autem Apostolorum nomina sunt $\frac{80}{2}$
Mc. 3. 16-19,   haec.   Primus, Simon qui dicitur Petrus, et
Lc. 6. 14-16,
Act. 1. 13.   3 Andreas frater eius : Iacobus Zebedaei, et Iohannes frater eius : Philippus, et Bartholo-
maeus : Thomas, et Mattheus publicanus : Ia-
4 cobus Alphei, et Thaddaeus : Simon Cana-
naeus, et Iudas Scariotes qui et tradidit eum.
Mc. 6. 7,   5 Hos duodecim misit Iesus, praecipiens eis et $\frac{81}{10}$
Lc. 9. 1, 2.   dicens :
15. 24.   In uiam gentium ne abieritis, et in ciuitates
6 Samaritanorum ne intraueritis : sed potius ite
Mc. 6. 12, 13.   7 ad oues quae perierunt domus Israhel. Euntes $\frac{82}{2}$
autem praedicate dicentes : Quia adpropin-
8 quauit regnum caelorum.   Infirmos curate :
mortuos suscitate : leprosos mundate : dae-

---

33 daemonio 𝔖ℭ   35 > omnes ciuitates 𝔖ℭ   38 eiciat
AH*MVZ *al.* : mittat CDH^c *al.* 𝔖ℭ   10. 2 Apostolorum : discipulorum Z *al.*   3 Alphaei 𝔖ℭ   4 Iscariotes 𝔖ℭ   5 et *pr.*
om. ℭ

mones eicite : gratis accepistis, gratis date.
Nolite possidere aurum neque argentum : ne- 9
que pecuniam in zonis uestris : non peram 10
in uia, neque duas tunicas, neque calciamenta,
neque uirgam : dignus enim est operarius cibo
$\frac{83}{2}$ suo. In quamcumque ciuitatem aut castel- 11
lum intraueritis, interrogate quis in ea dignus
$\frac{84}{5}$ sit : et ibi manete donec exeatis. Intrantes 12
autem in domum, salutate eam. Et si quidem 13
fuerit domus digna, ueniat pax uestra super
eam : si autem non fuerit digna, pax uestra ad
$\frac{85}{2}$ uos reuertatur. Et quicumque non receperit 14
uos, neque audierit sermones uestros : exeun-
tes foras de domo uel de ciuitate, excutite puluerem de pedibus uestris. Amen dico uobis : 15
tolerabilius erit terrae Sodomorum et Gomorraeorum in die iudicii, quam illi ciuitati.
$\frac{86}{5}$ Ecce ego mitto uos sicut oues in medio lu- 16
porum : estote ergo prudentes sicut serpentes,
$\frac{87}{1}$ et simplices sicut columbae. Cauete autem 17
ab hominibus : tradent enim uos in conciliis,
et in synagogis suis flagellabunt uos : et ad 18
praesides et ad reges ducemini propter me, in
$\frac{88}{2}$ testimonium illis et gentibus. Cum autem 19
tradent uos, nolite cogitare quomodo aut quid
loquamini : dabitur enim uobis in illa hora,
quid loquamini : non enim uos estis qui loqui- 20
mini, sed spiritus Patris uestri qui loquitur in
uobis. Tradet autem frater fratrem in mor- 21
tem, et pater filium : et insurgent filii in pa-

Margin references:

9–15
Mc. 6. 8–11,
Lc. 9. 3–5,
10. 4–12,
22. 35.

1 Tim. 5. 18.

Act. 13. 51,
18. 6.

11. 24.
Gen. 19. 24.

Lc. 10. 3.
Ioh. 10. 12,
Act. 20. 29.

Mc. 13. 9, 11,
Lc. 12. 11, 12.

19–22
Mc. 13. 11–13,
Lc. 21. 12–19,
Ioh. 14. 26.

---

[11] quamcumque + autem $\mathfrak{SC}$ [12] eam *sine addit.* AM *al.* :
+ dicentes : Pax huic domui CDFHVZ *al.* $\mathfrak{SC}$ [13] domus + illa
$\mathfrak{SC}$ veniet $\mathfrak{SC}$ reuertetur DHVZ *al.* $\mathfrak{SC}$ > reuertetur ad
vos $\mathfrak{SC}$ [14] uel ciuitate (*om.* de) $\mathfrak{SC}$ uestris *sine addit.* CD
VZ *al.* $\mathfrak{SC}$: + in testimonium eorum AFHM *al.*   [15] Gomorrhaeorum $\mathfrak{SC}$

24. 9, 13.
Ioh. 15. 18,
19, 21.

22 rentes, et morte eos afficient : et eritis odio
omnibus propter nomen meum : qui autem
23 perseuerauerit in finem, hic saluus erit.   Cum $\frac{89}{10}$
autem persequentur uos in ciuitate ista, fugite
in aliam : amen enim dico uobis, non consum-
mabitis ciuitates Israhel, donec ueniat Filius
hominis.

Lc. 6. 40.
Ioh. 13. 16,
15. 20.

24   Non est discipulus super magistrum, nec $\frac{90}{3}$
25 seruus super dominum suum : sufficit discipulo ut sit sicut magister eius, et seruus sicut

9. 34, 12. 24,
Mc. 3. 22,
Lc. 11. 15.
26-33
Lc. 12. 2-9.
Mc. 4. 22,
Lc. 8. 17.

dominus eius.   Si patrem familias Beelzebub $\frac{91}{10}$
uocauerunt, quanto magis domesticos eius :
26 ¹ ne ergo timueritis eos.   Nihil enim opertum $\frac{92}{2}$
quod non reuelabitur : et occultum quod non
27 scietur.   Quod dico uobis in tenebris, dicite $\frac{93}{5}$
in lumine : et quod in aure auditis, praedicate
28 super tecta.   Et nolite timere eos qui occidunt
corpus: animam autem non possunt occidere :
sed potius eum timete, qui potest et animam
29 et corpus perdere in gehennam.   Nonne duo
passeres asse ueneunt ?   Et unus ex illis non
30 cadet super terram sine Patre uestro.   Uestri
autem et capilli capitis omnes numerati sunt.
31 Nolite ergo timere : multis passeribus meliores
32 estis uos.   Omnis ergo qui confitebitur me coram hominibus, confitebor et ego eum coram

Mc. 8. 38,
Lc. 9. 26.
2 Tim. 2. 12.
Apoc. 3. 5.

33 Patre meo qui est in caelis.   Qui autem nega- $\frac{94}{2}$
uerit me coram hominibus, negabo et ego eum
coram Patre meo qui est in caelis.

34   Nolite arbitrari quia uenerim mittere pacem $\frac{95}{5}$

Lc. 12. 51-53.

in terram: non ueni pacem mittere sed gladium.

---

²² omnibus + hominibus 𝕾   perseuerauerit + usque 𝕾ℂ   ²³ *om.*
enim 𝕾ℂ   ²⁵ seruo 𝕾ℂ   ²⁶ enim + est 𝕾ℂ   ²⁸ > timete
eum 𝕾ℂ   ²⁹ vaeneunt: . . . vestro? ℂ   ³⁰ *om.* et 𝕾ℂ
³² > in caelis est 𝕾ℂ   ³³ > in caelis est 𝕾ℂ   ³⁴ > pacem
venerim mittere in terram 𝕾ℂ

Ueni enim separare hominemaduersus patrem 35   Mic. 7. 6.
suum, et filiam aduersus matrem suam, et nurum aduersus socrum suam : et inimici ho- 36
96 minis domestici eius.   Qui amat patrem aut 37   Lc. 14. 26.
5 matrem plus quam me, non est me dignus : et
qui amat filium aut filiam super me, non est
me dignus : et qui non accipit crucem suam et 38   16. 24, 25,
97 sequitur me, non est me dignus. Qui inuenit 39   Mc. 8. 34, 35,
3 animam suam, perdet illam : et qui perdiderit   Lc. 9. 23, 24,
animam suam propter me, inueniet eam.   14. 27.
                                                   Lc. 17. 33,
                                                   Ioh. 12. 25.
98/1   Qui recipit uos, me recipit : et qui me re- 40   Lc. 10. 16.
99/10 cipit, recipit eum qui me misit.   Qui recipit 41   Mc. 9. 37,
prophetam in nomine prophetae, mercedem   Lc. 9. 48,
                                                   Ioh. 13. 20.
prophetae accipiet : et qui recipit iustum in   Mt. 18. 5.
100 nomine iusti, mercedem iusti accipiet.   Et 42   Mc. 9. 41.
6 quicumque potum dederit uni ex minimis istis
calicem aquae frigidae, tantum in nomine discipuli : amen dico uobis, non perdet mercedem
suam.
101   Et factum est, cum consummasset Iesus prae- 11
10 cipiens duodecim discipulis suis, transiit inde,
ut doceret et praedicaret in ciuitatibus eorum.
102   Iohannes autem cum audisset in uincu- 2   2-19
5 lis opera Christi, mittens duos de discipulis   Lc. 7. 18-35.
suis ¹ ait illi : Tu es qui uenturus es, an 3   14. 3,
alium expectamus? Et respondens Iesus 4   Lc. 3. 20.
ait illis : Euntes renuntiate Iohanni quae
audistis et uidistis. Caeci uident : claudi 5   Lc. 4. 18.
ambulant : leprosi mundantur : surdi audiunt :   Es. 35. 5,
mortui resurgunt : pauperes euangelizantur :   61. 1.
et beatus est qui non fuerit scandalizatus in 6
me.   Illis autem abeuntibus, coepit Iesus 7
dicere ad turbas de Iohanne : Quid existis
in desertum? uidere harundinem uento agi-

11. ⁷ desertum uidere ? *distinguunt* 𝔖ℭ, *et in* 8, 9

8 tatam ? Sed quid existis ? uidere hominem
mollibus uestitum ? Ecce qui mollibus ues-
9 tiuntur in domibus regum sunt. Sed quid
existis ? uidere prophetam ? Etiam dico uo-
10 bis, et plus quam prophetam. Hic·enim est $\frac{103}{2}$
de quo scriptum est :

Mal. 3. 1.
Mc. 1. 2.
Lc. 1. 17, 76.
Ecce ego mitto angelum meum ante faciem
       tuam,
qui praeparabit uiam tuam ante te.

13. 17.   11 Amen dico uobis, non surrexit inter natos $\frac{104}{5}$
mulierum maior Iohanne Baptista : qui autem
minor est in regno caelorum, maior est illo.

Lc. 16. 16.   12 A diebus autem Iohannis Baptistae usque $\frac{105}{5}$
nunc, regnum caelorum uim patitur : et uio-
13 lenti rapiunt illud. Omnes enim prophetae $\frac{106}{10}$
et lex usque ad Iohannen prophetauerunt :

Mal. 4. 5.   14 et si uultis recipere, ipse est Helias qui uen-
15 turus est : qui habet aures audiendi, audiat. $\frac{107}{5}$

Lc. 7. 32.   16 Cui autem similem aestimabo generationem
istam ? Similis est pueris sedentibus in foro :

Prou. 29. 9.   17 qui clamantes coaequalibus ¹ dicunt : Cecini-
mus uobis et non saltastis : lamentauimus et
18 non planxistis. Uenit enim Iohannes neque
manducans neque bibens, et dicunt : Daemo-
19 nium habet. Uenit Filius hominis manducans
et bibens, et dicunt : Ecce homo uorax et
potator uini, publicanorum et peccatorum
amicus. Et iustificata est sapientia a filiis suis.
20   Tunc coepit exprobrare ciuitatibus in qui- $\frac{108}{5}$
bus factae sunt plurimae uirtutes eius, quia

21-24
Lc. 10. 12-15.
Mt. 12. 41,
Lc. 11. 31.
21 non egissent paenitentiam. Uae tibi Chora-
zain : uae tibi Bethsaida : quia si in Tyro et
Sidone factae essent uirtutes quae factae sunt
in uobis, olim in cilicio et cinere paenitentiam

¹⁰ > est enim 𝔖ℭ   ²¹ Corozain 𝔖ℭ

egissent. Uerum tamen dico uobis : Tyro et 22
Sidoni remissius erit in die iudicii quam
uobis. Et tu Capharnaum, numquid usque 23
in caelum exaltaberis? usque in infernum
<u>109</u> descendes. Quia si in Sodomis factae fuissent
<u>10</u> uirtutes quae factae sunt in te, forte mansis-
sent usque in hunc diem. Uerum tamen 24
dico uobis : Quia terrae Sodomorum remissius   10. 15.
erit in die iudicii quam tibi.   Gen. 19. 24.

<u>110</u>   In illo tempore respondens Iesus dixit : 25   25-27
<u>5</u> Confiteor tibi, Pater, Domine caeli et terrae :   Lc. 10. 21, 22.
quia abscondisti haec a sapientibus et pru-
dentibus, et reuelasti ea paruulis. Ita Pater, 26
111/3 quoniam sic fuit placitum ante te. Omnia 27 28. 18.
112/3 mihi tradita sunt a Patre meo. Et nemo   Ioh. 3. 35,
nouit Filium nisi Pater : neque Patrem quis   13. 3, 17. 2.
nouit nisi Filius, et cui uoluerit Filius reuelare.
<u>113</u> Uenite ad me omnes qui laboratis et onerati 28
<u>10</u> estis : et ego reficiam uos. Tollite iugum 29
meum super uos, et discite a me, quia mitis
sum et humilis corde : et inuenietis requiem
animabus uestris. Iugum enim meum suaue 30 1 Ioh. 5. 3.
est, et onus meum leue est.

<u>114</u>   In illo tempore abiit Iesus sabbato per **12**   1-8
<u>2</u> sata : discipuli autem eius esurientes coe-   Mc. 2. 23-28.
perunt uellere spicas, et manducare. Phari- 2   Lc. 6. 1-5.
saei autem uidentes dixerunt ei : Ecce dis-   Dt. 23. 25.
cipuli tui faciunt quod non licet eis facere
sabbatis. At ille dixit eis : Non legistis quid 3   1 Reg. (1
fecerit Dauid, quando esuriit, et qui cum eo   Sam.) 21. 1-6.
erant ? Quomodo intrauit in domum Dei et 4   Ex. 25. 30,
panes propositionis comedit, quos non licebat   40. 21.
ei edere, neque his qui cum eo erant, nisi   Leu. 24. 5-9.

---

²² Verumtamen 𝕾ℭ *et* 24   ²³ hanc diem 𝕾ℭ   ³⁰ **est** *sec. om.*
𝕾ℭ   **12.** ¹ > per sata sabbato 𝕾ℭ   ² *om.* **eis** ℭ   ³ erant : ℭ

Num. 28. 9,   5 solis sacerdotibus ?   Aut non legistis in lege, $\frac{115}{10}$
Lc. 11. 31, 32.   quia sabbatis sacerdotes in templo sabbatum
6 uiolant, et sine crimine sunt ?   Dico autem
7 uobis, quia templo maior est hic.   Si autem
Os. 6. 6.   sciretis quid est : Misericordiam uolo et non
Mt. 9. 13.   sacrificium : numquam condemnassetis in-
8 nocentes.   Dominus est enim Filius hominis
etiam sabbati.

9-14   9 Et cum inde transisset, uenit in synagogam $\frac{116}{2}$
Mc. 3. 1-6,   10 eorum. Et ecce homo manum habens aridam :
Lc. 6. 6-11.
Lc. 14. 3-5.   et interrogabant eum dicentes : Si licet sab-
11 batis curare ? ut accusarent eum.   Ipse autem dixit illis : Quis erit ex uobis homo qui
habeat ouem unam : et si ceciderit haec
sabbatis in foueam, nonne tenebit et leuabit
12 eam ?   Quanto magis melior est homo oue.
13 Itaque licet sabbatis bene facere. ' Tunc ait
homini : Extende manum tuam.   Et extendit : et restituta est sanitati sicut altera.
14 Exeuntes autem Pharisaei consilium faciebant $\frac{117}{4}$
aduersus eum, quomodo eum perderent.
Mc. 3. 7-12. 15 Iesus autem sciens secessit inde : et secuti $\frac{118}{10}$
16 sunt eum multi et curauit eos omnes.   Et
praecepit eis ne manifestum eum facerent :
17 ut adimpleretur quod dictum est per Esaiam
prophetam dicentem :
Es. 42. 1-3. 18 Ecce puer meus quem elegi :
dilectus meus in quo bene placuit animae
meae.
Ponam spiritum meum super eum :
et iudicium gentibus nuntiabit.
19 Non contendet neque clamabit :
neque audiet aliquis in plateis uocem eius.

---

[8] > enim est $\mathcal{SC}$ [12] oue ? $\mathcal{SC}$ [14] > perderent eum $\mathcal{SC}$
[15] recessit $\mathcal{SC}$ [18] bene complacuit $\mathcal{SC}$

Harundinem quassatam non confringet, 20
et linum fumigans non extinguet :
donec eiciat ad uictoriam iudicium :
et in nomine eius gentes sperabunt. 21

<u>119</u> Tunc oblatus est ei daemonium habens, 22
5 caecus et mutus, et curauit eum, ita ut
<u>120</u> loqueretur et uideret. Et stupebant omnes 23
7 turbae. et dicebant : Numquid hic est filius
<u>121</u> Dauid ? Pharisaei autem audientes dixerunt : 24
2 Hic non eicit daemones nisi in Beelzebub
<u>122</u> principe daemonum. Iesus autem sciens 25
2 cogitationes eorum dixit eis : Omne regnum
diuisum contra se desolatur : et omnis ciuitas
uel domus diuisa contra se non stabit. Et 26
si Satanas Satanan eicit, aduersus se diuisus
est : quomodo ergo stabit regnum eius ? Et 27
si ego in Beelzebub eicio daemones, filii
uestri in quo eiciunt ? Ideo ipsi iudices
erunt uestri. Si autem ego in spiritu Dei 28
eicio daemones, igitur peruenit in uos regnum
Dei. Aut quomodo potest quisquam intrare 29
in domum fortis, et uasa eius diripere, nisi
prius alligauerit fortem ? et tunc domum
illius diripiat. Qui non est mecum, contra 30
me est : et qui non congregat mecum, spar-
<u>123</u> git. Ideo dico uobis : Omne peccatum et 31
2 blasphemia remittetur hominibus : Spiritus
autem blasphemia non remittetur. Et qui- 32
cumque dixerit uerbum contra Filium hominis, remittetur ei : qui autem dixerit contra
Spiritum sanctum, non remittetur ei neque in
<u>124</u> hoc saeculo neque in futuro. Aut facite ar- 33
10

22-24
Lc. 11. 14, 15.

9. 32-34.

25-29
Mc. 3. 23-27,
Lc. 11. 17-22.

Lc. 11. 23.
Mc. 9. 40,
Lc. 9. 50.

31, 32
Mc. 3. 28-30.
Lc. 12. 10.

7. 16-20.
Lc. 6. 43-45.

²⁴ daemonum AHMZ^c (*cf.* daemones *supra et gr.* δαιμόνια . . .
δαιμονίων) : daemoniorum CDVZ*𝔖ℭ . ²⁵ desolatur MZ* *al.* :
-labitur ACDFHVZ^c𝔖ℭ ²⁶ satanam 𝔖ℭ ²⁷ > vestri erunt
𝔖ℭ ²⁹ diripiet 𝔖ℭ ³¹ sp. autem blasphemiae 𝔖

borem bonam, et fructum eius bonum : aut
facite arborem malam, et fructum eius malum : siquidem ex fructu arbor agnoscitur.
34 Progenies uiperarum, quomodo potestis bona
loqui cum sitis mali? ex abundantia enim
35 cordis os loquitur. Bonus homo de bono $\frac{125}{5}$
thesauro profert bona : et malus homo de
36 malo thesauro profert mala. Dico autem $\frac{126}{10}$
uobis quoniam omne uerbum otiosum quod
locuti fuerint homines, reddent rationem de
37 eo in die iudicii. Ex uerbis enim tuis iusti-
ficaberis : et ex uerbis tuis condemnaberis.

16. 1. 38   Tunc responderunt ei quidam de scribis et $\frac{127}{5}$
Pharisaeis, dicentes : Magister, uolumus a te

39-42
Mc. 8. 11, 12,
Lc. 11. 29-32.

39 signum uidere. Qui respondens ait illis : $\frac{128}{5}$
Generatio mala et adultera signum quaerit : et
signum non dabitur ei, nisi signum Ionae pro-

16. 4.
Ion. 2. 1.

40 phetae. Sicut enim fuit Ionas in uentre ceti,
tribus diebus et tribus noctibus, sic erit Filius
hominis in corde terrae, tribus diebus et tri-

Ion. 3. 5.

41 bus noctibus. Uiri Nineuitae surgent in iudicio cum generatione ista, et condemnabunt
eam : quia paenitentiam egerunt in praedica-

6.

42 tione Ionae : et ecce plus quam Iona hic. Re-

3 Reg. (1
Reg.) 10.
1-10.

gina austri surget in iudicio cum generatione
ista, et condemnabit eam : quia uenit a finibus
terrae audire sapientiam Salomonis : et ecce

6.
Lc. 11. 24-26.

43 plus quam Salomon hic. Cum autem inmun- $\frac{129}{5}$
dus spiritus exierit ab homine, ambulat per
loca arida, quaerens requiem et non inuenit.

44 Tunc dicit : Reuertar in domum meam, unde
exiui : et ueniens inuenit uacantem, scopis

45 mundatam, et ornatam. Tunc uadit et adsumit septem alios spiritus secum nequiores se :

---

et intrantes habitant ibi : et fiunt nouissima   2 Pe. 2. 20.
hominis illius peiora prioribus : sic erit et generationi huic pessimae.

¹³⁰ Adhuc eo loquente ad turbas, ecce mater 46   46-50
2 eius et fratres stabant foris, quaerentes loqui   Mc. 3. 31-35.
                                                      Lc. 8. 19-21.
ei. Dixit autem ei quidam : Ecce mater tua 47
et fratres tui foris stant, quaerentes te. At ille 48
respondens dicenti sibi ait : Quae est mater
mea, et qui sunt fratres mei? Et extendens 49
manum in discipulos dixit : Ecce mater mea
et fratres mei : quicumque enim fecerit uolun- 50
tatem Patris mei qui in caelis est, ipse meus
et frater, et soror, et mater est.

¹³¹ In illo die exiens Iesus de domo, sedebat 13   1-15
2 secus mare. Et congregatae sunt ad eum tur- 2   Mc. 4. 1-12.
                                                    Lc. 8. 4-10.
bae multae, ita ut in nauiculam ascendens se-
deret : et omnis turba stabat in litore. Et 3
locutus est eis multa in parabolis dicens : Ecce
exiit qui seminat seminare. Et dum seminat, 4
quaedam ceciderunt secus uiam : et uenerunt
uolucres et comederunt ea. Alia autem ceci- 5
derunt in petrosa, ubi non habebant terram
multam : et continuo exorta sunt, quia non
habebant altitudinem terrae : sole autem orto 6
aestuauerunt : et quia non habebant radicem
aruerunt. Alia autem ceciderunt in spinas : et 7
creuerunt spinae et suffocauerunt ea. Alia 8
uero ceciderunt in terram bonam : et dabant
fructum, aliud centesimum, aliud sexagesimum,
aliud tricesimum. Qui habet aures audiendi, 9
audiat.
  Et accedentes discipuli dixerunt ei : Quare 10

---

⁴⁸ ille : ipse 𝔖ℭ   ⁴⁹ discipulos + suos 𝔖ℭ   ⁵⁰ om. et (ante
frater) 𝔖ℭ   13. ³ seminare + semen suum 𝔖   ⁴ uolucres
+ caeli 𝔖ℭ   ⁵ habebant pr. codd. aliq. et 𝔖ℭ : habebat ACDF
HMVZ etc.   ⁸ uero : autem 𝔖ℭ   trigesimum 𝔖ℭ

11 in parabolis loqueris eis ? Qui respondens ait
illis : Quia uobis datum est nosse mysteria
regni caelorum : illis autem non est datum.

25. 29,
Mc. 4. 25,
Lc. 8. 18,
19. 26.
Dt. 29. 4.
Es. 6. 9, 10.
Ioh. 12. 40.
Act. 28. 26,
27.
Rom. 11. 8.

12 Qui enim habet, dabitur ei et abundabit : qui [132]
autem non habet, et quod habet auferetur ab [5]
13 eo. Ideo in parabolis loquor eis : quia ui- [133]
dentes non uident, et audientes non audiunt [1]
14 neque intellegunt. Et adimpletur eis prophetia
Esaiae dicens :

Auditu audietis et non intellegetis :
et uidentes uidebitis et non uidebitis.

15 Incrassatum est enim cor populi huius,
et auribus grauiter audierunt,
et oculos suos cluserunt :
ne quando oculis uideant,
et auribus audiant,
et corde intellegant,
et conuertantur et sanem eos.

Lc. 10. 23, 24. 16 Uestri autem beati oculi, quia uident : et [134]
17 aures uestrae, quia audiunt. Amen quippe [5]
dico uobis : quia multi prophetae et iusti cu-
pierunt uidere quae uidetis, et non uiderunt :

18-23
Mc. 4. 13-20.
Lc. 8. 11-15. 18 et audire quae auditis, et non audierunt. Uos [135]
19 ergo audite parabolam seminantis. Omnis [2]
qui audit uerbum regni et non intellegit, uenit
malus et rapit quod seminatum est in corde
eius : hic est qui secus uiam seminatus est.

20 Qui autem supra petrosa seminatus est, hic
est qui uerbum audit, et continuo cum gaudio

21 accipit illud : non habet autem in se radicem,
sed est temporalis : facta autem tribulatione et
persecutione propter uerbum, continuo scan-

---

[14] et adimpletur : ut adimpleatur A(D)VZ𝕾 ; *deinde* + in 𝕾ℭ
dicentis 𝕾ℭ   [15] clauserunt 𝕾ℭ   > uideant oculis 𝕾ℭ   [20] super
𝕾ℭ

dalizatur. Qui autem est seminatus in spinis, 22
hic est qui uerbum audit : et sollicitudo saeculi istius, et fallacia diuitiarum suffocat uerbum, et sine fructu efficitur. Qui uero in ter-23
ram bonam seminatus est, hic est qui audit
uerbum et intellegit, et fructum affert : et facit
aliud quidem centum, aliud autem sexaginta,
porro aliud triginta.

$\frac{136}{10}$ Aliam parabolam proposuit illis, dicens : 24
Simile factum est regnum caelorum homini
qui seminauit bonum semen in agro suo. Cum 25
autem dormirent homines uenit inimicus eius,
et superseminauit zizania in medio tritici, et
abiit. Cum autem creuisset herba et fructum 26
fecisset, tunc apparuerunt et zizania. Acce-27
dentes autem serui patris familias dixerunt ei :
Domine, nonne bonum semen seminasti in
agro tuo? unde ergo habet zizania? Et ait 28
illis : Inimicus homo hoc fecit. Serui autem
dixerunt ei : Uis, imus et colligimus ea ? Et 29
ait : Non : ne forte colligentes zizania, eradi-
cetis simul cum eis et triticum. Sinite utraque 30
crescere usque ad messem : et in tempore messis dicam messoribus : Colligite primum zizania, et alligate ea fasciculos ad comburendum :
triticum autem congregate in horreum meum.   3. 12.

$\frac{137}{2}$ Aliam parabolam proposuit eis, dicens : Si- 31   Mc. 4. 30-32,
mile est regnum caelorum grano sinapis, quod   Lc. 13. 18, 19.
accipiens homo seminauit in agro suo : quod 32
minimum quidem est omnibus seminibus : cum
autem creuerit, maius est omnibus holeribus, et
fit arbor, ita ut uolucres caeli ueniant et habi-
tent in ramis eius.

---

[22] > semin. est $\mathfrak{SC}$ [23] centesimum . . . sexagesimum . . .
trigesimum $\mathfrak{SC}$ porro aliud : aliud uero $\mathfrak{SC}$.   [30] ea + in $\mathfrak{SC}$

Lc. 13. 20, 21.   33   Aliam parabolam locutus est eis : Simile est $\frac{138}{5}$
regnum caelorum fermento, quod acceptum
mulier abscondit in farinae satis tribus, donec
fermentatum est totum.

Mc. 4. 33, 34.   34   Haec omnia locutus est Iesus in parabolis $\frac{139}{6}$
ad turbas : et sine parabolis non loquebatur

Ps. 77 (78). 2.   35 eis : ut adimpleretur quod dictum erat per prophetam dicentem :

Aperiam in parabolis os meum :
eructabo abscondita a constitutione mundi.

36   Tunc, dimissis turbis, uenit in domum : et $\frac{140}{10}$
accesserunt ad eum discipuli eius, dicentes :

37 Dissere nobis parabolam zizaniorum agri. Qui
respondens ait : Qui seminat bonum semen

38 est Filius hominis : ager autem est mundus :
bonum uero semen, hi sunt filii regni : zizania

39 autem filii sunt nequam : inimicus autem qui

Apoc. 14. 15.   seminauit ea, est diabolus : messis uero consummatio saeculi est : messores autem angeli

Ioh. 15. 6.   40 sunt.   Sicut ergo colliguntur zizania et igni

Mal. 4. 1.   comburuntur, sic erit in consummatione sae-

Soph. 1. 2, 3.   41 culi.   Mittet Filius hominis angelos suos, et
colligent de regno eius omnia scandala, et eos

42 qui faciunt iniquitatem : et mittent eos in cami-

8. 12.   num ignis : ibi erit fletus et stridor dentium.

Sap. 3. 7.   43 Tunc iusti fulgebunt sicut sol in regno Patris
Dan. 12. 3.   sui.   Qui habet aures audiat.

Prou. 2. 4.   44   Simile est regnum caelorum thesauro abscondito in agro : quem qui inuenit homo
abscondit, et prae gaudio illius uadit et
uendit uniuersa quae habet, et emit agrum
illum.

45   Iterum simile est regnum caelorum homini

---

[35] impleretur 𝕾ℭ   [36] edissere 𝕾ℭ   [37] ait + illis 𝕾ℭ   [40] igne 𝕾
[43] Patris eorum 𝕾ℭ   aures + audiendi 𝕾ℭ

negotiatori, quaerenti bonas margaritas. In-46
uenta autem una pretiosa margarita, abiit et
uendidit omnia quae habuit, et emit eam.

Iterum simile est regnum caelorum sagenae 47
missae in mare, et ex omni genere congreganti.
Quam cum impleta esset, educentes et secus 48
litus sedentes, elegerunt bonos in uasa, malos
autem foras miserunt. Sic erit in consumma-49
tione saeculi : exibunt angeli et separabunt
malos de medio iustorum : et mittent eos in ca-50
minum ignis, ibi erit fletus et stridor dentium.

Intellexistis haec omnia ? Dicunt ei : 51
Etiam. Ait illis : Ideo omnis scriba doctus in 52
regno caelorum similis est homini patri familias, qui profert de thesauro suo noua et uetera.

Et factum est cum consummasset Iesus pa-53
$\frac{141}{1}$ rabolas istas, transiit inde. Et ueniens in pa-54
triam suam, docebat eos in synagogis eorum,
ita ut mirarentur et dicerent : Unde huic sapientia haec et uirtutes ? Nonne hic est fabri 55
filius ? Nonne mater eius dicitur Maria, et fratres eius Iacobus et Ioseph, et Simon et Iudas?
Et sorores eius, nonne omnes apud nos sunt ? 56
Unde ergo huic omnia ista ? | Et scandaliza-57
$\frac{142}{1}$ bantur in eo. Iesus autem dixit eis : Non est
propheta sine honore nisi in patria sua, et in
domo sua. Et non fecit ibi uirtutes multas, 58
propter incredulitatem illorum.

$\frac{143}{2}$ In illo tempore audiit Herodes tetrarcha fa-14
mam Iesu : | et ait pueris suis : Hic est Io-2
hannes Baptista : ipse surrexit a mortuis, et
$\frac{144}{2}$ ideo uirtutes operantur in eo. Herodes enim 3

54-58
Mc. 6. 1–6,
Lc. 4. 16–30.

12. 46.

Ioh. 6. 42.

Ioh. 7. 15.

Ioh. 4. 44.

1-12
Mc. 6. 14–29,
Lc. 9. 7–9.

11. 2.

Lc. 3. 19, 20.

---

45 om. negotiatori F   47 genere sine addit. CFHM al. : +pis-
cium ADVZ al. $\mathfrak{SC}$ 55 Iohannes (pro Ioseph) D al.   14. 1 audiuit $\mathfrak{SC}$

Leu. 18. 16,
20. 21.

tenuit Iohannem et alligauit eum, et posuit in
carcerem, propter Herodiadem uxorem fratris
4 sui; ' dicebat enim illi Iohannes: Non licet tibi
5 habere eam. Et uolens illum occidere, timuit
populum : quia sicut prophetam eum habe-
6 bant. Die autem natalis Herodis, saltauit filia $\frac{145}{6}$
7 Herodiadis in medio et placuit Herodi : unde
cum iuramento pollicitus est ei dare quod-
8 cumque postulasset ab eo. At illa praemonita
a matre sua, Da mihi, inquit, hic in disco caput
9 Iohannis Baptistae. Et contristatus est rex :
propter iuramentum autem et eos qui pariter
10 recumbebant, iussit dari. Misitque et decol-
11 lauit Iohannem in carcere : et allatum est caput eius in disco, et datum est puellae, et tulit
12 matri suae. Et accedentes discipuli eius, tulerunt corpus et sepelierunt illud : et uenientes
nuntiauerunt Iesu.

13–21
Mc. 6. 32–44,
Lc. 9. 10–17,
Ioh. 6. 1–13.

13 Quod cum audisset Iesus, secessit inde in $\frac{146}{3}$
nauicula, in locum desertum seorsum : et
cum audissent turbae, secutae sunt eum pe-
14 destres de ciuitatibus. Et exiens uidit turbam multam, et misertus est eius, et cura-
15 uit languidos eorum. Uespere autem facto $\frac{147}{1}$
accesserunt ad eum discipuli eius, dicentes :
Desertus est locus, et hora iam praeteriit :
dimitte turbas, ut euntes in castella emant
16 sibi escas. Iesus autem dixit eis : Non habent
17 necesse ire : date illis uos manducare. Responderunt ei : Non habemus hic nisi quin-
18 que panes et duos pisces. Qui ait eis :
19 Afferte illos mihi huc. Et cum iussisset

6 medio + triclinio DH^c al.   9 iuramentum ACDFHM al. 𝕮 :
insiurandum IVZ al. 𝕾   11 attulit 𝕾𝕮   12 corpus + eius 𝕾𝕮
13. nauiculam 𝕾   14 eius : eis D al. 𝕾𝕮   19 > mihi illos huc
𝕾𝕮

turbam discumbere supra faenum, acceptis
quinque panibus et duobus piscibus, aspiciens
in caelum benedixit et fregit : et dedit discipulis panes, discipuli autem turbis.   Et 20
manducauerunt omnes et saturati sunt.   Et
tulerunt reliquias duodecim cophinos fragmentorum plenos.   Manducantium autem fuit 21
numerus quinque milia tirorum, exceptis
mulieribus et paruulis.

$\frac{148}{6}$ Et statim iussit discipulos ascendere in 22
nauiculam, et praecedere eum trans fretum,
149/2 donec dimitteret turbas.   Et dimissa turba, 23
150/4 ascendit in montem solus orare.   Uespere
autem facto solus erat ibi.   Nauicula autem 24
in medio mari iactabatur fluctibus : erat enim
contrarius uentus. Quarta autem uigilia noctis 25
uenit ad eos ambulans supra mare.   Et ui- 26
dentes eum supra mare ambulantem turbati
sunt dicentes : Quia phantasma est.   Et prae
timore clamauerunt.   Statimque Iesus lo- 27
cutus est eis dicens : Habete fiduciam : ego
$\frac{151}{10}$ sum, nolite timere.   Respondens autem Pe- 28
trus dixit : Domine, si tu es, iube me uenire
ad te super aquas. ' At ipse ait : Ueni.   Et 29
descendens Petrus de nauicula ambulabat super aquam, ut ueniret ad Iesum.   Uidens 30
uero uentum ualidum timuit : et cum coepisset mergi, clamauit dicens : Domine, saluum me fac.   Et continuo Iesus extendens 31
manum, adprehendit eum : et ait illi : Mo-
$\frac{152}{6}$ dicae fidei, quare dubitasti?   Et cum ascen- 32
dissent in nauiculam, cessauit uentus.   Qui 33

4 Reg. (2
Reg.) 4. 44.

22-33
Mc. 6. 45-51,
Ioh. 6. 15-21.

---

[19] super $\mathfrak{S}\mathfrak{C}$ autem + dederunt $\mathfrak{S}$ [22] statim iussit discipulos : statim compulit Iesus discipulos $\mathfrak{S}\mathfrak{C}$ [25] super $\mathfrak{C}$ [26] super
$\mathfrak{C}$ [28] > ad te venire $\mathfrak{S}\mathfrak{C}$ [32] ascendisset $\mathfrak{S}$

autem in nauicula erant, uenerunt et adorauerunt eum, dicentes: Uere Filius Dei es.

34 Et cum transfretassent, uenerunt in terram $\frac{153}{2}$
35 Gennesar. Et cum cognouissent eum uiri
loci illius, miserunt in uniuersam regionem
illam, et optulerunt ei omnes male habentes.
36 Et rogabant eum ut uel fimbriam uestimenti
eius tangerent:' et quicumque tetigerunt
salui facti sunt.

15 Tunc accesserunt ad eum ab Hierosolymis $\frac{154}{6}$
2 scribae et Pharisaei, dicentes: Quare dis-
cipuli tui transgrediuntur traditionem seniorum? non enim lauant manus suas cum
3 panem manducant. Ipse autem respondens
ait illis: Quare et uos transgredimini manda-
4 tum Dei propter traditionem uestram? Nam
Deus dixit: Honora patrem tuum et matrem:
et: Qui male dixerit patri uel matri, morte
5 moriatur. Uos autem dicitis: Quicumque
dixerit patri uel matri, Munus quodcumque
6 est ex me tibi proderit: et non honorificabit
patrem suum aut matrem: et irritum fecistis
mandatum Dei propter traditionem uestram.
7 Hypocritae, bene prophetauit de uobis Esaias
dicens:
8   Populus hic labiis me honorat:
cor autem eorum longe est a me.
9   Sine causa autem colunt me,
docentes doctrinas mandata hominum.
10 Et conuocatis ad se turbis, dixit eis: Audite
11 et intellegite. Non quod intrat in os, coinquinat hominem: sed quod procedit ex ore,

Marginal references:

34–36
Mc. 6. 53-56.

1-20
Mc. 7. 1-23.

Lc. 11. 38.

Ex. 20. 12,
Dt. 5. 16.

Ex. 21. 17,
Leu. 20 9,
Dt. 27. 16.

Es. 29. 13.

Act. 10. 14,
15, 11. 9.
1 Tim. 4. 4.

---

³⁴ Genesar $\mathfrak{SC}$ 15. ² traditiones $\mathfrak{S}$ ⁴ *om.* tuum $\mathfrak{SC}$
⁶ matrem + suam $\mathfrak{SC}$ ⁹ doctrinas, mandata FHZ* *al.* : doc-
trinas et mandata ACMVZ^c *al.* $\mathfrak{SC}$

$\frac{155}{10}$ hoc coinquinat hominem. Tunc accedentes 12
discipuli eius, dixerunt ei : Scis quia Phari-
saei audito uerbo scandalizati sunt? At ille 13   Ioh. 15. 1, 2.
respondens ait : Omnis plantatio quam non
plantauit Pater meus caelestis eradicabitur.
$\frac{156}{5}$ Sinite illos : caeci sunt duces caecorum : 14   Lc. 6. 39.
caecus autem si caeco ducatum praestet, ambo   Mt. 23. 16.
$\frac{157}{6}$ in foueam cadunt. Respondens autem Pe- 15
trus dixit ei : Edissere nobis parabolam istam.
At ille dixit : Adhuc et uos sine intellectu 16   16. 9.
estis? Non intellegitis quia omne quod in 17
os intrat, in uentrem uadit, et in secessum
emittitur? Quae autem procedunt de ore, de 18
corde exeunt, et ea coinquinant hominem. De 19
corde enim exeunt cogitationes malae, homicidia, adulteria, fornicationes, furta, falsa testimonia, blasphemiae. Haec sunt quae coin- 20
quinant hominem : non lotis autem manibus
manducare, non coinquinat hominem.

Et egressus inde Iesus secessit in partes 21   21-28
Tyri et Sidonis. Et ecce mulier Chananaea 22   Mc. 7. 24-30.
a finibus illis egressa, clamauit dicens ei :
Miserere mei, Domine, fili Dauid : filia mea
male a daemonio uexatur. Qui non respondit 23
ei uerbum. Et accedentes discipuli eius rogabant eum, dicentes : Dimitte eam, quia
$\frac{158}{5}$ clamat post nos. Ipse autem respondens ait : 24   10. 6.
Non sum missus nisi ad oues quae perierunt
$\frac{159}{6}$ domus Israhel. At illa uenit et adorauit eum, 25
dicens : Domine, adiuua me. Qui respon- 26
dens ait : Non est bonum sumere panem
filiorum, et mittere canibus. At illa dixit : 27
Etiam, Domine : nam et catelli edunt de micis quae cadunt de mensa dominorum suorum.

12 uerbo + hoc 𝕾ℭ   14 sunt + et 𝕾ℭ

39

28 Tunc respondens Iesus ait illī: O mulier, magna est fides tua: fiat tibi sicut uis. Et sanata est filia illius ex illa hora.

29-31
Mc. 7. 31-37.

29 Et cum transisset inde Iesus, uenit secus $\frac{160}{6}$ mare Galilaeae: et ascendens in montem, 30 sedebat ibi. Et accesserunt ad eum turbae multae, habentes secum mutos, clodos, caecos, debiles, et alios multos: et proiecerunt 31 eos ad pedes eius, et curauit eos: ita ut turbae mirarentur, uidentes mutos loquentes, clodos ambulantes, caecos uidentes: et magnificabant Deum Israhel.

32-39
Mc. 8. 1-10.

32 Iesus autem conuocatis discipulis suis, dixit: Misereor turbae, quia triduo iam perseuerant mecum, et non habent quod manducent: et dimittere eos ieiunos nolo, ne de- 33 ficiant in uia. Et dicunt ei discipuli: Unde ergo nobis in deserto panes tantos, ut sature- 34 mus turbam tantam? Et ait illis Iesus: Quot panes habetis? At illi dixerunt: Sep- 35 tem, et paucos pisciculos. Et praecepit turbae 36 ut discumberet super terram. Et accipiens septem panes et pisces, et gratias agens fregit, et dedit discipulis suis, et discipuli dederunt 37 populo. Et comederunt omnes, et saturati sunt: et quod superfuit de fragmentis tule- 38 runt, septem sportas plenas. Erant autem qui manducauerant quattuor milia hominum, ex- 39 tra paruulos et mulieres. Et dimissa turba, ascendit in nauiculam: et uenit in fines Magedan.

1-12
Mc. 8. 11-21.

16 Et accesserunt ad eum Pharisaei et Saddu- $\frac{161}{4}$

---

²⁸ illius: eius $\mathcal{SC}$ ³⁰ > mutos, caecos, claudos, debiles $\mathcal{SC}$
³¹ claudos $\mathcal{SC}$ ³⁴ > habetis panes $\mathcal{SC}$ ³⁵ discumberent $\mathcal{SC}$
³⁸ manducauerant ACFHM *al.*: -erunt VZ *al.* $\mathcal{SC}$

caei temtantes : et rogauerunt eum ut signum de caelo ostenderet eis. At ille respon- 2
dens ait eis : Facto uespere dicitis : Serenum
erit : rubicundum est enim caelum. Et 3
mane : Hodie tempestas : rutilat enim triste
caelum. Faciem ergo caeli diiudicare nostis :
signa autem temporum non potestis. Gene- 4
ratio mala et adultera signum quaerit : et signum non dabitur ei, nisi signum Ionae. Et
relictis illis abiit.

Et cum uenissent discipuli eius trans fre- 5
tum, obliti sunt panes accipere. Qui dixit 6
illis : Intuemini et cauete a fermento Pharisaeorum et Sadducaeorum. At illi cogitabant 7
inter se dicentes : Quia panes non accepimus.
Sciens autem Iesus dixit : Quid cogitatis inter 8
uos, modicae fidei, quia panes non habetis?
Nondum intellegitis, neque recordamini quin- 9
que panum quinque †milium† hominum, et
quot cophinos sumsistis? Neque septem 10
panum quattuor †milium† hominum, et quot
sportas sumsistis? Quare non intellegitis 11
quia non de pane dixi uobis : Cauete a fermento Pharisaeorum et Sadducaeorum? Tunc 12
intellexerunt quia non dixerit cauendum a
fermento panum, sed a doctrina Pharisaeorum
et Sadducaeorum.

Uenit autem Iesus in partes Caesareae 13
Philippi : et interrogabat discipulos suos, dicens : Quem dicunt homines esse Filium ho-

Side references:
162 5
163 6
164 2
165 6
166 1

12. 38.
Lc. 12. 54.

12. 39.
Ion. 2. 1.

Lc. 12. 1.

14. 17.

15. 34-38.

13-16
Mc. 8. 27-29,
Lc. 9. 18-20.

16. ² eis : illis 𝔖ℭ   ³ potestis + scire HVZ al. 𝔖ℭ   ⁴ Ionae
+ prophetae 𝔖ℭ   ⁷ intra ℭ et 8   ⁹ quinque milium conici-
mus ex Hieronymi commentariis : quinque milia ACH*MZ* ; et quinque milia Zᶜ etc. ; in quinque milia HᶜV al. 𝔖ℭ   ¹⁰ quattuor
milium Hieron. comment. : quattuor milia ACHMZ* ; et quatt.
milia Zᶜ al. ; in quatt. millia 𝔖ℭ   ¹³ quem + me Z* al.

14. 2. 14 minis ? At illi dixerunt : Alii Iohannem Baptistam, alii autem Heliam, alii uero Hieremiam,
15 aut unum ex prophetis. Dicit illis : Uos au-

Ioh. 1. 40, 42, 16 tem quem me esse dicitis? Respondens Simon
6. 68, 69,
11. 27. Petrus dixit : Tu es Christus, Filius Dei uiui.

17 Respondens autem Iesus dixit : Beatus es $\frac{167}{10}$
Simon Bar Iona : quia caro et sanguis non
reuelauit tibi, sed Pater meus qui in caelis est.

Ioh. 1. 42. 18 Et ego dico tibi quia tu es Petrus, et super
Eph. 2. 20.
1 Pet. 2. 4, 5. hanc petram aedificabo ecclesiam meam : et
Apoc. 21. 14. portae inferi non praeualebunt aduersum eam.

18. 18. 19 Et tibi dabo claues regni caelorum : et quod-
Ioh. 20. 23. cumque ligaueris super terram, erit ligatum in
caelis : et quodcumque solueris super terram,

17. 9. 20 erit solutum in caelis. Tunc praecepit disci- $\frac{168}{2}$
Mc. 8. 30. pulis suis, ut nemini dicerent quia ipse esset
Lc. 9. 21. Iesus Christus.

21–28 21 Exinde coepit Iesus ostendere discipulis
Mc. 8. 31—
9. 1. suis, quia oporteret eum ire Hierosolymam, et
Lc. 9. 22–27. multa pati a senioribus et scribis et principibus sacerdotum, et occidi, et tertia die resur-
22 gere. Et adsumens eum Petrus, coepit in- $\frac{169}{6}$
crepare illum, dicens : Absit a te, Domine :
23 non erit tibi hoc. Qui conuersus, dixit Petro :
Uade post me, Satana : scandalum es mihi,
quia non sapis ea quae Dei sunt, sed ea quae

10. 38, 39. 24 hominum. Tunc Iesus dixit discipulis suis : $\frac{170}{2}$
Lc. 14. 27. Si quis uult post me uenire, abneget semet ip-
sum, et tollat crucem suam, et sequatur me.
25 Qui enim uoluerit animam suam saluam fa-
Lc. 17. 33, cere, perdet eam : qui autem perdiderit ani-
Ioh. 12. 25. 26 mam suam propter me, inueniet eam. Quid

---

¹⁵ illis + Iesus $ SC   ¹⁷ dixit + ei $ SC   Bariona $ ¹⁸ in-
ferni HZ *al.* aduersus $ SC   ¹⁹ ligatum + et $ SC   solutum +
et $ SC

42

enim prodest homini, si mundum uniuersum
lucretur, animae uero suae detrimentum patiatur ?   Aut quam dabit homo commutationem
$\frac{171}{10}$ pro anima sua ?   Filius enim hominis uentu- 27
rus est in gloria Patris sui cum angelis suis : et
tunc reddet unicuique secundum opus eius.
$\frac{172}{2}$ Amen dico uobis, sunt quidam de hic stanti- 28
bus, qui non gustabunt mortem, donec uide-
ant Filium hominis uenientem in regno suo.

Ioh. 5. 28, 29.
Rom. 2. 6,
Apoc. 2. 23.

Et post dies sex adsumsit Iesus Petrum, et 17
Iacobum, et Iohannem fratrem eius, et ducit
illos in montem excelsum seorsum.   Et trans- 2
figuratus est ante eos : et resplenduit facies
eius sicut sol : uestimenta autem eius facta
sunt alba sicut nix.   Et ecce apparuit illis 3
Moses et Helias cum eo loquentes. Respon- 4
dens autem Petrus dixit ad Iesum : Domine,
bonum est nos hic esse : si uis, faciamus hic
tria tabernacula, tibi unum, et Mosi unum, et
Heliae unum. Adhuc eo loquente, ecce nubis 5
lucida obumbrauit eos : et ecce uox de nube
dicens : Hic est Filius meus dilectus, in quo
mihi bene complacui : ipsum audite.   Et au- 6
dientes discipuli ceciderunt in faciem suam, et
timuerunt ualde.   Et accessit Iesus et tetigit 7
eos, dixitque eis : Surgite, et nolite timere. Le- 8
uantes autem oculos suos, neminem uiderunt
nisi solum Iesum.

1–8
Mc. 9. 2–8.
Lc. 9. 28–36.

3. 17.

2 Pet. 1. 17.

Et descendentibus illis de monte, praecepit 9
Iesus dicens : Nemini dixeritis uisionem, do-
$\frac{173}{6}$ nec Filius hominis a mortuis resurgat.   Et in- 10
terrogauerunt eum discipuli, dicentes : Quid

9–13
Mc. 9. 9–13,
Lc. 9. 36.
Mt. 16. 20.
11. 14.
Mal. 4. 5.

27 opus : opera 𝔖ℭ   17. ¹ assumit ℭ   duxit 𝔖   ³ apparuerunt 𝔖ℭ   ⁴ om. et (ante Mosi) 𝔖ℭ   ⁵ nubes 𝔖ℭ
complacuit ACFHM al.   ⁹ praecepit + eis 𝔖ℭ

ergo scribae dicunt quod Heliam oporteat pri-
11 mum uenire?   At ille respondens, ait eis:
Helias quidem uenturus est, et restituet om-
14. 3-10. 12 nia.   Dico autem uobis, quia Helias iam uenit,
et non cognouerunt eum, sed fecerunt in eo
quaecumque uoluerunt: sic et Filius hominis
13 passurus est ab eis.   Tunc intellexerunt discipuli quia de Iohanne Baptista dixisset eis.

14-19   14   Et cum uenisset ad turbam, accessit ad eum $\frac{174}{2}$
Mc. 9. 14-28,
Lc. 9. 37-42.   15 homo genibus prouolutus ante eum, ' dicens :
Domine, miserere filio meo, quia lunaticus est,
et male patitur : nam saepe cadit in ignem, et
16 crebro in aquam : et optuli eum discipulis tuis,
17 et non potuerunt curare eum.   Respondens
Iesus ait : O generatio incredula et peruersa,
quo usque ero uobiscum ?   Usque quo patiar
18 uos ? Afferte huc illum ad me. ' Et increpauit
eum Iesus, et exiit ab eo daemonium, et cu-
19 ratus est puer ex illa hora.   Tunc accesserunt $\frac{175}{5}$
discipuli ad Iesum secreto, et dixerunt : Quare
20 nos non potuimus eicere illum ?   Dicit illis :

21. 21, 22,   Propter incredulitatem uestram.   Amen quip-
Mc. 11. 23.   pe dico uobis, si habueritis fidem sicut granum
Lc. 17. 6.   sinapis, dicetis monti huic, Transi hinc, et trans-
21 ibit : et nihil inpossibile erit uobis.   Hoc autem genus non eicitur nisi per orationem et
ieiunium.

Mc. 9. 30-32, 22   Conuersantibus autem eis in Galilaea, dixit $\frac{176}{2}$
Lc. 9. 44, 45.   illis Iesus : Filius hominis tradendus est in
23 manus hominum, ' et occident eum, et tertio
die resurget.   Et contristati sunt uehementer.

Mc. 9. 33. 24   Et cum uenissent Capharnaum, accesserunt $\frac{177}{10}$

---

[14] genibus prouolutis ACFM *al.*   [17] Respondens + autem 𝔖ℭ
[18] eum : illum 𝔖ℭ   [20] dixit 𝔖ℭ   illis + Iesus 𝔖ℭ   hinc +
illuc ℭ   [23] tertia 𝔖ℭ

qui didragma accipiebant ad Petrum et di-   Ex. 30. 13.
xerunt : Magister uester non soluit didragma ?
¹Ait : Etiam.   Et cum intrasset domum, prae- 25
uenit eum Iesus, dicens : Quid tibi uidetur,
Simon? Reges terrae a quibus accipiunt tributum uel censum ? a filiis suis an ab alienis?
¹ Et ille dixit : Ab alienis.   Dixit illi Iesus : 26
Ergo liberi sunt filii.   Ut autem non scandali- 27
zemus eos, uade ad mare, et mitte hamum : et
eum piscem qui primus ascenderit, tolle : et
aperto ore eius, inuenies staterem : illum sumens, da eis pro me et te.

$\frac{178}{2}$ In illa hora accesserunt discipuli ad Iesum,**18**   1-5
dicentes : Quis putas, maior est in regno cae-   Mc. 9. 33-37,
lorum ?   Et aduocans Iesus paruulum, statuit 2   Lc. 9. 46-48.
eum in medio eorum, ¹ et dixit : Amen dico 3   19. 14.
uobis, nisi conuersi fueritis, et efficiamini sicut   Ioh. 3. 3, 5.
paruuli, non intrabitis in regnum caelorum.
Quicumque ergo humiliauerit se sicut paruu- 4
lus iste, hic est maior in regno caelorum.   Et 5   10. 40.
qui susceperit unum paruulum talem in no-
$\frac{179}{2}$ mine meo, me suscipit.   Qui autem scandali- 6   Mc. 9. 42.
zauerit unum de pusillis istis qui in me cre-   Lc. 17. 1, 2.
dunt, expedit ei ut suspendatur mola asinaria
in collo eius, et demergatur in profundum
maris. ¹ Uae mundo ab scandalis. Necesse est 7
enim ut ueniant scandala : uerum tamen uae
$\frac{180}{6}$ homini per quem scandalum uenit. Si autem 8   8, 9
manus tua uel pes tuus scandalizat te, abscide   5. 29, 30,
eum et proice abs te : bonum tibi est ad uitam   Mc. 9. 43, 45,
ingredi debilem uel clodum, quam duas manus   47.
uel duos pedes habentem, mitti in ignem aeternum.   Et si oculus tuus scandalizat te, erue 9

---

²⁴ didrachma 𝕾ℭ   dixerunt + ei 𝕾ℭ   ²⁵ intrasset + in 𝕾ℭ
18. ⁷ ab : a 𝕾ℭ   homini + illi 𝕾ℭ   ⁸ abscinde 𝕾   claudum 𝕾ℭ

eum et proice abs te : bonum tibi est †uno-
culum† in uitam intrare, quam duos oculos ha-
10 bentem mitti in gehennam ignis. Uidete ne $\frac{181}{10}$
contemnatis unum ex his pusillis : dico enim
uobis, quia angeli eorum in caelis semper ui-

Lc. 19. 10. 11 dent faciem Patris mei, qui in caelis est. Uenit
enim Filius hominis saluare quod perierat.

12–14 12 Quid uobis uidetur ? si fuerint alicui centum $\frac{182}{5}$
Lc. 15. 4–7. oues, et errauerit una ex eis, nonne relinquet
nonaginta nouem in montibus, et uadit quae-
13 rere eam quae errauit ? Et si contigerit ut inueniat eam, amen dico uobis, quia gaudebit
super eam magis quam super nonaginta no-
14 uem, quae non errauerunt. Sic non est uoluntas ante Patrem uestrum qui in caelis est,
ut pereat unus de pusillis istis.

Lc. 17. 3. 15 Si autem peccauerit in te frater tuus, uade $\frac{183}{5}$
Leu. 19. 17. et corripe eum inter te et ipsum solum : si te
16 audierit, lucratus eris fratrem tuum. Si autem $\frac{184}{10}$
non te audierit, adhibe tecum adhuc unum uel

Dt. 19. 15, duos, ut in ore duorum testium uel trium stet
2 Cor. 13. 1.
1 Tim. 5. 19. 17 omne uerbum. Quod si non audierit eos, dic
ecclesiae. Si autem et ecclesiam non audierit,

16. 19. 18 sit tibi sicut ethnicus et publicanus. Amen $\frac{185}{7}$
Ioh. 20. 23. dico uobis, quaecumque alligaueritis super terram, erunt ligata et in caelo : et quaecum-
que solueritis super terram, erunt soluta et in
19 caelo. Iterum dico uobis, quia si duo ex $\frac{186}{10}$
uobis consenserint super terram, de omni
re quacumque petierint, fiet illis a Patre meo

---

[9] unoculum *edidimus* : uno oculum H, uno oculo A, cum unum
oculum Z*, cum uno oculo VZ^c𝔖ℭ, unum oculum habentem CM ;
luscum F (*cf. Mc.* 9. 47)   intrare : regnare F   [12] relinquit 𝔖ℭ
nonagintanouem *uno uerbo* 𝔖ℭ *et* 13   [13] gaudet 𝔖ℭ   [16] >te
non 𝔖ℭ   >vel trium testium 𝔖ℭ   [17] *om.* et *pr.* 𝔖ℭ   [19] quamcumque A^cCFV𝔖ℭ

qui in caelis est.   Ubi enim sunt duo uel tres 20   28. 20.
congregati in nomine meo, ibi sum in medio
eorum.

$\frac{187}{5}$ Tunc accedens Petrus ad eum, dixit : Do- 21   Lc. 17. 4.
mine, quotiens peccabit in me frater meus, et
dimittam ei ? usque septies ? Dicit illi Iesus : 22
non dico tibi usque septies, sed usque septua-
$\frac{188}{10}$ gies septies.   Ideo adsimilatum est regnum 23
caelorum homini regi, qui uoluit rationem po-
nere cum seruis suis.   Et cum coepisset ra- 24
tionem ponere, oblatus est ei unus qui debebat
decem milia talenta. Cum autem non haberet 25
unde redderet, iussit eum dominus uenundari,
et uxorem eius, et filios, et omnia quae habebat, et reddi.   Procidens autem seruus ille, 26
orabat eum, dicens : Patientiam habe in me,
et omnia reddam tibi. Misertus autem domi- 27
nus serui illius, dimisit eum, et debitum dimisit ei. Egressus autem seruus ille, inuenit 28
unum de conseruis suis qui debebat ei centum
denarios ; et tenens suffocabat eum, dicens :
Redde quod debes. Et procidens conseruus 29
eius, rogabat eum, dicens : Patientiam habe in
me, et omnia reddam tibi. Ille autem noluit : 30
sed abiit, et misit eum in carcerem, donec redderet debitum. Uidentes autem conserui eius 31
quae fiebant, contristati sunt ualde : et uenerunt, et narrauerunt domino suo omnia quae
facta erant. Tunc uocauit illum dominus suus, 32
et ait illi : Serue nequam, omne debitum di-
misi tibi, quoniam rogasti me : non ergo opor- 33
tuit et te misereri conserui tui, sicut et ego tui

---

²¹ quoties 𝔖𝔠   ²⁴ debebat + ei 𝔖𝔠   ²⁵ dominus + eius
𝔖𝔠   ²⁶ orabat : rogabat C M V al.   ³¹ facta fuerant 𝔖𝔠
³³ nonne 𝔖𝔠

34 misertus sum? Et iratus dominus eius tradidit eum tortoribus, quoad usque redderet

6. 15. 35 uniuersum debitum.   Sic et Pater meus cae-
Mc. 11. 26.   lestis faciet uobis, si non remiseritis unusquisque fratri suo de cordibus uestris.

1-9   **19** Et factum est, cum consummasset Iesus ser- 189/6
Mc. 10. 1-12.   mones istos, migrauit a Galilaea.   Et uenit in
2 fines Iudaeae trans Iordanen : et secutae sunt
eum turbae multae, et curauit eos ibi.

3   Et accesserunt ad eum Pharisaei temtantes
eum, et dicentes : Si licet homini dimittere ux-
4 orem suam, quacumque ex causa?   Qui re-
Gen. 1. 27.   spondens ait eis : Non legistis, quia qui fecit
5 ab initio, masculum et feminam fecit eos, ' et
Gen. 2. 24.   dixit : Propter hoc dimittet homo patrem et
Eph. 5. 31.   matrem, et adhaerebit uxori suae, et erunt duo
1 Cor. 7. 10.
6 in carne una?   Itaque iam non sunt duo, sed
una caro.   Quod ergo Deus coniunxit, homo
5. 31. 7 non separet.   Dicunt illi : Quid ergo Moses
Dt. 24. 1-4.   mandauit dari libellum repudii, et dimittere?
8 Ait illis : Quoniam Moses ad duritiam cordis
uestri permisit uobis dimittere uxores uestras :
5. 32, 9 ab initio autem non sic fuit.   Dico autem uobis, 190/2
Lc. 16. 18.
1 Cor. 7. 11.   quia quicumque dimiserit uxorem suam, nisi
ob fornicationem, et aliam duxerit, moechatur :
10 et qui dimissam duxerit, moechatur.   Dicunt 191/10
ei discipuli eius : Si ita est causa homini cum
11 muliere, non expedit nubere.   Qui dixit : Non
omnes capiunt uerbum istud, sed quibus datum
12 est.   Sunt enim eunuchi, qui de matris utero
sic nati sunt : et sunt eunuchi, qui facti sunt
ab hominibus : et sunt eunuchi, qui se ipsos

19. ¹ Iordanem 𝔖ℭ   ⁴ qui fecit + hominem 𝔖ℭ   ⁷ dare
H𝔖ℭ   ⁸ > fuit sic VZ al. 𝔖ℭ   ¹⁰ hominis 𝔖ℭ   muliere
AFH al. : uxore CMVZ al. 𝔖ℭ   ¹¹ dixit + illis 𝔖ℭ

48

castrauerunt propter regnum caelorum : qui
potest capere capiat.

192/2   Tunc oblati sunt ei paruuli, ut manus eis 13
inponeret, et oraret : discipuli autem increpabant eos. Iesus uero ait eis : Sinite paruulos, 14
et nolite eos prohibere ad me uenire : talium
est enim regnum caelorum. Et cum inpo- 15
suisset eis manus, abiit inde.

193/2   Et ecce unus accedens ait illi : Magister 16
bone, quid boni faciam ut habeam uitam aeternam? Qui dixit ei : Quid me interrogas de 17
bono? Unus est bonus, Deus. Si autem uis
ad uitam ingredi, serua mandata. Dicit illi : 18
Quae? Iesus autem dixit : Non homicidium
facies : Non adulterabis : Non facies furtum :
Non falsum testimonium dices : ¹ Honora pa- 19
trem et matrem : Et diliges proximum tuum
sicut te ipsum. Dicit illi adulescens : Omnia 20
194/2 haec custodiui : quid adhuc mihi deest? Ait 21
illi Iesus : Si uis perfectus esse, uade, uende
quae habes, et da pauperibus, et habebis the-
195/2 saurum in caelo : et ueni, sequere me. Cum 22
audisset autem adulescens uerbum, abiit tristis : erat enim habens multas possessiones.

  Iesus autem dixit discipulis suis : Amen 23
dico uobis, quia diues difficile intrabit in regnum caelorum. Et iterum dico uobis : Faci- 24
lius est camelum per foramen acus transire
quam diuitem intrare in regnum caelorum.
Auditis autem his, discipuli mirabantur ualde, 25
dicentes : Quis ergo poterit saluus esse ? Aspi- 26
ciens autem Iesus, dixit illis : Apud homines

Right margin references:

13-15
Mc. 10. 13–16,
Lc. 18. 15–17.

18. 3.

16-29
Mc. 10. 17–30.
Lc. 18. 18–30.

Ex. 20. 12–16.
Dt. 5. 16–20.

Eph. 6. 2.

Leu. 19. 18.
Mt. 15. 4,
22. 39.
Rom. 13. 9,
Gal. 5. 14,
Iac. 2. 8.

Lc. 12. 33.

1 Tim. 6. 9,
10.

¹² castrauerunt AFHM *al.* 𝔖ℭ : eunuchizauerunt CVZ *al.*
¹⁸ homicidium facies : occides F   ¹⁹ patrem + tuum 𝔖ℭ
matrem + tuam 𝔖ℭ   ²⁰ custodiui + a iuuentute mea F *al.* ℭ
²¹ uende + omnia 𝔖

Lc. 1..37. hoc inpossibile est : apud Deum autem omnia
27 possibilia sunt. Tunc respondens Petrus, dixit
ei : Ecce nos reliquimus omnia, et secuti su-
Lc. 22. 30. 28 mus te : quid ergo erit nobis ? Iesus autem 196
2 Tim. 2. 12.
Apoc. 3. 21. dixit illis : Amen dico uobis, quod uos qui se- 10
cuti estis me, in regeneratione cum sederit
Filius hominis in sede maiestatis suae, sedebitis 197
et uos super sedes duodecim, iudicantes duo- 5
29 decim tribus Israhel. Et omnis qui reliquit 198
domum, uel fratres aut sorores, aut patrem aut 2
matrem, aut uxorem aut filios, aut agros propter nomen meum, centuplum accipiet, et uitam
20. 16, 22. 14. 30 aeternam possidebit. Multi autem erunt primi 199/2
Mc. 10. 31.
Lc. 13. 30. 20 nouissimi, et nouissimi primi. Simile est enim 200/10
regnum caelorum homini patri familias, qui
exiit primo mane conducere operarios in ui-
2 neam suam. Conuentione autem facta cum
operariis ex denario diurno, misit eos in uineam
3 suam. Et egressus circa horam tertiam, uidit
4 alios stantes in foro otiosos : ' et illis dixit : Ite
et uos in uineam, et quod iustum fuerit dabo
5 uobis. ' Illi autem abierunt. Iterum autem
exiit circa sextam et nonam horam, et fecit si-
6 militer. Circa undecimam uero exiit, et inuenit
alios stantes : et dicit illis : Quid hic statis tota
7 die otiosi ? Dicunt ei : Quia nemo nos con-
8 duxit. Dicit illis : Ite et uos in uineam. ' Cum
sero autem factum esset, dicit dominus uineae
procuratori suo : Uoca operarios, et redde illis
mercedem, incipiens a nouissimis usque ad pri-
9 mos. Cum uenissent ergo qui circa undecimam horam uenerant, acceperunt singulos de-
10 narios. Uenentes autem et primi, arbitrati

---

29 reliquerit ℨℭ   20. 1 *om.* enim ℨℭ   4 > dixit illis ℨℭ
uineam + meam ℨℭ   7 uineam + meam ℨℭ

sunt quod plus essent accepturi : acceperunt
autem et ipsi singulos denarios. Et accipientes 11
murmurabant aduersus patrem familias, ' di- 12
centes : Hi nouissimi una hora fecerunt : et
pares illos nobis fecisti, qui portauimus pondus diei et aestus. At ille .respondens uni 13
eorum, dixit : Amice, non facio tibi iniuriam.
Nonne ex denario conuenisti mecum ? ' Tolle 14
quod tuum est, et uade : uolo autem et huic
nouissimo dare sicut et tibi. Aut non licet 15
mihi quod uolo facere ? An oculus tuus ne-
quam est quia ego bonus sum ? Sic erunt 16   19. 30, 22. 14.
nouissimi primi, et primi nouissimi : multi
sunt enim uocati, pauci autem electi.

201 Et ascendens Iesus Hierosolymam, adsum- 17   17-19
2   sit duodecim discipulos secreto, et ait illis :   Mc.10. 32–34,
                                                         Lc.18. 31–33.
Ecce ascendimus Hierosolymam, et Filius 18   16. 21,
hominis tradetur principibus sacerdotum et   17. 22, 23.
scribis, et condemnabunt eum morte : et tra- 19
dent eum gentibus ad deludendum et flagel-
landum et crucifigendum : et tertia die resurget.

202 Tunc accessit ad eum mater filiorum Zebe- 20   20-28
6   daei cum filiis suis, adorans et petens aliquid   Mc.10. 35–45.
ab eo. ' Qui dixit ei : Quid uis ? Ait illi : Dic 21   19. 28.
ut sedeant hi duo filii mei, unus ad dexteram
tuam, et unus ad sinistram, in regno tuo. Re- 22
spondens autem Iesus dixit : Nescitis quid   26. 39, 42.
petatis : potestis bibere calicem quem ego bi- Ioh. 18. 11.
biturus sum ? Dicunt ei : Possumus. ' Ait il- 23   Act. 12. 2.
lis : Calicem quidem meum bibetis : sedere   Apoc. 1. 9.
autem ad dexteram meam et sinistram non est
meum dare uobis, sed quibus paratum est a

24 Patre meo. Et audientes decem, indignati $\underline{203}$
25 sunt de duobus fratribus. Iesus autem uoca- 2
uit eos ad se, et ait : Scitis quia principes gentium dominantur eorum : et qui maiores sunt,
26 potestatem exercent in eos. Non ita erit inter uos : sed quicumque uoluerit inter uos
27 maior fieri, sit uester minister : et qui uoluerit
28 inter uos primus esse, erit uester seruus. Si- $\underline{204}$
cut Filius hominis non uenit ministrari sed 4
ministrare, et dare animam suam redemptionem pro multis.

29 Et egredientibus illis ab Hiericho, secuta $\underline{205}$
30 est eum turba multa. Et ecce duo caeci se- 2
dentes secus uiam, audierunt quia Iesus transiret : et clamauerunt, dicentes : Domine, mi-
31 serere nostri, fili Dauid. Turba autem increpabat eos, ut tacerent. At illi magis clamabant, dicentes : Domine, miserere nostri, fili
32 Dauid. Et stetit Iesus et uocauit eos, et ait :
33 Quid uultis ut faciam uobis ? Dicunt illi : Do-
34 mine, ut aperiantur oculi nostri. Misertus
autem eorum Iesus, tetigit oculos eorum : et
confestim uiderunt, et secuti sunt eum.

21 Et cum adpropinquassent Hierosolymis, et $\underline{206}$
uenissent Bethfage ad montem Oliueti, tunc 2
2 Iesus misit duos discipulos ; ¹ dicens eis : Ite
in castellum quod contra uos est, et statim inuenietis asinam alligatam, et pullum cum ea :
3 soluite et adducite mihi. Et si quis uobis aliquid dixerit, dicite quia Dominus his opus
4 habet : et confestim dimittet eos. Hoc autem $\underline{207}$
factum est, ut impleretur quod dictum est per 7
prophetam dicentem :

Margin references (left column):

25-28

18. 1–4.
Lc. 22. 25–27.
Ioh. 13. 14.
23. 11,
Mc. 9. 35.
Phil. 2. 7.
1 Tim. 2. 6.
Es. 53. 10.

29-34
Mc. 10. 46–52,
Lc. 18. 35–43.
Mt. 9. 27–30.

1-9
Mc. 11. 1–10,
Lc. 19. 29–38,
Ioh. 12. 12–15.

Zach. 9. 9.
Es. 62. 11.

²⁸ suam + in S   21. ¹ Bethphage SC   ⁴ autem + totum SC
adimpleretur SC

Dicite filiae Sion :   5
Ecce rex tuus uenit tibi mansuetus,
et sedens super asinam
et pullum filium subiugalis.

$\frac{208}{2}$ Euntes autem discipuli, fecerunt sicut prae- 6
cepit illis Iesus. Et adduxerunt asinam, et 7
pullum : et inposuerunt super eis uestimenta
sua, et eum desuper sedere fecerunt. Plurima 8
autem turba strauerunt uestimenta sua in uia :
alii autem caedebant ramos de arboribus, et
$\frac{209}{1}$ sternebant in uia. Turbae autem quae prae- 9
cedebant, et quae sequebantur clamabant, di-
centes : Osanna filio Dauid : Benedictus qui   Ps. 117 (118).
uenturus est in nomine Domini : Osanna in   26.
$\frac{210}{10}$ altissimis. Et cum intrasset Hierosolymam, 10   Mt. 23. 39,
                                                    Lc. 13. 35.
commota est uniuersa ciuitas, dicens : Quis   Mc. 11. 11.
est hic ? Populi autem dicebant : Hic est 11
Iesus propheta a Nazareth Galilaeae.   Mt. 21. 46.

$\frac{211}{1}$ Et intrauit Iesus in templum Dei : et eicie- 12   12-16
bat omnes uendentes et ementes in templo, et   Mc.11.15-18,
                                                    Lc. 19. 45-47.
mensas nummulariorum et cathedras uenden-   Ioh. 2. 14-16.
tium columbas euertit : ⁱ et dicit eis : Scriptum 13   Es. 56. 7.
est, Domus mea domus orationis uocabitur :   Hier. 7. 11.
uos autem fecistis illam speluncam latronum.
212/10 Et accesserunt ad eum caeci et claudi in tem- 14   2 Reg.
213/5 plo, et sanauit eos. Uidentes autem principes 15   (2 Sam.)
                                                    5. 6, 8.
sacerdotum et scribae mirabilia quae fecit, et
pueros clamantes in templo, et dicentes :
Osanna filio Dauid : indignati sunt ⁱ et dixe- 16
runt ei : Audis quid isti dicant ? Iesus autem
dicit eis : Utique : numquam legistis, quia Ex   Ps. 8. 3 (2).

---

⁵ et sedens : *om.* et 𝔖ℭ   ⁷ super eos VZ* *al.* 𝔖ℭ ; super
eum DZᶜ *al.*   ⁹ Hosanna 𝔖ℭ, *et* 15   filio : fili DZ*, *et* 15   uenturus est : uenit CD(F)Z* *al.* 𝔖ℭ   altissimis : excelsis D *al.*
¹² numulariorum 𝔖ℭ   ¹⁶ dicant : dicunt 𝔖ℭ   dicit : dixit 𝔖ℭ

ore infantium et lactantium perfecisti laudem?

17 Et relictis illis, abiit foras extra ciuitatem in $\frac{214}{6}$ Bethaniam, ibique mansit.

18–22
Mc.11.12–14,
20–24.
Lc. 13. 6–9.

18 Mane autem reuertens in ciuitatem, esuriit.
19 Et uidens fici arborem unam secus uiam, uenit
ad eam: et nihil inuenit in ea, nisi folia tantum: et ait illi: Numquam ex te fructus nascatur in sempiternum. Et arefacta est con-
20 tinuo ficulnea. Et uidentes discipuli, mirati
21 sunt dicentes: Quomodo continuo aruit? Re- $\frac{215}{6}$

17. 20.

spondens autem Iesus, ait eis: Amen dico uobis, si habueritis fidem et non haesitaueritis, non solum de ficulnea facietis, sed et si monti huic dixeritis, Tolle, et iacta te in mare, fiet.
22 Et omnia quaecumque petieritis in oratione $\frac{216}{4}$ credentes, accipietis.

23–27
Mc.11. 27–33,
Lc. 20. 1–8.

23 Et cum uenisset in templum, accesserunt $\frac{217}{2}$
ad eum docentem principes sacerdotum et seniores populi, dicentes: In qua potestate haec facis? Et quis tibi dedit hanc potesta-
24 tem? Respondens Iesus dixit illis: Interrogabo uos et ego unum sermonem: quem si dixeritis mihi, et ego uobis dicam in qua pote-
25 state haec facio. Baptismum Iohannis unde erat? e caelo, an ex hominibus? At illi cogitabant inter se, dicentes: Si dixerimus, e caelo, dicet nobis: Quare ergo non credidistis illi?
26 Si autem dixerimus, ex hominibus, timemus

14. 5.

turbam: omnes enim habent Iohannem sicut
27 prophetam. Et respondentes Iesu, dixerunt: Nescimus. Ait illis et ipse: Nec ego dico
28 uobis in qua potestate haec faciam. Quid $\frac{218}{10}$ autem uobis uidetur? Homo habebat duos

---

16 lactentium 𝔖ℭ   24 dixit eis 𝔖ℭ   25 baptismus 𝔖ℭ
26 habebant 𝔖ℭ   27 faciam AFH*M *al.* : facio CDHᶜVZ *al.* 𝔖ℭ
28 homo + quidam 𝔖ℭ

filios : et accedens ad primum dixit : Fili, uade
hodie, operare in uinea mea. Ille autem re- 29
spondens ait : Nolo. Postea autem, paenitentia motus, abiit. Accedens autem ad alte- 30
rum, dixit similiter. At ille respondens ait :
Eo, domine, et non iuit. Quis ex duobus fecit 31
uoluntatem patris ? Dicunt : Primus. Dicit
illis Iesus : Amen dico uobis, quia publicani
et meretrices praecedunt uos in regnum Dei.
Uenit enim ad uos Iohannes in uia iustitiae, 32
et non credidistis ei : publicani autem et meretrices crediderunt ei : uos autem uidentes nec
paenitentiam habuistis postea, ut crederetis ei.

Aliam parabolam audite. Homo erat pater 33
familias, qui plantauit uineam, et saepe circumdedit ei, et fodit in ea torcular, et aedificauit turrem, et locauit eam agricolis, et
peregre profectus est. Cum autem tempus 34
fructuum adpropinquasset, misit seruos suos
ad agricolas, ut acciperent fructus eius. Et 35
agricolae, adprehensis seruis eius, alium ceciderunt, alium occiderunt, alium uero lapi-
dauerunt. Iterum misit alios seruos plures 36
prioribus : et fecerunt illis similiter. Nouis- 37
sime autem misit ad eos filium suum, dicens :
Uerebuntur filium meum. Agricolae autem 38
uidentes filium, dixerunt intra se : Hic est
heres : uenite, occidamus eum, et habebimus
hereditatem eius. Et adprehensum eum eie- 39
cerunt extra uineam, et occiderunt. Cum 40
ergo uenerit dominus uineae, quid faciet agricolis illis ? Aiunt illi : Malos male perdet, 41

Lc. 7. 29, 30.
37–50, 18. 14.

219
2

33–46
Mc. 12. 1–12,
Lc. 20. 9–19.
Es. 5. 1–7.

[31] dicunt + ei $\mathfrak{SC}$ primus DHᶜMVZᶜ al. $\mathfrak{SC}$: nouissimus ACF
H*Z* al., cf. Hieronymi comment. ' sciendum est in ueris exemplaribus
non haberi nouissimum sed primum ' praecedent $\mathfrak{SC}$ [33] sepem
$\mathfrak{SC}$ turrim $\mathfrak{SC}$ [37] uerebuntur + forte $\mathfrak{S}$

et uineam locabit aliis agricolis, qui reddant
42 ei fructum temporibus suis.   Dicit illis Iesus :

Ps. 117 (118).   Numquam legistis in Scripturis :

22, 23.
Es. 28. 16.   Lapidem quem reprobauerunt aedificantes,
Act. 4. 11.   hic factus est in caput anguli :
Rom. 9. 33.
1 Pet. 2. 7.   A Domino factum est istud,
                     et est mirabile in oculis nostris ?

43 Ideo dico uobis, quia auferetur a uobis regnum Dei, et dabitur genti facienti fructus
44 eius.   Et qui ceciderit super lapidem istum,
confringetur : super quem uero ceciderit, con-

Dan. 2. 34, 45 teret eum.   Et cum audissent principes sacer-   220
35.   I
Es. 8. 15.   dotum et Pharisaei parabolas eius, cogno-
46 uerunt quod de ipsis diceret.   Et quaerentes
eum tenere, timuerunt turbas : quoniam sicut
prophetam eum habebant.

2-14   22 Et respondens Iesus, dixit iterum in parabolis   221
Lc. 14. 16-24. 2 eis, dicens : Simile factum est regnum caelo-   5
3 rum homini regi, qui fecit nuptias filio suo.   Et
misit seruos suos uocare inuitatos ad nuptias :
4 et nolebant uenire.   Iterum misit alios seruos, dicens : Dicite inuitatis : Ecce prandium
meum paraui : tauri mei et altilia occisa, et
5 omnia parata : uenite ad nuptias.   Illi autem
neglexerunt : et abierunt, alius in uillam suam,
6 alius uero ad negotiationem suam : reliqui
uero tenuerunt seruos eius, et contumelia ad-
7 fectos occiderunt.   Rex autem cum audisset,
iratus est : et missis exercitibus suis, perdidit
homicidas illos, et ciuitatem illorum succen-
8 dit.   Tunc ait seruis suis : Nuptiae quidem
paratae sunt : sed qui inuitati erant non
9 fuerunt digni.   Ite ergo ad exitus uiarum, et

---

⁴¹ uineam + suam 𝕾ℭ   22. ⁴ occisa + sunt 𝕾ℭ   ⁶ contumeliis 𝕾ℭ   affectos 𝕾ℭ

quoscumque inueneritis uocate ad nuptias.
Et egressi serui eius in uias, congregauerunt 10
omnes quos inuenerunt, malos et bonos : et
$\frac{222}{10}$ impletae sunt nuptiae discumbentium. In- 11
trauit autem rex ut uideret discumbentes : et
uidit ibi hominem non uestitum ueste nu-
ptiali. Et ait illi : Amice, quomodo huc in- 12
trasti non habens uestem nuptialem ? At ille
obmutuit. Tunc dixit rex ministris : Ligatis 13
pedibus eius et manibus, mittite eum in tene-
bras exteriores : ibi erit fletus et stridor den-   8. 12.
tium. Multi autem sunt uocati, pauci uero 14   20. 16.
electi.

$\frac{223}{2}$ Tunc abeuntes Pharisaei, consilium inie- 15   15-22
runt ut caperent eum in sermone. Et mittunt 16   Mc.12.13-17,
ei discipulos suos cum Herodianis, dicentes :   Lc.20. 20-26.
Magister, scimus quia uerax es, et uiam Dei
in ueritate doces, et non est tibi cura de aliquo : non enim respicis personam hominum :
'dic ergo nobis quid tibi uideatur ? licet cen- 17
sum dari Caesari, an non ? Cognita autem 18
Iesus nequitia eorum, ait : Quid me temtatis,
hypocritae ? Ostendite mihi nomisma cen- 19
sus. At illi optulerunt ei denarium. ' Et ait 20
illis Iesus : Cuius est imago haec, et supra-
scriptio ? ' Dicunt ei : Caesaris. Tunc ait 21
illis : Reddite ergo quae sunt Caesaris, Cae-   Rom. 13. 7.
sari : et quae sunt Dei, Deo. Et audientes 22
mirati sunt, et relicto eo abierunt.

In illo die accesserunt ad eum Sadducaei, 23   23-33
qui dicunt non esse resurrectionem : et inter-   Mc.12.18-27,
rogauerunt eum, ' dicentes : Magister, Moses 24   Lc. 20. 27-38.
                                                     Act. 23. 8.

---

13 > manibus et pedibus eius $\mathcal{SC}$ 14 autem : enim $\mathcal{SC}$
17 videtur $\mathcal{SC}$ dari ACFHMZ^c al. : dare DVZ* al. $\mathcal{SC}$ 19 nu-
misma $\mathcal{SC}$ 20 superscriptio $\mathcal{SC}$

Dt. 25. 5.   dixit : Si quis mortuus fuerit non habens
filium, ut ducat frater eius uxorem illius, et
25 suscitet semen fratri suo. Erant autem apud
nos septem fratres : et primus, uxore ducta,
defunctus est : et non habens semen, reliquit
26 uxorem suam fratri suo. Similiter secundus et
27 tertius, usque ad septimum. Nouissime autem
28 omnium et mulier defuncta est. In resurrectione ergo cuius erit de septem uxor ? omnes
29 enim habuerunt eam. Respondens autem
Iesus, ait illis : Erratis, nescientes scripturas,
30 neque uirtutem Dei. In resurrectione enim
neque nubent, neque nubentur : sed sunt
31 sicut angeli Dei in caelo. De resurrectione
autem mortuorum non legistis quod dictum

Ex. 3. 6.   32 est a Deo dicente uobis : Ego sum Deus
Act. 7. 32.   Abraham, et Deus Isaac, et Deus Iacob ? Non
33 est Deus mortuorum, sed uiuentium. Et
audientes turbae, mirabantur in doctrina eius.

34-40   34 Pharisaei autem audientes quod silentium $\frac{224}{6}$
Mc.12.28-34.   inposuisset Sadducaeis, conuenerunt in unum.
Lc. 10. 25-28.
35 Et interrogauit eum unus ex eis legis doctor
36 temtans eum : Magister, quod est mandatum

Dt. 6. 5.   37 magnum in lege ? Ait illi Iesus : Diliges
Dominum Deum tuum in toto corde tuo, et
38 in tota anima tua, et in tota mente tua. Hoc

19. 19.   39 est maximum et primum mandatum. Secun-
Leu. 19. 18.   dum autem simile est huic : Diliges proximum

7. 12.   40 tuum sicut te ipsum. In his duobus mandatis uniuersa lex pendet, et prophetae.

41-46   41 Congregatis autem Pharisaeis, interrogauit $\frac{225}{2}$
Mc.12.35-37,   42 eos Iesus dicens : Quid uobis uidetur de
Lc.20.41-44.
Christo ? cuius filius est ? Dicunt ei : Dauid.

Ait illis : Quomodo ergo Dauid in spiritu 43
uocat eum Dominum, dicens :
Dixit Dominus Domino meo :   44 Ps. 109 (110).
Sede a dextris meis,   1, 2.
                                                 Act. 2. 34, 35.
donec ponam inimicos tuos scabillum pe-   Heb. 1. 13.
dum tuorum.
Si ergo Dauid uocat eum Dominum, quo- 45
226 modo filius eius est? Et nemo poterat re- 46
2 spondere ei uerbum : neque ausus fuit quisquam ex illa die eum amplius interrogare.
227   Tunc Iesus locutus est ad turbas, et ad dis-23 Mc.12. 38, 39,
10 cipulos suos, ' dicens : Super cathedram Mosi 2 Lc. 20. 45, 46.
sederunt scribae et Pharisaei. Omnia ergo 3 Lc. 11. 39-51.
quaecumque dixerint uobis, seruate et facite :
secundum òpera uero eorum nolite facere :
228 dicunt enim et non faciunt. ' Alligant autem 4
5 onera grauia et inportabilia, et inponunt in
umeros hominum : digito autem suo nolunt   Act. 15. 10.
229 ea mouere. Omnia uero opera sua faciunt ut 5 Ex. 13. 9.
2 uideantur ab hominibus : dilatant enim phy-   Dt. 6. 8,11.18.
lacteria sua, et magnificant fimbrias. Amant 6 Lc. 14. 7, 8.
autem primos recubitus in caenis, et primas
cathedras in synagogis,' et salutationes in foro, 7
230 et uocari ab hominibus Rabbi. Uos autem 8
10 nolite uocari Rabbi : unus enim est Magister
uester, omnes autem uos fratres estis. Et 9
patrem nolite uocare uobis super terram : u-
nus enim est Pater uester, qui in caelis est.
Nec uocemini magistri : quia Magister uester 10
231 unus est Christus. Qui maior est uestrum, 11 20. 26, 27.
5 erit minister uester. Qui autem se exaltauerit, 12 Lc. 14. 11,
humiliabitur : et qui se humiliauerit, exalta-   18. 14.
bitur.   Iob. 22. 29.

---

44 scabellum $С   46 > ei respondere $С   23. 4 autem : enim
$С   importabilia $С   humeros $С   8 > est enim $С, et 9

13 Uae autem uobis, Scribae et Pharisaei, $\frac{232}{5}$
hypocritae : quia clauditis regnum caelorum
ante homines : uos enim non intratis, nec introeuntes sinitis intrare.

15 Uae uobis, Scribae et Pharisaei, hypocritae : $\frac{233}{10}$
quia circumitis mare et aridam, ut faciatis
unum proselytum : et cum fuerit factus, facitis
eum filium gehennae duplo quam uos.

16 Uae uobis duces caeci, qui dicitis : Quicumque iurauerit per templum, nihil est : qui
17 autem iurauerit in auro templi, debet. Stulti
et caeci : quid enim maius est, aurum, an tem-
18 plum quod sanctificat aurum? Et quicumque iurauerit in altari, nihil est : quicumque
autem iurauerit in dono quod est super illud,

Ex. 29. 37. 19 debet. Caeci : quid enim maius est, donum,
20 an altare quod sanctificat donum? Qui ergo
iurat in altari, iurat in eo et in omnibus quae
21 super illud sunt. Et qui iurauerit in templo,

5. 34. 22 iurat in illo et in eo qui inhabitat in ipso. Et
qui iurat in caelo, iurat in throno Dei et in eo
qui sedet super eum.

23 Uae uobis, Scribae et Pharisaei, hypocritae : $\frac{234}{5}$
Lev. 27. 30. quia decimatis mentam et anethum et cymi-
Num. 18. 21. num, et reliquistis quae grauiora sunt legis,
Dt. 14. 22. iudicium et misericordiam et fidem : haec
24 oportuit facere, et illa non omittere. Duces $\frac{235}{10}$

---

14 *Uersum om. codd. plur.*: *habent* (F)H^c *al.* 𝔖ℭ. *legunt uero
sic* uae uobis, Scribae et (*om.* scr. et F) Pharisaei, hypocritae,
qui (quia 𝔖ℭ) comeditis (deuoratis F) domos uiduarum, occasione
(oratione H) longa orantes (orationes longas or. 𝔖ℭ ; sub obtentu
prolixae orationis F) ; propter hoc (*om.* pr. hoc F ; +ut H) amplius
accipietis (-atis H) iudicium (accip. maiorem damnationem F); *in*
H^c *uerba posita sunt inter* homines *et* uos, *uersu* 13   **21** qui *pr.* :
quicumque 𝔖ℭ   habitat 𝔖ℭ   **23** hypochritae 𝔖   quia : qui
𝔖ℭ   mentham 𝔖ℭ

caeci, excolantes culicem, camelum autem 19. 24.
glutientes.

$\frac{236}{5}$ Uae uobis, Scribae et Pharisaei, hypocritae: 25 Mc. 7. 4.
quia mundatis quod deforis est calicis et
parapsidis : intus autem pleni sunt rapina, et
inmunditia.   Pharisaee caece : munda prius 26
quod intus est calicis et parapsidis, ut fiat et
id quod deforis est mundum.

$\frac{237}{5}$ Uae uobis, Scribae et Pharisaei, hypocritae : 27
quia similes estis sepulchris dealbatis, quae
aforis parent hominibus speciosa, intus uero
plena sunt ossibus mortuorum, et omni spur-
citia.   Sic et uos aforis quidem paretis homi- 28
nibus iusti : intus autem pleni estis hypocrisi
et iniquitate.

$\frac{238}{5}$ Uae uobis, Scribae et Pharisaei, hypocritae : 29
qui aedificatis sepulchra prophetarum, et or-
natis monumenta iustorum,[i] et dicitis : Si fuis- 30
semus in diebus patrum nostrorum, non essemus socii eorum in sanguine prophetarum.
Itaque testimonio estis uobismet ipsis, quia filii 31
$\frac{239}{10}$ estis eorum qui prophetas occiderunt.   Et uos 32
implete mensuram patrum uestrorum.   Ser- 33 3. 7, 12. 34.
pentes, genimina uiperarum, quomodo fugietis
$\frac{240}{5}$ a iudicio gehennae ?   Ideo ecce ego mitto 34
ad uos prophetas, et sapientes, et scribas : et
ex illis occidetis, et crucifigetis, et ex eis fla-
gellabitis in synagogis uestris, et perseque-
mini de ciuitate in ciuitatem : ut ueniat super 35
uos omnis sanguis iustus qui effusus est super
terram : a sanguine Abel iusti, usque ad san- Gen. 4. 8.
guinem Zachariae filii Barachiae, quem occi- (Zach. 1. 1.)
                                                2 Par. 24. 21.

---

[25] quia: qui $\mathfrak{F}$ paropsidis $\mathfrak{SC}$, et 26   pleni estis CD$\mathfrak{SC}$
[26] et sep. om. $\mathfrak{SC}$ [27] a foris $\mathfrak{F}$, et 28   [33] genimina : progenies Z* al.

36 distis inter templum et altare : amen dico uobis,
uenient haec omnia super generationem istam.

37-39
Lc. 13. 34, 35,
19. 41-44.

37   Hierusalem, Hierusalem, quae occidis pro- $\frac{241}{5}$
phetas, et lapidas eos qui ad te missi sunt :
quotiens uolui congregare filios tuos, quemadmodum gallina congregat pullos suos sub alas,
38 et noluisti. Ecce relinquitur uobis domus
39 uestra deserta. Dico enim uobis : Non me

Ps. 117 (118).
26.
Mt. 21. 9,
uidebitis amodo, donec dicatis : Benedictus
qui uenit in nomine Domini.

Mc. 11. 9,
Lc. 19. 38.
24   Et egressus Iesus de templo ibat : et acces- $\frac{242}{2}$

1-51
serunt discipuli eius, ut ostenderent ei aedifica-

Mc. 13. 1-37,
Lc. 21. 5-36.
2 tiones templi. Ipse autem respondens, dixit
eis : Uidetis haec omnia ? Amen dico uobis,
non relinquetur hic lapis super lapidem, qui

Lc. 19. 44.
3 non destruatur. Sedente autem eo super mon- $\frac{243}{2}$
tem Oliueti, accesserunt ad eum discipuli secreto, dicentes : Dic nobis, quando haec erunt,
et quod signum aduentus tui et consumma-
4 tionis saeculi ? Et respondens Iesus dixit

24.
Ioh. 5. 43.
1 Ioh. 2. 18.
5 eis : Uidete ne quis uos seducat : multi enim
uenient in nomine meo, dicentes : Ego sum
6 Christus : et multos seducent. Audituri enim
estis proelia, et opiniones proeliorum. Uidete
ne turbemini : oportet enim haec fieri, sed
7 nondum est finis. Consurget enim gens in
gentem, et regnum in regnum : et erunt pesti-
8 lentiae et fames, et terrae motus per loca : haec

10. 17, 21.
Ioh. 16. 2.
9 autem omnia initia sunt dolorum. Tunc tra- $\frac{244}{1}$
dent uos in tribulationem, et occident uos : et
eritis odio omnibus gentibus propter nomen
10 meum. Et tunc scandalizabuntur multi, et $\frac{245}{10}$
inuicem tradent, et odio habebunt inuicem.

---

[38] relinquetur $\mathfrak{SC}$ 24. [2] dixit illis $\mathfrak{SC}$ [4] nequis *uno*
uerbo $\mathfrak{SC}$ [6] praelia *et* praeliorum $\mathfrak{C}$

Et multi pseudoprophetae surgent, et sedu- 11 24, 7. 15.
cent multos.   Et quoniam abundabit iniqui- 12 2 Pe. 2. 1.
tas, refrigescet caritas multorum : qui autem 13 10. 22.
perseuerauerit usque in finem, hic saluus erit.

$\frac{246}{6}$ Et praedicabitur hoc euangelium regni in uni- 14 28. 19.
uerso orbe, in testimonium omnibus gentibus : Mc. 16. 15.
et tunc ueniet consummatio.

$\frac{247}{6}$ Cum ergo uideritis abominationem desola- 15 Dan. 9. 27,
tionis, quae dicta est a Danihelo propheta, 11. 31, 12. 11.
stantem in loco sancto (qui legit intellegat): 1 Mach. 1. 57,
  6. 7.

$\frac{248}{2}$ tunc qui in Iudaea sunt, fugiant ad montes : 16 Lc. 17. 31.
et qui in tecto, non descendat tollere aliquid de 17
domo sua : et qui in agro, non reuertatur tol- 18
249/2 lere tunicam suam.   Uae autem praegnatibus, 19
250/6 et nutrientibus in illis diebus.   Orate autem 20
251/e ut non fiat fuga uestra hieme uel sabbato.   Erit 21 Dan. 12. 1.
enim tunc tribulatio magna, qualis non fuit ab
$\frac{252}{6}$ initio mundi usque modo, neque fiet.   Et nisi 22
breuiati fuissent dies illi, non fieret salua
omnis caro : sed propter electos breuiabuntur
253/2 dies illi.   Tunc si quis uobis dixerit : Ecce hic 23 5, 11.
254/6 Christus, aut illic : nolite credere.   Surgent 24 Lc. 17. 23.
enim pseudochristi et pseudoprophetae : et
dabunt signa magna et prodigia, ita ut in errorem inducantur, si fieri potest, etiam electi.
$\frac{255}{5}$ Ecce praedixi uobis.   Si ergo dixerint uobis : 25, 26
Ecce in deserto est : nolite exire : Ecce in
$\frac{256}{5}$ penetralibus : nolite credere.   Sicut enim ful- 27 Lc. 17. 24.
gur exit ab oriente et paret usque in occi-
dentem : ita erit et aduentus Filii hominis.
$\frac{257}{5}$ Ubicumque fuerit corpus, illuc congregabun- 28 Lc. 17. 37.
tur aquilae. Iob. 39. 30.

12 abundauit 𝕮   13 perseuerauerit : permanserit CDVZ* *al.*
15 Daniele 𝕾𝕮   20 in hieme 𝕾𝕮   23 hic + est 𝕾𝕮   26 penetralibus ACDH *al.* 𝕾𝕮 : penetrabilibus FVZ *al.*   28 illuc : illic
𝕾𝕮   congregabuntur + et 𝕾𝕮

Es. 13. 10.
Ezec. 32.'7.
Joel. 2.'31,
3. 15.
Act. 2. 20.
2 Pe. 3. 10.
Apoc. 6. 13.
Dan. 7. 13,
Apoc. 1. 7.
Zach. 12.
10-12.
1 Cor. 15. 52,
1 Thess. 4. 16.
13. 41.

29 Statim autem post tribulationem dierum il- $\frac{258}{2}$
lorum sol obscurabitur et luna non dabit lu-
men suum, et stellae cadent de caelo, et uir-
30 tutes caelorum commouebuntur. Et tunc
parebit signum Filii hominis in caelo. Et tunc $\frac{259}{2}$
plangent omnes tribus terrae : et uidebunt Fi-
lium hominis uenientem in nubibus caeli cum
31 uirtute multa et maiestate. Et mittet angelos
suos cum tuba et uoce magna : et congrega-
bunt electos eius a quattuor uentis, a summis
caelorum usque ad terminos eorum.

32 Ab arbore autem fici discite parabolam :
cum iam ramus eius tener fuerit, et folia nata,
33 scitis quia prope est aestas : ita et uos, cum
uideritis haec omnia, scitote quia prope est in
34 ianuis. Amen dico uobis, quia non praeteribit haec generatio, donec omnia haec fiant.
35 Caelum et terra transibunt : uerba uero mea

1 Thess. 5.
1, 2.

37-41
Gen. 6. 11-13,
7. 7.
Lc. 17. 26,
27, 35.
2 Pe. 3. 5, 6.

36 non praeteribunt. De die autem illa, et hora, $\frac{260}{6}$
nemo scit, neque angeli caelorum, nisi Pater
37 solus. Sicut autem in diebus Noe, ita erit et $\frac{261}{5}$
38 aduentus Filii hominis. Sicut enim erant in
diebus ante diluuium, comedentes et bibentes,
nubentes et nuptum tradentes, usque ad eum
39 diem quo intrauit in arcam Noe, et non cognouerunt donec uenit diluuium et tulit omnes :
40 ita erit et aduentus Filii hominis. Tunc duo $\frac{262}{5}$
erunt in agro : unus adsumetur, et unus relin-
41 quetur : duae molentes in mola : una adsume-

43-51
Lc. 12. 39-46.
Apoc. 16. 15.

43 tur, et una relinquetur. Uigilate ergo, quia $\frac{263}{6}$
nescitis qua hora Dominus uester uenturus sit.

30 plangent +se DF *etc.*   34 >generatio haec 𝔖ℭ   35 uero :
autem 𝔖ℭ   36 illo F   caelorum +neque filius *codd. aliq.*
>solus Pater 𝔖ℭ.   38 nuptui 𝔖ℭ   >Noe in arcam 𝔖ℭ
42 Uersum omisimus cum codd. opt. et ℭ : habent H°Z al. 𝔖, legunt
uero sic, duo in lecto, unus assumetur, et unus relinquetur.

$\frac{264}{2}$ Illud autem scitote, quoniam si sciret pater 44
familias qua hora fur uenturus esset, uigilaret
utique, et non sineret perfodiri domum suam.
Ideo et uos estote parati : quia qua nescitis 45
$\frac{265}{5}$ hora Filius hominis uenturus est. Quis, pu- 46
tas, est fidelis seruus et prudens, quem constituit dominus suus supra familiam suam, ut
$\frac{266}{5}$ det illis cibum in tempore? Beatus ille ser- 47
uus, quem cum uenerit dominus eius inuene- Lc. 12. 37.
rit sic facientem. Amen dico uobis, quoniam 48 25. 21, 23.
$\frac{267}{5}$ super omnia bona sua constituet eum. Si au- 49
tem dixerit malus seruus ille in corde suo :
Moram facit dominus meus uenire : ¹ et coepe- 50
rit percutere conseruos suos, manducet autem
et bibat cum ebriis: ueniet dominus serui illius, 51
in die qua non sperat, et hora qua ignorat : et 52
diuidet eum, partemque eius ponet cum hypo-
critis : illic erit fletus et stridor dentium. 8. 12, 13. 42,
                                               25. 30.
$\frac{268}{10}$ Tunc simile erit regnum caelorum decem **25** Lc. 12. 35, 36.
uirginibus : quae accipientes lampades suas
exierunt obuiam sponso et sponsae. Quinque 2
autem ex eis erant fatuae, et quinque prudentes : sed quinque fatuae, acceptis lampadibus, 3
non sumserunt oleum secum : prudentes ue- 4
ro acceperunt oleum in uasis suis cum lampadibus. Moram autem faciente sponso, dor- 5
mitauerunt omnes et dormierunt. Media au- 6
tem nocte clamor factus est : Ecce sponsus
uenit, exite obuiam ei. Tunc surrexerunt om- 7
nes uirgines illae, et ornauerunt lampades suas.
Fatuae autem sapientibus dixerunt : Date no- 8
bis de oleo uestro : quia lampades nostrae
extinguntur. Responderunt prudentes, di- 9

---

⁴⁴ perfodi 𝔖ℭ   ⁴⁶ super 𝔖ℭ   ⁵⁰ ebriosis VZ al. 𝔖ℭ
25. ⁸ sapientibus : prudentibus D*   extinguuntur 𝔖ℭ

10-12
Lc. 13. 25.

centes : Ne forte non sufficiat nobis et uobis :
10 ite potius ad uendentes, et emite uobis. Dum
autem irent emere, uenit sponsus : et quae
paratae erant, intrauerunt cum eo ad nuptias :
11 et clausa est ianua. Nouissime ueniunt et re-
liquae uirgines, dicentes : Domine, Domine,
12 aperi nobis. At ille respondens, ait : Amen
13 dico uobis, nescio uos. Uigilate itaque, quia
nescitis diem neque horam.

14-30
Lc.19. 12-27.

14 Sicut enim homo peregre proficiscens, uo-$\frac{269}{2}$
cauit seruos suos, et tradidit illis bona sua.
15 Et uni dedit quinque talenta, alii autem duo, $\frac{270}{5}$
alii uero unum, unicuique secundum pro-
16 priam uirtutem, et profectus est statim. A-
biit autem qui quinque talenta acceperat, et
operatus est in eis : et lucratus est alia quin-
17 que. Similiter qui duo acceperat, lucratus
18 est alia duo. Qui autem unum acceperat,
abiens fodit in terra, et abscondit pecuniam
19 domini sui. Post multum uero temporis
uenit dominus seruorum illorum, et posuit
20 rationem cum eis. Et accedens qui quinque
talenta acceperat, optulit alia quinque talenta, dicens : Domine, quinque talenta mihi tradidisti, et ecce alia quinque superlucra-

Lc. 16. 10. 21 tus sum. Ait illi dominus eius : Euge serue
bone et fidelis : quia super pauca fuisti fidelis,
supra multa te constituam : intra in gaudium
22 domini tui. Accessit autem et qui duo talenta acceperat, et ait : Domine, duo talenta
tradidisti mihi : ecce alia duo lucratus sum.
23 Ait illi dominus eius : Euge serue bone et

---

11 nouissime + vero 𝕾ℭ   14 *om.* **peregre CFH*Z***   17 similiter + et 𝕾ℭ   18 terram 𝕾ℭ   20 > tradidisti mihi 𝕾ℭ   et
sec. om. 𝕾ℭ   21 super multa 𝕾ℭ, *et* 23

fidelis : quia super pauca fuisti fidelis, supra
multa te constituam : intra in gaudium domini
tui. Accedens autem et qui unum talentum 24
acceperat, ait : Domine, scio quia homo durus es : et metis ubi non seminasti, et congre-
gas ubi non sparsisti : et timens abii, et ab- 25
scondi talentum tuum in terra : ecce habes
quod tuum est. Respondens autem dominus 26
eius, dixit ei : Serue male et piger, sciebas
quia meto ubi non semino, et congrego ubi
non sparsi ? oportuit ergo te mittere pecuniam 27
meam nummulariis, et ueniens ego recepissem
utique quod meum est cum usura. Tollite 28
itaque ab eo talentum, et date ei qui habet
$\frac{271}{2}$ decem talenta. Omni enim habenti dabitur, 29   13. 12,
et abundabit : ei autem qui non habet, et   Mc. 4. 25.
  Lc. 8. 18,
$\frac{272}{5}$ quod uidetur habere auferetur ab eo. Et in- 30   12. 48.
utilem seruum eicite in tenebras exteriores :
illic erit fletus, et stridor dentium.
$\frac{273}{10}$ Cum autem uenerit Filius hominis in 31   16. 27, 28.
maiestate sua, et omnes angeli cum eo, tunc
sedebit super sedem maiestatis suae : et con- 32   Ezec. 34. 17.
gregabuntur ante eum omnes gentes, et sepa-
rabit eos ab inuicem, sicut pastor segregat
oues ab haedis : et statuet oues quidem a 33
dextris suis, haedos autem a sinistris. Tunc 34
dicet rex his qui a dextris eius erunt : Uenite
benedicti Patris mei, possidete paratum uobis
regnum a constitutione mundi. Esuriui enim, 35   Iac. 1. 27,
et dedistis mihi manducare : sitiui, et dedistis   2. 15, 16.
mihi bibere : hospes eram, et collegistis me :
ⁱ nudus, et operuistis me : infirmus, et uisi- 36

---

²⁴ et *sec. om.* $\mathfrak{SC}$ ²⁶ sparsi : $\mathfrak{SC}$ ²⁷ committere $\mathfrak{SC}$ numu-
lariis $\mathfrak{SC}$ et : ut $\mathfrak{S}$ ³¹ angeli + eius $\mathfrak{S}$ ³² hoedis $\mathfrak{SC}$, *et*
hoedos 33   ³⁶ cooperuistis VZ*$\mathfrak{SC}$

tastis me : in carcere eram, et uenistis ad me.
37 Tunc respondebunt ei iusti, dicentes : Domine, quando te uidimus esurientem, et pauimus : sitientem, et dedimus tibi potum?
38 quando autem te uidimus hospitem, et colle-
39 gimus te : aut nudum, et cooperuimus? ¹ aut
quando te uidimus infirmum, aut in carcere,

Prou. 19. 17. 40 et uenimus ad te? Et respondens rex, dicet
Heb. 6. 10.   illis : Amen dico uobis, quamdiu fecistis uni
de his fratribus meis minimis, mihi fecistis.

Lc. 13. 27. 41 Tunc dicet et his qui a sinistris erunt : Discedite a me, maledicti, in ignem aeternum, qui
42 praeparatus est diabolo et angelis eius. Esuriui enim, et non dedistis mihi manducare :
43 sitiui, et non dedistis mihi potum : ¹ hospes
eram, et non collegistis me : nudus, et non
operuistis me : infirmus et in carcere, et non
44 uisitastis me. Tunc respondebunt et ipsi, dicentes : Domine, quando te uidimus esurientem aut sitientem, aut hospitem aut nudum,
aut infirmum uel in carcere, et non ministra-
45 uimus tibi? Tunc respondebit illis dicens :
Amen dico uobis, Quamdiu non fecistis uni

Dan. 12. 2. 46 de minoribus his, nec mihi fecistis. Et ibunt
Ioh. 5. 29.   hi in supplicium aeternum : iusti autem in uitam aeternam.

26 Et factum est, cum consummasset Iesus $\frac{274}{1}$
sermones hos omnes, dixit discipulis suis :

2–5   2 Scitis quia post biduum Pascha fiet, et Filius
Mc. 14. 1, 2, 3 hominis tradetur ut crucifigatur. Tunc con- $\frac{275}{6}$
Lc. 22. 1, 2.
Ioh. 11. 47·   gregati sunt principes sacerdotum et seniores
populi, in atrium principis sacerdotum, qui
4 dicebatur Caiaphas : et consilium fecerunt ut

---

³⁷ pauimus + te 𝔖ℭ   ³⁸ cooper. + te 𝔖ℭ   ⁴⁰ de : ex 𝔖ℭ   ⁴¹ paratus 𝔖ℭ   ⁴³ cooperuistis 𝔖ℭ   ⁴⁴ respond. + ei 𝔖ℭ   uel : aut 𝔖ℭ

Iesum dolo tenerent, et occiderent. Dicebant 5
autem : Non in die festo, ne forte tumultus
fieret in populo.

276
1 Cum autem esset Iesus in Bethania in domo 6
Simonis leprosi, ' accessit ad eum mulier, ha- 7
bens alabastrum ungenti pretiosi, et effudit
super caput ipsius recumbentis. Uidentes 8
autem discipuli, indignati sunt dicentes : Ut
quid perditio haec? potuit enim istud uenun- 9
dari multo et dari pauperibus. Sciens autem 10
Iesus, ait illis : Quid molesti estis mulieri?
opus bónum operata est in me. Nam semper 11
pauperes habetis uobiscum : me autem non
277
4 semper habetis. Mittens enim haec ungen- 12
tum hoc in corpus meum, ad sepeliendum
me fecit. Amen dico uobis, ubicumque prae- 13
dicatum fuerit hoc euangelium in toto mundo,
dicetur et quod haec fecit, in memoriam eius.
278
2 Tunc abiit unus de duodecim, qui dice- 14
batur Iudas Scarioth, ad principes sacerdotum, ' et ait illis : Quid uultis mihi dare, et 15
ego uobis eum tradam? At illi constituerunt
ei triginta argenteos. Et exinde quaerebat 16
oportunitatem ut eum traderet.

Prima autem azymorum accesserunt disci- 17
puli ad Iesum, dicentes : Ubi uis paremus
tibi comedere Pascha? At Iesus dixit : Ite 18
in ciuitatem ad quendam, et dicite ei : Magister dicit : Tempus meum prope est : apud
te facio Pascha cum discipulis meis. Et fece- 19
runt discipuli sicut constituit illis Iesus : et
parauerunt Pascha. Uespere autem facto, 20

Margin references:

6-13
Mc. 14. 3-9.
Ioh. 12. 1-8.
(Lc. 7. 37-39.)

Dt. 15. 11.

14-16
Mc. 14. 10, 11,
Lc. 22. 3-6.
Ioh. 13. 2.

17-19
Mc. 14. 12-16,
Lc. 22. 7-13.
Ex. 12. 18.

20-24·
Mc. 14. 17-21.

26. ⁶ > Iesus esset 𝔖ℭ   ⁹ vaenundari 𝔖ℭ   ¹⁰ estis + huic 𝔖ℭ
opus + enim 𝔖ℭ   ¹¹ habetis *pr.* : habebitis CDMZᶜ *al.* 𝔖   habetis *sec.* : -bitis CDFHVZᶜ *al.* 𝔖   ¹³ quòd 𝔖ℭ   ¹⁴ Iscariotes 𝔖ℭ
¹⁷ autem + die 𝔖ℭ   ¹⁸ quemdam ℭ

Lc. 22. 14,
21–23.
Ioh.13.21–26.

21 discumbebat cum duodecim discipulis. Et $\frac{279}{4}$
edentibus illis, dixit: Amen dico uobis, quia
22 unus uestrum me traditurus est. Et contri- $\frac{280}{1}$
stati ualde, coeperunt singuli dicere: Numquid
23 ego sum, Domine? At ipse respondens, ait: $\frac{281}{2}$
Qui intingit mecum manum in parapside, hic
24 me tradet. Filius quidem hominis uadit, sicut scriptum est de illo : uae autem homini $\frac{282}{6}$
illi, per quem Filius hominis traditur : bonum
25 erat ei, si natus non fuisset homo ille. Re- $\frac{283}{10}$
spondens autem Iudas, qui tradidit eum, dixit:
Numquid ego sum, Rabbi? Ait illi: Tu dixi-

26–29
Mc.14. 22–25,
Lc. 22. 18–20.
1 Cor. 11.
23–25.

26 sti. Caenantibus autem eis, accepit Iesus $\frac{284}{1}$
panem et benedixit, ac fregit, deditque discipulis suis, et ait: Accipite et comedite:
27 hoc est corpus meum. Et accipiens calicem $\frac{285}{2}$
gratias egit, et dedit illis, dicens : Bibite ex

Ex. 24. 8.
Hier. 31. 31.

28 hoc omnes : hic est enim sanguis meus noui
testamenti, qui pro multis effunditur in remis-
29 sionem peccatorum. Dico autem uobis : Non
bibam a modo de hoc genimine uitis, usque
in diem illum cum illud bibam uobiscum nouum in regno Patris mei.

30–35
Mc.14. 26–31,
Lc. 22. 39.
Ioh. 18. 1.
Zach. 13. 7.
Ioh. 16. 32.
28. 7, 10, 16.
Mc. 16. 7.
Lc. 24. 6.
Lc. 22. 33, 34.
Ioh.13. 37,38.

30   Et hymno dicto, exierunt in montem Oliueti. 286/6
31   Tunc dicit illis Iesus : Omnes uos scanda- 287/4
lum patiemini in me, in ista nocte. Scriptum 288/6
est enim : Percutiam pastorem et dispergentur
32 oues gregis. Postquam autem resurrexero,
33 praecedam uos in Galilaeam. Respondens au- $\frac{289}{1}$
tem Petrus, ait illi : Etsi omnes scandalizati
34 fuerint in te, ego numquam scandalizabor. Ait
illi Iesus : Amen dico tibi, quia in hac nocte,
35 ante quam gallus cantet, ter me negabis. Ait $\frac{290}{6}$

---

[20] discipulis + suis 𝔖ℭ   [23] paropside 𝔖ℭ   [24] tradetur 𝔖ℭ
[28] effundetur 𝔖ℭ   [29] amodo 𝔖ℭ

illi Petrus : Etiamsi oportuerit me mori tecum,
non te negabo.   Similiter et omnes discipuli
dixerunt.

291/1   Tunc uenit Iesus cum illis in uillam, quae 36
292/6 dicitur Gethsemani.   Et dixit discipulis suis :
Sedete hic donec uadam illuc et orem.   Et 37
adsumto Petro, et duobus filiis Zebedaei, coe-
293 pit contristari et maestus esse.   Tunc ait illis : 38
4 Tristis est anima mea usque ad mortem : susti-
294 nete hic, et uigilate mecum.   Et progressus 39
1 pusillum, procidit in faciem suam, orans et dicens : Pater, si possibile est, transeat a me ca-
295/1 lix iste.   Uerum tamen non sicut ego uolo, sed
296/2 sicut tu.   Et uenit ad discipulos, et inuenit 40
eos dormientes : et dicit Petro : Sic non potuistis una hora uigilare mecum ?   Uigilate et 41
297/4 orate ut non intretis in temtationem.   Spiritus
298/6 quidem promtus est, caro autem infirma.   Ite- 42
rum secundo abiit et orauit, dicens : Pater mi,
si non potest hic calix transire nisi bibam illum, fiat uoluntas tua.   Et uenit iterum, et in- 43
uenit eos dormientes : erant enim oculi eorum
grauati.   Et relictis illis, iterum abiit et orauit 44
299 tertio, eundem sermonem dicens.   Tunc uenit 45
4 ad discipulos suos, et dicit illis : Dormite iam
et requiescite : ecce adpropinquauit hora, et
Filius hominis tradetur in manus peccatorum.
Surgite eamus : ecce adpropinquauit qui me 46
tradit.
300 Adhuc ipso loquente, ecce Iudas unus de 47
1 duodecim uenit et cum eo turba multa, cum
gladiis et fustibus missi, a principibus sacer-

Marginal references (right column):

36–46
Mc.14.32–42,
Lc. 22.40–46.
Ioh. 12.27.

Heb. 5. 7, 8.
Mt. 6. 10.

6. 13.

6. 10.

Ioh. 14. 31.

47–56
Mc.14.43–50,
Lc. 22. 47–53,
Ioh. 18. 3–11.

---

[39] pater + mi 𝔖ℭ   [40] discipulos + suos 𝔖ℭ   mecum *sine*
nota interrogationis 𝔖   [41] promptus 𝔖ℭ   [46] tradet 𝔖ℭ
[47] ipso : eo 𝔖ℭ   *disting.* fustibus, missi 𝔖ℭ

48 dotum, et senioribus populi. Qui autem tra- $\frac{301}{2}$
didit eum, dedit illis signum, dicens : Quemcumque osculatus fuero, ipse est, tenete eum.
49 Et confestim accedens ad Iesum, dixit : Haue,
50 Rabbi : et osculatus est eum. Dixitque illi
Iesus : Amice, ad quod uenisti ? Tunc accesserunt, et manus iniecerunt in Iesum, et te-
51 nuerunt eum. Et ecce unus ex his, qui erant $\frac{302}{1}$
cum Iesu, extendens manum, exemit gladium
suum, et percutiens seruum principis sacerdo-

Gen. 9. 6.   52 tum amputauit auriculam eius. Tunc ait illi $\frac{303}{10}$
Iesus: Conuerte gladium tuum in locum suum:
omnes enim qui acceperint gladium, gladio
53 peribunt. An putas, quia non possum rogare
patrem meum, et exhibebit mihi modo plus

Es. 53. 7–10.   54 quam duodecim legiones angelorum ? Quomodo ergo implebuntur scripturae, quia sic
55 oportet fieri ? In illa hora dixit Iesus turbis : $\frac{304}{1}$
Tamquam ad latronem existis, cum gladiis et
fustibus comprehendere me: cotidie apud uos
sedebam docens in templo, et non me tenuistis.
56 Hoc autem totum factum est, ut implerentur $\frac{305}{6}$
scripturae prophetarum. Tunc discipuli omnes,
relicto eo, fugerunt.

57–68   57 At illi tenentes Iesum, duxerunt ad Caia- $\frac{306}{1}$
Mc.14. 53–65.   phan principem sacerdotum, ubi scribae et
Lc. 22. 54.
Ioh.18.12–24.   58 seniores conuenerant. Petrus autem seque- $\frac{307}{4}$
batur eum a longe, usque in atrium principis
sacerdotum : et ingressus intro, sedebat cum
59 ministris, ut uideret finem. Principes autem $\frac{308}{2}$
sacerdotum et omne concilium quaerebant
falsum testimonium contra Iesum, ut eum mor-
60 ti traderent : et non inuenerunt, cum multi

---

⁴⁹ Aue 𝕾ℭ   ⁵⁰ **Amice** + fac D   quod : quid 𝕾ℭ,   ⁵⁶ adim-
plerentur 𝕾ℭ   ⁵⁸ **finem** + rei HᶜZ* *al.*

$\frac{309}{6}$ falsi testes accessissent. Nouissime autem
uenerunt duo falsi testes, ' et dixerunt : Hic 61   Ioh. 2. 19.
dixit : Possum destruere templum Dei, et post   Act. 6. 14.
triduum aedificare illud. Et surgens princeps 62
sacerdotum, ait illi : Nihil respondes ad ea
quae isti aduersum te testificantur ? Iesus au- 63   63–66
tem tacebat. Et princeps sacerdotum ait illi :   Lc. 22. 67–71.
Adiuro te per Deum uiuum, ut dicas nobis si
$\frac{310}{1}$ tu es Christus filius Dei. Dicit illi Iesus : Tu 64   Ps. 109 (110).
dixisti. Uerum tamen dico uobis, a modo uide-   Dan. 7. 13.
bitis Filium hominis sedentem a dextris uir-   Act. 7. 56.
$\frac{311}{6}$ tutis, et uenientem in nubibus caeli. Tunc 65   Mt. 16. 27, 24. 30, 25. 31.
princeps sacerdotum scidit uestimenta sua, di-
$\frac{312}{2}$ cens : Blasphemauit : quid adhuc egemus testibus? ecce nunc audistis blasphemiam : ' quid 66   Ioh. 19. 7.
uobis uidetur ? At illi respondentes dixerunt :   Leu. 24. 16.
$\frac{313}{1}$ Reus est mortis. Tunc expuerunt in faciem 67   Lc. 22. 63–65.
eius, et colaphis eum ceciderunt : alii autem
palmas in faciem ei dederunt, ' dicentes : Pro- 68
phetiza nobis Christe, quis est qui te percussit?
$\frac{314}{1}$ Petrus uero sedebat foris in atrio. Et ac- 69   69–75
cessit ad eum una ancilla, dicens : Et tu cum   Mc. 14. 66–72,
Iesu Galilaeo eras. At ille negauit coram om- 70   Lc. 22. 55–62,
$\frac{315}{1}$ nibus, dicens : Nescio quid dicis. Exeunte 71   Ioh. 18. 16–18, 25–27.
autem illo ianuam, uidit eum alia, et ait his
qui erant ibi : Et hic erat cum Iesu Nazareno.
Et iterum negauit cum iuramento : Quia non 72
noui hominem. Et post pusillum accesserunt 73
qui stabant, et dixerunt Petro : Uere et tu ex
illis es : nam et loquella tua manifestum te facit. Tunc coepit detestari et iurare, quia non 74
nouisset hominem. Et continuo gallus can-
$\frac{316}{2}$ tauit. Et recordatus est Petrus uerbi Iesu, 75

---

[61] reaedificare 𝔖ℭ   [64] amodo 𝔖ℭ   uirtutis + Dei F𝔖ℭ
[67] ei : eius 𝔖ℭ   [71] alia + ancilla 𝔖ℭ   [73] loquela 𝔖ℭ

quod dixerat : Prius quam gallus cantet, ter
me negabis. Et egressus foras, plorauit amare.

Mc. 15. 1. **27** Mane autem facto, consilium inierunt om- $\frac{317}{2}$
Lc. 22. 66. nes principes sacerdotum, et seniores populi,

Lc. 23. 1. 2 aduersus Iesum, ut eum morti traderent. Et $\frac{318}{1}$
Ioh. 18. 28. uinctum adduxerunt eum, et tradiderunt Pontio Pilato praesidi.

3 Tunc uidens Iudas qui eum tradidit, quod $\frac{319}{10}$
damnatus esset, paenitentia ductus rettulit triginta argenteos principibus sacerdotum et se-
4 nioribus, dicens: Peccaui, tradens sanguinem
iustum. At illi dixerunt : Quid ad nos ? tu

Act. 1. 18, 19. 5 uideris. Et proiectis argenteis in templo, re-
6 cessit, et abiens laqueo se suspendit. Princi-
pes autem sacerdotum, acceptis argenteis, dixerunt : Non licet mittere eos in corbanan :
7 quia pretium sanguinis est. Consilio autem
inito, emerunt ex illis agrum figuli, in sepultu-
8 ram peregrinorum. Propter hoc uocatus est
ager ille, Acheldemach, ager sanguinis, usque

Zach. 11. 13. 9 in hodiernum diem. Et tunc impletum est
quod dictum est per Hieremiam prophetam
dicentem : Et acceperunt triginta argenteos,
pretium adpretiati quem adpretiauerunt a filiis
10 Israhel : et dederunt eos in agrum figuli, sicut
constituit mihi Dominus.

11-14 11 Iesus autem stetit ante praesidem : et in- $\frac{320}{1}$
Mc. 15. 2-5, terrogauit eum praeses, dicens : Tu es Rex
Lc. 23. 2, 3,
Ioh.18. 29-38. 12 Iudaeorum? Dicit ei Iesus : Tu dicis. Et $\frac{321}{4}$
cum accusaretur a principibus sacerdotum et
13 senioribus, nihil respondit. Tunc dicit illi

---

[75] plorauit ACH *al.* : fleuit DFMVZ *al.* $\mathfrak{SC}$ 27. [3] retulit
$\mathfrak{SC}$ [6] > eos mittere $\mathfrak{SC}$ corbonam $\mathfrak{SC}$; corban D   [8] Haceldama + hoc est $\mathfrak{SC}$ [9] *om.* et *ad init.* $\mathfrak{SC}$ appret. *bis* $\mathfrak{SC}$
a filiis : filii CD   [11] ei : illi $\mathfrak{SC}$

Pilatus : Non audis quanta aduersum te dicant
testimonia ? Et non respondit ei ad ullum 14
uerbum, ita ut miraretur praeses uehementer.
322 / 2 Per diem autem sollemnem consueuerat prae- 15
ses dimittere populo unum uinctum, quem uo-
323 / 4 luissent. Habebat autem tunc uinctum in- 16
signem, qui dicebatur Barabbas. Congregatis 17
ergo illis, dixit Pilatus : Quem uultis dimittam
uobis : Barabban, an Iesum qui dicitur Christus ? Sciebat enim quod per inuidiam tradi- 18
324 / 10 dissent eum. Sedente autem illo pro tribunali, 19
misit ad illum uxor eius, dicens : Nihil tibi, et
iusto illi : multa enim passa sum hodie per ui-
325 / 1 sum propter eum. Principes autem sacerdotum 20
et seniores persuaserunt populis ut peterent
Barabban, Iesum uero perderent. Respondens 21
autem praeses, ait illis : Quem uultis uobis de
duobus dimitti ? At illi dixerunt : Barabban.
326 / 1 Dicit illis Pilatus : Quid igitur faciam de Iesu 22
qui dicitur Christus ? Dicunt omnes : Crucifigatur. Ait illis praeses : Quid enim mali 23
fecit ? At illi magis clamabant dicentes : Cru-
327 / 10 cifigatur. Uidens autem Pilatus quia nihil 24
proficeret, sed magis tumultus fieret, accepta
aqua, lauit manus coram populo, dicens : Innocens ego sum a sanguine iusti huius : uos
uideritis. Et respondens uniuersus populus, 25
dixit : Sanguis eius super nos, et super filios
328 / 1 nostros. Tunc dimisit illis Barabban : Iesum 26
autem flagellatum tradidit eis ut crucifigeretur.
329 / 4 Tunc milites praesidis suscipientes Iesum 27
in praetorio, congregauerunt ad eum uniuer-

15–26
Mc. 15. 6–15,
Lc. 23. 18–25,
Ioh. 18. 39, 40.

Act. 3. 14.

Dt. 21. 6–8.

Ioh. 19. 1, 16.

27–31 ·
Mc. 15.16–20,
Ioh. 19. 2, 3.

---

13 dicunt 𝔖ℭ   15 > populo dimittere 𝔖ℭ   17 Barabbam
𝔖ℭ, et 20, 21, 26   19 illum : eum 𝔖ℭ   20 princeps ACFH*
M al.   27 praetorium 𝔖ℭ

28 sam cohortem : et exuentes eum, clamydem
29 coccineam circumdederunt ei : et plectentes
coronam de spinis, posuerunt super caput eius,
et harundinem in dextera eius : Et genu flexo
ante eum inludebant, dicentes : Haue, rex Iu-
30 daeorum.   Et expuentes in eum, acceperunt $\frac{330}{6}$
31 harundinem, et percutiebant caput eius.   Et
postquam inluserunt ei, exuerunt eum cla-
myde, et induerunt eum uestimentis eius, et
duxerunt eum ut crucifigerent.

Mc. 15. 21,   32   Exeuntes autem inuenerunt hominem Cy- $\frac{331}{1}$
Lc. 23. 26.   reneum, nomine Simonem : hunc angariaue-

33–51   33 runt ut tolleret crucem eius.   Et uenerunt in $\frac{332}{1}$
Mc.15. 22–38,   locum qui dicitur Golgotha, quod est Calua-
Lc. 23. 32–38,
44–46.   34 riae locus.   Et dederunt ei uinum bibere cum $\frac{333}{4}$
Ioh. 19.17–19,   felle mixtum : et cum gustasset, noluit bibere.
23, 24, 28–30.
Ps. 68. 22   35 Postquam autem crucifixerunt eum, diuise- $\frac{334}{1}$
(69. 21).   36 runt uestimenta eius, sortem mittentes : et se-
Ps. 21. 19
(22. 18).   37 dentes seruabant eum.   Et inposuerunt super $\frac{335}{1}$
caput eius causam ipsius scriptam : HIC EST
Es. 53. 12.   38 IESUS REX IUDAEORUM.   Tunc crucifixi sunt $\frac{336}{1}$
cum eo duo latrones : unus a dextris, et unus
Ps.21.8(22.7).   39 a sinistris.   Praetereuntes autem blasphema- $\frac{337}{6}$
108 (109). 25.   40 bant eum, mouentes capita sua, ' et dicentes :
Mt. 26. 61,
Ioh. 2. 19.   Qui destruit templum, et in triduo illud reae-
dificat: salua temet ipsum : si filius Dei es, de-

---

^{28} chlamydem 𝕾ℭ ^{29} inludebant + ei 𝕾ℭ   Aue 𝕾ℭ
^{31} chlamyde 𝕾ℭ ^{32} Cyrenaeum 𝕾ℭ; + uenientem obuiam sibi
Z *al.* (*et* H^c *post* Simonem) ^{34} mistum 𝕾ℭ ^{35} mittentes
sine addit. CDH*MV *al.* : + ut impleretur quod dictum est per Prophetam (+ dicentem Z *al.* ℭ) : Diuiserunt sibi uestimenta mea, et
super uestem meam miserunt sortem AH^{c}Z *al.* ℭ; *ex Ioh.* 19. 24
^{37} *om.* Iesus DH *al.* ^{38} crucifixi sunt : crucifixerunt DF *al.*
^{40} dicentes *sine addit.* ACH*M : + uah H^{c}VZ𝕾ℭ   destruit...re-
aedificat CDFH*MVZ, destruebat ... reaedificabat A *al.* : destruis ... reaedificas H^c *al.* 𝕾ℭ, destruebas ... reaedificabas *codd.*
aliq.   templum + Dei 𝕾ℭ

$\frac{338}{2}$ scende de cruce. Similiter et principes sacer- 41
dotum inludentes cum scribis et senioribus,
dicebant : Alios saluos fecit, se ipsum non po- 42
test saluum facere : si rex Israhel est, descen-
dat nunc de cruce, et credimus ei : confidit in 43   Sap. 2. 13,
Deo : liberet nunc eum, si uult eum : dixit   18–20.
                                       Ps. 21. 9
$\frac{339}{2}$ enim : Quia Dei filius sum. Id ipsum autem 44   (22. 8).
et latrones qui crucifixi erant cum eo, inpro-   Lc. 23. 39–43.
perabant ei.
$\frac{340}{2}$ A sexta autem hora tenebrae factae sunt 45   Mc. 15. 33,
super uniuersam terram usque ad horam no-   Lc. 23. 44.
$\frac{341}{6}$ nam. Et circa horam nonam clamauit Iesus 46   Ps. 21. 2
uoce magna, dicens : Heli, Heli, lema saba-   (22. 1).
cthani ? hoc est : Deus meus, Deus meus, ut
quid dereliquisti me ? Quidam autem illic 47
stantes et audientes, dicebant : Heliam uocat
$\frac{342}{2}$ iste. Et continuo currens unus ex eis, acce- 48   Ps. 68. 22
ptam spongiam impleuit aceto, et inposuit ha-   (69. 21).
rundini, et dabat ei bibere. Ceteri uero dice- 49
bant : Sine uideamus an ueniat Helias liberans
343/1 eum. Iesus autem iterum clamans uoce ma- 50
344/2 gna, emisit spiritum. Et ecce uelum templi 51   Mc. 15. 38,
scissum est in duas partes, a summo usque de-   Lc. 23. 45.
                                    Ex. 26. 31–33.
$\frac{345}{10}$ orsum. Et terra mota est, et petrae scissae   Heb. 10. 19,
sunt,$^{|}$ et monumenta aperta sunt : et multa cor- 52   20.
pora sanctorum qui dormierant, surrexerunt :
et exeuntes de monumentis post resurrectio- 53
nem eius, uenerunt in sanctam ciuitatem, et
$\frac{346}{2}$ apparuerunt multis. Centurio autem, et qui 54   54–56
cum eo erant, custodientes Iesum, uiso terrae   Mc. 15. 39–41,
                                    Lc. 23. 47, 49.

---

43 nunc eum, si uult eum FM *al.*, *et* nunc, si vult eum ℭ : nunc
eum, si uult ACDHVZ *al.* 𝔖   > filius Dei 𝔖ℭ   **44** impropera-
bant 𝔖ℭ   **46** Eli, Eli 𝔖ℭ ; Heloi, Heloi H°VZ *al.*   lema
sabacthani A(CD)FM(HZ), *et* lamma sabacthàni ℭ, lammasaba-
cthani 𝔖 : lama zaptani V *al.*   **49** eum + alius autem, accepta
lancea, pupugit latus eius ; et exiit aqua et sanguis D *al.*

motu et his quae fiebant, timuerunt ualde, di-

Ioh. 19. 25.
Lc. 8. 2, 3.
55 centes : Uere Dei Filius erat iste. Erant au- $\frac{347}{6}$
tem ibi mulieres multae a longe, quae secutae

56 erant Iesum a Galilaea, ministrantes ei : inter
quas erat Maria Magdalene, et Maria Iacobi
et Ioseph mater, et mater filiorum Zebedaei.

57-61
57 Cum sero autem factum esset, uenit quidam $\frac{348}{1}$
Mc.15. 42-47.
Lc. 23. 50-56,
homo diues ab Arimathia, nomine Ioseph, qui
Ioh.19.38-42.
58 et ipse discipulus erat Iesu. Hic accessit ad
Pilatum, et petiit corpus Iesu. Tunc Pilatus

59 iussit reddi corpus. Et accepto corpore, Ioseph $\frac{349}{1}$

Es. 53. 9.
60 inuoluit illud in sindone munda : et posuit illud in monumento suo nouo, quod exciderat
in petra: et aduoluit saxum magnum ad ostium $\frac{350}{6}$

61 monumenti, et abiit. Erat autem ibi Maria
Magdalene, et altera Maria, sedentes contra
sepulchrum.

62 Altera autem die, quae est post Parasceuen, $\frac{351}{10}$
conuenerunt principes sacerdotum et Phari-

12. 40, 16. 21,
63 saei ad Pilatum, | dicentes : Domine, recordati
17. 23, 20. 19.
sumus, quia seductor ille dixit adhuc uiuens :

64 Post tres dies resurgam. Iube ergo custodiri
sepulchrum usque in diem tertium : ne forte
ueniant discipuli eius, et furentur eum, et dicant plebi : Surrexit a mortuis : et erit nouissi-

65 mus error peior priore. Ait illis Pilatus : Ha-
66 betis custodiam : ite, custodite sicut scitis. Illi
autem abeuntes, munierunt sepulchrum, si-
gnantes lapidem, cum custodibus.

1-8
28 Uespere autem sabbati, quae lucescit in pri- $\frac{352}{1}$
Mc. 16. 1-8,
Lc. 24. 1-10,
ma sabbati, uenit Maria Magdalene, et altera
Ioh. 20. 1.
2 Maria uidere sepulchrum. Et ecce terrae

---

[54] > Filius Dei 𝔖ℭ   [55] a longe : + uidentes D ; + aspicientes
H°M   [57] > autem sero 𝔖ℭ   Arimathaea ℭ   [58] reddi :
dari D

motus factus est magnus. Angelus enim Domini descendit de caelo : et accedens reuoluit
lapidem, et sedebat super eum. Erat autem 3
aspectus eius sicut fulgur : et uestimentum eius
sicut nix. Prae timore autem eius exterriti 4
$\frac{353}{2}$ sunt custodes, et facti sunt uelut mortui. Re- 5
spondens autem angelus dixit mulieribus : No-
lite timere uos : scio enim, quod Iesum, qui
crucifixus est, quaeritis. Non est hic : sur- 6   27. 6;.
rexit enim, sicut dixit : uenite, uidete locum,
ubi positus erat Dominus. Et cito euntes, di- 7   26. 32.
cite discipulis eius quia surrexit : et ecce praecedit uos in Galilaeam : ibi eum uidebitis :
$\frac{354}{2}$ ecce praedixi uobis. Et exierunt cito de monu- 8
mento, cum timore et magno gaudio, currentes
$\frac{355}{10}$ nuntiare discipulis eius. Et ecce Iesus occur- 9   Mc. 16. 9.
rit illis, dicens : Hauete. Illae autem accesse-   Ioh. 20. 14.
runt, et tenuerunt pedes eius, et adorauerunt
eum. Tunc ait illis Iesus : Nolite timere : ite, 10   Ioh. 20. 17.
nuntiate fratribus meis, ụt eant in Galilaeam :
ibi me uidebunt.

Quae cum abissent, ecce quidam de custo- 11   27. 6;, 66.
dibus uenerunt in ciuitatem, et nuntiauerunt
principibus sacerdotum omnia quae facta fuerant. Et congregati cum senioribus, consilio 12
accepto, pecuniam copiosam dederunt militibus, ¹ dicentes : Dicite quia discipuli eius nocte 13
uenerunt, et furati sunt eum, nobis dormientibus. Et si hoc auditum fuerit a praeside, nos 14
suadebimus ei, et securos uos faciemus. At 15
illi accepta pecunia, fecerunt sicut erant docti :

---

28. ³ uestimentum ACFM *al.* 𝕮 : uestimenta DHVZ *al.* 𝕾
⁶ uenite, uidete AMVZ *al.* : uenite et .uidete CDFH *al.* 𝕾𝕮
⁷ praecedet 𝕾   ⁸ > gaudio magno 𝕾𝕮   ⁹ Auete 𝕾𝕮
¹¹ abijssent 𝕾𝕮   ¹⁵ edocti 𝕾𝕮

et diuulgatum est uerbum istud apud Iudaeos
usque in hodiernum diem.

7. 26. 32. 16 Undecim autem discipuli abierunt in Galilaeam, in montem ubi constituerat illis Iesus.
17 Et uidentes eum adorauerunt : quidam autem
11. 27. 18 dubitauerunt. Et accedens Iesus locutus est
Dan. 7. 13, 14. eis, dicens : Data est mihi omnis potestas, in
Mc. 16. 15, 16. 19 caelo et in terra. Euntes ergo docete omnes
Mt. 18. 20. gentes : baptizantes eos in nomine Patris, et
20 Filii, et Spiritus sancti : docentes eos seruare
omnia quaecumque mandaui uobis : et ecce
ego uobiscum sum omnibus diebus, usque ad
consummationem saeculi.

EXPLICIT EUANGELIUM SECUNDUM MATTHEUM

EUANGELIUM SECUNDUM MARCUM

1   INITIUM Euangelii Iesu Christi, Filii Dei. $\frac{1}{2}$

2-8   2   Sicut scriptum est in Esaia propheta :
Mt. 3. 1-11,
Lc. 3. 2-16.   Ecce mitto angelum meum ante faciem
Iob. 1. 19-30.   tuam,
Mal. 3. 1.
Es. 40. 3.   qui praeparabit uiam tuam.
Mt. 11. 10.   3   Uox clamantis in deserto : $\frac{2}{1}$
Parate uiam Domini,
rectas facite semitas eius.

4 Fuit Iohannes in deserto baptizans, et praedi- $\frac{3}{6}$
cans baptismum paenitentiae in remissionem
5 peccatorum. Et egrediebatur ad illum omnis

20 saeculi + amen AHZ[c] al.   om. subscr. 𝔖ℭ
Inscr. SANCTVM IESV CHRISTI EVANGELIVM SECVN
DVM MARCVM 𝔖ℭ   1. [1] *om.* Iesu Christi Z*   [2] ecce + ego
𝔖ℭ   tuam + ante te DGVZ𝔖ℭ   [5] illum : eum 𝔖ℭ

Iudaeae regio, et Hierosolymitae uniuersi, et
baptizabantur ab illo in Iordane flumine, confitentes peccata sua. Et erat Iohannes uesti- 6
tus pilis cameli, et zona pellicia circa lumbos
eius : et lucustas et mel siluestre edebat. Et 7

$\frac{4}{1}$ praedicabat, dicens : Uenit fortior me post me, Act. 13. 25.
cuius non sum dignus procumbens soluere cor-
rigiam calciamentorum eius. Ego baptizaui 8
uos aqua, ille uero baptizabit uos Spiritu sancto.

$\frac{5}{1}$ Et factum est in diebus illis, uenit Iesus a 9   9-11
Nazareth Galilaeae : et baptizatus est in Ior-   Mt. 3. 13–17,
dane ab Iohanne. Et statim ascendens de 10   Lc. 3. 21, 22,
aqua, uidit apertos caelos, et Spiritum tam-   Ioh. 1. 32–34.
quam columbam descendentem, et manentem
in ipso. Et uox facta est de caelis : Tu es filius 11   9. 7.
meus dilectus, in te complacui.   Ps. 2. 7,
   Es. 42. 1.

$\frac{6}{2}$ Et statim Spiritus expellit eum in desertum. 12   Mt. 17. 5,
Et erat in deserto quadraginta diebus, et qua- 13   Lc. 9. 35.
draginta noctibus : et temtabatur a Satana.   12, 13
   Mt. 4. 1–11.

$\frac{7}{6}$ Eratque cum bestiis, et angeli ministrabant   Lc. 4. 1–13.
illi.

8/4 Postquam autem traditus est Iohannes, ue- 14   Mt. 4. 12–17.
9/6 nit Iesus in Galilaeam, praedicans euangelium   Lc. 4. 14, 15.
regni Dei, ¹ et dicens : Quoniam impletum est 15
tempus, et adpropinquauit regnum Dei : paenitemini, et credite euangelio.

Et praeteriens secus mare Galilaeae, uidit 16   16-20
Simonem et Andream fratrem eius, mittentes   Mt. 4. 18–22,
   Lc. 5. 2–11.

$\frac{10}{2}$ retia in mare, erant enim piscatores. Et dixit 17   Ioh. 1. 40–42.
eis Iesus : Uenite post me, et faciam uos fieri
piscatores hominum. Et protinus relictis re- 18

$\frac{11}{6}$ tibus, secuti sunt eum. Et progressus inde 19

---

⁵ Iordanis $\mathfrak{SC}$ ⁶ camelorum $\mathfrak{S}$ locustas $\mathfrak{SC}$ ⁷ veniet $\mathfrak{S}$
corigiam $\mathfrak{SC}$ ⁸ baptizo CDG   ⁹ Galileae $\mathfrak{S}$ > a Ioanne
in Iord. $\mathfrak{SC}$ ¹⁰ > caelos apertos $\mathfrak{SC}$ Spiritum + sanctum $\mathfrak{S}$
¹² expellit AH*MZ* : -ulit CDGHᶜVZᶜ$\mathfrak{SC}$

pusillum, uidit Iacobum Zebedaei et Iohannem fratrem eius, et ipsos in naui componen-
20 tes retia : | et statim uocauit illos. Et relicto
patre suo Zebedaeo in naui cum mercennariis,
secuti sunt eum.

21–28
Mt. 4. 13.
Lc. 4. 31–37.
Mt. 7. 28, 29.

21   Et ingrediuntur Capharnaum : et statim sab- 12/8
22 batis ingressus synagogam, docebat eos. Et 13/2
stupebant super doctrina eius : erat enim docens eos quasi potestatem habens, et non sicut
23 scribae. Et erat in synagoga eorum homo in $\frac{14}{8}$

5. 7.   24 spiritu inmundo : et exclamauit, | dicens : Quid
nobis et tibi, Iesu Nazarene ? uenisti perdere
25 nos ? scio qui sis, Sanctus Dei. Et comminatus est ei Iesus, dicens : Obmutesce, et exi

9. 25.   26 de homine. Et discerpens eum spiritus inmundus, et exclamans uoce magna exiit ab eo.
27 Et mirati sunt omnes, ita ut conquirerent inter se, dicentes : Quidnam est hoc ? quae
doctrina haec noua ? quia in potestate et spi-
28 ritibus inmundis imperat, et oboediunt ei. Et
processit rumor eius statim in omnem regionem Galilaeae.

29–34
Mt. 8. 14–16.
Lc. 4. 38–41.

29   Et protinus egredientes de synagoga, uene- $\frac{15}{2}$
runt in domum Simonis et Andreae, cum Ia-
30 cobo et Iohanne. Decumbebat autem socrus
Simonis febricitans : et statim dicunt ei de illa.
31 Et accedens eleuauit eam, adprehensa manu
eius : et continuo dimisit eam febris, et ministrabat eis.
32   Uespere autem facto cum occidisset sol,
afferebant ad eum omnes male habentes, et
33 daemonia habentes : et erat omnis ciuitas con-

---

¹⁹ > comp. retia in naui 𝔖𝔠   ²¹ ingressus + in 𝔖𝔠   ²⁴ uenisti + ante tempus 𝔖   qui sis CGVZ𝔠 : quis es AH ; quia sis D ;
quòd sis 𝔖 ; te qui es *Iren.*   ²⁷ quae : quaenam 𝔖𝔠   et *sec.* :
etiam 𝔖𝔠

gregata ad ianuam. Et curauit multos qui 34
uexabantur uariis languoribus, et daemonia
16
8 multa eiciebat : et non sinebat loqui ea, quoniam sciebant eum.

17
8 Et diluculo ualde surgens, egressus abiit in 35
desertum locum, ibique orabat. Et persecu- 36
tus est eum Simon, et qui cum illo erant : et 37
cum inuenissent eum, dixerunt ei : Quia omnes quaerunt te. Et ait illis : Eamus in proxi- 38
mos uicos et ciuitates, ut et ibi praedicem : ad
hoc enim ueni. Et erat praedicans in syna- 39
gogis eorum, et omni Galilaea, et daemonia
eiciens.

18
2 Et uenit ad eum leprosus deprecans eum : 40
et genu flexo dixit : Si uis, potes me mundare.
Iesus autem misertus eius, extendit manum 41
suam : et tangens eum, ait illi : Uolo : mundare. Et cum dixisset, statim discessit ab eo 42
lepra, et mundatus est. Et comminatus ei, 43
statim eiecit illum, ¹ et dicit ei : Uide nemini 44
dixeris : sed uade, ostende te principi sacerdotum, et offer pro emundatione tua, quae
19
10 praecepit Moses in testimonium illis. At ille 45
egressus coepit praedicare, et diffamare sermonem, ita ut iam non posset manifeste in
ciuitatem introire, sed foris in desertis locis
esse : et conueniebant ad eum undique.

20
1 Et iterum intrauit Capharnaum post dies : 2
et auditum est quod in domo esset : ¹ et con- 2
uenerunt multi, ita ut non caperet neque ad
ianuam : et loquebatur eis uerbum. Et uene- 3
runt ferentes ad eum paralyticum, qui a quat-

Marginal references:
35-38 Lc. 4. 42, 43.
40-44 Mt. 8. 2-4. Lc. 5. 12-14.
Leu. 13. 49, 14. 2-32.
1-12 Mt. 9. 2-8. Lc. 5. 18-26.

³⁴ > ea loqui 𝔖𝔠   ³⁶ prosecutus 𝔖𝔠   ³⁹ et *sec.* + in 𝔖𝔠
⁴⁰ dicit 𝔖; +ei 𝔖𝔠   ⁴³ comminatus est ei statimque 𝔖𝔠
⁴⁵ > introire in ciu. 𝔖𝔠   esset 𝔖𝔠   2. ¹ dies + octo 𝔖
³ > ad eum ferentes 𝔖𝔠

4 tuor portabatur. Et cum non possent offerre eum illi prae turba, nudauerunt tectum ubi erat : et patefacientes summiserunt grabattum,
5 in quo paralyticus iacebat. Cum uidisset autem Iesus fidem illorum, ait paralytico : Fili,
6 dimittuntur tibi peccata. Erant autem illic quidam de scribis sedentes, et cogitantes in
7 cordibus suis : ¹ Quid hic̡ sic loquitur ? blasphemat. Quis potest dimittere peccata, nisi
8 solus Deus ? Quo statim cognito Iesus spiritu suo quia sic cogitarent intra se, dicit illis: Quid
9 ista cogitatis in cordibus uestris ? Quid est facilius dicere paralytico : Dimittuntur tibi peccata : an dicere : Surge et tolle grabattum
10 tuum, et ambula ? Ut autem sciatis quia potestatem habet Filius hominis in terra dimit-
11 tendi peccata, ait paralytico : Tibi dico : surge, tolle grabattum tuum, et uade in do-
12 mum tuam. Et statim ille surrexit : et sublato grabatto, abiit coram omnibus, ita ut admirarentur omnes, et honorificarent Deum, dicentes : Quia numquam sic uidimus.
13 Et egressus est rursus ad mare : omnisque $\frac{21}{2}$

14-17
Mt. 9. 9-13,
Lc. 5. 27-32.

14 turba ueniebat ad eum, et docebat eos. Et cum praeteriret, uidit Leuin Alphei sedentem ad teloneum, et ait illi : Sequere me. Et sur-
15 gens secutus est eum. Et factum est, cum accumberet in domo illius, multi publicani et peccatores simul discumbebant cum Iesu et discipulis eius : erant enim multi, qui et sequebantur eum. Et scribae et Pharisaei ui- $\frac{22}{2}$
16

---

⁴ submiserunt 𝕾ℭ   ⁵ > autem vidisset 𝕾ℭ   peccata + tua 𝕾ℭ   ⁹ Surge, tolle (*om.* et) 𝕾ℭ   ¹⁰ > Filius hominis habet potestatem 𝕾ℭ   ¹² > surrexit ille 𝕾ℭ   abiit + inde 𝕾   mirarentur 𝕾ℭ   ¹⁴ Leui 𝕾ℭ   Alphaei 𝕾ℭ   telonium 𝕾ℭ   ¹⁵ qui et : *om.* et 𝕾

dentes quia manducaret cum peccatoribus, et
publicanis, dicebant discipulis eius : Quare
cum publicanis, et peccatoribus manducat et
<u>23</u>
2 bibit magister uester ? Hoc audito Iesus ait 17
illis : Non necesse habent sani medicum, sed
qui male habent : non enim ueni uocare iustos, sed peccatores.
Et erant discipuli Iohannis, et Pharisaei ie- 18
iunantes : et ueniunt et dicunt illi: Quare discipuli Iohannis et Pharisaeorum ieiunant, tui
autem discipuli non ieiunant? Et ait illis Ie- 19
sus : Numquid possunt filii nuptiarum, quamdiu sponsus cum illis est, ieiunare ? Quanto
tempore habent secum sponsum, non possunt
ieiunare. Uenient autem dies cum auferetur 20
ab eis sponsus : et tunc ieiunabunt in illa die.
Nemo adsumentum panni rudis adsuit uesti- 21
mento ueteri : alioquin auferet supplementum
nouum a ueteri, et maior scissura fit. Et nemo 22
mittit uinum nouellum in utres ueteres : alioquin disrumpet uinum utres, et uinum effunditur, et utres peribunt : sed uinum nouum in
utres nouos mitti debet.
<u>24</u>
2 Et factum est iterum cum sabbatis ambu- 23
laret per sata, et discipuli eius coeperunt prae-
gredi et uellere spicas. Pharisaei autem di- 24
cebant ei : Ecce, quid faciunt sabbatis quod
non licet ? Et ait illis : Numquam legistis 25
quid fecerit Dauid, quando necessitatem habuit, et esuriit ipse, et qui cum eo erant? quo- 26

18–22
Mt. 9. 14-17,
Lc. 5. 33-38.

23–28
Mt. 12. 1-8,
Lc. 6. 1-5.
Dt. 23. 25.

1 Reg.
(1 Sam.)21. 6.

[16] > manducaret cum publicanis et pecc. 𝔖ℭ   dixerunt 𝔖
[17] medico 𝔖ℭ   malehabent *uno uerbo* 𝔖   [20] illis diebus 𝔖ℭ
[21] assumentum *et* assuit 𝔖ℭ   auferet ADHM : -ert CFGVZ𝔖ℭ
[22] nouum 𝔖ℭ   dirumpet 𝔖ℭ   effundetur 𝔖ℭ   [23] cum
+ Dominus 𝔖ℭ   et *sec. om.* 𝔖   progredi 𝔖ℭ   [24] faciunt
+ discipuli tui 𝔖

Leu. 8. 31,
24. 5-9.
Ex. 29. 32.

modo introiit domum Dei sub Abiathar principe sacerdotum, et panes propositionis manducauit, quos non licet manducare, nisi sacer-
27 dotibus, et dedit eis qui cum eo erant? Et $\frac{25}{2}$
dicebat eis : Sabbatum propter hominem fa-
ctum est, et non homo propter sabbatum.
28 Itaque dominus est Filius hominis etiam
sabbati.

1-6
Mt. 12. 9-14,
Lc. 6. 6-11.

3 Et introiit iterum in synagogam : et erat ibi
2 homo habens manum aridam. Et obseruabant eum, si sabbatis curaret : ut accusarent
3 illum. Et ait homini habenti manum aridam :
4 Surge in medium. Et dicit eis : Licet sabbatis bene facere, an male? animam saluam fa-
5 cere, an perdere? At illi tacebant. ¹ Et circumspiciens eos cum ira, contristatus super
caecitate cordis eorum, dicit homini : Extende
manum tuam : et extendit, et restituta est
6 manus illi. Exeuntes autem statim Pharisaei $\frac{26}{4}$
cum Herodianis, consilium faciebant aduersus
eum quomodo eum perderent.

Mt. 12. 15,16.
Lc. 6. 17.

7 Et Iesus cum discipulis suis secessit ad
mare. Et multa turba a Galilaea et Iudaea se- $\frac{27}{1}$
8 cuta est eum, ¹ et ab Hierosolymis, et ab Idu-
maea, et trans Iordanen : et qui circa Tyrum et
Sidonem, multitudo magna, audientes quae
9 faciebat, uenerunt ad eum. Et dixit discipulis suis ut nauicula sibi deseruiret propter tur-
10 bam, ne comprimerent eum. Multos enim
sanabat, ita ut inruerent in eum ut illum tan-
11 gerent, quotquot habebant plagas. Et spiritus inmundi, cum illum uidebant, procidebant

²⁶ introiuit 𝕾ℭ ; +in 𝕾ℭ   licebat 𝕾ℭ   nisi +solis 𝕾
3. ¹ introiuit 𝕾ℭ   ⁶ > Pharisaei statim 𝕾ℭ   ⁷ Et Iesus :
Iesus autem 𝕾ℭ   ⁸ Iordanem 𝕾ℭ   ⁹ dixit + Iesus 𝕾   in
nauicula sibi deseruirent GZᶜ𝕾   ¹⁰ irruerent 𝕾ℭ

$\frac{28}{8}$ ei : et clamabant dicentes : Tu es Filius Dei.
Et uehementer comminabatur eis ne manife- 12
starent illum.

$\frac{29}{2}$ Et ascendens in montem uocauit ad se quos 13
uoluit ipse : et uenerunt ad eum. Et fecit ut 14
essent duodecim cum illo : et ut mitteret eos
praedicare. Et dedit illis potestatem curandi 15
$\frac{30}{2}$ infirmitates, et eiciendi daemonia. Et inpo- 16
suit Simoni nomen Petrus : et Iacobum Zebe- 17
daei : et Iohannem fratrem Iacobi, et inposuit
eis nomina Boanerges, quod est Filii tonitrui : et Andream et Philippum, et Bartholo- 18
meum et Mattheum, et Thomam et Iacobum
Alphei, et Thaddeum et Simonem Cananae-
um, ' et Iudam Scarioth, qui et tradidit illum. 19
$\frac{31}{10}$ Et ueniunt ad domum : et conuenit iterum 20
turba, ita ut non possent neque panem mandu-
care. Et cum audissent sui, exierunt tenere 21
eum : dicebant enim : Quoniam in furorem
$\frac{32}{2}$ uersus est. Et scribae qui ab Hierosolymis 22
descenderant, dicebant : Quoniam Beelzebub
habet : et quia in principe daemonum eicit
$\frac{33}{2}$ daemonia. Et conuocatis eis in parabolis di- 23
cebat illis : Quomodo potest Satanas Satanan
eicere ? Et si regnum in se diuidatur, non po- 24
test stare regnum illud. Et si domus super 25
semet ipsam dispertiatur, non poterit domus
illa stare. Et si Satanas consurrexit in semet 26
ipsum, dispertitus est : et non potest stare, sed
finem habet. Nemo potest uasa fortis ingres- 27
sus in domum diripere, nisi prius fortem alli-
$\frac{34}{2}$ get, et tunc domum eius diripiet. Amen dico 28

13-19
Mt. 10. 1-4,
Lc. 6. 12-16.

Act. 1. 13.
Ioh. 1. 42.

Ioh. 7. 5

22-30
Mt.12. 24-32.
Lc. 11. 15-22,
12. 10.

---

¹⁸ Bartholomaeum . . . Matthaeum . . . Alphaei . . . Thaddeum
𝕾𝕮 ¹⁹ Iscariotem 𝕾𝕮 ²² daemoniorum 𝕾𝕮 ²³ satanam
𝕾𝕮 ²⁴ > regnum illud stare 𝕾𝕮 ²⁵ potest 𝕾𝕮 ²⁶ con-
surrexerit 𝕾𝕮 poterit 𝕾𝕮

uobis, quoniam omnia dimittentur filiis hominum peccata et blasphemiae, quibus blasphe-
29 mauerint: qui autem blasphemauerit in Spiritum sanctum, non habet remissionem in aeter-
30 num, sed reus erit aeterni delicti. Quoniam
dicebant: Spiritum inmundum habet.

31-35
Mt.12. 46-50,
Lc. 8. 19-21.

31 Et ueniunt mater eius et fratres: et foris ³⁵⁄₂
32 stantes miserunt ad eum uocantes eum. Et
sedebat circa eum turba : et dicunt ei: Ecce
33 mater tua et fratres tui foris quaerunt te. Et
respondens eis, ait: Quae est mater mea, et
34 fratres mei? Et circumspiciens eos qui in
circuitu eius sedebant, ait : Ecce mater mea,
35 et fratres mei. Qui enim fecerit uoluntatem
Dei, hic frater meus, et soror mea, et mater est.

1-12
Mt. 13. 1-15.
Lc. 8. 4-10.

4 Et iterum coepit docere ad mare : et con- ³⁶⁄₂
gregata est ad eum turba multa, ita ut in nauem ascendens sederet in mari, et omnis tur-
2 ba circa mare super terram erat. Et docebat
illos in parabolis multa, et dicebat illis in do-
3 ctrina sua : ¹ Audite. Ecce exiit seminans ad
4 seminandum. Et dum seminat, aliud cecidit
circa uiam : et uenerunt uolucres, et comede-
5 runt illud. Aliud uero cecidit super petrosa,
ubi non habuit terram multam : et statim ex-
ortum est, quoniam non habebat altitudinem
6 terrae : et quando exortus est sol, exaestuauit :
7 et eo quod non haberet radicem, exaruit. Et
aliud cecidit in spinas : et ascenderunt spinae,
et suffocauerunt illud, et fructum non dedit.
8 Et aliud cecidit in terram bonam : et dabat
fructum ascendentem et crescentem, et affere-
bat unum triginta, et unum sexaginta, et unum

---

²⁹ habebit 𝔖ℭ   4. ¹ om. in pr. 𝔖ℭ   ² illos : eos 𝔖ℭ
⁴ uolucres + caeli 𝔖ℭ   ⁶ habebat 𝔖ℭ   ⁸ trigesimum 𝔖 ;
deinde om. et 𝔖ℭ   sexagesimum ... centesimum 𝔖

centum. Et dicebat : Qui habet aures au- 9
diendi, audiat.

Et cum esset singularis, interrogauerunt 10
eum hi qui cum eo erant cum duodecim, parabolas. Et dicebat eis : Uobis datum est scire 11
$\frac{37}{1}$ mysterium regni Dei. Illis autem qui foris
sunt, in parabolis omnia fiunt: ut uidentes 12 Es. 6. 9, 10.
uideant, et non uideant : et audientes audiant, Hier. 5. 21.
Ezec. 12. 2.
et non intellegant : ne quando conuertantur, Ioh. 12. 40.
Act. 28. 26.
et dimittantur eis peccata. Et ait illis : Ne- 13 Rom. 11. 8.
scitis parabolam hanc : et quomodo omnes 13-20
$\frac{38}{2}$ parabolas cognoscetis? Qui seminat, uer- 14 Mt. 13. 18-23,
Lc. 8. 11-15.
bum seminat. Hi autem sunt qui circa 15
uiam, ubi seminatur uerbum : et cum audierint, confestim uenit Satanas, et aufert uerbum quod seminatum est in corda eorum.
Et hi sunt similiter, qui super petrosa se- 16
minantur : qui cum audierint uerbum, statim
cum gaudio accipiunt illud : et non habent 17
radicem in se, sed temporales sunt : deinde
orta tribulatione et persecutione propter uerbum, confestim scandalizantur. Et alii sunt, 18
qui in spinis seminantur : hi sunt, qui uerbum
audiunt : et aerumnae saeculi, et deceptio di- 19
uitiarum, et circa reliqua concupiscentiae introeuntes suffocant uerbum, et sine fructu
efficitur. Et hi sunt, qui super terram bonam 20
seminati sunt: qui audiunt uerbum, et suscipiunt, et fructificant, unum triginta, et unum
sexaginta, et unum centum.
$\frac{39}{2}$ Et dicebat illis : Numquid uenit lucerna 21 21-25
Lc. 8. 16-18.
ut sub modio ponatur, aut sub lecto ? nonne Mt. 5. 15.
Lc. 11. 33.

[10] erant duodecim (*sine* cum) CVZ𝕾ℭ parabolam 𝕾ℭ scire :
nosse 𝕾ℭ [12] nequando *uno uerbo* 𝕾ℭ [15] cordibus 𝕾ℭ [20] trigesimum . . . sexagesimum . . . centesimum 𝕾 *om.* et (*post* triginta) 𝕾ℭ

Mt. 10. 26,
Lc. 12. 2.

22 ut super candelabrum ponatur? Non enim $\frac{40}{2}$ est aliquid absconditum, quod non manifestetur : nec factum est occultum, sed ut in palam
23 ueniat. Si quis habet aures audiendi, audiat.

Mt. 7. 2,
Lc. 6. 38.

24 ¹Et dicebat illis : Uidete quid audiatis. In $\frac{41}{2}$ qua mensura mensi fueritis, remetietur uobis,

Mt. 13. 12,
Lc. 19. 26.

25 et adicietur uobis. Qui enim habet, dabitur $\frac{42}{2}$ illi : et qui non habet, etiam quod habet auferetur ab illo.

26   Et dicebat : Sic est regnum Dei, quemad- $\frac{43}{10}$ modum si homo iaciat sementem in terram :
27 et dormiat, et exsurgat nocte ac die, et semen germinet, et increscat dum nescit ille.
28 Ultro enim terra fructificat, primum herbam, deinde spicam, deinde plenum frumentum in
29 spica. Et cum se produxerit fructus, statim mittit falcem, quoniam adest messis.

30-32
Mt. 13. 31, 32.
Lc. 13. 18, 19.

30   Et dicebat : Cui adsimilabimus regnum $\frac{44}{2}$ Dei? aut cui parabolae comparabimus illud?
31 Sicut granum sinapis, quod cum seminatum fuerit in terra, minus est omnibus seminibus

Dan. 4. 9, 18.

32 quae sunt in terra : et cum seminatum fuerit, ascendit, et fit maius omnibus holeribus, et facit ramos magnos, ita ut possint sub umbra eius aues caeli habitare.

33   Et talibus multis parabolis loquebatur eis $\frac{45}{6}$
34 uerbum, prout poterant audire : sine parabola autem non loquebatur eis. Seorsum autem $\frac{46}{10}$ discipulis suis disserebat omnia.

35-41
Mt. 8. 18,
23-27.
Lc. 8. 22-25.

35   Et ait illis illa die, cum sero esset factum : $\frac{47}{2}$
36 Transeamus contra. Et dimittentes turbam,

²² > est enim 𝕾ℭ   sed ut : quod non 𝕾   ²⁴ *om.* et adicietur uobis DG   ²⁵ illo : eo 𝕾ℭ   ²⁷ ac : et 𝕾ℭ   ²⁹ cum ex se produxerit fructus 𝕾 ; cum produxerit fructus ℭ ; cum produxerit fructum G ; cum se produxerit (*om.* fructus) D*   ³² seminatum : natum 𝕾   ascendit + in arborem 𝕾   ³⁵ illis + in 𝕾ℭ

adsumunt eum ita ut erat in naui : et aliae
naues erant cum illo.   Et facta est procella 37   Ion. 1. 4.
magna uenti, et fluctus mittebat in nauem, ita
ut impleretur nauis.   Et erat ipse in puppi 38
supra ceruical dormiens : et excitant eum, et
dicunt ei : Magister, non ad te pertinet quia
perimus?   Et exsurgens comminatus est uen- 39
to, et dixit mari : Tace, obmutesce.   Et cessauit uentus : et facta est tranquillitas magna.
Et ait illis : Quid timidi estis?   necdum ha- 40
betis fidem?   Et timuerunt magno timore, et
dicebant ad alterutrum : Quis, putas, est iste,
quia et uentus et mare oboediunt ei ?

Et uenerunt trans fretum maris in regionem 5   1-17
Gerasenorum.   Et exeunti ei de naui, statim 2   Mt. 8. 28-34,
occurrit ei de monumentis homo in spiritu in-   Lc. 8. 26-37.
mundo, qui domicilium habebat in monu- 3
mentis, et neque catenis iam quisquam eum
poterat ligare : quoniam saepe compedibus et 4
catenis uinctus, disrupisset catenas, et com-
pedes comminuisset : et nemo poterat eum
domare.   Et semper nocte ac die in monu- 5
mentis et in montibus erat, clamans et con-
cidens se lapidibus.   Uidens autem Iesum a 6
longe, cucurrit et adorauit eum : et clamans 7   1. 23.
uoce magna dicit : Quid mihi et tibi, Iesu   Lc. 4. 33, 41.
fili Dei summi ? adiuro te per Deum, ne me   Iac. 2. 19.
torqueas.   Dicebat enim illi : Exi spiritus in- 8
munde ab homine.   Et interrogabat eum : 9
Quod tibi nomen est?   Et dicit ei : Legio
nomen mihi est, quia multi sumus.   Et depre- 10
cabatur eum multum, ne se expelleret extra

---

[38] super $\mathcal{SC}$ ei : illi $\mathcal{SC}$ [40] > timore magno $\mathcal{SC}$ 5. [2] ei
sec. om. $\mathcal{SC}$ [3] > poterat eum $\mathcal{SC}$ dirupisset $\mathcal{SC}$ [5] > die
ac nocte $\mathcal{SC}$ [7] dixit $\mathcal{SC}$ summi : altissimi $\mathcal{SC}$ (*ex Lc.* 8. 28)
[8] homine + isto $\mathcal{S}$ [9] > mihi nomen $\mathcal{SC}$ [10] deprecabantur. G$\mathcal{S}$

11 regionem.   Erat autem ibi circa montem grex
12 porcorum magnus pascens.   Et deprecabantur eum spiritus, dicentes : Mitte nos in por-
13 cos ut in eos introeamus.   Et concessit eis
statim Iesus.   Et exeuntes spiritus inmundi
introierunt in porcos : et magno impetu grex
praecipitatus est in mare ad duo milia, et suf-
14 focati sunt in mare.   Qui autem pascebant
eos fugerunt, et nuntiauerunt in ciuitatem et
in agros : et egressi sunt uidere quid esset
15 facti.   Et ueniunt ad Iesum : et uident illum
qui a daemonio uexabatur, sedentem, uesti-
16 tum, et sanae mentis : et timuerunt.   Et narrauerunt illis, qui uiderant, qualiter factum esset ei qui daemonium habuerat, et de porcis.
17 Et rogare eum coeperunt ut discederet a fini-
18 bus eorum.   Cumque ascenderet nauem, coepit illum deprecari, qui daemonio uexatus
19 fuerat, ut esset cum illo : Et non admisit
eum, sed ait illi : Uade in domum tuam ad
tuos, et adnuntia illis quanta tibi Dominus
20 fecerit, et misertus sit tui.   Et abiit, et coepit praedicare in Decapoli, quanta sibi fecisset
Iesus : et omnes mirabantur.
21 Et cum transcendisset Iesus in naui, rursus
trans fretum conuenit turba multa ad illum :
22 et erat circa mare.   Et uenit quidam de archi-
synagogis nomine Iairus : et uidens eum, pro-
23 cidit ad pedes eius, et deprecabatur eum
multum, dicens : Quoniam filia mea in extre-
mis est : ueni, inpone manus super eam, ut

18–20
Lc. 8. 38, 39.

$\frac{48}{8}$

Mt. 9. 1,
Lc. 8. 40.

$\frac{49}{2}$

22–43
Mt. 9. 18–26,
Lc. 8. 41–56.

---

¹¹ **pascens** + in agris 𝔖   ¹³ **eis** : ei ℭ   **mare** *sec.* : mari 𝔖ℭ
¹⁴ **factum** 𝔖ℭ   ¹⁷ > **coeperunt eum** 𝔖ℭ   **a** : de 𝔖ℭ   ¹⁸ **qui**
+ a 𝔖ℭ   ²¹ **transcendisset** : ascendisset G𝔖   **rursum** 𝔖ℭ
disting. naui rursum trans fretum, conuenit 𝔖ℭ   **illum** : eum 𝔖ℭ
²³ **manus** : manum 𝔖ℭ ; + tuam 𝔖

salua sit, et uiuat. Et abiit cum illo : et se-24
quebatur eum turba multa, et comprimebant
illum.

Et mulier, quae erat in profluuio sanguinis 25
annis duodecim, et fuerat multa perpessa a 26
compluribus medicis, et erogauerat omnia
sua, nec quicquam profecerat, sed magis deterius habebat : cum audisset de Iesu, uenit 27
in turba retro, et tetigit uestimentum eius :
¹ dicebat enim : Quia si uel uestimentum eius 28
tetigero, salua ero. Et confestim siccatus est 29
fons sanguinis eius : et sensit corpore quod
sanata esset a plaga. Et statim Iesus co-30 Lc.5.17,6.19.
gnoscens in semet ipso uirtutem quae exierat
de eo, conuersus ad turbam, aiebat : Quis tetigit uestimenta mea ? Et dicebant ei discipuli 31
sui : Uides turbam comprimentem te, et dicis : Quis me tetigit ? Et circumspiciebat ui-32
dere eam quae hoc fecerat. Mulier autem 33
timens et tremens, sciens quod factum esset
in se, uenit et procidit ante eum, et dixit ei
omnem ueritatem. Ille autem dixit ei : Filia, 34
fides tua te saluam fecit : uade in pace, et
esto sana a plaga tua.

Adhuc eo loquente, ueniunt ab archisyna-35
gogo, dicentes : Quia filia tua mortua est :
quid ultra uexas Magistrum ? Iesus autem, 36
uerbo quod dicebatur audito, ait archisyna-
gogo : Noli timere, tantummodo crede. Et 37
non admisit quemquam sequi se nisi Petrum,
et Iacobum, et Iohannem fratrem Iacobi. Et 38
ueniunt in domum archisynagogi, et uidet tu-

---

²⁴ illum : eum 𝔖ℭ ²⁹ quod : quia 𝔖ℭ ³⁰ > in semetipso cogn. 𝔖ℭ eo : illo 𝔖ℭ ³³ autem : vero 𝔖ℭ ³⁵ ueniunt + nuncii 𝔖 ab archisynagogi V ; ad archisynagogum 𝔖
³⁶ > audito verbo quod diceb. 𝔖ℭ ³⁷ > se sequi 𝔖ℭ

Ioh. 11. 11. 39 multum, et flentes et heiulantes multum. Et
ingressus, ait eis: Quid turbamini et ploratis?
40 puella non est mortua sed dormit. Et inridebant eum. Ipse uero eiectis omnibus adsumit patrem et matrem puellae, et qui secum
41 erant, et ingreditur ubi erat puella iacens. Et
tenens manum puellae, ait illi: Talitha cumi,
quod est interpretatum: Puella, tibi dico,
42 surge. Et confestim surrexit puella, et ambulabat: erat autem annorum duodecim: et
43 obstipuerunt stupore maximo. Et praecepit
illis uehementer ut nemo id sciret: et dixit
dari illi manducare.

1-6
Mt. 13. 54-58.
Lc. 4. 16-30.

6 Et egressus inde, abiit in patriam suam: et $\frac{50}{1}$
2 sequebantur illum discipuli sui. Et facto
sabbato coepit in synagoga docere: et multi
audientes admirabantur in doctrina eius, dicentes: Unde huic haec omnia, et quae est
sapientia quae data est illi: et uirtutes tales

Ioh. 6. 42.

3 quae per manus eius efficiuntur? Nonne
iste est faber, filius Mariae, frater Iacobi, et
Ioseph, et Iudae, et Simonis? nonne et sorores eius hic nobiscum sunt? Et scandaliza-

Ioh. 4. 44.

4 bantur in illo. Et dicebat eis Iesus: Quia $\frac{51}{1}$
non est propheta sine honore, nisi in patria
5 sua et in cognatione sua et in domo sua. Et
non poterat ibi uirtutem ullam facere, nisi
6 paucos infirmos inpositis manibus curauit: et
mirabatur propter incredulitatem illorum.

Mt. 9. 35,
Lc. 8. 1.

Et circumibat castella in circuitu docens.   52/2
7 Et conuocauit duodecim: et coepit eos mit- 53/2

38 eiulantes 𝔖ℭ   39 illis 𝔖ℭ   40 irridebant 𝔖ℭ > puella
erat 𝔖ℭ   42 obstupuerunt 𝔖ℭ   maximo: magno G𝔖ℭ
43 dixit: iussit 𝔖   6. 1 illum: eum 𝔖ℭ   3 iste: hic 𝔖ℭ
fabri (Ioseph fabri G) filius et Mariae DG   4 eis: illis 𝔖ℭ
> in domo sua et in cogn. sua 𝔖ℭ   6 eorum 𝔖ℭ   7 vocauit 𝔖ℭ

tere binos, et dabat illis potestatem spirituum 7–11
inmundorum. Et praecepit eis ne quid tol- 8 Mt. 10. 1, 5, 9–14.
lerent in uia, nisi uirgam tantum: non peram, Lc. 9. 1, 3–5, 22. 35.
non panem, neque in zona aes: sed calciatos 9 Lc. 10. 4–11.
sandaliis, et ne induerentur duabus tunicis.
54/2 Et dicebat eis: Quocumque introieritis in do- 10
55/2 mum, illic manete donec exeatis inde: et 11
quicumque non receperint uos, nec audierint
uos, exeuntes inde excutite puluerem de pedi-
56/8 bus uestris in testimonium illis. Et exeuntes 12 Mt. 10. 7, 8.
praedicabant ut paenitentiam agerent: et dae- 13 Lc. 9. 6.
monia multa eiciebant: et ungebant oleo mul- Iac. 5. 14.
tos aegrotos, et sanabant.
57/2 Et audiuit Herodes rex, manifestum enim 14 14–29
factum est nomen eius, et dicebat: Quia Mt. 14. 1–12.
Iohannes Baptista resurrexit a mortuis: et Lc. 9. 7–9.
propterea inoperantur uirtutes in illo. Alii 15
autem dicebant: Quia Helias est. Alii uero
dicebant: Propheta est, quasi unus ex pro-
58/10 phetis. Quo audito Herodes ait: Quem ego 16
decollaui Iohannen, hic a mortuis resurrexit.
59/2 Ipse enim Herodes misit ac tenuit Iohannen, 17 Lc. 3. 19, 20.
et uinxit eum in carcere propter Herodiadem
uxorem Philippi fratris sui, quia duxerat eam.
Dicebat enim Iohannes Herodi: Non licet 18 Leu. 18. 16, 20. 21.
tibi habere uxorem fratris tui. Herodias autem 19
insidiabatur illi, et uolebat occidere eum, nec
poterat. Herodes enim metuebat Iohannen, 20
sciens eum uirum iustum et sanctum, et custodiebat eum: et audito eo multa faciebat, et
60/6 libenter eum audiebat. Et cum dies oportunus 21
accidisset, Herodes natali suo caenam fecit

13 aegros 𝔖ℭ sanabantur 𝔖 14 > rex Herodes 𝔖ℭ inoperantur uirtutes : > uirtutes operantur DG𝔖ℭ 15 dicebant *sec.* + quia 𝔖ℭ 16 Ioannem 𝔖ℭ, *et* 17, 20 17 carcerem 𝔖
21 natali suo VZ* : -lis sui ACDFGH𝔖ℭ

principibus, et tribunis, et primis Galilaeae :
22 cumque introisset filia ipsius Herodiadis, et
saltasset, et placuisset Herodi simulque recumbentibus, rex ait puellae : Pete a me quod

·Esth. 5. 3, 6,   23 uis, et dabo tibi. Et iurauit illi : Quia quic-
7. 2.   quid petieris dabo tibi, licet dimidium regni
24 mei. Quae cum exisset, dixit matri suae : Quid
petam ? At illa dixit : Caput Iohannis Bap-
25 tistae. Cumque introisset statim cum festinatione ad regem, petiuit dicens : Uolo ut protinus
des mihi in disco caput Iohannis Baptistae.
26 Et contristatus rex, propter iusiurandum et
propter simul recumbentes noluit eam con-
27 tristare : sed misso speculatore praecepit ad-
ferri caput eius in disco. Et decollauit eum
28 in carcere, | et attulit caput eius in disco, et
dedit illud puellae, et puella dedit matri suae.
29 Quo audito, discipuli eius uenerunt, et tulerunt
corpus eius : et posuerunt illud in monumento.

Lc. 9. 10.   30   Et conuenientes Apostoli ad Iesum, renun- $\frac{61}{8}$
tiauerunt illi omnia quae egerant et docue-
31 rant. Et ait illis : Uenite seorsum in desertum $\frac{62}{10}$
locum, et requiescite pusillum. Erant enim
qui ueniebant et rediebant multi, et nec man-

32–44   32 ducandi spatium habebant. Et ascendentes $\frac{63}{6}$
Mt. 14. 13–21,   in naui, abierunt in desertum locum seorsum.
Lc. 9. 10–17,
Ioh. 6. 1–13.   33 Et uiderunt eos abeuntes, et cognouerunt
multi, et pedestres de omnibus ciuitatibus con-
Mt. 9. 36.   34 currerunt illuc : et praeuenerunt eos. Et exiens
uidit multam turbam Iesus : et misertus est
super eos, quia erant sicut oues non habentes

---

²⁶ contristatus + est 𝔖ℭ   *Distinguunt* rex : propter iusiurandum, ℭᶜᵒʳ ; *contra* rex propter iusiuran̶d̶u̶m̶ : 𝔖ℭ*   et *sec.* : sed
𝔖   discumbentes 𝔖ℭ   ²⁷ sed : et 𝔖   spiculatore 𝔖ℭ
afferri 𝔖ℭ   ³⁰ illi : ei 𝔖ℭ   ³¹ redibant 𝔖ℭ   > spatium man-
ducandi 𝔖ℭ   ³² nauim 𝔖ℭ   ³⁴ turbam multam 𝔖ℭ

$\frac{64}{1}$ pastorem : et coepit docere illos multa. Et 35   8. 1-9.
cum iam hora multa fieret, accesserunt dis-   Mt.15.32-39.
cipuli eius, dicentes : Desertus est locus hic,
et iam hora praeteriuit: dimitte illos, ut euntes 36
in proximas uillas et uicos, emant sibi cibos
quos manducent. Et respondens ait illis : 37
Date eis uos manducare. Et dixerunt ei :
Euntes emamus denariis ducentis panes, et
dabimus eis manducare ? Et dicit eis : Quot 38   8. 19.
panes habetis ? ite, et uidete. Et cum cogno-   Mt. 16. 9.
uissent, dicunt : Quinque, et duos pisces. Et 39
praecepit illis ut accumbere facerent omnes
secundum contubernia super uiride faenum.
Et discubuerunt in partes, per centenos et per 40
quinquagenos. Et acceptis quinque panibus 41
et duobus piscibus, intuens in caelum benedixit, et fregit panes : et dedit discipulis suis,
ut ponerent ante eos : et duos pisces diuisit
omnibus. Et manducauerunt omnes, et satu- 42
rati sunt : et sustulerunt reliquias fragmento- 43
rum, duodecim cophinos plenos, et de piscibus. Erant autem qui manducauerunt quinque 44
milia uirorum.

$\frac{65}{6}$ Et statim coegit discipulos suos ascendere 45   45–51
nauem, ut praecederent eum trans fretum ad   Mt.14.22-32.
Bethsaidam, dum ipse dimitteret populum.   Ioh. 6. 15-21.
66/2 Et cum dimisisset eos, abiit in montem orare. 46
67/4 Et cum sero esset, erat nauis in medio mari, 47
et ipse solus in terra. Et uidens eos labo- 48
rantes in remigando, erat enim uentus contrarius eis, et circa quartam uigiliam noctis
uenit ad eos ambulans super mare : et uolebat

 ³⁴ > illos docere 𝕾ℭ   ³⁵ praeterijt 𝕾ℭ   ³⁷ eis *bis* : illis
𝕾ℭ   > ducentis denarijs 𝕾ℭ   ⁴⁰ per *sec. om.* 𝕾ℭ   ⁴⁸ *om.*
et (*ante* circa) 𝕾   supra 𝕾ℭ, *et* 49
1194   97   E

49 praeterire eos. At illi ut uiderunt eum ambulantem super mare, putauerunt phantasma
50 esse, et exclamauerunt. Omnes enim eum
uiderunt, et conturbati sunt. Et statim locutus
est cum eis, et dixit illis: Confidite, ego sum,

68/6

4. 39.   51 nolite timere. Et ascendit ad illos in nauem,
Mt. 8. 26.   et cessauit uentus. Et plus magis intra se
Lc. 8. 24.

52 stupebant: non enim intellexerant de panibus:
erat enim cor illorum obcaecatum.

69/2

.53-56   53   Et cum transfretassent, peruenerunt in ter-
Mt. 14. 34-36.   54 ram Gennesareth, et adplicuerunt. Cumque
Ioh. 6. 24, 25.   egressi essent de naui, continuo cognouerunt
55 eum: et percurrentes uniuersam regionem
illam, coeperunt in grabattis eos qui se male
habebant circumferre, ubi audiebant eum esse.

Act. 5. 15.   56 Et quocumque introibat, in uicos uel in uillas,
aut in ciuitates, in plateis ponebant infirmos,
et deprecabantur eum, ut uel fimbriam uestimenti eius tangerent: et quotquot tangebant
eum, salui fiebant.

70/10

1-30   7   Et conueniunt ad eum Pharisaei et quidam
Mt. 15. 1-28.   2 de scribis, uenientes ab Hierosolymis. Et
Lc. 11. 37-41.   cum uidissent quosdam ex discipulis eius com-
munibus manibus, id est non lotis, manducare
3 panes, uituperauerunt. Pharisaei enim et
omnes Iudaei, nisi crebro lauent manus, non
manducant, tenentes traditionem seniorum:
4 ¹ et a foro nisi baptizentur, non comedunt: et
alia multa sunt quae tradita sunt illis seruare,
baptismata calicum et urceorum, et aeramen-

71/6

5 torum et lectorum. Et interrogant eum Pharisaei et scribae: Quare discipuli tui non am-

⁵⁰ > uiderunt eum 𝕾ℭ   illis : eis 𝕾ℭ   ⁵² intellexerunt
𝕾ℭ   eorum 𝕾ℭ   ⁵³ uenerunt 𝕾ℭ   Genesareth 𝕾ℭ   appli-
cuerunt 𝕾ℭ   ⁵⁶ aut ciu. (*sine* in) 𝕾ℭ   7. ³ lauerint 𝕾ℭ
áforo *uno uerbo* ℭ ; +uenientes 𝕾   ⁵ interrogabant 𝕾ℭ

98

bulant iuxta traditionem seniorum, sed com-
munibus manibus manducant panem? At 6   Es. 29. 13.
ille respondens, dixit eis: Bene prophetauit
Esaias de uobis hypocritis, sicut scriptum est:
  Populus hic labiis me honorat,
    cor autem eorum longe est a me.
  In uanum autem me colunt,   7
    docentes doctrinas praecepta hominum.
Relinquentes enim mandatum Dei, tenetis 8
traditionem hominum, baptismata urceorum
et calicum: et alia. similia his facitis multa.
Et dicebat illis: Bene irritum facitis. prae- 9
ceptum Dei, ut traditionem uestram seruetis.
Moses enim dixit: Honora patrem tuum, et 10   Ex. 20. 12,
matrem tuam. Et: Qui maledixerit patri aut   Dt. 5. 16.
                                                   Ex. 21. 17,
matri, morte moriatur. Uos autem dicitis: Si 11   Leu. 20. 9.
dixerit homo patri aut matri, Corban, quod
est donum, quodcumque ex me tibi profuerit:
et ultra non dimittitis eum quicquam facere 12
patri suo aut matri: rescindentes uerbum Dei 13
per traditionem uestram quam tradidistis: et
similia huiusmodi multa facitis. Et aduocans 14
iterum turbam, dicebat illis: Audite me omnes,
et intellegite. Nihil est extra hominem in- 15   Act. 10. 14, 15.
troiens in eum, quod possit eum coinquinare:
sed quae de homine procedunt, illa sunt quae
communicant hominem. Si quis habet aures 16
$\frac{72}{6}$ audiendi, audiat. Et cum introisset in domum 17
a turba, interrogabant eum discipuli eius parabolam. Et ait illis: Sic et uos inprudentes 18
estis? Non intellegitis quia omne extrinsecus
introiens in hominem, non potest eum com-

---

⁷ doctrinas *sine addit.* AH*Z: +et CDGHᶜV𝕾ℭ   ⁸ traditiones 𝕾   ⁹ fecistis 𝕾   ¹⁰ aut: vel 𝕾ℭ   ¹⁵ communicant:
coinquinant 𝕾   ¹⁸ coinquinare 𝕾

19 municare? Quia non introit in cor eius, sed
in uentrem, et in secessum exit, purgans omnes
20 escas. Dicebat autem, quoniam quae de
homine exeunt, illa communicant hominem.
21 Ab intus enim de corde hominum cogitationes
malae procedunt, adulteria, fornicationes, ho-
22 micidia, | furta, auaritiae, nequitiae, dolus, in-
pudicitia, oculus malus, blasphemia, superbia,
23 stultitia. Omnia haec mala ab intus procedunt, et communicant hominem.
24   Et inde surgens abiit in fines Tyri et Sidonis : et ingressus domum, neminem uoluit
25 scire, et non potuit latere. Mulier enim statim ut audiuit de eo, cuius habebat filia
spiritum inmundum, intrauit et procidit ad
26 pedes eius. Erat autem mulier gentilis,
Syrophoenissa genere. Et rogabat eum ut $\frac{73}{6}$
27 daemonium eiceret de filia eius. Qui dixit
illi : Sine prius saturari filios : non est enim
bonum sumere panem filiorum, et mittere
28 canibus. At illa respondit, et dicit ei : Utique
Domine, nam et catelli sub mensa comedunt
29 de micis puerorum. Et ait illi : Propter hunc
sermonem uade, exiit daemonium de filia tua.
30 Et cum abisset domum suam, inuenit puellam iacentem supra lectum, et daemonium
exisse.

31-37
Mt. 15. 29-31.
31   Et iterum exiens de finibus Tyri, uenit per $\frac{74}{10}$
Sidonem ad mare Galilaeae inter medios fines
32 Decapoleos. Et adducunt ei surdum et mutum, et deprecantur eum, ut inponat illi

¹⁹ introit : intrat 𝔖ℭ   uentrem + uadit H°Z𝔖ℭ   ²⁰ coinquinant 𝔖, et 23   ²¹ abintus uno uerbo 𝔖ℭ, et 23   > malae cogitationes
𝔖ℭ   ²⁵ > filia habebat 𝔖ℭ   ²⁶ autem : enim 𝔖ℭ   ²⁸ dixit illi
𝔖ℭ   > comedunt sub mensa 𝔖ℭ   ²⁹ de : a 𝔖ℭ   ³⁰ abijs-
set . . . exijsse 𝔖ℭ   ³² deprecabantur 𝔖ℭ

manum. Et adprehendens eum de turba 33 8. 23.
seorsum, misit digitos suos in auriculas : et
expuens, tetigit linguam eius : et suspiciens 34
in caelum, ingemuit, et ait illi : Effetha, quod
est Adaperire. Et statim apertae sunt aures 35
eius, et solutum est uinculum linguae eius,
et loquebatur recte. Et praecepit illis ne cui 36
$\frac{75}{8}$ dicerent. Quanto autem eis praecipiebat,
tanto magis plus praedicabant : et eo amplius 37
$\frac{76}{6}$ admirabantur, dicentes : Bene omnia fecit :
et surdos fecit audire, et mutos loqui.

In illis diebus iterum cum turba multa 8   1-10
esset, nec haberent quod manducarent : con-   Mt. 15. 32-39.
uocatis discipulis, ait illis : Misereor super 2   Mc. 6. 32-44.
turbam, quia ecce iam triduo sustinent me,
nec habent quod manducent : et si dimisero 3
eos ieiunos in domum suam, deficient in uia :
quidam enim ex eis de longe uenerunt. Et 4
responderunt ei discipuli sui : Unde istos
poterit quis hic saturare panibus in solitudine ?
Et interrogauit eos : Quot panes habetis ? 5
Qui dixerunt : Septem. | Et praecepit turbae 6
discumbere supra terram. Et accipiens septem
panes, gratias agens fregit, et dabat discipulis
suis ut adponerent, et adposuerunt turbae. Et 7
habebant pisciculos paucos : et ipsos benedixit, et iussit adponi. Et manducauerunt et 8
saturati sunt : et sustulerunt quod superauerat
de fragmentis, septem sportas. Erant autem 9
qui manducauerunt, quasi quattuor milia : et
dimisit eos. Et statim ascendens nauem cum 10
discipulis suis, uenit in partes Dalmanutha.

---

³³ auriculas + eius ℭ   ³⁴ Ephphetha ℭ   8. ¹ > diebus
illis ℭ   esset + cum Iesu ℭ   ⁴ istos : illos ℭ   > quis
poterit ℭ   ⁶ super ℭ   ⁹ manducauerant ℭ

11-21 11 Et exierunt Pharisaei et coeperunt con- $\frac{77}{4}$
Mt. 16. 1–12.
Mt. 12. 38.   quirere cum eo, quaerentes ab illo signum de
Ioh. 6. 30. 12 caelo, temtantes eum. Et ingemescens spiritu, $\frac{78}{6}$
Lc. 11. 29.   ait : Quid generatio ista quaerit signum ?
Ioh. 4. 48.
         Amen dico uobis, si dabitur generationi isti
     13 signum. Et dimittens eos, ascendens iterum,
         abiit trans fretum.

     14 Et obliti sunt sumere panes : et nisi unum
Lc. 12. 1. 15 panem non habebant secum in naui. Et $\frac{79}{2}$
         praecipiebat eis, dicens : Uidete, cauete a fer-
         mento Pharisaeorum, et fermento Herodis.
     16 Et cogitabant ad alterutrum, dicentes : Quia $\frac{80}{6}$
6. 52. 17 panes non habemus. Quo cognito, Iesus ait
         illis : Quid cogitatis, quia panes non habetis ?
         nondum cognoscitis nec intellegitis ? adhuc
Mt. 13. 13. 18 caecatum habetis cor uestrum ? oculos ha-
Hier. 5. 21.
Ezec. 12. 2.   bentes non uidetis, et aures habentes non audi-
     19 tis, nec recordamini ' quando quinque panes
         fregi in quinque milia : quot cophinos frag-
         mentorum plenos sustulistis ? Dicunt ei : Duo-
8. 6-9. 20 decim. Quando et septem panes in quattuor
         milia : quot sportas fragmentorum tulistis ? Et
     21 dicunt ei : Septem. Et dicebat eis : Quomodo
         nondum intellegitis ?

6. 45. 22 Et ueniunt Bethsaida : et adducunt ei cae- $\frac{81}{10}$
7. 32, 33. 23 cum, et rogabant eum ut illum tangeret. Et
         adprehendens manum caeci, eduxit eum extra
         uicum : et expuens in oculos eius inpositis
         manibus suis, interrogauit eum si aliquid
     24 uideret. Et aspiciens, ait : Uideo homines
     25 uelut arbores ambulantes. Deinde iterum
         inposuit manus super oculos eius : et coepit

---

¹² ingemiscens 𝕾ℭ   > signum quaerit 𝕾ℭ   ¹³ ascendens
iterum : ascendit iterum nauim, et 𝕾ℭ   ¹⁴ > panes sumere 𝕾ℭ
¹⁵ uidete + et 𝕾ℭ   ¹⁷ > ait illis Iesus 𝕾ℭ   ²² Bethsaidam
𝕾ℭ   ²³ apprehensa manu 𝕾ℭ   aliquid : quid 𝕾ℭ

uidere: et restitutus est ita ut uideret clare
omnia. Et misit illum in domum suam, di- 26   7. 36.
cens: Uade in domum tuam: et si in uicum
introieris, nemini dixeris.

82/1   Et egressus est Iesus, et discipuli eius in 27   27–29
castella Caesareae Philippi: et in uia interro-   Mt. 16. 13–16,
gabat discipulos suos, dicens eis: Quem me   Lc. 9. 18–20.
dicunt esse homines? Qui responderunt illi, 28   6. 15.
dicentes: Iohannem Baptistam, alii Heliam,   Mt. 14. 2.
 Lc. 9. 7.
alii uero quasi unum de prophetis. Tunc dicit 29
illis: Uos uero quem me dicitis esse? Respon-
83/2   dens Petrus, ait ei: Tu es Christus. Et com- 30
minatus est eis, ne cui dicerent de illo. Et 31   31–9. 1
coepit docere illos quoniam oportet filium   Mt. 16. 21–28,
hominis multa pati, et reprobari a senioribus,   Lc. 9. 22–27.
et a summis sacerdotibus, et scribis, et occidi,
et post tres dies resurgere. Et palam uerbum 32
84/6   loquebatur. Et adprehendens eum Petrus,
coepit increpare eum. Qui conuersus, et ui- 33
dens discipulos suos, comminatus est Petro,
dicens: Uade retro me Satana, quoniam non
sapis quae Dei sunt, sed quae sunt hominum.
85/2   Et conuocata turba cum discipulis suis, dixit 34   Mt. 10. 38, 39.
eis: Si quis uult post me sequi, deneget se
ipsum, et tollat crucem suam, et sequatur me.
Qui enim uoluerit animam suam saluam facere, 35
perdet eam: qui autem perdiderit animam
suam propter me et euangelium, saluam eam
faciet. Quid enim proderit homini si lucre- 36
tur mundum totum, et detrimentum faciat
animae suae? Aut quid dabit homo com- 37
86/2   mutationem pro anima sua? Qui enim me 38   Mt. 10. 33.

[25] > clare uideret $\mathcal{S}\mathbb{C}$ [28] dicentes +alii $\mathcal{S}$ [29] > esse
dicitis $\mathcal{S}\mathbb{C}$ [31] illos: eos $\mathcal{S}\mathbb{C}$ > pati multa $\mathcal{S}\mathbb{C}$ [34] om.
post $\mathcal{S}\mathbb{C}$ semetipsum (uno uerbo) $\mathcal{S}\mathbb{C}$ [35] > faciet eam $\mathcal{S}\mathbb{C}$
[36] > animae suae faciat $\mathcal{S}\mathbb{C}$ [37] commutationis $\mathcal{S}\mathbb{C}$

confusus fuerit, et mea uerba in generatione
ista adultera et peccatrice : et Filius hominis
confundetur eum, cum uenerit in gloria Patris
9 sui cum angelis sanctis. Et dicebat illis : $\frac{87}{2}$
Amen dico uobis, quia sunt quidam de hic
stantibus, qui non gustabunt mortem, donec
uideant regnum Dei ueniens in uirtute.

2 Et post dies sex adsumit Iesus Petrum, et

2–8
Mt. 17. 1–8,
Lc. 9. 28–36.

Iacobum, et Iohannem : et ducit illos in montem excelsum seorsum solos : et transfigura-
3 tus est coram ipsis. Et uestimenta eius facta
sunt splendentia, candida nimis uelut nix,
qualia fullo super terram non potest candida
4 facere. Et apparuit illis Helias cum Mose,
5 et erant loquentes cum Iesu. Et respondens
Petrus, ait Iesu : Rabbi, bonum est hic nos
esse : et faciamus tria tabernacula, tibi unum,
6 et Mosi unum, et Heliae unum. Non enim
sciebat quid diceret : erant enim timore ex-
7 territi. Et facta est nubes obumbrans eos :

2 Pet. 1. 17.
Mc. 1. 11,
Mt. 3. 17.
Ps. 2. 7.
Es. 42. 1.

et uenit uox de nube, dicens : Hic est Filius
8 meus carissimus, audite illum. Et statim
circumspicientes, neminem amplius uiderunt,
nisi Iesum tantum secum.

9 Et descendentibus illis de monte, praecepit

9–13
Mt. 17. 9–13.

Lc. 9. 36.

illis ne cui quae uidissent narrarent, nisi cum
10 Filius hominis a mortuis resurrexerit. Et $\frac{88}{10}$
uerbum continuerunt apud se : conquirentes
11 quid esset : Cum a mortuis resurrexerit. Et $\frac{89}{6}$
interrogabant eum, dicentes : Quid ergo dicunt
Pharisaei et scribae, quia Heliam oporteat

---

[38] confusus : confessus HV*Ṩ   > verba mea Ṩℭ   confundetur : confitebitur H*Ṩ   9. 1 = 8. 39 in ℭ, 9. 2 = 9. 1 ℭ, 9. 3 =
9. 2 ℭ *et sic ad fin. capituli*   [2] solos GMVṨℭ : solus ACDHZ
[3] **splendentia** + et Ṩℭ   > non potest super terram Ṩℭ   [5] > nos
hic Ṩℭ   et *tert. om.* Ṩ   [9] cui : cuiquam Ṩℭ   [11] oportet Ṩℭ

uenire primum? Qui respondens, ait illis : 12　Mal. 4. 5.
Helias cum uenerit primo, restituet omnia :　Lc. 1. 17.
et quomodo scriptum est in Filium hominis,　Es. 53. 2, 3.
ut multa patiatur et contemnatur. Sed dico 13　Mt. 11. 14.
uobis quia et Helias uenit, et fecerunt illi
quaecumque uoluerunt, sicut scriptum est
de eo.

90
‾‾
10
　　Et ueniens ad discipulos suos, uidit turbam 14　　14-28
magnam circa eos, et scribas conquirentes cum　Mt.17. 14-19,
illis. Et confestim omnis populus uidens eum, 15　Lc. 9. 37-43.
stupefactus est [expauerunt], et accurrentes
salutabant eum. Et interrogauit eos : Quid 16
91
‾
2
inter uos conquiritis? Et respondens unus de 17
turba, dixit : Magister, attuli filium meum ad
te habentem spiritum mutum : qui ubicumque 18
eum adprehenderit, allidit eum, et spumat, et
stridet dentibus, et arescit : et dixi discipulis
tuis ut eicerent illum, et non potuerunt. Qui 19
respondens eis, dicit : O generatio incredula,
quamdiu apud uos ero? quamdiu uos patiar?
afferte illum ad me. ' Et attulerunt eum. Et 20
cum uidisset illum, statim spiritus conturbauit
eum : et elisus in terram, uolutabatur spumans.
Et interrogauit patrem eius : Quantum tem- 21
poris est ex quo hoc ei accidit? At ille ait :
Ab infantia : ' et frequenter eum et in ignem, 22　11. 23.
et in aquas misit ut eum perderet : sed si quid　Lc. 17. 6.
potes, adiuua nos, misertus nostri. Iesus 23
autem ait illi : Si potes credere, omnia possibilia credenti. Et continuo exclamans pater 24

15 eum : Iesum 𝔖ℭ　stupefactus est [expauerunt] AFH* ex
duplici uersione graeci ἐξεθαμβήθησαν uel -θη : correxerunt in stupefactus est et expau. CDGHᶜMVZ𝔖ℭ　　18 eum sec. : illum 𝔖ℭ
19 dixit 𝔖ℭ　　20 illum : eum 𝔖ℭ　'eum sec. : illum 𝔖ℭ
21 > ei hoc 𝔖ℭ　at : et 𝔖　22 et sec. om. 𝔖ℭ　23 possibilia
+sunt 𝔖ℭ

púeri, cum lacrimis aiebat : Credo : adiuua in-
25 credulitatem meam. Et cum uideret Iesus
concurrentem turbam, comminatus est spiritui
inmundo, dicens illi : Surde et mute spiritus,
ego tibi praecipio, exi ab eo : et amplius ne
1. 26. 26 introeas in eum. Et clamans, et multum discerpens eum, exiit ab eo, et factus est sicut
mortuus, ita ut multi dicerent : Quia mortuus
27 est. Iesus autem tenens manum eius, eleuauit
28 illum, et surrexit. Et cum introisset in do- $\frac{92}{10}$
mum, discipuli eius secreto interrogabant eum :
29 Quare nos non potuimus eicere eum ? | Et
dixit illis : Hoc genus in nullo potest exire,
nisi in oratione, et ieiunio.

30-32   30 Et inde profecti praetergrediebantur Gali- $\frac{93}{2}$
Mt. 17. 22, 23.   31 laeam : nec uolebat quemquam scire. Doce-
Lc. 9. 44, 45.
Ioh. 7. 1-9.   bat autem discipulos suos, et dicebat illis :
Mc. 8. 31,   Quoniam Filius hominis tradetur in manus
10. 32-34.   hominum, et occident eum : et occisus tertia
Lc. 9. 45,   32 die resurget. At illi ignorabant uerbum : et
18. 34.   timebant eum interrogare.

Mt. 17. 24.   33 Et uenerunt Capharnaum. Qui cum domi $\frac{94}{10}$
33-37   esset, interrogabat eos : Quid in uia tracta-
Mt. 18. 1-5.   34 batis ? | At illi tacebant. Siquidem inter se $\frac{95}{2}$
Lc. 9. 46-48.   in uia disputauerant, quis esset illorum maior.
10. 43, 44.   35 Et residens uocauit duodecim, et ait illis : Si
Mt. 20. 26, 27,   quis uult primus esse, erit omnium nouissi-
23. 11, 12.
Lc. 22. 26.   36 mus, et omnium minister. Et accipiens pue-
Mc. 10. 16.   rum, statuit eum in medio eorum : quem ut
Mt. 10. 40.   37 complexus esset, ait illis : Quisquis unum ex
huiusmodi pueris receperit in nomine meo,

---

24 credo + Domine 𝔖ℭ   25 > praecipio tibi 𝔖ℭ   26 exclamans 𝔖ℭ   27 illum : eum 𝔖ℭ   32 > interrogare eum 𝔖ℭ
33 essent 𝔖ℭ   34 > in via inter se 𝔖ℭ   > eorum (*sic*) maior
esset 𝔖ℭ   36 ut : cum 𝔖ℭ

$\frac{96}{1}$ me recipit : et quicumque me susceperit, non
me suscipit, sed eum qui me misit.

$\frac{97}{8}$ Respondit illi Iohannes, dicens : Magister, 38
uidimus quendam in nomine tuo eicientem
daemonia, qui non sequitur nos, et prohibuimus eum. Iesus autem ait : Nolite prohibere 39
eum : nemo est enim qui faciat uirtutem in
nomine meo, et possit cito male loqui de me :
qui enim non est aduersum uos, pro uobis est. 40
$\frac{98}{6}$ Quisquis enim potum dederit uobis calicem 41
aquae in nomine meo, quia Christi estis, amen
$\frac{99}{2}$ dico uobis, non perdet mercedem suam. Et 42
quisquis scandalizauerit unum ex his pusillis
credentibus in me, bonum est ei magis si cir-
cumdaretur mola asinaria collo eius, et in mare
$\frac{100}{6}$ mitteretur. Et si scandalizauerit te manus tua, 43
abscide illam : bonum est tibi debilem introire
in uitam, quam duas manus habentem ire in
$\frac{101}{10}$ gehennam, in ignem inextinguibilem : ubi uer- 44
mis eorum non moritur et ignis non extin-
guitur. Et si pes tuus te scandalizat, amputa 45
illum : bonum est tibi claudum introire in
uitam aeternam, quam duos pedes habentem
mitti in gehennam ignis inextinguibilis : ubi 46
uermis eorum non moritur et ignis non extinguitur. Quod si oculus tuus scandalizat te, 47
eice eum : bonum est tibi luscum introire in
regnum Dei, quam duos oculos habentem mitti
in gehennam ignis : ubi uermis eorum non mo- 48
ritur et ignis non extinguitur. Omnis enim igne 49
$\frac{102}{2}$ sallietur, et omnis uictima sallietur. Bonum 50
est sal : quod si sal insulsum fuerit, in quo

Marginal references:

38–40
Lc. 9. 49, 50.
Num. 11. 28.

Mt. 12. 30.
Lc. 11. 23.
Mt. 10. 42.

Mt. 18. 6.
Lc. 17. 2.

Mt. 5. 30,
18. 8.

Es. 66. 24.

Es. 66. 24.

Mt. 5. 29,
18. 9.

Es. 66. 24.
Leu. 2. 13.
Mt. 5. 13.
Lc. 14. 34, 35.
Col. 4. 6.

---

37 > misit me $\mathfrak{SC}$ 38 quemdam $\mathfrak{SC}$ 41 aquae + frigidae
$\mathfrak{S}$ 43 abscinde $\mathfrak{SC}$*   45, 46 om. uersus D ; 47, 48 om. Z*
49 salietur bis $\mathfrak{SC}$ uictima + sale FG$\mathfrak{SC}$ om. et omnis uict.
sall. D

illud condietis ? Habete in uobis sal et pacem
habete inter uos.

1–12
Mt. 19. 1–9. **10**   Et inde exsurgens uenit in fines Iudaeae $\frac{103}{6}$
ultra Iordanen : et conueniunt iterum turbae
ad eum : et sicut consueuerat, iterum docebat
2 illos. Et accedentes Pharisaei interrogabant
eum : Si licet uiro uxorem dimittere : tem-
3 tantes eum. At ille respondens, dixit eis : Quid

Dt. 24. 1–4.
Mt. 5. 31. 4 uobis praecepit Moses? Qui dixerunt : Moses
permisit libellum repudii scribere, et dimittere.
5 Quibus respondens Iesus, ait : Ad duritiam
cordis uestri scripsit uobis praeceptum istud :

Gen. 1. 27,
5. 2. 6 ab initio autem creaturae, masculum et fe-
7 minam fecit eos Deus. Propter hoc relinquet
Gen. 2. 24.
Eph. 5. 31. homo patrem suum et matrem, et adhaerebit
8 ad uxorem suam : et erunt duo in carne una.
9 Itaque iam non sunt duo, sed una caro. ¹ Quod
10 ergo Deus iunxit, homo non separet. Et in $\frac{104}{10}$
domo iterum discipuli eius de eodem interro-
Mt. 5. 32.
Lc. 16. 18. 11 gauerunt eum. Et dicit illis : Quicumque $\frac{105}{2}$
dimiserit uxorem suam, et aliam duxerit, adul-
1 Cor. 7. 11,13. 12 terium committit super eam. Et si uxor dimiserit uirum suum, et alii nupserit, moechatur.

13–16
Mt. 19. 13–15,
Lc. 18. 15–17. 13   Et offerebant illi paruulos, ut tangeret illos : $\frac{106}{2}$
discipuli autem comminabantur offerentibus.
14 Quos cum uideret Iesus, indigne tulit, et ait
illis : Sinite paruulos uenire ad me, et ne pro-
hibueritis eos : talium est enim regnum Dei.
Mt. 18. 3. 15 Amen dico uobis : Quisquis non receperit
regnum Dei uelut paruulus, non intrabit in
9. 36. 16 illud. Et complexans eos, et inponens manus
super illos, benedicebat eos.

17–30
Mt. 19. 16–29,
Lc. 18. 18–30. 17   Et cum egressus esset in uiam, procurrens $\frac{107}{2}$

---

10. ¹ Iordanem 𝕾ℭ   ⁹ coniunxit 𝕾ℭ   ¹¹ dicit : ait 𝕾ℭ
¹⁴ > enim est 𝕾ℭ   ¹⁷ in via 𝕾

quidam genu flexo ante eum, rogabat eum :
Magister bone, quid faciam ut uitam aeternam
percipiam?   Iesus autem dixit ei : Quid me 18
dicis bonum?   Nemo bonus, nisi unus Deus.
Praecepta nosti : Ne adulteres, ne occidas, ne 19 Ex. 20. 12-16,
fureris : ne falsum testimonium dixeris, ne   Dt. 5. 16-20.
                                                Leu. 19. 13.
fraudem feceris : honora patrem tuum et ma-   Dt. 24. 14.
trem.   Et ille respondens, ait : Magister, haec 20

108
— omnia obseruaui a iuuentute mea.   Iesus au- 21 8. 34.
2
tem intuitus eum, dilexit eum, et dixit illi :   Mt. 10. 38.
                                                Lc. 12. 33.
Unum tibi deest : uade, quaecumque habes
uende, et da pauperibus, et habebis thesaurum

109
— in caelo : et ueni, sequere me.   Qui contri- 22
2
status in uerbo, abiit maerens : erat enim habens possessiones multas.

  Et circumspiciens Iesus, ait discipulis suis : 23
Quam difficile qui pecunias habent in regnum
Dei introibunt!   Discipuli autem obstupesce- 24
bant in uerbis eius.   At Iesus rursus respondens ait illis : Filioli, quam difficile est, confidentes in pecuniis in regnum Dei introire!
Facilius est camelum per foramen acus trans- 25
ire, quam diuitem intrare in regnum Dei.   Qui 26
magis admirabantur, dicentes ad semet ipsos :
Et quis potest saluus fieri?   Et intuens illos 27 14. 36.
Iesus, ait : Apud homines inpossibile est, sed   Gen. 18. 14.
                                                  Iob. 42. 2.
non apud Deum : omnia enim possibilia   Hier. 32. 17,
sunt apud Deum.   Coepit Petrus ei dicere : 28   27.
                                                 Lc. 1. 37.
Ecce nos dimisimus omnia, et secuti sumus te.

110
— Respondens Iesus, ait : Amen dico uobis : 29
2
Nemo est, qui reliquerit domum aut fratres,
aut sorores aut matrem, aut patrem aut filios,
aut agros propter me, et propter euangelium,

---

17 **eum** *sec.* +**dicens** 𝕾   20 **et :** at 𝕾ℭ   **ait** +**illi** 𝕾ℭ
21 **illi :** ei 𝕾ℭ   22 **moerens** 𝕾ℭ   > **multas possessiones** 𝕾ℭ
28 +**et** *ad init.* 𝕾ℭ   > **ei Petrus** 𝕾ℭ   29 > **patrem aut matrem** 𝕾ℭ

30 qui non accipiat centies tantum nunc in tempore hoc, domos et fratres, et sorores et matres, et filios et agros, cum persecutionibus,

Mt. 19. 30.   31 et in saeculo futuro uitam aeternam. Multi autem erunt primi nouissimi, et nouissimi primi. $\frac{111}{2}$

32-34   32   Erant autem in uia ascendentes in Hierosolyma : et praecedebat illos Iesus : et stupebant, et sequentes timebant. Et adsumens iterum duodecim, coepit illis dicere quae essent $\frac{112}{2}$

Mt. 20. 17-19, Lc. 18. 31-33.

9. 31.   33 ei euentura. Quia ecce ascendimus in Hierosolyma : et Filius hominis tradetur principibus sacerdotum, et scribis : et damnabunt eum 34 morte, et tradent eum gentibus : et inludent ei, et conspuent eum, et flagellabunt eum, et interficient eum : et tertia die resurget.

35-45   35   Et accedunt ad eum Iacobus et Iohannes, filii Zebedaei, dicentes : Magister, uolumus ut 36 quodcumque petierimus, facias nobis. At ille 37 dixit eis : Quid uultis ut faciam uobis ? Et dixerunt : Da nobis ut unus ad dexteram tuam, et alius ad sinistram tuam, sedeamus in gloria $\frac{113}{6}$

Mt. 20. 20-28.

14. 36.   38 tua. Iesus autem ait eis : Nescitis quid petatis : potestis bibere calicem, quem ego bibo : aut baptismum, quo ego baptizor, baptizari? 39 At illi dixerunt ei : Possumus. Iesus autem ait eis : Calicem quidem, quem ego bibo, bibetis : et baptismum, quo ego baptizor, bap- 40 tizabimini : sedere autem ad dexteram meam, uel ad sinistram, non est meum dare, sed qui- 41 bus paratum est. Et audientes decem coepe- $\frac{114}{2}$

Mt. 26. 39, 42.
Lc. 12. 50,
22. 42.
Ioh. 18. 11.
Act. 12. 2.
Apoc. 1. 9.

42-45   42 runt indignari de Iacobo et Iohanne. Iesus autem uocans eos, ait illis : Scitis quia hi qui

Lc. 22. 25-27.
9. 33-36.

---

³² *om.* in *sec.* 𝕾ℭ   Ierosolymam 𝕾ℭ, *et* 33   ³³ *om.* in 𝕾ℭ
scribis + et senioribus 𝕾ℭ   ³⁸ baptismo 𝕾ℭ, *et* 39   ⁴⁰ dare
+ vobis 𝕾ℭ   ⁴¹ **coeperunt indignari** : indignati sunt 𝕾

uidentur principari gentibus, dominantur eis :
et principes eorum potestatem habent ipsorum.
Non ita est autem in uobis : sed quicumque 43 Mt. 23. 11.
uoluerit fieri maior, erit uester minister : et qui- 44
cumque uoluerit in uobis primus esse, erit om-
115 nium seruus. Nam et Filius hominis non uenit 45
4 ut ministraretur ei, sed ut ministraret, et daret
animam suam redemptionem pro multis.

116 Et ueniunt Hiericho : et proficiscente eo de 46 46-52
2 Hiericho, et discipulis eius et plurima multi- Mt.20.29-34,
tudine, filius Timaei Bartimeus caecus sede- Lc. 18. 35-43.
bat iuxta uiam mendicans. Qui cum audisset 47
quia Iesus Nazarenus est, coepit clamare et
dicere : Fili Dauid Iesu, miserere mei. Et 48
comminabantur ei multi ut taceret. At ille
multo magis clamabat : Fili Dauid, miserere
mei. Et stans Iesus praecepit illum uocari. 49
Et uocant caecum dicentes ei : Animaequior
esto: surge, uocat te. Qui proiecto uestimento 50
suo, exiliens uenit ad eum. Et respondens 51
Iesus dixit illi : Quid uis tibi faciam ? Caecus
autem dixit ei : Rabboni, ut uideam. Iesus 52
autem ait illi : Uade, fides tua te saluum fecit.
Et confestim uidit, et sequebatur eum in uia.

117 Et cum adpropinquarent Hierosolymae et 11 1-10
2 Bethaniae, ad montem Oliuarum, mittit duos Mt. 21. 1-9,
ex discipulis suis, | et ait illis : Ite in castellum 2 Lc. 19. 29-38,
quod est contra uos: et statim introeuntes illud, Ioh.12.12-15.
inuenietis pullum ligatum, super quem nemo
adhuc hominum sedit : soluite illum, et adducite. Et si quis uobis dixerit : Quid facitis? 3
dicite, quia Domino necessarius est: et con-
118 tinuo illum dimittet huc. Et abeuntes inuene- 4
2

---

46 Bartimaeus 𝔖ℭ 47 > Iesu fili Dauid 𝔖ℭ 51 > tibi
vis 𝔖ℭ 11. 2 > contra vos est 𝔖ℭ illuc 𝔖ℭ

runt pullum ligatum ante ianuam foris in biuio:
5 et soluunt eum. Et quidam de illic stantibus
dicebant illis : Quid facitis soluentes pullum ?
6 Qui dixerunt eis sicut praeceperat illis Iesus,
7 et dimiserunt eis. Et duxerunt pullum ad
Iesum : et inponunt illi uestimenta sua, et
8 sedit super eum. Multi autem uestimenta
sua strauerunt in uia : alii autem frondes
caedebant de arboribus, et sternebant in

Ps. 117 (118).
26.

9 uia. Et qui praeibant et qui sequebantur $\frac{119}{1}$
clamabant, dicentes : Osanna : Benedictus
10 qui uenit in nomine Domini : Benedictum
quod uenit regnum patris nostri Dauid :
Osanna in excelsis.

Mt. 21.10, 12.

11　Et introiuit Hierosolyma in templum : et $\frac{120}{6}$
circumspectis omnibus, cum iam uespera esset
hora, exiuit in Bethaniam cum duodecim.

12–14
Mt. 21.18, 19.
Lc. 13. 6–9.

12　Et alia die cum exirent a Bethania, esuriit.
13 Cumque uidisset a longe ficum habentem folia,
uenit si quid forte inueniret in ea. Et cum
uenisset ad eam, nihil inuenit praeter folia :
14 non enim erat tempus ficorum. Et respondens
dixit ei : Iam non amplius in aeternum quisquam fructum ex te manducet. Et audiebant
discipuli eius.

15–18
Mt. 21.12–16,
Lc. 19. 45–47.
Ioh. 2. 14–16.

15　Et ueniunt Hierosolyma. Et cum introisset $\frac{121}{1}$
templum, coepit eicere uendentes et ementes
in templo : et mensas nummulariorum et ca-
16 thedras uendentium columbas euertit. Et non
sinebat ut quisquam transferret uas per tem-

Es. 56. 7.
Hier. 7. 11.

17 plum : ' et docebat, dicens eis : Non scriptum
est : Quia domus mea, domus orationis uoca-

⁶ **eis** sec. : eos 𝕊　　⁹ Hosanna 𝕊ℭ, *et* 10　　¹¹ Ierosolymam
𝕊ℭ, *et* 15　　exijt 𝕊ℭ　　¹⁴ > ex te fructum quisquam 𝕊ℭ
¹⁵ **ueniunt** + iterum 𝕊　　**introisset** + in 𝕊ℭ　　numulariorum 𝕊ℭ
¹⁷ nonne 𝕊ℭ

112

bitur omnibus gentibus? Uos autem fecistis

$\frac{122}{1}$ eam speluncam latronum. Quo audito prin- 18
cipes sacerdotum et scribae quaerebant quo-
modo eum perderent : timebant enim eum,
quoniam uniuersa turba admirabatur super
doctrina eius.

$\frac{123}{10}$ Et cum uespera facta esset, egrediebatur de 19   Lc. 21. 37.
ciuitate.   Mt. 21. 17.

Et cum mane transirent, uiderunt ficum ari- 20   20–24
dam factam a radicibus. Et recordatus Petrus, 21   Mt. 21.19–22.
dicit ei : Rabbi, ecce ficus cui maledixisti aruit.

$\frac{124}{6}$ Et respondens Iesus ait illis : Habete fidem 22
Dei. Amen dico uobis, quia quicumque dix- 23   Mt. 17. 20.
erit huic monti : Tollere, et mittere in mare,   Lc. 17. 6.
et non haesitauerit in corde suo, sed crediderit

$\frac{125}{4}$ quia quodcumque dixerit fiat, fiet ei. Pro- 24   Mt. 7. 7.
pterea dico uobis, omnia quaecumque orantes   Ioh. 14. 13,
petitis, credite quia accipietis, et ueniet uobis.   16. 23.

$\frac{126}{6}$ Et cum stabitis ad orandum, dimittite si quid 25   Mt. 6. 14, 15.
habetis aduersus aliquem : ut et Pater uester
qui in caelis est, dimittat uobis peccata uestra.
Quod si uos non dimiseritis : nec Pater uester 26
qui in caelis est, dimittet uobis peccata uestra.

$\frac{127}{2}$ Et ueniunt rursus Hierosolyma. Et cum 27   27–33
ambularet in templo, accedunt ad eum summi   Mt. 21.23–27,
sacerdotes, et scribae, et seniores : et dicunt 28   Lc. 20. 1–8.
illi : In qua potestate haec facis? et quis tibi
dedit hanc potestatem ut ista facias? Iesus 29
autem respondens, ait illis : Interrogabo uos et
ego unum uerbum, et respondete mihi : et dicam uobis in qua potestate haec faciam. Ba- 30
ptismum Iohannis, de caelo erat, an ex homini-

---

²¹ dixit 𝕾ℭ   ²⁴ ueniet ADGHM : uenient C, euenient VZ𝕾ℭ
²⁷ Ierosolymam 𝕾ℭ   ²⁸ illi : ei 𝕾ℭ   > dedit tibi 𝕾ℭ   ³⁰ baptismus 𝕾ℭ

31 bus? Respondete mihi. | At illi cogitabant
secum, dicentes : Si dixerimus, De caelo, dicet,

32 Quare ergo non credidistis ei? Si dicemus,
Ex hominibus, timebant populum: omnes enim
habebant Iohannem quia uere propheta esset.

33 | Et respondentes dicunt Iesu: Nescimus. Re-
spondens Iesus ait illis : Neque ego dico uobis
in qua potestate haec faciam.

1-12
Mt. 21,33-46,
Lc. 20. 9-19.
Es. 5. 1-7. **12**   Et coepit illis in parabolis loqui: Uineam $\frac{128}{2}$
pastinauit homo, et circumdedit saepem, et
fodit lacum, et aedificauit turrem, et locauit

2 eam agricolis, et peregre profectus est. Et
misit ad agricolas in tempore seruum, ut ab

3 agricolis acciperet de fructu uineae. Qui adprehensum eum ceciderunt, et dimiserunt ua-

4 cuum. Et iterum misit ad illos alium seruum :
et illum in capite uulnerauerunt, et contumeliis

5 affecerunt. Et rursum alium misit : et illum
occiderunt : et plures alios : quosdam cae-

6 dentes, alios uero occidentes. Adhuc ergo
unum habens filium carissimum : et illum misit
ad eos nouissimum, dicens : Quia reuerebun-

7 tur filium meum. Coloni autem dixerunt ad
inuicem : Hic est heres : uenite, occidamus

8 eum, et nostra erit hereditas. Et adprehendentes eum, occiderunt, et eiecerunt extra ui-

9 neam. Quid ergo faciet dominus uineae?
Ueniet, et perdet colonos, et dabit uineam

Ps. 117.(118).
22, 23. 10 aliis. Nec scripturam hanc legistis :
Lapidem, quem reprobauerunt aedificantes,
hic factus est in caput anguli :

11   a Domino factum est istud,
et est mirabile in oculis nostris?

129/1 Et quaerebant eum tenere: et timuerunt tur-12
bam: cognouerunt enim quoniam ad eos parabolam hanc dixerit. Et relicto eo abierunt.

130/2 Et mittunt ad eum quosdam ex Pharisaeis 13   13-27
et Herodianis, ut eum caperent in uerbo. Qui 14   Mt..22.15-33,
uenientes dicunt ei: Magister, scimus quia   Lc.20.20-38.
uerax es, et non curas quemquam: nec enim
uides in faciem hominum, sed in ueritate uiam
Dei doces. Licet dari tributum Caesari, an
non dabimus? Qui sciens uersutiam eorum, 15
ait illis: Quid me temtatis? adferte mihi denarium ut uideam. At illi attulerunt, et ait 16
illis: Cuius est imago haec, et inscriptio? Dicunt illi: Caesaris. Respondens autem Iesus 17   Rom. 13. 7.
dixit illis: Reddite igitur quae sunt Caesaris,
Caesari: et quae sunt Dei, Deo. Et mirabantur super eo.

Et uenerunt ad eum Sadducaei, qui dicunt 18
resurrectionem non esse: et interrogabant eum
dicentes: Magister, Moses nobis scripsit, ut si 19   Dt. 25. 5.
cuius frater mortuus fuerit, et dimiserit uxo-   Gen. 38. 8.
rem, et filios non reliquerit, accipiat frater eius   Ruth 1. 12,13,
uxorem ipsius, et resuscitet semen fratri suo.   3. 9.
Septem ergo fratres erant: et primus accepit 20
uxorem, et mortuus est non relicto semine.
Et secundus accepit eam, et mortuus est: et 21
nec iste reliquit semen. Et tertius similiter.
Et acceperunt eam similiter septem, et non 22
reliquerunt semen. Nouissima omnium defuncta est et mulier. In resurrectione ergo 23
cum resurrexerint, cuius de his erit uxor? septem enim habuerunt eam uxorem. Et respon-24
dens Iesus, ait illis: Non ideo erratis, non

---

¹⁴ dare G𝔖   ¹⁵ eorum : illorum 𝔖ℭ   afferte 𝔖ℭ   ¹⁶ attulerunt + ei 𝔖ℭ   illi *sec.* : ei 𝔖ℭ   ²⁴ non *pr.* : nonne 𝔖ℭ

25 scientes scripturas, neque uirtutem Dei? Cum
enim a mortuis resurrexerint, neque nubent,
neque nubentur, sed sunt sicut angeli in caelis.

Ex. 3. 6. 26 De mortuis autem quod resurgant, non legi-
Act. 7. 32.   stis in libro Mosi super rubum, quomodo dixerit illi Deus, inquiens : Ego sum Deus Abra-
27 ham, et Deus Isaac, et Deus Iacob? Non
est Deus mortuorum, sed uiuorum. Uos ergo
multum erratis.

28–34   28   Et accessit unus de scribis, qui audierat $\frac{131}{6}$
Mt. 22.34-40,   illos conquirentes, et uidens quoniam bene
46.   illis responderit, interrogauit eum quod esset
Lc. 20. 39.
Dt. 6. 4, 5. 29 primum omnium mandatum. Iesus autem respondit ei : Quia primum omnium mandatum
est: Audi Israhel, Dominus Deus noster, Deus
Lc. 10. 25-28. 30 unus est : et diliges Dominum Deum tuum ex
toto corde tuo, et ex totà anima tua, et ex tota
mente tua, et ex tota uirtute tua. Hoc est pri-
Leu. 19. 18. 31 mum mandatum. Secundum autem simile est
illi : Diliges proximum tuum tamquam te ipsum. Maius horum aliud mandatum non est.
Dt. 4. 35,6. 4. 32 Et ait illi scriba : Bene, Magister, in ueritate $\frac{132}{10}$
dixisti, quia unus est, et non est alius praeter
⸗ Reg. 33 eum. Et ut diligatur ex toto corde, et ex toto
(1Sam.)15.22.   intellectu, et ex tota anima, et ex tota fortitudine : et diligere proximum tamquam se ip-
sum, maius est omnibus holocaustomatibus et
Mt. 22. 46. 34 sacrificiis. Iesus autem uidens quod sapienter
Lc. 20. 40.   respondisset, dixit illi : Non es longe a regno
Dei. Et nemo iam audebat eum interro- $\frac{133}{2}$
gare.
     $\frac{134}{2}$
35–37   35   Et respondens Iesus dicebat, docens in tem-
Mt. 22.41-45.   plo: Quomodo dicunt scribae, Christum filium
Lc. 20. 41-44.

---

²⁵ sunt : erunt ⅁   angeli + Dei ⅁   ²⁹ noster : tuus DGV
⅁ℭ   ³² unus est + Deus GV⅁ℭ   ³³ holocautomatibus ℭ

esse Dauid? Ipse enim Dauid dicit in Spiritu 36
sancto:

Dixit Dominus Domino meo, sede a dextris
meis,
donec ponam inimicos tuos scabellum pedum tuorum.

Ps. 109 (110). I.

Ipse ergo Dauid dicit eum Dominum, et unde 37
est filius eius? Et multa turba eum libenter
audiuit.

135
2

Et dicebat eis in doctrina sua: Cauete a 38
scribis, qui uolunt in stolis ambulare, et salutari in foro: et in primis cathedris sedere in 39

136
8

synagogis, et primos discubitus in caenis. Qui 40
deuorant domos uiduarum sub obtentu prolixae orationis: hi accipient prolixius iudicium.

38-40
Mt. 23. 1, 2, 6, 7, 14.
Lc. 20. 45-47.
Lc. 11. 43.

Et sedens Iesus contra gazophylacium, aspi- 41
ciebat quomodo turba iactaret aes in gazophylacium: et multi diuites iactabant multa. Cum 42
uenisset autem una uidua pauper, misit duo
minuta, quod est quadrans. Et conuocans 43
discipulos suos, ait illis: Amen dico uobis,
quoniam uidua haec pauper plus omnibus misit, qui miserunt in gazophylacium. Omnes 44
enim ex eo quod abundabat illis, miserunt:
haec uero de penuria sua omnia quae habuit
misit, totum uictum suum.

41-44
Lc. 21. 1-4.
4 Reg.
(2 Reg.) 12. 9, 10.

137
2

Et cum egrederetur de templo, ait illi unus 13
ex discipulis suis: Magister, aspice quales lapides et quales structurae. Et respondens 2
Iesus, ait illi: Uides has omnes magnas aedi-
ficationes? Non relinquetur lapis super lapidem, qui non destruatur.

1-37
Mt. 24. 1-51,
Lc. 21. 5-36.

138
2

Et cum sederet in montem Oliuarum contra 3
templum, interrogabant eum separatim Petrus

⁴² > uidua vna 𝔖ℭ   13. ³ monte 𝔖ℭ

4 et Iacobus, et Iohannes et Andreas : Dic nobis
quando ista fient : et quod signum erit quando
5 haec omnia incipient consummari ? Et respondens Iesus coepit dicere illis : Uidete
6 ne quis uos seducat : multi enim uenient in
nomine meo dicentes, Quia ego sum : et mul-
7 tos seducent. Cum audieritis autem bella et
opiniones bellorum, ne timueritis : oportet
8 enim fieri, sed nondum finis. Exsurget enim
gens super gentem, et regnum super regnum :
et erunt terrae motus per loca, et fames : initium dolorum haec.

Mt. 10. 17, 18.   9   Uidete autem uosmet ipsos. Tradent enim $\frac{139}{1}$
uos conciliis, et in synagogis uapulabitis : et
ante praesides et reges stabitis propter me, in
10 testimonium illis. Et in omnes gentes primum 140/6

11–13   11 oportet praedicari euangelium. Et cum duxe- 141/2
Mt. 10. 19–22.   rint uos tradentes, nolite praecogitare quid
Lc. 12. 11, 12.   loquamini : sed quod datum uobis fuerit in illa
hora, id loquimini : non enim estis uos lo-

Mic. 7. 6.   12 quentes, sed Spiritus sanctus. Tradet autem
Mt.10. 35, 36.   frater fratrem in mortem, et pater filium : et
Lc. 12. 53.   consurgent filii in parentes, et morte adficient

Mt. 10. 22.   13 eos. Et eritis odio omnibus propter nomen
meum : qui autem sustinuerit in finem, hic
saluus erit.

Dan. 9. 27,   14 Cum autem uideritis abominationem deso- $\frac{142}{6}$
11. 31, 12. 11.   lationis, stantem ubi non debet (qui legit, intel-
Macc. 1. 57,   legat) : tunc qui in Iudaea sunt, fugiant in $\frac{143}{2}$
6. 7.

Lc. 17. 31.   15 montes : et qui super tectum, ne descendat in
domum, nec introeat ut tollat quid de domo
16 sua : et qui in agro erit, non reuertatur retro $\frac{144}{2}$
Lc. 23. 29.   17 tollere uestimentum suum. Uae autem prae-

---

7 enim + haec 𝔖ℭ   8 super *pr.* : contra 𝔖ℭ   9 uos + in 𝔖ℭ
11 > vos estis 𝔖ℭ   12 afficient 𝔖ℭ   17 praegnantibus 𝔖ℭ

145/6 gnatibus, et nutrientibus in illis diebus. Orate 18
146/2 uero ut hieme non fiant. Erunt enim dies illi 19 Dan. 12. 1.
Ioel 2. 2.
tribulationes tales, quales non fuerunt ab initio
creaturae quam condidit Deus usque nunc,
$\frac{147}{6}$ neque fient. Et nisi breuiasset Dominus dies, 20
non fuisset salua omnis caro : sed propter
$\frac{148}{2}$ electos quos elegit, breuiauit dies. Et tunc si 21 Lc. 17. 23.
quis uobis dixerit : Ecce hic est Christus, ecce
$\frac{149}{6}$ illic, ne credideritis. Exsurgent enim pseudo- 22
christi et pseudoprophetae, et dabunt signa et
portenta, ad seducendos, si potest fieri, etiam
electos. Uos ergo uidete : ecce praedixi uobis 23
$\frac{150}{2}$ omnia.
Sed in illis diebus post tribulationem illam 24 Es. 13. 10.
Act. 2. 20.
sol contenebrabitur, et luna non dabit splen-
dorem suum : et stellae caeli erunt decidentes, 25 Lc. 21. 26.
Es. 34. 4.
Apoc. 6. 13.
$\frac{151}{2}$ et uirtutes quae sunt in caelis, mouebuntur.
Et tunc uidebunt Filium hominis uenientem 26
in nubibus cum uirtute multa et gloria. Et 27 Mt. 13. 41, 49.
tunc mittet angelos suos, et congregabit ele-
ctos suos a quattuor uentis, a summo terrae
usque ad summum caeli.
A ficu autem discite parabolam. Cum iam 28
ramus eius tener fuerit, et nata fuerint folia,
cognoscitis quia in proximo sit aestas : sic et 29
uos cum uideritis haec fieri, scitote quod in
proximo sit in ostiis. Amen dico uobis, quo- 30
niam non transibit generatio haec, donec omnia ista fiant. Caelum et terra transibunt : 31
$\frac{152}{6}$ uerba autem mea non transibunt. De die au- 32
tem illo uel hora nemo scit, neque angeli in
$\frac{153}{6}$ caelo, neque Filius, nisi Pater. Uidete, uigi- 33 34, 35
Lc. 12. 36-38,
19. 12-27.
late et orate : nescitis enim quando tempus
$\frac{154}{2}$ sit. Sicut homo, qui peregre profectus reli- 34 Mt. 25. 14-30.

22 fieri potest $\mathcal{SC}$ 25 > in caelis sunt $\mathcal{SC}$

quit domum suam, et dedit seruis suis potestatem cuiusque operis, et ianitori praecipiat
35 ut uigilet. Uigilate ergo : nescitis enim quan- $\frac{155}{2}$
do dominus domus ueniat : sero, an media
36 nocte, an galli cantu, an mane : ne cum uene-
37 rit repente, inueniat uos dormientes. Quod
autem uobis dico, omnibus dico : Uigilate.

1, 2   **14**   Erat autem Pascha et Azyma post biduum. 156/1
Mt. 26. 2-5,   Et quaerebant summi sacerdotes et scribae 157/6
Lc. 22. 1, 2.   quomodo eum dolo tenerent et occiderent.
2 Dicebant enim : Non in die festo, ne forte
tumultus fieret populi.

3-9   3   Et cum esset Bethaniae in domo Simonis $\frac{158}{1}$
Mt. 26. 6-13.   leprosi, et recumberet, uenit mulier habens
Ioh. 12. 1-8.   alabastrum ungenti nardi spicati pretiosi : et
Lc. 7. 37, 38.   4 fracto alabastro, effudit super caput eius. Erant
autem quidam indigne ferentes intra semet ip-
sos, et dicentes : Ut quid perditio ista ungenti
5 facta est ? Poterat enim ungentum istud uenundari plus quam trecentis denariis, et dari
6 pauperibus. Et fremebant in eam. | Iesus au-
tem dixit : Sinite eam : quid illi molesti estis ?

Dt. 15. 11.   7 Bonum opus operata est in me. Semper enim
pauperes habetis uobiscum, et cum uolueritis,
potestis illis bene facere : me autem non sem-
8 per habetis. Quod habuit haec, fecit : prae- $\frac{159}{4}$
uenit ungere corpus meum in sepulturam.
9 Amen dico uobis : Ubicumque praedicatum
fuerit euangelium istud in uniuerso mundo, et
quod fecit haec, narrabitur in memoriam eius.

10, 11
Mt. 26. 14-16.   10   Et Iudas Scariotis unus de duodecim abiit $\frac{160}{2}$
Lc. 22. 3-6.   ad summos sacerdotes, ut proderet eum illis.
Ioh. 13. 2, 27,
30.   11 Qui audientes gauisi sunt : et promiserunt ei

---

[34] praecepit $S\mathbb{C}$ 14. [2] enim : autem $S\mathbb{C}$ populi : in populo $S\mathbb{C}$
[5] vaenundari $S\mathbb{C}$ [7] habetis *bis* : habebitis C D H   [10] Iscariotes $S\mathbb{C}$

pecuniam se daturos. Et quaerebat quomodo
illum oportune traderet.

Et primo die Azymorum quando Pascha im- 12
molabant, dicunt ei discipuli : Quo uis eamus
et paremus tibi ut manduces Pascha? Et mit- 13
tit duos ex discipulis suis, et dicit eis : Ite in
ciuitatem, et occurret uobis homo laguenam
aquae baiulans, sequimini eum : et quocum- 14
que introierit, dicite domino domus: Quia magister dicit : Ubi est refectio mea, ubi Pascha
cum discipulis meis manducem? Et ipse uo- 15
bis demonstrabit cenaculum grande stratum :
et illic parate nobis. Et abierunt discipuli 16
eius, et uenerunt in ciuitatem : et inuenerunt
sicut dixerat illis, et parauerunt Pascha.

$\frac{161}{4}$ Uespere autem facto, uenit cum duodecim. 17
Et discumbentibus eis et manducantibus, ait 18
Iesus : Amen dico uobis, quia unus ex uobis
$\frac{162}{1}$ me tradet, qui manducat mecum. At illi coe- 19
perunt contristari, et dicere ei singillatim :
$\frac{163}{2}$ Numquid ego? | Qui ait illis : Unus ex duo- 20
decim, qui intingit mecum in catino. Et Filius 21
quidem hominis uadit sicut scriptum est de
eo : uae autem homini illi, per quem Filius
$\frac{164}{6}$ hominis traditur. Bonum est ei, si non esset
natus homo ille.
$\frac{165}{1}$ Et manducantibus illis, accepit Iesus pa- 22
nem : et benedicens fregit, et dedit eis, et ait :
$\frac{166}{2}$ Sumite, hoc est corpus meum. Et accepto 23
calice, gratias agens dedit eis : et biberunt ex
illo omnes. Et ait illis : Hic est sanguis meus 24
noui testamenti, qui pro multis effunditur.

12–16
Mt. 26. 17–19,
Lc. 22. 7–13.

17–21
Mt. 26. 20–24.
Lc. 22. 14,
21–23.
Ioh. 13. 21–26.
Ps. 40. 10 (41. 9).

Lc. 22. 22.

22–25
Mt. 26. 26–29,
Lc. 22. 19, 20.
1 Cor. 11.
23–25.

Ex. 24. 8.

---

13 lagenam 𝕾ℭ   15 coenaculum 𝕾ℭ   18 > tradet me 𝕾ℭ
19 singulatim 𝕾ℭ   20 mecum + manum 𝕾ℭ   21 tradetur 𝕾ℭ
est *sec.* : erat 𝕾ℭ   24 effundetur 𝕾ℭ

25 Amen dico uobis, quod iam non bibam de genimine uitis usque in diem illum, cum illud bibam nouum in regno Dei.

26 Et hymno dicto exierunt in montem Oli- $\frac{167}{6}$
uarum.

27 Et ait eis Iesus : Omnes scandalizabimini $\frac{168}{4}$
in nocte ista : quia scriptum est : Percutiam
28 pastorem, et dispergentur oues. Sed postea $\frac{169}{6}$
quam surrexero, praecedam uos in Galilaeam.
29 Petrus autem ait ei : Etsi omnes scandalizati $\frac{170}{1}$
30 fuerint, sed non ego. Et ait illi Iesus : Amen
dico tibi, quia tu hodie in nocte hac, prius
quam bis gallus uocem dederit, ter me es nega-
31 turus. At ille amplius loquebatur : Etsi opor- $\frac{171}{6}$
tuerit me simul commori tibi, non te negabo :
Similiter autem et omnes dicebant.

32 Et ueniunt in praedium, cui nomen Geth- 172/1
semani. Et ait discipulis suis : Sedete hic 173/6
33 donec orem. Et adsumit Petrum, et Iacobum,
et Iohannem secum : et coepit pauere et tae-
34 dere. Et ait illis : Tristis est anima mea us- 174/4
35 que ad mortem : sustinete hic, et uigilate. Et 175/1
cum processisset paululum, procidit super terram : et orabat, ut si fieri posset, transiret ab
36 eo hora :¹ et dixit : Abba, Pater, omnia tibi possibilia sunt, transfer calicem hunc a me : sed 176/1
37 non quod ego uolo, sed quod tu. Et uenit, et 177/2
inuenit eos dormientes. Et ait Petro : Simon,
38 dormis? non potuisti una hora uigilare? ¹ Uigilate et orate ut non intretis in temtationem.
Spiritus quidem promtus, caro uero infirma. $\frac{178}{4}$

Left margin references:

26-31
Mt. 26.30-35.
Lc. 22. 31-34,
39.

Zach. 13. 7.
Ioh. 16. 32.

Ioh. 13. 38.

Ioh. 13. 37.

32-42
Mt. 26.36-46,
Lc. 22. 40-46.

Ioh. 12. 27.

10. 38.

---

²⁵ **quod** : quia 𝔖ℭ　　de + hoc 𝔖ℭ　　²⁷ scandaliz. + in me 𝔖ℭ
²⁸ postquam *uno uerbo* 𝔖ℭ　　resurrexero 𝔖ℭ　　²⁹ ei : illi 𝔖ℭ
fuerint + in te 𝔖ℭ　　³⁰ > gallus vocem bis 𝔖ℭ　　³⁸ promptus
+ est 𝔖ℭ

¹⁷⁹₆ Et iterum abiens orauit, eundem sermonem 39
dicens.   Et reuersus denuo, inuenit eos dor- 40
mientes : erant enim oculi illorum ingrauati
¹⁸⁰₄ et ignorabant quid responderent ei.   Et uenit 41
tertio, et ait illis : Dormite iam, et requiescite.
Sufficit : uenit hora : ecce traditur Filius hominis in manus peccatorum. Surgite, eamus : 42   Ioh. 14. 31.
ecce qui me tradet, prope est.
¹⁸¹₁   Et adhuc eo loquente, uenit Iudas Scarioth 43   43-50
unus ex duodecim, et cum illo turba multa cum   Mt. 26. 47-56,
gladiis et lignis, a summis sacerdotibus, et a   Lc. 22. 47-53.
¹⁸²₂ scribis, et a senioribus.   Dederat autem tra- 44   Ioh. 18. 3-11.
ditor eius signum eis, dicens : Quemcumque
osculatus fuero, ipse est, tenete eum, et ducite
caute.   Et cum uenisset, statim accedens ad 45
eum, ait : Rabbi : et osculatus est eum.   At 46
illi manus iniecerunt in eum, et tenuerunt eum.
¹⁸³₁ Unus autem quidam de circumstantibus edu- 47
cens gladium, percussit seruum summi sacer-
¹⁸⁴₁ dotis, et amputauit illi auriculam.   Et respon- 48
dens Iesus, ait illis : Tamquam ad latronem
existis cum gladiis et lignis, comprehendere
me : cotidie eram apud uos in templo docens, 49
et non me tenuistis : sed ut adimpleantur
¹⁸⁵₆ scripturae.   Tunc discipuli eius, relinquentes 50   Ioh. 16. 32.
eum, omnes fugerunt.
¹⁸⁶₁₀   Adulescens autem quidam sequebatur eum 51
amictus sindone super nudo : et tenuerunt
eum : at ille reiecta sindone, nudus profugit 52
ab eis.
¹⁸⁷₁   Et adduxerunt Iesum ad summum sacerdo- 53   53-65
                                                      Mt. 26. 57-68.

---

³⁹ *Disting.* orauit eundem (eumdem 𝕮) sermonem. dicens. 𝕾𝕮
⁴⁰ *dist.* reuersus, denuo inu. 𝕾𝕮   eorum 𝕾𝕮   grauati 𝕾𝕮   ⁴¹ >Fi-
lius hom. tradetur 𝕾𝕮   ⁴³ Iscariotes 𝕾𝕮   ex : de 𝕾𝕮   illo :
eo 𝕾𝕮   lignis + missi 𝕾   a *sec. et tert. om.* 𝕾𝕮   ⁴⁵ ait + Aue
𝕾𝕮   ⁴⁶ eum *pr.* : Iesum 𝕾   ⁴⁸ me ? 𝕾𝕮   ⁴⁹ impleantur 𝕾𝕮

Ioh.18.12,13,
Lc.22. 19-24. 54, 55.

54 tem : et conueniunt omnes sacerdotes, et scribae, et seniores. Petrus autem a longe secutus est eum usque in atrium summi sacerdotis : et sedebat cum ministris, et calefaciebat se ad 55 ignem. Summi uero sacerdotes et omne concilium quaerebant aduersus Iesum testimonium, ut eum morti traderent, nec inueniebant. 56 Multi enim testimonium falsum dicebant aduersus eum : et conuenientia testimonia non 57 erant. Et quidam surgentes, falsum testimo

Ioh. 2. 19.
Mc. 15. 29.

58 nium ferebant aduersus eum, dicentes : Quoniam nos audiuimus eum dicentem : Ego dissoluam templum hoc manu factum, et per 59 triduum aliud non manu factum aedificabo. Et non erat conueniens testimonium illorum. 60 Et exsurgens summus sacerdos in medium, interrogauit Iesum, dicens : Non respondes quic

15. 4, 5.
Es. 53. 7.
1 Pet. 2. 23.

61 quam ad ea, quae tibi obiciuntur ab his ? Ille autem tacebat, et nihil respondit. Rursum summus sacerdos interrogabat eum, et dicit

Dan. 7. 13.

62 ei : Tu es Christus filius Benedicti ? Iesus autem dixit illi : Ego sum : et uidebitis Filium hominis a dextris sedentem uirtutis et uenien 63 tem cum nubibus caeli. Summus autem sacerdos scindens uestimenta sua, ait : Quid adhuc 64 desideramus testes ? Audistis blasphemiam : quid uobis uidetur ? Qui omnes condemna

Lc.22. 63, 64.

65 uerunt eum esse reum mortis. Et coeperunt quidam conspuere eum, et uelare faciem eius, et colaphis eum caedere, et dicere ei : Prophetiza : et ministri alapis eum caedebant.

66-72
Mt.26.69-75.

66 Et cum esset Petrus in atrio deorsum, uenit

$\frac{188}{4}$

$\frac{189}{2}$

$\frac{190}{6}$

$\frac{191}{1}$

192,
193,

$\frac{194}{1}$

$\frac{195}{1}$

---

[53] conuenerunt 𝕾𝕮   [54] usque + intro 𝕾𝕮   > ad ignem et calef. se 𝕾𝕮   [58] per : post 𝕾   [61] dixit 𝕾𝕮   filius + Dei 𝕾𝕮
[62] > sedentem a dextris 𝕾𝕮   uirtutis + Dei 𝕾𝕮

una ex ancillis summi sacerdotis : et cum ui- 67   Lc. 22. 55-62.
disset Petrum calefacientem se, aspiciens il-   Ioh.18.16-18,
lum, ait : Et tu cum Iesu Nazareno eras. At 68   25-27.
ille negauit, dicens : Neque scio, neque noui
196 quid dicas. Et exiit foras ante atrium, et gal-
1 lus cantauit. Rursus autem cum uidisset illum 69
ancilla, coepit dicere circumstantibus : Quia
hic ex illis est. ¹ At ille iterum negauit. Et 70
post pusillum rursus qui adstabant, dicebant
Petro : Uere ex illis es : nam et Galilaeus es.
Ille autem coepit anathematizare et iurare : 71
Quia nescio hominem istum, quem dicitis. Et 72
197 statim iterum gallus cantauit. Et recordatus
2 est Petrus uerbi quod dixerat ei Iesus : Prius
quam gallus cantet bis, ter me negabis. Et
coepit flere.

198   Et confestim mane consilium facientes sum- 15 Mt. 27. 1, 2.
2 mi sacerdotes cum senioribus, et scribis, et   Lc. 22. 66,
199/1 uniuerso concilio, uincientes Iesum, duxerunt,   23. 1.
200/1 et tradiderunt Pilato. Et interrogauit eum 2   2-5
Pilatus : Tu es rex Iudaeorum ? At ille re-   Mt. 27.11-14,
201 spondens, ait illi : Tu dicis. Et accusabant 3   Lc. 23. 2, 3.
4 eum summi sacerdotes in multis. Pilatus au- 4   Ioh.18.29-38.
tem rursum interrogauit eum, dicens : Non
respondes quicquam ? uide in quantis te accusant. Iesus autem amplius nihil respondit, 5
ita ut miraretur Pilatus.

202   Per diem autem festum dimittere solebat 6   6-15
2 illis unum ex uinctis, quemcumque petissent.   Mt. 27.15-26.
203 Erat autem qui dicebatur Barabbas, qui cum 7   Lc. 23. 18-25.
4 seditiosis erat uinctus, qui in seditione fecerat   Ioh.18.39, 40,
homicidium. Et cum ascendisset turba, coe- 8   19. 16.
pit rogare sicut semper faciebat illis. Pilatus 9

---

70 astabant 𝔖ℭ   72 > gallus iterum 𝔖ℭ   15. 6 > solebat
dimittere 𝔖ℭ

autem respondit eis et dixit : Uultis dimittam
10 uobis regem Iudaeorum ? Sciebat enim quod
per inuidiam tradidissent eum summi sacer-
11 dotes. Pontifices autem concitauerunt tur- 204/1
12 bam, ut magis Barabban dimitteret eis. Pi- 205/1
latus autem iterum respondens, ait illis : Quid
13 ergo uultis faciam regi Iudaeorum ? At illi
14 iterum clamauerunt : Crucifige eum. Pilatus
uero dicebat eis : Quid enim mali fecit ? At
15 illi magis clamabant : Crucifige eum. Pilatus $\frac{206}{1}$
autem uolens populo satisfacere, dimisit illis
Barabban, et tradidit Iesum flagellis caesum ut
crucifigeretur.

16   Milites autem duxerunt eum in atrium prae- $\frac{207}{4}$

16-20
Mt. 27.27-31.
Ioh. 19. 2, 3.

17 torii, et conuocant totam cohortem, ¹ et in-
duunt eum purpura, et inponunt ei plectentes
18 spineam coronam. Et coeperunt salutare
19 eum : Haue rex Iudaeorum. Et percutiebant caput eius harundine : et conspuebant
20 eum : et ponentes genua, adorabant eum. Et $\frac{208}{6}$
postquam inluserunt ei, exuerunt illum pur-
pura, et induerunt eum uestimentis suis : et
educunt illum ut crucifigerent eum.

Mt. 27. 32,
Lc. 23. 26.
Rom. 16. 13.

21   Et angariauerunt praetereuntem quempiam, $\frac{209}{1}$
Simonem Cyreneum uenientem de uilla, pa-
trem Alexandri et Rufi, ut tolleret crucem

22-38
Mt.27.33-51.
Lc. 23. 32-38,
44-46.
Ioh.19.17-19,
23, 24, 28-30.
Ps. 68. 22 (69.
21).
Ps. 21. 19 (22.
18).

22 eius. Et perducunt illum in Golgotha locum, 210/1
23 quod est interpretatum Caluariae locus. Et 211/4
dabant ei bibere murratum uinum, et non ac-
24 cepit. Et crucifigentes eum, diuiserunt uesti- $\frac{212}{1}$
menta eius, mittentes sortem super eis, quis
25 quid tolleret. Erat autem hora tertia : et 213/1
26 crucifixerunt eum. Et erat titulus causae 214/1

---

¹¹ Barabbam $\mathfrak{SC}$, *et* 15   ¹⁴ eis : illis $\mathfrak{SC}$ ¹⁸ Aue $\mathfrak{SC}$
²¹ Cyrenaeum $\mathfrak{SC}$ ²³ myrrhatum $\mathfrak{SC}$

²¹⁵/₁ eius inscriptus : REX IUDAEORUM. Et cum 27
eo crucifigunt duos latrones : unum a dextris,
²¹⁶/₈ et alium a sinistris eius. .Et adimpleta est 28 Lc. 22. 37.
scriptura, quae dicit : Et cum iniquis repu- Es. 53. 12.
²¹⁷/₆ tatus est. Et praetereuntes blasphemabant 29 Ps. 21. 8 (22.
eum, ᶜmouentes capita sua, et dicentes : Ua 7), 108 (109).
qui destruit templum, et in tribus diebus aedi- 25.
ficat : saluum fac temet ipsum descendens de 30
²¹⁸/₂ cruce. Similiter et summi sacerdotes ludentes 31 Lc. 23. 35.
ad alterutrum cum scribis dicebant : Alios
saluos fecit, se ipsum non potest saluum facere.
Christus rex Israhel descendat nunc de cruce, 32
²¹⁹/₂ ut uideamus, et credamus. Et qui cum eo
crucifixi erant, conuiciabantur ei.
220/2 Et facta hora sexta, tenebrae factae sunt 33 Mt. 27. 45,
221/6 per totam terram usque in horam nonam. Et 34 Lc. 23. 44.
hora nona exclamauit Iesus uoce magna, di- Ps. 21. 2 (22.
cens : Heloi, Heloi, lama sabacthani : quod 1).
est interpretatum : Deus meus, Deus meus,
ut quid dereliquisti me ? Et quidam de cir- 35
cumstantibus, audientes dicebant : Ecce He-
²²²/₂ liam uocat. Currens autem unus, et implens 36 Ioh. 19. 29.
spongiam aceto, circumponensque calamo, Ps. 68. 22 (69.
potum dabat ei, dicens : Sinite, uideamus si 21).
223/1 ueniat Helias ad deponendum eum. Iesus 37
224/2 autem emissa uoce magna exspirauit. Et ue- 38 Mt. 27. 51,
lum templi scissum est in duo, a sursum usque Lc. 23. 45.
²²⁵/₂ deorsum. Uidens autem centurio qui ex ad- 39 39-41
uerso stabat, quia sic clamans exspirasset, ait : Mt. 27. 54-56,
²²⁶/₆ Uere homo hic Filius Dei erat. Erant autem 40 Lc. 23. 47; 49.
et mulieres de longe aspicientes : inter quas Lc. 8. 2.

---

²⁸ impleta 𝔖ℭ ²⁹ Vah 𝔖ℭ destruis 𝔖ℭ templum + Dei
𝔖ℭ reaedificas 𝔖ℭ ³¹ illudentes 𝔖ℭ ³² conuitiabantur
𝔖ℭ ³⁴ Eloi *bis* 𝔖ℭ lamma 𝔖ℭ sabactháni 𝔖ℭ (*et* lam-
masabacthani *uno uerbo* 𝔖); zaptani V ³⁷ expirauit 𝔖ℭ
³⁸ a sursum : a summo 𝔖ℭ ³⁹ expirasset 𝔖ℭ > hic homo 𝔖ℭ

et Maria Magdalene, et Maria Iacobi minoris
41 et Ioseph mater, et Salome : et cum esset in
Galilaea, sequebantur eum, et ministrabant ei :
et aliae multae, quae simul cum eo ascenderant Hierosolyma.

42 Et cum iam sero esset factum, quia erat
43 parasceue, quod est ante sabbatum, | uenit
Ioseph ab Arimathia, nobilis decurio, qui et
ipse erat expectans regnum Dei, et audacter
44 introiit ad Pilatum, et petiit corpus Iesu. Pilatus autem mirabatur si iam obisset. Et ac-
cersito centurione, interrogauit eum si iam
45 mortuus esset. Et cum cognouisset a cen-
46 turione, donauit corpus Ioseph. Ioseph autem
mercatus sindonem et deponens eum inuoluit
sindone, et posuit eum in monumento, quod
erat excisum de petra, et aduoluit lapidem ad
47 ostium monumenti. Maria autem Magdalene,
et Maria Ioseph aspiciebant ubi poneretur.

16 Et cum transisset sabbatum, Maria Magdalene et Maria Iacobi et Salome emerunt
2 aromata, ut uenientes ungerent eum. Et
ualde mane una sabbatorum ueniunt ad monu-
3 mentum, orto iam sole. Et dicebant ad inuicem : Quis reuoluet nobis lapidem ab ostio
4 monumenti? Et respicientes uident reuolu-
5 tum lapidem : erat quippe magnus ualde. Et
introeuntes in monumentum uiderunt iuuenem
sedentem in dextris, coopertum stola candida,
6 et obstipuerunt. Qui dicit illis : Nolite ex-
pauescere : Iesum quaeritis Nazarenum, crucifixum : surrexit, non est hic : ecce locus ubi

Left margin notes:

42-47
Mt. 27. 57-61,
Lc. 23. 50-56.
Ioh. 19. 38-42.

1-8
Mt. 28. 1-8,
Lc. 24. 1-10.
Ioh. 20. 1-10.

Right margin notes:

$\frac{227}{1}$

$\frac{228}{1}$

$\frac{229}{6}$

$\frac{230}{8}$

$\frac{231}{1}$

$\frac{232}{2}$

[40] et *sec.* ACH*MV : erat GH^{c}Z𝔖ℭ   [41] Ierosolymam 𝔖ℭ
[43] Arimathaea ℭ   introiuit 𝔖ℭ   [44] obijsset 𝔖ℭ   [46] inuoluit
+ in 𝔖   16. [1] eum : Iesum 𝔖ℭ   [4] viderunt 𝔖ℭ   [5] obstupuerunt. 𝔖ℭ

posuerunt eum. Sed ite, dicite discipulis eius 7   14. 28.
et Petro, quia praecedit uos in Galilaeam : ibi   Mt. 28. 10.
233 eum uidebitis, sicut dixit uobis. At illae ex- 8
2 euntes, fugerunt de monumento : inuaserat
enim eas tremor et pauor : et nemini quicquam dixerunt, timebant enim.

Surgens autem mane, prima sabbati, appa- 9   Ioh. 20. 14.
ruit primo Mariae Magdalenae, de qua eie-
cerat septem daemonia. Illa uadens nuntia- 10   Ioh. 20. 18.
uit his qui cum eo fuerant, lugentibus et   Mt. 28. 10.
                                        Lc. 24. 10.
flentibus. Et illi audientes quia uiueret, et 11   Lc. 24. 11.
uisus esset ab ea, non crediderunt.

Post haec autem duobus ex eis ambulanti- 12   Lc. 24. 13-31.
bus ostensus est in alia effigie, euntibus in
uillam : et illi euntes nuntiauerunt ceteris : 13   Lc. 24. 33-35.
nec illis crediderunt.

Nouissime recumbentibus illis undecim ap- 14   Lc. 24. 36, 41.
paruit : et exprobrauit incredulitatem illorum
et duritiam cordis : quia his qui uiderant
eum resurrexisse, non crediderant. Et dixit 15   Mt. 28. 19.
eis : Euntes in mundum uniuersum praedicate
euangelium omni creaturae. Qui crediderit, 16   Act. 2. 38.
et baptizatus fuerit, saluus erit : qui uero non
crediderit, condemnabitur. Signa autem eos 17   Ioh. 14. 12.
qui crediderint, haec sequentur. In nomine   Act. 16. 18.
                                        Act. 2. 4,
meo daemonia eicient : linguis loquentur no-   10. 46, 19. 6.
uis : ¹ serpentes tollent : et si mortiferum 18   1 Cor. 12. 10, 14. 2.
quid biberint, non eos nocebit : super ae-   Lc. 10. 19.
grotos manus inponent, et bene habebunt.   Act. 28. 3-6.
                                        Iac. 5. 14, 15.

Et Dominus quidem postquam locutus est 19   Lc. 24. 50-53.
eis, adsumtus est in caelum, et sedit a dextris   Act. 1. 9.
                                        Act. 7. 55.

---

⁷ praecedet 𝔖   ⁹ autem + Iesus 𝔖   Magdalene 𝔖ℭ   ¹² eis :
his 𝔖ℭ   ¹⁴ nouissime + autem 𝔖   illorum : eorum 𝔖ℭ   his :
ijs 𝔖ℭ   crediderunt 𝔖ℭ   ¹⁸ eos : eis 𝔖ℭ   aegros 𝔖ℭ
¹⁹ quidem + Iesus 𝔖ℭ   sedet 𝔖ℭ

20 Dei. Illi autem profecti praedicauerunt ubique, Domino cooperante, et sermonem con-
firmante, sequentibus signis.   Amen.

EXPLICIT EUANGELIUM SECUNDUM MARCUM

EUANGELIUM SECUNDUM LUCAM

1-4
Act. 1. 1.

1 Quoniam quidem multi conati sunt ordi- 1
nare narrationem, quae in nobis completae sunt 10
2 rerum : sicut tradiderunt nobis, qui ab initio
ipsi uiderunt, et ministri fuerunt sermonis :
3 uisum est et mihi, adsecuto a principio omnibus, diligenter ex ordine tibi scribere, optime
4 Theophile, ut cognoscas eorum uerborum, de
quibus eruditus es, ueritatem.

Mt. 2. 1.
1 Par. 24. 10.

5 Fuit in diebus Herodis, regis Iudaeae, sacerdos quidam nomine Zacharias de uice Abia,
et uxor illi de filiabus Aaron, et nomen eius
6 Elisabeth.   Erant autem iusti ambo ante
Deum, incedentes in omnibus mandatis et
7 iustificationibus Domini sine querella.   Et
non erat illis filius eo quod esset Elisabeth
sterilis, et ambo processissent in diebus suis.
8   Factum est autem, cum sacerdotio fungere-

Ex. 30. 7.

9 tur in ordine uicis suae ante Deum, secundum
consuetudinem sacerdotii, sorte exiit ut in-

---

²⁰ *om.* Amen 𝔖ℭ   *Subscr. om.* 𝔖ℭ
Inscr. SANCTVM IESV CHRISTI EVANGELIVM SECVN-
DVM LVCAM 𝔖ℭ   1. ³ assecuto 𝔖ℭ   omnibus : omnia AZᶜ, *et*
> omnia a .principio 𝔖ℭ   *distinguunt* a principio diligenter, ex
ordine 𝔖ℭ   ⁵ illius 𝔖ℭ   ⁶ querela 𝔖ℭ   ⁸ fungeretur
+ Zacharias 𝔖

censum poneret, ingressus in templum Domini:
et omnis multitudo erat populi orans foris hora 10
incensi. Apparuit autem illi angelus Domini, 11
stans a dextris altaris incensi. Et Zacharias 12
turbatus est uidens, et timor inruit super eum.
Ait autem ad illum angelus: Ne timeas, Za- 13
charia, quoniam exaudita est deprecatio tua :
et uxor tua Elisabeth pariet tibi filium, et uocabis nomen eius Iohannem : et erit gaudium 14
tibi et exultatio, et multi in natiuitate eius
gaudebunt: erit enim magnus coram Domino, 15
et uinum et sicera non bibet : et Spiritu sancto
replebitur adhuc ex utero matris suae: et multos. 16
filiorum Israhel conuertet ad Dominum Deum
ipsorum: et ipse praecedet ante illum in spiritu 17
et uirtute Heliae: ut conuertat corda patrum in
filios, et incredibiles ad prudentiam iustorum :
parare Domino plebem perfectam. Et dixit 18
Zacharias ad angelum : Unde hoc sciam ? ego
enim sum senex, et uxor mea processit in diebus suis. Et respondens angelus dixit ei : Ego 19
sum Gabrihel, qui adsto ante Deum : et missus sum loqui ad te, et haec tibi euangelizare.
Et ecce eris tacens, et non poteris loqui usque 20
in diem quo haec fiant : pro eo quod non credidisti uerbis meis, quae implebuntur in tempore suo. Et erat plebs expectans Zachariam: 21
et mirabantur quod tardaret ipse in templo.
Egressus autem non poterat loqui ad illos, et 22
cognouerunt quod uisionem uidisset in templo.
Et ipse erat innuens illis, et permansit mutus.
Et factum est, ut impleti sunt dies officii eius, 23
abiit in domum suam.

Marginal references:
7. 33.
Num. 6. 3.
Iud. 13. 4, 7,
14.
Mt. 11. 18.
Mt. 11. 14.
Mal. 4. 6.
Gen. 17. 17.
Dan. 8. 16,
9. 21.

¹⁰ > populi erat 𝕊ℭ   ¹² irruit 𝕊ℭ   ¹³ *om. et pr.* 𝕊   ¹⁵ *om.*
et pr. 𝕊   siceram 𝕊ℭ   ¹⁷ incredulos 𝕊ℭ   ¹⁹ Gabriel 𝕊ℭ
asto 𝕊ℭ

24 Post hos autem dies concepit Elisabeth uxor
eius, et occultabat se mensibus quinque, di-
25 cens : Quia sic mihi fecit Dominus, in diebus
quibus respexit auferre obprobrium meum inter
homines.

26 In mense autem sexto missus est angelus
Gabrihel a Deo in ciuitatem Galilaeae, cui no-
27 men Nazareth, ad uirginem desponsatam uiro
cui nomen erat Ioseph, de domo Dauid : et
28 nomen uirginis Maria. Et ingressus angelus
ad eam dixit : Haue gratia plena, Dominus
29 tecum : benedicta tu in mulieribus. Quae cum
uidisset, turbata est in sermone eius, et cogi-
30 tabat qualis esset ista salutatio. Et ait angelus
ei : Ne timeas, Maria, inuenisti enim gratiam
31 apud Deum : ecce concipies in utero, et paries
32 filium, et uocabis nomen eius Iesum. Hic
erit magnus, et Filius Altissimi uocabitur : et
dabit illi Dominus Deus sedem Dauid patris
33 eius : et regnabit in domo Iacob in aeternum,
34 et regni eius non erit finis. Dixit autem Maria
ad angelum : Quomodo fiet istud, quoniam
35 uirum non cognosco ? Et respondens angelus
dixit ei : Spiritus sanctus superueniet in te, et
uirtus Altissimi obumbrabit tibi. Ideoque et
quod nascetur Sanctum, uocabitur Filius Dei.
36 Et ecce Elisabeth cognata tua, et ipsa concepit
filium in senecta sua : et hic mensis est sextus
37 illi quae uocatur sterilis : quia non erit in-
38 possibile apud Deum omne uerbum. Dixit
autem Maria : Ecce ancilla Domini, fiat mihi
secundum uerbum tuum. Et discessit ab illa
angelus.

Gen. 30. 23.
1 Reg.
(1 Sam.) 1. 6.

2. 5.
Mt. 1. 16, 18.

Es. 7. 14.
Mt. 1. 18–25.
2 Reg.
(2 Sam.)
7. 11–13, 16.
Es. 9. 6, 7.
Dan. 2. 44,
7. 14.
Mic. 4. 7.

Mt. 1. 18, 20.

Gen. 18. 14.
Mt. 19. 26.

25 > fecit mihi 𝔖ℭ   opprobrium 𝔖ℭ   26 Gabriel 𝔖ℭ
28 Aue 𝔖ℭ   29 uidisset : audisset A𝔖ℭ   35 nascetur *sine addit.*
ACFVZ : + ex te DGHM𝔖ℭ   36 senectute 𝔖ℭ   > sextus est 𝔖ℭ

Exsurgens autem Maria in diebus illis abiit 39
in montana cum festinatione, in ciuitatem Iuda:
et intrauit in domum Zachariae, et salutauit 40
Elisabeth. Et factum est, ut audiuit saluta- 41
tionem Mariae Elisabeth, exultauit infans in
utero eius : et repleta est Spiritu sancto Elisabeth, ┃et exclamauit uoce magna, et dixit: Bene- 42
dicta tu inter mulieres, et benedictus fructus
uentris tui. Et unde hoc mihi ut ueniat mater 43
Domini mei ad me? Ecce enim ut facta est 44
uox salutationis tuae in auribus meis, exultauit
in gaudio infans in utero meo. Et beata quae 45
credidit, quoniam perficientur ea quae dicta
sunt ei a Domino. Et ait Maria : 46   **46-53**
    1 Reg.
    (1 Sam.)
Magnificat anima mea Dominum :   2. 1-10.
  et exultauit spiritus meus in Deo salutari 47
  meo.

Quia respexit humilitatem ancillae suae : 48 Ps. 112. 6,
  ecce enim ex hoc beatam me dicent omnes   137 (8). 6.
    Lc. 11. 27, 28.
  generationes.

Quia fecit mihi magna qui potens est : 49 Ps. 110 (1). 9.
  et sanctum nomen eius.

Et misericordia eius in progenies et proge- 50 Ps. 102 (3). 17.
  nies timentibus eum.

Fecit potentiam in brachio suo : 51 Ps. 88 (9). 11.
  dispersit superbos mente cordis sui.

Deposuit potentes de sede : 52 Iob. 5. 11,
    12. 19.
  et exaltauit humiles.   Ps. 74. 8 (75.

Esurientes impleuit bonis : 53 7), 112 (3). 7,
    146 (7). 6.
  et diuites dimisit inanes.   Ps. 33. 11,

Suscepit Israhel puerum suum, 54 106 (7). 9.
    Es. 41. 8, 9.
  memorari misericordiae :   Ps. 97 (8). 3.

---

[45] credidit *et* ei ACF, *et* credidit (*om.* ei) M┴ credidisti *et* tibi
DGH𝕾𝕮, *et* credidisti (*om.* tibi) VZ   [50] a progenie in progenies
𝕾𝕮   [54] memorari : recordatus 𝕾𝕮   misericordiae + suae 𝕾𝕮

Gen. 17. 7, 55 Sicut locutus est ad patres nostros,
18. 18, 22. 17.   Abraham et semini eius in saecula.

56 Mansit autem Maria cum illa quasi mensibus tribus : et reuersa est in domum suam.

57 Elisabeth autem impletum est tempus pari-
58 endi, et peperit filium. Et audierunt uicini et
cognati eius quia magnificauit Dominus misericordiam suam cum illa : et congratulabantur

Gen. 17. 12. 59 ei. Et factum est in die octauo, uenerunt circumcidere puerum, et uocabant eum nomine
60 patris eius Zachariam. Et respondens mater
eius, dixit : Nequaquam, sed uocabitur Iohan-
61 nes. Et dixerunt ad illam : Quia nemo est in
62 cognatione tua, qui uocetur hoc nomine. In-
nuebant autem patri eius, quem uellet uocari
63 eum. Et postulans pugillarem scripsit, dicens :
Iohannes est nomen eius. Et mirati sunt uni-
64 uersi. Apertum est autem ilico os eius et lingua
65 eius, et loquebatur benedicens Deum. Et factus
est timor super omnes uicinos eorum : et super
omnia montana Iudaeae diuulgabantur omnia
66 uerba haec. Et posuerunt omnes qui audierant in corde suo, dicentes : Quid, putas, puer
iste erit? Etenim manus Domini erat cum illo.

67 Et Zacharias pater eius impletus est Spiritu
sancto, et prophetauit, dicens :

7. 16. 68 Benedictus Dominus Deus Israhel :
Ps. 110 (1). 9.   quia uisitauit, et fecit redemptionem plebi
suae.

1 Reg. 69 Et erexit cornu salutis nobis :
(1 Sam.) 2. 10.   in domo Dauid pueri sui.

70 Sicut locutus est per os sanctorum, qui a
saeculo sunt, prophetarum eius :

⁵⁹ **eius : sui** 𝕾ℭ   ⁶⁴ **illico** 𝕾ℭ   ⁶⁶ **quis** 𝕾ℭ   ⁶⁷ **repletus** 𝕾ℭ
⁶⁸ **plebis** 𝕾ℭ

Salutem ex inimicis nostris: et de manu 71 Ps. 105 (6). 10.
omnium qui oderunt nos.
Ad faciendam misericordiam cum patribus 72 Gen. 17. 7.
nostris: Leu. 26. 42.
Ps. 104 (5). 8,
et memorari testamenti sui sancti. 9, 105 (6). 45.
Iusiurandum, quod iurauit ad Abraham pa- 73 Gen. 22. 16-
trem nostrum, ¹daturum se nobis. 74 18.
Mic. 7. 20.
Ut sine timore, de manu inimicorum nostrorum liberati,
seruiamus illi¹in sanctitate et iustitia coram 75
ipso, omnibus diebus nostris.
Et tu puer, propheta Altissimi uocaberis: 76 7. 26.
praeibis enim ante faciem Domini parare Mal. 3. 1.
Mt. 3. 3.
uias eius: Mc. 1. 2.
Ad dandam scientiam salutis plebi eius: 77 Hier. 31. 34.
in remissionem peccatorum eorum:
Per uiscera misericordiae Dei nostri: 78 Es. 60. 1, 2.
in quibus uisitauit nos oriens ex alto: Mal. 4. 2.
Inluminare his qui in tenebris et in umbra 79 Es. 9. 2.
mortis sedent: Mt. 4. 16.
Act. 26. 18.
ad dirigendos pedes nostros in uiam pacis. Ps. 106 (7).
10.
Puer autem crescebat, et confortabatur 80 Mt. 3. 1.
spiritu: et erat in deserto usque in diem os-
tensionis suae ad Israhel.

Factum est autem in diebus illis, exiit edi- 2
ctum a Caesare Augusto, ut describeretur uniuersus orbis. Haec descriptio prima facta est 2
praeside Syriae Quirino: et ibant omnes ut 3
profiterentur singuli in suam ciuitatem. As- 4 1. 27.
cendit autem et Ioseph a Galilaea de ciuitate
Nazareth, in Iudaeam ciuitatem Dauid, quae
uocatur Bethleem: eo quod esset de domo et

---

⁸⁰ desertis 𝔖ℭ 2. ² praeside AFGM : a praeside CDHVZ𝔖ℭ
Quirino Z : Cyrino ACDFHMV𝔖ℭ ⁴ Iudaeam + in 𝔖ℭ
Bethlehem 𝔖ℭ

Mt. 2. 1.
Ioh. 7. 42.

5 familia Dauid, ¹ ut profiteretur cum Maria de-
6 sponsata sibi uxore praegnate. Factum est $\frac{2}{5}$
autem cum essent ibi, impleti sunt dies ut pare-
7 ret. Et peperit filium suum primogenitum, et
pannis eum inuoluit: et reclinauit eum in praesepio, quia non erat eis locus in diuersorio.
8 Et pastores erant in regione eadem uigi- $\frac{3}{10}$
lantes et custodientes uigilias noctis supra
9 gregem suum. Et ecce angelus Domini stetit
iuxta illos, et claritas Dei circumfulsit illos, et
10 timuerunt timore magno. Et dixit illis angelus:
Nolite timere : ecce enim euangelizo uobis
gaudium magnum, quod erit omni populo :
11 quia natus est uobis hodie Saluator, qui est
12 Christus Dominus, in ciuitate Dauid. Et hoc
uobis signum : Inuenietis infantem pannis in-
13 uolutum, et positum in praesepio. Et subito
facta est cum angelo multitudo militiae caelestis laudantium Deum, et dicentium :

19. 38.
Eph. 2. 14, 17.

14 Gloria in altissimis Deo,
et in terra pax in hominibus bonae uoluntatis.
15 Et factum est, ut discesserunt ab eis angeli
in caelum, pastores loquebantur ad inuicem :
Transeamus usque Bethleem, et uideamus hoc
uerbum, quod factum est, quod Dominus os-
16 tendit nobis. Et uenerunt festinantes : et inuenerunt Mariam et Ioseph, et infantem posi-
17 tum in praesepio. Uidentes autem cognouerunt
de uerbo, quod dictum erat illis de puero hoc.
18 Et omnes qui audierunt mirati sunt, et de
his quae dicta erant a pastoribus ad ipsos.

---

⁷ eis : ei 𝔖   ⁸ super 𝔖ℭ   ¹⁴ altissimis : excelsis DG
in *tert.* ACFGMVZ : *om.* DH𝔖ℭ   ¹⁵ usque + ad 𝔖   Bethlehem 𝔖ℭ   quod Dom. ostendit : quod fecit D. et ostendit 𝔖

Maria autem conseruabat omnia uerba haec, 19
conferens in corde suo. Et reuersi sunt pas- 20
tores, glorificantes et laudantes Deum in omnibus quae audierant et uiderant, sicut dictum
est ad illos.

Et postquam consummati sunt dies octo 21   Gen. 17. 12.
ut circumcideretur, uocatum est nomen eius   Leu. 12. 3.
                                                 Lc. 1. 31,
Iesus, quod uocatum est ab angelo prius quam   Mt. 1. 21.
in utero conciperetur.

Et postquam impleti sunt dies purgationis 22   Leu. 12. 2-6.
eius secundum legem Mosi, tulerunt illum in
Hierusalem, ut sisterent eum Domino, ¹ sicut 23   Ex. 13. 2, 12,
scriptum est in lege Domini : Quia omne mas-   15.
culinum adaperiens uuluam, sanctum Domino
uocabitur: et ut darent hostiam secundum 24   Leu. 12. 8.
quod dictum est in lege Domini : par turturum,
aut duos pullos columbarum. Et ecce homo 25
erat in Hierusalem, cui nomen Symeon : et
homo iste iustus et timoratus, expectans consolationem Israhel, et Spiritus sanctus erat in
eo. Et responsum acceperat ab Spiritu sancto, 26
non uisurum se mortem, nisi prius uideret
Christum Domini. Et uenit in Spiritu in tem- 27
plum. Et cum inducerent puerum Iesum parentes eius, ut facerent secundum consuetudinem legis pro eo, et ipse accepit eum in 28
ulnas suas, et benedixit Deum et dixit :

Nunc dimittis seruum tuum,   29   Gen. 46. 30.
    Domine, secundum uerbum tuum in pace:
quia uiderunt oculi mei salutare tuum,   30   Es. 40. 5,
                                                  52. 10.
    quod parasti ante faciem omnium popu- 31   Lc. 3. 6.
    lorum :
                                                  Es. 42. 6,
lumen ad reuelationem gentium,   32   49. 6, 60. 3.
                                                  Es. 46. 13.
    et gloriam plebis tuae Israhel.   Act. 13. 47.

²¹ circumcideretur + puer 𝔖ℭ   ²⁵ Simeon 𝔖ℭ, et 34   ²⁶ ab: a 𝔖ℭ

33 Et erat pater eius et mater mirantes super his
Es. 8. 14. 34 quae dicebantur de illo. Et benedixit illis
Ioh. 9. 39. Symeon, et dixit ad Mariam matrem eius: Ecce
1 Pet. 2. 8. positus est hic in ruinam et resurrectionem
multorum in Israhel: et in signum cui con-
35 tradicetur: et tuam ipsius animam pertransibit
gladius: ut reuelentur ex multis cordibus
36 cogitationes. Et erat Anna prophetissa, filia
Phanuel, de tribu Aser: haec processerat in
diebus multis, et uixerat cum uiro suo annis
1 Tim. 5. 5. 37 septem a uirginitate sua. Et haec uidua usque
ad annos octoginta quattuor: quae non dis-
cedebat de templo, ieiuniis et obsecrationibus
Es. 52. 9. 38 seruiens nocte ac die. Et haec, ipsa hora
superueniens, confitebatur Domino: et loquebatur de illo, omnibus qui expectabant re-
39 demptionem Hierusalem. Et ut perfecerunt
omnia secundum legem Domini, reuersi sunt
in Galilaeam in ciuitatem suam Nazareth.
52. 1. 80. 40 Puer autem crescebat et confortabatur, plenus sapientia: et gratia Dei erat in illo.
Ex. 23. 15. 41 Et ibant parentes eius per omnes annos
Dt. 16. 1-3. 42 in Hierusalem, in die sollemni Paschae. Et
cum factus esset annorum duodecim, ascen-
dentibus illis in Hierosolyma secundum con-
Ex. 12. 15,16. 43 suetudinem diei festi, consummatisque diebus
Leu. 23. 6-8. cum redirent, remansit puer Iesus in Hierusalem, et non cognouerunt parentes eius.
44 Existimantes autem illum esse in comitatu,
uenerunt iter diei, et requirebant eum inter
45 cognatos et notos. Et non inuenientes regressi sunt in Hierusalem, requirentes eum.

---

33 > pater et mater eius 𝔖   34 ruinam et + in 𝔖ℭ   37 uidua
+ erat 𝔖   38 Hierusalem : Israel G𝔖ℭ   42 om. in 𝔖ℭ
Ierosolymam 𝔖ℭ

Et factum est post triduum, inuenerunt illum 46
in templo sedentem in medio doctorum, au-
$\frac{4}{2}$ dientem illos, et interrogantem. Stupebant au- 47
tem omnes qui eum audiebant, super pruden-
tia et responsis eius. Et uidentes admirati 48
$\frac{5}{10}$ sunt. Et dixit mater eius ad illum : Fili, quid
fecisti nobis sic? ecce pater tuus et ego dolentes quaerebamus te. Et ait ad illos : Quid 49 Ioh. 2. 16.
est quod me quaerebatis? nesciebatis quia in
his quae patris mei sunt, oportet me esse?
Et ipsi non intellexerunt uerbum quod locutus 50
est ad illos. Et descendit cum eis, et uenit 51
Nazareth : et erat subditus illis. Et mater eius
conseruabat omnia uerba haec in corde suo.

Et Iesus proficiebat sapientia, et aetate, et 52   40. 1. 80.
gratia apud Deum et homines.   1 Reg.
(1 Sam.) 2. 26.
$\frac{6}{3}$ Anno autem quintodecimo imperii Tiberii **3**
Caesaris, procurante Pontio Pilato Iudaeam,
tetrarcha autem Galilaeae Herode, Philippo
autem fratre eius tetrarcha Itureae et Tra-
chonitidis regionis, et Lysania Abilinae tetrarcha, sub principibus sacerdotum Anna et 2   2-9, 16, 17
Caiapha : factum est uerbum Dei super Io-   Mt. 3. 1-12.
   Mc. 1. 2-8.
$\frac{7}{1}$ hannem, Zachariae filium, in deserto. Et 3
uenit in omnem regionem Iordanis, praedicans
baptismum paenitentiae in remissionem pecca-
torum, sicut scriptum est in libro sermonum 4   Es. 40. 3-5.
Esaiae prophetae :
     Uox clamantis in deserto :
Parate uiam Domini, rectas facite semitas
     eius :
omnis uallis implebitur :   5
     et omnis mons et collis humiliabitur :

---

[46] interrogantem + eos $\mathfrak{SC}$ [50] eos $\mathfrak{SC}$ 3. [1] Ituraeae $\mathfrak{SC}$
[2] Dei : Domini $\mathfrak{SC}$

et erunt praua in directa,
et aspera in uias planas :

2.30.   6   et uidebit omnis caro salutare Dei.

Mt.12.34,   7   Dicebat ergo ad turbas quae exiebant ut $\frac{8}{5}$
23.33.   baptizarentur ab ipso : Genimina uiperarum,
quis ostendit uobis fugere a uentura ira ?
8 Facite ergo fructus dignos paenitentiae : et ne
coeperitis dicere : Patrem habemus Abraham.
Dico enim uobis quia potest Deus de lapidi-

Mt.7.19.   9 bus istis suscitare filios Abrahae.   Iam enim
securis ad radicem arborum posita est : omnis
ergo arbor non faciens fructum, exciditur, et
10 in ignem mittitur.   Et interrogabant eum tur- $\frac{9}{10}$
11 bae, dicentes : Quid ergo faciemus ? Respon-
dens autem dicebat illis : Qui habet duas
tunicas, det non habenti : et qui habet escas,
12 similiter faciat.   Uenerunt autem et publicani
ut baptizarentur, et dixerunt ad illum : Magi-
13 ster, quid faciemus? At ille dixit ad eos : Nihil
amplius quam constitutum est uobis faciatis.
14 Interrogabant autem eum et milites, dicentes :
Quid faciemus et nos? Et ait illis : Neminem concutiatis, neque calumniam faciatis : et
contenti estote stipendiis uestris.

Ioh.1.19-27.   15   Existimante autem populo, et cogitantibus
omnibus in cordibus suis de Iohanne, ne forte

Act.1.5,   16 ipse esset Christus, ¹respondit Iohannes, dicens $\frac{10}{1}$
13.25.   omnibus : Ego quidem aqua baptizo uos : uenit
autem fortior me, cuius non sum dignus sol-
uere corrigiam calciamentorum eius : ipse uos

Mal.4.1.   17 baptizabit in Spiritu sancto, et igni.   Cuius $\frac{11}{5}$
uentilabrum in manu eius, et purgabit aream

---

⁷ exibant 𝔖ℭ   ⁸ potest : potens est 𝔖ℭ   ⁹ arboris 𝔖 fructum *sine addit* AGH*M : +bonum CDHᶜVZ𝔖ℭ   excidetur . . .
mittetur 𝔖ℭ   ¹³ quam +quod 𝔖ℭ   ¹⁴ et contenti : sed contenti
𝔖   ¹⁶ veniet 𝔖ℭ   corigiam 𝔖ℭ   *om.* eius 𝔖   igne 𝔖, *et* 17

suam, et congregabit triticum in horreum
suum, paleas autem comburet igni inextinguibili.

Multa quidem et alia exhortans euangeliza- 18
¹²/₂ bat populum. Herodes autem tetrarcha, cum 19
corriperetur ab illo de Herodiade uxore fratris
sui, et de omnibus malis quae fecit Herodes,
' adiecit et hoc supra omnia, et inclusit Iohan- 20
nem in carcere.

¹³/₁ Factum est autem cum baptizaretur omnis 21
populus, et Iesu baptizato et orante, apertum
est caelum : et descendit Spiritus sanctus cor- 22
porali specie sicut columba in ipsum : et uox
de caelo facta est : Tu es filius meus dilectus,
in te complacuit mihi.

¹⁴/₃ Et ipse Iesus erat incipiens quasi annorum 23
triginta, ut putabatur filius Ioseph, qui fuit
Heli, ' qui fuit Matthat, qui fuit Leui, qui fuit 24
Melchi, qui fuit Iannae, qui fuit Ioseph, ' qui 25
fuit Matthathiae, qui fuit Amos, qui fuit Naum,
qui fuit Esli, qui fuit Naggae, ' qui fuit Maath, 26
qui fuit Matthathiae, qui fuit Semei, qui fuit
Iosech, qui fuit Ioda, ' qui fuit Iohanna, qui 27
fuit Resa, qui fuit Zorobabel, qui fuit Salathiel,
qui fuit Neri, ' qui fuit Melchi, qui fuit Addi, 28
qui fuit Cosam, qui fuit Helmadam, qui fuit
Her, ' qui fuit Iesu, qui fuit Eliezer, qui fuit 29
Iorim, qui fuit Matthat, qui fuit Leui, qui fuit 30
Symeon, qui fuit Iuda, qui fuit Ioseph, qui fuit
Iona, qui fuit Eliachim, ' qui fuit Melea, qui fuit 31

Margin references:

Mt. 14. 3.
Mc. 6. 17, 18.

21, 22
Mt. 3. 13–17.
Mc. 1. 9–11.
Ioh. 1. 32–34.
Lc. 9. 35.
Ps. 2. 7.
Es. 42. 1.

23–38
Mt. 1. 1–17.
Lc. 4. 22.

1 Par. 3. 17.
1 Esdr. 3. 2.

2 Reg.
(2 Sam.) 5. 14.

---

¹⁸ populo 𝔖ℭ   ²⁰ super 𝔖ℭ   ²² complacui 𝔖ℭ   ²⁴ Mathat
𝔖ℭ, *et* 29   Ianne ℭ, Iamne 𝔖   ²⁵ Mathathiae 𝔖ℭ, *et* 26
Nahum 𝔖ℭ   Hesli 𝔖ℭ   Nagge 𝔖ℭ   ²⁶ Mahath 𝔖ℭ
Ioseph 𝔖ℭ   Iuda 𝔖ℭ   ²⁷ Ioanna 𝔖ℭ   ²⁸ Cosan 𝔖ℭ
Elmadam 𝔖ℭ   ³⁰ Simeon 𝔖ℭ   Eliakim 𝔖ℭ   ³¹ **Melea** :
Melcha 𝔖

1 Par. 3. 5,
14. 4.
1 Reg.
(1 Sam.) 16. 1.
Ruth 4. 18–22.

Menna, qui fuit Matthata, qui fuit Nathan,
32 qui fuit Dauid, ¹ qui fuit Iesse, qui fuit Obed,
qui fuit Booz, qui fuit Salmon, qui fuit Naas-
33 son, ¹ qui fuit Aminadab, qui fuit Aram, qui
fuit Esrom, qui fuit Phares, qui fuit Iudae,

1 Par. 2. 1–15.
Gen. 29. 35,
25. 26, 21. 3.
34–38
Gen. 5. 3–31,
11. 10–26.
1 Par. 1. 1–4,
24–27.

34 ¹ qui fuit Iacob, qui fuit Isaac, qui fuit Abra-
35 ham, qui fuit Tharae, qui fuit Nachor, ¹ qui fuit
Seruch, qui fuit Ragau, qui fuit Phalec, qui fuit
36 Eber, qui fuit Sale, ¹ qui fuit Cainan, qui fuit
Arfaxat, qui fuit Sem, qui fuit Noe, qui fuit
37 Lamech, ¹ qui fuit Mathusale, qui fuit Enoch,
qui fuit Iared, qui fuit Malelehel, qui fuit Cai-
38 nan, ¹ qui fuit Enos, qui fuit Seth, qui fuit
Adam, qui fuit Dei.

1–13
Mt. 4. 1–11.
Mc. 1. 12, 13.

4 Iesus autem plenus Spiritu sancto regressus
est ab Iordane : et agebatur in Spiritu in de-
2 sertum ¹ diebus quadraginta, et temtabatur a
diabolo. Et nihil manducauit in diebus illis :
3 et consummatis illis esuriit. Dixit autem illi
diabolus : Si filius Dei es, dic lapidi huic ut

Dt. 8. 3. 4 panis fiat. Et respondit ad illum Iesus :
Scriptum est : Quia non in pane solo uiuet
5 homo, sed in omni uerbo Dei. Et duxit illum
diabolus et ostendit illi omnia regna orbis
6 terrae in momento temporis, ¹ et ait ei : Tibi
dabo potestatem hanc uniuersam, et gloriam
illorum : quia mihi tradita sunt, et cui uolo do
7 illa. Tu ergo si adoraueris coram me, erunt

Dt. 6. 13. 8 tua omnia. Et respondens Iesus, dixit illi :
Scriptum est : Dominum Deum tuum adora-

$\frac{15}{2}$

$\frac{16}{5}$

---

³¹ Mathatha 𝔖ℭ   ³³ Esron 𝔖ℭ   ³⁴ Abrahae 𝔖ℭ   Thare
𝔖ℭ   ³⁵ Sarug 𝔖ℭ   Phaleg 𝔖ℭ   Heber 𝔖ℭ   ³⁶ Arphaxad 𝔖ℭ
³⁷ Henoch 𝔖ℭ   Malaleel 𝔖ℭ   ³⁸ Henos 𝔖ℭ   4. ¹ ab : a
𝔖ℭ   in *pr.* : a 𝔖ℭ   ⁴ >solo pane 𝔖ℭ   uiuit 𝔖ℭ   ⁵ diabolus : +in montem altissimum HM ; +in montem excelsum 𝔖ℭ
⁶ ei : illi 𝔖ℭ   ⁷ si +procidens 𝔖

bis, et illi soli seruies.   Et duxit illum in 9
Hierusalem, et statuit eum supra pinnam tem-
pli, et dixit illi : Si filius Dei es, mitte te hinc
deorsum.   Scriptum est enim quod   10 Ps. 90 (91).
    Angelis suis mandabit de te, ut conser-   11.
    uent te :
et quia   11
    In manibus tollent te,
    ne forte offendas ad lapidem pedem tuum.
Et respondens Iesus, ait illi : Dictum est : 12 Dt. 6. 16.
Non temtabis Dominum Deum tuum.
Et consummata omni temtatione, diabolus 13
recessit ab illo usque ad tempus.
$\frac{17}{1}$ Et regressus est Iesus in uirtute Spiritus in 14 Mt. 4. 12.
Galilaeam : et fama exiit per uniuersam regio-   Mc. 1. 14.
                                                 Mt. 4. 24.
nem de illo.   Et ipse docebat in synagogis 15 Mt. 4. 23.
eorum : et magnificabatur ab omnibus.
$\frac{18}{10}$ Et uenit Nazareth, ubi erat nutritus : et in- 16   16-30
trauit secundum consuetudinem suam die   Mt. 13. 54-58.
                                              Mc. 6. 1-6.
sabbati in synagogam, et surrexit legere.   Et 17 Es. 61. 1, 2.
traditus est illi liber prophetae Esaiae.   Et
ut reuoluit librum, inuenit locum ubi scriptum
erat :
    Spiritus Domini super me, propter quod 18
        unxit me :
    euangelizare pauperibus misit me :
    praedicare captiuis remissionem, et caecis
        uisum :
    dimittere confractos in remissionem :
    praedicare annum Domini acceptum, et 19 Leu. 25. 10.
        diem retributionis.
Et cum plicuisset librum, reddidit ministro, et 20

⁹ super 𝕾ℭ   ¹⁰ mandauit 𝕾ℭ   ¹⁷ > Isaiae prophetae
𝕾ℭ   ¹⁸ *Uersum distinximus cum cod.* A; *cf.* unxit me, euangelizare pauperibus misit me, ℭ : *contra* unxit me euangelizare pauperibus, misit me 𝕾   misit me : + sanare contritos corde GV𝕾ℭ

sedit : et omnium in synagoga oculi erant in-
21 tendentes in eum.　Coepit autem dicere ad
illos : Quia hodie impleta est haec scriptura

Ioh. 6. 42. 22 in auribus uestris.　Et omnes testimonium illi $\frac{19}{1}$
Lc. 2. 27, 3. dabant, et mirabantur in uerbis gratiae quae
23. procedebant de ore ipsius, et dicebant : Nonne
23 hic filius est Ioseph?　Et ait illis : Utique 20
dicetis mihi hanc similitudinem : Medice, cura 10
te ipsum : quanta audiuimus facta in Caphar-

Ioh. 4. 44. 24 naum, fac et hic in patria tua.　Ait autem : 21
Amen dico uobis, quia nemo propheta accep- 1

3 Reg. 25 tus est in patria sua.　In ueritate dico uobis, 22
(1 Reg.) 17. 1, multae uiduae erant in diebus Heliae in Isra- 10
9, 18. 1. hel, quando clausum est caelum annis tribus
Iac. 5. 17. et mensibus sex, cum facta est fames magna
26 in omni terra : et ad nullam illarum missus est
Helias, nisi in Sareptha Sidoniae, ad mulierem

4 Reg. 27 uiduam.　Et multi leprosi erant in Israhel sub
(2 Reg.) 5. 14. Helisaeo propheta : et nemo eorum mundatus
28 est nisi Neman Syrus.　Et repleti sunt omnes
29 in synagoga ira, haec audientes.　Et surrexerunt et eiecerunt illum extra ciuitatem : et
duxerunt illum usque ad supercilium montis
supra quem ciuitas illorum erat aedificata, ut
30 praecipitarent eum.　Ipse autem transiens,
per medium illorum ibat.

31-37 31　Et descendit in Capharnaum ciuitatem 23/3
Mc. 1. 21-28. 32 Galilaeae, ibique docebat illos sabbatis.　Et 24/2
Mt. 4. 13. stupebant in doctrina eius, quia in potestate
Mt. 7. 28, 29. 33 erat sermo ipsius.　Et in synagoga erat homo $\frac{25}{8}$
habens daemonium inmundum, et exclamauit
34 uoce magna, ' dicens : Sine, quid nobis et tibi,
Iesu Nazarene?　uenisti perdere nos?　scio te

---

²² > est filius 𝕾ℭ　　²⁵ facta esset 𝕾ℭ　　²⁶ Sarepta 𝕾ℭ
²⁷ Elisaeo 𝕾ℭ　　Naaman 𝕾ℭ　　²⁹ super 𝕾ℭ

qui sis, Sanctus Dei. Et increpauit illi Iesus, 35
dicens : Obmutesce, et exi ab illo. Et cum
proiecisset illum daemonium in medium, exiit
ab illo, nihilque illum nocuit. Et factus est 36
pauor in omnibus, et conloquebantur ad inuicem dicentes : Quod est hoc uerbum, quia
in potestate et uirtute imperat inmundis spiritibus, et exeunt? Et diuulgabatur fama de illo 37   14.
in omnem locum regionis.

$\frac{26}{2}$ Surgens autem de synagoga, introiuit in do- 38   **38-41**
mum Simonis. Socrus autem Simonis tene-   Mt. 8. 14–16,
batur magnis febribus : et rogauerunt illum   Mc. 1. 29 34.
pro ea. Et stans super illam imperauit febri, 39
et dimisit illam : et continuo surgens, ministrabat illis.

Cum sol autem occidisset, omnes qui habe- 40
bant infirmos uariis languoribus, ducebant
illos ad eum. At ille singulis manus inponens,
$\frac{27}{8}$ curabat eos. Exiebant autem daemonia a 41   Mc. 3. 11, 12.
multis, clamantia et dicentia : Quia tu es filius
Dei : et increpans non sinebat ea loqui : quia
sciebant ipsum esse Christum.
$\frac{28}{8}$ Facta autem die egressus ibat in desertum 42   **42, 43.**
locum : et turbae requirebant eum, et uenerunt   Mc. 1. 35-38.
usque ad ipsum, et detinebant illum ne dis-
cederet ab eis. Quibus ille ait : Quia et aliis 43
ciuitatibus oportet me euangelizare regnum
Dei : quia ideo missus sum.

Et erat praedicans in synagogis Galilaeae. 44   Mc. 1. 39.
$\frac{29}{10}$ Factum est autem, cum turbae inruerent in 5   Mt. 4. 23.
eum, ut audirent uerbum Dei, et ipse stabat   **1-11**
Mt. 4. 18–22,
secus stagnum Genesareth. Et uidit duas naues 2   Mc. 1. 16-20.

[34] qui sis : quis sis ℭᶜ; qui sis, tu es G ; quia tu es D   [35] illi :
illum 𝔖ℭ illo pr.: eo 𝔖ℭ [36] collóquebantur 𝔖ℭ [38] autem pr.
+ Iesus 𝔖ℭ   [40] > autem sol 𝔖ℭ   [41] exibant 𝔖ℭ   5. [1] irruerent 𝔖ℭ

stantes secus stagnum : piscatores autem de-
3 scenderant, et lauabant retia.   Ascendens autem in unam nauem, quae erat Simonis, rogauit eum a terra reducere pusillum.   Et sedens

Ioh. 21. 6.   4 docebat de nauicula turbas.   Ut cessauit autem $\frac{30}{9}$
loqui, dixit ad Simonem : Duc in altum, et
5 laxate retia uestra in capturam.   Et respondens
Simon, dixit illi : Praeceptor, per totam noctem
laborantes, nihil cepimus : in uerbo autem tuo
6 laxabo rete.   Et cum hoc fecissent, concluserunt
piscium multitudinem copiosam, rumpebatur
7 autem rete eorum.   Et annuerunt sociis, qui
erant in alia naui, ut uenirent et adiuuarent eos.
Et uenerunt, et impleuerunt ambas nauiculas,

Es. 6. 5.   8 ita ut mergerentur.   Quod cum uideret Simon $\frac{31}{10}$
Dan. 10. 16.   Petrus, procidit ad genua Iesu, dicens : Exi a
9 me, quia homo peccator sum, Domine.   Stupor
enim circumdederat eum, et omnes qui cum
illo erant, in captura piscium quam ceperant :
10 similiter autem Iacobum et Iohannem, filios
Zebedaei, qui erant socii Simonis.   Et ait ad Si- $\frac{32}{2}$
monem Iesus : Noli timere : ex hoc iam ho-

28.   11 mines eris capiens.   Et subductis ad terram
18. 28.   nauibus, relictis omnibus secuti sunt illum.
Mt. 19. 27,
Mc. 10. 28.   12   Et factum est cum esset in una ciuitatum, $\frac{33}{2}$
12–14   et ecce uir plenus lepra, et uidens Iesum et
Mt. 8. 2–4,
Mc. 1. 40–44.   procidens in faciem, rogauit eum dicens : Do-
13 mine, si uis, potes me mundare.   Et extendens
manum, tetigit illum dicens : Uolo : mundare.

Leu. 13. 49,   14 Et confestim lepra discessit ab illo. | Et ipse
14. 2–32.   praecepit illi ut nemini diceret : Sed uade,
ostende te sacerdoti, et offer pro emundatione
tua, sicut praecepit Moses, in testimonium

---

7 ita ut + pene 𝔖ℭ   8 > Domine, quia homo pecc. sum 𝔖
11 illum : eum 𝔖ℭ   13 illum : eum 𝔖ℭ ; + Iesus 𝔖

³⁴₁ illis.   Perambulabat autem magis sermo de 15 Mc. 1. 45.
illo : et conueniebant turbae multae ut audi-
³⁵₂ rent, et curarentur ab infirmitatibus suis.   Ipse 16 Mc. 1. 35.
autem secedebat in deserto, et orabat.
³⁶₂   Et factum est in una dierum, et ipse sedebat 17   17-26
docens.   Et erant Pharisaei sedentes, et legis   Mt. 9. 1-8.
doctores, qui uenerant ex omni castello Gali-   Mc. 2. 1-12.
laeae, et Iudaeae, et Hierusalem : et uirtus
³⁷₁ erat Domini ad sanandum eos.   Et ecce uiri 18
portantes in lecto hominem qui erat paraly-
ticus : et quaerebant eum inferre, et ponere
ante eum.   Et non inuenientes qua parte illum 19
inferrent prae turba, ascenderunt supra tectum,
et per tegulas summiserunt illum cum lecto
in medium ante Iesum.   Quorum fidem ut 20
uidit, dixit : Homo, remittuntur tibi peccata
tua.   Et coeperunt cogitare scribae et Phari- 21 7. 49.
saei, dicentes : Quis est hic qui loquitur blasphemias ?   Quis potest dimittere peccata,
nisi solus Deus ?   Ut cognouit autem Iesus 22
cogitationes eorum, respondens dixit ad illos :
Quid cogitatis in cordibus uestris ? ¹ Quid est 23
facilius dicere : Dimittuntur tibi peccata : an
dicere : Surge, et ambula ?   Ut autem sciatis 24 Ioh. 5. 8, 12.
quia Filius hominis potestatem habet in terra
dimittere peccata, ait paralytico : Tibi dico,
surge, tolle lectum tuum, et uade in domum
tuam.   Et confestim surgens coram illis, tulit 25
in quo iacebat : et abiit in domum suam, magnificans Deum.   Et stupor adprehendit omnes, 26
et magnificabant Deum : et repleti sunt timore,
dicentes : Quia uidimus mirabilia hodie.

---

¹⁶ desertum 𝔖ℭ   ¹⁷ > Domini erat 𝔖ℭ   ¹⁹ illum *sec.* :
eum 𝔖ℭ   ²² cogitatis + mala 𝔖   ²⁴ > habet potestatem 𝔖ℭ
dimittendi 𝔖ℭ   ²⁵ consurgens 𝔖ℭ   tulit + lectum 𝔖ℭ

27-38
Mt. 9. 9-17,
Mc. 2. 14-22.

Lc. 15. 1.

19. 7.

Ioh. 3. 29.

1-5
Mt. 12. 1-8,

27 Et post haec exiit, et uidit publicanum no- $\frac{38}{2}$
mine Leui sedentem ad teloneum, et ait illi :
28 Sequere me. Et relictis omnibus, surgens se-
29 cutus est eum. Et fecit ei conuiuium magnum $\frac{39}{2}$
Leui in domo sua : et erat turba multa publicanorum et aliorum, qui cum illis erant dis-
30 cumbentes. Et murmurabant Pharisaei et
scribae eorum, dicentes ad discipulos eius :
Quare cum publicanis et peccatoribus man-
31 ducatis, et bibitis? Et respondens Iesus, dixit $\frac{40}{2}$
ad illos : Non egent qui sani sunt medico, sed
32 qui male habent. Non ueni uocare iustos, sed
33 peccatores in paenitentiam. At illi dixerunt
ad eum : Quare discipuli Iohannis ieiunant
frequenter, et obsecrationes faciunt, similiter
et Pharisaeorum : tui autem edunt, et bibunt?
34 Quibus ipse ait : Numquid potestis filiossponsi,
dum cum illis est sponsus, facere ieiunare?
35 Uenient autem dies, cum ablatus fuerit ab illis
36 sponsus : tunc ieiunabunt in illis diebus. Dicebat autem et similitudinem ad illos : Quia
nemo commissuram a uestimento nouo inmittit in uestimentum uetus : alioquin et nouum rumpit, et ueteri non conuenit commissura
37 a nouo. Et nemo mittit uinum nouum in utres
ueteres : alioquin rumpet uinum nouum utres,
38 et ipsum effundetur, et utres peribunt. Sed
uinum nouum in utres nouos mittendum est :
39 et utraque conseruantur. Et nemo bibens
uetus, statim uult nouum : dicit enim : Uetus
melius est.

6   Factum est autem in sabbato secundoprimo, $\frac{41}{2}$

27 tclonium $\mathfrak{SC}$ 32 in : ad $\mathfrak{SC}$ 35 *distinguunt* dies : cum ablatus fuerit ab illis sponsus, tunc $\mathfrak{SC}$ 36 > nouo uestimento $\mathfrak{SC}$
6. 1 secundoprimo : secundo, primo $\mathfrak{C}$, secundo primo $\mathfrak{S}$ *et codd.*
plur.

cum transiret pèr sata, uellebant discipuli eius
spicas et manducabant, confricantes manibus.
Quidam autem.Pharisaeorum dicebant illis : 2
Quid facitis quod non licet in sabbatis? Et 3
respondens Iesus ad eos, dixit : Nec hoc legi-
stisquod fecit Dauid,cum esurisset ipse, et qui
cum eo erant? quomodo intrauit in domum Dei, 4
et panes propositionis sumsit, et manducauit,
et dedit his qui cum ipso erant : quos non
licet manducare nisi tantum sacerdotibus? Et 5
dicebat illis: Quia Dominus est Filius hominis,
etiam sabbati.

Factum est autem et in alio sabbato, ut in- 6
traret in synagogam, et doceret. Et erat ibi
homo, et manus eius dextra erat arida. Ob- 7
seruabant autem scribae et Pharisaei, si sabbato curaret : ut inuenirent accusare illum.
Ipse uero sciebat cogitationes eorum : et ait 8
homini, qui habebat manum aridam : Surge,
et sta in medium. Et surgens stetit. 'Ait autem 9
ad illos Iesus : Interrogo uos si licet sabbato
bene facere, an male : animam saluam facere,
an perdere? Et circumspectis omnibus dixit 10
homini : Extende manum tuam. Et extendit:
et restituta est manus eius. Ipsi autem repleti 11
sunt insipientia : et conloquebantur ad inuicem, quidnam facerent Iesu.

Factum est autem in illis diebus, exiit in 12
montem orare, et erat pernoctans in oratione
Dei. Et cum dies factus esset, uocauit disci- 13
pulos suos, et elegit duodecim ex ipsis, quos
et Apostolos nominauit : Simonem quem 14

Margin references:
Mc. 2. 23-28.
Dt. 23. 25.

Ioh. 5. 10.
1 Reg.
(1 Sam.)21. 6.

Leu. 24. 9.

6-11
Mt. 12. 9-14,
Mc. 3. 1-6.
Lc. 14. 1.

5. 16.
Mt. 14. 23.

13-16
Mt. 10. 2-4,
Mc. 3. 13-19.
Act. 1. 13.

Left margin: 42/2, 43/2, 44/2

³ eo : illo 𝔖ℭ   ⁷ si : + in 𝔖ℭ   accusare ADFGM : unde
accusare CH* ; unde accusarent HᶜVZ𝔖ℭ   illum : eum 𝔖ℭ
⁹ sabbatis 𝔖ℭ   ¹¹ colloquebantur 𝔖ℭ   facerent + de 𝔖

cognominauit Petrum, et Andream fratrem
eius : Iacobum, et Iohannem : Philippum,
15 et Bartholomeum : Mattheum, et Thomam :
Iacobum Alphei, et Simonem qui uocatur
16 zelotes : Iudam Iacobi, et Iudam Scarioth qui

Mt. 4. 25,
5. 1.
Mc. 3. 7, 8.

17 fuit proditor. Et descendens cum illis, stetit $\frac{45}{1}$
in loco campestri, et turba discipulorum eius,
et multitudo copiosa plebis ab omni Iudaea,
et Hierusalem, et maritima, et Tyri, et Si-
18 donis, ' qui uenerunt ut audirent eum, et sana-
rentur a languoribus suis : et qui uexabantur

Mc. 3. 10.
Lc. 5. 17,
8. 46,
Mc. 5. 30.

19 a spiritibus inmundis, curabantur. Et omnis
turba quaerebant eum tangere : quia uirtus de
illo exiebat, et sanabat omnes.

20–23
Mt. 5. 3–12.

20 Et ipse eleuatis oculis in discipulos suos, $\frac{46}{5}$
dicebat : Beati pauperes, quia uestrum est

Ps. 125 (6).
5, 6.
Apoc. 7. 16, 17.

21 regnum Dei. Beati, qui nunc esuritis, quia 47/5
saturabimini. Beati, qui nunc fletis, quia ride- 48/5
22 bitis. Beati eritis cum uos oderint homines, 49/5
et cum separauerint uos, et exprobrauerint, et
eiecerint nomen uestrum tamquam malum
23 propter Filium hominis. Gaudete in illa die,
et exultate : ecce enim merces uestra multa in
caelo : secundum haec enim faciebant pro-

Am. 6. 1.
Iac. 5. 1.

24 phetis patres eorum. Uerum tamen uae uobis $\frac{50}{10}$
diuitibus, quia habetis consolationem uestram.
25 Uae uobis, qui saturati estis, quia esurietis. $\frac{51}{10}$
Uae uobis, qui ridetis nunc, quia lugebitis et

Hier. 5. 31.
Ioh. 5. 43.
Iac. 4. 4.
1 Ioh. 4. 5.

26 flebitis. Uae cum bene uobis dixerint omnes
homines : secundum haec faciebant prophetis
patres eorum.

---

14 Bartholomaeum $\mathfrak{SC}$ 15 Matthaeum *et* Alphaei $\mathfrak{SC}$ 16 +et
ad init. $\mathfrak{SC}$ Iscariotem $\mathfrak{SC}$ 18 venerant $\mathfrak{SC}$ 19 quaerebat
$\mathfrak{SC}$ exibat $\mathfrak{SC}$ 23 multa + est $\mathfrak{SC}$ 24 Veruntamen $\mathfrak{C}^c$
quia : qui $\mathfrak{S}$ 26 > benedixerint vobis $\mathfrak{SC}$ *om.* omnes $\mathfrak{C}$
haec + enim $\mathfrak{SC}$ pseudoprophetis $V\mathfrak{SC}$

$\frac{52}{5}$ Sed uobis dico qui auditis : Diligite inimi- 27 Mt. 5. 44.
cos uestros : bene facite his qui uos oderunt :
benedicite maledicentibus uobis : orate pro 28
$\frac{53}{5}$ calumniantibus uos. Et qui te percutit in 29   29, 30
maxillam, praebe et alteram. Et ab eo qui   Mt. 5. 39, 40,
aufert tibi uestimentum, etiam tunicam noli   42.
prohibere. Omni autem petenti te, tribue : 30
$\frac{54}{5}$ et qui aufert quae tua sunt, ne repetas. Et 31 Mt. 7. 12.
prout uultis ut faciant uobis homines, et uos
$\frac{55}{5}$ facite illis similiter. Et si diligitis eos qui 32 Mt. 5. 46.
uos diligunt, quae uobis est gratia? nam et
peccatores diligentes se diligunt. Et si bene 33
feceritis his qui uobis bene faciunt, quae uobis
est gratia ? siquidem et peccatores hoc faciunt.
Et si mutuum dederitis his a quibus speratis 34
recipere, quae gratia est uobis ? nam et peccatores peccatoribus faenerantur, ut recipiant
aequalia. Uerum tamen diligite inimicos ue- 35 Mt. 5. 45.
stros, et bene facite, et mutuum date, nihil inde
sperantes : et erit merces uestra multa, et eritis
filii Altissimi, quia ipse benignus est super in-
gratos et malos. Estote ergo misericordes sicut 36
$\frac{56}{2}$ et Pater uester misericors est. Nolite iudicare, 37   37, 38
et non iudicabimini : nolite condemnare, et non   Mt. 7. 1, 2.
condemnabimini : dimittite, et dimittemini :
date, et dabitur uobis : mensuram bonam, 38 Mc. 4. 24.
confertam, et coagitatam, et supereffluentem
dabunt in sinum uestrum. Eadem quippe
mensura qua mensi fueritis, remetietur uobis.   Mt. 15. 14,
$\frac{57}{5}$ Dicebat autem illis et similitudinem : Num- 39 23. 16, 24.
quid potest caecus caecum ducere? nonne   Mt. 10. 24, 25.
$\frac{58}{3}$ ambo in foueam cadent? Non est discipulus 40   Ioh. 13. 16,
  15. 20.

---

[27] > oderunt vos ℑℭ   [28] uobis + et ℑℭ   [29] maxillam +
unam ℑ   praebe + illi ℑ   [35] et pr. om. ℑℭ   inde sperantes
AV^{c}ℑℭ, et sperantes (sine inde) D : desperantes CFGHMV*Z
[38] bonam + et ℑℭ   [39] cadunt ℑℭ

super magistrum : perfectus autem omnis erit $\frac{59}{5}$

Mt. 7. 3-5. 41 sicut magister eius. Quid autem uides festucam in oculo fratris tui, trabem autem quae
42 in oculo tuo est, non consideras? Et quomodo
potes dicere fratri tuo : Frater, sine eiciam
festucam de oculo tuo : ipse in oculo tuo trabem non uidens? Hypocrita, eice primum
trabem de oculo tuo : et tunc perspicies ut

43-45 43 educas festucam de oculo fratris tui. Non est $\frac{60}{5}$
Mt. 7. 16-18, enim arbor bona, quae facit fructus malos :
20. neque arbor mala, faciens fructum bonum.

Mt. 12. 33. 44 Unaquaeque enim arbor de fructu suo cognoscitur. Neque enim de spinis colligunt ficus : 61/5

Mt.12. 34, 35. 45 neque de rubo uindemiant uuam. Bonus homo 62/5
de bono thesauro cordis sui profert bonum :
et malus homo de malo profert malum : ex
abundantia enim cordis os loquitur.

Mt. 7. 21. 46 Quid autem uocatis me Domine, Domine : 63/3

47-49 47 et non facitis quae dico? Omnis qui uenit ad 64/5
Mt. 7. 24-27. me, et audit sermones meos, et facit eos : os-
48 tendam uobis cui similis sit: similis est homini
aedificanti domum, qui fodit in altum, et posuit
fundamenta supra petram : inundatione autem
facta, inlisum est flumen domui illi, et non
potuit eam mouere : fundata enim erat supra
49 petram. Qui autem audiuit et non fecit, similis est homini aedificanti domum suam supra
terram sine fundamento : in quam inlisus est
fluuius, et continuo cecidit : et facta est ruina
domus illius magna.

1-10 **7** Cum autem implesset omnia uerba sua in $\frac{65}{3}$
Mt. 8. 5-13. aures plebis, intrauit Capharnaum.

---

[40] erit *sine addit.* ACDM : +si sit GHVZ𝕾𝕮　　[42] et *ad init.* :
aut 𝕾𝕮　　uidens : uides CDG*MVZ　　[45] malo + thesauro 𝕾𝕮
[48] fundamentum 𝕾𝕮　　super 𝕮 *bis, et* 49　　illisum *et* illisus 𝕾𝕮 *hic
et* 49　　[49] audit *et* facit 𝕾𝕮

Centurionis autem cuiusdam seruus male ₂ Ioh. 4. 46.
habens, erat moriturus, qui illi erat pretiosus.
Et cum audisset de Iesu, misit ad eum senio- ₃
res Iudaeorum, rogans eum ut ueniret et saluaret seruum eius. At illi cum uenissent ad ₄
Iesum, rogabant eum sollicite, dicentes ei :
Quia dignus est ut hoc illi praestes : ¹ diligit ₅
enim gentem nostram: et synagogam ipse aedificauit nobis. ¹ Iesus autem ibat cum illis. Et ₆
cum iam non longe esset a domo, misit ad
eum centurio amicos, dicens : Domine, noli
uexari : non enim dignus sum ut sub tectum
meum intres : propter quod et me ipsum non ₇
sum dignum arbitratus ut uenirem ad te : sed
dic uerbo et sanabitur puer meus. Nam et ₈
ego homo sum sub potestate constitutus, habens sub me milites : et dico huic uade, et
uadit : et alio ueni, et uenit : et seruo meo
fac hoc, et facit. Quo audito Iesus miratus ₉ Mc. 6. 6.
est : et conuersus sequentibus se turbis, dixit :
Amen dico uobis, nec in Israhel tantam fidem
$\frac{66}{5}$ inueni. Et reuersi qui missi fuerant domum, ₁₀
inuenerunt seruum qui languerat, sanum.
$\frac{67}{10}$ Et factum est deinceps, ibat in ciuitatem ₁₁
quae uocatur Naim : et ibant cum illo disci-
puli eius, et turba copiosa. Cum autem adpro- ₁₂
pinquaret portae ciuitatis, et ecce defunctus
efferebatur, filius unicus matri suae : et haec
uidua erat : et turba ciuitatis multa cum illa.
Quam cum uidisset Dominus, misericordia mo- ₁₃
tus super ea, dixit illi : Noli flere. Et accessit, ₁₄
et tetigit loculum : Hi autem qui portabant,

---

7. ³ saluaret : sanaret 𝔖   ⁶ > sum dignus 𝔖ℭ   ⁸ alii ℭ
¹¹ *disting.* est : deinceps ibat 𝔖 (+ Iesus) ℭ   illo : eo 𝔖ℭ
¹² et ecce : *om.* et 𝔖ℭ   matris 𝔖ℭ   ¹³ super eam 𝔖ℭ

steterunt : et ait : Adulescens, tibi dico, surge.

3 Reg.
(1 Reg.)17.22.
4 Reg.
(2 Reg.)4. 34.
Lc. 5. 26.
1. 68, 19. 44.

15 Et resedit qui erat mortuus, et coepit loqui.
16 Et dedit illum matri suae. ' Accepit autem
omnes timor : et magnificabant Deum, dicentes : Quia propheta magnus surrexit in nobis :
17 et quia Deus uisitauit plebem suam. Et exiit $\frac{68}{10}$
hic sermo in uniuersam Iudaeam de eo, et
omnem circa regionem.

18-35
Mt. 11. 2-19.

Dt. 18. 15, 18.
Ps. 117(8).
26,
Dan. 9. 25.
Mal. 3. 1.

18   Et nuntiauerunt Iohanni discipuli eius de $\frac{69}{5}$
19 omnibus his. Et conuocauit duos de disci-
pulis suis Iohannes, et misit ad Dominum,
dicens : Tu es qui uenturus es, an alium ex-
20 pectamus ? Cum autem uenissent ad eum
uiri, dixerunt : Iohannes Baptista misit nos ad
te dicens : Tu es qui uenturus es, an alium
21 expectamus ? In ipsa autem hora curauit
multos a languoribus, et plagis, et spiritibus

Es. 35. 5.

22 malis, et caecis multis donauit uisum. Et
respondens dixit illis : Euntes nuntiate Iohanni quae uidistis et audistis : quia caeci
uident, claudi ambulant : leprosi mundantur,
surdi audiunt : mortui resurgunt, pauperes
23 euangelizantur : et beatus est quicumque non
fuerit scandalizatus in me.

1. 80, 3. 2.
Mt. 3. 1.

24   Et cum discessissent nuntii Iohannis, coepit dicere de Iohanne ad turbas : Quid existis
in desertum, uidere harundinem uento mo-
25 ueri ? Sed quid existis uidere ? hominem
mollibus uestimentis indutum ? Ecce qui in
ueste pretiosa sunt et deliciis, in domibus re-

1. 76.

26 gum sunt. Sed quid existis uidere ? prophetam ? Utique dico uobis, et plus quam prophe-

---

[17] et *sec.* + in 𝕾ℭ   [19] **Dominum** : Iesum 𝕾ℭ   [21] > multos
curauit 𝕾ℭ   [22] renunciate 𝕾ℭ   > audistis et uidistis 𝕾ℭ
[24] nuncij 𝕾ℭ   > de Ioanne dicere 𝕾ℭ   in desertum uidere ?
𝕾ℭ   moueri : agitatam 𝕾ℭ

⁷⁰₂ tam. Hic est, de quo scriptum est: 27 Mal. 3. 1.
Ecce mitto angelum meum ante faciem ^{I.c. 1. 17, 76.}
Es. 40. 3,
tuam, 57. 14.
qui praeparabit uiam tuam ante te.

⁷¹₅ Dico enim uobis : Maior inter natos mulierum 28
propheta Iohanne Baptista nemo est : qui
autem minor est in regno Dei, maior est illo.

⁷²₁₀ Et omnis populus audiens et publicani, iusti- 29
ficauerunt Deum, baptizati baptismo Iohannis.
Pharisaei autem et legis periti consilium Dei 30
spreuerunt in semet ipsos, non baptizati ab
⁷³₅ eo. Cui ergo similes dicam homines genera- 31
tionis huius, et cui similes sunt ? Similes 32
sunt pueris sedentibus in foro, et loquentibus
ad inuicem, et dicentibus : Cantauimus uobis
tibiis, et non saltastis : lamentauimus, et non
plorastis. Uenit enim Iohannes Baptista, 33
neque manducans panem, neque bibens ui-
num, et dicitis : Daemonium habet. Uenit Fi- 34 15. 2, 19. 7.
lius hominis manducans et bibens, et dicitis : Mt. 9. 11.
Ecce homo deuorator et bibens uinum, ami-
cus publicanorum et peccatorum. Et iustifi- 35
cata est sapientia ab omnibus filiis suis.

⁷⁴₁ Rogabat autem illum quidam de Pharisaeis 36 11. 37.
ut manducaret cum illo. Et ingressus domum
Pharisaei discubuit. Et ecce mulier quae 37 37-39
erat in ciuitate peccatrix, ut cognouit quod Mt. 26. 6-13.
accubuit in domo Pharisaei, attulit alabastrum ^{Mc. 14. 3-9.}
Ioh. 12. 1-8.
ungenti : et stans retro secus pedes eius, lacri- 38
mis coepit rigare pedes eius, et capillis capitis sui tergebat, et osculabatur pedes eius, et
ungento ungebat. Uidens autem Pharisaeus 39
qui uocauerat eum, ait intra se dicens : Hic

---

³¹ +ait autem Dominus *ad init.* 𝕾𝕮   ³⁷ quod + Iesus 𝕾
accubuisset 𝕾𝕮

si esset propheta sciret utique quae et qualis
mulier, quae tangit eum : quia peccatrix est.
40 Et respondens Iesus, dixit ad illum : Simon,
habeo tibi aliquid dicere.   At ille ait : Magi-
41 ster, dic.   Duo debitores erant cuidam fae-
neratori : unus debebat denarios quingentos,
42 alius quinquaginta.   Non habentibus illis unde
redderent, donauit utrisque.   Quis ergo eum
43 plus diliget ?   Respondens Simon dixit : Aestimo quia is cui plus donauit.   At ille dixit
44 ei: Recte iudicasti.   Et conuersus ad mulierem,
dixit Simoni : Uides hanc mulierem ? Intraui˙
in domum tuam, aquam pedibus meis non dedisti : haec autem lacrimis rigauit pedes meos,
45 et capillis suis tersit.   Osculum mihi non dedisti : haec autem ex quo intrauit, non cessa-
46 uit osculari pedes meos.   Oleo caput meum
non unxisti : haec autem ungento unxit pedes
47 meos.   Propter quod dico tibi : Remittentur
ei peccata multa, quoniam dilexit multum.
Cui autem minus dimittitur, minus diligit.
48 Dixit autem ad illam : Remittuntur tibi pec-
49 cata.   Et coeperunt qui simul accumbebant,
dicere intra se : Quis est hic, qui etiam pec-
50 cata dimittit ?   Dixit autem ad mulierem :
Fides tua te saluam fecit : uade in pace.
8 Et factum est deinceps, et ipse iter faciebat
per ciuitatem et castellum, praedicans et
euangelizans regnum Dei : et duodecim cum
2 illo.   Et mulieres aliquae quae erant curatae
ab spiritibus malignis et infirmitatibus : Maria
quae uocatur Magdalene, de qua daemonia sep-

5. 20.

8. 48, 17. 19,
18. 42.
Mc. 5. 34.
Mt. 9. 35.
Mc. 6. 6.

23. 49, 55.
Mt. 27. 55.
Mc.15. 40, 41,
16. 9.
Act. 1. 14.

$\frac{75}{10}$

---

39 quae et qualis mul. D, qualis mul. C : q. et q. est mul. VZ𝕾ℭ ;
q. et q. mul. est H ; q. et q. mul. esset AFGM   41 quingentos +
et 𝕾ℭ   42 diligit 𝕾ℭ   44 *om.* in 𝕾   47 remittuntur 𝕾ℭ
48 peccata + tua 𝕾   8. 1 ciuitates et castella 𝕾ℭ   2 ab : a 𝕾ℭ

tem exierant : et Iohanna uxor Chuza procura- 3   24. 10.
toris Herodis, et Susanna, et aliae multae, quae
ministrabant eis de facultatibus suis.

76   Cum autem turba plurima conueniret, et de 4   **4–8**
2   ciuitatibus properarent ad eum, dixit per   Mt. 13. 2–9.
similitudinem. Exiit qui seminat seminare 5   Mc. 4. 1–9.
semen suum : et dum seminat, aliud cecidit
secus uiam, et conculcatum est : et uolucres
caeli comederunt illud. Et aliud cecidit super 6
petram : et natum aruit, quia non habebat
humorem. Et aliud cecidit inter spinas : et 7
simul exortae spinae suffocauerunt illud. Et 8
aliud cecidit in terram bonam : et ortum fecit
fructum centuplum. Haec dicens clamabat :
Qui habet aures audiendi, audiat.

Interrogabant autem eum discipuli eius, 9   **9–15**
quae esset haec parabola. Quibus ipse dixit : 10   Mt. 13. 10–23.
Uobis datum est nosse mysterium regni Dei.   Mc. 4. 10–20.
77/1 Ceteris autem in parabolis : ut uidentes non   Es. 6. 9, 10.
78/2 uideant, et audientes non intellegant. Est 11   Hier. 5. 21.
autem haec parabola : semen est uerbum Dei.
Qui autem secus uiam sunt qui audiunt : 12
deinde uenit diabolus, et tollit uerbum de
corde eorum, ne credentes salui fiant. Nam 13
qui supra petram : qui cum audierint, cum
gaudio suscipiunt uerbum : et hi radices non
habent : qui ad tempus credunt, et in tempore
temtationis recedunt. Quod autem in spinis 14   1 Tim. 6. 9.
cecidit : hi sunt qui audierunt, et a sollicitudi-
nibus et diuitiis, et uoluptatibus uitae, euntes
suffocantur, et non referunt fructum. Quod 15
autem in bonam terram : hi sunt qui in corde

> septem daemonia 𝕊ℭ   ³ Chusae 𝕊ℭ   eis : ei 𝕊ℭ   ⁴ con-
uenirent 𝕊ℭ   ⁶ supra 𝕊ℭ   ¹² uiam + hi 𝕊ℭ   ¹³ radicem A
qui *tert.* : quia 𝕊   ¹⁴ spinas 𝕊ℭ   vitae euntes, suff. 𝕊ℭ

bono et optimo audientes uerbum retinent : et
fructum afferunt in patientia.

16–18
Mc. 4. 21–25.
Lc. 11. 33.
Mt. 5. 15.

16 Nemo autem lucernam accendens, operit $\frac{79}{2}$
eam uase, aut subtus lectum ponit : sed supra
candelabrum ponit, ut intrantes uideant lumen.

Lc. 12. 2.
Mt. 10. 26.

17 Non enim est occultum, quod non manifeste- $\frac{80}{2}$
tur : nec absconditum, quod non cognoscatur,

Lc. 19. 26.
Mt. 13. 12.

18 et in palam ueniat. Uidete ergo quomodo $\frac{81}{5}$
auditis : qui enim habet, dabitur illi : et quicumque non habet, etiam quod putat se habere,
auferetur ab illo.

19–21
Mt. 12. 46–50,
Mc. 3. 31–35.
Ioh. 7. 5,
Act. 1. 14.

19 Uenerunt autem ad illum mater et fratres $\frac{82}{2}$
eius : et non poterant adire ad eum prae
20 turba. Et nuntiatum est illi : Mater tua et
21 fratres tui stant foris, uolentes te uidere. Qui
respondens dixit ad eos : Mater mea et
fratres mei hi sunt, qui uerbum Dei audiunt
et faciunt.

22–25
Mt. 8. 23–27,
Mc. 4. 36-40.

22 Factum est autem in una dierum, et ipse $\frac{83}{2}$
ascendit in nauiculam, et discipuli eius : et ait
ad illos : Transfretemus trans stagnum. Et
23 ascenderunt. Nauigantibus autem illis, obdormiuit : et descendit procella uenti in stagnum, et complebantur, et periclitabantur.
24 Accedentes autem suscitauerunt eum, dicentes : Praeceptor, perimus. At ille surgens, increpauit uentum et tempestatem aquae, et
25 cessauit : et facta est tranquillitas. Dixit autem illis : Ubi est fides uestra ? Qui timentes
mirati sunt, dicentes ad inuicem : Quis putas
hic est, quia et uentis imperat et mari, et
oboediunt ei ?

[17] > est enim 𝔖ℭ   [18] audiatis ? 𝔖ℭ   [19] ad *sec. om.* 𝔖ℭ
[23] nauig. autem: et nauig. 𝔖ℭ   compellebantur 𝔖   [25] > ad
inuicem, dicentes 𝔖ℭ   *om.* et (*ante* uentis) 𝔖   > et mari imperat 𝔖ℭ

Enauigauerunt autem ad regionem Gerase- 26
norum, quae est contra Galilaeam.   Et cum 27
egressus esset ad terram, occurrit illi uir quidam, qui habebat daemonium iam temporibus
multis, et uestimento non induebatur, neque
in domo manebat, sed in monumentis. Is 28
ut uidit Iesum, procidit ante illum : et exclamans uoce magna, dixit : Quid mihi et tibi est,
Iesu fili Dei altissimi ? obsecro te, ne me torqueas. Praecipiebat enim spiritui inmundo ut 29
exiret ab homine. Multis enim temporibus
arripiebat illum, et uinciebatur catenis, et compedibus custoditus : et ruptis uinculis agebatur
a daemonio in deserta. Interrogauit autem 30
illum Iesus, dicens : Quod tibi nomen est ?
At ille dixit : Legio : quia intrauerunt daemonia multa in eum. Et rogabant eum ne 31
imperaret illis ut in abyssum irent. Erat au- 32
tem ibi grex porcorum multorum pascentium
in monte : et rogabant eum, ut permitteret eis
in illos ingredi : et permisit illis. Exierunt 33
ergo daemonia ab homine, et intrauerunt in
porcos : et impetu abiit grex per praeceps in
stagnum, et suffocatus est. Quod ut uiderunt 34
factum, qui pascebant fugerunt, et nuntiauerunt in ciuitatem et in uillas. Exierunt au- 35
tem uidere quod factum est : et uenerunt ad
Iesum, et inuenerunt hominem sedentem, a
quo daemonia exierant, uestitum ac sana
mente ad pedes eius, et timuerunt. Nuntia- 36
uerunt autem illis et qui uiderant, quomodo
sanus factus esset a legione : et rogauerunt 37
illum omnis multitudo regionis Gerasenorum

26 37
Mt. 8. 28-34,
Mc. 5. 1-17.

---

²⁶ enauig. autem: et nauig. 𝔖ℭ   ²⁷ cum + de naui 𝔖   ³⁰ in-
trauerant 𝔖ℭ   ³¹ eum : illum 𝔖ℭ

ut discederet ab ipsis : quia timore magno
tenebantur. Ipse autem ascendens nauem, re- $\frac{84}{8}$

38, 39   38 uersus est. Et rogabat illum uir a quo dae-
Mc. 5. 18-20.   monia exierant, ut cum eo esset. Dimisit au-
39 tem eum Iesus, dicens : Redi domum tuam,
et narra quanta tibi fecit Deus. Et abiit per
uniuersam ciuitatem, praedicans quanta illi
fecisset Iesus.

Mt. 9. 1.   40 Factum est autem cum redisset Iesus, ex- $\frac{85}{2}$
Mc. 5. 21.   cepit illum turba : erant enim omnes expe-
41-56   41 ctantes eum. Et ecce uenit uir cui nomen
Mt. 9. 18-26,   Iairus, et ipse princeps synagogae erat : et ce-
Mc. 5. 22-43.   cidit ad pedes Iesu, rogans eum ut intraret in
42 domum eius : quia filia unica erat illi fere annorum duodecim, et haec moriebatur. Et contigit, dum iret, a turbis comprimebatur.

43 Et mulier quaedam erat in fluxu sanguinis
ab annis duodecim, quae in medicos erogauerat omnem substantiam suam, nec ab ullo
44 potuit curari : accessit retro, et tetigit fimbriam uestimenti eius : et confestim stetit flux-
45 us sanguinis eius. Et ait Iesus : Quis est, qui
me tetigit ? Negantibus autem omnibus dixit
Petrus, et qui cum illo erant : Praeceptor, turbae te comprimunt et affligunt, et dicis : Quis
6. 19. 46 me tetigit ? Et dixit Iesus : Tetigit me aliquis : nam et ego noui uirtutem de me exisse.
47 Uidens autem mulier quia non latuit, tremens
uenit, et procidit ante pedes illius : et ob quam
causam tetigerit eum, indicauit coram omni
populo : et quemadmodum confestim sanata
7. 50. 48 sit. At ipse dixit illi : Filia, fides tua te saluam fecit : uade in pace.

---

³⁷ > magno timore 𝕾ℭ   ³⁹ redi + in 𝕾ℭ   ⁴⁰ redijsset 𝕾ℭ
⁴² > vnica filia 𝕾ℭ   illi : ei 𝕾ℭ   ⁴⁶ *om.* et *sec.* ℭ   exijsse
𝕾ℭ   ⁴⁷ illius : eius 𝕾ℭ   ⁴⁸ illi : ei 𝕾ℭ   > saluam te 𝕾ℭ

Adhuc illo loquente, uenit a principe syna- 49
gogae, dicens ei: Quia mortua est filia tua,
noli uexare illum. Iesus autem, audito hoc 50
uerbo, respondit patri puellae: Noli timere,
crede tantum, et salua erit. Et cum uenisset 51
domum, non permisit intrare secum quemquam, nisi Petrum, et Iohannem, et Iacobum,
et patrem et matrem puellae. Flebant autem 52
omnes, et plangebant illam. At ille dixit:
Nolite flere, non est mortua, sed dormit. Et 53
deridebant eum, scientes quia mortua esset.
Ipse autem tenens manum eius clamauit di- 54
cens: Puella, surge. Et reuersus est spiritus 55
eius, et surrexit continuo: et iussit illi dari
manducare. Et stupuerunt parentes eius, qui- 56
bus praecepit ne alicui dicerent quod factum
erat.

$\frac{86}{2}$ Conuocatis autem duodecim Apostolis, de- 9 Mt. 10. 1,
dit illis uirtutem et potestatem super omnia Mc. 6. 7.
daemonia, et ut languores curarent. Et misit 2 Mt. 10. 5, 7, 8.
illos praedicare regnum Dei, et sanare infirmos.
$\frac{87}{2}$ Et ait ad illos: Nihil tuleritis in uia, neque 3 3 5
uirgam neque peram, neque panem neque pe- Mt. 10. 9-14,
Mc. 6. 8-11.
cuniam, neque duas tunicas habeatis. Et in 4 Lc. 10. 4-11.
quamcumque domum intraueritis, ibi manete, 22. 35.
$\frac{88}{2}$ et inde ne exeatis. Et quicumque non re- 5
ceperint uos, exeuntes de ciuitate illa, etiam
puluerem pedum uestrorum excutite in testi-
$\frac{89}{8}$ monium supra illos. Egressi autem circum- 6
bant per castella, euangelizantes et curantes
$\frac{90}{2}$ ubique. 7-9
Audiuit autem Herodes tetrarcha omnia 7 Mt. 14. 1-3,
Mc. 6. 14-16.

⁴⁹ uenit + quidam $Ⱪℭ$ a principe AG(H)MZ : ad principem
CDVⱩℭ   ⁵¹ Iohannem et Iacobum ĊVZ : > Iacobum et Ioh.
ADGHMⱩℭ   ⁵² mortua + puella Ⱪℭ   ⁵³ quia : quòd Ⱪℭ
9. ¹ autem + Iesus Ⱬ

quae fiebant ab eo, et haesitabat eo.quod di-
ceretur a quibusdam : Quia Iohannes surrexit
8 a mortuis : | a quibusdam uero : Quia Helias
apparuit : ab aliis autem : Quia propheta unus
9 de antiquis surrexit. Et ait Herodes : Iohannem ego decollaui : Quis autem est iste, de

23. 8. quo audio ego talia? Et quaerebat uidere
eum.

10-17
Mt. 14. 13-21,
Mc. 6. 30-44.
Ioh. 6. 1-13. 10   Et reuersi Apostoli, narrauerunt illi quae- 91/8
cumque fecerunt : et adsumtis illis secessit 92/3
seorsum in locum desertum, qui est Bethsaida.
11 Quod cum cognouissent turbae, secutae sunt
illum : et excepit illos, et loquebatur illis de
regno Dei, et eos qui cura indigebant sana-
12 bat. Dies autem coeperat declinare : et acce- 93
dentes duodecim dixerunt illi : Dimitte turbas,   1
ut euntes in castella uillasque quae circa sunt,
deuertant, et inueniant escas : quia hic in loco
13 deserto sumus. Ait autem ad illos : Uos
date illis manducare. At illi dixerunt : Non
sunt nobis plus quam quinque panes, et duo
pisces : nisi forte nos eamus, et emamus in
14 omnem hanc turbam escas. Erant autem fere
uiri quinque milia. Ait autem ad discipulos
suos : Facite illos discumbere per conuiuia
15 quinquagenos. Et ita fecerunt : et discum-
16 bere fecerunt omnes. Acceptis autem quinque panibus et duobus piscibus, respexit in
caelum, et benedixit illis : et fregit, et distribuit discipulis suis, ut ponerent ante turbas.

4 Reg.
(2 Reg.)4. 44. 17 Et manducauerunt omnes, et saturati sunt : et
sublatum est quod superfuit illis, fragmentorum
cophini duodecim.

---

⁹ > est autem 𝕾ℭ   > ego talia audio 𝕾ℭ   ¹⁰ Bethsaidae
𝕾ℭ   ¹¹ illos : eos 𝕾ℭ   ¹² diuertant 𝕾ℭ   ¹⁵ discumbere
fec. : discubuerunt 𝕾

94/1 Et factum est cum solus esset orans, erant 18
cum illo et discipuli : et interrogauit illos, dicens : Quem me dicunt esse turbae? At illi 19
responderunt, et dixerunt : Iohannem Baptistam, alii autem Heliam, alii quia propheta unus
de prioribus surrexit. Dixit autem illis : Uos 20
autem quem me esse dicitis? Respondens
95/2 Simon Petrus dixit : Christum Dei. At ille in- 21
crepans illos, praecepit ne cui dicerent hoc,
| dicens : Quia oportet Filium hominis multa 22
pati, et reprobari a senioribus, et principibus
sacerdotum, et scribis, et occidi, et tertia die
96/2 resurgere. Dicebat autem ad omnes : Si quis 23
uult post me uenire, abneget se ipsum, et tollat crucem suam cotidie, et sequatur me. Qui 24
enim uoluerit animam suam saluam facere,
perdet illam : nam qui perdiderit animam suam
propter me, saluam faciet illam. Quid enim 25
proficit homo, si lucretur uniuersum mundum,
se autem ipsum perdat, et detrimentum sui
97/2 faciat? Nam qui me erubuerit, et meos ser- 26
mones, hunc Filius hominis erubescet cum
uenerit in maiestate sua, et Patris, et sanctorum
98/2 angelorum. Dico autem uobis : uere sunt 27
aliqui hic stantes, qui non gustabunt mortem
donec uideant regnum Dei.

Factum est autem post haec uerba fere dies 28
octo, et adsumsit Petrum, et Iohannem, et Iacobum, et ascendit in montem ut oraret. Et 29
factum est dum oraret, species uultus eius altera, et uestitus eius albus refulgens. Et ecce 30
duo uiri loquebantur cum illo : erant autem

Marginal references:

18-20
Mt. 16. 13–16,
Mc. 8. 27–29.

Ioh. 6. 69.

22–27
Mt. 16. 21–28,
Mc. 8. 31–
9. 1.

Mt. 10. 38. 39.
Lc. 14. 26, 27.

17. 33.
Ioh. 12. 25.

12. 8, 9.
Mt. 10. 33.

28–36
Mt. 17. 1–8,
Mc. 9. 2–8.

[19] alii *sec.* + vero 𝔖ℭ   > unus Propheta 𝔖ℭ   [26] semetipsum
𝔖ℭ   [27] *distinguunt* vobis vere : sunt 𝔖ℭ   [28] > Iac. et Io.
𝔖ℭ, *cf.* 8. 51   [29] facta 𝔖ℭ   albus + et 𝔖ℭ
163

31 Moses et Helias, uisi in maiestate : et dicebant excessum eius, quem completurus erat in
32 Hierusalem. Petrus uero, et qui cum illo,
grauati erant somno. Et euigilantes uiderunt

2 Pet. 1. 18.
Ioh. 1. 14.

maiestatem eius, et duos uiros qui stabant cum
33 illo. Et factum est cum discederent ab illo,
ait Petrus ad Iesum : Praeceptor, bonum est
nos hic esse : et faciamus tria tabernacula,
unum tibi, et unum Mosi, et unum Heliae :
34 nesciens quid diceret. Haec autem illo loquente, facta est nubes et obumbrauit eos : et

3. 22.
Mt. 3. 17.
Mc. 1. 11.
Ioh. 1. 34.

35 timuerunt, intrantibus illis in nubem. Et uox
facta est de nube, dicens : Hic est Filius meus
36 dilectus, ipsum audite. Et dum fieret uox, inuentus est Iesus solus. Et ipsi tacuerunt, et
nemini dixerunt in illis diebus quicquam ex
his quae uiderant.

37–42
Mt. 17. 14–18.
Mc. 9. 14–27.

37   Factum est autem in sequenti die, descen- $\frac{99}{2}$
dentibus illis de monte, occurrit illi turba
38 multa. Et ecce uir de turba exclamauit, dicens : Magister, obsecro te respice in filium
39 meum, quia unicus est mihi : et ecce spiritus
adprehendit illum, et subito clamat, et elidit,
et dissipat eum cum spuma, et uix discedit
40 dilanians eum : et rogaui discipulos tuos ut
41 eicerent illum, et non potuerunt. Respondens
autem Iesus dixit : O generatio infidelis et
peruersa, usque quo ero apud uos, et patiar
42 uos ? Adduc huc filium tuum. ' Et cum ac-
cederet, elisit illum daemonium, et dissipauit.
Et increpauit Iesus spiritum inmundum, et
sanauit puerum, et reddidit illum patri eius.

43–45
Mt. 17. 22, 23.
Mc. 9. 31, 32.

43 Stupebant autem omnes in magnitudine Dei. 100/8
   Omnibusque mirantibus in omnibus quae 101/2

---

32 illo *pr.* + erant 𝕊ℭ   37 illi : illis 𝕊ℭ   39 illum : eum 𝕊ℭ

faciebat, dixit ad discipulos suos : Ponite uos 44
in cordibus uestris sermones istos : Filius enim
hominis futurum est ut tradatur in manus
hominum. At illi ignorabant uerbum istud, 45 18. 34,
et erat uelatum ante eos ut non sentirent illud :   24. 16, 25.
  Mc. 9. 32.
et timebant interrogare eum de hoc uerbo.

$\frac{102}{2}$ Intrauit autem cogitatio in eos, quis eorum 46   46-48
maior esset. At Iesus uidens cogitationes cor- 47 Mt. 18. 1-5,
  Mc. 9. 33-37.
dis illorum, adprehendens puerum, statuit eum
secus se, ' et ait illis : Quicumque susceperit 48 Mt. 10. 40, 42.
puerum istum in nomine meo, me recipit : et
quicumque me receperit, recipit eum qui me
misit. Nam qui minor est inter omnes uos,
hic maior est.

$\frac{103}{8}$ Respondens autem Iohannes dixit : Prae- 49   49, 50
ceptor, uidimus quendam in nomine tuo ei-   Mc. 9. 38-40.
cientem daemonia, et prohibuimus eum, quia
non sequitur nobiscum. Et ait ad illum Iesus : 50 11. 23.
Nolite prohibere : qui enim non est aduersus   Mt. 12. 30.
uos, pro uobis est.

$\frac{104}{10}$ Factum est autem dum complerentur dies 51 13. 22, 17. 11,
adsumtionis eius, et ipse faciem suam firmauit   18. 31, 19. 11,
  28.
ut iret Hierusalem. Et misit nuntios ante con- 52 Mc. 10. 32.
spectum suum : et euntes intrauerunt in ciui-
tatem Samaritanorum ut pararent illi. Et non 53 Ioh. 4. 9.
receperunt eum, quia facies eius erat euntis
Hierusalem. Cum uidissent autem discipuli 54 4 Reg.
eius Iacobus et Iohannes, dixerunt : Domine,   (2 Reg.) 1. 10,
  12, 14.
uis dicimus ut ignis descendat de caelo, et
consumat illos ? Et conuersus increpauit illos, 55
et dixit : Nescitis cuius spiritus estis ? Filius 56

---

⁴⁵ > eum interrogare 𝕾ℭ   ⁴⁷ apprehendit puerum et 𝕾ℭ
eum : illum 𝕾ℭ   ⁴⁸ > vos omnes 𝕾ℭ   ⁴⁹ nobiscum : nos 𝕾
⁵⁰ aduersum 𝕾ℭ ⁵¹ assumptionis 𝕾ℭ iret + in 𝕾ℭ ⁵⁵ euntis
+ in 𝕾ℭ   ⁵⁵ et dixit : dicens 𝕾ℭ estis. 𝕾ℭ om. et dixit …
saluare (56) DFG

hominis non uenit animas perdere, sed saluare.
Et abierunt in aliud castellum.

57 Factum est autem ambulantibus illis in uia,
dixit quidam ad illum : Sequar te quocumque
58 ieris.   Et ait illi Iesus : Uulpes foueas habent,
et uolucres caeli nidos : Filius autem hominis
59 non habet ubi caput reclinet.   Ait autem ad
alterum : Sequere me.   Ille autem dixit : Domine, permitte mihi primum ire et sepelire
60 patrem meum.   Dixitque ei Iesus : Sine ut
mortui sepeliant mortuos suos : tu autem uade,
61 adnuntia regnum Dei.   Et ait alter : Sequar
te Domine, sed primum permitte mihi renun-
62 tiare his qui domi sunt.   Ait ad illum Iesus :
Nemo mittens manum suam in aratrum, et
aspiciens retro, aptus est regno Dei.

10 Post haec autem designauit Dominus et
alios septuaginta duos : et misit illos binos
ante faciem suam in omnem ciuitatem et lo-
2 cum, quo erat ipse uenturus.   Et dicebat illis :
Messis quidem multa, operarii autem pauci.
Rogate ergo dominum messis ut mittat ope-
3 rarios in messem suam.   Ite : ecce ego mitto
4 uos sicut agnos inter lupos.   Nolite portare
sacculum, neque peram, neque calciamenta, et
5 neminem per uiam salutaueritis.   In quamcumque domum intraueritis, primum dicite :
6 Pax huic domui : ' et si ibi fuerit filius pacis,
requiescet super illam pax uestra : sin autem,
7 ad uos reuertetur.   In eadem autem domo
manete, edentes et bibentes quae apud illos
sunt : dignus enim est operarius mercede sua :

Margin references (left):
57-60
Mt. 8. 19-22.

3 Reg.
(1 Reg.)19.20.

Ex. 24. 1, 9.
Num. 11. 16,
24.

Mt. 9. 37, 38.
Ioh. 4. 35.

Mt. 10. 16.
4-11
9. 1-5.
Mt. 10. 9-14.
Mc. 6. 8-11.
4 Reg.
(2 Reg.) 4. 29.

Mt. 10. 10.
1 Tim. 5. 18.

Margin numbers (right):
$\frac{105}{5}$

$\frac{106}{10}$

$\frac{107}{10}$

$\frac{108}{5}$

109/5
110,'2
$\frac{111}{5}$

$\frac{112}{2}$

58 et ait : dixit (sine et) 𝔖ℭ   caput + suum 𝔖   60 uade
+ et 𝔖ℭ   annuntia 𝔖. annuncia ℭ   61 > permitte mihi primum
𝔖ℭ   qui : quae 𝔖ℭ   62 in : ad 𝔖ℭ   respiciens 𝔖ℭ
10. 6 illam : illum 𝔖ℭ   7 > est enim 𝔖ℭ

113/10 nolite transire de domo in domum.   Et in 8
quamcumque ciuitatem intraueritis, et susceperint uos, manducate quae adponuntur
uobis : et curate infirmos qui in illa sunt, et 9
dicite illis : Adpropinquauit in uos regnum
114/2 Dei.   In quamcumque ciuitatem intraueritis, 10
et non receperint uos, exeuntes in plateas eius
dicite : Etiam puluerem, qui adhaesit nobis de 11 Act. 13. 51,
ciuitate uestra, extergimus in uos : tamen hoc   18. 6.
scitote, quia adpropinquauit regnum Dei. Dico 12 Mt. 10. 15,
uobis, quia Sodomis in die illa remissius erit,   11. 23, 24.
115/5 quam illi ciuitati.   Uae tibi Corazain, uae tibi 13   13-15
Bethsaida : quia si in Tyro et Sidone factae   Mt.11.21-23.
fuissent uirtutes quae in uobis factae sunt, olim
in cilicio et cinere sedentes paeniterent.   Ue- 14
rum tamen Tyro et Sidoni remissius erit in
iudicio, quam uobis.   Et tu Capharnaum usque 15
in caelum exaltata, usque ad infernum demer-
116/1 geris.   Qui uos audit, me audit : et qui uos 16 Mt. 10. 40.
spernit, me spernit.   Qui autem me spernit,   Ioh. 5. 23,
spernit eum qui me misit.   12. 48.
117/10 Reuersi sunt autem septuaginta duo cum 17
gaudio, dicentes : Domine, etiam daemonia
subiciuntur nobis in nomine tuo.   Et ait illis : 18 Ioh. 12. 31,
Uidebam Satanan sicut fulgur de caelo caden-   16. 11.
tem.   Ecce dedi uobis potestatem calcandi 19   Apoc. 12. 8, 9.
supra serpentes, et scorpiones, et supra omnem   Mc. 16. 18.
uirtutem inimici : et nihil uobis nocebit.   Ue- 20 Ps. 90 (1). 13.
rum tamen in hoc nolite gaudere quia spiritus
uobis subiciuntur : gaudete autem, quod nomina uestra scripta sunt in caelis.
118/5 In ipsa hora exultauit Spiritu sancto, et 21   21, 22
                                                  Mt. 11. 25-27.

¹⁰ quamcumque + autem 𝕾ℭ   susceperint 𝕾ℭ   ¹³ Corozain
𝕾ℭ   > factae sunt in vobis 𝕾ℭ   ¹⁶ in : ad 𝕾ℭ   ¹⁶ > misit
me 𝕾ℭ   ¹⁸ satanam 𝕾ℭ   ¹⁹ supra sec. : super 𝕾ℭ   ²¹ exultauit + in 𝕾

dixit : Confiteor tibi Pater, Domine caeli et
terrae, quod abscondisti haec a sapientibus
et prudentibus, et reuelasti ea paruulis. Etiam
22 Pater : quia sic placuit ante te. Omnia mihi $\frac{119}{3}$
tradita sunt a Patre. Et nemo scit qui sit
Filius, nisi Pater : et qui sit Pater, nisi Filius,

23, 24

Mt. 13. 16, 17.

23 et cui uoluerit Filius reuelare. Et conuersus $\frac{120}{5}$
ad discipulos suos, dixit : Beati oculi qui ui-

1 Pet. 1. 10.

24 dent quae uidetis. Dico enim uobis, quod
multi prophetae et reges uoluerunt uidere quae
uos uidetis, et non uiderunt : et audire quae
auditis, et non audierunt.

25-28

Mt. 22. 34-39,
Mc. 12. 28-34.
Lc. 18. 18-20.
Mt. 19. 16-19,
Mc. 10. 17-19.

Dt. 6. 5.
Leu. 19. 18.

25 Et ecce quidam legis peritus surrexit tem- $\frac{121}{2}$
tans illum, et dicens : Magister, quid faciendo
26 uitam aeternam possidebo? At ille dixit ad
eum : In lege quid scriptum est? quomodo
27 legis? | Ille respondens dixit : Diliges Domi-
num Deum tuum ex toto corde tuo, et ex tota
anima tua, et ex omnibus uiribus tuis, et ex
omni mente tua : et proximum tuum sicut te

Leu. 18. 5.

28 ipsum. Dixitque illi : Recte respondisti : hoc
29 fac, et uiues. Ille autem uolens iustificare se $\frac{122}{10}$
ipsum, dixit ad Iesum : Et quis est meus proxi-
30 mus? | Suscipiens autem Iesus, dixit : Homo
quidam descendebat ab Hierusalem in Hiericho, et incidit in latrones, qui etiam despo-
liauerunt eum : et plagis inpositis abierunt
31 semiuiuo relicto. Accidit autem ut sacerdos
quidam descenderet eadem uia : et uiso illo
32 praeteriuit. Similiter et leuita, cum esset
33 secus locum, et uideret eum, pertransiit. Samaritanus autem quidam iter faciens, uenit

---

[21] quia : quoniam 𝔖𝔆   [22] Patre + meo 𝔖𝔆   qui : quis 𝔖𝔆
bis   [23] dicit 𝔆ᶜ   quae + uos 𝔖𝔆   [30] suscipiens DH𝔆 :
suspiciens ACFGMVZ𝔖

secus eum: et uidens eum, misericordia motus
est. Et adpropians alligauit uulnera eius, in- 34
fundens oleum et uinum : et inponens illum
in iumentum suum, duxit in stabulum, et curam eius egit. Et altera die protulit duos de- 35
narios, et dedit stabulario, et ait : Curam illius
habe : et quodcumque supererogaueris, ego
cum rediero reddam tibi. Quis horum trium 36
uidetur tibi proximus fuisse illi, qui incidit in
latrones ? At ille dixit : Qui fecit misericor- 37
diam in illum. Et ait illi Iesus : Uade, et tu
fac similiter.

Factum est autem dum irent, et ipse in- 38 Ioh. 11. 1,
trauit in quoddam castellum : et mulier quae- 12. 2.
dam Martha nomine excepit illum in domum
suam: et huic erat soror nomine Maria, quae 39
etiam sedens secus pedes Domini, audiebat
uerbum illius. Martha autem satagebat circa 40
frequens ministerium : quae stetit, et ait : Domine, non est tibi curae quod soror mea reliquit me solam ministrare ? dic ergo illi, ut
me adiuuet. Et respondens dixit illi Dominus : 41
Martha, Martha, sollicita es, et turbaris circa
plurima. Porro unum est necessarium : Maria 42 Mt. 6. 33.
optimam partem elegit, quae non auferetur
ab ea.

$\frac{123}{5}$ Et factum est cum esset in loco quodam 11 5. 33.
orans, ut cessauit, dixit unus ex discipulis eius
ad eum : Domine, doce nos orare, sicut et
Iohannes docuit discipulos suos. Et ait illis : 2 2-4
Cum oratis, dicite : Pater, sanctificetur nomen Mt. 6. 9-13.
tuum : adueniat regnum tuum. Panem no- 3

---

⁴¹ circa : erga 𝔖ℭ 11. ¹ > quodam loco 𝔖ℭ > docuit
et Ioannes 𝔖ℭ ² Pater : + noster (sancte D) qui in caelis es
DZ* regnum tuum : + fiat uoluntas tua sicut in caelo et in terra
D𝔖 ; + fiat uol. tua *tantum* HᶜZ

4 strum cotidianum da nobis cotidie : et dī-
mitte nobis peccata nostra, siquidem et ipsi
dimittimus omni debenti nobis : et ne nos inducas in temtationem.

5 Et ait ad illos : Quis uestrum habebit ami- 124
cum, et ibit ad illum media nocte, et dicet 10
6 illi : Amice, commoda mihi tres panes, ¹ quoniam amicus meus uenit de uia ad me, et non
7 habeo quod ponam ante illum : et ille de intus
respondens dicat : Noli mihi molestus esse : iam
ostium clausum est, et pueri mei mecum sunt
in cubili : non possum surgere, et dare tibi.
18. 1-6. 8 Dico uobis, etsi non dabit illi surgens eo quod
amicus eius sit, propter inprobitatem tamen
eius surget et dabit illi quot habet necessarios.
9-13 9 Et ego uobis dico : Petite, et dabitur uobis : 125
Mt. 7. 7-11. quaerite, et inuenietis : pulsate, et aperietur 5
10 uobis. Omnis enim qui petit, accipit : et qui
11 quaerit, inuenit : et pulsanti aperietur. Quis
autem ex uobis patrem petit panem : numquid
lapidem dabit illi ? Aut si piscem : numquid
12 pro pisce serpentem dabit illi ? Aut si petierit
18. 6, 7. 13 ouum : numquid porriget illi scorpionem ? Si
ergo uos cum sitis mali, nostis bona data dare
filiis uestris : quanto magis Pater uester de
caelo dabit spiritum bonum petentibus se ?
14, 15 14 Et erat eiciens daemonium, et illud erat 126
Mt.12. 22-24, mutum. Et cum eiecisset daemonium, locu- 5
9. 32-34.
Mc. 3. 22. 15 tus est mutus, et ammiratae sunt turbae. Qui- 127
dam autem ex eis dixerunt : In Beelzebub 2
16 principe daemoniorum eicit daemonia. Et 128
5

---

³ cotidie : hodie DGZ*𝔖𝔆　　⁴ temtationem : + sed libera
nos a malo D　　⁸ +ad init. et ille si (> si ille H𝔖𝔆) perseuerauerit pulsans ACDHVZ𝔖𝔆 : omisimus cum FGM　　improbitatem
𝔖𝔆　　quotquot 𝔖𝔆　　⁹ > dico vobis 𝔖𝔆　　¹¹ om. si 𝔖𝔆
¹³ uester + caelestis 𝔖　　¹⁴ admiratae 𝔖𝔆

alii temtantes, signum de caelo quaerebant ab
eo. Ipse autem ut uidit cogitationes eorum, 17
dixit eis : Omne regnum in se ipsum diuisum
desolatur, et domus supra domum cadet. Si 18
autem et Satanas in se ipsum diuisus est, quomodo stabit regnum ipsius? quia dicitis in
Beelzebub eicere me daemonia. Si autem 19
ego in Beelzebub eicio daemonia, filii uestri
in quo eiciunt? Ideo ipsi iudices uestri erunt.
Porro si in digito Dei eicio daemonia, pro-20
fecto praeuenit in uos regnum Dei. Cum 21
fortis armatus custodit atrium suum, in pace
sunt ea quae possidet. Si autem fortior illo 22
superueniens uicerit eum, uniuersa arma eius
auferet, in quibus confidebat, et spolia eius
distribuet. Qui non est mecum, aduersum me 23
est : et qui non colligit mecum, dispergit. Cum 24
inmundus spiritus exierit de homine, perambu-
lat per loca inaquosa, quaerens requiem, et non
inueniens dicit : Reuertar in domum meam
unde exiui. Et cum uenerit, inuenit scopis 25
mundatam. Et tunc uadit et adsumit septem 26
alios spiritus nequiores se : et ingressi habitant ibi : et sunt nouissima hominis illius peiora prioribus.

Factum est autem cum haec diceret, ex-27
tollens uocem quaedam mulier de turba dixit
illi : Beatus uenter qui te portauit, et ubera
quae suxisti. At ille dixit : Quippini beati 28
qui audiunt uerbum Dei, et custodiunt.

129/2

17-22
Mt.12. 25-29.
Mc. 3. 23-27.

130/5

Mt. 12. 30.
Lc. 9. 50.
24-26
Mt.12. 43-45.

Ioh. 5. 14.

131/10

1. 48.

8. 21.
Ioh. 13. 17.
Iac. 1. 22, 25.

---

17 desolabitur 𝔖ℭ   18 ipsius : eius 𝔖ℭ   > me eijcere 𝔖ℭ
20 praeuenit ACH*Z* : peruenit DFGH°MVZ°𝔖ℭ   21 ea : omnia 𝔖
22 illo : eo 𝔖ℭ   23 aduersum : contra 𝔖ℭ   24 ambulat 𝔖ℭ
25 inuenit + eam 𝔖ℭ   mundatam + et ornatam 𝔖ℭ   26 et ad init.
om. 𝔖ℭ   spiritus + secum 𝔖ℭ   sunt : fiunt 𝔖ℭ   28 quippini : quinimmo VZ𝔖ℭ ; manifestissime C   custodiunt + illud 𝔖ℭ

29-32
Mt.12. 38-42.
Mc. 8. 11, 12.
1 Cor. 1. 22.

29 Turbis autem concurrentibus coepit dicere : $\frac{132}{5}$
Generatio haec, generatio nequam est : si-
gnum quaerit, et signum non dabitur illi, nisi
30 signum Ionae. Nam sicut Ionas fuit signum
Nineuitis : ita erit et Filius hominis genera-

3 Reg.
(1 Reg.) 10.1.

31 tioni isti. Regina Austri surget in iudicio cum
uiris generationis huius, et condemnabit illos :
quia uenit a finibus terrae audire sapientiam

Ion. 3. 5.

32 Salomònis : et ecce plus Salomone hic. Uiri
Nineuitae surgent in iudicio cum generatione
hac, et condemnabunt illam : quia paenitentiam egerunt ad praedicationem Ionae : et ecce
plus Iona hic.

8. 16.
Mt. 5. 15.
Mc. 4. 21.

33 Nemo lucernam accendit, et in abscondito $\frac{133}{2}$
ponit, neque sub modio : sed supra candela-
brum, ut qui ingrediuntur lumen uideant.

34, 35
Mt. 6. 22, 23.

34 ¹ Lucerna corporis tui est oculus tuus. Si ocu- $\frac{134}{5}$
lus tuus fuerit simplex, totum corpus tuum lu-
cidum erit : si autem nequam fuerit, etiam
35 corpus tuum tenebrosum erit. Uide ergo ne
36 lumen, quod in te est, tenebrae sint. Si ergo
corpus tuum totum lucidum fuerit, non habens
aliquam partem tenebrarum, erit lucidum totum, et sicut lucerna fulgoris inluminabit te.

7. 36, 14. 1.

37 Et cum loqueretur, rogauit illum quidam $\frac{135}{5}$
Pharisaeus ut pranderet apud se. Et ingres-

Mt. 15. 2.
Mc. 7. 3, 4.

38 sus recubuit. Pharisaeus autem coepit intra
se reputans dicere, quare non baptizatus esset

Mt. 23. 25,26.

39 ante prandium. Et ait Dominus ad illum :
Nunc uos Pharisaei quod de foris est calicis
et catini mundatis : quod autem intus est ue-
40 strum, plenum est rapina et iniquitate. Stulti,

²⁹ illi : ei 𝔖ℭ   Ionae + prophetae 𝔖ℭ   ³⁰ > fuit Ionas 𝔖ℭ
Niniuitis 𝔖ℭ   ³¹ Salomone : quàm Salomon 𝔖ℭ   ³² Niniuitae
𝔖ℭ   Iona : quàm Ionas 𝔖ℭ   ³⁷ et sec. : Iesus autem 𝔖

nonne qui fecit quod de foris est, etiam id
quod de intus est, fecit ? Uerum tamen quod 41
superest, date elemosynam : et ecce omnia
munda sunt uobis.

136/5 Sed uae uobis Pharisaeis, quia decimatis 42 Mt. 23. 23.
mentam, et rutam, et omne holus, et praeteri-
tis iudicium, et caritatem Dei : haec autem
137/2 oportuit facere, et illa non omittere. Uae 43 I.c. 20. 46.
uobis Pharisaeis, quia diligitis primas cathe- Mt. 23. 6. 7.
Mc.12. 38, 39.
138/5 dras in synagogis, et salutationes in foro. Uae 44 Mt. 23. 27.
uobis, quia estis ut monumenta quae non pa-
rent, et homines ambulantes supra, nesciunt.
139/5 Respondens autem quidam ex legis peritis, 45
ait illi : Magister, haec dicens etiam nobis contumeliam facis. At ille ait : Et uobis legis 46 Mt. 23. 4.
peritis uae : quia oneratis homines oneribus
quae portari non possunt, et ipsi uno digito
140/5 uestro non tangitis sarcinas. Uae uobis, quia 47 Mt. 23. 29,30.
aedificatis monumenta prophetarum : patres
autem uestri occiderunt illos. Profecto testi- 48 Mt. 23. 31.
ficamini quod consentitis operibus patrum uestrorum : quoniam quidem ipsi eos occiderunt,
141/5 uos autem aedificatis eorum sepulchra. Pro- 49 49-51
pterea et sapientia Dei dixit : Mittam ad illos Mt. 23.34-36.
prophetas et apostolos, et ex illis occident, et
persequentur : ut inquiratur sanguis omnium 50
prophetarum qui effusus est a constitutione
mundi a generatione ista, a sanguine Abel 51 Gen. 4. 4, 8.
usque ad sanguinem Zachariae, qui periit inter 2 Par. 24. 20,
21.
altare et aedem. Ita dico uobis, requiretur
142/5 ab hac generatione. Uae uobis legis peritis, 52 Mt. 23. 13.
quia tulistis clauem scientiae : ipsi non introistis, et eos qui introibant prohibuistis.

42 quia : qui 𝔖, et 43, 44. 52 mentham 𝔖ℭ 44 apparent 𝔖ℭ
45 > contumeliam nobis 𝔖ℭ 46 portare 𝔖ℭ 47 quia : qui
𝔖ℭ 48 > ipsi quidem 𝔖ℭ

53 Cum haec ad illos diceret, coeperunt Phari- 143/10
saei et legis periti grauiter insistere, et os eius

20. 20. 54 opprimere de multis ' insidiantes, et quaerentes
capere aliquid ex ore eius, ut accusarent eum.

Mt. 16. 6. 12 Multis autem turbis circumstantibus, ita ut
Mc. 8. 15. se inuicem conculcarent, coepit dicere ad discipulos suos : Attendite a fermento Pharisaeo- 144/2

2-9 2 rum, quod est hypocrisis. Nihil autem oper- 145/5
Mt.10. 26-33. tum est, quod non reueletur : neque abscon-
Lc. 8. 17.
Mc. 4. 22. 3 ditum, quod non sciatur. Quoniam quae in
tenebris dixistis, in lumine dicentur : et quod
in aurem locuti estis in cubiculis, praedicabi-
4 tur in tectis. Dico autem uobis amicis meis :
Ne terreamini ab his qui occidunt corpus, et
post haec non habent amplius quod faciant.
5 Ostendam autem uobis quem timeatis : timete
eum qui, postquam occiderit, habet potestatem
mittere in gehennam : ita dico uobis, hunc
6 timete. Nonne quinque passeres ueneunt di-
pondio ? et unus ex illis non est in obliuione

21. 18. 7 coram Deo. Sed et capilli capitis uestri om-
Act. 27. 34. nes numerati sunt. Nolite ergo timere : mul-
8 tis passeribus pluris estis. Dico autem uobis :
Omnis quicumque confessus fuerit in me coram hominibus, et Filius hominis confitebitur

9. 26. 9 in illo coram angelis Dei. Qui autem nega- 146/2
Mc. 8. 38. uerit me coram hominibus, denegabitur co-
2 Tim. 2. 12.
Mt.12. 32, 33. 10 ram angelis Dei. Et omnis qui dicit uerbum 147/2
Mc. 3. 28-30. in Filium hominis, remittetur illi : ei autem
qui in Spiritum sanctum blasphemauerit, non
21. 12, 14. 11 remittetur. Cum autem inducent uos in syna- 148/2

---

53 cum + autem 𝔖ℭ   53, 54 de multis insidiantes, : de multis,
insidiantes ei 𝔖ℭ   54 > aliquid capere 𝔖ℭ   ex : de 𝔖ℭ
12. 1 circumstantibus : concurrentibus 𝔖   2 autem : enim 𝔖
4 quod : quid 𝔖ℭ   6 vaeneunt 𝔖ℭ   7 estis + vos 𝔖ℭ   8 in
me : om. in 𝔖ℭ   in illo : illum 𝔖ℭ   9 negabitur 𝔖ℭ

gogas, et ad magistratus et potestates, nolite
solliciti esse qualiter aut quid respondeatis,
aut quid dicatis. Spiritus enim sanctus doce- 12
bit uos in ipsa hora quae oporteat dicere.

$\frac{149}{10}$ Ait autem quidam ei de turba : Magister, 13
dic fratri meo ut diuidat mecum hereditatem.
At ille dixit ei : Homo, quis me constituit iu- 14
dicem aut diuisorem super uos ? Dixitque ad 15
illos : Uidete et cauete ab omni auaritia : quia
non in abundantia cuiusquam uita eius est ex
his quae possidet. Dixit autem similitudinem 16
ad illos, dicens : Hominis cuiusdam diuitis
uberes fructus ager attulit : et cogitabat intra 17
se dicens : Quid faciam, quod non habeo quo
congregem fructus meos ? Et dixit : Hoc fa- 18
ciam : Destruam horrea mea, et maiora faciam :
et illuc congregabo omnia quae nata sunt mihi, et bona mea : et dicam animae meae : 19
Anima, habes multa bona posita in annos
plurimos : requiesce, comede, bibe, epulare.
Dixit autem illi Deus : Stulte, hac nocte ani- 20
mam tuam repetunt a te : quae autem parasti,
cuius erunt ? Sic est qui sibi thesaurizat, et 21
non est in Deum diues.

$\frac{150}{5}$ Dixitque ad discipulos suos : Ideo dico uo- 22
bis : Nolite solliciti esse animae quid mandu-
cetis, neque corpori quid uestiamini. Anima 23
plus est quam esca, et corpus quam uestimentum. Considerate coruos quia non seminant 24
neque metunt, quibus non est cellarium neque
horreum, et Deus pascit illos : quanto magis
uos pluris estis illis? Quis autem uestrum cogi- 25

Mt. 10.17, 19,
20.
Mc. 13. 9. 11.

1 Tim.6. 6-10.

22-31
Mt. 6. 25-33.

Iob. 38. 41.
Ps. 146 (7). 9.

---

¹² **quae** : quid 𝔖ℭ   **oporteat** + uos 𝔖ℭ   ¹³ > ei quidam 𝔖ℭ
¹⁴ **ei** : illi ℭ   ¹⁷ **quod** : quia 𝔖ℭ   ²² **animae** + uestrae 𝔖ℭ
uestiamini : induamini 𝔖ℭ   ²³ **corpus** + plus 𝔖ℭ

tando potest adicere ad staturam suam cubi-
26 tum unum? Si ergo neque quod minimum
27 est potestis, quid de ceteris solliciti estis? Con-

3 Reg.
(1 Reg.) 10.
4-7.

siderate lilia quomodo crescunt: non laborant,
non nent: dico autem uobis, nec Salomon in
omni gloria sua uestiebatur sicut unum ex istis.
28 Si autem faenum, quod hodie in agro est, et
cras in clibanum mittitur, Deus sic uestit:
29 quanto magis uos pusillae fidei? Et uos nolite quaerere quid manducetis, aut quid biba-

Mt. 6. 8.

30 tis: et nolite in sublime tolli: ¦ haec enim
omnia gentes mundi quaerunt: Pater autem
31 uester scit quoniam his indigetis. Uerum tamen quaerite regnum Dei: et haec omnia

6. 20, 22. 29.

32 adicientur uobis. Nolite timere pusillus grex, $\frac{151}{10}$
quia complacuit Patri uestro dare uobis re-

Mt. 6. 20.

33 gnum. Uendite quae possidetis, et date ele- 152/2
mosynam. Facite uobis sacculos qui non 153/5
ueterescunt, thesaurum non deficientem in
caelis: quo fur non adpropiat, neque tinea

Mt. 6. 21.

34 corrumpit. Ubi enim thesaurus uester est, ibi
et cor uestrum erit.

Ex. 12. 11.
1 Pet. 1. 13.
Mt. 25. 1-13.
36-38
Mc.13. 34, 35.

35   Sint lumbi uestri praecincti, et lucernae ar- $\frac{154}{10}$
36 dentes: et uos similes hominibus expectanti-
bus dominum suum quando reuertatur a nu-
ptiis: ut, cum uenerit et pulsauerit, confestim

17. 8.
Ioh. 13. 4.

37 aperiant ei. Beati serui illi quos cum uenerit $\frac{155}{5}$
dominus inuenerit uigilantes: amen dico uo-
bis, quod praecinget se, et faciet illos discum-
38 bere, et transiens ministrabit illis. Et si uenerit in secunda uigilia, et si in tertia uigilia
uenerit, et ita inuenerit, beati sunt serui illi.

---

[27] non *sec.* : néque 𝕾ℭ   [28] > est in agro 𝕾ℭ   [31] quaerite
+ primum 𝕾ℭ   Dei + et iustitiam eius 𝕾ℭ   [33] veterascunt 𝕾ℭ
[35] ardentes + in manibus vestris 𝕾ℭ

¹⁵⁶ Hoc autem scitote, quia si sciret pater fami- 39 Mt. 24. 43, 44.
2 lias qua hora fur ueniret, uigilaret utique, et 1 Thess. 5. 2, 4.
2 Pet. 3. 10.
non sineret perfodiri domum suam. Et uos 40 Apoc. 3. 3,
16. 15.
estote parati : quia qua hora non putatis, Filius hominis uenit.

¹⁵⁷ Ait autem ei Petrus : Domine, ad nos dicis 41
5 hanc parabolam, an et ad omnes? Dixit au- 42   42-46
tem Dominus : Quis, putas, est fidelis dispen- Mt. 24. 45-51.
1 Cor. 4. 2.
sator et prudens, quem constituet dominus
super familiam suam, ut det illis in tempore
tritici mensuram? Beatus ille seruus quem 43
cum uenerit dominus, inuenerit ita facientem.
Uere dico uobis, quia supra omnia quae possi- 44 19. 17.
¹⁵⁸ det constituet illum. Quod si dixerit seruus 45 Mt. 25. 21, 23.
5 ille in corde suo : Moram facit dominus meus
uenire : et coeperit percutere pueros et ancil-
las, et edere, et bibere, et inebriari : ueniet 46
dominus serui illius in die qua non sperat, et
hora qua nescit, et diuidet eum, partemque
¹⁵⁹ eius cum infidelibus ponet. Ille autem ser- 47 Iac. 4. 17.
10 uus qui cognouit uoluntatem domini sui, et
non praeparauit, et non fecit secundum uoluntatem eius, uapulabit multis : qui autem non 48
cognouit, et fecit digna plagis, uapulabit paucis. Omni autem cui multum datum est, multum quaeretur ab eo : et cui commendauerunt
multum, plus petent ab eo.
¹⁶⁰ Ignem ueni mittere in terram, et quid uolo 49
5 nisi accendatur? Baptisma autem habeo bapti- 50 Mc. 10. 38.
Ioh. 12. 27.
zari : et quomodo coartor usque dum perfi-
51-53
ciatur? Putatis quia pacem ueni dare in ter- 51 Mt. 10. 34, 35.

³⁹ quia : quoniam 𝔖ℭ   perfodi 𝔖ℭ   ⁴⁰ veniet 𝔖ℭ.   ⁴² con-
stituit 𝔖ℭ   supra 𝔖ℭ   ⁴⁴ quia : quoniam 𝔖ℭ   ⁴⁵ pueros :
seruos 𝔖ℭ   ⁴⁷ non *pr.* + se 𝔖   ⁴⁸ *disting.* digna, plagis vapu-
labit paucis 𝔖ℭ*   ⁴⁹ nisi : si MZ ; sic D ; +ut FV𝔖ℭ   ⁵⁰ baptismo 𝔖ℭ   coarctor 𝔖ℭ

ram? Non, dico uobis, sed separationem:
52 erunt enim ex hoc quinque in domo una di-

Mic. 7. 6. 53 uisi, tres in duo, et duo in tres [1] diuidentur:
pater in filium, et filius in patrem suum, mater
in filiam, et filia in matrem, socrus in nurum
suam, et nurus in socrum suam.

Mt. 16. 2, 3. 54   Dicebat autem et ad turbas: Cum uideritis $\frac{161}{5}$
nubem orientem ab occasu, statim dicitis:
55 Nimbus uenit: et ita fit. Et cum austrum

Mt. 16. 3. 56 flantem, dicitis: Quia aestus erit: et fit. Hypocritae, faciem terrae et caeli nostis probare:
hoc autem tempus quomodo non probatis?
57 Quid autem et a uobis ipsis non iudicatis quod

Mt. 5. 25 26. 58 iustum est? Cum autem uadis cum aduer- $\frac{162}{5}$
sario tuo ad principem in uia, da operam libe-
rari ab illo: ne forte trahat te apud iudicem,
et iudex tradat te exactori, et exactor mittat te
59 in carcerem. Dico tibi, non exies inde, donec
etiam nouissimum minutum reddas.

13   Aderant autem quidam ipso in tempore, $\frac{163}{10}$
nuntiantes illi de Galilaeis, quorum sanguinem

Iob. 4. 7, 2 Pilatus miscuit cum sacrificiis eorum. Et re-
8. 20, 22. 5. spondens dixit illis: Putatis quod hi Galilaei
Iob. 9. 2.
Act. 28. 4. prae omnibus Galilaeis peccatores fuerunt,
3 quia talia passi sunt? Non, dico uobis: sed
nisi paenitentiam habueritis, omnes similiter
4 peribitis. Sicut illi decem et octo, supra quos
cecidit turris in Siloam, et occidit eos: putatis
quia et ipsi debitores fuerunt praeter omnes
5 homines habitantes in Hierusalem? Non,
dico uobis: sed si non paenitentiam egeritis,
omnes similiter peribitis.

---

52 tres in duos 𝔖ℭ   55 aestus: uentus AC   56 >caeli, et
terrae 𝔖ℭ   58 *disting.* ad principem, in uia da operam 𝔖ℭ
apud:·ad 𝔖ℭ   13. 2 fuerint 𝔖ℭ, *et* 4   4 Siloe 𝔖ℭ   5 >poeni-
tentiam non 𝔖ℭ   egeritis: habueritis 𝔖
178

164
—
10

Dicebat autem hanc similitudinem : Arbo- 6
rem fici habebat quidam plantatam in uinea
sua : et uenit quaerens fructum in illa, et non
inuenit. Dixit autem ad cultorem uineae : 7
Ecce anni tres sunt ex quo uenio quaerens
fructum in ficulnea hac, et non inuenio : suc-
cide ergo illam : ut quid etiam terram occu-
pat ? At ille respondens, dixit illi : Domine, 8
dimitte illam et hoc anno, usque dum fodiam
circa illam, et mittam stercora : et si quidem 9
fecerit fructum : sin autem, in futurum suc-
cides eam.

Erat autem docens in synagoga eorum sab- 10
batis. Et ecce mulier quae habebat spiritum 11
infirmitatis annis decem et octo : et erat incli-
nata, nec omnino poterat sursum respicere.
Quam cum uidisset Iesus, uocauit ad se, et 12
ait illi : Mulier, dimissa es ab infirmitate tua.
Et inposuit illi manus, et confestim erecta est, 13

165
—
2

et glorificabat Deum. Respondens autem 14
archisynagogus, indignans quia sabbato curas-
set Iesus, dicebat turbae : Sex dies sunt, in
quibus oportet operari : in his ergo uenite et
curamini, et non in die sabbati. Respondit 15
autem ad illum Dominus et dixit : Hypocritae,
unusquisque uestrum sabbato non soluit bo-
uem suum aut asinum a praesepio, et ducit
adaquare ? Hanc autem filiam Abrahae, quam 16
alligauit Satanas, ecce decem et octo annis,
non oportuit solui a uinculo isto die sabbati ?

166
—
10

Et cum haec diceret, erubescebant omnes ad- 17
uersarii eius : et omnis populus gaudebat in
uniuersis quae gloriose fiebant ab eo.

Mt. 21. 19.
Mc. 11. 13.
Es. 5. 2.

Ex. 20. 9.
23. 12.
Dt. 5. 13.

14. 5.
Mt. 12. 11.

19. 9.

⁶ autem + et 𝔖ℭ   ⁸ dicit 𝔖ℭ   ¹² uideret 𝔖ℭ   uocauit
+ eam 𝔖ℭ   ¹⁵ respondens (*et om.* et) 𝔖ℭ

<table>
<tr><td>18, 19
Mt.13. 31, 32.
Mc. 4. 30–32.
Ezec. 17. 23,
31. 6.
Dan. 4. 9, 18.</td><td>18 Dicebat ergo : Cui simile est regnum Dei,
19 et cui simile esse existimabo illud? Simile
est grano sinapis, quod acceptum homo misit
in hortum suum : et creuit, et factum est in
arborem magnam : et uolucres caeli requieue-</td><td>167
2</td></tr>
</table>

18 Dicebat ergo : Cui simile est regnum Dei, $\frac{167}{2}$
19 et cui simile esse existimabo illud? Simile
est grano sinapis, quod acceptum homo misit
in hortum suum : et creuit, et factum est in
arborem magnam : et uolucres caeli requieue-

Mt. 13. 33.   20 runt in ramis eius.   Et iterum dixit : Cui si- $\frac{168}{5}$
21 mile aestimabo regnum Dei?   Simile est fer-
mento, quod acceptum mulier abscondit in
farinae sata tria, donec fermentaretur totum.

22   Et ibat per ciuitates et castella docens, et 169/2
23 iter faciens in Hierusalem.   Ait autem illi qui- 170/5
dam : Domine, si pauci sunt qui saluantur?

Mt. 7. 13, 14.   24 Ipse autem dixit ad illos : ᴵ Contendite intrare
per angustam portam : quia multi, dico uobis,
Mt. 25. 10–12.   25 quaerunt intrare, et non poterunt.   Cum autem $\frac{171}{5}$
intrauerit pater familias, et cluserit ostium, et
incipietis foris stare, et pulsare ostium, dicentes : Domine, aperi nobis : et respondens dicet

Mt. 7. 22, 23.   26 uobis : Nescio uos unde sitis : ᴵ tunc incipietis
Ps. 6. 9 (8).   dicere : Manducauimus coram te, et bibimus,
27 et in plateis nostris docuisti.   Et dicet uobis :
Nescio uos unde sitis : discedite a me omnes

Mt. 8. 11, 12.   28 operarii iniquitatis.   Ibi erit fletus, et stridor
dentium : cum uideritis Abraham, et Isaac, et $\frac{172}{5}$
Iacob, et omnes prophetas in regno Dei, uos

Es. 49. 12.   29 autem expelli foras.   Et uenient ab oriente
Mal. 1. 11.
Ps. 106 (7). 3.   et occidente, et aquilone et austro, et accum-
Mt. 19. 30,   30 bent in regno Dei.   Et ecce sunt nouissimi $\frac{173}{2}$
20. 16.
Mc. 10. 31.   qui erunt primi : et sunt primi qui erunt no-
uissimi.

31   In ipsa die accesserunt quidam Pharisaeo- $\frac{174}{10}$
rum, dicentes illi : Exi, et uade hinc : quia
32 Herodes uult te occidere.   Et ait illis : Ite, di-

---

¹⁸ *om.* esse 𝕾ℭ   aestimabo 𝕾ℭ   ²⁴ quaerent 𝕾ℭ   ²⁵ clauserit 𝕾ℭ   et *sec. om.* 𝕾ℭ   ³⁰ erant *bis* 𝕾   ³² ite + et 𝕾ℭ

cite uulpi illi: Ecce eicio daemonia et sanitates perficio hodie et cras, et tertia consum-
mor. Uerum tamen oportet me hodie et cras 33
et sequenti ambulare: quia non capit prophe-
175/5 tam perire extra Hierusalem. Hierusalem, 34   34, 35
Hierusalem, quae occidis prophetas, et lapidas   Mt.23. 37-39.
eos qui mittuntur ad te, quotiens uolui con-
gregare filios tuos, quemadmodum auis ni-
dum suum sub pinnis, et noluisti! Ecce re- 35   3 Reg.
linquitur uobis domus uestra. Dico autem   (1 Reg.) 9. 7.
uobis, quia non uidebitis me donec ueniat cum   Hier. 22. 5.
dicetis: Benedictus qui uenit in nomine Do-   Ps.117 (8).26.
mini.
176/10 Et factum est cum intraret in domum cuius-14 6. 6-11.
dam principis Pharisaeorum sabbato mandu-   7. 36, 11. 37.
care panem, et ipsi obseruabant eum. Et ecce 2
177/2 homo quidam hydropicus erat ante illum. Et 3
respondens Iesus dixit ad legis peritos et
Pharisaeos, dicens: Si licet sabbato curare?
¹At illi tacuerunt. Ipse uero adprehensum 4   13. 15.
sanauit eum ac dimisit. Et respondens ad 5   Mt. 12. 11.
illos dixit: Cuius uestrum asinus aut bos in   Ex. 23. 5,
puteum cadet, et non continuo extrahet illum   Dt. 22. 4.
die sabbati? Et non poterant ad haec respon- 6
178/10 dere illi. Dicebat autem et ad inuitatos para- 7   11. 43.
bolam, intendens quomodo primos accubitus   Mt. 23. 6.
eligerent, dicens ad illos: Cum inuitatus fueris 8   Prou.25. 6, 7.
ad nuptias, non discumbas in primo loco, ne
forte honoratior te sit inuitatus ab eo: et 9
ueniens is qui te et illum uocauit, dicat tibi:
Da huic locum: et tunc incipias cum rubore
nouissimum locum tenere. Sed cum uocatus 10

---

³² tertia + die 𝕾ℭ   ³³ sequenti + die 𝕾ℭ   ³⁴ pennis 𝕾ℭ
noluisti? 𝕾ℭ   ³⁵ relinquetur 𝕾ℭ   uestra + deserta 𝕾ℭ
14. ¹ intraret: introisset 𝕾; deinde + Iesus 𝕾ℭ   ⁸ eo: illo 𝕾ℭ

fueris, uade, recumbe in nouissimo loco : ut
cum uenerit qui te inuitauit, dicat tibi : Amice,
ascende superius.   Tunc erit tibi gloria coram

18. 14.
Mt. 23. 12.
11 simul discumbentibus.   Quia omnis qui se $\frac{179}{5}$
exaltat, humiliabitur : et qui se humiliat, exaltabitur.

12 Dicebat autem et ei qui se inuitauerat : $\frac{180}{10}$
Cum facis prandium aut caenam, noli uocare
amicos tuos, neque fratres tuos, neque cognatos, neque uicinos diuites : ne forte et ipsi te

Dt. 14. 29,
26. 12, 13.
Es. 58. 7, 10.
1 Cor. 15. 23.
1 Thess. 4. 16.
Apoc. 20. 4, 5.
13 reinuitent, et fiat tibi retributio.   Sed cum facis
conuiuium, uoca pauperes, debiles, claudos,
14 caecos : et beatus eris, quia non habent retribuere tibi : retribuetur enim tibi in resurrectione iustorum.

15 Haec cum audisset quidam de simul discumbentibus, dixit illi : Beatus, qui manducabit

16-24
Mt. 22. 2–14.
16 panem in regno Dei.   At ipse dixit ei : Homo $\frac{181}{5}$
quidam fecit caenam magnam, et uocauit mul-
17 tos : et misit seruum suum hora caenae dicere
inuitatis ut uenirent, quia iam parata sunt om-
18 nia.   Et coeperunt simul omnes excusare.
Primus dixit ei : Uillam emi, et necesse habeo
exire, et uidere illam : rogo te habe me ex-
19 cusatum.   Et alter dixit : Iuga boum emi
quinque, et eo probare illa : rogo te habe me
20 excusatum.   Et alius dixit : Uxorem duxi, et
21 ideo non possum uenire.   Et reuersus seruus
nuntiauit haec domino suo.   Tunc iratus pater
familias dixit seruo suo : Exi cito in plateas
et uicos ciuitatis : et pauperes ac debiles, et
22 caecos et claudos introduc huc.   Et ait seruus : Domine, factum est ut imperasti, et ad-

---

¹² uicinos + neque S   > te et ipsi SC   ¹³ claudos + et SC
¹⁴ resurrectione : retributione VZ

huc locus est. Et ait dominus seruo : Exi 23
in uias et saepes, et compelle intrare, ut impleatur domus mea. Dico autem uobis quod 24
nemo uirorum illorum qui uocati sunt, gustabit caenam meam.

$\frac{182}{5}$ Ibant autem turbae multae cum eo : et con- 25
uersus dixit ad illos : Si quis uenit ad me, et 26 Mt. 10. 37.
non odit patrem suum et matrem, et uxorem Dt. 33. 9.
Lc. 16. 13.
et filios, et fratres et sorores, adhuc autem et
animam suam, non potest meus discipulus esse.
Et qui non baiulat crucem suam, et uenit post 27 9. 23.
$\frac{183}{10}$ me, non potest esse meus discipulus. Quis enim 28 Mt. 10. 38,
16. 24.
ex uobis uolens turrem aedificare, non prius Mc. 8. 34.
sedens computat sumptus qui necessarii sunt,
si habet ad perficiendum? Ne, postea quam 29
posuerit fundamentum, et non potuerit perficere, omnes qui uident incipiant inludere ei,
ꞁ dicentes : Quia hic homo coepit aedificare, et 30
non potuit consummare. Aut quis rex iturus 31
committere bellum aduersus alium regem, non
sedens prius cogitat, si possit cum decem milibus occurrere ei qui cum uiginti milibus uenit
ad se? alioquin adhuc illo longe agente, le- 32
gationem mittens rogat ea quae pacis sunt.
$\frac{184}{5}$ Sic ergo omnis ex uobis, qui non renuntiat 33
omnibus quae possidet, non potest meus esse
$\frac{185}{2}$ discipulus. ꞁ Bonum est sal. Si autem sal 34 Mt. 5. 13.
quoque euanuerit, in quo condietur? Neque 35 Mc. 9. 50.
in terram, neque in sterquilinium utile est, sed
foras mittetur. Qui habet aures audiendi,
audiat.
$\frac{186}{2}$ Erant autem adpropinquantes ei publicani 15
et peccatores ut audirent illum. Et murmura- 2 5. 29, 30,

23 sepes 𝔖ℭ   26 > meus esse discipulus 𝔖ℭ, et 27   28 turrim
𝔖ℭ   nonne 𝔖   habeat 𝔖ℭ   34 om. quoque 𝔖ℭ

7. 34, 19. 7.
Mt. 11. 19.
bant Pharisaei et scribae, dicentes : Quia hic
peccatores recipit, et manducat cum illis.

3   Et ait ad illos parabolam istam, dicens : 187
4–7
Mt. 18. 12–14.
Ioh. 10. 1–8.
Ezek. 34. 4, 6,
12.
Lc. 19. 10. 4 Quis ex uobis homo, qui habet centum oues, 5
et si perdiderit unam ex illis, nonne 'dimittit
nonaginta nouem in deserto, et uadit ad illam
5 quae perierat, donec inueniat illam ? Et cum
inuenerit eam, inponit in umeros suos gau-
6 dens : et ueniens domum conuocat amicos et
uicinos, dicens illis : Congratulamini mihi quia
7 inueni ouem meam quae perierat ? Dico
uobis quod ita gaudium erit in caelo super uno
peccatore paenitentiam habente, quam super
nonaginta nouem iustis, qui non indigent
paenitentia.

8   Aut quae mulier habens dragmas decem, si 188
perdiderit dragmam unam, nonne accendit 10
lucernam, et †euerrit† domum, et quaerit dili-
9 genter, donec inueniat ? Et cum inuenerit,
conuocat amicas et uicinas, dicens : Congratulamini mihi quia inueni dragmam quam per-
10 dideram. Ita dico uobis, gaudium erit coram 189
angelis Dei super uno peccatore paenitentiam 5
agente.

11   Ait autem : Homo quidam habuit duos 190
12 filios : et dixit adulescentior ex illis patri : 10
Pater, da mihi portionem substantiae quae
13 me contingit. Et diuisit illis substantiam. ¹ Et
non post multos dies, congregatis omnibus,.
adulescentior filius peregre profectus est in
regionem longinquam, et ibi dissipauit sub-

15. ⁴ nonagintanouem *uno uerbo* 𝔖ℭ, *et* 7   illam *sec.* : eam 𝔖ℭ
⁵ humeros 𝔖ℭ   ⁷ habente : agente 𝔖ℭ   ⁸ drachmas *et* drach-
mam 𝔖ℭ, *et* 9   euerrit *edidimus cum* ℭ *et graeco* : euertit *codd.*
paene omn. et 𝔖   inueniat +eam 𝔖   ⁹, ¹⁰ perdideram ? Ita
etc. 𝔖ℭ

stantiam suam uiuendo luxuriose. Et post- 14
quam omnia consummasset, facta est fames
ualida in regione illa, et ipse coepit egere.
Et abiit, et adhaesit uni ciuium regionis illius : 15
et misit illum in uillam suam ut pasceret porcos. Et cupiebat implere uentrem suum de 16
siliquis quas porci manducabant : et nemo illi
dabat. In se autem reuersus, dixit : Quanti 17
mercennarii patris mei abundant panibus, ego
autem hic fame pereo ! Surgam, et ibo ad pa- 18 Ps.50.6(51.4).
trem meum, et dicam illi : Pater, peccaui in
caelum, et coram te : et iam non sum dignus 19
uocari filius tuus : fac me sicut unum de mercennariis tuis. Et surgens uenit ad patrem 20
suum. Cum autem adhuc longe esset, uidit
illum pater ipsius, et misericordia motus est,
et accurrens cecidit supra collum eius, et osculatus est illum. Dixitque ei filius : Pater, pec- 21
caui in caelum, et coram te : iam non sum dignus uocari filius tuus. Dixit autem pater ad 22
seruos suos : Cito proferte stolam primam, et
induite illum : et date anulum in manum eius,
et calciamenta in pedes : et adducite uitulum 23
saginatum et occidite, et manducemus et
epulemur : quia hic filius meus mortuus erat, 24
et reuixit : perierat, et inuentus est. Et coeperunt epulari. Erat autem filius eius senior 25
in agro : et cum ueniret, et adpropinquaret domui, audiuit symphoniam, et chorum : et uo- 26
cauit unum de seruis, et interrogauit quae
haec essent. Isque dixit illi : Frater tuus ue- 27
nit, et occidit pater tuus uitulum saginatum,

---

[17] mercennarii + in domo 𝕾ℭ   [18] illi : ei 𝕾ℭ   [19] *om. et*
ad init. 𝕾ℭ   [20] super 𝕾ℭ   illum *sec.* : eum 𝕾ℭ   [22] annulum
𝕾ℭ   pedes + eius 𝕾ℭ   [26] quae : quid 𝕾ℭ

28 quia saluum illum recepit. Indignatus est
autem, et nolebat introire. Pater ergo illius
29 egressus, coepit rogare illum. At ille respondens, dixit patri suo : Ecce tot annis seruio
tibi, et numquam mandatum tuum praeterii,
et numquam dedisti mihi haedum ut cum
30 amicis meis epularer : sed postquam filius tuus
hic, qui deuorauit substantiam suam cum
meretricibus, uenit, occidisti illi uitulum sagi-
31 natum. At ipse dixit illi : Fili, tu semper
32 mecum es, et omnia mea tua sunt : epulari autem et gaudere oportebat, quia frater tuus hic
mortuus erat, et reuixit : perierat, et inuentus
est.

16   Dicebat autem et ad discipulos suos : Homo
quidam erat diues, qui habebat uilicum : et
hic diffamatus est apud illum quasi dissipasset
2 bona ipsius. Et uocauit illum, et ait illi : Quid
hoc audio de te? redde rationem uilicationis
3 tuae : iam enim non poteris uilicare. Ait autem uilicus intra se : Quid faciam quia dominus
meus aufert a me uilicationem? fodere non
4 ualeo, mendicare erubesco. Scio quid faciam,
ut, cum amotus fuero a uilicatione, recipiant
5 me in domos suas. Conuocatis itaque singulis
debitoribus domini sui, dicebat primo : Quan-
6 tum debes domino meo? | At ille dixit : Cen-
tum cados olei. Dixitque illi : Accipe cautio-
nem tuam : et sede cito scribe quinquaginta.
7 Deinde alio dixit : Tu uero quantum debes?
Qui ait : Centum coros tritici. Ait illi : Accipe
8 litteras tuas, et scribe octoginta. Et laudauit
dominus uilicum iniquitatis, quia prudenter
fecisset : quia filii huius saeculi prudentiores

---

filiis lucis in generatione sua sunt. Et ego 9   12. 34.
uobis dico : facite uobis amicos de mamona   Mt. 6. 20,
                                                 19. 21.
iniquitatis : ut, cum defeceritis, recipiant uos
in aeterna tabernacula. Qui fidelis est in mi- 10 Lc. 19. 17.
nimo, et in maiori fidelis est : et qui in modico   Mt. 25. 21,23.
iniquus est, et in maiori iniquus est. Si ergo 11
in iniquo mamona fideles non fuistis : quod
uerum est, quis credet uobis ? Et si in alieno 12
fideles non fuistis : quod uestrum est, quis
$\frac{191}{5}$ dabit uobis ? Nemo seruus potest duobus do- 13 Mt. 6. 24.
minis seruire: aut enim unum odiet, et alterum
diliget : aut uni adhaerebit, et alterum contemnet: non potestis Deo seruire, et mamonae.
$\frac{192}{10}$ Audiebant autem omnia haec Pharisaei, qui 14
erant auari : et deridebant illum. Et ait illis : 15 18. 14.
Uos estis, qui iustificatis uos coram homini-   Mt. 23. 28.
                                                      1 Reg.
bus : Deus autem nouit corda uestra : quia   (1 Sam.) 16. 7.
                                                      Prou. 21. 2.
$\frac{193}{5}$ quod hominibus altum est, abominatio est ante
Deum. Lex et prophetae usque ad Iohannen: 16 Mt. 11. 12,13.
$\frac{194}{5}$ ex eo regnum Dei euangelizatur, et omnis in
illud uim facit. Facilius est autem caelum et 17 Mt. 5. 18.
terram praeterire, quam de lege unum apicem
$\frac{195}{2}$ cadere. Omnis qui dimittit uxorem suam et 18 Mt. 5. 32,
ducit alteram, moechatur : et qui dimissam a   19. 9.
                                                   Mc. 10. 11, 12.
uiro ducit, moechatur.   1 Cor. 7. 11.
$\frac{196}{10}$ Homo quidam erat diues, et induebatur pur- 19
pura, et bysso : et epulabatur cotidie splendide.
Et erat quidam mendicus, nomine Lazarus, 20
qui iacebat ad ianuam eius, ulceribus plenus :
cupiens saturari de micis quae cadebant de 21 Mt. 15. 27.
mensa diuitis: sed et canes ueniebant, et linge-   Mc. 7. 28.
bant ulcera eius. Factum est autem ut more- 22

9, 11, 13 mammona, mammonae $\mathcal{SC}$ 16 Ioannem $\mathcal{SC}$ 18 > alteram ducit $\mathcal{SC}$ 19 et pr. : qui $\mathcal{SC}$ 20 vulceribus $\mathcal{S}$
21 diuitis + et nemo illi dabat $\mathcal{SC}$

retur mendicus, et portaretur ab angelis in
sinum Abrahae.   Mortuus est autem et diues,
23 et sepultus est in inferno.   Eleuans autem
oculos suos, cum esset in tormentis, uidebat
24 Abraham a longe, et Lazarum in sinu eius : et
ipse clamans dixit : Pater Abraham, miserere
mei, et mitte Lazarum ut intinguat extremum
digiti sui in aquam ut refrigeret linguam meam,
6.24. 25 quia crucior in hac flamma.   Et dixit illi Abraham : Fili, recordare quia recepisti bona in
uita tua, et Lazarus similiter mala : nunc autem
26 hic consolatur, tu uero cruciaris.   Et in his
omnibus, inter nos et uos chaos magnum fir-
matum est : ut hi qui uolunt hinc transire ad
uos non possint, neque inde huc transmeare.
27 Et ait : Rogo ergo te, pater, ut mittas eum in
28 domum patris mei.   Habeo enim quinque fratres, ut testetur illis, ne et ipsi ueniant in locum
Ioh. 5. 45-47. 29 hunc tormentorum.   Et ait illi Abraham : Ha-
30 bent Mosen et prophetas : audiant illos.   At
ille dixit : Non, pater Abraham : sed si quis
ex mortuis ierit ad eos, paenitentiam agent.
Ioh. 12. 10,11. 31 Ait autem illi : Si Mosen et prophetas non
audiunt, neque si quis ex mortuis resurrexerit,
credent.
Mt. 18. 7. **17**   Et ad discipulos suos ait : Inpossibile est $\frac{197}{2}$
ut non ueniant scandala : uae autem illi, per
Mt. 18. 6, 2 quem ueniunt.   Utilius est illi si lapis molaris
Mc. 9. 42. inponatur circa collum eius, et proiciatur in
mare, quam ut scandalizet unum de pusillis $\frac{198}{5}$
Mt. 18. 15, 3 istis.   Attendite uobis : Si peccauerit frater
21, 22. tuus, increpa illum : et si paenitentiam egerit, $\frac{199}{5}$
4 dimitte illi.   Et si septies in die peccauerit in $\frac{199}{5}$

23 vidit 𝔖ℭ   24 intingat 𝔖ℭ   28 >hunc locum 𝔖ℭ
17. 1 >ait ad disc. suos 𝔖ℭ   3 peccauerit +in te 𝔖ℭ

te, et septies in die conuersus fuerit ad te, dicens : Paenitet me : dimitte illi.

$\frac{200}{5}$ Et dixerunt Apostoli Domino : Adauge no- 5 bis fidem. Dixit autem Dominus: Si haberetis 6 fidem sicut granum sinapis, diceretis huic arbori moro: Eradicare, et transplantare in mare: $\frac{201}{10}$ et oboediret uobis. Quis autem uestrum ha- 7 bens seruum arantem aut pascentem, qui regresso de agro dicet illi : Statim transi, recumbe ? | et non dicet ei : Para quod caenem, 8 et praecinge te et ministra mihi, donec manducem et bibam, et post haec tu manducabis et bibes ? Numquid gratiam habet seruo illi, 9 quia fecit quae sibi imperauerat ? Non puto. Sic et uos cum feceritis omnia quae praecepta 10 sunt uobis, dicite : Serui inutiles sumus : quod debuimus facere, fecimus.

Et factum est dum iret in Hierusalem, trans- 11 iebat per mediam Samariam, et Galilaeam. Et 12 cum ingrederetur quoddam castellum, occurrerunt ei decem uiri leprosi, qui steterunt a longe : | et leuauerunt uocem, dicentes : Iesu 13 praeceptor, miserere nostri. Quos ut uidit, 14 dixit : Ite, ostendite uos sacerdotibus. Et factum est dum irent, mundati sunt. Unus 15 autem ex illis, ut uidit quia mundatus est, regressus est cum magna uoce magnificans Deum, | et cecidit in faciem ante pedes eius, gratias 16 agens : et hic erat Samaritanus. Respondens 17 autem Iesus, dixit : Nonne decem mundati sunt ? et nouem ubi sunt ? Non est inuentus 18 qui rediret, et daret gloriam Deo, nisi hic

Mt. 17. 20, 21. 21, 22. Mc. 11. 23.

9. 51, 13. 22, 18. 31, 19. 11, 28.

5. 14.

Leu. 13. 2–14, 32.

. **6** habueritis *et* dicetis $\mathfrak{SC}$ obediet $\mathfrak{SC}$ **7** pascentem
+boues $\mathfrak{S}$ dicat $\mathfrak{SC}$, *et* 8   **9** sibi : ei $\mathfrak{SC}$ **11** transibat
$\mathfrak{SC}$

7. 50, 18. 42.
Mc. 10. 52.

19 alienigena. Et ait illi: Surge, uade: quia fides tua te saluum fecit.

Lc. 19. 11.
Act. 1. 6.

20   Interrogatus autem a Pharisaeis quando uenit regnum Dei: respondit eis, et dixit: Non $\frac{202}{5}$

Rom. 14. 17.

21 uenit regnum Dei cum obseruatione : neque dicent: Ecce hic, aut ecce illic. Ecce enim regnum Dei intra uos est.

22   Et ait ad discipulos : Uenient dies quando $\frac{203}{10}$ desideretis uidere unum diem Filii hominis :

Mt. 24. 23.
Mc. 13. 21.
Mt. 24. 27.

23 et non uidebitis. Et dicent uobis : Ecce hic, 204/2
24 ecce illic. Nolite ire, neque sectemini. Nam 205/5 sicut fulgur coruscans de sub caelo, in ea quae sub caelo sunt fulget : ita erit Filius hominis

Lc. 9. 22.
Mt. 16. 21,
17. 22.
Mc. 8. 31.
Mt. 24. 37.
Gen. 6. 5–7. 7.
Mt. 24. 38, 39.

25 in die sua. Primum autem oportet illum multa 206/2
26 pati, et reprobari a generatione hac. Et sicut 207/5 factum est in diebus Noe, ita erit et in diebus
27 Filii hominis. Edebant et bibebant, uxores ducebant et dabantur ad nuptias, usque in diem, qua intrauit Noe in arcam : et uenit di-
28 luuium, et perdidit omnes. Similiter sicut $\frac{208}{10}$ factum est in diebus Loth : Edebant et bibe-bant, emebant et uendebant, plantabant et

Gen. 19. 15–24.

29 aedificabant : qua die autem exiit Loth a So-domis, pluit ignem et sulphur de caelo, et omnes
30 perdidit : secundum haec erit qua die Filius

Mt. 24. 17, 18.
Mc. 13. 15, 16.

31 hominis reuelabitur. In illa hora qui fuerit in $\frac{209}{2}$ tecto, et uasa eius in domo, ne descendat tol-lere illa : et qui in agro similiter, non redeat

Gen. 19. 26.

32 retro. Memores estote uxoris Loth. Quicum- 210/10

Lc. 9. 24.
Mt. 10. 39,
16. 25.
Mc. 8. 35.
Ioh. 12. 25.

33 que quaesierit animam suam saluam facere, 211/3 perdet illam : et quicumque perdiderit illam,
34 uiuificabit eam. Dico uobis : illa nocte erunt $\frac{212}{5}$

---

[20] respondens eis, dixit 𝔖ℭ   non veniet 𝔖   [22] discipulos + suos 𝔖ℭ   [23] hic + et 𝔖ℭ   [28] Lot 𝔖ℭ, *et* 29, 32   [34] uobis + in 𝔖ℭ

duo in lecto uno : unus adsumetur, et alter relinquetur: ¦ duae erunt molentes in unum: una 35   Mt. 24. 40, 41.
adsumetur, et altera relinquetur : duo in agro :
213/5 unus adsumetur, et alter relinquetur. Respon- 36
dentes dicunt illi : Ubi Domine ? ¦ Qui dixit 37   Mt. 24. 28.
eis : Ubicumque fuerit corpus, illuc congrega-   Iob. 39. 30.
buntur aquilae.

214/10   Dicebat autem et parabolam ad illos, quo- 18   11. 5-8.
niam oportet semper orare et non deficere,   Rom. 12. 12.
                              Col. 4. 2.
¦dicens: Iudex quidam erat in quadam ciuitate, 2   1 Thess. 5.
qui Deum non timebat, et hominem non re-   17.
uerebatur. Uidua autem quaedam erat in ciui- 3
tate illa, et ueniebat ad eum, dicens : Uindica
me de aduersario meo. Et nolebat per multum 4
tempus. Post haec autem dixit intra se : Etsi
Deum non timeo, nec hominem reuereor : ta- 5   11. 7, 8.
men quia molesta est mihi haec uidua, uindi-
cabo illam, ne in nouissimo ueniens suggillet
me. Ait autem Dominus : Audite quid iudex 6
iniquitatis dicit. Deus autem non faciet uin- 7   11. 13.
dictam electorum suorum clamantium ad se
die ac nocte, et patientiam habebit in illis ?
Dico uobis quia cito faciet uindictam illorum. 8   7. 9.
Uerum tamen Filius hominis ueniens, putas,
inueniet fidem in terra ?

  Dixit autem et ad quosdam qui in se con- 9
fidebant tamquam iusti, et aspernabantur ceteros, parabolam istam : Duo homines ascen- 10
derunt in templum ut orarent : unus Phari-
saeus, et alter publicanus. Pharisaeus stans, 11   16. 15.
haec apud se orabat : Deus, gratias ago tibi,   Es. 58. 2, 3.
                                     Apoc. 3. 17.
quia non sum sicut ceteri hominum : raptores,

---

³⁷ eis : illis 𝔖ℭ   congregabuntur + et 𝔖ℭ   18. ⁵ sugillet ℭ,
suggilet 𝔖   ᵇ Veruntamen ℭ*   ⁹ istam + dicens 𝔖   ¹⁰ ascendebant 𝔖

iniusti, adulteri : uelut etiam hic publicanus.

Mt. 23. 23.   12 Ieiuno bis in sabbato : decimas do omnium
13 quae possideo. Et publicanus a longe stans,
nolebat nec oculos ad caelum leuare : sed per-
cutiebat pectus suum, dicens : Deus, propitius

Lc. 14. 11.   14 esto mihi peccatori. Dico uobis, descendit hic
Mt. 23. 12.   iustificatus in domum suam ab illo. Quia om- $\frac{215}{5}$
nis qui se exaltat, humiliabitur : et qui se
humiliat, exaltabitur.

15-17   15 Afferebant autem ad illum et infantes, ut $\frac{216}{2}$
Mt.19.13-15,   eos tangeret : quod cum uiderent discipuli, in-
Mc.10.13-16.   16 crepabant illos. Iesus autem conuocans illos,
dixit : Sinite pueros uenire ad me, et nolite eos

Lc. 9. 47.   17 uetare : talium est enim regnum Dei. Amen $\frac{217}{2}$
Mt. 18. 3,   dico uobis : Quicumque non acceperit regnum
Mc. 9. 37.   Dei sicut puer, non intrabit in illud.

18-30   18 Et interrogauit eum quidam princeps, di- $\frac{218}{2}$
Mt. 19.16-29,   cens : Magister bone, quid faciens uitam aeter-
Mc.10. 17-30.
Lc. 10. 25-28.   19 nam possidebo ? Dixit autem ei Iesus : Quid
me dicis bonum? nemo bonus nisi solus Deus.

Ex.20.12-16.   20 Mandata nosti : Non occides : Non moecha-
Dt. 5. 16-20.   beris : Non furtum facies : Non falsum testi
monium dices : Honora patrem tuum, et ma-
21 trem. Qui ait: Haec omnia custodiui a iuuen-

Mt. 6. 20.   22 tute mea. Quo audito, Iesus ait ei : Adhuc $\frac{219}{2}$
Lc. 12. 33.   unum tibi deest : omnia quaecumque habes,
uende et da pauperibus, et habebis thesaurum
23 in caelo : et ueni, sequere me. His ille auditis, $\frac{220}{2}$
24 contristatus est: quia diues erat ualde. Uidens
autem illum Iesus tristem factum, dixit: Quam
difficile qui pecunias habent, in regnum Dei
25 intrabunt. Facilius est enim camelum per
foramen acus transire, quam diuitem intrare
26 in regnum Dei. Et dixerunt qui audiebant:

---

[16] > vetare eos 𝕾ℭ   [24] > Iesus illum 𝕾ℭ

Et quis potest saluus fieri? Ait illis: Quae 27
inpossibilia sunt apud homines, possibilia sunt
apud Deum. Ait autem Petrus: Ecce nos 28
$\frac{221}{2}$ dimisimus omnia, et secuti sumus te. Qui 29
dixit eis: Amen dico uobis, nemo est qui reliquit domum, aut parentes aut fratres, aut
uxorem aut filios, propter regnum Dei, ' et non 30
recipiat multo plura in hoc tempore, et in saeculo uenturo uitam aeternam.

$\frac{222}{2}$ Adsumsit autem Iesus duodecim, et ait illis: 31
Ecce ascendimus Hierosolyma, et consumma-
buntur omnia quae scripta sunt per prophetas
de Filio hominis. Tradetur enim gentibus, 32
et inludetur, et flagellabitur, et conspuetur:
' et postquam flagellauerint, occident eum: et 33
$\frac{223}{10}$ die tertia resurget. Et ipsi nihil horum intel- 34
lexerunt: et erat uerbum istud absconditum
ab eis, et non intellegebant quae dicebantur.

$\frac{224}{2}$ Factum est autem cum adpropinquaret 35
Hiericho, caecus quidam sedebat secus uiam,
mendicans. Et cum audiret turbam praeter- 36
euntem, interrogabat quid hoc esset. Dixe- 37
runt autem ei, quod Iesus Nazarenus transiret.
Et clamauit, dicens: Iesu, fili Dauid, miserere 38
mei. Et qui praeibant, increpabant eum ut 39
taceret. Ipse uero multo magis clamabat: Fili
Dauid, miserere mei. Stans autem Iesus ius- 40
sit illum adduci ad se. Et cum adpropinquasset, interrogauit illum, ' dicens: quid tibi uis 41
faciam? At ille dixit: Domine, ut uideam.
Et Iesus dixit illi: Respice, fides tua te saluum 42
fecit. Et confestim uidit, et sequebatur illum 43
magnificans Deum. Et omnis plebs ut uidit,
dedit laudem Deo.

5. 11, 28,
Mt. 4. 20-22.
Mc. 1. 18-20.

31–34
Mt. 20. 17-19.
Mc.10. 32-34.
Lc. 9. 22, 44,
51, 13. 22,
17. 11, 19. 11,
28.
Ps. 21 (2).
Es. 52. 13-
53. 12.
Lc. 24. 26, 27.
Mc. 9. 32.

35–43
Mt. 20. 29-34;
Mc.10. 46-52.

17. 19.

---

³¹ Ierosolymam Ѕℭ   ³³ > tertia die Ѕℭ

19 2 Et ingressus perambulabat Hiericho. Et $\frac{225}{10}$
ecce uir nomine Zaccheus: et hic erat princeps
3 publicanorum, et ipse diues: et quaerebat uidere Iesum quis esset, et non poterat prae
4 turba, quia statura pusillus erat. Et praecur-
rens ascendit in arborem sycomorum ut uide-
5 ret illum: quia inde erat transiturus. Et cum
uenisset ad locum, suspiciens Iesus uidit illum,
et dixit ad eum: Zacchee, festinans descende:
quia hodie in domo tua oportet me manere.
6 Et festinans descendit, et excepit illum gau-

15. 2.   7 dens. Et cum uiderent omnes, murmurabant,
dicentes quod ad hominem peccatorem di-

Ex. 22. 1.   8 uertisset. Stans autem Zaccheus, dixit ad
Leu. 6. 5.   Dominum: Ecce dimidium bonorum meorum,
Num. 5. 7.   Domine, do pauperibus: et si quid aliquem
9 defraudaui, reddo quadruplum. Ait Iesus ad
eum: Quia hodie salus domui huic facta est:

Ezec. 34. 11,   10 eo quod et ipse filius sit Abrahae. Uenit enim $\frac{226}{5}$
16.   Filius hominis quaerere et saluum facere quod
Mt. 18. 12.   perierat.

11-27   11 Haec illis audientibus, adiciens dixit para- $\frac{227}{10}$
Mt. 25.14-30.   bolam, eo quod esset prope Hierusalem, et
Act. 1. 6.   quia existimarent quod confestim regnum Dei
12 manifestaretur. Dixit ergo: Homo quidam $\frac{228}{2}$
nobilis abiit in regionem longinquam accipere
13 sibi regnum, et reuerti. Uocatis autem decem $\frac{229}{5}$
seruis suis, dedit illis decem mnas, et ait ad

Ps. 2. 2.   14 illos: Negotiamini dum uenio. Ciues autem
eius oderant illum, et miserunt legationem
post illum, dicentes: Nolumus hunc regnare
15 super nos. Et factum est ut rediret, accepto

---

19. 2, 5, 8 Zachaeus, Zachaee 𝔖ℭ   2 > princeps erat 𝔖ℭ
4 illum: eum 𝔖ℭ   8 Dominum: Iesum 𝔖   13 illis: eis 𝔖ℭ
14 illum: eum 𝔖ℭ

regno : et iussit uocari seruos, quibus dedit
pecuniam, ut sciret quantum quisque negotia-
tus esset. Uenit autem primus, dicens : Do- 16
mine, mna tua decem mnas adquisiuit. Et ait 17 16. 10.
illi : Euge bone serue : quia in modico fidelis
fuisti, eris potestatem habens supra decem
ciuitates. Et alter uenit, dicens : Domine, 18
mna tua fecit quinque mnas. Et huic ait : 19
Et tu esto supra quinque ciuitates. Et alter 20
uenit, dicens : Domine, ecce mna tua, quam
habui repositam in sudario : timui enim te, 21
quia homo austeris es : tollis quod non posuisti, et metis quod non seminasti. Dicit ei : 22
De ore tuo te iudico, serue nequam : sciebas
quod ego austeris homo sum, tollens quod non
posui, et metens quod non seminaui? et quare 23
non dedisti pecuniam meam ad mensam? et
ego ueniens cum usuris utique exigissem illud.
Et adstantibus dixit : Auferte ab illo mnam, 24
et date illi qui decem mnas habet. Et dixe- 25

230
—
2

runt ei : Domine, habet decem mnas. Dico 26 8..18.
autem uobis, quia omni habenti dabitur : ab   Mt. 13. 12,
eo autem qui non habet, et quod habet aufe-   25. 29.
Mc. 4. 25.

231
—
5

retur ab eo. Uerum tamen inimicos meos il- 27
los, qui noluerunt me regnare super se, adducite huc et interficite ante me.

232
—
2

Et his dictis, praecedebat ascendens Hiero- 28
solyma.

Et factum est, cum adpropinquasset ad 29   29-36
Bethfage, et Bethaniam, ad montem qui uo-   Mt. 21. 1-9,
catur Oliueti, misit duos discipulos suos, ¹ di- 30 Mc. 11. 1-10.
Ioh. 12. 12–
cens: Ite in castellum quod contra est: in quod 15.

---

¹⁷ > fuisti fidelis 𝔖ℭ   super 𝔖ℭ, et 19   ²¹ austerus 𝔖ℭ
²² > homo austerus 𝔖ℭ   ²³ om. et ad init. 𝔖   et sec.: ut 𝔖ℭ
exegissem illam 𝔖ℭ   ²⁴ astantibus 𝔖ℭ   ²⁶ dabitur + et abundabit
𝔖ℭ   ²⁸ Ierosolymam 𝔖ℭ   ²⁹ Bethphage 𝔖ℭ   ³⁰ contra + vos 𝔖

introeuntes, inuenietis pullum asinae alligatum, cui nemo umquam hominum sedit : sol-
31 uite illum et adducite. Et si quis uos interro-
gauerit : Quare soluitis ? sic dicetis ei : Quia
32 Dominus operam eius desiderat. Abierunt $\frac{233}{2}$
autem qui missi erant : et inuenerunt sicut
33 dixit illis, stantem pullum. Soluentibus autem
illis pullum, dixerunt domini eius ad illos :
34 Quid soluitis pullum ? At illi dixerunt : Quia
35 Dominus eum necessarium habet. Et duxerunt illum ad Iesum. Et iactantes uestimenta

4 Reg.
(2 Reg.) 9. 13. 36 sua supra pullum, inposuerunt Iesum. Eunte
autem illo, substernebant uestimenta sua in
37 uia. Et cum adpropinquaret iam ad descen- $\frac{234}{1}$
sum montis Oliueti, coeperunt omnes turbae
discentium gaudentes laudare Deum uoce
magna super omnibus, quas uiderant, uirtuti-

Ps. 117(8).26.
Lc. 2. 14. 38 bus, ' dicentes : Benedictus qui uenit rex in
nomine Domini : pax in caelo, et gloria in ex-
39 celsis. Et quidam Pharisaeorum de turbis $\frac{235}{5}$
dixerunt ad illum : Magister, increpa discipu-
40 los tuos. Quibus ipse ait : Dico uobis, quia
si hi tacuerint, lapides clamabunt.

41–44
13. 34, 35,
23. 28–31.
Mt. 23. 37–39.
Dt. 32. 29. 41 Et ut adpropinquauit, uidens ciuitatem fleuit $\frac{236}{10}$
42 super illam, ' dicens : Quia si cognouisses et
tu, et quidem in hac die tua, quae ad pacem
tibi ! nunc autem abscondita sunt ab oculis
43 tuis. Quia uenient dies in te : et circumdabunt te inimici tui uallo, et circumdabunt te :

21. 6.
Ps. 136 (7).7,9. 44 et coangustabunt te undique : ' et ad terram
prosternent te, et filios tuos qui in te sunt : et $\frac{237}{2}$
non relinquent in te lapidem super lapidem : eo
quod non cognoueris tempus uisitationis tuae.

---

[37] discentium GM : descendentium ACDFHZ𝔖 ; discipulorum
V𝕮 ; *cf. Ioh.* 21. 12

238
1

Et ingressus in templum, coepit eicere uen- 45
dentes in illo et ementes, ¹ dicens illis : Scri- 46
ptum est : Quia domus mea domus orationis
est : uos autem fecistis illam speluncam latronum.

45, 46
Mt. 21. 12, 13,
Mc. 11. 15-17.
Ioh. 2. 14-16.
Es. 56. 7.
Hier. 7. 11.

239
1

Et erat docens cotidie in templo. Principes 47
autem sacerdotum, et scribae, et principes plebis quaerebant illum perdere : et non inuenie- 48
bant quid facerent illi : omnis enim populus
suspensus erat, audiens illum.

20. 1, 22. 53,
Ioh. 18. 20.
Mt. 26. 55.
Lc. 21. 38.
Mc. 12. 37.

240
2

Et factum est in una dierum, docente illo 20
populum in templo et euangelizante, conuenerunt principes sacerdotum et scribae, cum senioribus, ¹ et aiunt dicentes ad illum: Dic nobis 2
in qua potestate haec facis, aut quis est qui
dedit tibi hanc potestatem ? Respondens au- 3
tem, dixit ad illos : Interrogabo uos et ego
unum uerbum : respondete mihi. Baptismum 4
Iohannis de caelo erat, an ex hominibus ? At 5
illi cogitabant inter se, dicentes: Quia si dixerimus, De caelo : dicet, Quare ergo non credidistis illi ? Si autem dixerimus, Ex homi- 6
nibus : plebs uniuersa lapidabit nos : certi
sunt enim, Iohannem prophetam esse. Et 7
responderunt se nescire unde esset. Et Iesus 8
ait illis : Neque ego dico uobis in qua potestate
haec facio.

1-8
Mt. 21. 23-27,
Mc. 11. 27-33.

241
2

Coepit autem dicere ad plebem parabolam 9
hanc : Homo plantauit uineam, et locauit eam
colonis, et ipse peregre fuit multis temporibus. Et in tempore misit ad cultores seruum, 10
ut de fructu uineae darent illi : qui caesum
dimiserunt cum inanem. Et addidit alterum 11

9-19
Mt. 21. 33-46,
Mc. 12. 1-12.

2 Par. 24. 19,
36. 15, 16.
2 Esdr. 9. 26.
Hier. 44. 4.

20. ³ autem + Iesus 𝔖ℭ   ⁴ baptismus 𝔖ℭ   ⁵ intra 𝔖ℭ
⁹ homo + quidam 𝔖   ¹⁰ tempore + illo 𝔖

seruum mittere : illi autem hunc quoque caedentes, et afficientes contumelia, dimiserunt
12 inanem.   Et addidit tertium mittere : qui et
13 illum uulnerantes eiecerunt.   Dixit autem dominus uineae : Quid faciam ? mittam filium
meum dilectum : forsitan cum hunc uiderint,
14 uerebuntur.   Quem cum uidissent coloni, cogitauerunt inter se, dicentes : Hic est heres :
15 occidamus illum, ut nostra fiat hereditas.   Et
eiectum illum extra uineam, occiderunt.   Quid
16 ergo faciet illis dominus uineae ? ueniet, et
perdet colonos istos, et dabit uineam aliis.

Ps. 117(8).22. 17 Quo audito, dixerunt illi : Absit. | Ille autem
Es. 8. 14, 15.   aspiciens eos ait : Quid est ergo hoc quod
scriptum est :

Lapidem quem reprobauerunt aedificantes,
hic factus est in caput anguli ?

18 Omnis, qui ceciderit supra illum lapidem, con-
quassabitur : supra quem autem ceciderit,
comminuet illum.

19. 47, 48. 19   Et quaerebant principes sacerdotum et $\frac{242}{1}$
scribae mittere in illum manus in illa hora : et
timuerunt populum : cognouerunt enim quod
20–38   20 ad ipsos dixerit similitudinem istam.   Et ob- $\frac{243}{2}$
Mt.22.15–32,   seruantes miserunt insidiatores qui se iustos
Mc.12.13–27.   simularent, ut caperent eum in sermone, et
Lc. 11. 54.   traderent illum principatui et potestati prae-
21 sidis.   Et interrogauerunt illum, dicentes :
Magister, scimus quia recte dicis et doces : et
non accipis personam, sed in ueritate uiam
22 Dei doces : licet nobis dare tributum Caesari,
23 an non ?   Considerans autem dolum illorum,

---

14 intra 𝔖ℭ   18 super *bis* 𝔖ℭ   19 *om.* in *sec.* 𝔖ℭ   istam :
hanc 𝔖ℭ   20 caperet 𝔖*   et trad. : ut trad. ℭ   21 illum :
eum 𝔖ℭ   > viam Dei in ver. 𝔖ℭ   22 > tributum dare 𝔖ℭ

dixit ad eos: Quid me temtatis? Ostendite 24
mihi denarium: cuius habet imaginem et in-
scriptionem? Respondentes dixerunt: Cae-
saris. Et ait illis: Reddite ergo quae Caesaris 25 Rom. 13. 7.
sunt, Caesari: et quae Dei sunt, Deo. Et non 26 1 Pet. 2. 17.
potuerunt uerbum eius reprehendere coram
plebe: et mirati in responso eius, tacuerunt.

Accesserunt autem quidam Sadducaeorum, 27
qui negant esse resurrectionem, et interrogauerunt eum, ¹ dicentes: Magister, Moses scripsit 28 Dt. 25. 5.
nobis: Si frater alicuius mortuus fuerit habens   Ruth 1.12,13,
uxorem, et hic sine filiis fuerit, ut accipiat eam   3. 9.
frater eius uxorem, et suscitet semen fratri suo:
¹ septem ergo fratres erant: et primus accepit 29
uxorem, et mortuus est sine filiis. Et sequens 30
accepit illam, et ipse mortuus est sine filio. Et 31
tertius accepit illam. Similiter et omnes septem: et non reliquerunt semen, et mortui sunt.
Nouissima omnium mortua est et mulier. In re- 32
surrectione ergo, cuius eorum erit uxor? siqui- 33
dem septem habuerunt eam uxorem. Et ait illis 34
Iesus: Filii saeculi huius nubunt, et traduntur
ad nuptias: illi uero qui digni habebuntur 35 Phil. 3. 11.
saeculo illo, et resurrectione ex mortuis, neque
nubunt, neque ducunt uxores: neque enim 36 1 Cor. 15. 54,
ultra mori poterunt: aequales enim angelis   55.
sunt, et filii sunt Dei, cum sint filii resurre-   1 Ioh. 3. 1, 2.
ctionis. Quia uero resurgant mortui, et Moses 37 Ex. 3. 6, 15.
ostendit secus rubum, sicut dicit Dominum,
Deum Abraham, et Deum Isaac, et Deum Iacob. Deus autem non est mortuorum, sed 38
uiuorum: omnes enim uiuunt ei. Respon- 39 Mc. 12. 28.

²⁴ dixerunt + ei 𝕾ℭ   ²⁵ > sunt Caesaris, *et* sunt Dei 𝕾ℭ
²⁸ filiis: liberis 𝕾ℭ   ³² nouissime V𝕾ℭ   ³⁴ > huius saeculi
𝕾ℭ   ³⁵ nubent ... ducent 𝕾ℭ   ³⁶ enim *pr.*: etiam 𝕾
³⁷ resurgent 𝕾

dentesautemquidam scribarum, dixerunt: Ma-

Mt. 22. 46,
Mc. 12. 34.
40 gister, bene dixisti. Et amplius non audebant $\frac{244}{2}$
eum quicquam interrogare.

41-44
Mt. 22. 41-45
Mc. 12. 35-37.
Ps. 109. 1, 2
(110. 1).
41   Dixit autem ad illos: Quomodo dicunt $\frac{245}{2}$
42 Christum filium Dauid esse? et ipse Dauid
dicit in libro Psalmorum:

    Dixit Dominus Domino meo:
    Séde a dextris meis,
43   donec ponam inimicos tuos scabellum pe-
    dum tuorum?
44 Dauid ergo Dominum illum uocat: et quo-
    modo filius eius est?

45-47
Mt. 23. 1, 2,
5-7, 14.
Mc. 12. 38-40.
Lc. 11. 43.
45   Audiente autem omni populo, dixit disci- $\frac{246}{2}$
46 pulis suis: Attendite a scribis, qui uolunt
ambulare in stolis, et amant salutationes in
foro, et primas cathedras in synagogis, et pri-
47 mos discubitus in conuiuiis: qui deuorant do- $\frac{247}{8}$
mos uiduarum, simulantes longam orationem:
hi accipient damnationem maiorem.

1-4
Mc. 12. 41-44.
4 Reg.
(2 Reg.) 12. 9.
21   Respiciens autem uidit eos qui mittebant
2 munera sua in gazophylacium diuites. Uidit
autem et quandam uiduam pauperculam mit-
3 tentem aera minuta duo. Et dixit: Uere dico
uobis, quia uidua haec pauper plus quam
4 omnes misit. Nam omnes hi ex abundanti sibi
miserunt in munera Dei: haec autem ex eo
quod deest illi, omnem uictum suum quem
habuit, misit.

5-36
Mt. 24. 1-51.
Mc. 13. 1-37.
Lc. 19. 43, 44.
5   Et quibusdam dicentibus de templo quod $\frac{248}{2}$
lapidibus bonis, et donis ornatum esset, dixit:
6 Haec quae uidetis: uenient dies, in quibus non
relinquetur lapis super lapidem, qui non de-
7 struatur. Interrogauerunt autem illum, di- $\frac{249}{2}$

---

[39] **dixerunt** + ei 𝕊ℭ   [41] > esse Dauid 𝕊ℭ   21. [4] **quod**:
quo 𝕊ℭ*   [5] > bonis lapid. 𝕊ℭ

centes: Praeceptor, quando haec erunt, et
quod signum cum fieri incipient? Qui dixit: 8   2 Thess. 2. 3.
Uidete ne seducamini: multi enim uenient in   1 Ioh. 2. 18.
nomine meo, dicentes quia Ego sum: et Tem-
pus adpropinquauit: nolite ergo ire post illos.
Cum autem audieritis proelia et seditiones, 9
nolite terreri: oportet primum haec fieri, sed
non statim finis.

Tunc dicebat illis: Surget gens contra gen- 10 2 Par. 15. 6.
tem, et regnum aduersus regnum.   Et terrae 11 Es. 19. 2.
                                                 Apoc. 6. 4.
motus magni erunt per loca, et pestilentiae et
fames: terroresque de caelo, et signa magna
$\frac{250}{1}$ erunt.   Sed ante haec omnia inicient uobis 12   12–19
manus suas, et persequentur, tradentes in syna-   12. 11, 12.
                                                    Mt. 10. 17–22.
gogas et custodias, trahentes ad reges et prae-
sides propter nomen meum: continget autem 13
$\frac{251}{2}$ uobis in testimonium.   Ponite ergo in cordi- 14
bus uestris non praemeditari quemadmodum
respondeatis.   Ego enim dabo uobis os et sa- 15   Act. 6. 10.
pientiam, cui non poterunt resistere et contradicere omnes aduersarii uestri.   Trademini 16
autem a parentibus et fratribus, et cognatis et
amicis, et morte afficient ex uobis: et eritis 17   Mt. 10. 22.
                                                    Ioh. 15. 18–21
odio omnibus propter nomen meum: et capil- 18   17. 14.
lus de capite uestro non peribit: in patientia 19   Lc. 12. 7.
uestra possidebitis animas uestras.
$\frac{252}{10}$ Cum autem uideritis circumdari ab exercitu 20   19. 43.
                                                    Dan. 9. 27.
Hierusalem, tunc scitote quia adpropinquauit
$\frac{253}{2}$ desolatio eius.   Tunc qui in Iudaea sunt, fu- 21
giant in montes: et qui in medio eius, disce-
dant: et qui in regionibus, non intrent in eam.
Quia dies ultionis hi sunt, ut impleantur om- 22   Di. 32. 35.
                                                    Es. 34. 8.
$\frac{254}{2}$ nia quae scripta sunt.   Uae autem praegna- 23

---

8 illos: eos $\mathfrak{SC}$ 9 praelia $\mathfrak{C}$ oportet + enim $\mathfrak{S}$ nondum $\mathfrak{SC}$ 17 omnibus + hominibus $\mathfrak{S}$ 21 in *sec.*: ad $\mathfrak{SC}$

tibus et nutrientibus in illis diebus. Erit enim
pressura magna super terram, et ira populo
24 huic. Et cadent in ore gladii : et captiui du-
centur in omnes gentes : et Hierusalem calca-
bitur a gentibus, donec impleantur tempora
25 nationum. Et erunt signa in sole, et luna, et
stellis, et in terris pressura gentium prae con-
26 fusione sonitus maris et fluctuum : arescenti-
bus hominibus prae timore et expectatione,
quae superuenient uniuerso orbi : nam uirtutes
27 caelorum mouebuntur. Et tunc uidebunt Filium hominis uenientem in nube cum pote-
28 state magna et maiestate. His autem fieri incipientibus, respicite et leuate capita uestra :
quoniam adpropinquat redemptio uestra.

29 Et dixit illis similitudinem : Uidete ficul-
30 neam et omnes arbores : cum producunt iam
ex se fructum, scitis quoniam prope est aestas.
31 Ita et uos cum uideritis haec fieri, scitote quo-
32 niam prope est regnum Dei. Amen dico uobis, quia non praeteribit generatio haec, donec
33 omnia fiant. Caelum et terra transibunt : uerba
autem mea non transibunt.

34 Attendite autem uobis, ne forte grauentur
corda uestra in crapula et ebrietate, et curis
huius uitae : et superueniat in uos repentina
35 dies illa : tamquam laqueus enim superueniet
in omnes qui sedent super faciem omnis terrae.
36 Uigilate itaque, omni tempore orantes, ut digni
habeamini fugere ista omnia quae futura sunt,
et stare ante Filium hominis.
37 Erat autem diebus docens in templo : noctibus uero exiens, morabatur in monte qui uo-
38 catur Oliueti. Et omnis populus manicabat
ad eum in templo audire eum.

Marginal references (left):
23. 29.
1 Cor. 7. 26.
1 Thess. 2. 16.
Dan. 12. 7.
Apoc. 11. 2.

Mt. 24. 29.
Mc. 13. 24.

Dan. 7. 13.
1 Thess. 4. 16.

1 Thess. 5. 3–7.
Lc. 12. 40.

12. 35–37.

19 47, 48.
Mc. 11. 19.

Marginal references (right):
$\frac{255}{2}$
$\frac{256}{10}$
$\frac{257}{2}$
$\frac{258}{2}$
$\frac{259}{10}$

260/1 Adpropinquabat autem dies festus azy-**22** 1, 2
261/1 morum, qui dicitur Pascha. Et quaerebant 2
principes sacerdotum et scribae, quomodo
eum interficerent : timebant uero plebem.

262/9 Intrauit autem Satanas in Iudam qui cogno- 3
263/2 minabatur Scarioth, unum de duodecim. Et 4
abiit, et locutus est cum principibus sacerdotum, et magistratibus, quemadmodum illum
traderet eis. Et gauisi sunt, et pacti sunt 5
pecuniam illi dare : et spopondit. Et quaerebat 6
oportunitatem ut traderet illum sine turbis.

Uenit autem dies azymorum, in qua necesse 7
erat occidi pascha. Et misit Petrum et Iohan- 8
nem, dicens : Euntes parate nobis pascha, ut
manducemus. At illi dixerunt : Ubi uis pare- 9
mus ? Et dixit ad eos : Ecce introeuntibus 10
uobis in ciuitatem, occurret uobis homo am-
phoram aquae portans : sequimini eum in domum, in quam intrat : et dicetis patri familias 11
domus : Dicit tibi Magister : Ubi est diuer-
sorium, ubi pascha cum discipulis meis manducem ? Et ipse uobis ostendet cenaculum 12
magnum stratum, et ibi parate. Euntes autem 13
inueneruntsicut dixit illis, et parauerunt pascha.

Et cum facta esset hora, discubuit, et duo- 14
264/10 decim Apostoli cum eo. Et ait illis : Desiderio 15
desideraui hoc pascha manducare uobiscum,
265/2 ante quam patiar. Dico enim uobis, quia ex 16
hoc non manducabo illud, donec impleatur in
regno Dei. Et accepto calice gratias egit, et 17
dixit : Accipite, et diuidite inter uos. Dico 18
enim uobis quod non bibam de generatione
266/1 uitis, donec regnum Dei ueniat. Et accepto 19

Right margin references:
Mt. 26. 2-5,
Mc. 14. 1, 2.

3-6
Mt.26.14-16,
Mc. 14. 10,11.

7 13
Mt.26.17-19,
Mc.14.12-16.
Ex. 12. 18.

Mt. 26. 20,
Mc. 14. 17.

Mt. 26. 29.
Mc. 14. 25.

19, 20
Mt.26.26-28.

22. ² eum : Iesum ЅℭЄ   ³ Iscariotes ЅℭЄ   ¹⁰ homo + quidam
ЅℭЄ   ¹² > ostendet vobis ЅℭЄ   coenaculum ЅℭЄ

Mc.14.22–24.
1 Cor. 11. 23–
25.
Ioh. 6. 35–59.

21–23
Mt. 26.21–24.
Mc. 14.18–21.
Ioh. 13. 18,
21–26.

9. 46.
Mc. 9. 34.
25–27
Mt. 18. 1–4,
20. 25–28.
Mc.10.42–45.

Lc. 12. 37.
Ioh. 13. 4,
13–15.

Lc. 12. 32.
Mt. 25. 34.

Mt. 19. 28.

Mt. 26. 31,
Mc. 14. 27.

Ioh. 17. 9, 11,
15, 21. 15–17.

Mt.26. 33–35,
Mc.14. 29–31.
Ioh.13. 37, 38.

pane gratias egit, et fregit et dedit eis, dicens:
Hoc est corpus meum quod pro uobis datur:
20 hoc facite in meam commemorationem. Simi- 267
2
liter et calicem, postquam caenauit, dicens:
Hic est calix nouum testamentum in sanguine
21 meo, qui pro uobis fundetur. Uerum tamen 268
2
ecce manus tradentis me mecum est in mensa.
22 Et quidem Filius hominis, secundum quod de-
finitum est, uadit: uerum tamen uae illi ho-
23 mini, per quem tradetur. Et ipsi coeperunt 269
1
quaerere inter se quis esset ex eis, qui hoc
facturus esset.

24   Facta est autem et contentio inter eos, quis 270
2
25 eorum uideretur esse maior. Dixit autem eis:
Reges gentium dominantur eorum: et qui
potestatem habent super eos, benefici uocan-
26 tur. Uos autem non sic: sed qui maior est
in uobis, fiat sicut iunior: et qui praecessor
27 est, sicut ministrator. Nam quis maior est, qui 271
10
recumbit, an qui ministrat? nonne qui recum-
bit? Ego autem in medio uestrum sum sicut
28 qui ministrat. Uos autem estis, qui perman-
29 sistis mecum in temtationibus meis: et ego
dispono uobis, sicut disposuit mihi Pater meus
30 regnum, ut. edatis et bibatis super mensam
meam in regno meo: et sedeatis super thronos 272/5
31 iudicantes duodecim tribus Israhel. Ait autem 273/10
Dominus: Simon, Simon, ecce Satanas expe-
32 tiuit uos ut cribraret sicut triticum. Ego autem
rogaui pro te, ut non deficiat fides tua: et tu 274
9
aliquando conuersus, confirma fratres tuos.
33 Qui dixit ei: Domine, tecum paratus sum et 275
1
34 in carcerem, et in mortem ire. Et ille dixit:

---

22 > hom. illi 𝔖ℭ   26 iunior: minor 𝔖ℭ   31 Dominus
Simoni: Simon ecce 𝔖   34 et: at 𝔖ℭ

Dico tibi, Petre, non cantabit hodie gallus,
donec ter abneges nosse me.

$\frac{276}{10}$ Et dixit eis : Quando misi uos sine sacculo, 35
et pera et calciamentis, numquid aliquid defuit
uobis? At illi dixerunt : Nihil. ¹ Dixit ergo 36
eis : Sed nunc qui habet sacculum tollat, similiter et peram : et qui non habet, uendat tuni-

$\frac{277}{3}$ cam suam, et emat gladium. Dico enim uobis, 37
quoniam adhuc hoc quod scriptum est, opor-
tet impleri in me : Et quod cum iniustis de-
putatus est. Etenim ea quae sunt de me,

$\frac{278}{10}$ finem habent. At illi dixerunt : Domine, ecce 38
gladii duo hic. At ille dixit eis : Satis est.

$\frac{279}{1}$ Et egressus ibat secundum consuetudinem 39
in montem Oliuarum. Secuti sunt autem illum

$\frac{280}{2}$ et discipuli. Et cum peruenisset ad locum, 40
dixit illis : Orate ne intretis in temtationem.

$\frac{281}{1}$ Et ipse auulsus est ab eis quantum iactus est 41
lapidis : et positis genibus orabat, ¹ dicens : 42
Pater, si uis, transfer calicem istum a me :

282/1 Uerum tamen non mea uoluntas, sed tua fiat.

283/10 Apparuit autem illi angelus, de caelo confor- 43
tans eum. Et factus in agonia, prolixius ora- 44

$\frac{284}{2}$ bat. Et factus est sudor eius sicut guttae
sanguinis decurrentis in terram. Et cum sur- 45
rexisset ab oratione, et uenisset ad discipulos
suos, inuenit eos dormientes prae tristitia. Et 46
ait illis : Quid dormitis? surgite, orate, ne intretis in temtationem.

$\frac{285}{1}$ Adhuc eo loquente ecce turba, et qui uoca- 47
batur Iudas, unus de duodecim, antecedebat
eos : et adpropinquauit Iesu ut oscularetur

$\frac{286}{2}$ eum. Iesus autem dixit ei : Iuda, osculo Fi- 48

Marginal references:
9. 3, 10. 4.
Mt. 10. 6. 10.
Mc. 6. 8.

Es. 53. 12.
Mc. 15. 28.

Mt. 26. 30.
Mc. 14. 26.

40–42. 45, 46
Mt. 26. 36–46.
Mc. 14. 32–42.
Ioh. 18. 1.
Lc. 11. 4,
Mt. 6. 13.
Mt. 6. 10,
20. 22.
Ioh. 18. 11.

Ioh. 12. 28.

9

47. 53
Mt. 26. 47–56,
Mc. 14. 43–
50.
Ioh. 18. 3–11.

---

37 *om.* quod *sec.* 𝔖ℭ   iniustis : iniquis 𝔖ℭ   38 > duo gladij
𝔖ℭ   43 *disting.* Angelus de caelo, confortans 𝔖ℭ   48 illi 𝔖ℭ

49 lium hominis tradis? Uidentes autem hi qui $\frac{287}{1}$
circa ipsum erant quod futurum erat, dixerunt
50 ei: Domine, si percutimus in gladio? Et percussit unus ex illis seruum principis sacerdotum, et amputauit auriculam eius dextram.
51 Respondens autem Iesus, ait: Sinite usque
huc. Et cum tetigisset auriculam eius, sana- 288/10
52 uit eum. Dixit autem Iesus ad eos qui uene- 289/1
rant ad se principes sacerdotum, et magistratus templi, et seniores: Quasi ad latronem
53 existis cum gladiis, et fustibus: cum cotidie
uobiscum fuerim in templo, non extendistis
manus in me: sed haec est hora uestra, et
potestas tenebrarum.

Mt. 26, 57,58,   54   Comprehendentes autem eum, duxerunt ad 290/1
Mc.14. 53, 54.   domum principis sacerdotum: Petrus uero 291/1
Ioh. 18. 15.
55–62   55 sequebatur a longe. Accenso autem igni in
Mt.26. 69-75,   medio atrio, et circumsedentibus illis, erat
Mc.14.66-72.   56 Petrus in medio eorum. Quem cum uidisset
Ioh.18.16-18,   ancilla quaedam sedentem ad lumen, et eum
25-27.   57 fuisset intuita, dixit: Et hic cum illo erat. At $\frac{292}{1}$
ille negauit eum, dicens: Mulier, non noui
58 illum. Et post pusillum alius uidens eum,
dixit: Et tu de illis es. Petrus uero ait: O
59 homo, non sum. Et interuallo facto quasi
horae unius, alius quidam affirmabat, dicens:
Uere et hic cum illo erat: nam et Galilaeus est.
60 ᶦEt ait Petrus: Homo, nescio quid dicis. Et
continuo adhuc illo loquente cantauit gallus.
61 ᶦEt conuersus Dominus respexit Petrum. Et $\frac{293}{2}$
recordatus est Petrus uerbi Domini, sicut dixit:
Quia prius quam gallus cantet, ter me negabis.
62 Et egressus foras Petrus fleuit amare.

---

50 dexteram 𝔖𝕮   52, 53 fustibus? Cum 𝔖𝕮   54 sequebatur
+ eum 𝔖   55 igne 𝔖𝕮   atrii 𝔖𝕮   61 dixerat 𝔖𝕮

294
1
Et uiri qui tenebant eum, inludebant ei, 63
caedentes: et uelauerunt eum, et percu- 64
tiebant faciem eius, et interrogabant eum,
dicentes: Prophetiza, quis est qui te per-
cussit? Et alia multa blasphemantes dicebant 65
in eum.

295
2
Et ut factus est dies, conuenerunt seniores 66
plebis, et principes sacerdotum, et scribae, et
296
10
duxerunt illum in concilium suum, ' dicentes : 67
Si tu es Christus, dic nobis. Et ait illis: Si
uobis dixero, non credetis mihi : si autem et 68
interrogauero, non respondebitis mihi, neque
297/1 dimittetis. Ex hoc autem erit Filius hominis 69
298/10 sedens a dextris uirtutis Dei. Dixerunt autem 70
omnes: Tu ergo es Filius Dei? Qui ait : Uos
299
2
dicitis, quia ego sum. At illi dixerunt: Quid 71
adhuc desideramus testimonium? ipsi enim
audiuimus de ore eius.

300/1
Et surgens omnis multitudo eorum, duxe-23
301/10 runt illum ad Pilatum. Coeperunt autem accu- 2
sare illum, dicentes : Hunc inuenimus sub-
uertentem gentem nostram, et prohibentem
tributa dari Caesari, et dicentem se Christum
302
1
regem esse. Pilatus autem interrogauit eum, 3
dicens: Tu es rex Iudaeorum? At ille re-
303
9
spondens ait: Tu dicis. Ait autem Pilatus 4
ad principes sacerdotum, et turbas : Nihil in-
304
10
uenio causae in hoc homine. At illi inualesce- 5
bant, dicentes: Commouet populum docens
per uniuersam Iudaeam, et incipiens a Galilaea
usque huc. Pilatus autem audiens Galilaeam, 6
interrogauit si homo Galilaeus esset. Et ut 7
cognouit quod de Herodis potestate esset, re-

63, 64
Mt. 26. 67, 68,
Mc. 14. 65.

66-71
Mt.26. 63-66.
Mc.14.61-64.
Ioh.18.19-21.
Mt. 27. 1,
Mc. 15. 1.
Ioh.18. 24,28.

Dan. 7. 13.

23 Mt. 27. 2,
Mc. 15. 1.
Ioh. 18. 28.

Mt. 27. 11,
Mc. 15. 2.
1 Tim. 6. 13.
Ioh. 18. 38.

---

63 illum 𝔖ℭ   23. 2 > illum accusare 𝔖ℭ   dare ℭ   5 com-
mouit 𝔖   om. et 𝔖ℭ

misit eum ad Herodem, qui et ipse Hierosolymis erat illis diebus.

8   Herodes autem uiso Iesu, gauisus est ualde :
erat enim cupiens ex multo tempore uidere
eum, eo quod audiret multa de illo, et spera-
9 bat signum aliquod uidere ab eo fieri. Interrogabat autem illum multis sermonibus : at
10 ipse nihil illi respondebat. Stabant etiam $\frac{305}{2}$
principes sacerdotum et scribae constanter
11 accusantes eum. Spreuit autem illum Herodes $\frac{306}{10}$
cum exercitu suo et inlusit, indutum ueste
12 alba, et remisit ad Pilatum. Et facti sunt
amici Herodes et Pilatus in ipsa die : nam
antea inimici erant ad inuicem.

13   Pilatus autem conuocatis principibus sacer- $\frac{307}{9}$
14 dotum, et magistratibus et plebe, dixit ad illos :
Optulistis mihi hunc hominem, quasi auerten-
tem populum : et ecce ego coram uobis in-
terrogans, nullam causam inueni in homine
15 isto ex his, in quibus eum accusatis. Sed ne- $\frac{308}{10}$
que Herodes : nam remisi uos ad illum :
et ecce nihil dignum morte actum est ei.

Mt. 27. 15,
Mc. 15. 6.
Ioh. 18. 39.

16 Emendatum ergo illum dimittam. Necesse $\frac{309}{2}$
17 autem habebat dimittere eis per diem festum,

18-25
Mt. 27.16-26,
Mc. 15. 7-15.
Ioh. 18. 40,
19. 16.

18 unum. Exclamauit autem simul uniuersa $\frac{310}{1}$
turba, dicens : Tolle hunc, et dimitte nobis
19 Barabban : qui erat propter seditionem quandam factam in ciuitate et homicidium missus
20 in carcerem. Iterum autem Pilatus locutus $\frac{311}{1}$
21 est ad illos, uolens dimittere Iesum. At illi
succlamabant, dicentes : Crucifige, crucifige
22 illum. Ille autem tertio dixit ad illos : Quid $\frac{312}{9}$

---

[8] audierat V$S\mathbb{C}$ illo : eo $S\mathbb{C}$ [9] illum : eum $S\mathbb{C}$ [10] etiam :
autem $S\mathbb{C}$ [15] remisi uos ad illum : remisit eum ad nos (G)H*
[18] Barabbam $S\mathbb{C}$ [20] illos : eos $S\mathbb{C}$ [21] illum : eum $S\mathbb{C}$

enim mali fecit iste? nullam causam mortis
inuenio in eo: corripiam ergo illum, et di-
$\frac{313}{1}$ mittam. At illi instabant uocibus magnis 23
postulantes ut crucifigeretur: et inualescebant
$\frac{314}{1}$ uoces eorum. Et Pilatus adiudicauit fieri 24
petitionem eorum. Dimisit autem illis eum 25
qui propter homicidium et seditionem missus
fuerat in carcerem, quem petebant: Iesum
uero tradidit uoluntati eorum.

$\frac{315}{r}$ Et cum ducerent eum, adprehenderunt Si- 26
monem quendam Cyrenensem uenientem de
uilla: et inposuerunt illi crucem portare post
Iesum.

$\frac{316}{10}$ Sequebatur autem illum multa turba populi, 27
et mulierum quae plangebant et lamenta-
bantur eum. Conuersus autem ad illas, Iesus 28
dixit: Filiae Hierusalem, nolite flere: super
me: sed super uos ipsas flete, et super filios
uestros. Quoniam ecce uenient dies, in qui- 29
bus dicent: Beatae steriles, et uentres qui non
genuerunt, et ubera quae non lactauerunt.
Tunc incipient dicere montibus: Cadite super 30
nos: et collibus: Operite nos. Quia si in 31
uiridi ligno haec faciunt, in arido quid fiet?

$\frac{317}{1}$ Ducebantur autem et alii duo nequam cum 32
eo, ut interficerentur.

$\scriptstyle 318/1$ Et postquam uenerunt in locum qui uoca- 33
$\scriptstyle 319/1$ tur Caluariae, ibi crucifixerunt eum: et latrones, unum a dextris, et alterum a sinistris.
$\scriptstyle 320/10$ Iesus autem dicebat: Pater, dimitte illis: non 34
$\scriptstyle 321/1$ enim sciunt quid faciunt. Diuidentes uero
uestimenta eius, miserunt sortes. Et stabat 35
$\frac{322}{2}$ populus spectans. Et deridebant illum principes cum eis, dicentes: Alios saluos fecit: se

Mt. 27. 32.
Mc. 15. 21.

21. 23.
Mt. 24. 19,
Mc. 13. 17.

Os. 10. 3.
Apoc. 6. 16.
Prou. 11. 31.
1 Pet. 4. 17,
18.
Ps. 1. 3.
Mt. 27. 38,
Mc. 15. 27.
Ioh. 19. 18.
Mt. 27. 33,
Mc. 15. 22.
Ioh. 19. 17.
Ps. 21. 8, 19
(22. 7, 18).
Mt. 27. 35.
Mc. 15. 24.
Ioh. 19. 23.
Mt. 27. 41, 42.
Mc. 15. 31, 32.

35 illum: eum $\mathfrak{SC}$

Mt. 27. 48,
Mc. 15. 36.
Ioh. 19. 29.
Ps. 68. 22
(69. 21).
Mt. 27. 37,
Mc. 15. 26.
Ioh. 19. 19.

saluum faciat, si hic est Christus Dei electus.
36 Inludebant autem ei et milites accedentes $\frac{323}{2}$
37 et acetum offerentes illi, | dicentes: Si tu es
38 rex Iudaeorum, saluum te fac.   Erat autem $\frac{324}{1}$
et superscriptio inscripta super illum litteris
Graecis, et Latinis, et Hebraicis: HIC EST REX
IUDAEORUM.

39   Unus autem de his qui pendebant latroni- $\frac{325}{2}$
bus, blasphemabat eum, dicens: Si tu es
40 Christus, saluum fac temet ipsum et nos. Re- $\frac{326}{10}$
spondens autem alter increpabat illum, dicens:
Neque tu times Deum, quod in eadem damna-
41 tione es?   Et nos quidem iuste, nam digna
factis recipimus: hic uero nihil mali gessit.
42 Et dicebat ad Iesum: Domine, memento mei
43 cum ueneris in regnum tuum.   Et dixit illi
Iesus: Amen dico tibi: Hodie mecum eris in
paradiso.

Mt. 27. 45,
Mc. 15. 33.
Ioh. 19. 14.
Mt. 27. 51,
Mc. 15. 38.
Mt. 27. 50,
Mc. 15. 37.
Ioh. 19. 30.
Mt. 27. 54,
Mc. 15. 39.

44   Erat autem fere hora sexta, et tenebrae $\frac{327}{2}$
factae sunt in uniuersa terra usque in horam
45 nonam. | Et obscuratus est sol.   Et uelum 328/2
46 templi scissum est medium.   Et clamans uoce 329/1
magna Iesus ait: Pater, in manus tuas commendo spiritum meum.   Et haec dicens, ex-
47 spirauit.   Uidens autem centurio quod fa- $\frac{330}{2}$
ctum fuerat, glorificauit Deum, dicens: Uere
48 hic homo iustus erat.   Et omnis turba eorum $\frac{331}{10}$
qui simul aderant ad spectaculum istud, et

Ps. 87. 9. 19
(88. 8, 18), 37.
12 (38. 11).
Mt. 27. 55.
Mc.15. 40, 41.
Lc. 8. 2.

uidebant quae fiebant, percutientes pectora
49 sua reuertebantur.   Stabant autem omnes noti
eius a longe, et mulieres quae secutae erant
eum a Galilaea, haec uidentes.

---

³⁶ illi : ei 𝕾ℭ   ³⁷ +et *ad init.* 𝕾ℭ   ³⁸ scripta 𝕾ℭ   illum :
eum 𝕾ℭ   ⁴⁰ illum : eum 𝕾ℭ   quod : qui 𝕾   ⁴⁰, ⁴¹ es. Et
nos ℭ   ⁴⁴ uniuersam terram 𝕾ℭ   ⁴⁹ >eum erant 𝕾ℭ

332
1   Et ecce uir nomine Ioseph, qui erat decu- 50   50-56
rio, uir bonus et iustus : hic non consenserat 51   Mt.27. 57-61,
consilio et actibus eorum : ab Arimathia ciui-   Mc.15. 42-47.
tate Iudaeae, qui expectabat et ipse regnum   Ioh.19.38-42.
Dei : hic accessit ad Pilatum, et petiit cor- 52
333
1   pus Iesu. Et depositum inuoluit sindone, et 53
posuit eum in monumento exciso, in quo non-
334
10   dum quisquam positus fuerat. Et dies erat 54
parasceues, et sabbatum inlucescebat. Subse- 55
cutae autem mulieres, quae cum ipso uenerant
de Galilaea, uiderunt monumentum, et quem-
335
8   admodum positum erat corpus eius. Et re- 56   Ex. 20. 10.
uertentes parauerunt aromata et ungenta : et   Dt. 5. 14.
sabbato quidem siluerunt secundum manda-
tum.
336
1   Una autem sabbati ualde diluculo uenerunt 24   1-10
ad monumentum, portantes quae parauerant   Mt. 28. 1- 8,
aromata : et inuenerunt lapidem reuolutum a 2   Mc. 16. 1-8.
monumento. Et ingressae non inuenerunt cor- 3
pus Domini Iesu. Et factum est, dum mente 4
consternatae essent de isto, ecce duo uiri ste-
337
2   terunt secus illas in ueste fulgenti. Cum time- 5
rent autem, et declinarent uultum in terram,
dixerunt ad illas : Quid quaeritis uiuentem
cum mortuis ? non est hic, sed surrexit : re- 6
cordamini qualiter locutus est uobis, cum ad-
huc in Galilaea esset, dicens : Quia oportet 7   26, 44, 9. 22,
Filium hominis tradi in manus hominum pec-   18. 33.
                                               Mt.17. 22, 23,
catorum, et crucifigi, et die tertia resurgere. 8   20. 19.
338
2   Et recordatae sunt uerborum eius. Et re-
gressae a monumento nuntiauerunt haec om- 9
339
10   nia illis undecim et ceteris omnibus. Erat 10   8. 2, 3.
autem Maria Magdalene, et Iohanna, et Maria   Mt. 27. 56.
                                               Mc.15. 40, 41.
Iacobi, et ceterae quae cum eis erant, quae

---

51 Arimathaea ℭ   55 ipso : eo 𝔖ℭ   24. 10 Ioanna 𝔖ℭ

11 dicebant ad apostolos haec. Et uisa sunt ante illos sicut deliramentum uerba ista : et non

Ioh. 20 3-10. 12 credebant illis. Petrus autem surgens cucurrit ad monumentum : et procumbens uidit linteamina posita, et abiit secum mirans quod factum fuerat.

Mc.16. 12, 13. 13 Et ecce duo ex illis ibant ipsa die in castellum, quod erat in spatio stadiorum sexaginta 14 ab Hierusalem, nomine Emmaus. Et ipsi loquebantur ad inuicem de his omnibus quae 15 acciderant. Et factum est, dum fabularentur et secum quaererent, et ipse Iesus adpropin-16 quans ibat cum illis : oculi autem eorum tene-17 bantur ne eum agnoscerent. Et ait ad illos : Qui sunt hi sermones, quos confertis ad inui-18 cem ambulantes, et estis tristes ? Et respondens unus, cui nomen Cleopas, dixit ei : Tu solus peregrinus es in Hierusalem, et non cognouisti quae facta sunt in illa his diebus ?

Act. 2. 22. 19 ¹ Quibus ille dixit : Quae ? Et dixerunt : De Iesu Nazareno, qui fuit uir propheta potens in opere et sermone coram Deo et omni populo. 20 Et quomodo eum tradiderunt summi sacerdotes et principes nostri. in damnationem

1. 68. 21 mortis, et crucifixerunt eum. Nos autem sperabamus quia ipse esset redempturus Israhel : et nunc super haec omnia, tertia dies hodie 22 quod haec facta sunt. Sed et mulieres quaedam ex nostris terruerunt nos, quae ante lucem 23 fuerunt ad monumentum : et non inuento corpore eius, uenerunt dicentes se etiam uisionem angelorum uidisse, qui dicunt eum uiuere.

Ioh. 20. 3. 24 Et abierunt quidam ex nostris ad monumen-

---

¹¹ crediderunt 𝔖ℭ   ¹² linteamina + sola 𝔖ℭ   ¹⁶ eorum :
illorum 𝔖ℭ   ¹⁸ Cleophas 𝔖ℭ   ²¹ dies + est 𝔖ℭ

tum: et ita inuenerunt sicut mulieres dixerunt:
ipsum uero non uiderunt. Et ipse dixit ad 25
eos : O stulti et tardi corde ad credendum in
omnibus, quae locuti sunt prophetae ! Nonne 26
haec oportuit pati Christum, et ita intrare in
gloriam suam ? Et, incipiens a Mose et omni- 27   Dt. 18. 15.
bus prophetis, interpretabatur illis in omnibus   Es.7. 9. 53 al.
scripturis, quae de ipso erant. Et adpropin- 28
quauerunt castello quo ibant : et ipse finxit
longius ire. Et coegerunt illum, dicentes : 29
Mane nobiscum, quoniam aduesperascit, et in-
clinata est iam dies. Et intrauit cum illis. ¹ Et 30   22. 19.
factum est, dum recumberet cum illis, accepit   Mt. 14. 19.
panem et benedixit, ac fregit et porrigebat illis.
Et aperti sunt oculi eorum, et cognouerunt 31
eum : et ipse euanuit ex oculis eorum. Et 32
dixerunt ad inuicem : Nonne cor nostrum ardens erat in nobis dum loqueretur in uia, et
aperiret nobis scripturas? Et surgentes eadem 33
hora regressi sunt in Hierusalem : et inuenerunt congregatos undecim, et eos qui cum
ipsis erant, ¹ dicentes : Quod surrexit Domi- 34   1 Cor.15. 4, 5.
nus uere, et apparuit Simoni. Et ipsi narra- 35
bant quae gesta erant in uia : et quomodo cognouerunt eum in fractione panis.

$\frac{340}{9}$ Dum haec autem loquuntur, Iesus stetit in 36   Mc. 16. 14.
medio eorum, et dicit eis : Pax uobis : ego   Ioh. 20. 19.
sum, nolite timere. Conturbati uero et con- 37
territi, existimabant se spiritum uidere. Et 38
dixit eis : Quid turbati estis, et cogitationes
ascendunt in corda uestra ? Uidete manus 39
meas et pedes, quia ipse ego sum : palpate et

---

²⁴ uiderunt: inuenerunt 𝕾ℭ   ²⁸ ipse + se 𝕾ℭ   ³⁰ illis :
eis 𝕾ℭ   ³³ ipsis : illis 𝕾ℭ   ³⁶ > autem haec 𝕾ℭ   > stetit
Iesus 𝕾ℭ   ³⁹ > ego ipse 𝕾ℭ

uidete quia spiritus carnem et ossa non habet,

Ioh. 20. 20. 40 sicut me uidetis habere. Et cum hoc dixisset,
41 ostendit eis manus et pedes. Adhuc autem $\frac{341}{9}$
illis non credentibus, et mirantibus prae gaudio, dixit: Habetis hic aliquid, quod mandu-
42 cetur? At illi optulerunt ei partem piscis assi,

Act. 10. 41. 43 et fauum mellis. Et cum manducasset coram
eis, sumens reliquias dedit eis.

7, 27. 44   Et dixit ad eos: Haec sunt uerba quae lo- $\frac{342}{10}$
Pss. 2. 15(16). cutus sum ad uos cum adhuc essem uobiscum:
71 (72). 109
(110). quoniam necesse est impleri omnia quae scri-
Act.26.22,23. pta sunt in lege Mosi, et prophetis, et psalmis
45 de me. Tunc aperuit illis sensum ut intellege-
46 rent scripturas. Et dixit eis: Quoniam sic
scriptum est, et sic oportebat Christum pati
47 et resurgere a mortuis die tertia: et praedicari
in nomine eius paenitentiam et remissionem
peccatorum in omnes gentes, incipientibus ab

Act. 1. 8, 22. 48 Hierosolyma. Uos autem estis testes horum.

Act. 1. 4. 49 Et ego mitto promissum Patris mei in uos:
uos autem sedete in ciuitate, quoad usque induamini uirtutem ex alto.

Mc. 16. 19. 50   Eduxit autem eos foras in Bethaniam: et
Act. 1. 4-14. 51 eleuatis manibus suis benedixit eis. Et factum
est dum benediceret illis, recessit ab eis, et fere-
52 batur in caelum. Et ipsi adorantes regressi
53 sunt in Hierusalem cum gaudio magno: et
erant semper in templo, laudantes et benedicentes Deum. Amen.

EXPLICIT EUANGELIUM SECUNDUM LUCAM

[46] > tertia die SꞒ   [48] > testes estis SꞒ   [49] mittam S
virtute SꞒ   om. subscr. SꞒ

EUANGELIUM SECUNDUM
IOHANNEM

IN principio erat uerbum, et uerbum erat **1**
apud Deum, et Deus erat uerbum. Hoc erat **2**
in principio apud Deum. Omnia per ipsum **3**
facta sunt: et sine ipso factum est nihil: quod
factum est *in ipso uita erat: et uita erat lux **4**
hominum: et lux in tenebris lucet, et tene- **5**
brae eam non comprehenderunt. Fuit homo **6**
missus a Deo, cui nomen erat Iohannes. Hic **7**
uenit in testimonium, ut testimonium perhiberet de lumine, ut omnes crederent per illum.
Non erat ille lux, sed ut testimonium perhibe- **8**
ret de lumine. Erat lux uera, quae inlumi- **9**
nat omnem hominem uenientem in mundum.
In mundo erat, et mundus per ipsum factus est: **10**
et mundus eum non cognouit. In propria uenit, **11**
et sui eum non receperunt. Quotquot autem **12**
receperunt eum, dedit eis potestatem filios Dei
fieri, his qui credunt in nomine eius: qui non **13**
ex sanguinibus, neque ex uoluntate carnis, neque ex uoluntate uiri, sed ex Deo nati sunt.
Et uerbum caro factum est, et habitauit in no- **14**
bis: et uidimus gloriam eius, gloriam quasi
unigeniti a patre, plenum gratiae et ueritatis.
Iohannes testimonium perhibet de ipso, et cla- **15**
mat dicens: Hic erat, quem dixi uobis: Qui
post me uenturus est, ante me factus est: quia
prior me erat. Et de plenitudine eius nos **16**

Prou. 8. 22.
Heb. 4. 12.
1 Ioh. 1. 1.
Apoc. 19. 13.
Heb. 1. 2.

Mt. 3. 1.
Mc. 1. 4.
Lc. 3. 2.

Iac. 1. 18.

Es. 7. 14.
Gal. 4. 4.
Lc. 9. 32.

Eph. 1. 23,
3. 19, 4. 13.

Inscr. SANCTVM IESV CHRISTI EVANGELIVM SECVN-
DVM IOANNEM 𝔖ℭ   1. ³, ⁴ *disting.* nihil: quod factum est in
ipso uita *etc.* 𝔖; nihil, quod factum est, in ipso uita *etc.* ℭ; *distinctionem nostram et Sixtinam approbant codices paene omn.* (*exc.* Z
al. pauc.)   ⁹ in +hunc 𝔖ℭ   ¹⁵ *om.* uobis 𝔖ℭ

Col. 1.19, 2.9.
Mt. 25. 29.
Ex. 20. 1.

17 omnes accepimus, et gratiam pro gratia : quia
lex per Mosen data est : gratia et ueritas per

Ex. 33. 20.
Dt. 4. 12.
Mt. 11. 27.

18 Iesum Christum facta est. Deum nemo uidit $\frac{8}{3}$
umquam : unigenitus Filius, qui est in sinu
Patris, ipse enarrauit.

Lc. 3. 15, 16.

19   Et hoc est testimonium Iohannis, quando $\frac{9}{10}$
miserunt Iudaei ab Hierosolymis sacerdotes
et leuitas ad eum, ut interrogarent eum : Tu
20 quis es ? Et confessus est et non negauit : et
confessus est : Quia non sum ego Christus.

Dt. 18. 15.
Mal. 4. 5.
Mt. 11. 14,
16. 14.

21 Et interrogauerunt eum : Quid ergo ? Helias
es tu ? Et dicit : Non sum. Propheta es tu ?
22 Et respondit : Non. | Dixerunt ergo ei : Quis
es ? ut responsum demus his qui miserunt

Es. 40. 3.
Mt. 3. 3.
Mc. 1. 3.
Lc. 3. 4.

23 nos : quid dicis de te ipso ? | Ait : Ego uox cla- $\frac{10}{1}$
mantis in deserto : Dirigite uiam Domini, sicut
24 dixit Esaias propheta. Et qui missi fuerant, $\frac{11}{10}$
25 erant ex Pharisaeis. Et interrogauerunt eum,
et dixerunt ei : Quid ergo baptizas, si tu non es

Mt. 3. 11,
Mc. 1. 7, 8,
Lc. 3. 16.
Act. 1. 5,
13. 25.

26 Christus, neque Helias, neque Propheta ? Re- $\frac{12}{1}$
spondit eis Iohannes, dicens : Ego baptizo in
aqua : medius autem uestrum stetit, quem uos
27 non scitis. Ipse est qui post me uenturus est,
qui ante me factus est : cuius ego non sum
dignus ut soluam eius corrigiam calciamenti.
28 Haec in Bethania facta sunt trans Iordanen, $\frac{13}{10}$
ubi erat Iohannes baptizans.

Ex. 12. 3.
Es. 53. 7.
Hier. 11. 19.
Apoc. 5. 6–14.

29   Altera die uidet Iohannes Iesum uenientem
ad se, et ait : Ecce agnus Dei qui tollit pecca-
30 tum mundi. Hic est de quo dixi : Post me uenit $\frac{14}{1}$
uir, qui ante me factus est : quia prior me erat.
31 Et ego nesciebam eum : sed ut manifestetur
Israhel, propterea ueni ego in aqua baptizans.

---

[21] dixit $\mathcal{SC}$ [26] non scitis: nescitis $\mathcal{SC}$ [28] Iordanem $\mathcal{SC}$
[29] vidit $\mathcal{SC}$ Dei + ecce $\mathcal{SC}$ peccata $\mathcal{S}$ [31] Israhel C(D)
VZ : in Isr. AGHM$\mathcal{SC}$

¹⁵/₁ Et testimonium perhibuit Iohannes, dicens : 32
Quia uidi Spiritum descendentem quasi co-
lumbam de caelo, et mansit super eum. Et ego 33
nesciebam eum : sed qui misit me baptizare in
aqua, ille mihi dixit : Super quem uideris Spiritum descendentem, et manentem super eum,
hic est qui baptizat in Spiritu sancto. Et ego 34
uidi et testimonium perhibui quia hic est
Filius Dei.

¹⁶/₁₀ Altera die iterum stabat Iohannes, et ex dis- 35
cipulis eius duo. Et respiciens Iesum ambu- 36
lantem, dicit : Ecce agnus Dei. Et audierunt 37
eum duo discipuli loquentem, et secuti sunt
Iesum. Conuersus autem Iesus, et uidens eos 38
sequentes se, dicit eis : Quid quaeritis? Qui
dixerunt ei : Rabbi, (quod dicitur interpretatum Magister) ubi habitas? Dicit eis : Uenite 39
et uidete. Uenerunt, et uiderunt ubi maneret :
et apud eum manserunt die illo : hora autem
erat quasi decima. Erat autem Andreas frater 40
Simonis Petri unus ex duobus qui audierant
¹⁷/₁ ab Iohanne, et secuti fuerant eum. Inuenit hic 41
primum fratrem suum Simonem, et dicit ei :
Inuenimus Messiam, quod est interpretatum
Christus. | Et adduxit eum ad Iesum. Intuitus 42
autem eum Iesus, dixit : Tu es Simon filius
Iohanna : tu uocaberis Cephas, quod interpretatur Petrus.

¹⁸/₁₀ In crastinum uoluit exire in Galilaeam, et in- 43
uenit Philippum. Et dicit ei Iesus : Sequere
me. Erat autem Philippus a Bethsaida, ciuitate 44
Andreae et Petri. Inuenit Philippus Nathana- 45
hel, et dicit ei : Quem scripsit Moses in lege, et
prophetae, inuenimus Iesum filium Ioseph, a

Mt. 3. 16,
Mc. 1. 10,
Lc. 3. 22.
Mt. 3. 11,
Mc. 1. 8,
Lc. 3. 16.

29.

40-42
Mt. 4. 18-22,
Mc. 1. 16-20.
Lc. 5. 2-11.
Ioh. 4. 25.
Dan. 9. 25, 26.
Ps. 2. 2.
Ioh. 21. 15-17.
Mt. 16. 18.

Dt. 18. 18.
Es. 7. 14,
11. 1, 53. 2.
Hier. 23. 5.
Lc. 24. 27.

⁴⁰ a Ioanne ℨℭ   ⁴² Ioanna ℨ, Iona ℭ

7. 41, 52. 46 Nazareth. Et dixit ei Nathanahel: A Nazareth
potest aliquid boni esse? Dicit ei Philippus:
Ps. 31 (2). 2, 47 Ueni et uide. Uidit Iesus Nathanahel uenien-
72 (3). 1.   tem ad se, et dicit de eo: Ecce uere Israhe-
48 lita, in quo dolus non est. Dicit ei Nathanahel:
Unde me nosti? Respondit Iesus, et dixit ei:
Prius quam te Philippus uocaret, cum esses
6. 69, 9. 38, 49 sub ficu, uidi te. Respondit ei Nathanahel, et
11. 27, 20. 28.   ait: Rabbi, tu es Filius Dei, tu es Rex Israhel.
50 Respondit Iesus, et dixit ei: Quia dixi tibi:
Gen. 28. 12. 51 Uidi te sub ficu, credis? maius his uidebis. Et
dicit ei: Amen, amen dico uobis, uidebitis
caelum apertum, et angelos Dei ascendentes
et descendentes supra Filium hominis.

2   Et die tertio nuptiae factae sunt in Cana
2 Galilaeae: et erat mater Iesu ibi. Uocatus
est autem et Iesus et discipuli eius ad nuptias.
3 Et deficiente uino, dicit mater Iesu ad eum:
19. 26. 4 Uinum non habent. Et dicit ei Iesus: Quid
Mt. 8. 29. mihi et tibi est, mulier? nondum uenit hora
Mc. 1. 24, 5. 7.
Lc. 4. 34, 8. 28. 5 mea. Dicit mater eius ministris: Quodcumque
Ioh. 7. 30, 8. 20. 6 dixerit uobis, facite. Erant autem ibi lapideae
13. 1.
Mc. 7. 3. 4. hydriae sex positae, secundum purificationem
Iudaeorum, capientes singulae metretas binas
7 uel ternas. Dicit eis Iesus: Implete hydrias
aqua. Et impleuerunt eas usque ad summum.
8 Et dicit eis Iesus: Haurite nunc, et ferte ar-
9 chitriclino: et tulerunt. Ut autem gustauit
architriclinus aquam uinum factam, et non
sciebat unde esset: ministri autem sciebant, qui
hauserant aquam: uocat sponsum architricli-
10 nus, | et dicit ei: Omnis homo primum bonum
uinum ponit: et cum inebriati fuerint, tunc id
quod deterius est: tu seruasti bonum uinum

50 credis: maius 𝕊ℭ   2. ¹ tertia 𝕊ℭ   ¹⁰ tu + autem 𝕊ℭ

usque adhuc. Hoc fecit initium signorum Ie- 11   4. 54.
sus in Cana Galilaeae : et manifestauit gloriam   1. 14.
suam, et crediderunt in eum discipuli eius.   4. 39, 9. 38,
   20. 8, 29.

₁₉
₇   Post hoc descendit Capharnaum, ipse et 12   Mt. 4. 13.
mater eius, et fratres eius et discipuli eius : et
ibi manserunt non multis diebus.

_{20/1}   Et prope erat pascha Iudaeorum, et ascen- 13   6. 4, 11. 55.
_{21/1} dit Hierosolyma Iesus. Et inuenit in templo 14   14—17
uendentes boues et oues et columbas, et   Mt. 21. 12,13,
nummularios sedentes. Et cum fecisset quasi 15   Mc. 11. 15—17.
flagellum de funiculis, omnes eiecit de templo,   Lc. 19. 45, 46.
oues quoque et boues : et nummulariorum effu-
dit aes, et mensas subuertit : et his qui colum- 16
bas uendebant, dixit : Auferte ista hinc : nolite
facere domum Patris mei domum negotia-
₂₂
₁₀ tionis. Recordati uero sunt discipuli eius quia 17   Ps. 68. 10
scriptum est : Zelus domus tuae comedit me.   (69. 9).
₂₃
₄ Responderunt ergo Iudaei, et dixerunt ei : 18   Mt. 12. 38,
₂₄ Quod signum ostendis nobis quia haec facis ?   16. 1, 21. 23.
₁₀ Respondit Iesus, et dixit eis : Soluite templum 19
hoc, et in tribus diebus excitabo illud. Dixe- 20
runt ergo Iudaei : Quadraginta et sex annis
aedificatum est templum hoc, et tu tribus diebus excitabis illud ? Ille autem dicebat de 21
templo corporis sui. Cum ergo resurrexisset a 22   12. 16, 20. 9.
mortuis, recordati sunt discipuli eius quia hoc
dicebat : et crediderunt scripturae, et sermoni
quem dixit Iesus.

   Cum autem esset Hierosolymis in pascha in 23
die festo, multi crediderunt in nomine eius,
uidentes signa eius quae faciebat. Ipse autem 24
Iesus non credebat semet ipsum eis, eo quod
ipse nosset omnes, et quia opus ei non erat ut 25

---

¹² hoc : haec S   ¹³ prope erat : properabat A al.   > Iesus
Ieros. SC   ¹⁶ hinc + et SC   ¹⁷ > sunt vero SC   ²⁰ tu + in SC

quis testimonium perhiberet de homine : ipse enim sciebat quid esset in homine.

7. 50, 19. 39.   **3**   Erat autem homo ex Pharisaeis, Nicodemus

Act. 2. 22.   2 nomine, princeps Iudaeorum. Hic uenit ad eum nocte, et dixit ei : Rabbi, scimus quia a Deo uenisti magister : nemo enim potest haec signa facere quae tu facis, nisi fuerit Deus

Mt. 18. 3.   3 cum eo. Respondit Iesus, et dixit ei : Amen,
1 Pet. 1. 23.   amen dico tibi : Nisi quis natus fuerit denuo,
Iac. 1. 17.   4 non potest uidere regnum Dei. Dicit ad eum Nicodemus : Quomodo potest homo nasci, cum senex sit ? numquid potest in uentrem

Ez. 36. 25–27.   5 matris suae iterato introire, et nasci ? Respon-
Act. 2. 38.   dit Iesus : Amen, amen dico tibi : Nisi quis
Eph 5. 26,   renatus fuerit ex aqua et Spiritu, non potest
Tit. 3. 5.

Ioh. 1. 13.   6 introire in regnum Dei. Quod natum est ex
1 Cor. 15. 50.   carne, caro est : et quod natum est ex Spiritu,

7 spiritus est. Non mireris quia dixi tibi: oportet

Eccl. 11. 5.   8 uos nasci denuo. Spiritus ubi uult spirat : et uocem eius audis, sed non scis unde ueniat, et quo uadat : sic est omnis qui natus est ex

9 Spiritu. Respondit Nicodemus, et dixit ei :
10 Quomodo possunt haec fieri? Respondit Iesus, et dixit ei : Tu es magister in Israhel, et haec

Lc. 22. 32. 67.   11 ignoras? Amen, amen dico tibi, quia quod scimus loquimur, et quod uidimus testamur :
12 et testimonium nostrum non accipitis. Si ter-rena dixi uobis, et non creditis : quomodo, si

Prou. 30. 4.   13 dixero uobis caelestia, creditis? Et nemo as-
Ioh. 6. 62.   cendit in caelum, nisi qui descendit de caelo,
Eph. 4. 9.
Num. 21. 8, 9.   14 Filius hominis qui est in caelo, Et sicut

---

3. ² eum : Iesum 𝔖ℭ.   ³ renatus 𝔖ℭ   ⁴ > sit senex 𝔖ℭ renasci 𝔖ℭ   ⁵ Spiritu + sancto 𝔖ℭ   ⁶ pero est + quia de carne natum est Z* *al.*   spiritus est + quia ☐us spiritus est et ex deo natus est (Hᶜ)Z* *al.*   ⁸ non scis : nescis 𝔖ℭ   et *sec* : aut 𝔖ℭ   ¹⁰ *om.* in AᶜFM

Moses exaltauit serpentem in deserto, ita exaltari oportet Filium hominis: ut omnis qui 15 credit in ipso, non pereat, sed habeat uitam aeternam.

Sic enim dilexit Deus mundum, ut Filium 16 suum unigenitum daret: ut omnis qui credit in eum, non pereat, sed habeat uitam aeternam. Non enim misit Deus Filium suum in 17 mundum, ut iudicet mundum, sed ut saluetur mundus per ipsum. Qui credit in eum non 18 iudicatur: qui autem non credit, iam iudicatus est: quia non credidit in nomine unigeniti Filii Dei. Hoc est autem iudicium: quia lux 19 uenit in mundum, et dilexerunt homines magis tenebras quam lucem: erant enim eorum mala opera. Omnis enim qui mala agit, odit 20 lucem, et non uenit ad lucem, ut non arguantur opera eius: qui autem facit ueritatem, 21 uenit ad lucem, ut manifestentur eius opera, quia in Deo sunt facta.

Post haec uenit Iesus et discipuli eius in 22 Iudaeam terram: et illic demorabatur cum 25/3 eis, et baptizabat. Erat autem et Iohannes 23 baptizans in Aenon, iuxta Salim, quia aquae multae erant illic: et adueniebant, et baptiza- 26/4 bantur. Nondum enim missus fuerat in car- 24 27/10 cerem Iohannes. Facta est ergo quaestio ex 25 discipulis Iohannis cum Iudaeis de purificatione. Et uenerunt ad Iohannem, et dixe- 26 runt ei: Rabbi, qui erat tecum trans Iordanen, cui tu testimonium perhibuisti, ecce hic baptizat, et omnes ueniunt ad eum. Respondit 27

Rom. 5. 8,
8. 32.
1 Ioh. 4. 9, 10.

5. 22, 12. 47.
8. 15,16, 9. 39.

36.
5. 24.

1. 4, 5, 9.
8. 12, 9. 39.
12. 47, 48.

Eph. 5. 13.

4. 1, 2, 5. 1.

5. 35.
Mt. 4. 12,
14. 3.

Ioh. 1. 29-36.

1 Cor. 4. 7.

---

[15] ipso: ipsum 𝕾ℭ [16] > Deus dilexit 𝕾ℭ [18] credidit: credit 𝕾ℭ [20] male agit 𝕾ℭ [21] > opera eius 𝕾ℭ [22] > terram Iudaeam 𝕾ℭ [23] Aennon 𝕾ℭ veniebant 𝕾ℭ [24] > Ioannes in carcerem 𝕾ℭ [25] ergo: autem 𝕾ℭ [26] Iordanem 𝕾ℭ

Iohannes, et dixit: Non potest homo accipere quicquam, nisi ei fuerit datum de caelo.

28 Ipsi uos mihi testimonium perhibetis, quod $\frac{28}{1}$
dixerim: Ego non sum Christus: sed quia
29 missus sum ante illum.   Qui habet sponsam, $\frac{29}{10}$
sponsus est: amicus autem sponsi, qui stat,
et audit eum, gaudio gaudet propter uocem
sponsi.   Hoc ergo gaudium meum impletum
30 est.   Illum oportet crescere, me autem minui.
31   Qui de sursum uenit, supra omnes est.   Qui
est de terra, de terra est, et de terra loquitur.
32 Qui de caelo uenit, supra omnes est. ¹ Et quod
uidit et audiuit, hoc testatur: et testimonium
33 eius nemo accipit.   Qui accipit eius testimo
34 nium, signauit quia Deus uerax est.   Quem
enim misit Deus, uerba Dei loquitur: non enim
35 ad mensuram dat Deus spiritum.   Pater dili- 30/3
36 git Filium, et omnia dedit in manu eius.   Qui 31/10
credit in Filium, habet uitam aeternam: qui
autem incredulus est Filio, non uidebit uitam,
sed ira Dei manet super eum.

4   Ut ergo cognouit Iesus quia audierunt Pharisaei quia Iesus plures discipulos facit et bapti
2 zat, quam Iohannes: quamquam Iesus non
3 baptizaret, sed discipuli eius: reliquit Iu- 32/7
4 daeam, et abiit iterum in Galilaeam. Oportebat 33/10
5 autem eum transire per Samariam.   Uenit ergo
in ciuitatem Samariae quae dicitur Sichar: iuxta praedium, quod dedit Iacob Ioseph filio suo.
6 ¹ Erat autem ibi fons Iacob.   Iesus ergo fatigatus ex itinere, sedebat sic super fontem.   Hora

margin references (left):
1. 20, 23, 27.
Mc. 1. 2.
Act. 19. 4.
Mt. 9. 15,
Mc. 2. 19,
Lc. 5. 34.

8. 23.
1 Cor. 15. 47.

7. 38, 39.

5. 20, 17. 2.
Mt. 11. 27,
28. 18.
1 Ioh. 5. 12.
Ioh.11.25,26.
8. 24.

3. 22, 26.

Lc. 9. 52.

Gen. 33. 19.
Ios. 24. 32.

---

²⁷ > fuerit ei 𝔖ℭ   ²⁸ > Non sum ego 𝔖ℭ   ³¹ super
bis 𝔖ℭ   ³³ qui + autem 𝔖   accepit 𝔖ℭ   4. ¹ quia
sec. : quòd 𝔖ℭ   ⁴ per + mediam 𝔖   ⁵ Sichar V𝔖ℭ : Sychar
codd. plur.   ⁶ supra 𝔖ℭ   hora + autem 𝔖
244

erat quasi sexta. Uenit mulier de Samaria 7
haurire aquam. Dicit ei Iesus: Da mihi bibere. Discipuli enim eius abierant in ciuita- 8
tem ut cibos emerent. Dicit ergo ei mulier 9
illa Samaritana: Quomodo tu Iudaeus cum
sis, bibere a me poscis, quae sum mulier Samaritana? non enim coutuntur Iudaei Samari-
tanis. Respondit Iesus et dixit ei: Si scires 10
donum Dei, et quis est qui dicit tibi: Da mihi
bibere, tu forsitan petisses ab eo, et dedisset
tibi aquam uiuam. Dicit ei mulier: Domine, 11
neque in quo haurias habes, et puteus altus
est: unde ergo habes aquam uiuam? Num- 12
quid tu maior es patre nostro Iacob, qui dedit
nobis puteum, et ipse ex eo bibit, et filii eius,
et pecora eius? Respondit Iesus, et dixit ei: 13
Omnis qui bibit ex aqua hac, sitiet iterum:
qui autem biberit ex aqua, quam ego dabo ei,
non sitiet in aeternum: sed aqua, quam ego 14
dabo ei, fiet in eo fons aquae salientis in uitam
aeternam. Dicit ad eum mulier: Domine, 15
da mihi hanc aquam, ut non sitiam, neque
ueniam huc haurire. Dicit ei Iesus: Uade, 16
uoca uirum tuum, et ueni huc. Respondit 17
mulier et dixit: Non habeo uirum. Dicit ei
Iesus: Bene dixisti, quia non habeo uirum:
quinque enim uiros habuisti, et nunc quem 18
habes, non est tuus uir: hoc uere dixisti. Di- 19
cit ei mulier: Domine, uideo quia propheta
es tu. Patres nostri in monte hoc adorauerunt, 20
et uos dicitis, quia in Hierosolymis est locus
ubi adorare oportet. Dicit ei Iesus: Mulier, 21
crede mihi, quia uenit hora, quando neque in
monte hoc, neque in Hierosolymis, adorabitis

Lc. 9. 53.
Ecclus. 50.
27. 28.

7. 38, 39.
Es. 12. 3.

8. 53.

6. 35, 49, 53.
Es. 55. 2.

6. 14, 9. 17.

Dt. 12. 5.
27. 12.

Act. 6. 14.

[18] nunc: hunc G𝔖   [20] in *sec. om.* 𝔖ℭ

4Reg.(2Reg.) 22 Patrem. Uos adoratis quod nescitis : nos ado-
17. 28-34.   ramus quod scimus, quia salus ex Iudaeis est.
Es. 2. 3.

5. 25, 16. 32. 23 Sed uenit hora et nunc est, quando ueri ado-
Eph. 2. 18.   ratores adorabunt Patrem in spiritu et ueritate.
Nam et Pater tales quaerit, qui adorent eum.

2 Cor. 3. 17. 24 Spiritus est Deus : et eos, qui adorant eum,

Ioh. 1. 41. 25 in spiritu et ueritate oportet adorare. Dicit ei
Dt. 18. 18.   mulier : Scio quia Messias uenit, qui dicitur
Christus : cum ergo uenerit, ille nobis adnun-

8. 58, 9. 35-37. 26 tiabit omnia. Dicit ei Iesus : Ego sum, qui
Mt. 26. 64.   loquor tecum.
Mc. 8. 29.

27   Et continuo uenerunt discipuli eius : et mirabantur quia cum muliere loquebatur. Nemo
tamen dixit : Quid quaeris, aut quid loqueris
28 cum ea ? Reliquit ergo hydriam suam mulier,
et abiit in ciuitatem, et dicit illis hominibus :
29 Uenite, uidete hominem, qui dixit mihi omnia
quaecumque feci : numquid ipse est Christus ?
30 Exierunt de ciuitate, et ueniebant ad eum. In-
31 terea rogabant eum discipuli, dicentes : Rabbi,
32 manduca. Ille autem dixit eis : Ego cibum
33 habeo manducare, quem uos non scitis. Dicebant ergo discipuli ad inuicem : Numquid ali-

17. 4. 34 quis attulit ei manducare ? Dicit eis Iesus :
Mt. 4. 4.   Meus cibus est ut faciam uoluntatem eius qui
Lc. 4. 4.

Mt. 9. 27. 35 misit me : ut perficiam opus eius. Nonne uos
Lc. 10. 2.   dicitis, quod adhuc quattuor menses sunt, et
Mc. 4. 29.   messis uenit ? Ecce dico uobis : Leuate oculos uestros et uidete regiones, quia albae sunt
36 iam ad messem. Et qui metit, mercedem accipit, et congregat fructum in uitam aeternam :
ut et qui seminat simul gaudeat; et qui metit.

Mic. 6. 15. 37 In hoc enim est uerbum uerum : quia alius est

---

25 *disting.* uenerit ille, nobis 𝕾ℭ   29 uenite + et 𝕾ℭ   30 exierunt + ergo 𝕾ℭ   32 dicit 𝕾ℭ   non scitis : nescitis 𝕾ℭ

qui seminat, et alius est qui metit. Ego misi 38
uos metere quod uos non laborastis : alii labo-
rauerunt, et uos in laborem eorum introistis.

Ex ciuitate autem illa multi crediderunt in 39
eum Samaritanorum, propter uerbum mulieris
testimonium perhibentis : Quia dixit mihi omnia quaecumque feci. Cum uenissent ergo ad 40
illum Samaritani, rogauerunt eum ut ibi maneret : et mansit ibi duos dies. Et multo plures 41
crediderunt propter sermonem eius : et mulieri 42   1 Ioh. 4. 14.
dicebant : Quia iam non propter tuam loquel
lam credimus : ipsi enim audiuimus, et scimus
quia hic est uere Saluator mundi.

34/7   Post duos autem dies exiit inde, et abiit in 43   Mt. 4. 12,
35/1 Galilaeam. Ipse enim Iesus testimonium per- 44   Mc. 1. 14.
                                                                          Mt. 13. 57,
hibuit quia propheta in sua patria honorem non   Mc. 6. 4,
36   habet. Cum ergo uenisset in Galilaeam, ex- 45   Lc. 4. 24.
10   ceperunt eum Galilaei, cum omnia uidissent   Ioh. 2. 23.
quae fecerat Hierosolymis in die festo : et ipsi
enim uenerant in diem festum.

Uenit ergo iterum in Cana Galilaeae, ubi 46   2. 1.
37   fecit aquam uinum. Et erat quidam regulus,   Mt. 8. 5–13,
3   cuius filius infirmabatur Capharnaum. Hic 47   Lc. 7. 2–10.
cum audisset quia Iesus adueniret a Iudaea in
Galilaeam, abiit ad eum et rogabat eum ut
descenderet, et sanaret filium eius : incipiebat
enim mori. Dixit ergo Iesus ad eum : Nisi 48   2. 18, 6. 30.
signa et prodigia uideritis, non creditis. Dicit 49
ad eum regulus : Domine, descende prius
quam moriatur filius meus. Dicit ei Iesus : 50
Uade, filius tuus uiuit. Credidit homo sermoni, quem dixit ei Iesus, et ibat. Iam autem 51
eo descendente, serui occurrerunt ei, et nuntia-

---

[38] labores 𝔖ℭ   [1] crediderunt + in eum 𝔖ℭ   [42] loquelam
𝔖ℭ   [45] in *tert.* : ad 𝔖ℭ

52 uerunt dicentes, quia filius eius uiueret. Interrogabat ergo horam ab eis, in qua melius
habuerit: et dixerunt ei: Quia heri hora sep-

2. 23, 4. 39, 53 tima reliquit eum febris. Cognouit ergo pa-
41, 7. 31, 8. 30,
10. 42, 11. 45, ter, quod illa hora erat, in qua dixit ei Iesus:
12. 11, 42. Filius tuus uiuit: et credidit ipse, et domus
54 eius tota. Hoc iterum secundum signum fecit
Iesus, cum uenisset a Iudaea in Galilaeam.

6. 4. 5   Post haec erat dies festus Iudaeorum, et $\frac{38}{1}$
ascendit Iesus Hierosolymis.

2 Esdr. 3. 1, 2   Est autem Hierosolymis super probatica,
31, 12. 38. piscina, quae cognominatur Hebraice Beth-
3 saida, quinque porticus habens. In his iacebat
multitudo magna languentium, caecorum, clau-
dorum, aridorum, expectantium aquae motum.
5 Erat autem quidam homo ibi triginta et octo
6 annos habens in infirmitate sua. Hunc cum
uidisset Iesus iacentem, et cognouisset quia
multum iam tempus habet, dicit ei: Uis sanus
7 fieri? Respondit ei languidus: Domine, hominem non habeo, ut cum turbata fuerit aqua,

Mt. 9. 6, mittat me in piscinam; dum uenio enim ego,
Mc. 2. 11, 8 alius ante me descendit. Dicit ei Iesus: Surge,
Lc. 5. 24. 9 tolle grabattum tuum, et ambula. Et statim

53.quod: quia 𝔖ℭ   5. 1 Ierosolymam 𝔖ℭ   2 *om.* super 𝔖ℭ
disting. Probatica piscina, quae 𝔖ℭ   4 *omisimus uersum cum*
DZ*: +angelus autem Domini secundum tempus descendebat in
piscinam et mouebat aquam: qui ergo primus descendisset post
motum aquae sanus fiebat a quocumque languore tenebatur AFH*
etc.; +angelus autem Domini descendebat secundum tempus
in piscinam: et mouebatur aqua. Et qui prior descendisset in
piscinam post motionem aquae, sanus fiebat a quacumque detine-
batur infirmitate 𝔖ℭ *fere cum* CGH^{c}VZ^c *etc.;* +angelus autem secundum tempus descendebat et lauabatur in natatoria et mouebatur
aqua: et quisque descendisset in natatoria post motionem aquae
sanus fiebat a quacumque tenebatur infirmitate M *al.*   6 > iam
multum 𝔖ℭ   haberet 𝔖ℭ

sanus factus est homo : et sustulit grabattum
suum, et ambulabat.

Erat autem sabbatum in illo die. Dicebant 10
ergo Iudaei illi qui sanatus fuerat : Sabbatum
$\frac{39}{10}$ est, non licet tibi tollere grabattum tuum. Re- 11
spondit eis : Qui me fecit sanum, ille mihi dixit :
Tolle grabattum tuum, et ambula. Interro- 12
gauerunt ergo eum : Quis est ille homo, qui
dixit tibi, Tolle grabattum tuum, et ambula ?
Is autem qui sanus fuerat effectus, nesciebat 13
quis esset : Iesus enim declinauit, turba constituta in loco. Postea inuenit eum Iesus in 14
templo, et dixit illi : Ecce sanus factus es : iam
noli peccare, ne deterius tibi aliquid contingat.
Abiit ille homo, et nuntiauit Iudaeis quia Iesus 15
esset, qui fecit eum sanum. Propterea perse- 16
quebantur Iudaei Iesum, quia haec faciebat in
sabbato. Iesus autem respondit eis : Pater 17
meus usque modo operatur, et ego operor.
Propterea ergo magis quaerebant eum Iudaei 18
interficere : quia non solum soluebat sabbatum, sed et patrem suum dicebat Deum, aequalem se faciens Deo.

Respondit itaque Iesus, et dixit eis : 19
Amen, amen dico uobis : Non potest Filius
a se facere quicquam, nisi quod uiderit Patrem facientem : quaecumque enim ille fecerit,
haec et Filius similiter facit. Pater enim dili- 20
git Filium, et omnia demonstrat ei, quae ipse
facit : et maiora his demonstrabit ei opera, ut
uos miremini. Sicut enim Pater suscitat mor- 21
tuos et uiuificat : sic et Filius quos uult uiuifi-

Margin notes:
7. 23, 9. 14.
2 Esdr. 13.19.
Hier. 17. 21,
22.

8. 11.

9. 16.

9. 4.

3. 35.
14. 12.

---

9 homo + ille $\mathfrak{SC}$ > die illo $\mathfrak{SC}$ 11 > sanum fecit $\mathfrak{SC}$
om. tuum $\mathfrak{S}$ 13 turba constituta (*cf. Lc.* 2. 2) A*GH*, *et* quia
turba erat constituta D : a turba constituta A^{c}CFH^{c}MV $\mathfrak{SC}$, *et*
turbam constitutam Z

8. 26, 9. 39.   22 cat.   Neque enim Pater iudicat quemquam :
Act. 10. 42,   23 sed iudicium omne dedit Filio : | ut omnes
17. 31.   honorificent Filium, sicut honorificant Patrem.

Ioh. 15. 23.   Qui non honorificat Filium, non honorificat 40/1
1 Ioh. 2. 23.   24 Patrem qui misit illum.   Amen, amen dico 41/10
Lc. 10. 16.
Ioh. 8. 51.   uobis, quia qui uerbum meum audit, et credit
            ei qui misit me, habet uitam aeternam : et in
            iudicium non uenit, sed transiit a morte in ui-
Eph. 2. 1, 5.   25 tam.   Amen, amen dico uobis, quia uenit hora
11. 43.   et nunc est, quando mortui audient uocem Filii
6. 57.   26 Dei : et qui audierint, uiuent.   Sicut enim Pa-
            ter habet uitam in semet ipso : sic dedit et
Mt. 28. 18.   27 Filio uitam habere in semet ipso : et potesta-
            tem dedit ei et iudicium facere, quia Filius
         28 hominis est.   Nolite mirari hoc, quia uenit
            hora, in qua omnes qui in monumentis sunt,
Dan. 12. 2.   29 audient uocem eius, et procedent : qui bona
Apoc. 20. 12–   fecerunt, in resurrectionem uitae : qui uero
15.   mala egerunt, in resurrectionem iudicii.
19. 8. 28.   30   Non possum ego a me ipso facere quicquam.
            Sicut audio, iudico : et iudicium meum iustum
            est.   Quia non quaero uoluntatem meam, sed 42/1
8. 13–18.   31 uoluntatem eius qui misit me.   Si ego testi- 43/10
1. 19.   monium perhibeo de me, testimonium meum
         32 non est uerum.   Alius est qui testimonium
            perhibet de me : et scio quia uerum est testi-
         33 monium, quod perhibet de me.   Uos misistis
            ad Iohannem : et testimonium perhibuit ueri-
         34 tati.   Ego autem non ab homine testimonium
Mt. 14. 10.   35 accipio : sed haec dico ut uos salui sitis.   Ille
Mc. 6. 27.
Lc. 9. 9.   erat lucerna ardens et lucens : uos autem uo-
Mt. 21. 26.
Mc. 1. 5.   36 luistis exultare ad horam in luce eius.   Ego

---

22 > omne iudicium SC   24 transiet AFHMS   26 > habere
vitam SC   27 et *sec. om.* SC   28 eius : Filii Dei SC
31 me + ipso SC   32 testimonium *sec.* + eius S   35 > ad
horam exultare SC

autem habeo testimonium maius Iohanne:
opera enim quae dedit mihi Pater ut perficiam
ea, ipsa operà quae ego facio, testimonium
perhibent de me, quia Pater me misit: et qui 37
misit me Pater, ipse testimonium perhibuit de
44/3 me. Neque uocem eius umquam audistis, ne-
45/10 que speciem eius uidistis. Et uerbum eius non 38
habetis in uobis manens: quia quem misit ille,
huic uos non creditis. Scrutamini scripturas, 39
quia uos putatis in ipsis uitam aeternam habere: et illae sunt, quae testimonium perhibent de me: et non uultis uenire ad me ut 40
uitam habeatis. Claritatem ab hominibus non 41
accipio: sed cognoui uos, quia dilectionem Dei 42
non habetis in uobis. Ego ueni in nomine 43
Patris mei, et non accipitis me: si alius uenerit in nomine suo, illum accipietis. Quomodo 44
potestis uos credere, qui gloriam ab inuicem
accipitis: et gloriam quae a solo est Deo, non
quaeritis? Nolite putare quia ego accusatu- 45
rus sim uos apud Patrem: est qui accusat uos,
Moses in quo uos speratis. Si enim crederetis 46
Mosi, crederetis forsitan et mihi: de me enim
ille scripsit. Si autem illius litteris non cre- 47
ditis, quomodo meis uerbis credetis?

46/1 Post haec abiit Iesus trans mare Galilaeae, 6
quod est Tiberiadis: et sequebatur eum multi- 2
tudo magna, quia uidebant signa, quae facie-
47/3 bat super his qui infirmabantur. Subiit ergo 3
in montem Iesus: et ibi sedebat cum discipu-
48/1 lis suis. Erat autem proximum Pascha, dies 4
49/1 festus Iudaeorum. Cum subleuasset ergo ocu- 5

Marginal references:
10. 25, 38, 14. 11.
8. 18. Mt. 3. 17, 17. 5.
Lc. 24. 27, 44. Act. 17. 11. 2 Tim. 3. 15. 1 Pet. 1. 11.
Mt. 24. 5, Mc. 13. 5, 6, Lc. 21. 8. Ioh. 12. 39, 43.
12. 41. Lc. 24. 27. Dt. 18. 15. Lc. 16. 31.
1-13 Mt. 14. 13-21, 15. 32-38. Mc. 6. 32-44, 8. 1-10. Lc. 9. 10-17.
2. 13, 11. 55.

---

36 > misit me 𝔖ℭ   43 accipitis: accepistis 𝔖   44 > vos
potestis 𝔖ℭ   > Deo est 𝔖ℭ   45 *disting.* accusat vos Moyses, in
quo ℭ   47 > verbis meis 𝔖ℭ

los Iesus, et uidisset quia multitudo maxima
uenit ad eum, dicit ad Philippum : Unde eme-
6 mus panes, ut manducent hi?　Hoc autem
dicebat temtans eum : ipse enim sciebat quid
7 esset facturus.　Respondit ei Philippus : Du-
centorum denariorum panes non sufficiunt eis,
8 ut unusquisque modicum quid accipiat.　Dicit
ei unus ex discipulis eius, Andreas frater Si-
9 monis Petri : Est, puer unus hic, qui habet
quinque panes hordiacios et duos pisces : sed
10 haec quid sunt inter tantos?　Dixit ergo Iesus :
Facite homines discumbere.　Erat autem faenum multum in loco.　Discubuerunt ergo uiri,
11 numero quasi quinque milia.　Accepit ergo
panes Iesus : et cum gratias egisset, distribuit
discumbentibus : similiter et ex piscibus quan-
12 tum uolebant.　Ut autem impleti sunt, dixit
discipulis suis : Colligite quae superauerunt
13 fragmenta, ne pereant.　Collegerunt ergo, et
impleuerunt duodecim cophinos fragmentorum, ex quinque panibus hordiaciis quae su-
14 perfuerunt his qui manducauerunt.　Illi ergo
homines cum uidissent quod fecerat signum,
dicebant : Quia hic est uere propheta, qui
uenturus est in mundum.

15　Iesus ergo cum cognouisset quia uenturi
essent ut raperent eum, et facerent eum regem,
fugit iterum in montem ipse solus.
16　Ut autem sero factum est, descenderunt
17 discipuli eius ad mare.　Et cum ascendissent
nauem, uenerunt trans mare in Capharnaum :
et tenebrae iam factae erant : et non uenerat

Marginal notes:
- 4 Reg. (2 Reg.) 4. 42.
- Dt. 18. 15.　$\frac{50}{10}$
- 12. 12–15.
- 15–21
- Mt. 14. 22–33,
- Mc. 6. 45–51.　$\frac{51}{4}$

---

5 dixit 𝔖ℭ　　9 ordeaceos 𝔖ℭ　　11 > Iesus panes 𝔖ℭ
13 ordeaceis 𝔖ℭ; + et duobus piscibus 𝔖　　manducauerant 𝔖ℭ
14 quod : + Iesus 𝔖ℭ

ad eos Iesus. Mare autem, uento magno 18
flante, exsurgebat. Cum remigassent ergo 19
quasi stadia uiginti quinque aut triginta, uident Iesum ambulantem super mare, et proximum naui fieri, et timuerunt. Ille autem 20
dicit eis : Ego sum, nolite timere. Uoluerunt 21
ergo accipere eum in nauem : et statim fuit
nauis ad terram in quam ibant.

$\frac{52}{10}$ Altera die, turba quae stabat trans mare 22
uidit quia nauicula alia non erat ibi nisi una,
et quia non introisset cum discipulis suis
Iesus in nauem, sed soli discipuli eius abissent: aliae uero superuenerunt naues a Tibe- 23
riade iuxta locum ubi manducauerant panem,
gratias agente Domino. Cum ergo uidisset 24
turba quia Iesus non esset ibi neque discipuli eius, ascenderunt nauiculas, et uenerunt
Capharnaum quaerentes Iesum. Et cum in- 25
uenissent eum trans mare, dixerunt ei : Rabbi,
quando huc uenisti ? Respondit eis Iesus, et 26
dixit : Amen, amen dico uobis : Quaeritis me
non quia uidistis signa, sed quia manducastis
ex panibus, et saturati estis. Operamini non 27   Es. 55. 2.
cibum qui perit, sed qui permanet in uitam
aeternam, quem Filius hominis uobis dabit :
hunc enim Pater signauit Deus. Dixerunt 28
ergo ad eum : Quid faciemus ut operemur
opera Dei ? Respondit Iesus, et dixit eis : 29   1 Ioh. 3. 23.
Hoc est opus Dei, ut credatis in eum quem
$\frac{53}{4}$ misit ille. Dixerunt ergo ei : Quod ergo tu 30   2. 18, 4. 48.
facis signum ut uideamus, et credamus tibi ?   Mt. 12. 38.
                                                 Mc. 8. 11.
$\frac{54}{10}$ quid operaris? | Patres nostri manna manduca- 31   Ex. 16. 15, 21.

[19] supra 𝔖ℭ   [21] > nauis fuit 𝔖ℭ   [22] abijssent 𝔖ℭ
[23] gratias agente Domino GVℭ: gratias agentes Domino ACFHMZ,
et gratias agentes Deo D𝔖   [24] ascenderunt + in 𝔖ℭ   [27] > dabit
vobis 𝔖ℭ   [31] > manduc. manna 𝔖ℭ

2 Esdr. 9. 15.
Ps. 77 (78).
24, 25.
uerunt in deserto, sicut scriptum est : Pa-
32 nem de caelo dedit eis manducare. Dixit
ergo eis Iesus : Amen, amen dico uobis :
Non Moses dedit uobis panem de caelo, sed
Pater meus dat uobis panem de caelo uerum.
33 Panis enim Dei est, qui descendit de caelo, et
34 dat uitam mundo. Dixerunt ergo ad eum :

4¹, 50, 51, 58,
7. 37.
35 Domine, semper da nobis panem hunc. Dixit $\frac{55}{1}$
autem eis Iesus : Ego sum panis uitae : qui
uenit ad me, non esuriet : et qui credit in me,
36 non sitiet umquam. Sed dixi uobis quia et
37 uidistis me, et non creditis. Omne quod dat $\frac{56}{10}$
mihi Pater, ad me ueniet : et eum qui uenit

4. 34.
38 ad me, non eiciam foras : quia descendi de $\frac{57}{1}$
caelo, non ut faciam uoluntatem meam, sed

10. 28, 29,
17. 12.
39 uoluntatem eius, qui misit me. Haec est $\frac{58}{10}$
autem uoluntas eius qui misit me Patris : ut
omne quod dedit mihi, non perdam ex eo,

44, 54, 5. 29.
40 sed resuscitem illum in nouissimo die. Haec
est enim uoluntas Patris mei, qui misit me :
ut omnis qui uidet Filium, et credit in eum,
habeat uitam aeternam, et resuscitabo ego
eum in nouissimo die.

41 Murmurabant ergo Iudaei de illo, quia $\frac{59}{1}$
dixisset : Ego sum panis qui de caelo de-

Mt. 13. 55,
Mc. 6. 3,
Lc. 4. 22.
42 scendi : et dicebant : Nonne hic est Iesus
filius Ioseph, cuius nos nouimus patrem et
matrem ? Quomodo ergo dicit hic : Quia de
43 caelo descendi ? Respondit ergo Iesus, et $\frac{60}{10}$

65.
44 dixit eis : Nolite murmurare in inuicem. Nemo
potest uenire ad me, nisi Pater qui misit me,
traxerit eum : et ego resuscitabo eum in no-

---

[33] **Dei** : verus $\mathfrak{S}$ > de caelo descendit $\mathfrak{SC}$ [35] **eis** : ei $\mathfrak{SC}$*
umquam : in aeternum $\mathfrak{S}$ [36] **credidistis** $\mathfrak{S}$ [39] **illum** : illud
$\mathfrak{SC}$ [40] **enim** : autem $\mathfrak{SC}$ > ego resuscitabo $\mathfrak{SC}$ [41] **panis**
+ uiuus $\mathfrak{SC}$

uissimo die. Est scriptum in prophetis : Et 45 Es. 54. 13.
erunt omnes docibiles Dei. Omnis qui au-
61/3 diuit a Patre et didicit, uenit ad me. Non 46 1. 18.
quia Patrem uidit quisquam : nisi is qui est
62/10 a Deo, hic uidit Patrem. Amen, amen dico 47
uobis : Qui credit in me, habet uitam aeter-
63/1 nam. Ego sum panis uitae. Patres uestri 48
64/10 manducauerunt in deserto manna, et mortui 49
sunt. Hic est panis de caelo descendens : 50
ut si quis ex ipso manducauerit, non moriatur.
65/1 Ego sum panis uiuus, qui de caelo descendi. 51
Si quis manducauerit ex hoc pane, uiuet in
aeternum : et panis quem ego dabo, caro mea
est pro mundi uita.
66/10 Litigabant ergo Iudaei ad inuicem, dicentes : 52
Quomodo potest hic carnem suam nobis dare
ad manducandum? Dixit ergo eis Iesus : 53
Amen, amen dico uobis : Nisi manducaueritis
carnem Filii hominis, et biberitis eius sanguinem, non habetis uitam in uobis. Qui man- 54
ducat meam carnem, et bibit meum sanguinem, habet uitam aeternam : et ego resusci-
67/1 tabo eum in nouissimo die. Caro enim mea 55
uere est cibus : et sanguis meus uere est potus.
68/10 Qui manducat meam carnem, et bibit meum 56 15. 4, 5.
sanguinem, in me manet, et ego in illo. Sicut 57
misit me uiuens Pater, et ego uiuo propter
Patrem : et qui manducat me, et ipse uiuet
propter me. Hic est panis qui de caelo de- 58
scendit. Non sicut manducauerunt patres
uestri manna, et mortui sunt. Qui manducat
hunc panem, uiuet in aeternum. Haec dixit 59
in synagoga, docens in Capharnaum.

---

49 > manna in deserto 𝔖𝔆   51 *Inc. u.* 52 Si quis 𝔆, *deinde*
53 litigabant *etc.*   52 > nobis carnem suam 𝔖𝔆   53 habebitis 𝔖𝔆

60 Multi ergo audientes ex discipulis eius,
dixerunt : Durus est hic sermo : quis potest
61 eum audire ? Sciens autem Iesus apud semet
ipsum quia murmurarent de hoc discipuli eius,
3. 13. 62 dixit eis : Hoc uos scandalizat ? Si ergo uide-　69 / 1
Mc. 16. 19. ritis Filium hominis ascendentem ubi erat
Lc. 24. 51.
Act. 1. 9. 63 prius ? Spiritus est qui uiuificat : caro non　70/4
2 Cor. 3. 6. prodest quicquam. Uerba quae ego locutus　71/1c
64 sum, uobis spiritus et uita sunt. Sed sunt
13. 11. quidam ex uobis, qui non credunt. Sciebat　72 / 4
enim ab initio Iesus qui essent credentes, et
44. 65 quis traditurus esset eum. Et dicebat : Pro-　73 / 10
pterea dixi uobis, quia nemo potest uenire ad
me, nisi fuerit ei datum a Patre meo.

66 Ex hoc multi discipulorum eius abierunt
67 retro, et iam non cum illo ambulabant. Dixit
ergo Iesus ad duodecim : Numquid et uos
68 uultis abire ? Respondit ergo ei Simon Petrus :　74 / 1
Domine, ad quem ibimus ? uerba uitae aeter-
11. 27. 69 nae habes : et nos credidimus, et cognouimus
Mt. 16. 16, 70 quia tu es Christus Filius Dei. Respondit　75 / 10
Mc. 8. 29,
Lc. 9. 20. eis Iesus : Nonne ego uos duodecim elegi ?
Ioh. 13. 18. 71 et ex uobis unus diabolus est. Dicebat autem
Mt. 26. 14, Iudam Simonis Scariotis : hic enim erat tradi-
Mc. 14. 10;
Lc. 22. 3. turus eum, cum esset unus ex duodecim.

4. 1, 11. 8, 53, 7 Post haec ambulabat Iesus in Galilaeam :
54. non enim uolebat in Iudaeam ambulare, quia
Lcu. 23. 34. 2 quaerebant eum Iudaei interficere. Erat au-
Num. 29. 12. tem in proximo dies festus Iudaeorum, Sce-
Dt. 16. 13.
Mt. 12. 46. 3 nopegia. Dixerunt autem ad eum fratres
Mc. 3. 21, 31. eius : Transi hinc, et uade in Iudaeam, ut et
discipuli tui uideant opera tua quae facis.

---

60 sermo + et 𝔖𝕮　63 sum vobis, spiritus 𝔖𝕮　64 essent + non
V𝕮　69 credimus 𝔖　70, 71 elegi : et ... diabolus est ?
.Dicebat 𝔖𝕮　71 de Iuda 𝔖　Iscariotis 𝔖 ; Iscariotem 𝕮
7. 1 haec + autem 𝔖𝕮　2 Scenophegia 𝔖

Nemo quippe in occulto aliquid facit, et quae- 4   18. 20.
rit ipse in palam esse : si haec facis, manifesta te ipsum mundo. Neque enim fratres 5   Mt. 13. 57.
eius credebant in eum. Dicit ergo eis Iesus : 6   Mc. 3. 21.
                                           Ioh. 2. 4.
Tempus meum nondum aduenit : tempus au-
tem uestrum semper est paratum. Non potest 7   15. 18, 23, 24.
mundus odisse uos : me autem odit : quia
ego testimonium perhibeo de illo quia opera
eius mala sunt. Uos ascendite ad diem festum 8
hunc : ego non ascendo ad diem festum istum :
quia meum tempus nondum impletum est.
Haec cum dixisset, ipse mansit in Galilaea. 9
   Ut autem ascenderunt fratres eius, tunc et 10
ipse ascendit ad diem festum : non manifeste,
sed quasi in occulto. Iudaei ergo quaere- 11
bant eum in die festo, et dicebant : Ubi est
ille ? Et murmur multus de eo erat in turba. 12
Quidam enim dicebant : Quia bonus est. Alii
autem dicebant : Non, sed seducit turbas.
Nemo tamen palam loquebatur de illo propter 13
metum Iudaeorum.
   Iam autem die festo mediante, ascendit 14
Iesus in templum, et docebat. Et mirabantur 15   Lc. 4. 22.
Iudaei, dicentes : Quomodo hic litteras scit,
cum non didicerit ? Respondit eis Iesus, et 16   Ioh. 12. 49.
dixit : Mea doctrina non est mea, sed eius
qui misit me. Si quis uoluerit uoluntatem 17
eius facere, cognoscet de doctrina, utrum ex
Deo sit, an ego a me ipso loquar. Qui a 18   5. 41–44, 12.
semet ipso loquitur, gloriam propriam quaerit :   43.
qui autem quaerit gloriam eius qui misit illum,
hic uerax est, et iniustitia in illo non est.

---

  ⁴ **aliquid** : quid 𝕮 ; quidquam 𝕾   ⁷ **quia** *sec.* : quòd 𝕾𝕮
⁸ **ego** + autem 𝕾𝕮   **ascendam** 𝕾   ¹² **multum** 𝕮   > erat in
turba de eo 𝕾𝕮   ¹⁸ **illum** : cum 𝕾𝕮

Act. 7. 53. 19 Nonne Moses dedit uobis legem? et nemo
ex uobis facit legem. Quid me quaeritis in-

Mc. 3. 21. 20 terficere? Respondit turba, et dixit: Dae-
Ioh. 8. 48, 52.
10. 20.   monium habes: quis te quaerit interficere?

5. 2 9. 21 Respondit Iesus, et dixit eis: Unum opus

Gen. 17. 10. 22 feci, et omnes miramini. Propterea Moses
21. 4.
Leu. 12. 3.   dedit uobis circumcisionem: non quia ex Mose
est, sed ex patribus: et in sabbato circum-

Ioh. 5. 9. 23 ciditis hominem. Si circumcisionem accipit
homo in sabbato, ut non soluatur lex Mosi,
mihi indignamini quia totum hominem sanum

8. 15. 24 feci in sabbato? Nolite iudicare secundum
Lc. 12. 57.   faciem, sed iustum iudicium iudicate.

Ioh. 7. 1, 25   Dicebant ergo quidam ex Hierosolymis:
41, 42. 26 Nonne hic est quem quaerunt interficere? [1] Et
ecce palam loquitur, et nihil ei dicunt. Numquid uere cognouerunt principes quia hic est

6. 42. 27 Christus? Sed hunc scimus unde sit: Christus
28 autem cum uenerit, nemo scit unde sit. Cla- $\frac{76}{3}$
mabat ergo docens in templo Iesus, et dicens:
Et me scitis, et unde sim scitis: et a me ipso
non ueni, sed est uerus qui misit me, quem

Mt. 11. 27, 29 uos nescitis. Ego scio eum, quia ab ipso sum,
Lc. 10. 22.
Ioh. 8. 20. 30 et ipse me misit. Quaerebant ergo eum ad- $\frac{77}{1}$
prehendere: et nemo misit in illum manus,

4. 53. 31 quia nondum uenerat hora eius. De turba $\frac{78}{10}$
autem multi crediderunt in eum: et dicebant:
Christus cum uenerit, numquid plura signa
32 faciet quam quae hic facit? Audierunt Pharisaei turbam murmurantem de illo haec. Et $\frac{79}{1}$
miserunt principes et Pharisaei ministros ut

12. 35, 14. 19, 33 adprehenderent eum. Dixit ergo Iesus: Ad- $\frac{80}{10}$
16. 16.

[19] vobis legem: *et* facit legem? 𝕾ℭ   [25] hierusolimitanis D   [28] > Iesus
in templo docens 𝕾ℭ   [29] scio eum + et si dixero quia nescio
eum ero similis uobis mendax, et (sed Hᶜ) scio eum CF (+ et
si . . . mendax *ad fin. uers.*) HᶜZ; *ex* 8. 55   [30] ergo + eis 𝕾ℭ

huc modicum tempus uobiscum sum : et uado
$\frac{81}{10}$ ad eum qui misit me. Quaeritis me, et non 34 8. 21, 13. 33.
inuenietis : et ubi sum ego, uos non potestis
uenire. Dixerunt ergo Iudaei ad se ipsos : 35 8. 22, 12. 20.
Quo hic iturus est, quia non inueniemus eum ?
numquid in dispersionem gentium iturus est,
et docturus gentes ? Quis est hic sermo quem 36
dixit : Quaeritis me, et non inuenietis : et ubi
sum ego, uos non potestis uenire ?

In nouissimo autem die magno festiuitatis, 37 Leu. 23. 36.
stabat Iesus et clamabat, dicens : Si quis sitit, Num. 29. 35.
ueniat ad me et bibat. Qui credit in me, 38 Es. 55. 1.
sicut dixit scriptura, flumina de uentre eius Es. 12. 3,
fluent aquae uiuae. Hoc autem dixit de 39 58. 11.
Spiritu, quem accepturi erant credentes in Ioh. 20. 22.
eum : non enim erat Spiritus datus, quia Iesus Act. 2. 4, 17.
$\frac{82}{7}$ nondum fuerat glorificatus. Ex illa ergo turba 40 Dt. 18. 15.
cum audissent hos sermones eius, dicebant : Ioh. 6. 14,
Hic est uere propheta. Alii dicebant : Hic 41 52.
$\frac{83}{7}$ est Christus. Quidam autem dicebant : Num- Mic. 5. 2.
quid a Galilaea Christus uenit ? Nonne scri- 42 Mt. 2. 1.
ptura dicit, quia ex semine Dauid, et de
Bethleem castello ubi erat Dauid, uenit
84/10 Christus ? Dissensio itaque facta est in turba 43 9. 16, 10. 19.
85/1 propter eum. Quidam autem ex ipsis uole- 44
bant adprehendere eum : sed nemo misit super
illum manus.
$\frac{86}{10}$ Uenerunt ergo ministri ad Pontifices et 45
Pharisaeos. Et dixerunt eis illi : Quare non
adduxistis eum ? Responderunt ministri : 46 Mt. 7. 28, 29.
Numquam sic locutus est homo, sicut hic
homo. Responderunt ergo eis Pharisaei : 47

---

[33] > me misit 𝕾ℭ   [34] quaeretis CHMV𝕾ℭ   > ego sum 𝕾ℭ
[35] semetipsos 𝕾ℭ   [36] quaeretis MV𝕾ℭ   [38] dicit 𝕾ℭ   [39] non :
nondum 𝕾ℭ   fuerat : erat 𝕾ℭ   [41] > venit Christus 𝕾ℭ
[42] Bethlehem 𝕾ℭ   [44] illum : eum 𝕾ℭ   [45] eum : illum 𝕾ℭ

12. 42. 48 Numquid et uos seducti estis? | Numquid
aliquis ex principibus credidit in eum, aut ex
49 Pharisaeis? sed turba haec quae non nouit
50 legem, maledicti sunt. Dicit Nicodemus ad
eos, ille qui uenit ad eum nocte, qui unus

Act. 23. 3; 51 erat ex ipsis: Numquid lex nostra iudicat
25. 16. hominem, nisi audierit ab ipso prius, et co-

41, 1. 46. 52 gnouerit quid faciat? Responderunt, et dixerunt ei: Numquid et tu Galilaeus es? Scru-
tare et uide quia propheta a Galilaea non
surgit.

53 Et reuersi sunt unusquisque in domum
8 suam. Iesus autem perrexit in montem Oli-
2 ueti: et diluculo iterum uenit in templum, et
omnis populus uenit ad eum, et sedens doce-
3 bat eos. Adducunt autem scribae et Pharisaei mulierem in adulterio deprehensam:
4 et statuerunt eam in medio: | et dixerunt ei:
Magister, haec mulier modo· deprehensa est

Leu. 20. 10. 5 in adulterio. In lege autem Moses mandauit
Dt. 22. 22-24. nobis huiusmodi lapidare. Tu ergo quid dicis?
6 Haec autem dicebant temtantes eum, ut pos-
sent accusare eum. Iesus autem inclinans se

Dt. 17. 7. 7 deorsum, digito scribebat in terra. Cum autem
perseuerarent interrogantes eum, erexit se, et
dixit eis: Qui sine peccato est uestrum, primus
8 in illam lapidem mittat. Et iterum se in-
9 clinans, scribebat in terra. Audientes autem
unus post unum exiebant, incipientes a senioribus: et remansit solus, et mulier in medio
10 stans. Erigens autem se Iesus, dixit ei: Mu-

---

48 > ex principibus aliquis 𝕾ℭ   51 > prius audierit ab ipso
𝕾ℭ   52 scrutare + Scripturas 𝕾ℭ   > a Galilaea propheta 𝕾ℭ
8. 6 haec : hoc 𝕾ℭ   7 autem : ergo 𝕾ℭ   9 autem + haec 𝕾
exibant 𝕾ℭ   solus + Iesus 𝕾ℭ

lier, ubi sunt? nemo te condemnauit? ¹ Quae 11 5. 14.
dixit : Nemo, Domine. Dixit autem Iesus :
Nec ego te condemnabo : uade, et amplius
iam noli peccare.

Iterum ergo locutus est eis Iesus, dicens : 12 1. 5, 9. 5, 12.
Ego sum lux mundi : qui sequitur me, non   46.
  Es. 49. 6.
ambulabit in tenebris, sed habebit lucem
uitae. Dixerunt ergo ei Pharisaei : Tu de 13
te ipso testimonium perhibes : testimonium
tuum non est uerum. Respondit Iesus, et 14 5. 31.
dixit eis : Etsi ego testimonium perhibeo de
me ipso, uerum est testimonium meum : quia
scio unde ueni, et quo uado : uos autem nescitis unde uenio, aut quo uado. Uos secun- 15 7. 24.
dum carnem iudicatis : ego non iudico quemquam : et si iudico ego, iudicium meum 16 5. 30.
uerum est, quia solus non sum : sed ego, et
qui me misit Pater. Et in lege uestra scri- 17 Num. 35. 30.
ptum est, quia duorum hominum testimonium   Dt. 17. 6.
  19. 15.
uerum est. Ego sum qui testimonium per- 18
hibeo de me ipso : et testimonium perhibet
de me, qui misit me Pater. Dicebant ergo 19 14. 8.
87/3 ei : Ubi est Pater tuus? Respondit Iesus :
Neque me scitis, neque Patrem meum : si
me sciretis, forsitan et Patrem meum sciretis.
88/1 Haec uerba locutus est in gazophylacio, do- 20 7. 30.
cens in templo : et nemo adprehendit eum,
quia necdum uenerat hora eius.
89/10 Dixit ergo iterum eis Iesus : Ego uado, et 21 7. 34.
quaeritis me, et in peccato uestro moriemini.
Quo ego uado, uos non potestis uenire. Dice- 22 7. 35.

---

¹⁰ ubi sunt *sine addit.* AMZ : +qui te accusabant C(D)FGH
VSℭ   ¹¹ > iam amplius Sℭ   ¹² ambulat Sℭ   lucem
lumen Sℭ   ¹⁶ > misit me Sℭ   ²⁰ est + Iesus Sℭ   ²¹ quaeretis Sℭ

bant ergo Iudaei : Numquid interficiet semet
ipsum, quia dicit: Quo ego uado, uos non pote-

3. 31. 23 stis uenire ? Et dicebat eis : Uos de deorsum
estis, ego de supernis sum. Uos de mundo
hoc estis, ego non sum de hoc mundo :

24 Dixi ergo uobis quia moriemini in peccatis
uestris : si enim non credideritis quia ego sum,

25 moriemini in peccato uestro. Dicebant ergo
ei : Tu quis es ? Dixit eis Iesus : Principium,

16. 12. 26 quia et loquor uobis. Multa habeo de uobis
loqui et iudicare. Sed qui misit me, uerax
est : et ego quae audiui ab eo, haec loquor in

27 mundo. Et non cognouerunt quia Patrem

3. 14. 12. 32. 28 eis dicebat. Dixit ergo eis Iesus : Cum ex-
altaueritis Filium hominis, tunc cognoscetis
quia ego sum, et a me ipso facio nihil, sed

29 sicut docuit me Pater, haec loquor : et qui
me misit, mecum est : non reliquit me solum :
quia ego quae placita sunt ei facio semper.

4. 53. 30 Haec illo loquente, multi crediderunt in eum.

15. 7, 8. 31 Dicebat ergo Iesus ad eos qui crediderunt
ei Iudaeos : Si uos manseritis in sermone meo,

32 uere discipuli mei eritis : et cognoscetis ueri-

2 Esdr. 9. 36. 33 tatem, et ueritas liberabit uos. Responderunt ei : Semen Abrahae sumus, et nemini
seruiuimus umquam : quomodo tu dicis : Li-

Rom. 6. 16- 34 beri eritis ? Respondit eis Iesus : Amen, a-
20.
2 Pet. 2. 19. men dico uobis, quia omnis qui facit pecca-
Gen. 21. 10. 35 tum, seruus est peccati. Seruus autem non
Gal. 4. 30. manet in domo in aeternum : filius manet in

36 aeternum. Si ergo filius uos liberauerit, uere

37 liberi eritis. Scio quia filii Abrahae estis :

²² dixit 𝔖ℭ ²³ de superius 𝔖 ²⁵ principium, quia ACF
HZ : principium quod DGM, principium, qui V𝔖ℭ ²⁶ > me
misit 𝔖ℭ ²⁷ eis : eius 𝔖ℭ dicebat + Deum 𝔖ℭ ²⁹ est +
et 𝔖ℭ ³⁵ filius + autem 𝔖ℭ ³⁶ > uos filius 𝔖ℭ

sed quaeritis me interficere, quia sermo meus
non capit in uobis. Ego quod uidi apud Pa- 38
trem, loquor : et uos quae uidistis apud patrem
uestrum, facitis. Responderunt et dixerunt 39
ei : Pater noster Abraham est. Dicit eis Iesus : Si filii Abrahae estis, opera Abrahae facite. Nunc autem quaeritis me interficere, 40
hominem qui ueritatem uobis locutus sum,
quam audiui a Deo : hoc Abraham non fecit.
' Uos facitis opera patris uestri. Dixerunt ita- 41 Os. 2. 4.
que ei : Nos ex fornicatione non sumus nati : Dt. 32. 6.
Es. 63. 16,
unum patrem habemus Deum. Dixit ergo 42 64. 8.
eis Iesus: Si Deus pater uester esset, diligeretis 1 Ioh. 5. 1.
16. 28.
utique me : ego enim ex Deo processi, et ueni :
neque enim a me ipso ueni, sed ille me misit.
Quare loquellam meam non cognoscitis? 43 7. 17.
Quia non potestis audire sermonem meum.
Uos ex patre diabolo estis : et desideria patris 44 1 Ioh. 3. 8-12.
uestri uultis facere. Ille homicida erat ab Sap. 2. 24.
initio, et in ueritate non stetit, quia non est
ueritas in eo : cum loquitur mendacium, ex
propriis loquitur : quia mendax est, et pater
eius. Ego autem quia ueritatem dico, non 45 5. 47.
creditis mihi. Quis ex uobis arguit me de 46 2 Cor. 5. 21.
peccato? Si ueritatem dico, quare uos non cre- Heb. 4. 15.
1 Pet. 2. 22.
ditis mihi? Qui est ex Deo, uerba Dei au- 47 18. 37.
dit : propterea uos non auditis, quia ex Deo 1 Ioh. 4. 6.
non estis. Responderunt igitur Iudaei, et 48 7. 20.
dixerunt ei : Nonne bene dicimus nos quia
Samaritanus es tu, et daemonium habes?
Respondit Iesus : Ego daemonium non ha- 49
beo : sed honorifico Patrem meum, et uos

---

[38] Patrem + meum 𝕾𝕮   [43] loquelam 𝕾𝕮   [45] quia : si 𝕾𝕮
[46] arguet 𝕾𝕮   dico + vobis 𝕾𝕮   om. uos 𝕾𝕮   [47] > ex Deo
est 𝕾𝕮   [48] igitur : ergo 𝕾𝕮

5. 41. 50 inhonoratis me.　Ego autem non quaero glo-
5. 24, 11. 26. 51 riam meam: est qui quaerit, et iudicat.　A-
men, amen dico uobis: Si quis sermonem
meum seruauerit, mortem non uidebit in ae-
52 ternum.　Dixerunt ergo Iudaei: Nunc cognouimus quia daemonium habes.　Abraham
mortuus est, et prophetae: et tu dicis: Si
quis sermonem meum seruauerit, non gustabit
4. 12. 53 mortem in aeternum.　Numquid tu maior es
patre nostro Abraham, qui mortuus est: et
prophetae mortui sunt?　Quem te ipsum facis?
54 Respondit Iesus: Si ego glorifico me ipsum,
gloria mea nihil est: est Pater meus qui glo-
rificat me, quem uos dicitis, quia Deus noster
7. 29, 17. 25. 55 est: ¹ et non cognouistis eum: ego autem noui
eum: et si dixero quia non scio eum, ero
similis uobis mendax.　Sed scio eum, et ser-
Heb. 11. 13. 56 monem eius seruo.　Abraham pater uester
exultauit ut uideret diem meum: et uidit et
57 gauisus est.　Dixerunt ergo Iudaei ad eum:
Quinquaginta annos nondum habes, et Abra-
17. 5. 58 ham uidisti?　Dixit eis Iesus: Amen, amen
Ex. 3. 14. dico uobis: Ante quam Abraham fieret, ego
10. 31. 59 sum.　Tulerunt ergo lapides, ut iacerent in
eum: Iesus autem abscondit se, et exiuit de
templo.

Act. 3. 2, 9　Et praeteriens uidit hominem caecum a
14. 8. 2 natiuitate: et interrogauerunt eum discipuli
Sap. 8. 19, 20. sui: Rabbi, quis peccauit, hic aut parentes
Lc. 13. 2, 4. 3 eius, ut caecus nasceretur?　Respondit Iesus:
Ex. 20. 5. Neque hic peccauit, neque parentes eius: sed
5. 17, 20. 4 ut manifestentur opera Dei in illo.　Me opor-
11. 9, 12. 35.

---

⁴⁹ inhonorastis 𝔖ℭ　　⁵⁰ quaerat, et iudicet 𝔖ℭ　　⁵⁴ ego :
ergo ℭ*　　noster : vester 𝔖ℭ　　⁵⁶ et *pr. om.* 𝔖ℭ　　9. ¹ praeteriens + Iesus 𝔖ℭ　　² sui : eius 𝔖ℭ

tet operari opera eius qui misit me, donec
dies est: uenit nox, quando nemo potest operari. Quamdiu in mundo sum, lux sum mundi. 5
Haec cum dixisset, expuit in terram, et fecit 6
lutum ex sputo, et leuit lutum super oculos
eius, ¹ et dixit ei: Uade, laua in natatoria Siloae: 7
quod interpretatur Missus. Abiit ergo et lauit,
et uenit uidens. Itaque uicini, et qui uide- 8
bant eum prius quia mendicus erat, dicebant:
Nonne hic est, qui sedebat et mendicabat?
Alii dicebant: Quia hic est. ¹ Alii autem: 9
Nequaquam, sed similis est eius. Ille dicebat: Quia ego sum. Dicebant ergo ei: Quo- 10
modo aperti sunt oculi tibi? Respondit: Ille 11
homo qui dicitur Iesus, lutum fecit, et unxit
oculos meos, et dixit mihi: Uade ad nata-
toriam Siloae, et laua. Et abii, et laui, et uidi.
¹ Dixerunt ei: Ubi est? Ille ait: Nescio. 12
Adducunt eum ad Pharisaeos, qui caecus 13
fuerat. Erat autem sabbatum quando lutum 14
fecit Iesus, et aperuit oculos eius. Iterum 15
ergo interrogabant eum Pharisaei quomodo
uidisset. Ille autem dixit eis: Lutum posuit
mihi super oculos, et laui, et uideo. Dice- 16
bant ergo ex Pharisaeis quidam: Non est hic
homo a Deo, quia sabbatum non custodit.
Alii dicebant: Quomodo potest homo peccator haec signa facere? Et schisma erat in eis.
Dicunt ergo caeco iterum: Tu quid dicis de 17
eo qui aperuit oculos tuos? Ille autem dixit:

Marginal references:
1. 4, 5, 9, 8. 12.
Mc. 7. 33,
8. 23.

5. 9.

5. 10, 7. 23.
Lc. 13. 14,
14. 3.

⁵ > sum in mundo 𝔖ℭ   ⁶ leuit: liniuit 𝔖ℭ   ⁷ uade + et 𝔖
Siloe 𝔖ℭ, *et* 11   ⁸ viderant 𝔖ℭ   ⁹ eius: ei 𝔖ℭ   ille +
vero 𝔖ℭ   ¹⁰ > tibi oculi 𝔖ℭ   ¹¹ natatoria 𝔖ℭ   uidi:
video 𝔖ℭ   ¹² + Et *ad init.* 𝔖ℭ   *disting.* ubi est ille? Ait DHᶜ
VZ𝔖ℭ   ¹⁵ > mihi posuit 𝔖ℭ   ¹⁶ quia: qui 𝔖ℭ   alii +
autem 𝔖ℭ   scisma 𝔖ℭ (92)   in eis: inter eos 𝔖ℭ   ¹⁷ eo: illo 𝔖ℭ

4. 19. 6. 14. 18 Quia propheta est. ¹ Non crediderunt ergo
Iudaei de illo, quia caecus fuisset et uidisset,
donec uocauerunt parentes eius qui uiderat.
19 Et interrogauerunt eos, dicentes: Hic est filius
uester, quem uos dicitis quia caecus natus est?
20 Quomodo ergo nunc uidet? ¹ Responderunt
eis parentes eius, et dixerunt: Scimus quia
hic est filius noster, et quia caecus natus est:
21 ¹ quomodo autem nunc uideat, nescimus: aut
quis eius aperuit oculos, nos nescimus: ipsum
interrogate: aetatem habet, ipse de se loqua-

7. 13, 12. 42. 22 tur. Haec dixerunt parentes eius, quia time-
16. 2. bant Iudaeos: iam enim conspirauerant Iudaei, ut si quis eum confiteretur Christum,
23 extra synagogam fieret. Propterea parentes
eius dixerunt: Quia aetatem habet, ipsum in-

Ios. 7. 19. 24 terrogate. Uocauerunt ergo rursum hominem
qui fuerat caecus, et dixerunt ei: Da gloriam
Deo: nos scimus quia hic homo peccator est.
25 Dixit ergo ille: Si peccator est, nescio: unum
scio, quia caecus cum essem, modo uideo.
26 Dixerunt ergo illi: Quid fecit tibi? quomodo
27 aperuit tibi oculos? Respondit eis: Dixi
uobis iam, et audistis: quid iterum uultis audire? numquid et uos uultis discipuli eius
28 fieri? Maledixerunt ei, et dixerunt: Tu discipulus illius es: nos autem Mosi discipuli
29 sumus. Nos scimus quia Mosi locutus est
30 Deus: hunc autem nescimus unde sit. Respondit ille homo, et dixit eis: In hoc enim
mirabile est quia uos nescitis unde sit: et

Iob. 27. 9. 31 aperuit meos oculos. Scimus autem quia
Es. 1. 15. peccatores Deus non audit: sed si quis Dei
Hier. 11. 11,

---

²² quia : quoniam 𝔖ℭ　　confiteretur + esse 𝔖ℭ　　²⁵ ergo +
eis 𝔖ℭ　　²⁸ maledixerunt + ergo 𝔖ℭ　　es : sis 𝔖ℭ

cultor est, et uoluntatem eius facit, hunc ex-
audit.   A saeculo non est auditum quia aperuit quis oculos caeci nati.   Nisi esset hic a
Deo, non poterat facere quicquam.   Responderunt et dixerunt ei : In peccatis natus es
totus, et tu doces nos ?   Et eiecerunt eum
foras.

Audiuit Iesus quia eiecerunt eum foras : et
cum inuenisset eum, dixit ei : Tu credis in
Filium Dei ?   Respondit ille, et dixit : Quis
est, Domine, ut credam in eum ?   Et dixit
ei Iesus : Et uidisti eum, et qui loquitur tecum, ipse est.   At ille ait : Credo, Domine.
Et procidens adorauit eum. ¹ Dixit ei Iesus :
In iudicium ego in hunc mundum ueni : ut
qui non uident uideant, et qui uident caeci
fiant.   Et audierunt ex Pharisaeis, qui cum
ipso erant, et dixerunt ei : Numquid et nos
caeci sumus ?   Dixit eis Iesus : Si caeci essetis, non haberetis peccatum : nunc uero dicitis : Quia uidemus. Peccatum uestrum manet.

Amen, amen dico uobis : Qui non intrat **10**
per ostium in ouile ouium, sed ascendit ali-
unde, ille fur est et latro.   Qui autem intrat per ostium, pastor est ouium.   Huic
ostiarius aperit, et oues uocem eius audiunt :
et proprias oues uocat nominatim, et educit
eas.   Et cum proprias oues emiserit, ante
eas uadit : et oues illum sequuntur, quia sciunt
uocem eius.   Alienum autem non sequentur,
sed fugient ab eo : quia non nouerunt uocem
alienorum.   Hoc prouerbium dixit illis Iesus.

Margin references:
14. 12.
Act. 10. 35.
Iac. 5. 16.
10. 21.
Ps. 50. 7 (51. 5).
4. 26.
3. 19, 5. 22.
Lc. 2. 34.
Mt. 23. 16.
Rom. 2. 19.
15. 22, 24.
Prou. 26. 12
16. 25, 29.

Verse numbers: 32 33 34 35 36 37 38 39 40 41 · 2 3 4 5 6

---

³² > quis aperuit 𝔖ℭ   ³⁹ dixit ei : et dixit ℭ ; et dixit ei 𝔖
⁴⁰ audierunt + quidam 𝔖ℭ   10. ⁵ sequuntur 𝔖ℭ   fugiunt 𝔖ℭ
⁶ illis : eis 𝔖ℭ

Illi autem non cognouerunt quid loqueretur eis.

7 Dixit ergo eis iterum Iesus : Amen, amen dico uobis, quia ego sum ostium ouium.

Hier. 23. 1, 2.
Ezec. 34. 2, 14.
Ioh. 14. 6.
Ps. 22 (3). 1, 2.
Es. 40. 11.

8 Omnes quotquot uenerunt, fures sunt et la- 9 trones : sed non audierunt eos oues. Ego sum ostium. Per me si quis introierit, salua- bitur : et ingredietur et egredietur, et pascua 10 inueniet. Fur non uenit nisi ut furetur, et ma- ctet, et perdat. Ego ueni ut uitam habeant,

Lc. 15. 4–7.
Ioh. 15. 13.

11 et abundantius habeant. Ego sum pastor bonus. Bonus pastor animam suam dat pro

Zach. 11. 17,
13. 7.
Act. 20. 29.
1 Pet. 5. 2, 3.

12 ouibus. Mercennarius, et qui non est pastor, cuius non sunt oues propriae, uidet lupum uenientem, et dimittit oues et fugit : et lupus 13 rapit et dispergit oues : mercennarius autem fugit, quia mercennarius est, et non pertinet 14 ad eum de ouibus. Ego sum pastor bonus : et cognosco meas, et cognoscunt me meae.

Mt. 11. 27.
Lc. 10. 22.
Es. 56. 8.
Ez. 34. 11–13.
Eph. 2. 13–18.
1 Pet. 2. 25.

15 Sicut nouit me Pater, et ego agnosco Patrem. 90/3 16 Et animam meam pono pro ouibus. Et alias 91/4 92/10 oues habeo, quae non sunt ex hoc ouili : et illas oportet me adducere, et uocem meam audient : et fiet unum ouile, et unus pastor.

Phil. 2. 9.
19. 11.

17 Propterea me Pater diligit : quia ego pono 18 animam meam, ut iterum sumam eam. Nemo tollit eam a me : sed ego pono eam a me ipso : potestatem habeo ponendi eam : et po- testatem habeo iterum sumendi eam. Hoc mandatum accepi a Patre meo.

7. 43, 9. 16.
7. 20, 8. 48, 52.
Mc. 3. 21.

19 Dissensio iterum facta est inter Iudaeos 20 propter sermones hos. Dicebant autem multi

---

8 sed : et 𝔖ℭ   11 ouibus + suis 𝔖ℭ   12 mercennarius +
autem 𝔖ℭ   14 cognosco + oues 𝔖   15 ouibus + meis 𝔖ℭ
17 > diligit Pater 𝔖ℭ   18 ipso + et 𝔖ℭ

ex ipsis : Daemonium habet, et insanit : quid
eum auditis ? Alii dicebant : Haec uerba 21
non sunt daemonium habentis : numquid
daemonium potest caecorum oculos aperire?
Facta sunt autem Encenia in Hierosolymis: 22   1 Macc. 4. 59,
et hiems erat. Et ambulabat Iesus in templo, 23   2 Macc. 10. 5,
                                                  6.
in porticu Salomonis. Circumdederunt ergo 24   Act. 3. 11, 5.
                                                  12.
eum Iudaei, et dicebant ei : Quo usque animam nostram tollis? si tu es Christus, dic
nobis palam. Respondit eis Iesus : Loquor 25   5. 17-47, 8. 12.
uobis, et non creditis. Opera, quae ego facio   38, 5. 36, 14.
                                                  11.
in nomine Patris mei, haec testimonium per-
hibent de me : sed uos non creditis, quia non 26   10. 3, 8. 47.
estis ex ouibus meis. Oues meae uocem meam 27   10. 4, 14, 16.
audiunt : et ego cognosco eas, et sequuntur
me : | et ego uitam aeternam do eis : et non 28   6. 27, 17. 12,
                                                  18. 9.
peribunt in aeternum, et non rapiet eas quis-   1 Ioh. 5. 11.
quam de manu mea. Pater meus quod dedit 29
mihi, maius omnibus est : et nemo potest rapere de manu Patris mei. Ego et Pater unum 30   8. 58, 59.
sumus. Sustulerunt lapides Iudaei, ut lapi- 31
darent eum. Respondit eis Iesus : Multa 32   5. 17, 18.
opera bona ostendi uobis ex Patre meo : pro-
pter quod eorum opus me lapidatis ? Respon- 33   Leu. 24. 16.
derunt ei Iudaei : De bono opere non lapida-   Mt. 26. 65.
                                                  Mc.14. 63, 64.
mus te, sed de blasphemia : et quia tu homo
cum sis, facis te ipsum Deum. Respondit 34   Ps. 81 (2). 6.
eis Iesus : Nonne scriptum est in lege uestra :
quia Ego dixi dii estis? Si illos dixit deos ad 35   Mt. 5. 17, 19.
quos sermo Dei factus est, et non potest solui
scriptura : quem Pater sanctificauit, et misit 36   3. 17.
                                                  Lc. 1. 35.
in mundum, uos dicitis : Quia blasphemas :
quia dixi, Filius Dei sum ? Si non facio opera 37

---

²² Encaenia 𝔖ℭ   ³¹ sustulerunt + ergo 𝔖ℭ   ³² > bona
opera 𝔖ℭ   ³³ Iudei 𝔖

14. 11. 38 Patris mei, nolite credere mihi. Si autem
facio, etsi mihi non uultis credere, operibus
credite : ut cognoscatis et credatis quia in me
8. 59. 39 est Pater, et ego in Patre. Quaerebant ergo $\frac{93}{4}$
eum adprehendere : et exiuit de manibus
eorum.
1. 28. 40 Et abiit iterum trans Iordanen in eum
locum ubi erat Iohannes baptizans primum :
41 et mansit illic. Et multi uenerunt ad eum, $\frac{94}{10}$
et dicebant : Quia Iohannes quidem signum
fecit nullum : omnia autem quaecumque dixit
4. 53. 42 Iohannes de hoc, uera erant. Et multi crediderunt in eum.
Lc. 10. 33, 39. 11 Erat autem quidam languens Lazarus a
Bethania, de castello Mariae et Marthae so-
Ioh. 12. 3. 2 roris eius. Maria autem erat, quae unxit
Dominum ungento et extersit pedes eius
capillis suis, cuius frater Lazarus infirma-
3 batur. Miserunt ergo sorores ad eum dicentes : Domine, ecce quem amas infirmatur.
9. 3. 4 Audiens autem Iesus dixit eis : Infirmitas
haec non est ad mortem, sed pro gloria Dei,
5 ut glorificetur Filius Dei per eam. Diligebat autem Iesus Martham, et sororem eius
6 Mariam, et Lazarum. Ut ergo audiuit quia
infirmabatur, tunc quidem mansit in eodem
7 loco duobus diebus. Deinde post haec dicit
discipulis suis : Eamus in Iudaeam iterum.
8. 59, 10. 31. 8 Dicunt ei discipuli : Rabbi, nunc quaerebant
9. 4. 9 te lapidare Iudaei, et iterum uadis illuc ? Re-
1 Ioh. 2. 10. spondit Iesus : Nonne duodecim horae sunt
diei ? Si quis ambulauerit in die, non offendit,

---

³⁸ > Pater in me est 𝕊ℭ   ⁴⁰ Iordanem 𝕊ℭ   11. ¹ sororum 𝕊
³ sorores + eius 𝕊ℭ   ⁷ dixit 𝕊ℭ   ⁸ > Iudaei lapidare 𝕊ℭ
⁹ > sunt horae 𝕊ℭ

quia lucem huius mundi uidet : si autem am- 10 12. 35.
bulauerit nocte, offendit, quia lux non est in
eo.   Haec ait, et post hoc dicit eis : Lazarus 11
amicus noster dormit : sed uado ut a somno
exsuscitem eum.   Dixerunt ergo discipuli eius : 12
Domine, si dormit, saluus erit.   Dixerat au- 13
tem Iesus de morte eius : illi autem putauerunt quia de dormitione somni diceret.
Tunc ergo dixit eis Iesus manifeste : Lazarus 14
mortuus est : et gaudeo propter uos, ut cre- 15
datis, quoniam non eram ibi : sed eamus ad
eum.   Dixit ergo Thomas, qui dicitur Didy- 16   14. 5, 20. 24,
mus, ad condiscipulos : Eamus et nos, ut   21. 2.
moriamur cum eo.

Uenit itaque Iesus, et inuenit eum quattuor 17
dies iam in monumento habentem.   Erat au- 18
tem Bethania iuxta Hierosolyma quasi stadiis
quindecim.   Multi autem ex Iudaeis uenerant 19
ad Martham et Mariam, ut consolarentur eas
de fratre suo.   Martha ergo ut audiuit quia 20
Iesus uenit, occurrit illi : Maria autem domi
sedebat.   Dixit ergo Martha ad Iesum : Do- 21
mine, si fuisses hic, frater meus non fuisset
mortuus : sed et nunc scio quia quaecumque 22
poposceris a Deo, dabit tibi Deus.   Dicit illi 23
Iesus : Resurget frater tuus.   Dicit ei Martha : 24   5. 28, 29.
Scio quia resurget in resurrectione in nouis-   Dan. 12. 2.
simo die.   Dixit ei Iesus : Ego sum resur- 25   Act. 24. 15.
                                                            1 Cor. 15. 22.
rectio et uita : qui credit in me, etiamsi mor-   Ioh. 3. 36,
tuus fuerit, uiuet : et omnis qui uiuit, et credit 26   5. 24, 25.
in me, non morietur in aeternum.   Credis
hoc ?   Ait illi : Utique Domine, ego credidi, 27   6. 69, 20. 31.
                                                            Mt. 11. 3.

---

¹⁰ ambulauerit + in 𝔖ℭ   ¹¹ post haec dixit 𝔖ℭ   excitem
𝔖ℭ   ¹⁴ > Iesus dixit eis 𝔖ℭ   ¹⁶ ut : et 𝔖   ¹⁸ Ierosolymam 𝔖ℭ

quia tu es Christus, Filius Dei, qui in mundum
28 uenisti.   Et cum haec dixisset, abiit et uocauit
Mariam sororem suam silentio, dicens : Ma-
29 gister adest, et uocat te.   Illa ut audiuit, sur-
30 git cito, et uenit ad eum : nondum enim
uenerat Iesus in castellum, sed erat adhuc in
31 illo loco ubi occurrerat ei Martha.   Iudaei
igitur qui erant cum ea in domo, et consola-
bantur eam, cum uidissent Mariam quia cito
surrexit et exiit, secuti sunt eam dicentes :
Quia uadit ad monumentum, ut ploret ibi.
32 Maria ergo, cum uenisset ubi erat Iesus, uidens
eum, cecidit ad pedes eius, et dixit ei : Domine, si fuisses hic, non esset mortuus frater

13. 21. 33 meus.   Iesus ergo, ut uidit eam plorantem,
et Iudaeos qui uenerant cum ea plorantes,
34 fremuit spiritu, et turbauit se ipsum, ' et dixit :
Ubi posuistis eum ?   Dicunt ei : Domine,

Lc. 19. 41. 35 ueni, et uide.   Et lacrimatus est Iesus.   Dixe-
36 runt ergo Iudaei : Ecce quomodo amabat
37 eum.   Quidam autem dixerunt ex ipsis : Non
poterat hic, qui aperuit oculos caeci, facere ut
38 et hic non moreretur ?   Iesus ergo rursum fre-
mens in semet ipso, uenit ad monumentum.
Erat autem spelunca, et lapis superpositus
39 erat ei. ' Ait Iesus : Tollite lapidem.   Dicit ei
Martha, soror eius qui mortuus fuerat : Do-
40 mine, iam fetet, quadriduanus enim est.   Dicit
ei Iesus : Nonne dixi tibi quoniam si credi-
41 deris, uidebis gloriam Dei ?   Tulerunt ergo
lapidem.   Iesus autem eleuatis sursum oculis,
dixit : Pater, gratias ago tibi quoniam audisti

27 Dei + uiui 𝕾ℭ   in + hunc 𝕾ℭ   29 surrexit 𝕾   31 igitur :
ergo 𝕾ℭ   32 dicit 𝕾ℭ   33 infremuit 𝕾ℭ   34 et sec. bis repetitum 𝕾   37 > ex ipsis dixerunt 𝕾ℭ   caeci + nati 𝕾ℭ   om.
et 𝕾ℭ   39 foetet 𝕾ℭ   quatriduanus 𝕾ℭ   > est enim 𝕾ℭ

me. Ego autem sciebam quia semper me 42 12. 30.
audis: sed propter populum qui circumstat
dixi, ut credant quia tu me misisti. Haec 43
cum dixisset, uoce magna clamauit: Lazare,
ueni foras. Et statim prodiit qui fuerat mor- 44
tuus, ligatus pedes et manus institis: et facies
illius sudario erat ligata. Dicit Iesus eis:
Soluite eum, et sinite abire.

Multi ergo ex Iudaeis qui uenerant ad 45 4. 53.
Mariam, et uiderant quae fecit, crediderunt
in eum. Quidam autem ex ipsis abierunt ad 46 Lc. 16. 31.
Pharisaeos, et dixerunt eis quae fecit Iesus.

Collegerunt .ergo pontifices et Pharisaei 47
concilium, et dicebant: Quid facimus, quia
hic homo multa signa facit? Si dimittimus 48
eum sic, omnes credent in eum: et uenient
Romani, et tollent nostrum et locum et gentem. Unus autem ex ipsis Caiaphas, cum 49
esset pontifex anni illius, dixit eis: Uos nescitis quicquam, ' nec cogitatis quia expedit nobis 50 18. 14.
ut unus moriatur homo pro populo, et non
tota gens pereat. Hoc autem a semet ipso 51 Num. 27. 21.
non dixit: sed, cum esset pontifex anni illius, 1 Reg.
(1 Sam.) 23. 9,
prophetauit quia Iesus moriturus erat pro 28. 6, 30. 7.
gente: et non tantum pro gente, sed et ut 52 Ioh. 10. 16.
filios Dei, qui erant dispersi, congregaret in Es. 49. 6.
95 1 Ioh. 2. 2.
2 unum. Ab illo ergo die cogitauerunt ut inter- 53
4 ficerent eum.

Iesus ergo iam non in palam ambulabat 54
apud Iudaeos, sed abiit in regionem iuxta de-
96 sertum, in ciuitatem quae dicitur Ephrem: Num. 9. 10.
2 2 Par. 30. 17.
1 et ibi morabatur cum discipulis suis. Proxi- 55 18.

---

⁴⁴ dixit 𝔖ℭ > eis Iesus 𝔖ℭ ⁴⁵ Mariam + et Martham 𝔖ℭ
fecit + Iesus 𝔖ℭ ⁴⁸ et *tert. om.* 𝔖ℭ ⁴⁹ Caiphas + nomine
𝔖ℭ ⁵⁰ nobis : vobis 𝔖ℭ ⁵¹ quia : quòd 𝔖ℭ ⁵² et *sec.*
om. 𝔖ℭ

251

mum autem erat pascha Iudaeorum. Et as- **97**
cenderunt multi Hierosolyma de regione ante **10**
56 pascha, ut sanctificarent se ipsos. Quaerebant ergo Iesum : et conloquebantur ad inuicem in templo stantes : Quid putatis, quia
57 non ueniat ad diem festum ? Dederant autem
pontifices et Pharisaei mandatum, ut si quis
cognouerit ubi sit, indicet, ut adprehendant
eum.

1-8
Mt. 26. 6-13,
Mc. 14. 3-9.
Ioh. 11. 1, 43.
Lc. 10. 40-42.

Lc. 7. 37-39.

12 Iesus ergo ante sex dies paschae uenit Bethaniam, ubi fuerat Lazarus mortuus, quem **98**
2 suscitauit Iesus. Fecerunt autem ei caenam **1**
ibi : et Martha ministrabat, Lazarus uero unus
3 erat ex discumbentibus cum eo. Maria ergo
accepit libram ungenti nardi pistici, pretiosi,
et unxit pedes Iesu, et extersit capillis suis
pedes eius : et domus impleta est ex odore
4 ungenti. Dicit ergo unus ex discipulis eius,
Iudas Scariotis, qui erat eum traditurus :
5 Quare hoc ungentum non ueniit trecentis
6 denariis, et datum est egenis ? Dixit autem
hoc, non quia de egenis pertinebat ad eum,
sed quia fur erat, et loculos habens, ea quae
7 mittebantur, portabat. Dixit ergo Iesus : Sine
illam ut in diem sepulturae meae seruet illud.

Dt. 15. 11.

8 Pauperes enim semper habetis uobiscum : me
autem non semper habetis.

Ioh. 11. 56.

9 Cognouit ergo turba multa ex Iudaeis quia **99**
illic est : et uenerunt, non propter Iesum tan- **10**
tum, sed ut Lazarum uiderent, quem suscitauit
10 a mortuis. Cogitauerunt autem principes sa-
11 cerdotum ut et Lazarum interficerent : quia

---

55 Ierosolymam 𝔖𝕮   56 venit 𝔖𝕮   57 apprehendat 𝔖*   12. 1 >
Lazarus fuerat 𝔖𝕮   3 > pedes eius capillis suis 𝔖𝕮   4 dixit
𝔖𝕮 Iscariotis 𝔖𝕮   5 vaenijt 𝔖𝕮   7 Sinite 𝔖𝕮   8 habebitis *bis* 𝔖

multi propter illum abibant ex Iudaeis, et credebant in Iesum.

$\frac{100}{1}$ In crastinum autem turba multa, quae uene- 12
rat ad diem festum, cum audissent quia uenit
Iesus Hierosolyma, acceperunt ramos pal- 13
marum, et processerunt obuiam ei, et clamabant : Osanna, benedictus qui uenit in no-
$\frac{101}{7}$ mine Domini, Rex Israhel. Et inuenit Iesus 14
asellum, et sedit super eum, sicut scriptum
est: | Noli timere, filia Sion : ecce rex tuus uenit 15
$\frac{102}{10}$ sedens super pullum asinae. Haec non cogno- 16
uerunt discipuli eius primum : sed quando
glorificatus est Iesus, tunc recordati sunt quia
haec erant scripta de eo, et haec fecerunt ei.
Testimonium ergo perhibebat turba quae erat 17
cum eo quando Lazarum uocauit de monumento et suscitauit eum a mortuis. Propte- 18
rea et obuiam uenit ei turba, quia audierunt
eum fecisse hoc signum. Pharisaei ergo 19
dixerunt ad semet ipsos : Uidetis quia nihil
proficimus : ecce mundus totus post eum
abiit.

Erant autem gentiles quidam ex his qui as- 20
cenderant ut adorarent in die festo. Hi ergo 21
accesserunt ad Philippum, qui erat a Bethsaida Galilaeae, et rogabant eum, dicentes :
Domine, uolumus Iesum uidere   Uenit Phi- 22
lippus, et dicit Andreae : Andreas rursum et
$\frac{103}{4}$ Philippus dicunt Iesu. Iesus autem respon- 23
dit eis, dicens : Uenit hora, ut glorificetur Filius
$\frac{104}{10}$ hominis. Amen, amen dico uobis, nisi gra- 24
num frumenti cadens in terram mortuum fuerit,

Marginal references (right column):
12–15
Mt. 21. 4–9.
Mc. 11. 7–10.
Lc. 19. 35–38.
Ps. 117 (118).
25. 26.

14 Zach. 9. 9.

16 2. 22, 20. 9.

19 11. 47, 48.

20 7. 35.

23 13. 1, 32, 17. 1.

24 1 Cor. 15. 36.

---

12 Ierosolymam 𝔖𝔈   13 Hosanna 𝔖𝔈   disting. Hosanna
benedictus, qui 𝔖   19 proficimus? ecce 𝔖𝔈   20 > quidam
Gentiles 𝔖𝔈   22 dixerunt 𝔖𝔈   23 clarificetur 𝔖𝔈

ipsum solum manet : si autem mortuum fuerit,
25 multum fructum adfert. Qui amat animam
suam, perdet eam : et qui odit animam suam
in hoc mundo, in uitam aeternam custodit
26 eam. Si quis mihi ministrat, me sequatur : et
ubi sum ego, illic et minister meus erit. Si
quis mihi ministrauerit, honorificabit eum Pa-
27 ter meus. Nunc anima mea turbata est : et
quid dicam ? Pater, saluifica me ex hora hac.
28 Sed propterea ueni in horam hanc. | Pater,
clarifica tuum nomen. Uenit ergo uox de
caelo : Et clarificaui, et iterum clarificabo.
29 Turba ergo quae stabat et audierat, dicebat
tonitruum factum esse. Alii dicebant : An-
30 gelus ei locutus est. Respondit Iesus, et
dixit : Non propter me uox haec uenit, sed
31 propter uos. Nunc iudicium est mundi : nunc
32 princeps huius mundi eicietur foras. Et ego
si exaltatus fuero a terra, omnia traham ad me
33 ipsum. Hoc autem dicebat, significans qua
34 morte esset moriturus. Respondit ei turba :
Nos audiuimus ex lege quia Christus manet
in aeternum : et quomodo tu dicis, Oportet
exaltari Filium hominis ? Quis est iste Filius
35 hominis ? Dixit ergo eis Iesus : Adhuc modicum, lumen in uobis est. Ambulate dum
lucem habetis, ut non tenebrae uos compre-
hendant : et qui ambulat in tenebris, nescit
36 quo uadat. Dum lucem habetis, credite. in
lucem, ut filii lucis sitis.

Haec locutus est Iesus, et abiit, et abscon-
37 dit se ab eis. Cum autem tanta signa fecisset

Mt. 10. 39,
16. 25.
Mc. 8. 35.
Lc. 9. 24,
17. 33.

Mt. 26. 38,
Mc. 14. 34.

17. 5 s.

Lc. 22. 43.

Ioh. 11. 42.

16. 11.

3. 14, 8. 28.

18. 32.

Ps. 88 (9). 5,
109 (110). 4.
Es. 9. 7.
Dan. 7. 14.

7. 33, 8. 12,
9. 5, 11. 10.

105
3

106
10

107
4

108
10

---

27 > hac hora 𝕊ℭ   28 > nomen tuum 𝕊ℭ   caelo + dicens 𝕊
29 > esse factum 𝕊ℭ   alii + autem 𝕊   30 > haec vox 𝕊ℭ
34 hominis *pr.* + et 𝕊   35 > vos tenebrae 𝕊ℭ

coram eis, non credebant in eum : ut sermo 38   Es. 53. 1.
Esaiae prophetae impleretur, quem dixit :   Rom. 10. 16.
   Domine, quis credidit auditui nostro ?
   et brachium Domini cui reuelatum est ?
$\frac{109}{1}$ Propterea non poterant credere, quia iterum 39
 dixit Esaias :
   Excaecauit oculos eorum, et indurauit eo- 40   Es. 6. 10.
    rum cor :   Mt.13.14,15,
                           Mc. 4. 12.
   ut non uideant oculis, et intellegant corde,   Act.28. 26,27.
   et conuertantur, et sanem eos.
$\frac{110}{10}$ Haec dixit Esaias, quando uidit gloriam eius, 41   Es. 6. 1.
et locutus est de eo. Uerum tamen et ex 42   Ioh. 7. 13,
principibus multi crediderunt in eum : sed   9. 22.
propter Pharisaeos non confitebantur, ut de
synagoga non eicerentur. Dilexerunt enim 43   5. 41.
gloriam hominum magis quam gloriam Dei.
$\frac{111}{1}$ Iesus autem clamauit, et dixit : Qui credit 44   13. 20.
in me, non credit in me, sed in eum qui misit   Mt. 10. 40.
me. Et qui uidet me, uidet eum qui misit 45   Ioh. 14. 9.
$\frac{112}{10}$ me. Ego lux in mundum ueni : ut omnis qui 46   8. 12.
credit in me, in tenebris non maneat. Et si 47   3. 17, 5. 45,
quis audierit uerba mea, et non custodierit,   8. 15.
ego non iudico eum : non enim ueni ut iudicem mundum, sed ut saluificem mundum.
Qui spernit me, et non accipit uerba mea, 48   Lc. 10. 16.
habet qui iudicet eum : sermo, quem locutus   Rom. 2. 16.
                                    Heb. 4. 12.
sum, ille iudicabit eum in nouissimo die.
Quia ego ex me ipso non sum locutus, sed 49
qui misit me Pater, ipse mihi mandatum dedit
quid dicam, et quid loquar. Et scio quia 50
mandatum eius uita aeterna est. Quae ergo
ego loquor, sicut dixit mihi Pater, sic loquor.
  Ante diem autem festum Paschae, sciens 13 31. 12. 23.

---

[38] *om.* prophetae 𝔖   [40] > cor eorum 𝔖ℭ   et *sec.* +non 𝔖ℭ
[42] de : e 𝔖ℭ   13. [1] *om.* autem 𝔖ℭ

Iesus quia uenit eius hora ut transeat ex hoc
mundo ad Patrem : cum dilexisset suos qui

Lc. 22. 3.

2 erant in mundo, in finem dilexit eos. Et ¹¹³⁄₉
caena facta, cum diabolus iam misisset in
corde ut traderet eum Iudas Simonis Scariotis :

8. 42, 16. 28,
17. 2.
Lc. 12. 37,
22. 27.

3 sciens quia omnia dedit ei Pater in manus, et ¹¹⁴⁄₃ ¹¹⁵⁄₁₀
4 quia a Deo exiuit et ad Deum uadit : surgit
a caena, et ponit uestimenta sua : et cum ac-
5 cepisset linteum, praecinxit se. Deinde mittit
aquam in peluem, et coepit lauare pedes discipulorum, et extergere linteo quo erat prae-
6 cinctus. Uenit ergo ad Simonem Petrum : et
dicit ei Petrus : Domine, tu mihi lauas pedes ?
7 Respondit Iesus, et dicit ei : Quod ego facio,
8 tu nescis modo, scies autem postea. Dicit ei
Petrus : Non lauabis mihi pedes in aeternum.
Respondit Iesus ei : Si non lauero te, non
9 habes partem mecum. Dicit ei Simon Petrus : Domine, non tantum pedes meos, sed

15. 3.

10 et manus et caput. Dicit ei Iesus : Qui lotus
est, non indiget ut lauet, sed est mundus to-

6. 64, 71.

11 tus : et uos mundi estis, sed non omnes. Sciebat enim quisnam esset qui traderet eum :
propterea dixit : Non estis mundi omnes.

12 Postquam ergo lauit pedes eorum, et accepit
uestimenta sua, cum recubuisset iterum, dixit

Mt. 7. 21,
23. 10.
Lc. 6. 46.

13 eis : Scitis quid fecerim uobis ? Uos uocatis ¹¹⁶⁄₃
me Magister, et Domine : et bene dicitis :

Lc. 22. 27.
1 Pet. 5. 5.

14 sum etenim. Si ergo ego laui pedes uestros, ¹¹⁷⁄₁₀
Dominus et Magister : et uos debetis alter al-

Phil. 2. 5.
1 Pet. 2. 21.

15 terius lauare pedes. Exemplum enim dedi
uobis, ut quemadmodum ego feci uobis, ita et

---

¹ > hora eius 𝕾ℭ   ² cor 𝕾ℭ   Iscariotis 𝕾, Iscariotae ℭ
⁵ misit 𝕾   peluim 𝕾ℭ   ⁷ dixit 𝕾ℭ   ⁸ > ei Iesus 𝕾ℭ   habebis 𝕾ℭ   ¹⁰ ut lauet FGHMZ : nisi ut pedes lauet ACV𝕾ℭ, nisi
pedes lauare D   sed : et 𝕾   ¹² > accepit vest. sua et 𝕾

¹¹⁸/3 uos faciatis. Amen, amen dico uobis : Non 16   15. 20.
est seruus maior domino suo : neque aposto-   Mt. 10. 24.
lus maior eo qui misit illum. Si haec scitis, 17   Lc. 6. 40.
¹¹⁹/10 beati eritis si feceritis ea. Non de omnibus 18   Ps. 40. 10
uobis dico : ego scio quos elegerim : sed ut   (41. 9).
impleatur scriptura : Qui manducat mecum
panem, leuauit contra me calcaneum suum.
A modo dico uobis, prius quam fiat : ut cre- 19   14. 29, 16. 4.
²⁰/1 datis, cum factum fuerit, quia ego sum. Amen, 20   Mt. 10. 40.
amen dico uobis : Qui accipit si quem misero,   Lc. 10. 16.
me accipit : qui autem me accipit, accipit eum
qui me misit.
¹²¹/4   Cum haec dixisset Iesus, turbatus est spi- 21   21-27
ritu, et protestatus est et dixit : Amen, amen   Mt. 26. 21-25,
¹²²/1 dico uobis, quia unus ex uobis tradet me. As- 22   Mc. 14. 18-21,
piciebant ergo ad inuicem discipuli, haesitan-   Lc. 22. 21-23.
¹²³/10 tes de quo diceret. Erat ergo recumbens unus 23   19. 26, 20. 2,
ex discipulis eius in sinu Iesu, quem diligebat   21. 7, 20.
Iesus. Innuit ergo huic Simon Petrus, et dicit 24
ei : Quis est, de quo dicit? Itaque cum re- 25
cubuisset ille supra pectus Iesu, dicit ei : Domine, quis est? Cui respondit Iesus : Ille est, 26
¹²⁴/9 cui ego intinctum panem porrexero. Et cum
intinxisset panem, dedit Iudae Simonis Scario-
tis. Et post buccellam, tunc introiuit in illum 27   Lc. 22. 3.
¹²⁵/10 Satanas. Dicit ei Iesus: Quod facis, fac citius.
Hoc autem nemo sciuit discumbentium ad 28
quid dixerit ei. Quidam enim putabant, quia 29   12. 6.
loculos habebat Iudas, quia dicit ei Iesus:
Eme ea quae opus sunt nobis ad diem festum :
aut egenis ut aliquid daret. Cum ergo accepis- 30

---

¹⁶ maior *sec.* + est 𝔖ℭ   ¹⁸ adimpleatur 𝔖ℭ   leuabit 𝔖ℭ
¹⁹ > cum factum fuerit, credatis 𝔖ℭ   ²⁴ dixit 𝔖ℭ   ²⁶ *om.* cui
ad init. 𝔖ℭ   Iscariotis 𝔖, Iscariotae ℭ   ²⁷ *om.* tunc 𝔖ℭ
illum : cum 𝔖ℭ   satanas + Et 𝔖ℭ   dixit 𝔖ℭ   ²⁹ quia *sec.* :
quòd 𝔖ℭ   dixisset 𝔖ℭ

set ille buccellam, exiuit continuo : erat autem nox.

12. 23,17. 1-5. 31 Cum ergo exisset, dicit Iesus : Nunc clarificatus est Filius hominis : et Deus clarificatus 32 est in eo. Si Deus clarificatus est in eo, et Deus clarificabit eum in semet ipso : et con-

7. 33, 34, 33 tinuo clarificabit eum. Filioli, adhuc modicum
8. 21. uobiscum sum. Quaeritis me : et sicut dixi Iudaeis : Quo ego uado, uos non potestis ue-

15. 12, 17. 34 nire : et uobis dico modo. Mandatum nouum
1 Ioh. 3. 11, do uobis, ut diligatis inuicem : sicut dilexi uos,
23, 4. 11. 35 ut et uos diligatis inuicem. In hoc cognoscent omnes quia mei discipuli estis, si dilectionem habueritis ad inuicem.

21. 18, 19. 36 Dicit ei Simon Petrus : Domine, quo uadis? $\frac{126}{1}$
2 Pet. 1. 14. Respondit Iesus : Quo ego uado, non potes

37. 38 37 me modo sequi : sequeris autem postea. Dicit
Mt.26. 33-35, ei Petrus : Quare non possum te sequi modo ?
Mc.14. 29-31, 38 animam meam pro te ponam. Respondit
Lc.22. 33, 34. Iesus : Animam tuam pro me ponis ? Amen, amen dico tibi : Non cantabit gallus, donec me ter neges.

27, 12. 44. 14 Non turbetur cor uestrum : creditis in Deum, $\frac{127}{10}$
2 et in me credite. In domo Patris mei mansiones multae sunt : si quo minus, dixissem

12. 26, 17. 24. 3 uobis, quia uado parare uobis locum. Et si abiero, et praeparauero uobis locum, iterum uenio, et accipiam uos ad me ipsum : ut ubi 4 sum ego, et uos sitis. Et quo ego uado scitis,

11. 16. 5 et uiam scitis. Dicit ei Thomas : Domine, nescimus quo uadis : et quomodo possumus

Eph. 2. 18. 6 uiam scire ? Dicit ei Iesus : Ego sum uia, et

---

31 dixit 𝔖ℭ   32 si Deus clar. est in eo *om.* FGH*Z   33 quaeretis 𝔖ℭ   35 > discipuli mei 𝔖ℭ   38 respondit + ei 𝔖ℭ pones 𝔖ℭ   > ter me 𝔖ℭ   14. 6 *om.* et *pr.* 𝔖

ueritas, et uita : nemo uenit ad Patrem, nisi
per me. Si cognouissetis me, et Patrem meum 7
utique cognouissetis : et a modo cognoscitis
eum, et uidistis eum. Dicit ei Philippus : Do- 8
mine, ostende nobis Patrem, et sufficit nobis.
Dicit ei Iesus : Tanto tempore uobiscum sum, 9
et non cognouistis me, Philippe? Qui uidit me,
uidit et Patrem : Quomodo tu dicis : Ostende
nobis Patrem? Non credis quia ego in Patre, 10
et Pater in me est? Uerba quae ego loquor
uobis, a me ipso non loquor. Pater autem in
me manens, ipse facit opera. Non creditis 11
quia ego in Patre, et Pater in me est? Alioquin propter opera ipsa credite. Amen, amen 12
dico uobis : Qui credit in me, opera quae ego
facio et ipse faciet : et maiora horum faciet,
quia ego ad Patrem uado. Et quodcumque 13
petieritis in nomine meo, hoc faciam : ut glorificetur Pater in Filio. Si quid petieritis me in 14
nomine meo, hoc faciam. Si diligitis me, man- 15
data mea seruate. Et ego rogabo Patrem, et 16
alium Paracletum dabit uobis, ut maneat uobiscum in aeternum, ' Spiritum ueritatis, quem 17
mundus non potest accipere, quia non uidet
eum, nec scit eum : uos autem cognoscitis eum,
quia apud uos manebit, et in uobis erit. Non 18
relinquam uos orfanos : ueniam ad uos. Ad- 19
huc modicum, et mundus me iam non uidet :
uos autem uidetis me : quia ego uiuo, et uos
uiuetis. In illo die uos cognoscetis quia ego 20
sum in Patre meo, et uos in me, et ego in uobis.
Qui habet mandata mea, et seruat ea : ille est, 21

$\frac{128}{4}$

Heb. 10. 20.
Ioh. 1. 17,
11. 25.

12. 45.
Col. 1. 15.
Heb. 1. 3.

5. 36, 10. 38.

5. 20.

15. 7, 16. 24.
Mt. 7. 7.
Mc. 11. 24.
1 Ioh. 3. 22.

15. 10.
1 Ioh. 5. 3.
Lc. 6. 46.
26, 15. 26,
16. 7.
1 Ioh. 2. 1.
7. 39, 16. 13.
Rom. 8. 9.

16. 16.

15. 4-7,
17. 21-23.

1 Ioh. 2. 5.

---

7 cognoscitis : cognoscetis SC 9· *disting.* cognouistis me ?
Philippe, qui SC videt *bis* SC 10 creditis SC 13 petieritis + Patrem SC 17 cognoscetis SC 18 orphanos SC

qui diligit me.   Qui autem diligit me, diligetur ¹²⁹

a Patre meo: et ego diligam eum, et mani- ¹

Ex. 33. 18,19. 22 festabo ei me ipsum.   Dicit ei Iudas, non ille ¹³⁰

Act. 10. 41.   Scariotis: Domine, quid factum est, quia nobis ¹º

manifestaturus es te ipsum, et non mundo?

2 Cor. 6. 16. 23 Respondit Iesus, et dixit ei : Si quis diligit me,

1 Ioh. 2. 24,   sermonem meum seruabit, et Pater meus dili-

3. 24.   get eum, et ad eum ueniemus, et mansionem

Apoc. 3. 20.

24 apud eum faciemus: qui non diligit me, ser-

mones meos non seruat.   Et sermonem quem ¹³¹

audistis, non est meus, sed eius qui misit me ¹

Patris.

25   Haec locutus sum uobis apud uos manens.

16, 16. 13. 26 Paracletus autem, Spiritus sanctus, quem mittet ¹³²

Mt. 10. 19,   Pater in nomine meo, ille uos docebit omnia, ¹º

Mc. 13. 11.

Lc. 12. 12,   et suggeret uobis omnia quaecumque dixero

21. 14, 15. 27 uobis.   Pacem relinquo uobis, pacem meam do

Eph. 2. 17.   uobis : non quomodo mundus dat, ego do uo-

Phil. 4. 7.   bis.   Non turbetur cor uestrum, neque formi-

Col. 3. 15.

2-4, 18. 28 det.   Audistis quia ego dixi uobis : Uado, et

uenio ad uos.   Si diligeretis me, gauderetis uti-

que, quia uado ad Patrem: quia Pater maior

13. 19, 16. 4. 29 me est.   Et nunc dixi uobis prius quam fiat :

12. 31, 18. 36. 30 ut cum factum fuerit, credatis.   Iam non multa

loquar uobiscum : uenit enim princeps mundi

17. 23. 31 huius, et in me non habet quicquam.   Sed ut

cognoscat mundus quia diligo Patrem : et sicut

mandatum dedit mihi Pater, sic facio.   Surgite,

eamus hinc.

15   Ego sum uitis uera, et Pater meus agricola

2 est.   Omnem palmitem in me non ferentem

fructum, tollet eum : et omnem qui fert fru-

ctum, purgabit eum, ut fructum plus adferat.

3 Iam uos mundi estis propter sermonem, quem

---

²² Iscariotes 𝔖ℭ   > manifest. es nobis 𝔖ℭ

locutus sum uobis. Manete in me, et ego in 4
uobis. Sicut palmes non potest ferre fructum a
semet ipso, nisi manserit in uite : sic nec uos,
nisi in me manseritis. Ego sum uitis, uos pal- 5
mites : qui manet in me, et ego in eo, hic fert
fructum multum : quia sine me nihil potestis
facere. Si quis in me non manserit, mittetur 6
foras sicut palmes, et aruit : et colligent eos,
₁₃₃/4 et in ignem mittunt, et ardent. Si manseritis 7
in me, et uerba mea in uobis manserint, quod-
₁₃₄/10 cumque uolueritis petetis, et fiet uobis. In hoc 8
clarificatus est Pater meus, ut fructum plurimum adferatis : et efficiamini mei discipuli.
Sicut dilexit me Pater, et ego dilexi uos : 9
manete in dilectione mea. Si praecepta mea 10
seruaueritis, manebitis in dilectione mea : sicut
et ego Patris mei praecepta seruaui, et maneo
in eius dilectione. Haec locutus sum uobis ut 11
gaudium meum in uobis sit, et gaudium uestrum impleatur. Hoc est praeceptum meum, 12
₁₃₅/4 ut diligatis inuicem sicut dilexi uos. Maiorem 13
hac dilectionem nemo habet, ut animam suam
₁₃₆/10 quis ponat pro amicis suis. Uos amici mei 14
estis, si feceritis quae ego praecipio uobis.
Iam non dico uos seruos : quia seruus nescit 15
quid facit dominus eius. Uos autem dixi amicos : quia omnia quaecumque audiui a Patre
meo, nota feci uobis. Non uos me elegistis, sed 16
ego elegi uos, et posui uos ut eatis et fructum
₁₃₇/4 adferatis, et fructus uester maneat : ut quodcumque petieritis Patrem in nomine meo, det
₁₃₈/10 uobis. Haec mando uobis, ut diligatis inuicem. 17

1 Cor. 12. 12,
27.
2 Cor. 3. 5.

Mt. 13. 6, 30.
40-42.
Mc. 4. 6.
Lc. 8. 6.
Ioh. 14. 13.

13. 31.
Mt. 5. 16.

14. 15.

17. 13.
1 Ioh. 1. 4.

13. 34.

Rom. 5. 7, 8.

Mt. 12. 50.
Mc. 3. 34,
Lc. 8. 21.

Ioh. 13. 7, 12,
16. 13.

6. 70, 13. 18.

---

15. ⁶ arescet 𝔖ℭ   eos : eum 𝔖ℭ   mittent 𝔖ℭ   ardet 𝔖ℭ
¹³ hac ACH*VZᶜ𝔖ℭ : hanc DFGHᶜMZ*   > ponat quis 𝔖ℭ
¹⁵ dicam 𝔖ℭ   faciat 𝔖ℭ

18 Si mundus uos odit, scitote quia me priorem
19 uobis odio habuit. Si de mundo fuissetis,
mundus quod suum erat diligeret: quia uero
de mundo non estis, sed ego elegi uos de mun-
20 do, propterea odit uos mundus. Mementote $\frac{139}{3}$
sermonis mei, quem ego dixi uobis: Non est
seruus maior domino suo. Si me persecuti $\frac{140}{10}$
sunt, et uos persequentur: si sermonem meum
21 seruauerunt, et uestrum seruabunt. Sed haec $\frac{141}{1}$
omnia facient uobis propter nomen meum:
22 quia nesciunt eum qui misit me. Si non uenis- $\frac{142/3}{143/10}$
sem et locutus fuissem eis, peccatum non
haberent: nunc autem excusationem non ha-
23 bent de peccato suo. Qui me odit, et Patrem $144/1$
24 meum odit. Si opera non fecissem in eis, quae $145/10$
nemo alius fecit, peccatum non haberent:
nunc autem et uiderunt et oderunt, et me et
25 Patrem meum. Sed ut impleatur sermo qui in
lege eorum scriptus est: Quia odio me habue-
26 runt gratis. Cum autem uenerit Paracletus,
quem ego mittam uobis a Patre, Spiritum ueritatis, qui a Patre procedit, ille testimonium
27 perhibebit de me: et uos testimonium perhibetis, quia ab initio mecum estis.

16 Haec locutus sum uobis, ut non scandali- $\frac{146}{1}$
2 zemini. ' Absque synagogis facient uos. Sed
uenit hora, ut omnis qui interficit uos, arbi-
3 tretur obsequium se praestare Deo. Et haec
facient, quia non nouerunt Patrem neque me.
4 Sed haec locutus sum uobis, ut cum uenerit
hora eorum, reminiscamini quia ego dixi uobis.
Haec autem uobis ab initio non dixi, quia $\frac{147}{10}$

Marginal references (left column):

7. 7,
1 Ioh. 3. 13.
1 Ioh. 4. 5.
Ioh. 17. 14, 16.
Iac. 4. 4.

13. 16.

16. 3.
Mt. 10. 22.
Mc. 13. 13.
Lc. 21. 17.

5. 23.
Lc. 10. 16.
Ioh. 5. 36,
6. 36.

Ps. 34 (5). 19,
68. 5 (69. 4).

Ioh. 14. 16, 26.

Lc. 24. 48.
Act. 1. 8, 21,
22.

Ioh. 9. 22, 34,
12. 42.
Lc. 6. 22.

Ioh. 8. 19,
15. 21.

13. 19.

---

²² locutus + non ₰   ²⁵ adimpleatur ₰ℭ   > habuerunt me
₰ℭ   ²⁷ perhibebitis ₰ℭ   quia: qui ₰   16. ³ facient +
vobis ₰ℭ

uobiscum eram.   At nunc uado ad eum qui 5   7. 33, 14. 5
me misit; et nemo ex uobis interrogat me,
Quo uadis?   Sed quia haec locutus sum uobis, 6
tristitia impleuit cor uestrum.   Sed ego ueri- 7   14. 16, 28,
tatem dico uobis: expedit uobis ut ego uadam :   15. 26.
si enim non abiero, Paracletus non ueniet ad
uos : si autem abiero, mittam eum ad uos.   Et 8
cum uenerit, ille arguet mundum de peccato,
et de iustitia, et de iudicio.   De peccato qui- 9
dem, quia non credunt in me : de iustitia uero, 10
quia ad Patrem uado et iam non uidebitis me :
de iudicio autem, quia princeps mundi huius 11   12. 31.
iudicatus est.   Adhuc multa habeo uobis di- 12
cere : sed non potestis portare modo.   Cum 13   14. 26.
autem uenerit ille Spiritus ueritatis, docebit
uos omnem ueritatem : non enim loquetur a
semet ipso : sed quaecumque audiet loquetur :
et quae uentura sunt adnuntiabit uobis.   Ille 14
me clarificabit, quia de meo accipiet, et ad-
148/3 nuntiabit uobis.   Omnia quaecumque habet 15   17. 10.
149/10 Pater, mea sunt.   Propterea dixi : Quia de
meo accipiet, et adnuntiabit uobis.   Modicum, 16   7. 33, 14. 19.
et iam non uidebitis me : et iterum modicum,
et uidebitis me : quia uado ad Patrem.   Dixe- 17
runt ergo ex discipulis eius ad inuicem: Quid
est hoc, quod dicit nobis : Modicum, et non
uidebitis me : et iterum modicum, et uidebitis
me ? et quia uado ad Patrem ? ¹ Dicebant ergo : 18
Quid est hoc, quod dicit, Modicum ? nescimus
quid loquitur.   Cognouit autem Iesus, quia 19   30.
uolebant eum interrogare, et dixit eis : De hoc
quaeritis inter uos quia dixi, Modicum, et non

---

⁵ at : et 𝕾ℭ   > misit me 𝕾ℭ   ⁸ *disting.* uenerit ille, arguet
𝕾ℭ   ⁹ crediderunt 𝕾ℭ   ¹¹ > huius mundi 𝕾ℭ ; *deinde* + iam
𝕾ℭ   ¹⁷ *disting.* et uidebitis me, et quia 𝕾ℭ

uidebitis me : et iterum modicum, et uidebitis
20 me ?　Amen, amen dico uobis: Quia plora-
bitis et flebitis uos, mundus autem gaudebit :
uos autem contristabimini, sed tristitia uestra
21 uertetur in gaudium.　Mulier cum parit, tristitiam habet, quia uenit hora eius : cum autem
pepererit puerum, iam non meminit pressurae
propter gaudium : quia natus est homo in

14. 28, 20. 20. 22 mundum.　Et uos igitur nunc quidem tristi-
Lc. 24. 52. tiam habetis : iterum autem uidebo uos, et
gaudebit cor uestrum : et gaudium uestrum

14. 13, 14. 23 nemo tollet a uobis.　Et in illo die me non
1 Ioh. 5. 14, rogabitis quicquam.　Amen, amen dico uobis : $\frac{150}{4}$
15.
Mt. 7. 7. Si quid petieritis Patrem in nomine meo, dabit
Mc. 11. 24.
Lc. 11. 9. 24 uobis.　Usque modo non petistis quicquam in
nomine meo.　Petite, et accipietis, ut gaudium
uestrum sit plenum.

10. 6. 25　Haec in prouerbiis locutus sum uobis. Uenit $\frac{151}{10}$
hora cum iam non in prouerbiis loquar uobis,
26 sed palam de Patre adnuntiabo uobis.　Illo
die in nomine meo petetis : et non dico uobis

14. 21, 23. 27 quia ego rogabo Patrem de uobis : ipse enim
Pater amat uos, quia uos me amatis, et credi-
28 distis quia ego a Deo exiui.　Exiui a Patre,
et ueni in mundum : iterum relinquo mundum, et uado ad Patrem.

29　Dicunt ei discipuli eius : Ecce nunc palam
2. 24, 25. 30 loqueris, et prouerbium nullum dicis.　Nunc
scimus quia scis omnia, et non opus est tibi ut
quis te interroget : in hoc credimus quia a

13. 38. 31 Deo existi.　Respondit eis Iesus : Modo cre- $\frac{152}{4}$
Zach. 13. 7. 32 ditis ?　Ecce uenit hora, et iam uenit, ut dis-
Mt. 26. 31. pergamini unusquisque in propria, et me solum

---

[23] rogabitis : interrogabitis DVZ　　siquid *uno uerbo* S℃
[26] +in *ad init.* S℃　　[27] amastis S℃

relinquatis : et non sum solus, quia Pater me- Mc. 14. 27.
cum est.   Haec locutus sum uobis, ut in me 33 14. 27.
pacem habeatis.   In mundo pressuram habe- 1 Ioh. 4. 4;
bitis : sed confidite, ego uici mundum. 5. 4.

Haec locutus est Iesus : et subleuatis oculis 17 12. 23, 13. 1,
in caelum dixit : Pater, uenit hora, clarifica 31.
filium tuum, ut filius tuus clarificet te.   Sicut 2 Mt. 11. 27,
dedisti ei potestatem omnis carnis : ut omne 28. 18.
quod dedisti ei, det eis uitam aeternam.   Haec 3 1 Ioh. 5. 20.
est autem uita aeterna : ut cognoscant te, solum
uerum Deum, et quem misisti, Iesum Christum.
Ego te clarificaui super terram : opus consum- 4 4. 34.
maui, quod dedisti mihi ut faciam : et nunc 5 8. 58, 13. 32.
clarifica me tu, Pater, apud temet ipsum, claritate quam habui prius quam mundus esset
apud te.   Manifestaui nomen tuum homini- 6
bus, quos dedisti mihi de mundo : tui erant,
et mihi eos dedisti : et sermonem tuum seruauerunt.   Nunc cognouerunt quia omnia 7
quae dedisti mihi, abs te sunt : quia uerba 8
quae dedisti mihi, dedi eis : et ipsi acceperunt,
et cognouerunt uere quia a te exiui, et crediderunt quia tu me misisti.   Ego pro eis rogo : 9 14. 16, 17.
non pro mundo rogo, sed pro his quos dedisti
mihi, quia tui sunt : et mea omnia tua sunt, 10 16. 15.
et tua mea sunt : et clarificatus sum in eis.
Et iam non sum in mundo, et hi in mundo 11
sunt, et ego ad te uenio.   Pater sancte, serua
eos in nomine tuo quos dedisti mihi : ut sint
unum, sicut et nos.   Cum essem cum eis, ego 12 6. 39.
seruabam eos in nomine tuo.   Quos dedisti 10. 28, 18. 9.
mihi, custodiui : et nemo ex his periuit, nisi
filius perditionis, ut scriptura impleatur.   Nunc 13

17. ³ > Deum verum $\mathfrak{SC}$ ⁵ esset : fieret $\mathfrak{S}$ ¹² mihi +
ego $\mathfrak{S}$ ex eis perijt $\mathfrak{SC}$

15. 11.   autem ad te uenio : et haec loquor in mundo,
ut habeant gaudium meum impletum in semet

15. 19. 14 ipsis.   Ego dedi eis sermonem tuum, et mundus odio eos habuit, quia non sunt de mundo,

Mt. 6. 13. 15 sicut et ego non sum de mundo.   Non rogo
1 Ioh. 5. 18.   ut tollas eos de mundo, sed ut serues eos ex
16 malo.   De mundo non sunt, sicut et ego non

6. 63. 17 sum de mundo.   Sanctifica eos in ueritate :

20. 21. 18 sermo tuus ueritas est.   Sicut me misisti in

1 Cor. 1. 30. 19 mundum, et ego misi eos in mundum.   Et
Heb. 2. 11.   pro eis ego sanctifico me ipsum, ut sint et ipsi
20 sanctificati in ueritate.   Non pro his autem
rogo tantum, sed et pro eis qui credituri sunt
21 per uerbum eorum in me : ut omnes unum
sint, sicut tu, Pater, in me, et ego in te, ut et
ipsi in nobis unum sint : ut mundus credat

1. 14. 22 quia tu me misisti.   Et ego claritatem quam
dedisti mihi, dedi illis : ut sint unum, sicut

14. 20. 23 nos unum sumus.   Ego in eis, et tu in me :
ut sint consummati in unum : et cognoscat
mundus quia tu me misisti, et dilexisti eos,

5. 24 sicut et me dilexisti.   Pater, quos dedisti mihi,
uolo ut ubi ego sum, et illi sint mecum : ut
uideant claritatem meam, quam dedisti mihi :
quia dilexisti me ante constitutionem mundi.

1. 10, 10. 15. 25 Pater iuste, et mundus te non cognouit : ego 154/3
autem te cognoui.   Et hi cognouerunt, quia 155/10

15. 9. 26 tu me misisti.   Et notum feci eis nomen tuum,
et notum faciam : ut dilectio, qua dilexisti me,
in ipsis sit, et ego in ipsis.

Mt. 26. 30, 36, **18**   Haec cum dixisset Iesus, egressus est cum 156
Mc. 14. 26, 32.
Lc. 22. 39.   discipulis suis trans torrentem Cedron, ubi 1

---

[14] > eos odio 𝔖ℭ   [15] ex : a 𝔖ℭ   [18] sicut + tu 𝔖ℭ   mundum *pr.* + ita 𝔖   [20] his : eis 𝔖ℭ   [21] > credat mundus 𝔖ℭ
[22] quam + tu 𝔖   illis : eis 𝔖ℭ   sicut + et 𝔖ℭ   [24] > sum ego 𝔖ℭ   [25] et *pr. om.* 𝔖ℭ

erat hortus, in quem introiuit ipse, et discipuli
$\frac{157}{10}$ eius. Sciebat autem et Iudas, qui tradebat 2
eum, locum : quia frequenter Iesus conuenerat
$\frac{158}{1}$ illuc cum discipulis suis. Iudas ergo cum ac- 3
cepisset cohortem, et a pontificibus et Phari-
saeis ministros, uenit illuc cum lanternis, et
$\frac{159}{10}$ facibus, et armis. Iesus itaque sciens omnia 4
quae uentura erant super eum, processit, et
dicit eis : Quem quaeritis ? Responderunt ei : 5
Iesum Nazarenum. Dicit eis Iesus : Ego sum.
Stabat autem et Iudas, qui tradebat eum, cum
ipsis. Ut ergo dixit eis : Ego sum : abierunt 6
retrorsum, et ceciderunt in terram. Iterum 7
ergo eos interrogauit : Quem quaeritis ? Illi
autem dixerunt : Iesum Nazarenum. Respon- 8
dit Iesus : Dixi uobis, quia ego sum : si ergo
me quaeritis, sinite hos abire. Ut impleretur 9
sermo, quem dixit : Quia quos dedisti mihi,
$\frac{160}{1}$ non perdidi ex ipsis quemquam. Simon ergo 10
Petrus habens gladium eduxit eum, et percus-
sit pontificis seruum, et abscidit eius auriculam
$\frac{161}{1}$ dextram. Erat autem nomen seruo Malchus.
Dixit ergo Iesus Petro : Mitte gladium in 11
uaginam. Calicem quem dedit mihi Pater,
$\frac{162}{1}$ non bibam illum ?
Cohors ergo, et tribunus, et ministri Iu- 12
$\frac{163}{10}$ daeorum comprehenderunt Iesum, et ligauerunt eum. Et adduxerunt eum ad Annam 13
primum : erat enim socer Caiaphae, qui erat
pontifex anni illius. Erat autem Caiaphas, 14
qui consilium dederat Iudaeis, quia expedit
unum hominem mori pro populo.

2 Reg.
(2Sam.)15.23.

3-11
Mt.26.47-56,
Mc.14.43-50,
Lc.22.47-53

13.1, 19.23.

17.12.

Mt.20.22,
26.39.42.
Mc.10.38,
39, 14.36.
Lc.22.42.

11.49, 50,
19.11.

18. ³ laternis 𝔖ℭ   ⁴ dixit 𝔖ℭ   ⁷ > interrogauit eos 𝔖ℭ
⁹ ipsis : eis 𝔖ℭ   ¹⁰ > auriculam eius dexteram 𝔖ℭ   ¹¹ gladium + tuum 𝔖ℭ   non + vis ut 𝔖

Mt. 26. 58,
Mc. 14. 54.
Lc. 22. 54.
Ioh. 20. 2, 3.
15   Sequebatur autem Iesum Simon Petrus, et 164/4
alius discipulus. Discipulus autem ille erat 165/10
notus pontifici : et introiuit cum Iesu in atrium

16–18
Mt.26.69,70,
Mc.14.66-68.
Lc.22.55-57.
16 pontificis : Petrus autem stabat ad ostium 166/1
foris. Exiuit ergo discipulus alius, qui erat 167/10
notus pontifici, et dixit ostiariae, et introduxit
17 Petrum. Dicit ergo Petro ancilla ostiaria : $\frac{168}{1}$
Numquid et tu ex discipulis es hominis istius ?
18 Dicit ille : Non sum. | Stabant autem serui et $\frac{169}{10}$
ministri ad prunas, quia frigus erat, et cale-
fiebant : erat autem cum eis et Petrus stans,
et calefaciens se.

19   Pontifex ergo interrogauit Iesum de disci-
7. 26. 20 pulis suis, et de doctrina eius. Respondit ei $\frac{170}{1}$
Iesus : Ego palam locutus sum mundo : ego
semper docui in synagoga et in templo, quo
omnes Iudaei conueniunt : et in occulto lo-
21 cutus sum nihil. Quid me interrogas ? inter- $\frac{171}{10}$
roga eos qui audierunt quid locutus sum ipsis :
Act. 23. 2. 22 ecce hi sciunt quae dixerim ego. Haec autem $\frac{172}{1}$
cum dixisset, unus adsistens ministrorum de-
dit alapam Iesu, dicens : Sic respondes ponti-
23 fici ? Respondit ei Iesus : Si male locutus $\frac{173}{10}$
sum, testimonium perhibe de malo : si autem
Mt. 26. 57,
Mc. 14. 53.
Lc. 22. 54.
24 bene, quid me caedis ? Et misit eum Annas $\frac{174}{1}$
ligatum ad Caiaphan pontificem.

25–27
Mt.26. 71-75,
Mc.14.69-72.
Lc.22.58-62.
25   Erat autem Simon Petrus stans et calefaciens $\frac{175}{1}$
se. Dixerunt ergo ei : Numquid et tu ex dis-
cipulis eius es ? Negauit ille, et dixit : Non
26 sum. Dicit unus ex seruis pontificis, cogna-
tus eius, cuius abscidit Petrus auriculam :
27 Nonne ego te uidi in horto cum illo ? | Iterum
ergo negauit Petrus : et statim gallus cantauit.

---

18 calefiebant AFGHVZ : calefaciebant DM ; calefaciebant se C
𝕾ℭ   21 sum : sim 𝕾ℭ   26 dicit + ei 𝕾ℭ

176/1 Adducunt ergo Iesum a Caiapha in prae- 28 Mt. 27. 2,
177/10 torium : erat autem mane. Et ipsi non in- Mc. 15. 1,
troierunt in praetorium, ut non contamina- Lc. 23. 1.
rentur, sed manducarent pascha. Exiuit ergo 29   29-38
Pilatus ad eos foras, et dixit : Quam accusa- Mt. 27.11-14,
tionem adfertis aduersus hominem hunc ? Re- 30 Lc. 23. 2, 3.
sponderunt, et dixerunt ei : Si non esset hic
malefactor, non tibi tradidissemus eum. Dixit 31 19. 6.
ergo eis Pilatus : Accipite eum uos, et secun- Act. 18. 15.
dum legem uestram iudicate eum. Dixerunt
ergo ei Iudaei : Nobis non licet interficere
quemquam. Ut sermo Iesu impleretur, quem 32 3. 14, 8. 28,
178 dixit, significans qua esset morte moriturus. 12. 32, 33.
— Mt. 20. 19,
1 Introiuit ergo iterum in praetorium Pilatus, 33 26. 2.
et uocauit Iesum, et dixit ei : Tu es rex Iu- Mc.10. 33, 34.
179 daeorum ? Et respondit Iesus : A temet ipso 34
—
10 hoc dicis, an alii tibi dixerunt de me ? Re- 35
spondit Pilatus : Numquid ego Iudaeus sum ?
Gens tua et pontifices tradiderunt te mihi :
quid fecisti ? Respondit Iesus : Regnum 36 8. 23, 15. 19,
meum non est de mundo hoc : si ex hoc 17. 14, 16.
mundo esset regnum meum, ministri mei de-
certarent ut non traderer Iudaeis : nunc autem
180 regnum meum non est hinc. Dixit itaque ei 37 1 Tim. 6. 13.
—
1 Pilatus : Ergo rex es tu ? Respondit Iesus :
181 Tu dicis quia rex sum ego. Ego in hoc natus
—
10 sum, et ad hoc ueni in mundum, ut testimonium perhibeam ueritati : omnis qui est ex
ueritate, audit meam uocem. Dicit ei Pilatus : 38
Quid est ueritas ?
Et cum hoc dixisset, iterum exiuit ad Iu-
182 daeos : et dicit eis : Ego nullam inuenio in
—
9

---

²⁸ sed + ut 𝔖ℭ   ²⁹ affertis 𝔖ℭ   ³² > morte esse 𝔖ℭ
³⁴ *om.* et *ad init.* 𝔖ℭ   > dixerunt tibi 𝔖ℭ   ³⁵ pontifices +
tui 𝔖   ³⁶ > de hoc mundo 𝔖ℭ   mei + utique 𝔖ℭ   ³⁷ > vocem
meam 𝔖ℭ

39, 40
Mt. 27.15-18,
20-23.
Mc. 15. 6-14.
Lc. 23. 18-23.

39 eo causam. Est autem consuetudo uobis ut ¹⁸³
unum dimittam uobis in pascha : uultis ergo ⁴
40 dimittam uobis regem Iudaeorum ? Clamaue- ¹⁸⁴
runt rursum omnes, dicentes : Non hunc, sed ¹
Barabban. Erat autem Barabbas latro.

Mt.27. 26-30.
Mc.15.15-19.
Lc. 23. 16, 22.

19 Tunc ergo adprehendit Pilatus Iesum, et ¹⁸⁵
2 flagellauit. Et milites plectentes coronam de ⁴
spinis, inposuerunt capiti eius : et ueste pur-

18. 22, 33.

3 purea circumdederunt eum. Et ueniebant ad
eum, et dicebant : Haue, rex Iudaeorum : et
4 dabant ei alapas. Exiit iterum Pilatus foras, ¹⁸⁶
et dicit eis : Ecce adduco uobis eum foras, ut ⁹
cognoscatis quia in eo nullam causam inuenio.
5 Exiit ergo Iesus portans spineam coronam, et ¹⁸⁷
purpureum uestimentum : et dicit eis : Ecce ⁴
6 homo. Cum ergo uidissent eum pontifices ¹⁸⁸
et ministri, clamabant, dicentes : Crucifige, ¹
crucifige. Dicit eis Pilatus : Accipite eum ^{189/1}
uos, et crucifigite : ego enim non inuenio in ^{190/9}

5. 18, 10. 33.
Leu. 24. 16.

7 eo causam. Responderunt ei Iudaei : Nos ^{191/1}
legem habemus, et secundum legem debet
8 mori, quia Filium Dei se fecit. Cum ergo au- ¹⁹²
disset Pilatus hunc sermonem, magis timuit. ⁴
9 Et ingressus est praetorium iterum : et dicit
ad Iesum : Unde es tu ? Iesus autem respon- ¹⁹³
10 sum non dedit ei. Dicit ergo ei Pilatus : Mihi ¹⁰
non loqueris? nescis quia potestatem habeo
crucifigere te, et potestatem habeo dimittere

18. 28-32.

11 te? Respondit Iesus: Non haberes potestatem
aduersum me ullam, nisi tibi esset datum de
super. Propterea qui tradidit me tibi maius

---

⁴⁰ clamauerunt + ergo 𝕮   Barabbam 𝕾𝕮   19. ³ Aue 𝕾𝕮
alapas AGHM𝕾𝕮 : palmas CDVZ   ⁴ Exiuit + ergo 𝕾𝕮   > nullam inuenio in eo causam 𝕾𝕮   ⁵ Exiuit 𝕾𝕮   > coronam spi-
neam 𝕾𝕮   ⁶ crucifige *sec.* + eum 𝕾𝕮   ⁹ dixit 𝕾𝕮   ¹¹ >
datum esset 𝕾𝕮   > me tradidit 𝕾𝕮

peccatum habet. Exinde quaerebat Pilatus 12 Lc. 23. 2.
dimittere eum. Iudaei autem clamabant dicentes : Si hunc dimittis, non es amicus Caesaris : omnis qui se regem facit, contradicit
Caesari. Pilatus ergo cum audisset hos ser- 13
mones, adduxit foras Iesum : et sedit pro tribunali, in locum qui dicitur Lithostrotus, Hebraice autem Gabbatha. Erat autem para- 14
sceue paschae, hora quasi sexta : et dicit Iu-
194/1 daeis : Ecce rex uester. Illi autem clamabant : 15
195/10 Tolle, tolle, crucifige eum. Dixit eis Pilatus :
Regem uestrum crucifigam ? Responderunt
196 pontifices : Non habemus regem, nisi Cae-
—— sarem. Tunc ergo tradidit eis illum ut cruci- 16   16-30
1 figeretur.   Mt. 27. 26,
197   31-50.
—— Susceperunt autem Iesum, et eduxerunt.   Mc. 15. 15,
1   21-37.
Et baiulans sibi crucem, exiuit in eum qui 17 Lc. 23. 24-26,
dicitur Caluariae locum, Hebraice Golgotha :   32-46.
198/1 ¹ ubi eum crucifixerunt. Et cum eo alios duos 18
199/1 hinc et hinc, medium autem Iesum. Scripsit 19
autem et titulum Pilatus, et posuit super crucem: erat autem scriptum: Iesus Nazarenus,
200 Rex Iudaeorum. Hunc ergo titulum multi 20
—— legerunt Iudaeorum : quia prope ciuitatem
10 erat locus ubi crucifixus est Iesus : et erat
scriptum Hebraice, Graece, et Latine. Dice- 21
bant ergo Pilato pontifices Iudaeorum : Noli
scribere, Rex Iudaeorum : sed, quia ipse dixit :
Rex sum Iudaeorum. Respondit Pilatus : 22
Quod scripsi, scripsi.
201 Milites ergo cum crucifixissent eum, ac- 23
—— ceperunt uestimenta eius, et fecerunt quattuor
1

¹² + Et ad init. 𝔖𝔈 omnis + enim 𝔖𝔈   ¹³ ergo : autem 𝔖𝔈
in loco 𝔖𝔈   Lithostrotos 𝔖𝔈   ¹⁵ dicit 𝔖𝔈   ¹⁷ hebraice +
autem 𝔖𝔈   ¹⁸ > crucifixerunt eum 𝔖𝔈   ²⁰ > Iudaeorum
legerunt 𝔖𝔈

partes, unicuique militi partem : et tunicam.
Erat autem tunica inconsutilis, de super con-

Ps. 21. 19 24 texta per totum.   Dixerunt ergo ad inuicem :
(22. 18).
Non scindamus eam, sed sortiamur de illa
cuius sit.   Ut scriptura impleatur, dicens :
Partiti sunt uestimenta mea sibi :
et in uestem meam miserunt sortem.

Mt.27.55,56, 25 Et milites quidem haec fecerunt. ¹ Stabant $\frac{202}{10}$
Mc.15.40,41.
Lc. 23. 49.
autem iuxta crucem Iesu mater eius, et soror
matris eius, Maria Cleopae, et Maria Magda-

13. 23. 26 lene.   Cum uidisset ergo Iesus matrem, ct
discipulum stantem, quem diligebat, dicit ma-
27 tri suae : Mulier, ecce filius tuus.   Deinde
dicit discipulo : Ecce mater tua.   Et ex illa
hora accepit eam discipulus in sua.

13. 1, 18. 4. 28   Postea sciens Iesus quia iam omnia con- $\frac{203}{4}$
Ps. 68. 22
(69. 21).
summata sunt, ut consummaretur scriptura,

Mt. 27. 48, 29 dicit : Sitio.   Uas ergo positum erat aceto
Mc. 15. 36.
Lc. 23. 36.
plenum : illi autem spongiam plenam aceto
hysopo circumponentes, obtulerunt ori eius.

17. 4. 30 Cum ergo accepisset Iesus acetum, dixit : $\frac{204}{1}$
Consummatum est.   Et inclinato capite tra
didit spiritum.

Dt. 21. 23. 31   Iudaei ergo, quoniam Parasceue erat, ut $\frac{205}{10}$
Ex. 12. 16.
Leu. 23. 7.
non remanerent in cruce corpora sabbato,
Num. 28. 18,
erat enim magnus dies ille sabbati, rogauerunt
25.
Pilatum ut frangerentur eorum crura, et tolle-
32 rentur.   Uenerunt ergo milites, et primi quidem fregerunt crura, et alterius qui crucifixus
33 est cum eo.   Ad Iesum autem cum uenissent,
ut uiderunt eum iam mortuum, non fregerunt
34 eius crura : sed unus militum lancea latus eius
aperuit, et continuo exiuit sanguis, et aqua.

²⁴ impleretur 𝕾ℭ   ²⁵ Cleophae 𝕾ℭ   ²⁸ *om.* iam 𝕾ℭ
dixit 𝕾ℭ   ²⁹ > erat positum 𝕾ℭ   hyssopo 𝕾ℭ

Et qui uidit testimonium perhibuit : et uerum 35
est eius testimonium : et ille scit quia uera
dicit, ut et uos credatis. Facta sunt enim 36
haec ut scriptura impleatur : Os non com-
minuetis ex eo. Et iterum alia scriptura dicit : 37
Uidebunt in quem transfixerunt.

206 / 1 Post haec autem rogauit Pilatum Ioseph 38
ab Arimathia, eo quod esset discipulus Iesu,
occultus autem propter metum Iudaeorum, ut
tolleret corpus Iesu. Et permisit Pilatus.
207 / 10 Uenit. ergo, et tulit corpus Iesu. | Uenit autem 39
et Nicodemus, qui uenerat ad Iesum nocte
primum, ferens mixturam murrae et aloes,
208 / 1 quasi libras centum. Acceperunt ergo cor- 40
pus Iesu, et ligauerunt eum linteis cum aro-
matibus, sicut mos Iudaeis est sepelire. Erat 41
autem in loco ubi crucifixus est, hortus : et
in horto monumentum nouum, in quo nondum quisquam positus erat. Ibi ergo propter 42
parasceuen Iudaeorum, quia iuxta erat monumentum, posuerunt Iesum.
209 / 1 Una autem sabbati, Maria Magdalene uenit 20
mane, cum adhuc tenebrae essent, ad monumentum : et uidet lapidem sublatum a monu-
210 / 10 mento. Cucurrit ergo, et uenit ad Simonem 2
Petrum, et ad alium discipulum quem amabat
Iesus, et dicit eis : Tulerunt Dominum de
monumento, et nescimus ubi posuerunt eum.
Exiit ergo Petrus, et ille alius discipulus, et 3
uenerunt ad monumentum. Currebant autem 4
duo simul : et ille alius discipulus praecucurrit
citius Petro, et uenit primus ad monumentum.

Ex. 12. 46.
Ps. 33. 21
(34. 20).
Zach. 12. 10.
Apoc. 1. 7.

38-42
Mt.27.
Mc.15.42-47,
Lc.23.50-56.

3. 1, 7. 50.

Mt. 28. 1,
Mc. 16. 1, 2,
Lc. 24. 1.

13. 23.

35 > testimonium eius $\mathcal{SC}$ 36 impleretur $\mathcal{SC}$ 38 Arimathaea $\mathcal{C}$ 39 myrrhae $\mathcal{SC}$ 40 eum : illud $\mathcal{SC}$ > est
Iudaeis $\mathcal{SC}$ 20. 1 vidit $\mathcal{SC}$ 2 eis : illis $\mathcal{SC}$

5 Et cum se inclinasset, uidet posita linteamina :
6 non tamen introiuit.   Uenit ergo Simon Petrus
sequens eum, et introiuit in monumentum, et
7 uidet linteamina posita, ¹ et sudarium, quod fuerat super caput eius, non cum linteaminibus
positum, sed separatim inuolutum in unum
8 locum.   Tunc ergo introiuit et ille discipulus
qui uenerat primus ad monumentum : et uidit,

Ps. 15 (6). 10.
Lc. 24. 46.
Act. 2. 25-31.
1 Cor. 15. 4.

9 et credidit : nondum enim sciebant scripturam, quia oportet eum a mortuis resurgere.
10 Abierunt ergo iterum ad semet ipsos discipuli.

11   Maria autem stabat ad monumentum foris, $\frac{211}{1}$
plorans : dum ergo fleret, inclinauit se, et
12 prospexit in monumentum : et uidit duos angelos in albis, sedentes, unum ad caput et
unum ad pedes, ubi positum fuerat corpus
13 Iesu.   Dicunt ei illi : Mulier, quid ploras? $\frac{212}{10}$
Dicit eis : Quia tulerunt Dominum meum :
14 et nescio ubi posuerunt eum.   Haec cum
dixisset, conuersa est retrorsum, et uidet Iesum
15 stantem : et non sciebat quia Iesus est.   Dicit
ei Iesus : Mulier, quid ploras? quem quaeris? Illa existimans quia hortulanus esset,
dicit ei : Domine, si tu sustulisti eum, dicito
mihi ubi posuisti eum, et ego eum tollam.
16 ¹ Dicit ei Iesus : Maria.   Conuersa illa, dicit
17 ei : Rabboni, quod dicitur Magister.   Dicit
ei Iesus : Noli me tangere, nondum enim ascendi ad Patrem meum : uade autem ad fratres
meos, et dic eis : Ascendo ad Patrem meum
et Patrem uestrum, et Deum meum et Deum
18 uestrum.   Uenit Maria Magdalene adnuntians

---

⁵ vidit 𝕾ℭ, et 6   ⁹ oportebat 𝕾ℭ   ¹⁰ > discipuli ad semetipsos 𝕾ℭ   ¹⁴ vidit 𝕾ℭ   ¹⁷ et *tert. om.* 𝕾ℭ

discipulis : Quia uidi Dominum, et haec dixit
mihi.

$\frac{213}{9}$ Cum esset ergo sero die illo, ʼuna sabba- 19   Mc.16.14–18?
torum, et fores essent clausae ubi erant disci-   Lc.24.36–49?
puli propter metum Iudaeorum : uenit Iesus   1 Cor 15. 5.
   Ioh. 14. 27.
et stetit in medio, et dicit eis : Pax uobis. Et 20   16. 22.
hoc cum dixisset, ostendit eis manus et latus.
$\frac{214}{10}$ Gauisi sunt ergo discipuli, uiso Domino.
Dixit ergo eis iterum : Pax uobis : sicut misit 21   17. 18.
me Pater, et ego mitto uos. Hoc cum dixis- 22   Gen. 2. 7.
set, insuflauit : et dicit eis : Accipite Spiritum
$\frac{215}{7}$ sanctum. Quorum remiseritis peccata, remit- 23   Mt. 16. 19,
  18. 18.
$\frac{216}{10}$ tuntur eis: et quorum retinueritis, retenta sunt.   1 Cor. 5. 4, 5.
Thomas autem unus ex duodecim, qui dici- 24   Ioh. 11. 16,
tur Didymus, non erat cum eis quando uenit   14. 5.
Iesus. Dixerunt ergo ei alii discipuli : Uidi- 25   19. 34.
mus Dominum. Ille autem dixit eis : Nisi
uidero in manibus eius fixuram clauorum, et
mittam digitum meum in locum clauorum,
et mittam manum meam in latus eius, non
credam.
$\frac{217}{9}$ Et post dies octo, iterum erant discipuli 26
eius intus, et Thomas cum eis. Uenit Iesus
ianuis clausis, et stetit in medio, et dixit : Pax
uobis. Deinde dicit Thomae : Infer digitum 27
tuum huc, et uide manus meas, et adfer manum
tuam, et mitte in latus meum : et noli esse in-
$\frac{218}{10}$ credulus, sed fidelis. Respondit Thomas, et 28   1. 49.
dixit ei : Dominus meus, et Deus meus. Dicit 29   1 Pet. 1. 8.
ei Iesus : Quia uidisti me, credidisti : beati
qui non uiderunt, et crediderunt.

---

[19] > ergo sero esset 𝕊ℭ   discipuli *sine add.* ACDFGM*Z* :
+ congregati HMᶜVZᶜ𝕊ℭ   dixit 𝕊ℭ, *et* 22   [20] > cum hoc 𝕊ℭ
[22] hoc : haec 𝕊ℭ   insufflauit 𝕊ℭ   [25] fixuram ACGMᶜVZᶜ𝕊ℭ :
figuram DFM*Z* ; fisuram H   [26] dixit + eis 𝕊   [27] dixit 𝕊
affer 𝕊ℭ   [29] dixit 𝕊ℭ   me + Thoma 𝕊ℭ

30 Multa quidem et alia signa fecit Iesus in
conspectu discipulorum suorum, quae non sunt

21. 25. 31 scripta in libro hoc.   Haec autem scripta sunt
19. 35.
1 Ioh. 5. 13. ut credatis, quia Iesus est Christus Filius Dei : et
ut credentes, uitam habeatis in nomine eius.

21 Postea manifestauit se iterum Iesus ad mare $\frac{219}{9}$

1. 45-49. 2 Tiberiadis : manifestauit autem sic.   Erant
simul Simon Petrus, et Thomas qui dicitur
Didymus, et Nathanahel qui erat a Cana Galilaeae, et filii Zebedaei, et alii ex discipulis eius

Lc. 5. 5-8. 3 duo.   Dicit eis Simon Petrus : Uado piscari.
Dicunt ei : Uenimus et nos tecum.   Et exie-
runt, et ascenderunt in nauem : et illa nocte

Ioh. 20. 14. 4 nihil prendiderunt.   Mane autem iam facto
stetit Iesus in litore : non tamen cognouerunt
5 discipuli quia. Iesus est.   Dicit ergo eis Iesus :
Pueri, numquid pulmentarium habetis ? Re-
6 sponderunt ei : Non.   Dixit eis : Mittite in
dexteram nauigii rete, et inuenietis.   Miserunt
ergo, et iam non ualebant illud trahere a mul-

13. 23. 7 titudine piscium.   Dicit ergo discipulus ille $\frac{220}{10}$
quem diligebat Iesus, Petro : Dominus est.
Simon Petrus cum audisset quia Dominus est,
tunicam succinxit se, erat enim nudus, et misit
8 se in mare.   Alii autem discipuli nauigio uenerunt, non enim longe erant a terra, sed quasi
9 cubitis ducentis, trahentes rete piscium.   Ut $\frac{221}{9}$
ergo descenderunt in terram, uiderunt prunas
positas, et piscem superpositum, et panem.
10 Dicit eis Iesus : Adferte de piscibus, quos
11 prendidistis nunc.   Ascendit Simon Petrus, $\frac{222}{9}$
et traxit rete in terram, plenum magnis pisci-
bus, centum quinquaginta tribus.   Et cum

21. ¹ Iesus +.discipulis 𝕮   ⁴ *om.* iam 𝕾𝕮   ⁵ dixit 𝕾𝕮, *et* 7
⁶ dicit 𝕮   a : prae 𝕾𝕮   ⁷ tunica 𝕾𝕮   ¹⁰ afferte 𝕾𝕮
276

223/9 tanti essent, non est scissum rete. Dicit eis 12
224/10 Iesus : Uenite, prandete. Et nemo audebat
discentium interrogare eum : Tu quis es? sci-
225 entes quia Dominus esset. Et uenit Iesus, 13
9 et accepit panem, et dat eis, et piscem simi-
226 liter. Hoc iam tertio manifestatus est Iesus 14 20. 19, 26.
10 discipulis cum resurrexisset a mortuis.
227 Cum ergo prandissent, dicit Simoni Petro 15
9 Iesus: Simon Iohannis, diligis me plus his?
Dicit ei : Etiam Domine, tu scis quia amo
228 te. Dicit ei : Pasce agnos meos. ' Dicit ei 16
10 iterum : Simon Iohannis, diligis me? Ait illi :
229/9 Etiam Domine, tu scis quia amo te. Dicit
230/10 ei : Pasce agnos meos. Dicit ei tertio : Simon 17
Iohannis, amas me? Contristatus est Petrus,
quia dixit ei tertio, Amas me? et dicit ei :
Domine, tu omnia scis : tu scis quia amo te.
231/9
232/10 Dicit ei : Pasce oues meas. ' Amen, amen 18
dico tibi : Cum esses iunior, cingebas te, et
ambulabas ubi uolebas : cum autem senueris,
extendes manus tuas, et alius te cinget, et ducet quo non uis. Hoc autem dixit significans 19
qua morte clarificaturus esset Deum. Et hoc
cum dixisset, dicit ei : Sequere me. Con- 20
uersus Petrus uidit illum discipulum quem
diligebat Iesus, sequentem : qui et recubuit
in caena super pectus eius, et dixit : Domine
quis est qui tradit te? Hunc ergo cum uidis- 21
set Petrus, dicit Iesu : Domine hic autem
quid? Dicit ei Iesus : Si sic eum uolo manere 22

---

[12] discentium GH*M : discumbentium ACDFHᶜVZ$ℭ, cf.
Lc. 19. 37   esset : est $ℭ   [13] accipit ℭ   dabat $
[14] discipulis + suis $ℭ   [16] dicit ei sec. + iterum $
[17] dicit sec. et tert. : dixit $ℭ   scis pr. : nosti $ℭ
[18] quo + tu $ℭ   [19] > cum hoc $ℭ   [20] tradet $ℭ   [21] dixit
$ℭ   [22] dixit $ si sic F*H*V : si M ; sic ACDFᶜGHᶜ$ℭ

donec ueniam, quid ad te? tu me sequere.

23 Exiuit ergo sermo iste in fratres quia discipulus ille non moritur. Et non dixit ei Iesus : Non moritur : sed : Si sic eum uolo manere donec ueniam, quid ad te?

24 Hic est discipulus qui testimonium perhibet de his, et scripsit haec : et scimus quia uerum est testimonium eius.

25 Sunt autem et alia multa quae fecit Iesus : quae si scribantur per singula, nec ipsum arbitror mundum capere eos qui scribendi sunt libros. Amen.

EXPLICIT EUANGELIUM SECUNDUM IOHANNEM

ACTUS APOSTOLORUM

Lc. 1. 3.   **1** Primum quidem sermonem feci de omnibus, o Theophile, quae coepit Iesus facere et do-

Lc. 6. 13.
Ioh. 20. 22.
1 Cor. 12. 28.   2 cere : usque in diem qua praecipiens Apostolis per Spiritum sanctum, quos elegit, ad-

Lc. 24. 39-43.   3 sumtus est : quibus et praebuit se ipsum uiuum post passionem suam in multis argumentis, per dies quadraginta apparens eis, et loquens

Act. 10. 41.
Ioh. 21. 13.
Lc. 24. 49.   4 de regno Dei. Et conuescens praecepit eis ab Hierosolymis ne discederent : sed expectarent promissionem Patris, quam audistis per

Act. 11. 16.
Mt. 3. 11.
Mc. 1. 8.
Lc. 3. 16.
Ioh. 1. 33.
Lc. 17. 20,
19. 11.   5 os meum : quia Iohannes quidem baptizauit aqua, uos autem baptizabimini Spiritu sancto non post multos hos dies.

6 Igitur qui conuenerunt interrogabant eum, dicentes : Domine, si in tempore hoc restitues

---

23 exijt 𝔖ℭ   in : inter 𝔖ℭ   si sic GMV : sic ACDFH𝔖ℭ
24 discipulus + ille 𝔖ℭ   25 capere + posse 𝔖ℭ   om. Amen 𝔖ℭ   om. subscr. 𝔖ℭ
1. 4 audistis + inquit 𝔖ℭ   6 conuenerant 𝔖ℭ

regnum Israhel? Dixit autem eis : Non est 7 Mt. 24. 36.
uestrum nosse tempora uel momenta, quae   Mc. 13. 32.
Pater posuit in sua potestate : sed accipietis 8 8. 1,14,13. 47.
uirtutem superuenientis Spiritus sancti in uos,
et eritis mihi testes in Hierusalem, et in omni
Iudaea, et Samaria, et usque ad ultimum
terrae.   Et cum haec dixisset, uidentibus illis, 9 Mc. 16. 19.
eleuatus est : et nubes suscepit eum ab oculis   Lc. 24. 51.
                                                   Ioh. 6. 62.
eorum.   Cumque intuerentur in caelum eun- 10 Lc. 24. 4.
tem illum, ecce duo uiri adstiterunt iuxta
illos in uestibus albis : ¹ qui et dixerunt: Uiri 11 Mt. 26. 64.
Galilaei, quid statis aspicientes in caelum?   Mc. 14. 62.
                                                   Lc. 21. 27.
hic Iesus, qui adsumtus est a uobis in caelum,   Apoc. 1. 7.
sic ueniet quemadmodum uidistis eum euntem
in caelum.
     Tunc reuersi sunt Hierosolymam a monte 12 Lc.24. 50, 52.
qui uocatur Oliueti, qui est iuxta Hierusalem,
sabbati habens iter.   Et cum introissent, in 13 Mt. 10. 2-4.
cenaculum ascenderunt ubi manebant Petrus   Mc. 3. 16-19.
                                                 Lc. 6. 14-16.
et Iohannes, Iacobus et Andreas, Philippus
et Thomas, Bartholomeus et Mattheus, Iacobus Alphei et Simon Zelotes, et Iudas Ia-
cobi.   Hi omnes erant perseuerantes unani- 14 2. 46, 4. 24.
miter in oratione, cum mulieribus et Maria
matre Iesu, et fratribus eius.
     Et in diebus illis exsurgens Petrus in medio 15
fratrum dixit (erat autem turba hominum si-
mul fere centum uiginti) : Uiri fratres, oportet 16 Ps. 40. 10
impleri scripturam, quam praedixit Spiritus   (41. 9).
sanctus per os Dauid, de Iuda qui fuit dux
eorum qui conprehenderunt Iesum : quia con- 17
numeratus erat in nobis, et sortitus est sor-

---

¹³ *disting.* introissent in cenaculum, ascenderunt FV𝔖ℭ (coenaculum 𝔖ℭ) ; > introyssent, ascenderunt in caenaculum C   Bar-
tholomaeus . . . Matthaeus . . . Alphaei 𝔖ℭ   ¹⁵ *om.* et *ad init.*
𝔖ℭ   hominum : nominum F*Gᶜ   ¹⁷ quia : qui 𝔖ℭ

18 tem ministerii huius.   Et hic quidem possedit agrum de mercede iniquitatis, et suspensus crepuit medius : et diffusa sunt omnia uiscera

Mt. 27. 3-10. 19 eius.   Et notum factum est omnibus habitantibus Hierusalem, ita ut appellaretur ager ille, lingua eorum, Acheldemach, hoc est, ager san-

Ps. 68. 26 20 guinis.   Scriptum est enim in libro Psalmorum:
(69. 25),
108 (9). 8.   Fiat commoratio eorum deserta,
Ioh. 17. 12.   et non sit qui habitet in ea :

et

     episcopatum eius accipiat alius.

Ioh. 15. 27. 21 Oportet ergo ex his uiris, qui nobiscum congregati sunt in omni tempore quo intrauit et 22 exiuit inter nos Dominus Iesus, incipiens a baptismate Iohannis usque in diem qua adsumtus est a nobis, testem resurrectionis eius 23 nobiscum fieri unum ex istis.   Et statuerunt duos, Ioseph qui uocabatur Barsabbas, qui

Act. 15. 8. 24 cognominatus est Iustus, et Matthiam.   Et orantes dixerunt : Tu Domine, qui corda nosti omnium, ostende quem elegeris ex his duo-25 bus unum, accipere locum ministerii huius et apostolatus, de quo praeuaricatus est Iudas 26 ut abiret in locum suum.   Et dederunt sortes eis, et cecidit sors super Matthiam, et adnumeratus est cum undecim Apostolis.

Ex. 23. 16, 2   Et cum complerentur dies Pentecostes, erant
34. 22.
Leu. 23. 15. 2 omnes pariter in eodem loco.   Et factus est
Num. 28. 26. repente de caelo sonus, tamquam aduenientis
Act. 4. 31. spiritus uehementis, et repleuit totam, domum 3 ubi erant sedentes.   Et apparuerunt illis dispertitae linguae tamquam ignis, seditque supra

---

19 Haceldama 𝕮, Hacheldema 𝕾   20 commoratio : habitatio AV   inhabitet 𝕾𝕮   alius : alter 𝕾𝕮   21 > sunt congregati 𝕾𝕮   23 Barsabas 𝕾𝕮   Mathiam 𝕾𝕮, et 26   24 disting. ex his duobus, vnum accipére 𝕾   2. 1 cum : dum 𝕾

singulos eorum. Et repleti sunt omnes Spiritu 4
sancto, et coeperunt loqui aliis linguis, prout
Spiritus sanctus dabat eloqui illis.

Erant autem in Hierusalem habitantes Iu- 5
daei, uiri religiosi ex omni natione quae sub
caelo est. Facta autem hac uoce, conuenit 6
multitudo, et mente confusa est, quoniam audiebat unusquisque lingua sua illos loquentes.
Stupebant autem omnes et mirabantur, di- 7
centes : Nonne ecce omnes isti qui loquuntur,
Galilaei sunt? etquomodo nosaudiuimusunus- 8
quisque lingua nostra, in qua nati sumus :
Parthi et Medi et Elamitae, et qui habitant 9
Mesopotamiam, et Iudaeam et Cappadociam,
Pontum et Asiam, ' Phrygiam et Pamphiliam, 10
Aegyptum et partes Lybiae quae est circa
Cyrenen, et aduenae Romani, ' Iudaei quoque 11
et Proselyti, Cretes et Arabes : audiuimus eos
loquentes nostris linguis magnalia Dei ? Stupe- 12
bant autem omnes et mirabantur, ad inuicem
dicentes : Quidnam hoc uult esse ? Alii au- 13
tem inridentes dicebant : Quia musto pleni
sunt isti.

Stans autem Petrus cum undecim leuauit 14
uocem suam, et locutus est eis : Uiri Iudaei,
et qui habitatis Hierusalem uniuersi : hoc uobis notum sit, et auribus percipite uerba mea.
Non enim, sicut uos aestimatis, hi ebrii sunt, 15
cum sit hora diei tertia : sed hoc est quod 16
dictum est per prophetam Iohel :

Et erit in nouissimis diebus, dicit Dominus, 17

Mc. 16. 17.
Act. 10. 46,
19. 6.
1 Cor. 14.

1 Cor. 14. 23.

Iohel 2. 28-
32.

⁴ aliis CFG : uariis ADV𝕾𝕮   ⁸ lingua nostra AFV : ſinguam
nostram CDG𝕾𝕮   ⁷, ⁸ sunt, et sumus? 𝕾𝕮   ⁹ Aelamitae 𝕾𝕮
om. et (ante Iudaeam) 𝕾𝕮   ¹⁰ Pamphyliam 𝕾𝕮   Libyae 𝕾𝕮
¹¹, ¹² Dei. Stupebant 𝕾𝕮   ¹² > vult hoc 𝕾𝕮   ¹³ irridentes
𝕾𝕮   ¹⁶ Ioel 𝕾𝕮

effundam de Spiritu meo super omnem carnem :
et prophetabunt filii uestri, et filiae uestrae :
et iuuenes uestri uisiones uidebunt :
et seniores uestri somnia somniabunt :

18 et quidem super seruos meos et super an-
cillas meas in diebus illis,
effundam de Spiritu meo, et prophetabunt.

19 Et dabo prodigia in caelo sursum,
et signa in terra deorsum :
sanguinem et ignem, et uaporem fumi :

20 sol conuertetur in tenebras,
et luna in sanguinem :
ante quam ueniat dies Domini magnus et
manifestus.

Rom. 10. 13. 21 Et erit, omnis quicumque inuocauerit nomen Domini, saluus erit.

Lc. 24. 19. 22 Uiri Israhelitae, audite uerba haec : Iesum
Nazarenum, uirum adprobatum a Deo in uo-
bis, uirtutibus, et prodigiis, et signis, quae fecit
per illum Deus in medio uestri, sicut uos sci-

Act. 4. 28. 23 tis : hunc definito consilio, et praescientia Dei
1 Pet. 1. 20.
Apoc. 13. 8. traditum per manus iniquorum adfigentes in-
24 teremistis : quem Deus suscitauit, solutis doloribus inferni, iuxta quod inpossibile erat

Ps. 15 (6). 25 teneri illum ab eo. Dauid enim dicit in eum :
8-11. Prouidebam Dominum coram me semper,
quoniam a dextris meis est, ne commouear.

26 Propter hoc laetatum est cor meum :
et exultauit lingua mea :
insuper et caro mea requiescet in spe.

13. 35. 27 Quoniam non derelinques animam meam
in inferno :

²² > Deus per illum 𝕊ℭ   sicut + et 𝕊ℭ   ²³ adfigentes :
affligentes 𝕊ℭ   ²⁵ coram me : in conspectu meo 𝕊ℭ   meis
est : > est mihi 𝕊ℭ

neque dabis Sanctum tuum uidere corruptionem.

Notas fecisti mihi uias uitae : 28
replebis me iucunditate cum facie tua.

Uiri fratres, liceat audenter dicere ad uos de 29 13. 36.
patriarcha Dauid, quoniam et defunctus est, 3 Reg.
(1 Reg.) 2.10.
et sepultus est, et sepulchrum eius est apud
nos usque in hodiernum diem. Propheta 30 2 Reg.
igitur cum esset, et sciret quia iureiurando (2 Sam.) 23. 1,
2 ; 7. 12, 13.
iurasset illi Deus de fructu lumbi eius sedere Ps. 131 (2).
super sedem eius : prouidens locutus est de 31 11.
resurrectione Christi, quia neque derelictus
est in inferno, neque caro eius uidit corruptionem. Hunc Iesum resuscitauit Deus, 32 1. 22, 4. 33.
cuius omnes nos testes sumus. Dextera igi- 33 5. 31.
tur Dei exaltatus, et promissione Spiritus sancti
accepta a Patre, effudit hunc quem uos uidetis
et auditis. Non enim Dauid ascendit in cae- 34 Ps. 109 (110).
los : dicit autem ipse : 1.
Mt. 22. 44.
Dixit Dominus Domino meo : Mc. 12. 36.
Lc. 20. 42.
Sede a dextris meis, Heb. 1. 13.
donec ponam inimicos tuos scabellum pe- 35
dum tuorum.

Certissime ergo sciat omnis domus Israhel, 36
quia et Dominum eum et Christum Deus
fecit, hunc Iesum quem uos crucifixistis.

His auditis, conpuncti sunt corde, et dixe- 37 16. 30.
runt ad Petrum et ad reliquos Apostolos :
Quid faciemus, uiri fratres ? Petrus uero ad 38 3. 19.
illos : Paenitentiam, inquit, agite, et baptizetur
unusquisque uestrum in nomine Iesu Christi
in remissionem peccatorum uestrorum : et

---

²⁷ neque : nec 𝔖ℭ   ²⁸ > mihi fecisti 𝔖ℭ   uitae + et 𝔖ℭ
²⁹ et *pr. om.* 𝔖ℭ   est (*post* sepultus) *om.* ℭ   ³³ hunc quem A
FG*Vℭ : hoc donum quod CD𝔖   ³⁴ caelum 𝔖ℭ   dicit : dixit 𝔖ℭ
³⁶ > sciat ergo 𝔖ℭ   > fecit Deus 𝔖ℭ   ³⁷ his + autem 𝔖ℭ

Es. 57. 19. 39 accipietis donum sancti Spiritus. Uobis enim est repromissio, et filiis uestris : et omnibus qui longe sunt, quoscumque aduocauerit Do-40 minus Deus noster. Aliis etiam uerbis pluri-bus testificatus est, et exhortabatur eos, di-

4. 4, 5. 14. 41 cens : Saluamini a generatione ista praua. Qui ergo receperunt sermonem eius, baptizati sunt : et adpositae sunt in illa die animae circiter 42 tria milia. Erant autem perseuerantes in do-ctrina Apostolorum, et communicatione fra-ctionis panis, et orationibus.

5. 5, 11, 43   Fiebat autem omni animae timor : multa
19. 17.   quoque prodigia et signa per Apostolos fiebant in Hierusalem, et metus erat magnus in uni-

4. 32, 34, 35. 44 uersis. Omnes etiam qui credebant, erant 45 pariter, et habebant omnia communia. Posses-siones et substantias uendebant, et diuidebant

5. 42. 46 illa omnibus, prout cuique opus erat. Cotidie
Lc. 24. 53.   quoque perdurantes unanimiter in templo, et frangentes circa domos panem, sumebant ci-bum cum exultatione, et simplicitate cordis,

4. 4, 5. 14. 47 ⁱ conlaudantes Deum, et habentes gratiam ad omnem plebem. Dominus autem augebat qui salui fierent cotidie in id ipsum.

3   Petrus autem et Iohannes ascendebant in
14. 8.   2 templum ad horam orationis nonam. Et qui-
Ioh. 9. 1.   dam uir, qui erat claudus ex utero matris suae, baiulabatur : quem ponebant cotidie ad por-tam templi quae dicitur Speciosa, ut peteret 3 elemosynam ab introeuntibus in templum. Is cum uidisset Petrum et Iohannem incipientes introire in templum, rogabat ut elemosynam 4 acciperet. Intuens autem in eum Petrus cum

---

³⁸ > Spiritus sancti 𝔖ℭ   ⁴⁰ pluribus CDFG : plurimis AV𝔖ℭ
⁴¹ > die illa 𝔖ℭ   ⁴³ > in Ierusalem fiebant 𝔖ℭ

Iohanne, dixit: Respice in nos. At ille in- 5
tendebat in eos, sperans se aliquid accepturum
ab eis. Petrus autem dixit: Argentum et au- 6
rum non est mihi: quod autem habeo, hoc
tibi do: In nomine Iesu Christi Nazareni
surge, et ambula. Et adprehensa eius manu 7
dextera, adleuauit eum, et protinus consoli-
datae sunt bases eius, et plantae. Et exiliens 8
stetit, et ambulabat, et intrauit cum illis in templum ambulans, et exiliens, et laudans Deum.
Et uidit omnis populus eum ambulantem et 9
laudantem Deum. Cognoscebant autem illum, 10
quoniam ipse erat qui ad elemosynam sedebat
ad speciosam portam templi: et impleti sunt
stupore et extasi, in eo quod contigerat illi.
Cum teneret autem Petrum et Iohannem, 11   4. 14, 5. 12.
concurrit omnis populus ad eos, ad porticum   Ioh. 10. 23.
quae appellatur Salomonis, stupentes. Uidens 12
autem Petrus, respondit ad populum: Uiri
Israhelitae, quid miramini in hoc, aut nos quid
intuemini, quasi nostra uirtute aut pietate
fecerimus hunc ambulare? Deus Abraham, et 13   Ex. 3. 6, 15.
Deus Isaac, et Deus Iacob, Deus patrum no-   Act. 5. 30,
strorum glorificauit Filium suum Iesum, quem   7. 32, 22. 14.
uos quidem tradidistis, et negastis ante faciem
Pilati, iudicante illo dimitti. Uos autem san- 14   4. 27.
ctum et iustum negastis, et petistis uirum   Mt. 27. 20.
  Mc. 15. 11.
homicidam donari uobis: auctorem uero uitae 15   Lc.23.18-25.
interfecistis, quem Deus suscitauit a mortuis,   Ioh. 18. 40.
cuius nos testes sumus. Et in fide nominis 16
eius, hunc quem uidetis et nostis, confirmauit
nomen eius: et fides quae per eum est, dedit

3. ⁷ > manu eius 𝔖ℭ   ¹⁰ quoniam : quòd 𝔖ℭ   ¹¹ teneret
CFGℭ, et tenerent AV : uiderent D (-ret) 𝔖   concurrit : cucurrit 𝔖ℭ   ¹² pietate : potestate 𝔖ℭ   ¹⁶ quem + vos 𝔖ℭ
vidistis 𝔖ℭ

integram sanitatem istam in conspectu om-
13. 27,17. 30. 17 nium uestrum.   Et nunc fratres, scio quia per
Lc. 23. 34.
1 Tim. 1. 13.   ignorantiam fecistis, sicut et principes uestri.
Lc. 24. 26,27. 18 Deus autem, quae praenuntiauit per os omnium prophetarum pati Christum suum, imple-
Act. 2. 38. 19 uit sic.   Paenitemini igitur et conuertimini. ut
20 deleantur uestra peccata : †cum† uenerint
tempora refrigerii a conspectu Domini, et miserit eum qui praedicatus est uobis, Iesum
1. 11. 21 Christum : quem oportet caelum quidem suscipere usque in tempora restitutionis omnium
quae locutus est Deus per os sanctorum suo-
Dt. 18. 15,18, 22 rum a saeculo prophetarum.   Moses quidem
19.
Act. 7. 37.   dixit : Quoniam prophetam uobis suscitabit
Dominus Deus uester de fratribus uestris: tamquam me ipsum audietis iuxta omnia quae-
Leu. 23. 29. 23 cumque locutus fuerit uobis. Erit autem, omnis
anima quaecumque non audierit prophetam
24 illum, exterminabitur de plebe.   Et omnes
prophetae a Samuhel et deinceps qui locuti
Rom. 9. 4, 5. 25 sunt, et adnuntiauerunt dies istos.   Uos estis
Gen. 22. 18.   filii prophetarum, et testamenti quod dispo-
Gal. 3. 8.   suit Deus ad patres uestros, dicens ad Abraham : Et in semine tuo benedicentur omnes
26 familiae terrae.   Uobis primum Deus suscitans
Filium suum, misit eum benedicentem uobis :
ut conuertat se unusquisque a nequitia sua.
4   Loquentibus autem illis ad populum, super-

---

[18] quae : qui 𝕾ℭ*   > sic impleuit 𝕾ℭ   [19] > peccata vestra
𝕾ℭ   [20] †cum† *restituimus ex codd. (c dem.) antiquae uersionis* :
ut *codd. alii (d h) eiusdem uersionis* ; ut cum *(ex conflatione) codd.*
Hieronymiani paene omn., et 𝕾ℭ   [21] > quidem caelum 𝕾ℭ
[22] > suscitabit vobis 𝕾ℭ   *distinximus* de fr. uestris : tamquam
me ipsum audietis *cum* AF : de fr. uestris, tamquam meipsum aud.
𝕾 ; de fr. uestris, tamquam me, ipsum aud. ℭ   [23] quaecumque :
quae 𝕾ℭ   [24] *om.* et *tert.* 𝕾ℭ   [25] uestros : nostros 𝕾ℭ

uenerunt sacerdotes, et magistratus templi, et
Sadducaei, [1] dolentes quod docerent populum, 2
et adnuntiarent in Iesu resurrectionem ex mortuis ; et iniecerunt in eis manus, et posuerunt 3
eos in custodiam in crastinum : erat enim iam
uespera. Multi autem eorum qui audierant 4
uerbum, crediderunt : et factus est numerus
uirorum quinque milia.

Factum est autem in crastinum ut congre- 5
garentur principes eorum, et seniores, et scribae in Hierusalem : et Annas princeps sacer- 6
dotum, et Caiphas, et Iohannes, et Alexander,
et quotquot erant de genere sacerdotali. Et 7
statuentes eos in medio, interrogabant : In
qua uirtute, aut in quo nomine, fecistis hoc
uos? Tunc Petrus repletus Spiritu sancto, 8
dixit ad eos: Principes populi et seniores: [1] Si 9
nos hodie iudicamur in benefacto hominis infirmi, in quo iste saluus factus est : notum sit 10
omnibus uobis, et omni plebi Israhel quia in
nomine Iesu Christi Nazareni, quem uos crucifixistis, quem Deus suscitauit a mortuis, in hoc
iste adstat coram uobis sanus. Hic est lapis 11
qui reprobatus est a uobis aedificantibus, qui
factus est in caput anguli : et non est in alio 12
aliquo salus : nec enim nomen aliud est sub
caelo datum hominibus, in quo oporteat nos
saluos fieri.

Uidentes autem Petri constantiam et Io- 13
hannis, conperto quod homines essent sine
litteris et idiotae, admirabantur : et cognoscebant eos quoniam cum Iesu fuerant: hominem 14

Right margin references:
17. 18,
23. 6–8.

5. 18.

1. 15, 2. 41,
47.

Mt. 21. 23.
Mc. 11. 28.
Lc. 20. 2.

Mt. 10. 20.
Mc. 13. 11.
Lc. 12. 12,
21. 14, 15.

Act. 3. 6, 13–
16.

Ps. 117 (8). 22.
Mt. 21. 42.
Mc. 12. 10, 11.
Lc. 20. 17.
1 Pet. 2. 7.

4. [2] in Iesum 𝔖ℭ*   [3] in eis : in eos 𝔖ℭ   [8] > repletus
Spiritu sancto Petrus 𝔖ℭ   seniores + audite 𝔖ℭ   [9] dijudica-
mur 𝔖ℭ   [10] nomine + Domini nostri 𝔖ℭ   [12] > aliud nomen 𝔖ℭ

quoque uidentes stantem cum eis, qui curatus
15 fuerat, nihil poterant contradicere. Iusserunt
autem eos foras extra concilium secedere : et
16 conferebant ad inuicem, ' dicentes : Quid faciemus hominibus istis ? quoniam quidem notum
signum factum est per eos, omnibus habitantibus Hierusalem manifestum est et non pos-
5. 28, 40. 17 sumus negare. Sed ne amplius diuulgetur in
populum, comminemur eis, ne ultra loquantur
18 in nomine hoc ulli hominum. Et uocantes eos,
denuntiauerunt ne omnino loquerentur neque
5. 29. 19 docerent in nomine Iesu. Petrus uero et
Iohannes respondentes, dixerunt ad eos : Si
iustum est in conspectu Dei, uos potius audire
20 quam Deum, iudicate : non enim possumus
21 quae uidimus et audiuimus non loqui. At illi
comminantes dimiserunt eos : non inuenientes
quomodo punirent eos propter populum, quia
omnes † clarificabant Deum in eo quod factum
22 erat †. Annorum enim erat amplius quadraginta homo, in quo factum erat signum istud
sanitatis.
23 Dimissi autem uenerunt ad suos : et adnuntiauerunt eis quanta ad eos principes sacerdo-
Ex. 20. 11. 24 tum et seniores dixissent. Qui cum audissent,
unanimiter leuauerunt uocem ad Deum, et
dixerunt : Domine, tu qui fecisti caelum, et
terram, et mare, et omnia quae in eis sunt :
Ps. 2. 1, 2. 25 qui Spiritu sancto per os patris nostri Dauid,
pueri tui, dixisti :

---

[16] *disting.* per eos, omnibus habitantibus Ierusalem : manifestum est, et $\mathfrak{SC}$ [21] † clarif. Deum in eo quod factum
erat † *legimus partim ex graeco, partim ex codd. nostris* : clarif.
id, quod factum fuerat in eo quod acciderat $\mathfrak{SC}$ *et codd. plur.,* ἐπὶ
τῷ γεγονότι *bis reddentes*   [22] erat *sec.* : fuerat $\mathfrak{SC}$ [24] tu + es
$\mathfrak{SC}$ terram, mare (*sine* et) $\mathfrak{SC}$

Quare fremuerunt gentes,
  et populi meditati sunt inania?
Adsteterunt reges terrae,   26
  et principes conuenerunt in unum :
aduersus Dominum, et aduersus Christum
  eius.
Conuenerunt enim uere in ciuitate ista aduer- 27 Lc. 23. 7–11.
sus sanctum puerum tuum Iesum quem unxi-
sti, Herodes et Pontius Pilatus, cum gentibus
et populis Israhel, ' facere quae manus tua et 28 2. 23.
consilium tuum decreuerunt fieri. Et nunc, 29 4 Reg.
Domine, respice in minas eorum, et da seruis   (2Reg.)19.16.
  Es. 37. 17.
tuis cum omni fiducia loqui uerbum tuum,
in eo cum manum tuam extendas sanitates, 30
et signa, et prodigia fieri per nomen sancti
filii tui Iesu. Et cum orassent, motus est 31 2. 2, 4.
locus in quo erant congregati : et repleti sunt
omnes Spiritu sancto, et loquebantur uerbum
Dei cum fiducia.
  Multitudinis autem credentium erat cor et 32 2. 44.
anima una : nec quisquam eorum quae pos-
sidebat aliquid suum esse dicebat : sed erant
illis omnia communia. Et uirtute magna 33
reddebant Apostoli testimonium resurrectionis
Iesu Christi Domini : et gratia magna erat in
omnibus illis. Neque enim quisquam egens 34 2. 45.
erat inter illos : quotquot enim possessores
agrorum aut domorum erant, uendentes ad-
ferebant pretia eorum quae uendebant, ' et 35
ponebant ante pedes Apostolorum : diuide-
bantur autem singulis prout cuique opus erat.   9. 27, 11. 22,
  Ioseph autem, qui cognominatus est Barna- 36 30, 12. 25.
  13–15.

---

^{26, 27} Christum eius? conuenerunt 𝕾ℭ
extendas + ad 𝕾ℭ   ³² cor + unum 𝕾ℭ
𝕾ℭ   ³⁵ diuidebatur 𝕾ℭ   ³⁰ **cum** : quòd 𝕾ℭ
  ³³ **Domini** + nostri

bas ab Apostolis, quod est interpretatum
Filius consolationis, Leuites, Cyprius genere,
37 ¹ cum haberet agrum, uendidit illum, et attulit
pretium, et posuit ante pedes Apostolorum.

5   Uir autem quidam nomine Ananias, cum
2 Saphira uxore sua, uendidit agrum, ¹ et frau-
dauit de pretio agri, conscia uxore sua : et
adferens partem quandam, ad pedes Aposto-
3 lorum posuit.   Dixit autem Petrus : Anania,
cur temtauit Satanas cor tuum, mentiri te
Spiritui sancto, et fraudare de pretio agri ?
4 Nonne manens tibi manebat, et uenundatum
in tua erat potestate ? Quare posuisti in corde
tuo hanc rem ?   Non es mentitus hominibus,
5 sed Deo.   Audiens autem Ananias haec uerba,
cecidit, et expirauit.   Et factus est timor ma-
6 gnus in omnes qui audierant.   Surgentes autem iuuenes amouerunt eum, et efferentes
sepelierunt.

7   Factum est autem quasi horarum trium spatium, et uxor ipsius, nesciens quod factum
8 fuerat, introiit.   Respondit autem ei Petrus :
Dic mihi, si tanti agrum uendidistis ? At illa
9 dixit : Etiam tanti.   Petrus autem ad eam :
Quid utique conuenit uobis temtare Spiritum
Domini ?   Ecce pedes eorum qui sepelierunt
10 uirum tuum ad ostium, et efferent te.   Confestim cecidit ante pedes eius, et expirauit.
Intrantes autem iuuenes inuenerunt illam mor-
tuam : et extulerunt et sepelierunt ad uirum
11 suum.   Et factus est timor magnus in uniuersa
ecclesia, et in omnes qui audierunt haec.

Marginal references:
Lc. 22. 3.
Ioh. 13. 2, 27.

---

³⁷ illum : eum 𝔖ℭ   5. ² quamdam 𝔖ℭ   ³ Petrus + ad
Ananiam 𝔖   ⁵ in : super 𝔖ℭ   audierunt 𝔖ℭ   ⁷ introiuit
𝔖ℭ   ⁸ respondit : dixit 𝔖ℭ   mihi + mulier 𝔖ℭ

Per manus autem Apostolorum fiebant signa 12
et prodigia multa in plebe. Et erant unanimiter omnes in porticu Salomonis. Cetero- 13
rum autem nemo audebat coniungere se illis :
sed magnificabat eos populus. Magis autem 14
augebatur credentium in Domino multitudo
uirorum ac mulierum : ita ut in plateas eicerent 15
infirmos, et ponerent in lectulis et grabattis,
ut, ueniente Petro, saltim umbra illius obum-
braret quemquam eorum. Concurrebat autem 16
et multitudo uicinarum ciuitatum Hierusalem,
adferentes egros, et uexatos ab spiritibus inmundis : qui curabantur omnes.

Exsurgens autem princeps sacerdotum, et 17
omnes qui cum illo erant, quae est heresis
Sadducaeorum, repleti sunt zelo : et iniecerunt 18
manus in Apostolos, et posuerunt illos in custodia publica. Angelus autem Domini per 19
noctem aperiens ianuas carceris, et educens
eos, dixit : Ite, et stantes loquimini in templo 20
plebi omnia uerba uitae huius. Qui cum au- 21
dissent, intrauerunt diluculo in templum, et
docebant. Adueniens autem princeps sacerdotum, et qui cum eo erant, conuocauerunt
concilium, et omnes seniores filiorum Israhel :
et miserunt ad carcerem ut adducerentur.
Cum uenissent autem ministri, et aperto car- 22
cere non inuenissent illos, reuersi nuntiauerunt, ¹ dicentes : Carcerem quidem inueni- 23
mus clausum cum omni diligentia, et custodes
stantes ad ianuas : aperientes autem neminem

2. 43, 14. 3.
3. 11.

2. 47, 6. 7,
11. 24.

19. 12.
Mc. 6. 55, 56.

4. 1, 23. 2-8.

12. 7, 16. 25,
26.

---

¹³ > se coniungere 𝔖ℭ   ¹⁵ et *sec.* : ac 𝔖ℭ   saltem 𝔖ℭ
eorum : illorum 𝔖ℭ; *item sine addit. cum* CFGV : +et libera-
rentur ab infirmitatibus suis 𝔖ℭ *fere cum* AD   ¹⁶ afferentes 𝔖ℭ
aegros 𝔖ℭ   ab : a 𝔖ℭ   ¹⁷ haeresis 𝔖ℭ   ¹⁸ illos : eos 𝔖ℭ
²² > autem venissent 𝔖ℭ   ²³ ad : ante 𝔖ℭ

24 intus inuenimus. Ut autem audierunt hos sermones magistratus templi et principes sacerdotum, ambigebant de illis quidnam fieret. 25 Adueniens autem quidam nuntiauit eis : Quia ecce uiri quos posuistis in carcere, sunt in 26 templo, stantes et docentes populum. Tunc abiit magistratus cum ministris, et adduxit illos sine ui : timebant enim populum ne lapi- 27 darentur. Et cum adduxissent illos, statuerunt in concilio : et interrogauit eos princeps 28 sacerdotum, ¹ dicens : Praecipiendo praecepimus uobis ne doceretis in nomine isto : et ecce replestis Hierusalem doctrina uestra : et uultis inducere super nos sanguinem hominis 29 istius. Respondens autem Petrus et Apostoli dixerunt : Oboedire oportet Deo magis 30 quam hominibus. Deus patrum nostrorum suscitauit Iesum, quem uos interemistis, sus- 31 pendentes in ligno. Hunc Deus principem et saluatorem exaltauit dextera sua, ad dandam paenitentiam Israhel, et remissionem pecca- 32 torum : et nos sumus testes horum uerborum, et Spiritus sanctus, quem dedit Deus omnibus oboedientibus sibi.

33   Haec cum audissent, dissecabantur, et cogi- 34 tabant interficere illos. Surgens autem quidam in concilio Pharisaeus, nomine Gamalihel, legis doctor honorabilis uniuersae plebi, 35 iussit foras ad breue homines fieri : dixitque ad illos : Uiri Israhelitae, adtendite uobis su- 36 per hominibus istis, quid acturi sitis. Ante hos enim dies extitit Theodas, dicens se esse aliquem, cui consensit uirorum numerus circiter

Marginal references:
4. 18-21.
Mt. 27. 25.
2. 36.
Lc. 24. 47, 48.
Ioh. 15. 26,
27.
7. 54.
22. 3.
21. 38.

²⁵ carcerem 𝔖ℭ   ³¹ > principem et saluatorem Deus 𝔖ℭ
Israeli 𝔖ℭ   ³⁴ Gamaliel 𝔖ℭ   ³⁶ > numerus virorum 𝔖ℭ

quadringentorum: qui occisus est, et omnes quicumque credebant ei, dissipati sunt, et redactus
est ad nihilum. Post hunc extitit Iudas Gali- 37 Lc. 2. 2.
laeus in diebus professionis, et auertit populum post se: et ipse periit, et omnes, quotquot
consenserunt ei, dispersi sunt. Et nunc ita- 38
que dico uobis, discedite ab hominibus istis,
et sinite illos: quoniam si est ex·hominibus
consilium hoc aut opus, dissoluetur: si uero 39 11. 17.
ex Deo est, non poteritis dissoluere eos, ne
forte et Deo repugnare inueniamini. Con-
senserunt autem illi: et conuocantes Aposto- 40 4. 18, 22. 19.
los, caesis denuntiauerunt ne loquerentur in
nomine Iesu, et dimiserunt eos. Et illi qui- 41 Mt. 5. 12.
dem ibant gaudentes a conspectu concilii,   1 Pet. 4.
quoniam digni habiti sunt pro nomine Iesu   13-16.
contumeliam pati. Omni autem die in tem- 42
plo et circa domos non cessabant docentes
et euangelizantes Christum Iesum.

In diebus autem illis, crescente numero dis- 6 2. 44, 45,
cipulorum, factus est murmur Graecorum ad-   4. 34, 35.
uersus Hebraeos, eo quod despicerentur in
ministerio cotidiano uiduae eorum. Conuo- 2
cantes autem duodecim multitudinem discipulorum dixerunt: Non est aequum nos dere-
linquere uerbum Dei, et ministrare mensis.
Considerate ergo, fratres, uiros ex uobis boni 3 1 Tim. 3. 9,
testimonii septem, plenos Spiritu et sapientia,   10.
quos constituamus super hoc opus. Nos uero 4
orationi et ministerio uerbi instantes erimus.
Et placuit sermo coram omni multitudine: et 5 8. 5-40, 21. 8.
elegerunt Stephanum, uirum plenum fide et   Apoc.2.6,15.

---

36 quicumque : qui 𝔖ℭ   redactus est : redacti 𝔖ℭ   39 eos :
illud 𝔖ℭ   40 ne + omnino 𝔖ℭ   42 > non cessabant in templo,
et circa domos 𝔖ℭ   6. 1 factum 𝔖ℭ   3 Spiritu + sancto 𝔖ℭ

Spiritu sancto, et Philippum et Prochorum,
et Nicanorem et Timonem, et Parmenam et

6 Nicolaum aduenam Antiochenum.　Hos statuerunt ante conspectum Apostolorum : et
orantes inposuerunt eis manus.

7 Et uerbum Dei crescebat, et multiplicaba-
turnumerus discipulorum in Hierusalem ualde:
multa etiam turba sacerdotum oboediebat
fidei.

8 Stephanus autem plenus gratia et fortitudine faciebat prodigia et signa magna in po-
9 pulo.　Surrexerunt autem quidam de synagoga
quae appellatur Libertinorum, et Cyrenensium
et Alexandrinorum, et eorum qui erant a Ci-
10 licia, et Asia, disputantes cum Stephano : et
non poterant resistere sapientiae et Spiritui,
11 qui loquebatur.　Tunc summiserunt uiros,
qui dicerent se audisse eum dicentem uerba
12 blasphemiae in Mosen et Deum.　Commoue-
runt itaque plebem, et seniores, et scribas : et
concurrentes rapuerunt eum, et adduxerunt in
13 concilium, | et statuerunt testes falsos, qui di-
cerent : Homo iste non cessat loqui uerba
14 aduersus locum sanctum et legem : audiuimus
enim eum dicentem, quoniam Iesus Nazarenus hic destruet locum istum, et mutabit tra-
15 ditiones quas tradidit nobis Moses.　Et intuentes eum omnes qui sedebant in concilio,
uiderunt faciem eius tamquam faciem angeli.

7 Dixit autem princeps sacerdotum : Si haec
2 ita se habent ?　Qui ait :
Uiri fratres et patres audite : Deus gloriae

Margin references (left):

1. 24, 13. 3,
14. 23.
1 Tim. 4. 14,
5. 22,
2 Tim. 1. 6.
12. 24, 19. 20.

Lc 21. 14, 15.

7. 53, 21. 28,
25. 8.

Gen. 11. 31,
15. 7.

---

7 Dei : Domini 𝔖ℭ　　10 qui : quo CDG　　11 audiuisse 𝔖ℭ
et + in 𝔖ℭ　　13 > falsos testes 𝔖ℭ　　qui dicerent : *lapsu impressimus* dicentes *in editionis nostrae maioris textu*　　15 tanquam
𝔖　　7. 1 haberent 𝔖

apparuit patri nostro Abraham cum esset in
Mesopotamia, prius quam moraretur in Charram, ⌐et dixit ad illum : Exi de terra tua et de 3
cognatione tua, et ueni in terram quam tibi
monstrauero. Tunc exiit de terra Chaldae- 4
orum, et habitauit in Charram. Et inde,
postquam mortuus est pater eius, transtulit
illum in terram istam in qua nunc uos habitatis. Et non dedit illi hereditatem in ea nec 5
passum pedis : et repromisit dare illi eam in
possessionem, et semini eius post ipsum, cum
non haberet filium. Locutus est autem Deus : 6
Quia erit semen eius accola in terra aliena, et
seruituti eos subicient, et male tractabunt eos
annis quadringentis : et gentem cui seruierint 7
iudicabo ego, dixit Deus : et post haec exibunt,
et seruient mihi in loco isto. Et dedit illi 8
testamentum circumcisionis : et sic genuit
Isaac, et circumcidit eum die octaua : et Isaac,
Iacob : et Iacob, duodecim patriarchas. Et 9
patriarchae aemulantes, Ioseph uendiderunt
in Aegyptum : et erat Deus cum eo : ⌐et eripuit 10
eum ex omnibus tribulationibus eius : et dedit
ei gratiam et sapientiam in conspectu Pharaonis regis Aegypti : et constituit eum praepositum super Aegyptum, et super omnem
domum suam. Uenit autem fames in uni- 11
uersam Aegyptum et Chanaan, et tribulatio
magna : et non inueniebant cibos patres nostri. Cum audisset autem Iacob esse frumen- 12
tum in Aegypto, misit patres nostros primum :
et in secundo cognitus est Ioseph a fratribus 13

3-5
Gen. 12. 1 ;
4·7.

Gen. 13. 15,
17. 8, 48. 4.

Gen. 15. 13,
14.
Ex. 12. 40.
Gal. 3. 17.

Ex. 3. 12.

Gen.17.9-12,
21. 4, 25. 26.
Gen. 29. 31-
35, 30. 5-24,
35. 16-26.
Gen. 37. 11,
28, 39. 1, 2,
21, 23.
Gen. 41. 37-
46.

Gen. 41. 54,
42. 5.

Gen. 42. 1-3.

Gen.43.2-15,
45. 1-4, 16.

suis, et manifestatum est Pharaoni genus eius.

Gen. 45. 9,   14 Mittens autem Ioseph accersiuit Iacob patrem
46. 10, 27,   suum et omnem cognationem in animabus
Ex. 1. 5.   15 septuaginta quinque. Et descendit Iacob in
Dt. 10. 22.   Aegyptum : et defunctus est ipse, et patres
Gen. 46. 5, 28,
49. 32.   16 nostri. Et translati sunt in Sychem, et positi
Ex. 1. 6.   sunt in sepulchro quod emit Abraham pretio
Gen. 23. 16,
17, 50. 13.   17 argenti a filiis Emmor filii Sychem. Cum
Ios. 24. 32.   adpropinquaret autem tempus repromissionis
Ex. 1. 7, 12.   quam confessus erat Deus Abrahae, creuit

Ex. 1. 8.   18 populus et multiplicatus est in Aegypto, quoad
usque surrexit rex alius in Aegypto, qui non

Ex. 1. 15-22.   19 sciebat Ioseph. Hic circumueniens genus
nostrum, adflixit patres ut exponerent infantes

20-29   20 suos, ne uiuificarentur. Eodem tempore na-
Ex. 2. 2-15.   tus est Moses, et fuit gratus Deo : qui nutritus
Heb. 11. 23-
27.   21 est tribus mensibus in domo patris sui. Ex-
posito autem illo, sustulit eum filia Pharaonis,
22 et enutriuit eum sibi in filium. Et eruditus
est Moses omni sapientia Aegyptiorum, et
23 erat potens in uerbis, et in operibus suis. Cum
autem impleretur ei quadraginta annorum tempus, ascendit in cor eius ut uisitaret fratres
24 suos filios Israhel. Et cum uidisset quendam
iniuriam patientem, uindicauit illum : et fecit
ultionem ei qui iniuriam sustinebat, percusso
25 Aegyptio. Existimabat autem intellegere fratres, quoniam Deus per manum ipsius daret
26 salutem illis : at illi non intellexerunt. Sequenti uero die apparuit illis litigantibus, et
reconciliabat eos in pacem, dicens : Uiri, fra-
27 tres estis, ut quid nocetis alterutrum ? Qui au-

---

14 cognationem + suam 𝔖ℭ   16 Sichem 𝔖ℭ *bis*   Hemor 𝔖ℭ
17 > autem appropinquaret 𝔖ℭ   promissionis 𝔖ℭ   18 > alius
rex 𝔖ℭ   19 patres + nostros 𝔖ℭ   21 nutriuit 𝔖ℭ   26 in
pace 𝔖ℭ

tem iniuriam faciebat proximo, reppulit eum,
dicens : Quis te constituit principem et iudicem super nos ?   numquid interficere me 28
tu uis, quemadmodum interfecisti heri Aegy-
ptium ?   Fugit autem Moses in uerbo isto : 29   Ex. 2. 22,
et factus est aduena in terra Madiam, ubi   18. 3, 4.
generauit filios duos.   Et expletis annis qua- 30   30-34
draginta, apparuit illi in deserto montis Sina   Ex. 3. 2-10.
angelus in igne flammae rubi.   Moses autem 31
uidens, admiratus est uisum.   Et accedente
illo ut consideraret, facta est uox Domini :
Ego Deus patrum tuorum, Deus Abraham, 32
et Deus Isaac, et Deus Iacob.   Tremefactus
'autem Moses, non audebat considerare.   Dixit 33
autem illi Dominus : Solue calciamentum pedum tuorum : locus enim in quo stas, terra
sancta est.   Uidens uidi afflictionem populi 34
mei qui est in Aegypto, et gemitum eorum
audiui, et descendi liberare eos : et nunc ueni,
et mittam te in Aegyptum.   Hunc Mosen 35
quem negauerunt, dicentes : Quis te constituit
principem et iudicem ? hunc Deus principem
et redemptorem misit, cum manu angeli qui
apparuit illi in rubo.   Hic eduxit illos faciens 36   Ex. 7-12, 14,
prodigia et signa in terra Aegypti, et in rubro   16, 17.
mari, et in deserto annis quadraginta.   Hic 37   Act. 3. 22.
est Moses, qui dixit filiis Israhel : Prophetam   Dt. 18. 15.
uobis suscitabit Deus de fratribus uestris : tamquam me ipsum audietis.   Hic est, qui fuit 38   Ex. 19. 3,
in Ecclesia in solitudine cum angelo qui lo-   17, 18.
                                                   Dt. 4. 10,
quebatur ei in monte Sina, et cum patribus   9. 10.
nostris : qui accepit uerba uitae dare nobis.

---

27 repulit $C   29 Madian $C   31 facta est + ad eum $C
Domini + dicens $C   32 Ego + sum $C   et pr. om. $C
37 > suscitabit vobis $C   meipsum *uno uerbo* $; me, ipsum C

Ex. 16. 3.   39 Cui noluerunt oboedire patres nostri : sed rep-
Num. 11.4, 5,   pulerunt, et auersi sunt cordibus suis in Ae-
14. 3, 4.
Ex. 32. 1, 23. 40 gyptum, | dicentes ad Aaron : Fac nobis deos,
qui praecedant nos : Moses enim hic, qui
eduxit nos de terra Aegypti, nescimus quid
Ex. 32. 4-6, 41 factum sit ei.   Et uitulum fecerunt in illis die-
Dt. 9. ³⁵·₁₆. bus, et obtulerunt hostiam simulacro, et laeta-
Am.5.25-27. 42 bantur in operibus manuum suarum.   Con-
uertit autem Deus, et tradidit eos seruire
militiae caeli, sicut scriptum est in libro prophetarum :

     Numquid uictimas aut hostias obtulistis
       mihi
     annis quadraginta in deserto, domus Is-
       rahel ?

43   Et suscepistis tabernaculum Moloch,
     et sidus Dei uestri Rempham,
     figuras quas fecistis adorare eas :
     et transferam uos trans Babylonem.

Ex. 25. 9, 40. 44 Tabernaculum testimonii fuit patribus nostris
in deserto, sicut disposuit loquens ad Mosen,
ut faceret illud secundum formam quam uide-
Ios. 3. 14-17. 45 rat.   Quod et induxerunt suscipientes patres
nostri cum Iesu in possessionem gentium quas
expulit Deus a facie patrum nostrorum, usque
2 Reg. (2 46 in diebus Dauid, | qui inuenit gratiam ante
Sam.) 7. 2-17.
Ps. 131 (2). 5. Deum, et petiit ut inueniret tabernaculum Deo
3 Reg. 47 Iacob. Salomon autem aedificauit illi domum.
(1 Reg.)
5. 5, 6. 1, 2. 48 Sed non Excelsus in manufactis habitat, sicut
propheta dicit :
Es. 66. 1, 2. 49   Caelum mihi sedes est :
     terra autem scabellum pedum meorum.

---

³⁹ repulerunt 𝔖ℭ   ⁴⁰ **Moysi enim huic** 𝔖   ⁴¹ > diebus illis
𝔖ℭ   ⁴² aut : et ℭ   ⁴³ in Bab. 𝔖   ⁴⁴ **fuit** + cum 𝔖ℭ   disposuit + illis Deus 𝔖ℭ   ⁴⁸ **propheta** : per prophetam 𝔖

Quam domum aedificabitis mihi, dicit Dominus,
   aut quis locus requietionis meae est?
Nonne manus mea fecit haec omnia?   50
Duri ceruice, et incircumcisi cordibus et auri- 51
bus, uos semper Spiritui sancto resistitis : sicut
Patres uestri, et uos.   Quem prophetarum non 52
sunt persecuti patres uestri? et occiderunt eos
qui praenuntiabant de aduentu Iusti, cuius uos
nunc proditores et homicidae fuistis : qui 53
accepistis legem in dispositionem angelorum,
et non custodistis.
Audientes autem haec dissecabantur cordi- 54
bus suis, et stridebant dentibus in eum.   Cum 55
autem esset plenus Spiritu sancto, intendens
in caelum, uidit gloriam Dei, et Iesum stantem
a dextris Dei, et ait : Ecce uideo caelos apertos, 56
et Filium hominis a dextris stantem Dei.   Ex- 57
clamantes autem uoce magna continuerunt
aures suas, et impetum fecerunt unanimiter in
eum.   Et eicientes eum extra ciuitatem lapi- 58
dabant : et testes deposuerunt uestimenta sua
secus pedes adulescentis, qui uocabatur Saulus.   Et lapidabant Stephanum inuocantem, et 59
dicentem : Domine Iesu, suscipe spiritum
meum.   Positis autem genibus, clamauit uoce 60
magna, dicens : Domine, ne statuas illis hoc
peccatum.   Et cum hoc dixisset, obdormiuit.
Saulus autem erat consentiens neci eius.
   Facta est autem in illa die persecutio magna 8
in ecclesia quae erat Hierosolymis, et omnes
dispersi sunt per regiones Iudaeae et Sama-

Ex. 32. 9,
33. 3, 5, 34. 9.
Dt. 31. 27.
Hier. 6. 10,
9. 26.
3 Reg.
(1Reg.)19.10.
2 Par. 36. 15,
16.
Mt. 23. 31.
Lc. 11. 49-51,
13. 33.
Act. 7. 38.
Gal. 3. 19.
Heb. 2. 2.
Act. 5. 33.
6. 3, 5.
Mc. 16. 19.

Leu. 24. 14-
16.
Act. 22. 4.

Ps. 30. 6
(31. 5).
Lc. 23. 46.

Lc. 23. 34.

11. 19, 22. 20.

---

⁴⁹ dicit Dominus? aut 𝔖ℭ   ⁵¹ duri AᶜDG : dura CFV𝔖ℭ
incircumcisi ACDGᶜ : -cisis FG*V𝔖ℭ   uestri +ita 𝔖ℭ   ⁵³ in
dispositione 𝔖ℭ   ⁵⁶ > stantem a dextris 𝔖ℭ, et + virtutis 𝔖
⁶⁰ obdormiuit +in Domino 𝔖ℭ
                              299

2 riae, praeter Apostolos. Curauerunt autem
Stephanum uiri timorati, et fecerunt planctum
3 magnum super illum. Saulus uero deuastabat
ecclesiam, per domos intrans, et trahens uiros
ac mulieres, tradebat in custodiam.

4   Igitur qui dispersi erant, pertransiebant
5 euangelizantes uerbum. Philippus autem descendens in ciuitatem Samariae, praedicabat
6 illis Christum. Intendebant autem turbae his
quae a Philippo dicebantur unanimiter, au-
7 dientes et uidentes signa quae faciebat. Multi
enim eorum qui habebant spiritus inmundos,
clamantes uoce magna, exiebant : multi autem
8 paralytici et claudi curati sunt. Factum est
ergo magnum gaudium in illa ciuitate.

9   Uir autem quidam nomine Simon, qui ante
fuerat in ciuitate magus, seducens gentem
Samariae, dicens se esse aliquem magnum :
10 cui auscultabant omnes a minimo usque ad
maximum, dicentes : Hic est uirtus Dei, quae
11 uocatur magna : adtendebant autem eum,
propter quod multo tempore magicis suis de-
12 mentasset eos. Cum uero credidissent Philippo
euangelizanti de regno Dei et nomine Iesu
13 Christi, baptizabantur uiri ac mulieres. Tunc
Simon et ipse credidit : et cum baptizatus
esset, adherebat Philippo : uidens etiam signa
et uirtutes maximas fieri, stupens admirabatur.

14   Cum autem audissent Apostoli qui erant
Hierosolymis, quia recepit Samaria uerbum
Dei, miserunt ad illos Petrum et Iohannem :

Marginal references:
9. 1, 22. 4,
26. 10, 11.

6. 5.

Mc. 16. 17,18.
Lc. 10. 17.

2. 38, 41.
Mt. 28. 19.

11. 22.

² illum : eum 𝕾ℭ   ³ uero : autem 𝕾ℭ   ⁴ pertransibant
𝕾ℭ   uerbum + Dei 𝕾ℭ   ⁷ exibant 𝕾ℭ   et et 𝕾   ⁸ > gaudium magnum 𝕾ℭ   ¹¹ attendebant 𝕾ℭ   magijs ℭ   ¹² et
nomine : in nomine 𝕾ℭ   ¹³ adhaerebat 𝕾ℭ   ¹⁴ quia recepit : quòd recepisset 𝕾ℭ   illos : eos 𝕾ℭ

300

qui cum uenissent, orauerunt pro ipsis ut ac- 15
ciperent Spiritum sanctum : nondum enim in 16
quemquam illorum uenerat, sed baptizati tantum erant in nomine Domini Iesu. Tunc 17 6. 6, 9. 17,
inponebant manus super illos, et accipiebant   19. 6.
Spiritum sanctum. Cum uidisset autem Simon 18
quia per inpositionem manus Apostolorum
daretur Spiritus sanctus, obtulit eis pecuniam,
¹dicens : Date et mihi hanc potestatem, ut cui- 19
cumque inposuero manus, accipiat Spiritum
sanctum. Petrus autem dixit ad eum : Pecunia 20
tua tecum sit in perditionem : quoniam donum
Dei existimasti pecunia possideri. Non est 21 Eph. 5. 5.
tibi pars neque sors in sermone isto : cor enim
tuum non est rectum coram Deo. Paeniten- 22
tiam itaque age ab hac nequitia tua : et roga
Deum, si forte remittatur tibi haec cogitatio
cordis tui. In felle enim amaritudinis, et 23 Dt. 29. 18.
obligatione iniquitatis uideo te esse. Re- 24 Es. 58. 6.
spondens autem Simon, dixit : Precamini uos   Heb. 12. 15.
pro me ad Dominum, ut nihil ueniat super me
horum quae dixistis.

Et illi quidem testificati, et locuti uerbum 25
Domini, rediebant Hierosolymam, et multis
regionibus Samaritanorum euangelizabant.

Angelus autem Domini locutus est ad Phi- 26 6. 5.
lippum, dicens : Surge et uade contra meri-
dianum, ad uiam quae descendit ab Hieru-
salem in Gazam : haec est deserta. Et surgens 27 Es. 56. 3-7.
abiit. Et ecce uir Aethiops, eunuchus, potens   Ps. 67. 32
Candacis reginae Aethiopum, qui erat super   (68. 31).
omnes gazas eius, uenerat adorare in Hieru-   Es. 19. 21.
salem : et reuertebatur sedens super currum 28
suum, legensque prophetam Esaiam. Dixit au- 29

²⁵ redibant 𝕾𝕮   ²⁸ > Isaiam prophetam 𝕾𝕮

tem Spiritus Philippo : Accede, et adiunge te
30 ad currum istum. Adcurrens autem Philippus,
audiuit eum legentem Esaiam prophetam, et
Rom. 10. 14. 31 dixit : Putasne intellegis quae legis ? Qui ait :
Et quomodo possum, si non aliquis ostenderit
mihi ? Rogauitque Philippum, ut ascenderet
Es. 53. 7, 8. 32 et sederet secum. Locus autem scripturae
quam legebat, erat hic :

Tamquam ouis ad occisionem ductus est :
et sicut agnus coram tondente se sine
uoce,
sic non aperuit os suum.

33   In humilitate iudicium eius sublatum est.
Generationem illius quis enarrabit ?
quoniam tollitur de terra uita eius.

34 Respondens autem eunuchus Philippo, dixit ;
Obsecro te, de quo propheta dicit hoc ? de se,
35 an de alio aliquo ? Aperiens autem Philippus
os suum, et incipiens ab scriptura ista, euan-
10. 47. 36 gelizauit illi Iesum. Et dum irent per uiam,
uenerunt ad quandam aquam : et ait eunuchus:
38 Ecce aqua, quid prohibet me baptizari ? Et
iussit stare currum : et descenderunt uterque in
aquam, Philippus et eunuchus : et baptizauit
3 Reg. 39 eum. Cum autem ascendissent de aqua, Spi-
(1 Reg.)18.12. ritus Domini rapuit Philippum, et amplius non
4 Reg.
(2 Reg.)2.16. uidit eum eunuchus. Ibat enim per uiam suam
Act. 21. 8. 40 gaudens. Philippus autem inuentus est in
Azoto, et pertransiens euangelizabat ciuitatibus cunctis, donec ueniret Caesaream.

---

[33] illius: eius S𝕮   tolletur S𝕮   [35] ab : a S𝕮   [36] quid AC
DG*S𝕮 : quis FG𝒸V   [37] *Uersum omisimus cum* A*CFG : *habent*
A𝒸DVS𝕮, *legunt uero sic* : dixit autem (*om.* A𝒸V) Philippus : Si
credis ex toto corde, licet. Et respondens ait (dixit D) : Credo
Dei Filium (> Filium Dei A𝒸DS𝕮) esse Iesum Christum (*om.* D)
[39] enim : autem S𝕮

Saulus autem adhuc aspirans minarum et **9** 8. 3.
caedis in discipulos Domini, accessit ad prin-
cipem sacerdotum, | et petiit ab eo epistulas in 2 2–8
Damascum ad synagogas: ut si quos inuenisset 22. 4–11.
26. 9–18.
huius uiae uiros ac mulieres, uinctos perduce- 19. 9, 23,
ret in Hierusalem. Et cum iter faceret, contigit 3 24. 14, 22.
ut adpropinquaret Damasco: et subito circum-
fulsit eum lux de caelo. Et cadens in terram 4
audiuit uocem dicentem sibi: Saule, Saule,
quid me persequeris? Qui dixit: Quis es, Do- 5 5. 39.
1 Cor. 15. 8.
mine? Et ille: Ego sum Iesus quem tu perse-
queris. Sed surge, et ingredere ciuitatem, et 6
dicetur tibi quid te oporteat facere. Uiri autem 7
illi qui comitabantur cum eo, stabant stupe-
facti, audientes quidem uocem, neminem autem uidentes. Surrexit autem Saulus de terra, 8
apertisque oculis nihil uidebat: ad manus
autem illum trahentes, introduxerunt Damascum. Et erat tribus diebus non uidens, et non 9
manducauit, neque bibit.

Erat autem quidam discipulus Damasci, no- 10 10–18
22. 12–16.
mine Ananias: et dixit ad illum in uisu Domi-
nus: Anania. At ille ait: Ecce ego, Domine.
Et Dominus ad illum: Surge, uade in uicum 11
qui uocatur Rectus: et quaere in domo Iudae
Saulum nomine Tharsensem: ecce enim orat:
et uidit uirum Ananiam nomine introeuntem, 12
et inponentem sibi manus ut uisum recipiat.

9. **1** aspirans AV, inspirans DF : spirans CG𝔖ℭ   **5** persequeris *sine addit.* AG* : +durum est tibi contra stimulum calcitrare. Et tremens, ac (et D ; *om.* V) stupens dixit: Domine,
quid me uis facere? Et Dominus ad eum (+dixit D) DFGᶜV𝔖ℭ:
+durum tibi contra stimulum calcitrare. qui tremens in horrore
uersus in eo quod factum erat ait domine quid me uis facere et
dominus ad eum C   **6** Sed *ad init. om.* FGV𝔖ℭ (*non* D)   et
sec. +ibi 𝔖ℭ   **9** erat +ibi 𝔖ℭ   **11** illum : eum 𝔖ℭ   surge
+et 𝔖ℭ   Tharsensem 𝔖ℭ (1593 *et* 1598)

13 Respondit autem Ananias : Domine, audiui a
multis de uiro hoc, quanta mala sanctis tuis
14 fecerit in Hierusalem : et hic habet potestatem a principibus sacerdotum alligandi omnes
15 qui inuocant nomen tuum. Dixit autem ad
eum Dominus : Uade, quoniam uas electionis
est mihi iste, ut portet nomen meum coram
16 gentibus et regibus, et filiis Israhel : ego enim
ostendam illi quanta oporteat eum pro nomine
17 meo pati. Et abiit Ananias, et introiuit in
domum : et inponens ei manus, dixit : Saule
frater, Dominus misit me Iesus, qui apparuit
tibi in uia qua ueniebas, ut uideas, et implearis
18 Spiritu sancto. Et confestim ceciderunt ab
oculis eius tamquam squamae, et uisum re-
19 cepit : et surgens baptizatus est. Et cum accepisset cibum, confortatus est.

Fuit autem cum discipulis qui erant Da-
20 masci per dies aliquot. Et continuo in synagogis praedicabat Iesum, quoniam hic est
21 Filius Dei. Stupebant autem omnes qui audiebant, et dicebant : Nonne hic est, qui expugnabat in Hierusalem eos qui inuocabant nomen
istud : et huc ad hoc uenit ut uinctos illos
22 duceret ad principes sacerdotum ? Saulus
autem multo magis conualescebat, et confun-
debat Iudaeos qui habitabant Damasci, adfir-
mans quoniam hic est Christus.

23 Cum implerentur autem dies multi, consilium fecerunt Iudaei ut eum interficerent :
24 notae autem factae sunt Saulo insidiae eorum.
Custodiebant autem et portas die ac nocte, ut

Marginal references (left column):

13. 2, 22. 21,
Rom. 1. 1.
Gal. 1. 1, 15.

20. 23, 21. 11.
2 Cor. 11.
23-28.

26. 10, 20.

18. 28.

Gal. 1. 17,
18.

23. 16.

---

13 > fecerit sanctis tuis 𝔖ℭ   20 in synagogis : ingressus in
synagogas 𝔖   23 > autem implerentur 𝔖ℭ   fecerunt + in
vnum 𝔖ℭ

eum interficerent. Accipientes autem discipuli 25
eius nocte, per murum dimiserunt eum, summittentes in sporta.

Cum autem uenisset in Hierusalem, temta- 26
bat iungere se discipulis: et omnes timebant
eum, non credentes quia esset discipulus.
Barnabas autem adprehensum illum duxit ad 27
Apostolos:, et narrauit illis quomodo in uia
uidisset Dominum, et quia locutus est ei, et
quomodo in Damasco fiducialiter egerit in
nomine Iesu. Et erat cum illis intrans et 28
exiens in Hierusalem, fiducialiter agens in
nomine Domini. Loquebatur quoque, et dis 29
putabat cum Graecis: illi autem quaerebant
occidere eum. Quod cum cognouissent fra- 30
tres, deduxerunt eum Caesaream, et dimiserunt Tharsum.

Ecclesia quidem per totam Iudaeam, et Gali- 31
laeam, et Samariam habebat pacem, et aedi-
ficabatur ambulans in timore Domini, et consolatione sancti Spiritus replebatur.

Factum est autem ut Petrus, dum pertransi- 32
ret uniuersos, deueniret ad sanctos qui habitabant Lyddae. Inuenit autem ibi hominem 33
quendam, nomine Aeneam, ab annis octo
iacentem in grabatto, qui erat paralyticus. Et 34
ait illi Petrus: Aeneas, sanat te Iesus Christus:
surge, et sterne tibi. Et continuo surrexit.
Et uiderunt illum omnes qui habitabant 35
Lyddae et Saronae: qui conuersi sunt ad
Dominum.

2 Cor. 11. 32,
33.

22. 17-20,
26. 20.
Gal. 1. 17, 18.

11. 25.
Gal. 1. 21.

²⁵ discipuli eius: cum discipuli 𝕮; eum discipuli eius 𝕾   sub-
mittentes 𝕾𝕮   ²⁶ >se iungere 𝕾𝕮   quia: quòd 𝕾𝕮
²⁸ Hierusalem + et 𝕾𝕮   ²⁹ quoque *sine addit.* ACG : +genti-
bus D (cum gent.) FV𝕾𝕮   ³⁰ Tarsum 𝕾𝕮 (1593 *et* 1598)
³⁴ Aenea 𝕾𝕮   sanet 𝕾   te + Dominus 𝕾𝕮   ³⁵ illum: eum 𝕾𝕮

36   In Ioppe autem fuit quaedam discipula nomine Tabita, quae interpretata dicitur Dorcas.
Haec erat plena operibus bonis et elemosynis
37 quas faciebat.   Factum est autem in diebus
illis, ut infirmata moreretur : quam cum lauis-
38 sent, posuerunt eam in cenaculo.   Cum autem
prope esset Lydda ab Ioppe, discipuli audientes quia Petrus esset in ea, miserunt duos uiros
ad eum, rogantes : Ne pigriteris uenire usque
39 ad nos.   Exsurgens autem Petrus uenit cum
illis.   Et cum aduenisset, duxerunt illum in
cenaculum : et circumsteterunt illum omnes
uiduae, flentes et ostendentes tunicas et uestes,

Mt. 9. 25. 40 quas faciebat illis Dorcas. Eiectis autem omni-
Mc. 5. 40.   bus foras, Petrus ponens genua orauit : et conuersus ad corpus, dixit : Tabita, surge.   At illa
aperuit oculos suos : et uiso Petro, resedit.
41 Dans autem illi manum, erexit eam : et cum
uocasset sanctos et uiduas, adsignauit eam
42 uiuam.   Notum autem factum est per uniuersam Ioppen : et crediderunt multi in Domino.

10. 6. 43 Factum est autem ut dies multos moraretur in
Ioppe, apud quendam Simonem coriarium.

Mt. 8. 5. 10   Uir autem quidam erat in Caesarea, nomine
Lc. 7. 2.   Cornelius, centurio cohortis quae dicitur Ita-
Act. 27. 1.   2 lica : religiosus, et timens Deum cum omni domo sua, faciens elemosynas multas plebi, et de-
3. 1, 9. 10. 3 precans Deum semper : uidit in uisu manifeste,
quasi hora nona diei, angelum Dei introeun-
4 tem ad se, et dicentem sibi Corneli.   At ille
intuens eum, timore correptus, dixit : Quid est,
Domine ? Dixit autem illi : Orationes tuae et

---

³⁶ Tabitha 𝔖ℭ   ³⁷ coenaculo 𝔖ℭ   ³⁸ ad Ioppen 𝔖ℭ
³⁹ coenaculum 𝔖ℭ   ostendentes +ei 𝔖ℭ   ⁴⁰ Tabitha 𝔖ℭ
⁴³ > Simonem quendam 𝔖ℭ   10. ² et *pr.* : ac 𝔖ℭ   ³ +is
ad init. 𝔖ℭ   >diei nona 𝔖ℭ   ⁴ **quid est**: quis es 𝔖

306

elemosynae tuae ascenderunt in memoriam in
conspectu Dei. Et nunc mitte uiros in Ioppen, 5
et accersi·Simonem quendam, qui cognominatur Petrus : hic hospitatur apud Simonem 6   9. 43.
quendam coriarium, cuius est domus iuxta
mare. Et cum discessisset angelus qui loque- 7
batur illi, uocauit duos domesticos suos et
militem metuentem Dominum, ex his qui illi
parebant. Quibus cum narrasset omnia, misit 8
illos in Ioppen.

Postera autem die iter illis facientibus, et 9
adpropinquantibus ciuitati, ascendit Petrus in
superiora ut oraret, circa horam sextam. Et 10
cum esuriret, uoluit gustare. Parantibus autem
eis, cecidit super eum mentis excessus. Et 11   11-20
uidit caelum apertum, et descendens uas quod-   11. 5-14.
dam, uelut linteum magnum, quattuor initiis
summitti de caelo in terram : in quo erant 12
omnia quadrupedia et serpentia terrae, et uolatilia caeli. Et facta est uox ad eum : Surge 13
Petre, occide et manduca. Ait autem Petrus : 14   Leu. 11 :
Absit, Domine, quia numquam manducaui   20. 25.
                                             Dt. 14. 4-20.
omne commune et inmundum. Et uox iterum 15   Ezec. 4. 14.
secundo ad eum : Quae Deus purificauit, tu   Mt. 15. 11.
                                             Mc. 7. 15, 19.
ne commune dixeris. Hoc autem factum est 16 Act. 15. 29.
per ter : et statim receptum est uas in caelum.

Et dum intra se haesitaret Petrus quidnam 17
esset uisio quam uidisset : ecce uiri qui missi
erant a Cornelio, inquirentes domum Simonis,
adstiterunt ad ianuam. Et cum uocassent, in- 18
terrogabant si Simon, qui cognominatur Petrus,
illic haberet hospitium. Petro autem cogitante 19

---

⁶ mare *sine addit.* ACFGV : +hic dicet tibi quid te oporteat
(-tet D) facere D𝔖ℭ   ¹⁰ eis : illis 𝔖ℭ   ¹¹ submitti 𝔖ℭ
¹⁵ quae : quod 𝔖ℭ   > commune ne 𝔖ℭ

de uisione, dixit Spiritus ei : Ecce uiri tres
20 quaerunt te.   Surge itaque, et descende, et
uade cum eis nihil dubitans, quia ego misi illos.
21 Descendens autem Petrus ad uiros, dixit :
Ecce ego sum quem quaeritis : quae causa est
22 propter quam uenistis ? Qui dixerunt : Cornelius centurio, uir iustus et timens Deum, et
testimonium habens ab uniuersa gente Iudaeorum, responsum accepit ab angelo sancto
accersire te in domum suam, et audire uerba

11. 12. 23 abs te. Introducens igitur eos, recepit hospitio.
Sequenti autem die surgens profectus est
cum eis: et quidam ex fratribus ab Ioppe comi-
24 tati sunt eum.   Altera autem die introiuit Caesaream.   Cornelius uero expectabat illos, con-
25 uocatis cognatis suis, et necessariis amicis.   Et
factum est cum introisset Petrus, obuius ei
Cornelius et procidens ad pedes eius adorauit.

14. 15. 26 Petrus uero leuauit eum, dicens : Surge, et
Apoc. 19. 10,
22. 8, 9. 27 ego ipse homo sum.   Et loquens cum illo intrauit, et inuenit multos qui conuenerant :
28 ¹ dixitque ad illos : Uos scitis quomodo abomi-
natum sit uiro Iudaeo coniungi, aut accedere
ad alienigenam : et mihi ostendit Deus, neminem communem aut inmundum dicere homi-
29 nem.   Propter quod sine dubitatione ueni
accersitus.   Interrogo ergo, quam ob causam
30 accersistis me ?   Et Cornelius ait : A nudius
quartana die usque in hanc horam, orans eram
hora nona in domo mea : et ecce uir stetit
31 ante me in ueste candida, ¹ et ait : Corneli,
exaudita est oratio tua, et elemosynae tuae

---

²⁰ **et** *pr. om.* 𝕾ℭ   ²³ **igitur** : ergo 𝕾ℭ   **eis** : illis 𝕾ℭ
²⁵ **obuius** +venit 𝕾ℭ   ²⁶ **eleuauit** 𝕾ℭ   ²⁸ **et** : sed 𝕾ℭ
³⁰ **nudiusquarta** (*uno uerbo*) 𝕾ℭ   **in** *pr.* : ad 𝕾ℭ

commemoratae sunt in conspectu Dei. Mitte 32
ergo in Ioppen, et accersi Simonem, qui cognominatur Petrus: hic hospitatur in domo Simonis coriarii iuxta mare. Confestim igitur 33
misi ad te: et tu bene fecisti ueniendo.
Nunc ergo omnes nos in conspectu tuo ad-
sumus audire omnia quaecumque tibi praecepta sunt a Domino. Aperiens autem Petrus 34
os, dixit:

In ueritate conperi quoniam non est per-
sonarum acceptor Deus, | sed in omni gente 35
qui timet eum et operatur iustitiam, acceptus
est illi. Uerbum misit filiis Israhel, adnun- 36
tians pacem per Iesum Christum : hic est
omnium Dominus. Uos scitis | quod factum 37
est uerbum per uniuersam Iudaeam : incipiens
enim a Galilaea post baptismum quod prae-
dicauit Iohannes,| Iesum à Nazareth: quomodo 38
unxit eum Deus Spiritu sancto et uirtute, qui
pertransiuit bene faciendo, et sanando omnes
oppressos a diabolo, quoniam Deus erat cum
illo. Et nos testes sumus omnium quae fecit 39
in regione Iudaeorum, et Hierusalem : quem
occiderunt suspendentes in ligno. Hunc 40
Deus suscitauit tertia die, et dedit eum mani-
festum fieri | non omni populo, sed testibus 41
praeordinatis a Deo: nobis, qui manducauimus et bibimus cum illo postquam resurrexit
a mortuis. Et praecepit nobis praedicare 42
populo et testificari quia ipse est qui constitutus est a Deo iudex uiuorum et mortuorum.
Huic omnes prophetae testimonium perhi- 43

Dt. 10. 17.
2 Par. 19. 7.
Iob. 34. 19.
Rom. 2. 11.
Eph. 6. 9.
Ps. 14 (5).
1, 2.
Ioh. 9. 31.
Es. 52. 7.
Nah. 1. 15.
Act. 13. 26.
Rom. 10. 15.
Eph. 2. 17.
Mt. 4. 12.
Mc. 1. 14.
Mt. 3. 16.
Mc. 1. 10.
Lc. 3. 22.

1. 8, 2. 32.
Lc. 24. 48.

1 Cor. 15.
4-7.

Ioh. 14. 15,
21, 22, 15. 27.
Lc. 24. 43.
Act. 1. 4.

17. 31, 24. 25.
Mt. 16. 27.
Ioh. 5. 22-29.
2 Tim. 4. 1.
Es. 53. 5, 6,
9, 10.

---

³³ igitur : ergo $\mathfrak{SC}$ ³⁴ os + suum $\mathfrak{SC}$ comperi $\mathfrak{SC}$
quoniam : quia $\mathfrak{SC}$ ³⁶ misit + Deus $\mathfrak{SC}$ ³⁸ pertransijt
$\mathfrak{SC}$

Hier. 31. 34.
33. 8.
bent, remissionem peccatorum accipere per
nomen eius omnes qui credunt in eum.

44 Adhuc loquente Petro uerba haec, cecidit
Spiritus sanctus super omnes qui audiebant
45 uerbum. Et obstipuerunt ex circumcisione
fideles qui uenerant cum Petro, quia et in

2. 4, 19. 6.
Mc. 16. 17.
1 Cor. 14.
46 nationes gratia Spiritus sancti effusa est. Audiebant enim illos loquentes linguis, et magni-
ficantes Deum. Tunc respondit Petrus:
47 Numquid aquam quis prohibere potest ut non
baptizentur hi, qui Spiritum sanctum accepe-

2. 38, 8. 16,
19. 5.
48 runt sicut et nos? Et iussit eos in nomine
Iesu Christi baptizari. Tunc rogauerunt eum
ut maneret aliquot diebus.

11 Audierunt autem Apostoli, et fratres qui
erant in Iudaea, quoniam et gentes recepe-
2 runt uerbum Dei. Cum ascendisset autem
Petrus in Hierosolymam, disceptabant aduer-

Gal. 2. 12, 14.
3 sus illum qui erant ex circumcisione, ' dicentes : Quare introisti ad uiros praeputium
4 habentes, et manducasti cum illis? Incipiens
autem Petrus exponebat illis ordinem, dicens:

5-14
10. 9-32.
5 Ego eram in ciuitate Ioppe orans, et uidi in
excessu mentis uisionem, descendens uas
quoddam uelut linteum magnum quattuor
initiis summitti de caelo, et uenit usque ad me.
6 In quod intuens considerabam, et uidi quadrupedia terrae, et bestias et reptilia, et uola-
7 tilia caeli. Audiui autem et uocem dicentem
8 mihi : Surge Petre, occide et manduca. Dixi
autem: Nequaquam, Domine: quia commune
aut inmundum numquam introiuit in os meum.

---

⁴⁵ obstupuerunt 𝕊ℭ   ⁴⁸ > baptizari in nomine Domini Iesu
Christi 𝕊ℭ   maneret + apud eos 𝕊ℭ   11. ² > autem ascendisset 𝕊ℭ   in om. 𝕊ℭ   ⁵ mentis + meae 𝕊

Respondit autem uox secundo de caelo : Quae 9
Deus mundauit, tu ne commune dixeris. Hoc 10
autem factum est per ter : et recepta sunt
rursum omnia in caelum. Et ecce confestim 11
tres uiri adstiterunt in domo in qua eram,
missi a Caesarea ad me. Dixit autem Spiritus 12
mihi ut irem cum illis, nihil haesitans. Uenerunt autem mecum et sex fratres isti, et ingressi sumus in domum uiri. Narrauit autem 13
nobis, quomodo uidisset angelum in domo
sua, stantem et dicentem sibi: Mitte in Ioppen,
et accersi Simonem, qui cognominatur Petrus,
' qui loquetur tibi uerba, in quibus saluus eris, 14
tu et uniuersa domus tua. Cum autem coepis- 15 10. 44–46.
sem loqui, decidit Spiritus sanctus super eos,   2. 4.
sicut et in nos in initio. Recordatus sum 16 1. 5, 19. 2–4.
autem uerbi Domini, sicut dicebat : Iohannes
quidem baptizauit aqua, uos autem baptizabimini Spiritu sancto. Si ergo eandem gratiam 17 15. 8.
dedit illis Deus, sicut et nobis qui credidimus   5. 39.
in Dominum Iesum Christum, ego quis eram,
qui possem prohibere Deum ? His auditis, 18 13. 47, 48,
tacuerunt: et glorificauerunt Deum, dicentes: 14. 27.
Ergo et gentibus Deus paenitentiam ad uitam   Mt. 8. 11.
dedit.

Et illi quidem qui dispersi fuerant a tribula- 19 8. 1–4.
tione quae facta fuerat sub Stephano, peram-
bulauerunt usque Phoenicen, et Cyprum, et
Antiochiam, nemini loquentes uerbum, nisi
solis Iudaeis. Erant autem quidam ex eis uiri 20 13. 1.
Cyprii et Cyrenei : qui cum introissent Antio-   Mt. 27. 32.
chiam, loquebantur et ad Graecos, adnuntian-   Mc. 15. 21.
  Lc. 23. 26.

---

10 > omnia rursum 𝕾ℭ   11 > uiri tres confestim 𝕾ℭ   15 decidit : cecidit 𝕾ℭ   18 > poenitentiam dedit Deus ad uitam 𝕾ℭ
20 Cyrenaei 𝕾ℭ

_{2. 47, 4. 4,} 21 tes Dominum Iesum. Et erat manus Do-
_{5. 14, 6. 1, 7.} mini cum eis: multusque numerus credentium
_{8. 14.} 22 conuersus est ad Dominum. Peruenit autem
_{4. 36.} sermo ad aures ecclesiae quae erat Hieroso-
lymis super istis: et miserunt Barnaban usque
_{13. 43.} 23 Antiochiam. Qui cum peruenisset, et uidisset
gratiam Dei, gauisus est : et hortabatur omnes
24 proposito cordis permanere in Domino : quia
erat uir bonus, et plenus Spiritu sancto et fide.
_{9. 30.} 25 Et adposita est turba multa Domino. ¹ Pro-
fectus est autem Tharsum, ut quaereret Sau-
_{Gal. 2. 11.} 26 lum : quem cum inuenisset, perduxit Antio-
chiam. Et annum totum conuersati sunt in
ecclesia, et docuerunt turbam multam, ita ut
_{A t 26. 28.} cognominarentur primum Antiochiae disci-
_{1 Pet. 4. 16.} puli Christiani.
_{13. 1, 15. 32.} 27 In his autem diebus superuenerunt ab Hie-
_{21. 10.} 28 rosolymis prophetae Antiochiam : et surgens
unus ex eis nomine Agabus, significabat per
Spiritum famem magnam futuram in uniuerso
orbe terrarum : quae facta est sub Claudio.
29 Discipuli autem, prout quis habebat, proposuerunt in ministerium mittere habitantibus
_{12. 25.} 30 in Iudaea fratribus: quod et fecerunt, mittentes
ad seniores per manus Barnabae et Sauli.
12 Eodem autem tempore misit Herodes rex
manus, ut adfligeret quosdam de ecclesia.
_{Mt. 20. 22.} 2 Occidit autem Iacobum fratrem Iohannis
_{Mc. 10. 38.} 3 gladio. Uidens autem quia placeret Iudaeis,
_{Act. 24. 27,} adposuit adprehendere et Petrum. Erant au-
_{25. 9.} 4 tem dies azymorum. Quem cum adprehendis-
set, misit in carcerem, tradens quattuor qua-

---

²² usque + ad 𝕊ℭ ²³ omnes + in 𝕊ℭ ²⁴ > multa turba 𝕊ℭ
²⁵ autem + Barnabas 𝕊ℭ Tarsum 𝕊ℭ ²⁶ sunt + ibi 𝕊ℭ
²⁹ proposuerunt + singuli 𝕊ℭ 12. ¹ affligeret 𝕊ℭ ³ adprehendere : vt apprehenderet 𝕊ℭ

ternionibus militum custodire eum, uolens post
pascha producere eum populo. Et Petrus 5
quidem seruabatur in carcere : oratio autem
fiebat sine intermissione ab ecclesia ad Deum
pro eo. Cum autem producturus eum esset 6 5. 22, 23.
Herodes, in ipsa nocte erat Petrus dormiens
inter duos milites, uinctus catenis duabus : et
custodes ante ostium custodiebant carcerem.
Et ecce angelus Domini adstitit, et lumen re- 7 5. 19.
fulsit in habitaculo : percussoque latere Petri,
suscitauit eum, dicens : Surge uelociter. Et
ceciderunt catenae de manibus eius. Dixit 8
autem angelus ad eum : Praecingere, et calcia
te galliculas tuas. Et fecit sic : et dixit illi :
Circumda tibi uestimentum tuum, et sequere
me. Et exiens sequebatur eum, et nesciebat 9 10. 17.
quia uerum est quod fiebat per angelum: aestimabat autem se uisum uidere. Transeuntes 10
autem primam et secundam custodiam, uenerunt ad portam ferream, quae ducit ad ciuitatem : quae ultro aperta est eis. Et exeuntes
processerunt uicum unum : et continuo discessit angelus ab eo. Et Petrus ad se reuer- 11
sus, dixit : Nunc scio uere quia misit Dominus
angelum suum, et eripuit me de manu Herodis, et de omni expectatione plebis Iudaeorum.
Consideransque uenit ad domum Mariae ma- 12 25. 13. 5, 13,
tris Iohannis qui cognominatus est Marcus, 15. 37.
  Col. 4. 10.
ubi erant multi congregati et orantes. Pul- 13 2 Tim. 4. 11.
sante autem eo ostium ianuae, processit puella Philem. 24.
  1 Pet. 5. 13.
ad audiendum, nomine Rhode. Et ut cogno- 14

---

⁴ custodire eum : custodiendum 𝕮, ad custodiendum 𝕾
⁷ suscitauit : excitauit 𝕾𝕮   ⁸ galliculas AC : gallicas DFG :
caligas V𝕾𝕮   ⁹ aestimabat : existimabat 𝕾𝕮   autem : enim
𝕾   ¹³ ad audiendum ACDG𝕮 : ad uidendum FV𝕾

uit uocem Petri, prae gaudio non aperuit ianuam, sed intro currens nuntiauit stare Petrum

26. 24. 15 ante ianuam. At illi dixerunt ad eam: Insanis.
Mt. 18. 10. Illa autem adfirmabat sic se habere. Illi au-
16 tem dicebant: Angelus eius est. Petrus autem perseuerabat pulsans: cum autem aperuis-

Act. 15. 13. 17 sent, uiderunt eum, et obstipuerunt. Annuens
autem eis manu ut tacerent, narrauit quomodo
Dominus eduxisset eum de carcere, dixitque:
Nuntiate Iacobo et fratribus haec. Et egressus

5. 21, 22. 18 abiit in alium locum. Facta autem die, erat
non parua turbatio inter milites, quidnam de
19 Petro factum esset. Herodes autem cum re-
quisisset eum, et non inuenisset, inquisitione
facta de custodibus, iussit eos duci: descen-
densque a Iudaea in Caesaream, ibi commo-
ratus est.

20   Erat autem iratus Tyriis et Sidoniis. At illi
unanimes uenerunt ad eum, et persuaso
Blasto, qui erat super cubiculum regis, postu-
labant pacem, eo quod alerentur regiones eo-
21 rum ab illo. Statuto autem die Herodes uestitus ueste regia sedit pro tribunali, et con-

Ezec. 28. 2. 22 tionabatur ad eos. Populus autem adclama-
Dan. 4. 27, 23 bat: Dei uoces, et non hominis. Confestim
28, 5. 20. autem percussit eum angelus Domini, eo quod
non dedisset honorem Deo: et consumtus a
uermibus, expirauit.

Act. 6. 7, 24   Uerbum autem Domini crescebat, et multi-
11. 24. plicabatur.

11. 29, 30. 25   Barnabas autem et Saulus reuersi sunt ab
Hierosolymis expleto ministerio, adsumto Iohanne qui cognominatus est Marcus.

---

¹⁵ affirmabat 𝕾𝕮   ¹⁶ aperuissent + ostium 𝕾   obstupuerunt
𝕾𝕮   ¹⁸ > factum esset de Petro 𝕾𝕮   ²¹ concionabatur 𝕾𝕮
²² acclamabat 𝕾𝕮

Erant autem in ecclesia quae erat Antio- **13** 11. 26, 27.
chiae, prophetae et doctores, in quibus Barnabas, et Symeon qui uocabatur Niger, et Lucius
Cyrenensis, et Manaen qui erat Herodis Te-
trarchae conlactaneus, et Saulus. Ministran- 2   9. 15.
tibus autem illis Domino, et ieiunantibus, dixit
Spiritus sanctus : Separate mihi Barnaban et
Saulum in opus quod adsumsi eos. Tunc 3   1. 24, 6. 6,
ieiunantes et orantes, inponentesque eis ma-   14. 23.
nus, dimiserunt illos.   1 Tim. 4. 14.

Et ipsi quidem missi ab Spiritu sancto abie- 4
runt Seleuciam : et inde nauigauerunt Cyprum. Et cum uenissent Salamina, praedica- 5
bant uerbum Dei in synagogis Iudaeorum :
habebant autem et Iohannem in ministerio.
Et cum perambulassent uniuersam insulam 6
usque Paphum, inuenerunt quendam uirum
magum pseudoprophetam, Iudaeum, cui nomen erat Bariesu : qui erat cum Proconsule 7
Sergio Paulo, uiro prudente. Hic, accersitis
Barnaba et Paulo, desiderabat audire uerbum
Dei. Resistebat autem illis Elymas magus, 8   2 Tim. 3. 8.
(sic enim interpretatur nomen eius) quaerens
auertere Proconsulem a fide. Saulus autem, 9   Act. 2. 4, 4. 8.
qui et Paulus, repletus Spiritu sancto, intuens
in eum, ' dixit : O plene omni dolo, et omni 10
fallacia, fili diaboli, inimice omnis iustitiae,
non desinis subuertere uias Domini rectas ?
Et nunc ecce manus Domini super te, et eris 11   Lc. 1. 20.
caecus, non uidens solem usque ad tempus.

13. ¹ Simon 𝔖ℭ   Manahen 𝔖ℭ   collactaneus 𝔖ℭ   ² dixit
+ illis 𝔖ℭ   separate CDFG : segregate AV𝔖ℭ   > Saulum et
Barnabam 𝔖ℭ   opus + ad 𝔖ℭ   ⁴ ab : a 𝔖ℭ   ⁵ Salaminam
𝔖ℭ   ⁶ usque + ad 𝔖   magum : magnum ℭ (92* et 98*)
Bariesu : Barieu 𝔖   ⁷ Paulo sec., plur. : Saulo G𝔖ℭ   10, 11 re-
ctas. Et 𝔖ℭ

Et confestim cecidit in eum caligo et tenebrae, et circumiens quaerebat qui ei manum
12 daret.   Tunc Proconsul cum uidisset factum,
credidit admirans super doctrinam Domini.

12. 25, 15. 38.   13   Et cum a Papho nauigassent Paulus et qui
14. 25.   cum eo, uenerunt Pergen Pamphiliae: Iohan-
       nes autem discedens ab eis, reuersus est Hie-
14. 21.   14 rosolymam.   Illi uero pertranseuntes Pergen,
       uenerunt Antiochiam Pisidiae: et ingressi
15. 21.   15 synagogam die sabbatorum, sederunt.   Post
l.c. 4. 17.   lectionem autem legis et prophetarum, mise-
2 Cor. 3. 14,
15.   runt principes synagogae ad eos, dicentes:
       Uiri fratres, si quis est in uobis sermo ex-
16 hortationis ad plebem, dicite.   Surgens autem
       Paulus, et manu silentium indicens, ait:

Ex. 6. 6,   Uiri Israhelitae, et qui timetis Deum, au-
13. 14.   17 dite: Deus plebis Israhel elegit patres nostros,
Act. 7. 36.   et plebem exaltauit cum essent incolae in terra
Ex. 16. 35.
Num. 14. 34.   Aegypti, et in brachio excelso eduxit eos ex
Dt. 1. 31,
9. 5–24.   18 ea: et per quadraginta annorum tempus mores
Act. 7. 45.   19 eorum sustinuit in deserto.   Et destruens
Dt. 7. 1.
Ios. 14. 1, 2.   gentes septem in terra Chanaan, sorte distri-
Iud. 2. 16.   20 buit eis terram eorum, quasi post quadrin-
1 Reg.
(1 Sam.) 7.   gentos et quinquaginta annos: et post haec
3–17, 12. 11.   dedit iudices, usque ad Samuhel prophetam.
1 Reg.
(1 Sam.) 8. 5,   21 Et exinde postulauerunt regem: et dedit illis
19, 20, 9, 10.
Os. 13. 10.   Deus Saul filium Cis, uirum de tribu Benia-
1 Reg.   22 min, annis quadraginta.   Et amoto illo, susci-
(1 Sam.) 15.   tauit illis Dauid regem: cui et testimonium
23–28, 16. 13.
Ps. 88. 21   perhibens, dixit: Inueni Dauid filium Iesse,
(89. 20).
1 Reg.   uirum secundum cor meum, qui faciet omnes
(1Sam.)13.14.   23 uoluntates meas.   Huius Deus ex semine se-
2 Reg.
(2 Sam.) 7. 12.   cundum promissionem eduxit Israhel salua-

---

torem Iesum, praedicante Iohanne ante faciem 24
aduentus eius baptismum paenitentiae omni
populo Israhel. Cum impleret autem Iohan- 25
nes cursum suum, dicebat : Quem me arbitramini esse ? non sum ego, sed ecce uenit
post me, cuius non sum dignus calciamenta
pedum soluere. Uiri fratres, filii generis 26
Abraham, et qui in uobis timent Deum, uobis
uerbum salutis huius missum est. Qui enim 27
habitabant Hierusalem, et principes eius, hunc
ignorantes, et uoces prophetarum quae per
omne sabbatum leguntur, iudicantes impleuerunt : et nullam causam mortis inuenientes in 28
eum, petierunt a Pilato ut interficerent eum.
Cumque consummassent omnia quae de eo 29
scripta erant, deponentes eum de ligno, posuerunt in monumento. Deus uero suscitauit 30
eum a mortuis tertia die : qui uisus est per 31
dies multos his qui simul ascenderant cum eo
de Galilaea in Hierusalem : qui usque nunc
sunt testes eius ad plebem. Et nos uobis ad- 32
nuntiamus ea quae ad patres nostros repromissio facta est : quoniam hanc Deus adim- 33
pleuit filiis nostris resuscitans Iesum, sicut et
in Psalmo secundo scriptum est : Filius meus
es tu, ego hodie genui te. Quod autem sus- 34
citauerit eum a mortuis, amplius iam non
reuersurum in corruptionem, ita dixit : Quia
dabo uobis sancta Dauid fidelia. Ideoque et 35
alias dicit : Non dabis Sanctum tuum uidere
corruptionem. Dauid enim sua generatione 36
cum administrasset uoluntati Dei, dormiuit,

Es. 11. 1.
Lc. 1. 32,
2. 11.
Mt. 3. 1-11.
Mc. 1. 4-7.
Lc. 3. 3-16.
Ioh. 1. 20, 27.

Act. 10. 36.

3. 17, 18.
Lc. 24. 20,
26, 27.

Mt. 27. 23.
Mc. 14. 55.
Lc. 23. 22, 23.
Mt. 27. 59, 60.
Mc. 15. 46.
Lc. 23. 53.
Ioh. 19. 38-
42.
Act. 1. 3, 8.

Rom. 1. 4.
Ps. 2. 7.

Es. 55. 3.

Ps. 15. 10.

3 Reg.
(1 Reg.) 2. 10.
Act. 2. 29.

[25] esse, non ℭ   [28] in eo 𝔖ℭ   [29] posuerunt + eum 𝔖ℭ
[32] ea : eam 𝔖ℭ   [33] nostris : vestris 𝔖   [34] suscitauit 𝔖ℭ
[36] enim + in 𝔖ℭ   *disting.* administrasset, voluntati Dei dormiuit :
et appositus 𝔖ℭ

317

et adpositus est ad patres suos, et uidit cor-

2. 31. 37 ruptionem. Quem uero Deus suscitauit, non-

5. 31. 38 uidit corruptionem. Notum igitur sit uobis,
Lc. 24. 47.   uiri fratres, quia per hunc uobis remissio peccatorum adnuntiatur, ab omnibus quibus non

Rom. 3. 23, 39 potuistis in lege Mosi iustificari : in hoc omnis
28, 8. 3, 10. 4. 40 qui credit, iustificatur. Uidete ergo ne superueniat uobis quod dictum est in prophetis :

Hab. 1. 5. 41   Uidete contemtores, et admiramini, et dis-
perdimini :
quia opus operor ego in diebus uestris,
opus quod non credetis, si quis enarrauerit
uobis.

42   Exeuntibus autem illis rogabant ut sequenti
16. 14, 17. 4. 43 sabbato loquerentur sibi uerba haec. Cumque dimissa esset synagoga, secuti sunt multi
Iudaeorum et colentium aduenarum, Paulum
et Barnaban : qui loquentes suadebant eis ut
permanerent in gratia Dei.

44   Sequenti uero sabbato paene uniuersa ciui-
22. 22. 45 tas conuenit audire uerbum Domini. Ui-
Thess. 2. 16.   dentes autem turbas, Iudaei repleti sunt zelo,
et contradicebant his quae a Paulo diceban-
3. 26, 18. 6, 46 tur, blasphemantes. Tunc constanter Paulus
28. 28.   et Barnabas dixerunt : Uobis oportebat pri-
Mt. 10. 6,   mum loqui uerbum Dei : sed quoniam repel-
21. 43.   litis illud, et indignos uos iudicastis aeternae
Es. 49. 6. 47 uitae, ecce conuertimur ad gentes. Sic enim
Lc. 2. 32.   praecepit nobis Dominus :
Posui te in lumen gentibus :
ut sis in salutem usque ad extremum
terrae.

---

³⁷ suscitauit + a mortuis 𝔖ℭ   ³⁸ adnuntiatur + et 𝔖ℭ
^{38, 39} *disting.* iustificari, in hoc 𝔖ℭ   ⁴³ colentium + Deum 𝔖
⁴⁴ pene 𝔖ℭ   Domini : Dei 𝔖ℭ   ⁴⁶ iudicatis 𝔖ℭ   ⁴⁷ lumen :
lucem 𝔖ℭ   Gentium 𝔖ℭ

Audientes autem gentes, gauisae sunt et glori- 48
ficabant uerbum Domini: et crediderunt quotquot erant praeordinati ad uitam aeternam.
Disseminabatur autem uerbum Domini per 49
uniuersam regionem. Iudaei autem concitaue- 50
runt religiosas mulieres et honestas, et primos
ciuitatis, et excitauerunt persecutionem in
Paulum et Barnaban : et eiecerunt eos de
finibus suis.   At illi excusso puluere pedum 51   18. 6.
in eos, uenerunt Iconium.   Discipuli quoque 52   Mt. 10. 14.
                                                    Mc. 6. 11.
replebantur gaudio, et Spiritu sancto.   Lc. 9. 5,
    Factum est autem in Iconio, ut simul introi- 14 10. 11.
rent synagogam Iudaeorum, et loquerentur,
ita ut crederet Iudaeorum et Graecorum copiosa multitudo.   Qui uero increduli fuerunt 2
Iudaei suscitauerunt et ad iracundiam concitauerunt animas gentium aduersus fratres.
Multo igitur tempore demorati sunt fiduciali- 3   Heb. 2. 4.
ter agentes in Domino, testimonium perhi-   Mc. 16. 20.
bente uerbo gratiae suae, dante signa et prodigia fieri per manus eorum.   Diuisa est autem 4
multitudo ciuitatis : et quidam quidem erant
cum Iudaeis, quidam uero cum Apostolis.
Cum autem factus esset impetus gentilium et 5   2 Tim. 3. 11.
Iudaeorum cum principibus suis, ut contume-
liis adficerent, et lapidarent eos, ʼintellegentes 6   Mt. 10. 23.
confugerunt ad ciuitates Lycaoniae Lystram
et Derben, et uniuersam in circuitu regionem :
et ibi euangelizantes erant.
    Et quidam uir in Lystris infirmus pedibus 7   3. 2, 9. 33.
sedebat, claudus ex utero matris suae, qui 8   Ioh. 9. 1.

---

⁵⁰ > mulieres religiosas 𝕾ℭ   14. ¹ in Iconio : Iconij 𝕾ℭ
introirent + in 𝕾ℭ   ⁵ afficerent 𝕾ℭ   ⁶ Licaoniae 𝕾   erant
+ Et commota est omnis multitudo in doctrina eorum. Paulus
autem, et Barnabas morabantur Lystris 𝕾   u. 8 numeratur 7 in
ℭ, deinde 9 = 8 ℭ et sic ad fin. cap.   ⁸ om. in 𝕾ℭ

3. 6.
Mt. 9. 22.
Mc. 5. 34,
10. 52.
Lc. 8. 48,
18. 42.
28. 6.

9 numquam ambulauerat. Hic audiuit Paulum
loquentem : qui intuitus eum, et uidens quia
10 haberet fidem ut saluus fieret, ¹dixit magna
uoce : Surge super pedes tuos rectus. Et
11 exiliuit, et ambulabat. Turbae autem cum
uidissent quod fecerat Paulus, leuauerunt uocem suam Lycaonice dicentes : Dii similes
12 facti hominibus descenderunt ad nos. Et
uocabant Barnaban Iouem, Paulum uero Mer-
13 curium, quoniam ipse erat dux uerbi. Sacerdos
quoque Iouis, qui erat ante ciuitatem, tauros
et coronas ante ianuas adferens cum populis,
14 uolebat sacrificare. Quod ubi audierunt Apostoli Barnabas et Paulus, conscissis tunicis

10. 26, 17. 24.
Ex. 20. 3, 4,
11.
Ps. 145 (6). 6.

15 suis exilierunt in turbas clamantes,¹ et dicentes:
Uiri, quid haec facitis? et nos mortales sumus similes uobis homines, adnuntiantes
uobis ab his uanis conuerti ad Deum uiuum,
qui fecit caelum et terram, et mare et omnia

17. 30.
Rom. 3. 25.

16 quae in eis sunt : qui in praeteritis generationibus dimisit omnes gentes ingredi uias suas.

Ps. 103 (4). 14,
15.
Hier. 5. 24.
Rom. 1. 19,
20.

17 Et quidem non sine testimonio semet ipsum
reliquit, bene faciens de caelo, dans pluuias et
tempora fructifera, implens cibo et laetitia
18 corda uestra. Et haec dicentes, uix sedaue-
runt turbas ne sibi immolarent.

2 Cor. 11. 25.
2 Tim. 3. 11.

19   Superuenerunt autem quidam ab Antiochia
et Iconio Iudaei : et persuasis turbis lapi-
dantesque Paulum, traxerunt extra ciuitatem,
20 aestimantes eum mortuum esse. Circumdan-
tibus autem eum discipulis, surgens intrauit
ciuitatem, et postera die profectus est cum

---

⁹ > fidem haberet 𝔖𝕮   ¹¹ Licaonice 𝔖   ¹³ *disting.* afferens,
cum populis volebat 𝔖𝕮   ¹⁷ uestra : nostra 𝕮 ; eorum 𝔖
¹⁹ aestimantes : existimantes 𝔖𝕮

Barnaba in Derben. Cumque euangelizassent 21 6, 13. 51, 14.
ciuitati illi, et docuissent multos, reuersi sunt
Lystram, et Iconium, et Antiochiam, ¦ confir- 22 18. 23.
mantes animas discipulorum, exhortantesque   1 Thess. 3. 3.
ut permanerent in fide, et quoniam per multas
tribulationes oportet nos intrare in regnum
Dei.   Et cum constituissent illis per singulas 23 11. 30, 13. 3.
ecclesias presbyteros, et orassent cum ieiuna-
tionibus, commendauerunt eos Domino in
quem crediderunt. Transeuntesque Pisidiam, 24
uenerunt in Pamphiliam : et loquentes in 25 13. 13, 14.
Pergen uerbum Domini, descenderunt in Atta-
liam : et inde nauigauerunt Antiochiam, unde 26 11. 26, 13. 1,
erant traditi gratiae Dei, in opus quod com-   2, 15. 30, 18.
                                                  22.
pleuerunt.   Cum autem uenissent, et congre- 27 11. 18.
gassent ecclesiam, rettulerunt quanta fecisset
Deus cum illis, quia aperuisset gentibus o-
stium fidei.   Morati sunt autem tempus non 28
modicum cum discipulis.
    Et quidam descendentes de Iudaea, doce- 15 Gal. 5. 2.
bant fratres : Quia nisi circumcidamini secundum morem Mosi, non potestis saluari.
Facta ergo seditione non minima Paulo et 2 Gal. 2. 1, 2.
Barnabae aduersus illos, statuerunt ut ascende-
rent Paulus et Barnabas, et quidam alii ex illis,
ad Apostolos et presbyteros in Hierusalem
super hac quaestione.   Illi igitur deducti ab 3
ecclesia pertransiebant Phoenicen et Samariam, narrantes conuersionem gentium : et faciebant gaudium magnum omnibus fratribus.
Cum autem uenissent Hierosolymam, sus- 4
cepti sunt ab ecclesia, et ab Apostolis, et a se-

---

²⁴ Pamphyliam 𝕮 (93 et 98)   ²⁵ > verb. Dom. in Pergen 𝕾𝕮
(Perge)   ²⁷ retulerunt 𝕾𝕮   illis + et 𝕾𝕮   15. ² ex illis CF
cum graeco : ex aliis ADGV𝕾𝕮   ³ igitur : ergo 𝕾𝕮   pertransibant 𝕾𝕮   Phoenicem 𝕾𝕮   ⁴ om. a (ante senioribus) 𝕾𝕮

nioribus, adnuntiantes quanta Deus fecisset
5 cum illis. Surrexerunt autem quidam de he-
resi Pharisaeorum qui crediderant, dicentes :
Quia oportet circumcidi eos, praecipere quoque seruare legem Mosi.

6   Conueneruntque Apostoli et seniores uidere
7 de uerbo hoc. Cum autem magna conqui-
sitio fieret, surgens Petrus dixit ad eos :

Uiri fratres, uos scitis quoniam ab antiquis
diebus in nobis elegit Deus per os meum au-

10. 44, 47,
11. 15, 17.
Gal. 3. 2. 8 dire gentes uerbum euangelii, et credere. Et
qui nouit corda Deus testimonium perhibuit,
dans illis Spiritum sanctum sicut et nobis

Rom. 3. 22. 9 et nihil discreuit inter nos et illos, fide puri-
Gal. 5. 1.
Mt. 23. 4. 10 ficans corda eorum. Nunc ergo quid temtatis
Deum, inponere iugum super ceruicem disci-
pulorum, quod neque patres nostri neque nos

16. 31.
Gal. 2. 16. 11 portare potuimus ? Sed per gratiam Domini
Iesu credimus saluari, quemadmodum et illi.

14. 27. 12   Tacuit autem omnis multitudo : et audiebant Barnaban et Paulum narrantes quanta
fecisset Deus signa et prodigia in gentibus per

12. 17, 21. 18.
Gal. 2. 9. 13 eos. Et postquam tacuerunt, respondit Iacobus, dicens :

14   Uiri fratres, audite me. ᴵ Simeon narrauit
quemadmodum primum Deus uisitauit su-

Am. 9. 11, 12.
Hier. 12. 15. 15 mere ex gentibus populum nomini suo. Et
huic concordant uerba prophetarum, sicut
scriptum est :

16   Post haec reuertar,
et aedificabo tabernaculum Dauid, quod
decidit :

---

5 haeresi 𝔖ℭ   crediderunt 𝔖ℭ   7 > Deus in nobis elegit
𝔖ℭ   10 ceruices 𝔖ℭ   11 Iesu + Christi 𝔖ℭ   12 > Deus
fecisset 𝔖ℭ   14 Simon 𝔖ℭ   16 aedificabo : reaedificabo 𝔖ℭ

et diruta eius reaedificabo,
    et erigam illud :
    ut requirant ceteri hominum Dominum, 17
    et omnes gentes super quas inuocatum
        est nomen meum :
    dicit Dominus faciens haec.
Notum a saeculo est Domino opus suum. 18 Es. 45. 21.
Propter quod ego iudico non inquietari eos 19
qui ex gentibus conuertuntur ad Dominum :
sed scribere ad eos ut abstineant se a contami- 20 Dan. 1. 8.
nationibus simulacrorum, et fornicatione, et Rom. 14. 15-
21.
suffocatis et sanguine.   Moses enim a tem- 21 1 Cor. 10. 14-
poribus antiquis habet in singulis ciuitatibus 1 Cor. 6. 13,
qui eum praedicent in synagogis, ubi per omne 10. 7, 8.
Gen. 9. 4.
sabbatum legitur. Leu. 3. 17,
7. 26,
Tunc placuit Apostolis et senioribus cum 22 17. 10-14.
omni ecclesia, eligere uiros ex eis, et mittere Dt. 12. 16.
Antiochiam cum Paulo et Barnaba : Iudam Act. 13. 15.
qui cognominatur Barsabbas, et Silam, uiros
primos in fratribus : scribentes per manus eo- 23
rum : Apostoli et seniores fratres, his qui sunt
Antiochiae, et Syriae, et Ciliciae fratribus ex
gentibus, salutem.   Quoniam audiuimus quia 24
quidam ex nobis exeuntes, turbauerunt uos
uerbis, euertentes animas uestras, quibus non
mandauimus : placuit nobis collectis in unum, 25
eligere uiros et mittere ad uos, cum carissimis
nostris Barnaba et Paulo, hominibus qui tra- 26
diderunt animas suas pro nomine Domini
nostri Iesu Christi.   Misimus ergo Iudam et 27
Silam, qui et ipsi uobis uerbis referent eadem.
Uisum est enim Spiritui sancto et nobis, nihil 28

---

[19] **Dominum : Deum** $C   [20] **et suffocatis et sanguine** *ita* A :
et suffocatis, et sanguine $C ; *deinde* + et quaecumque sibi fieri no-
lunt ne aliis faciant D   [22] cognominabatur $C   **Barsabas** $C

ultra inponere uobis oneris quam haec neces-
29 sario : ut abstineatis uos ab immolatis simulacrorum, et sanguine [suffocato], et fornicatione : a quibus custodientes uos, bene agetis.
Ualete.
30   Illi igitur dimissi,descenderunt Antiochiam :
et congregata multitudine tradiderunt epistu-
31 lam. Quam cum legissent, gauisi sunt super

13. 1. 32 consolatione. Iudas autem et Silas, et ipsi
cum essent prophetae, uerbo plurimo conso-
33 lati sunt fratres et confirmauerunt. Facto
autem ibi tempore, dimissi sunt cum pace a
35 fratribus ad eos qui miserant illos. Paulus
autem et Barnabas demorabantur Antiochiae,
docentes et euangelizantes cum aliis pluribus
uerbum Domini.

36   Post aliquot autem dies, dixit ad Barnaban
Paulus : Reuertentes uisitemus fratres per uniuersas ciuitates in quibus praedicauimus uer-
12. 12, 25. 37 bum Domini, quomodo se habeant. Barnabas
autem uolebat secum adsumere et Iohannem,
13. 13. 38 qui cognominatur Marcus. Paulus autem
Col. 4. 10.
2 Tim. 4. 11.   rogabat eum, qui discessisset ab eis de Pam-
Philem. 24.   philia, et non isset cum eis in opus, non debere
1 Pet. 5. 13. 39 recipi eum. Facta est autem dissensio, ita ut
discederent ab inuicem : et Barnabas adsumto
4. 36. 40 Marco nauigaret Cyprum : Paulus uero electo

---

²⁸ necessaria 𝕾ℭ   ²⁹ [suffocato] *uncis ut glossam inclusimus* ;
legitur tamen in AFV : et suffocato DG𝕾ℭ, et a suffocato C   fornicatione + et ea quae uobis fieri non uultis ne feceritis aliquibus D
³⁰ igitur : ergo 𝕾ℭ   ³³ ibi + aliquanto 𝕾ℭ   ³⁴ *Uersum omisi-*
mus cum AFV : *habetur in* CDG𝕾ℭ ; *legunt uero sic* :—uisum est
autem Silae remanere ibi (> ibi rem. 𝕾ℭ) CDG𝕾ℭ ; *deinde* + Iudas
autem solus (> sol. aut. Iud. D) abiit Ierusalem (*om.* D) D𝕾ℭ
³⁷ cognominabatur 𝕾ℭ   ³⁸ qui ACDG* : ut qui FGᶜV𝕾ℭ. *et lunulis*
includunt ut qui . . . opus 𝕾ℭ   Pamphylia 𝕾ℭ (93 *et* 98)   eum
sec. A(C)DGᶜ : *om.* FG*V𝕾ℭ   ³⁹ **Barnabas** + quidem 𝕾ℭ

324

Sila profectus est, traditus gratiae Domini a
fratribus.   Perambulabat autem Syriam et 41
Ciliciam, confirmans ecclesias.

Peruenit autem in Derben et Lystram. Et **16** 14. 6.
ecce discipulus quidam erat ibi nomine Timo- 17. 14, 15.
theus, filius mulieris Iudaeae fidelis, patre 18. 5. 19. 22.
gentili.   Huic testimonium reddebant qui in 2 20. 4.
Lystris erant et Iconio fratres.   Hunc uoluit 3
Paulus secum proficisci : et adsumens circumcidit eum propter Iudaeos qui erant in illis
locis : sciebant enim omnes quod pater eius
gentilis esset.   Cum autem pertransirent ciui- 4   15. 23-29.
tates, tradebant eis custodire dogmata quae
erant decreta ab Apostolis et senioribus qui
essent Hierosolymis.   Et ecclesiae quidem 5
confirmabantur fide, et abundabant numero
cotidie.

Transeuntes autem Phrygiam, et Galatiae 6   18. 23.
regionem, uetati sunt a sancto Spiritu loqui
uerbum in Asia.   Cum uenissent autem in 7
Mysiam, temtabant ire Bithyniam : et non permisit eos Spiritus Iesu.   Cum autem pertran- 8
sissent Mysiam, descenderunt Troadem : et 9
uisio per noctem Paulo ostensa est : Uir Ma-
cedo quidam erat stans, et deprecans eum, et
dicens: Transiens in Macedoniam, adiuua nos.
Ut autem uisum uidit, statim quaesiuimus 10
proficisci in Macedoniam, certi facti quia uocasset nos Deus euangelizare eis.

Nauigantes autem a Troade, recto cursu 11
uenimus Samothraciam, et sequenti die Nea-

---

⁴⁰ Domini : Dei 𝔖ℭ   ⁴¹ ecclesias + praecipiens (et prec. D)
custodire praecepta apostolorum et seniorum DFV𝔖ℭ   16. ¹ in
om. ℭ   ² testimonium + bonum 𝔖ℭ·   ³ erat Gentilis 𝔖ℭ
⁴ essent : erant 𝔖ℭ   ⁶ > Spiritu sancto 𝔖ℭ   uerbum + Dei
𝔖ℭ   ⁷ ire + in 𝔖ℭ   ¹⁰ quia : quòd 𝔖ℭ

12 polim : et inde Philippis, quae est prima partis
Macedoniae, ciuitas colonia. Eramus autem
13 in hac urbe diebus aliquot conferentes. Die
autem sabbatorum egressi sumus foras portam
iuxta flumen, ubi uidebatur oratio esse : et sedentes loquebamur mulieribus quae conuene-

Apoc. 1. 11, 2. 18, 24.

14 rant. Et quaedam mulier nomine Lydia, pur-
puraria ciuitatis Thyatirenorum, colens Deum,
audiuit : cuius Dominus aperuit cor intendere
15 his quae dicebantur a Paulo. Cum autem
baptizata esset, et domus eius, deprecata est
dicens : Si iudicastis me fidelem Domino esse,
introite in domum meam, et manete. Et coegit nos.

Leu. 20. 27.
Dt. 18. 11.
1 Reg.
(1 Sam.) 28.
Es. 8. 19,
29. 4.

16   Factum est autem euntibus nobis ad orationem, puellam quandam habentem spiritum
pythonem obuiare nobis, quae quaestum magnum praestabat dominis suis diuinando.

Mc. 1. 24, 34.
5. 7.

17 Haec subsecuta Paulum et nos, clamabat dicens : Isti homines serui Dei excelsi sunt, qui

Mc. 16. 17.
Act. 8. 7.

18 adnuntiant uobis uiam salutis. Hoc autem
faciebat multis diebus. Dolens autem Paulus, et conuersus spiritui dixit : Praecipio tibi
in nomine Iesu Christi exire ab ea. Et exiit
eadem hora.

19. 25.

19   Uidentes autem domini eius quia exiit spes
quaestus eorum, adprehendentes Paulum et

17. 6, 18. 13,
19. 26.

20 Silam perduxerunt in forum ad principes : et
offerentes eos magistratibus, dixerunt : Hi
homines conturbant ciuitatem nostram, cum
21 sint Iudaei : et adnuntiant morem, quem non
licet nobis suscipere neque facere, cum simus

---

12 Philippos 𝔖ℭ   *disting.* Macedoniae, ciuitas colonia A𝔖 :
Macedoniae ciuitas, colonia ℭ (92 *et* 93) ; Macedoniae, ciuitas,
colonia ℭ (98)   conferentes : consistentes FV𝔖   19 exiuit 𝔖ℭ

Romani. Et concurrit plebs aduersus eos : 22
et magistratus, scissis tunicis eorum, iusserunt
uirgis caedi. Et cum multas plagas eis inpo- 23
suissent, miserunt eos in carcerem, praecipien-
tes custodi ut diligenter custodiret eos. Qui 24
cum tale praeceptum accepisset, misit eos in
interiorem carcerem, et pedes eorum strin-
xit in ligno. Media autem nocte Paulus et 25
Silas adorantes laudabant Deum : et audiebant eos, qui in custodia erant. Subito uero 26
terrae motus factus est magnus, ita ut moue-
rentur fundamenta carceris. Et aperta sunt
statim ostia omnia : et uniuersorum uincula
soluta sunt. Expergefactus autem custos car- 27
ceris, et uidens apertas ianuas carceris, euagi-
nato gladio uolebat se interficere, aestimans
fugisse uinctos. Clamauit autem Paulus ma- 28
gna uoce, dicens : Nihil feceris tibi mali : uniuersi enim hic sumus. Petitoque lumine, in- 29
trogressus est : et tremefactus procidit Paulo
et Silae: [1] et producens eos foras, ait : Domini, 30
quid me oportet facere, ut saluus fiam ? At 31
illi dixerunt : Crede in Domino Iesu, et saluus eris tu, et domus tua. Et locuti sunt ei 32
uerbum Domini cum omnibus qui erant in
domo eius. Et tollens eos in illa hora noctis, 33
lauit plagas eorum : et baptizatus est ipse, et
omnes eius continuo. Cumque perduxisset 34
eos in domum suam, adposuit eis mensam, et
laetatus est cum omni domo sua credens Deo.
   Et cum dies factus esset, miserunt magi- 35

2 Cor. 11. 25.
1 Thess. 2. 2.

4. 31.

2. 37.

---

[22] cucurrit 𝔖ℭ   iusserunt + eos 𝔖ℭ   [24] in *sec. om.* 𝔖ℭ
[25] orantes 𝔖ℭ   [26] >statim aperta sunt omnia ostia 𝔖ℭ
[27] >ianuas apertas 𝔖ℭ   [28] >voce magna 𝔖ℭ   >tibi mali
feceris 𝔖ℭ   [29] **Silae** + ad pedes 𝔖ℭ   [31] Dominum Iesum 𝔖ℭ
[33] **omnes : omnis domus** 𝔖ℭ

stratus lictores, dicentes : Dimittite homines
36 illos.   Nuntiauit autem custos carceris uerba
haec Paulo : Quia miserunt magistratus ut di-
mittamini : nunc igitur exeuntes, ite in pace.

22. 25. 37 Paulus autem dixit eis : Caesos nos publice
indemnatos, homines Romanos, miserunt in
carcerem: et nunc occulte nos eiciunt? Non
38 ita : sed ueniant, et ipsi nos eiciant. Nuntiauerunt autem magistratibus lictores uerba
haec : timueruntque audito quod Romani es-

Mt. 8. 34. 39 sent.   Et uenientes deprecati sunt eos, et
Mc. 5. 17.
Lc. 8. 37.   educentes rogabant ut egrederentur de urbe.
40 Exeuntes autem de carcere, introierunt ad
Lydiam : et uisis fratribus consolati sunt eos,
et profecti sunt.

Phil. 4. 16. 17 Cum autem perambulassent Amphipolim
1 Thess. 2. 2.   et Apolloniam, uenerunt Thessalonicam, ubi
2 erat synagoga Iudaeorum. Secundum consuetudinem autem Paulus introiuit ad eos, et per

Lc. 24. 26, 3 sabbata tria disserebat eis de scripturis, ¹ ada-
27, 45, 46.   periens et insinuans quia Christum oportuit
Act. 9. 22.   pati, et resurgere a mortuis : et quia hic est
4 Christus Iesus, quem ego adnuntio uobis. Et
quidam ex eis crediderunt, et adiuncti sunt
Paulo et Silae : et de colentibus, gentilibusque
multitudo magna, et mulieres nobiles non pau-

13. 45, 50. 5 cae.   Zelantes autem Iudaei, adsumentesque
1 Thess. 2.   de uulgo uiros quosdam malos, et turba facta,
14-16.   concitauerunt ciuitatem : et adsistentes domui
Iasonis quaerebant eos producere in populum.

16. 20. 6 Et cum non inuenissent eos, trahebant Iasonem et quosdam fratres ad principes ciuitatis,
clamantes : Quoniam hi qui orbem concitant,

---

³⁵ dimitte 𝔖ℭ   17. ³ > Iesus Christus 𝔖ℭ   ⁵ assistentes 𝔖ℭ
⁶ orbem CDFGV* = τὴν οἰκουμένην : Urbem *aperto errore* AVᶜ𝔖ℭ

et huc uenerunt, ' quos suscepit Iason : et hi 7
omnes contra decreta Caesaris faciunt, regem
alium dicentes esse, Iesum. Concitauerunt au- 8
tem plebem et principes ciuitatis audientes
haec. Et accepto satis ab Iasone, et a ceteris, 9
dimiserunt eos.

Fratres uero confestim per noctem dimise- 10
runt Paulum et Silam in Beroeam. Qui cum
aduenissent, in synagogam Iudaeorum introierunt. Hi autem erant nobiliores eorum qui 11
sunt Thessalonicae, qui susceperunt uerbum
cum omni auiditate, cotidie scrutantes scripturas, si haec ita se haberent. Et multi qui- 12
dem crediderunt ex eis, et gentilium mulierum
honestarum, et uiri non pauci. Cum autem 13
cognouissent in Thessalonica Iudaei, quia et
Beroeae praedicatum est a Paulo uerbum Dei,
uenerunt et illuc commouentes et turbantes
multitudinem. Statimque tunc Paulum dimi- 14
serunt fratres, ut iret usque ad mare : Silas
autem et Timotheus remanserunt ibi. Qui au- 15
tem deducebant Paulum, perduxerunt usque
Athenas : et accepto mandato ab eo ad Silam
et Timotheum, ut quam celeriter uenirent ad
illum, profecti sunt.

Paulus autem cum Athenis eos expectaret, 16
incitabatur spiritus eius in ipso, uidens idola-
triae deditam ciuitatem. Disputabat igitur in 17
synagoga cum Iudaeis et colentibus, et in foro
per omnes dies, ad eos qui aderant. Quidam 18
autem Epicurei et Stoici philosophi dissere-
bant cum eo, et quidam dicebant : Quid uult

Rom. 16. 21.
Lc. 23. 2.
Ioh. 18. 36,
19. 12.

16. 1.

---

⁹ accepto satis ACDFG : accepta (-to V) satisfactione V𝔖ℭ
ab : a 𝔖ℭ   ¹⁰ venissent 𝔖ℭ   ¹² > mulierum Gentilium 𝔖ℭ
¹⁵ perduxerunt + eum 𝔖ℭ   Sylam ℭ (92)   ¹⁶ idololatriae 𝔖ℭ

seminiuerbius hic dicere? Alii uero: Nouo-
rum daemoniorum uidetur adnuntiator esse:
quia Iesum, et resurrectionem adnuntiabat eis.
19 Et adprehensum eum ad Ariopagum duxerunt,
dicentes: Possumus scire quae est haec noua,
20 quae a te dicitur, doctrina? noua enim quaedam infers auribus nostris: uolumus ergo scire
21 quidnam uelint haec esse. Athenienses autem
omnes, et aduenae hospites, ad nihil aliud
uacabant, nisi aut dicere aut audire aliquid
22 noui. Stans autem Paulus in medio Ariopagi,
ait:

Uiri Athenienses, per omnia quasi supersti-
23 tiosiores uos uideo. Praeteriens enim, et uidens simulacra uestra, inueni et aram, in qua
scriptum erat: IGNOTO DEO. Quod ergo igno-

Es. 42. 5. 24 rantes colitis, hoc ego adnuntio uobis. Deus
Act. 4. 24,
7. 48. qui fecit mundum, et omnia quae in eo sunt,
hic caeli et terrae cum sit Dominus, non in

Ps. 49 (50). 25 manufactis templis inhabitat, nec manibus
8-12. humanis colitur indigens aliquo, cum ipse det
omnibus uitam, et inspirationem, et omnia:

Mal. 2. 10. 26 fecitque ex uno omne genus hominum inhabi-
Dt. 32. 8. tare super uniuersam faciem terrae, definiens
statuta tempora, et terminos habitationis eo-

Iob. 23. 3, 8, 27 rum, quaerere Deum si forte adtractent eum,
9.
Hier. 23. 23, aut inueniant, quamuis non longe sit ab uno-
24. 28 quoque nostrum. In ipso enim uiuimus, et
Iob. 12. 10.
Sap. 7. 16. mouemur, et sumus: sicut et quidam ue-
Tit. 1. 12. strum poetarum dixerunt: Ipsius enim et ge-

Sap. 13. 10. 29 nus sumus. Genus ergo cum simus Dei, non
Es. 40. 18.
Rom. 1. 23. debemus aestimare auro aut argento, aut la-

---

¹⁸ seminiuerbius ADGₛℭ: seminator uerborum FV, dissemi-
nator uerborum C   ¹⁹ Areopagum ₛℭ, *et* Areopagi 22   ²⁴ habitat ₛℭ   ²⁷ attrectent ₛℭ   ²⁸ vestrorum ₛℭ

pidi sculpturae artis, et cogitationis hominis, Diuinum esse simile. Et tempora quidem 30 huius ignorantiae despiciens Deus, nunc adnuntiat hominibus ut omnes ubique paenitentiam agant, eo quod statuit diem in qua iudica- 31 turus est orbem in aequitate, in uiro in quo statuit, fidem praebens omnibus, suscitans eum a mortuis.

14. 16.
Rom. 3. 25.
Lc. 24. 47.

Ps. 9. 9 (8).
Ioh. 5. 22, 27.
Rom. 1. 4,
2. 16.

Cum audissent autem resurrectionem mor- 32 tuorum, quidam quidem inridebant, quidam uero dixerunt : Audiemus te de hoc iterum. Sic Paulus exiuit de medio eorum. Quidam 33 uero uiri adhaerentes ei crediderunt: in quibus 34 et Dionisius Ariopagita, et mulier nomine Damaris, et alii cum eis.

Post haec egressus ab Athenis, uenit Co- **18** rinthum: et inueniens quendam Iudaeum no- 2 mine Aquilam, Ponticum genere, qui nuper uenerat ab Italia, et Priscillam uxorem eius, eo quod praecepisset Claudius discedere omnes Iudaeos a Roma, accessit ad eos. Et quia 3 eiusdem erat artis, manebat apud eos et operabatur : erat autem scenofactoriae artis.

Rom. 16. 3.
1 Cor. 16. 19.
2 Tim. 4. 19.

20. 34.
1 Cor. 9. 12.
1 Thess. 2. 9.
2 Thess. 3. 8.

Cum uenissent autem de Macedonia Silas et 5 Timotheus, instabat uerbo Paulus, testificans Iudaeis esse Christum Iesum. Contradicenti- 6 bus autem eis, et blasphemantibus, excutiens uestimenta, dixit ad eos : Sanguis uester super

17. 15.
1 Thess. 3. 6.

13. 46, 28. 28.

---

[31] qua : quo $\mathfrak{SC}$ [32] irridebant $\mathfrak{SC}$ [34] Dionysius Areopagita $\mathfrak{SC}$ 18. [3] erat *sec.* : erant $\mathfrak{SC}$ [4] *Uersum omisimus cum* A*FGV : *habent* A^cCD$\mathfrak{SC}$; *legunt uero sic :*—et disputabat (disputans autem C ; et intrabat D) in synagoga (-gam D) per omne sabbatum (> sabb. omne D* ; *et* + disputabat D) interponens nomen Domini Iesu (*om.* int. nom. Dom. Iesu A^cC) suadebatque (et suad. C ; suad. autem non solum D) Iudaeos (-is $\mathfrak{SC}$) et (sed etiam D) Graecos (-cis $\mathfrak{SC}$)   [6] uestimenta + sua $\mathfrak{SC}$

caput uestrum: mundus ego, ex hoc ad gentes
7 uadam. Et migrans inde, intrauit in domum
cuiusdam nomine Titi Iusti, colentis Deum,

1 Cor. 1. 14.
8 cuius domus erat coniuncta synagogae. Cris-
pus autem archisynagogus credidit Domino
cum omni domo sua: et multi Corinthiorum

1 Cor. 2. 3.
9 audientes credebant, et baptizabantur. Dixit
autem Dominus nocte per uisionem Paulo:

Es. 41. 10,
43. 5.
Hier. 1. 8.
Lc. 21. 18.
10 Noli timere, sed loquere, et ne taceas: ¹ propter
quod ego sum tecum: et nemo adponetur tibi
ut noceat te: quoniam populus est mihi mul-
11 tus in hac ciuitate. Sedit autem annum et
sex menses, docens apud eos uerbum Dei.

12   Gallione autem proconsule Achaiae, insur-
rexerunt uno animo Iudaei in Paulum, et ad-
13 duxerunt eum ad tribunal, ¹ dicentes: Quia
contra legem hic persuadet hominibus colere

25. 18-20.
14 Deum. Incipiente autem Paulo aperire os,
dixit Gallio ad Iudaeos: Si quidem esset ini-
quum aliquid, aut facinus pessimum, o uiri

Ioh. 18. 31.
15 Iudaei, recte uos sustinerem. Si uero quaestiones sunt de uerbo et nominibus, et legis
uestrae, uos ipsi uideritis: iudex ego horum
16 nolo esse. Et minauit eos a tribunali. Ad-

1 Cor. 1. 1.
17 prehendentes autem omnes Sosthenen, principem synagogae, percutiebant eum ante tribunal: et nihil eorum Gallioni curae erat.

21. 23, 24.
Num. 6. 2, 5,
9. 18.
Rom. 16. 1.
18   Paulus uero cum adhuc sustinuisset dies
multos, fratribus uale faciens, nauigauit Syriam,
et cum eo Priscilla et Aquila, qui sibi totonderant in Cencris caput: habebant enim uotum.
19 Deuenitque Ephesum, et illos ibi reliquit:

---

¹¹ autem + ibi 𝔖ℭ   ¹⁵ et *sec. om.* 𝔖   lege vestra ℭ   ¹⁷ So-
sthenem 𝔖ℭ   ¹⁸ nauigauit + in 𝔖ℭ   totonderant CF*, *et*
-runt A: totonderat (D)FᶜGV𝔖ℭ   Cenchris 𝔖ℭ   habebant
AF*: habebat CDFᶜGV𝔖ℭ

ipse uero ingressus synagogam, disputabat
cum Iudaeis. Rogantibus autem eis ut am-20
pliori tempore maneret, non consensit: sed 21 Iac. 4. 15.
uale faciens, et dicens, Iterum reuertar ad uos
Deo uolente, .profectus est ab Epheso. Et de-22
scendens Caesaream, ascendit, et salutauit ecclesiam, et descendit Antiochiam. Et facto 23 16. 6.
ibi aliquanto tempore profectus est, perambu-
lans ex ordine Galaticam regionem, et Phrygiam, confirmans omnes discipulos.

Iudaeus autem quidam, Apollo nomine, Ale-24 1 Cor. 1. 12,
xandrinus natione, uir eloquens, deuenit Ephe- 3. 4 s., 4. 6,
sum, potens in scripturis. Hic erat edoctus uiam 25 Tit. 3. 13.
Domini: et feruens spiritu loquebatur et do- 19. 3.
cebat diligenter ea quae sunt Iesu, sciens tan- Lc. 7. 29.
tum baptisma Iohannis. Hic ergo coepit fidu-26
cialiter agere in synagoga: quem cum audissent Priscilla et Aquila, adsumserunt eum, et
diligentius exposuerunt ei uiam Dei. Cum 27 2 Cor. 3. 1.
autem uellet ire Achaiam, exhortati fratres
scripserunt discipulis ut susciperent eum. Qui
cum uenisset, contulit multum his qui crediderant. Uehementer enim Iudaeos reuince-28 9. 22, 17. 3.
bat, publice ostendens per scripturas esse
Christum Iesum.

Factum est autem, cum Apollo esset Co-**19**
rinthi, ut Paulus peragratis superioribus parti-
bus ueniret Ephesum et inueniret quosdam
discipulos: ¹ dixitque ad eos: Si Spiritum san-2 2. 38, 8. 16
ctum accepistis credentes? At illi ad eum: 11. 16, 17.
Sed neque si Spiritus sanctus est, audiuimus.
¹ Ille uero ait: In quo ergo baptizati estis? Qui 3 18. 25.

---

²³ Galatiam 𝕾   ²⁴ natione: genere 𝕾ℭ   ²⁵ **Dei**: Domini
𝕾ℭ   ²⁸ *disting.* reuincebat publice, ostendens 𝕾ℭ   19. ¹ de
discipulis 𝕾   ² illi + dixerunt 𝕾ℭ

4 dixerunt : In Iohannis baptismate. Dixit autem Paulus : Iohannes baptizauit baptisma paenitentiae populum, dicens, in eum qui uenturus esset post ipsum ut crederent, hoc est, 5 in Iesum. His auditis, baptizati sunt in nomine Domini Iesu. Et cum inposuisset illis manus Paulus, uenit Spiritus sanctus super eos, et loquebantur linguis, et prophetabant. 7 Erant autem omnes uiri fere duodecim. 8 Introgressus autem synagogam, cum fiducia loquebatur, per tres menses disputans, et suadens de regno Dei. Cum autem quidam indurarentur et non crederent, maledicentes uiam coram multitudine, discedens ab eis segregauit discipulos, cotidie disputans in schola 10 Tyranni. Hoc autem factum est per biennium, ita ut omnes qui habitabant in Asia audirent 11 uerbum Domini, Iudaei atque gentiles. Uirtutesque non quaslibet Deus faciebat per manus Pauli : ita ut etiam super languidos deferrentur a corpore eius sudaria uel semicinctia, et recedebant ab eis languores, et spiritus nequam egrediebantur. Temtauerunt autem quidam et de circumeuntibus Iudaeis exorcistis, inuocare super eos qui habebant spiritus malos nomen Domini Iesu, dicentes : Adiuro 14 uos per Iesum, quem Paulus praedicat. Erant autem quidam Sceuae Iudaei principis sacerdotum septem filii, qui hoc faciebant Respondens autem spiritus nequam dixit eis :

Marginal references:
13. 24, 25.
8. 17.
13. 5, 18. 26, 28. 23. 31.
23. 9. 2.
13. 45, 46.
8. 13. 14. 3.
Rom. 15. 18, 19.
Act. 5. 15.
Mc. 16. 17.
Mt. 12. 27.
Lc. 11. 19.
Mc. 1. 24, 34.
Lc. 4. 41.
Iac. 2. 19.

4 baptismo 𝕾ℭ   8 *disting.* loquebatur per tres menses, disputans 𝕾ℭ   9 uiam + Domini 𝕾ℭ   Tyranni (tyranni 𝕾ℭ) : + cuiusdam 𝕾ℭ; *deinde* + ab hora quinta usque ad horam nonam (+ et decimam D) DG^c 11 non + modicas 𝕾   > faciebat Deus 𝕾ℭ manum 𝕾ℭ   12 uel : et 𝕾ℭ ·   14 quidam : cuiusdam 𝕾 > Iudaei Sceuae ℭ, > Iudaei nomine Sceuae 𝕾

Iesum noui et Paulum scio : uos autem qui
estis ? Et insiliens homo in eos, in quo erat 16
daemonium pessimum, et dominatus ambo-
rum, inualuit contra eos, ita ut nudi et uul-
nerati effugerent de domo illa. Hoc autem 17
notum factum est omnibus Iudaeis atque
gentilibus qui habitabant Ephesi : et cecidit
timor super omnes illos, et magnificabatur nomen Domini Iesu. Multique credentium ue- 18
niebant confitentes, etadnuntiantes actus suos.
Multi autem ex his qui fuerant curiosa sectati 19
contulerunt libros, et combusserunt coram
omnibus : et computatis pretiis illorum, inuenerunt pecuniam denariorum quinquaginta
milium. Ita fortiter uerbum Dei crescebat et 20   6. 7, 12. 24.
confirmabatur.

His autem expletis, proposuit Paulus in 21   23. 11.
Spiritu, transita Macedonia et Achaia ire   Rom. 1. 13.
Hierosolymam, dicens : Quoniam postquam
fuero ibi, oportet me et Romam uidere. Mittens 22   16. 1, 17. 14.
autem in Macedoniam duos ex ministrantibus   1 Cor. 4. 17,
  16. 10.
sibi, Timotheum et Erastum, ipse remansit ad   Rom. 16. 23.
tempus in Asia.   2 Tim. 4. 20.

Facta est autem in illo tempore turbatio non 23   2 Cor. 1. 8.
minima de uia. Demetrius enim quidam no- 24   Act. 16.16,19.
mine, argentarius, faciens aedes argenteas
Dianae, praestabat artificibus non modicum
quaestum : quos conuocans, et eos qui huius- 25
modi erant opifices, dixit : Uiri, scitis quia de
hoc artificio adquisitio est nobis : et uidetis et 26   14. 15, 17. 20.
auditis quia non solum Ephesi, sed paene to-
tius Asiae, Paulus hic suadens auertit multam

---

¹⁶ > in eos homo 𝔖ℭ   ¹⁹ his : eis 𝔖ℭ   combusserunt
+ eos 𝔖   ²⁰ > crescebat verbum Dei 𝔖ℭ   ²³ om. in 𝔖ℭ   uia
+ Domini 𝔖ℭ   ²⁵ > est nobis acquisitio 𝔖ℭ   ²⁶ pene 𝔖ℭ

turbam, dicens: Quoniam non sunt dii, qui
27 manibus fiunt. Non solum autem haec peri-
clitabitur nobis pars in redargutionem uenire,
sed et magnae Dianae templum in nihilum
reputabitur, sed et destrui incipiet maiestas
28 eius, quam tota Asia et orbis colit. His auditis, repleti sunt ira, et exclamauerunt di-

20. 4. 29 centes: Magna Diana Ephesiorum. Et im-
Rom. 16. 23.
1 Cor. 1. 14. pleta est ciuitas confusione, et impetum fece-
3 Ioh. 1. runt uno animo in theatrum, rapto Gaio et
Aristarcho Macedonibus, comitibus Pauli.
30 Paulo autem uolente intrare in populum, non
31 permiserunt discipuli. Quidam autem et de
Asiae principibus, qui erant amici eius, miserunt ad eum rogantes ne se daret in theatrum.
32 Alii autem aliud clamabant: erat enim ecclesia confusa: et plures nesciebant qua ex causa
Mc. 15. 21 (?). 33 conuenissent. De turba autem detraxerunt
Alexandrum, propellentibus eum Iudaeis.
Alexander ergo manu silentio postulato, uole-
34 bat rationem reddere populo. Quem ut cognouerunt Iudaeum esse, uox facta est una omnium, quasi per horas duas clamantium:
35 Magna Diana Ephesiorum. Et cum sedasset
scriba turbas, dixit: Uiri Ephesii, quis enim
est hominum, qui nesciat Ephesiorum ciuitatem cultricem esse magnae Dianae, Iouisque
36 prolis? Cum ergo his contradici non possit,
oportet uos sedatos esse, et nihil temere agere.
37 Adduxistis enim homines istos, neque sacri-
legos, neque blasphemantes deam uestram.
38 Quod si Demetrius et qui cum eo sunt artifices
habent aduersus aliquem causam, conuentus

---

³¹ darent 𝔖   ³³ ergo: autem 𝔖ℭ   > reddere rationem 𝔖ℭ
³⁴ > una est 𝔖ℭ

forenses aguntur, et pro consulibus sunt, accusent inuicem. Si quid autem alterius rei quae- 39 ritis, in legitima ecclesia poterit absolui. Nam 40 et periclitamur argui seditionis hodiernae, cum nullus obnoxius sit, de quo possimus reddere rationem concursus istius. Et cum haec dixisset, dimisit ecclesiam.

Postquam autem cessauit tumultus, uocatis 20 Paulus discipulis, et exhortatus eos, ualedixit, et profectus est ut iret in Macedoniam. Cum 2 autem perambulasset partes illas, et exhortatus eos fuisset multo sermone, uenit ad Graeciam : ubi cum fuisset menses tres, factae sunt illi 3 insidiae a Iudaeis nauigaturo in Syriam : habuitque consilium ut reuerteretur per Macedoniam. Comitatus est autem eum Sopater 4 Pyrri Beroensis : Thessalonicensium uero Aristarchus et Secundus, et Gaius Derbeus et Timotheus : Asiani uero Tychicus et Trophimus. Hi cum praecessissent, sustinebant nos 5 Troade : nos uero nauigauimus post dies 6 azymorum a Philippis, et uenimus ad eos Troadem in diebus quinque, ubi demorati sumus diebus septem.

In una autem sabbati, cum conuenissemus 7 ad frangendum panem, Paulus disputabat eis profecturus in crastinum, protraxitque sermonem usque in mediam noctem. Erant autem 8 lampades copiosae in cenaculo, ubi eramus congregati. Sedens autem quidam adulescens 9 nomine Eutychus super fenestram, cum merge-

17. 10, 13.
19. 29.
Rom. 16. 21.

16. 8.

1 Cor. 16. 2.
Mt. 28. 1.
Mc. 16. 9.
Lc. 24. 1.
Ioh. 20. 19.
Apoc. 1. 10.
Act. 2. 42, 46.

---

38 pro consulibus A*CFG* : proconsules AᶜDGᶜV𝔖ℭ 40 *disting.* obnoxius sit (de quo possimus reddere rationem) concursus istius 𝔖ℭ 20. 3 fuisset : fecisset CD𝔖ℭ 4 Sosipater 𝔖 Pyrrhi Beroeensis 𝔖ℭ 5 sustinuerunt 𝔖ℭ 7 in *ad init. om.* 𝔖ℭ disputabat + cum 𝔖ℭ 8 coenaculo 𝔖ℭ, *et* 9

retur somno graui, disputante diu Paulo, edu-
ctus somno cecidit de tertio cenaculo deorsum,

3 Reg.(1 Reg.) 10 et sublatus est mortuus. Ad quem cum de-
17. 21. scendisset Paulus, incubuit super eum, et com-
4 Reg.
(2 Reg.) 4. 34, plexus dixit : Nolite turbari, anima enim ipsius
35. 11 in eo est. Ascendens autem, frangensque
panem et gustans, satisque allocutus usque ad
12 lucem, sic profectus est. Adduxerunt autem
puerum uiuentem, et consolati sunt non mi-
nime.

13   Nos autem ascendentes nauem, enauigaui-
mus in Asson, inde suscepturi Paulum : sic
enim disposuerat ipse per terram iter facturus.
14 Cum autem conuenisset nos in Asson, ad-
15 sumto eo, uenimus Mytilenen. Et inde nauigantes, sequenti die uenimus contra Chium, et
alia die adplicuimus Samum, et sequenti die

18. 19. 21. 16 uenimus Miletum : proposuerat enim Paulus
transnauigare Ephesum, ne qua mora illi fieret
in Asia. Festinabat enim, si possibile sibi
esset, ut diem Pentecosten faceret Hierosolymis.

17   A Mileto autem mittens Ephesum, uocauit
18. 19. 18 maiores natu ecclesiae. Qui cum uenissent
11. 30. ad eum et simul essent, dixit eis :

Uos scitis a prima die qua ingressus sum in
Asiam, qualiter uobiscum per omne tempus
19 fuerim, seruiens Domino cum omni humilitate et lacrimis, et temtationibus quae mihi
20 acciderunt ex insidiis Iudaeorum : quomodo
nihil subtraxerim utilium, quominus adnuntia-

---

9 ductus 𝕾ℭ   10 eo : ipso 𝕾ℭ   11 allocutus + est 𝕾   ad :
in 𝕾ℭ   lucem + et 𝕾   13 nauigauimus 𝕾ℭ   14 conuenisset
nos : conuenissemus 𝕾   Mitylenen 𝕾ℭ   15 *om.* die *sec.* ℭ
16 nequa *uno uerbo* 𝕾ℭ   Pentecostes 𝕾ℭ   20 subtraxerim
+ vobis 𝕾   quo minus *duobus uerbis* 𝕾ℭ

rem uobis et docerem uos, publice et per
domos, testificans Iudaeis atque gentilibus 21
in Deum paenitentiam, et fidem in Dominum
nostrum Iesum Christum. Et nunc ecce alli- 22 19. 21.
gatus ego spiritu, uado in Hierusalem : quae
in ea uentura sunt mihi ignorans : nisi quod 23 9. 16, 21. 4,
Spiritus sanctus per omnes ciuitates protesta- 11.
tur mihi, dicens quoniam uincula et tribulationes me manent. Sed nihil horum uereor : 24 21. 13.
nec facio animam meam pretiosiorem quam 2 Tim. 4. 6, 7.
me, dummodo consummem cursum meum, et
ministerium quod accepi a Domino Iesu, testificari euangelium gratiae Dei. Et nunc ecce 25
ego scio quia amplius non uidebitis faciem
meam, uos omnes per quos transiui praedicans
regnum Dei. Quapropter contestor uos ho- 26 18. 6.
dierna die, quia mundus sum a sanguine omnium. Non enim subterfugi, quominus ad- 27
nuntiarem omne consilium Dei uobis. Ad- 28 1 Tim. 4. 16.
tendite uobis et uniuerso gregi in quo uos 1 Pet. 5. 2, 3.
Spiritus sanctus posuit episcopos, regere ecclesiam Dei, quam adquisiuit sanguine suo.
Ego scio quoniam intrabunt post discessionem 29 1 Tim. 1. 19,
meam lupi graues in uos, non parcentes gregi. 20, 4. 1-3.
Et ex uobis ipsis exsurgent uiri loquentes per- 30 2 Tim. 2.
uersa, ut abducant discipulos post se. Propter 31 16-18, 3. 1-9.
quod uigilate, memoria retinentes quoniam Mt. 7. 15.
per triennium nocte et die non cessaui cum Ioh. 10. 12.
lacrimis monens unumquemque uestrum. Et 32 Act. 19. 8, 10
nunc commendo uos Deo, et uerbo gratiae 14. 23.
ipsius, qui potens est aedificare, et dare here- Col. 1. 12.
ditatem in sanctificatis omnibus. Argentum, 33 2. 7.
 1 Reg.
 (1 Sam.)12. 3.

---

²² sint 𝔖ℭ ²³ > mihi protestatur 𝔖ℭ tribulationes
+ Ierosolymis 𝔖ℭ ²⁴ ministerium + verbi 𝔖ℭ ²⁹ graues
cum ACDG et graeco : rapaces FV𝔖ℭ ³⁰ vobisipsis uno uerbo 𝔖

1 Cor. 9. 12.
2 Cor. 11. 9.
1 Thess. 2. 9.
2 Thess. 3. 8.
18. 3.
34 aut aurum, aut uestem nullius concupiui : ipsi scitis : quoniam ad ea quae mihi opus erant, et his qui mecum sunt, ministrauerunt manus 35 istae. Omnia ostendi uobis, quoniam sic laborantes oportet suscipere infirmos, ac meminisse uerbi Domini Iesu, quoniam ipse dixit : Beatius est magis dare, quam accipere.

21. 5, 6, 13.
36 Et cum haec dixisset, positis genibus suis cum 37 omnibus illis orauit. Magnus autem fletus factus est omnium : et procumbentes super collum Pau- 38 li, osculabantur eum, ¹dolentes maxime in uerbo quod dixerat, quoniam amplius faciem eius non essent uisuri. Et deducebant eum ad nauem.

21 Cum autem factum esset ut nauigaremus abstracti ab eis, recto cursu uenimus Cho, et 2 sequenti die Rhodum, et inde Patara. Et cum inuenissemus nauem transfretantem Phoe- 3 nicen, ascendentes nauigauimus. Cum paruissemus autem Cypro, et relinquentes eam ad sinistram, nauigauimus in Syriam, et uenimus Tyrum : ibi enim nauis erat expositura onus.

20. 23.
4 Inuentis autem discipulis, mansimus ibi diebus septem : qui Paulo dicebant per Spiritum,
20. 36, 38.
5 ne ascenderet Hierosolymam. Et explicitis diebus profecti ibamus, deducentibus nos omnibus cum uxoribus et filiis usque foras ciuitatem : et positis genibus in litore, orauimus. 6 Et cum uale fecissemus inuicem, ascendimus in nauem : illi autem redierunt in sua. 7 Nos uero nauigatione explicita a Tyro de-

³³ aut *pr.* : et 𝕊ℭ   ³³, ³⁴ concupiui : ipsi scitis : quoniam *cum* A *etc.* : concupiui, sicut ipsi scitis : quoniam 𝕊ℭ   ³⁶ > orauit cum omnibus illis 𝕊ℭ   21. ¹ Coum 𝕊ℭ   Pataram 𝕊ℭ ² transfretantem + in 𝕊ℭ   ³ apparuissemus 𝕊ℭ   et *pr. om.* 𝕊ℭ   > expositura erat 𝕊ℭ   ⁵ explicitis ACG* : expletis DF GᶜV𝕊ℭ   ⁶ in *pr. om.* 𝕊ℭ   ⁷ explicita : expleta Gᶜ𝕊ℭ

scendimus Ptolomaida : et salutatis fratribus,
mansimus die una apud illos.   Alia autem 8   8. 4–40.
die profecti, uenimus Caesaream : et intrantes   6. 5.
in domum Philippi euangelistae, qui erat de
septem, mansimus apud eum.   Huic autem 9   2. 16, 17.
erant filiae quattuor uirgines prophetantes.
Et cum moraremur per dies aliquot, superue- 10   11. 27, 28.
nit quidam a Iudaea propheta, nomine Aga-
bus.   Is cum uenisset ad nos, tulit zonam 11   20. 23.
Pauli : et alligans sibi pedes et manus dixit :
Haec dicit Spiritus sanctus : Uirum, cuius est
zona haec, sic alligabunt in Hierusalem Iu-
daei, et tradent in manus gentium.   Quod 12   Mt.16.22,23.
cum audissemus, rogabamus nos, et qui loci   Mc. 8. 32, 33.
illius erant, ne ascenderet Hierosolymam.
Tunc respondit Paulus, et dixit : Quid facitis 13   20. 24.
flentes, et affligentes cor meum ?   Ego enim
non solum alligari, sed et mori in Hierusalem
paratus sum propter nomen Domini Iesu.   Et 14   Mt. 6. 10,
cum ei suadere non possemus, quieuimus, di-   26. 39, 42.
                                                    Mc. 14. 36.
centes : Domini uoluntas fiat.   Lc. 22. 42.

Post dies autem istos praeparati ascende- 15
bamus Hierusalem.   Uenerunt autem et ex 16
discipulis a Caesarea nobiscum, adducentes
apud quem hospitaremur Mnasonem quendam Cyprium, antiquum discipulum.

Et cum uenissemus Hierosolymam, libenter 17
exceperunt nos fratres.   Sequenti autem die 18   11. 30, 12. 17,
introibat Paulus nobiscum ad Iacobum, om-   15. 13.
                                                   Gal. 1. 19
nesque collecti sunt seniores.   Quos cum sa- 19   2. 9.
lutasset, narrabat per singula, quae fecisset
Deus in gentibus per ministerium ipsius.   At 20

---

⁷ Ptolemaidam $ℭ   ⁸ *om.* in $ℭ   erat + unus $ℭ
⁹ > quattuor filiae $ℭ   ¹⁰ quidam + vir $ ¹⁵ ascendebamus
+ in $ℭ   ¹⁶ et : quidam $ adducentes + secum $ℭ   Mna-
sonem : Iasonem $ ¹⁹ > Deus fecisset $ℭ

15. 1.
Gal. 1. 14.
illi cum audissent, magnificabant Deum, dixe-
runtque ei : Uides, frater, quot milia sunt in
Iudaeis qui crediderunt : et omnes aemula-
21 tores sunt legis. Audierunt autem de te quia
discessionem doceas a Mose, eorum qui per
gentes sunt Iudaeorum : dicens non debere
eos circumcidere filios suos, neque secundum
22 consuetudinem ingredi. Quid ergo est ? utique oportet conuenire multitudinem : au-
23 dient enim te superuenisse. Hoc ergo fac
quod tibi dicimus. Sunt nobis uiri quattuor,
18. 18.
24. 18.
24 uotum habentes super se. His adsumtis,
sanctifica te cum illis : et inpende in illis ut
radant capita : et scient omnes quia quae de
te audierunt falsa sunt, sed ambulas et ipse
15. 19, 20, 29.
25 custodiens legem. De his autem qui crediderunt ex gentibus, nos scripsimus iudicantes
ut abstineant se ab idolis immolato et san-
Num. 6. 10–
13.
1 Cor. 9. 20.
26 guine, et suffocato et fornicatione. Tunc Paulus, adsumtis uiris, postera die purificatus cum
illis intrauit in templum, adnuntians expletionem dierum purificationis, donec offerretur
pro unoquoque eorum oblatio.

27 Dum autem septem dies consummarentur,
hi qui ab Asia erant Iudaei, cum uidissent
eum in templo, concitauerunt omnem popu-
6. 13, 13. 45,
14. 2, 19,
17. 6, 13,
18. 13.
28 lum, et iniecerunt ei manus, clamantes : Uiri
Israhelitae, adiuuate : hic est homo qui aduersus populum, et legem, et locum hunc omnes ubique docens, insuper et gentiles in-
duxit in templum, et uiolauit sanctum locum
20. 4.
2 Tim. 4. 20.
29 istum. Uiderant enim Trophimum Ephesium
in ciuitate cum ipso, quem aestimauerunt quo-

24 impende 𝕾ℭ   25 *disting.* idolis, immolato 𝕾ℭ, *ut fiant duo
mandata*   27 ab : de 𝕾ℭ   29 Throphimum 𝕾

niam in templum introduxisset Paulus. Com- 30 19. 29.
motaque est ciuitas tota, et facta est con-
cursio populi. Et adprehendentes Paulum,
trahebant eum extra templum : et statim clausae sunt ianuae. Quaerentibus autem eum 31
occidere, nuntiatum est tribuno cohortis, quia
tota confunditur Hierusalem. Qui statim ad- 32
sumtis militibus et centurionibus, decucurrit
ad illos. Qui cum uidissent tribunum et milites, cessauerunt percutere Paulum. Tunc 33 11. 20. 23
accedens tribunus adprehendit eum, et iussit   12. 6.
alligari catenis duabus : et interrogabat quis
esset, et quid fecisset. Alii autem aliud cla- 34
mabant in turba : et cum non posset certum
cognoscere prae tumultu, iussit duci eum in
castra. Et cum uenisset ad gradus, contigit 35
ut portaretur a militibus propter uim populi.
Sequebatur enim multitudo populi, clamans : 36 22. 22.
Tolle eum.   Lc. 23. 18.
                                                        Ioh. 19. 15
   Et cum coepisset induci in castra Paulus, 37
dicit tribuno : Si licet mihi loqui aliquid ad
te ? Qui dixit : Graece nosti? ¦ Nonne tu es 38 5. 36.
Aegyptius, qui ante hos dies tumultum conci-
tasti, et eduxisti in desertum quattuor milia
uirorum sicariorum ? Et dixit ad eum Paulus : 39 9. 11, 22. 3.
Ego homo sum quidem Iudaeus a Tharso Ci-
liciae non ignotae ciuitatis municeps. Rogo
autem te, permitte mihi loqui ad populum.
Et cum ille permisisset, Paulus stans in gradi- 40
bus annuit manu ad plebem : et magno silentio facto, allocutus est Hebraea lingua,
dicens :

---

³² decurrit 𝕾ℭ   ³³ iussit + eum 𝕾ℭ   ³⁷ dixit + ci 𝕾
³⁹ Tarso 𝕾ℭ (93 et 98)   disting. Tarso Ciliciae, non 𝕾ℭ
⁴⁰ > lingua Hebraea 𝕾ℭ

7. 2. **22** Uiri fratres et patres, audite quam ad uos nunc reddo rationem.

2 Cum audissent autem quia Hebraea lingua loquitur ad illos, magis praestiterunt silentium.

3-16
9. 1-19.
26. 9-20.

3 Et dixit :

Ego sum uir Iudaeus, natus Tharso Cili-

5. 34.
9. 11, 21. 39.

ciae, nutritus autem in ista ciuitate secus pedes Gamalihel, eruditus iuxta ueritatem pa-ternae legis, aemulator legis, sicut et uos om-

8. 3.

4 nes estis hodie : qui hanc uiam persecutus sum usque ad mortem, alligans et tradens in 5 custodias uiros ac mulieres, sicut princeps sa-cerdotum testimonium mihi reddit, et omnes maiores natu : a quibus et epistulas accipiens ad fratres Damascum pergebam, ut adducerem inde uinctos in Hierusalem ut punirentur. 6 Factum est autem, eunte me et adpropin-quante Damasco, media die subito de caelo 7 circumfulsit me lux copiosa : et decidens in terram, audiui uocem dicentem mihi : Saule, 8 Saule, quid me persequeris ? Ego autem re-spondi : Quis es, Domine ? Dixitque ad me : Ego sum Iesus Nazarenus, quem tu perseque-

Sap. 18. 1.
Dan. 10. 7.

9 ris. Et qui mecum erant, lumen quidem uide-runt, uocem autem non audierunt eius qui lo-10 quebatur mecum. Et dixi : Quid faciam, Do-mine ? Dominus autem dixit ad me : Surgens uade Damascum : et ibi tibi dicetur de omni-11 bus, quae te oporteat facere. Et cum non uiderem prae claritate luminis illius, ad ma-num deductus a comitibus, ueni Damascum. 12 Ananias autem quidam, uir secundum legem

---

22. ² loqueretur 𝕾ℭ   ³ dicit ℭ   natus + in 𝕾ℭ   Tarso 𝕾ℭ
(93 *et* 98)   *disting.* ciuitate, secus pedes Gam. eruditus 𝕾ℭ
Gamaliel ℭ, Gamalielis 𝕾   ⁵ > mihi testimonium· 𝕾ℭ·

testimonium habens ab omnibus habitantibus
Iudaeis,¹ ueniens ad me, et adstans dixit mihi: 13
Saule frater, respice. Et ego eadem hora re-
spexi in eum. At ille dixit: Deus patrum 14
nostrorum praeordinauit te, ut cognosceres uoluntatem eius, et uideres iustum, et audires
uocem ex ore eius: quia eris testis illius ad 15
omnes homines eorum quae uidisti et audisti.
¹Et nunc quid moraris? Exsurge, baptizare, et 16 2. 38.
ablue peccata tua inuocato nomine ipsius.
Factum est autem reuertenti mihi in Hieru- 17 9.26,(11. 30?),
salem, et oranti in templo, fieri me in stupore   26. 20.
                                                     Gal. 1. 18, 19.
mentis,¹ et uidere illum dicentem mihi: Fe- 18 9. 29.
stina, et exi uelociter ex Hierusalem: quoniam non recipient testimonium tuum de me.
Et ego dixi: Domine, ipsi sciunt quia ego 19
eram concludens in carcerem, et caedens per
synagogas, eos qui credebant in te: et cum 20 7. 58, 8. 1.
funderetur sanguis Stephani testis tui, ego ad-
stabam et consentiebam, et custodiebam uestimenta interficientium illum. Et dixit ad 21 9. 15.
me: Uade, quoniam ego in nationes longe
mittam te.
  Audiebant autem eum usque ad hoc uer- 22 21. 36, 25. 24.
bum, et leuauerunt uocem suam, dicentes:
Tolle de terra eiusmodi: non enim fas est
eum uiuere. Uociferantibus autem eis, et 23
proicientibus uestimenta sua, et puluerem
iactantibus in aerem, iussit tribunus induci 24
eum in castra, et flagellis caedi, et torqueri
eum, ut sciret propter quam causam sic ad-
clamarent ei. Et cum adstrinxissent eum 25
loris, dixit adstanti sibi centurioni Paulus: Si

---

¹² cohabitantibus 𝕾ℭ   ¹⁶ exsurge + et 𝕾ℭ   ²² huiusmodi
𝕾ℭ   ²⁵ astrinxissent 𝕾ℭ   dicit 𝕾ℭ

16. 37, 23. 27.   hominem Romanum et indemnatum licet uo-
26 bis flagellare? Quo audito, centurio accessit
ad tribunum, et nuntiauit, dicens: Quid actu-
rus es? hic enim homo ciuis Romanus est.
27 Accedens autem tribunus, dixit illi: Dic mihi,
28 tu Romanus es? At ille dixit: Etiam. ¹ Et
respondit tribunus: Ego multa summa ciuitatem hanc consecutus sum. Et Paulus ait:
29 Ego autem et natus sum. Protinus ergo discesserunt ab illo qui eum torturi erant. Tribunus quoque timuit, postquam resciuit quia
ciuis Romanus esset, et quia alligasset eum.
30   Postera autem die uolens scire diligentius
qua ex causa accusaretur a Iudaeis, soluit eum,
et iussit sacerdotes conuenire, et omne concilium: et producens Paulum, statuit inter illos.

24. 16. **23**   Intendens autem concilium Paulus ait: Uiri
2 Tim. 1. 3.   fratres, ego omni conscientia bona conuersatus
sum ante Deum usque in hodiernum diem.
24. 1.   2 Princeps autem sacerdotum Ananias praecepit
Mt. 23. 27.   3 adstantibus sibi percutere os eius. Tunc Pau-
Leu. 19. 15.   lus ad eum dixit: Percutiet te Deus, paries
Dt. 25. 1, 2.   dealbate: et tu sedens iudicas me secundum
4 legem, et contra legem iubes me percuti? Et
qui adstabant dixerunt: Summum sacerdotem
Ex. 22. 28.   5 Dei maledicis? Dixit autem Paulus: Nesciebam, fratres, quia princeps est sacerdotum:
scriptum est enim: Principem populi tui non
4. 1, 2, 26. 5.   6 maledices. Sciens autem Paulus quia una
24. 15, 21.   pars esset Sadducaeorum, et altera Pharisaeo-
26. 8.   rum, exclamauit in concilio: Uiri fratres, ego
Pharisaeus sum, filius Pharisaeorum: de spe

---

²⁶ nuntiauit + ei 𝕊ℂ   ²⁷ mihi + si 𝕊ℂ   ²⁸ summa: pecunia AC, summa peccunia D   ciuilitatem 𝕊ℂ   23. ¹ autem
+ in 𝕊ℂ   ³ > dixit ad eum 𝕊ℂ

et resurrectione mortuorum ego iudicor. Et 7
cum haec dixisset, facta est dissensio inter
Pharisaeos et Sadducaeos, et soluta est multitudo. Sadducaei enim dicunt non esse re- 8   Mt. 22. 23.
surrectionem, neque angelum neque spiri-   Mc. 12. 18.
tum : Pharisaei autem utraque confitentur.   Lc. 20. 27.

Factus est autem clamor magnus. Et sur- 9
gentes quidam Pharisaeorum, pugnabant dicentes : Nihil mali inuenimus in homine isto :
quid si spiritus locutus est ei, aut angelus ? Et 10
cum magna dissensio facta esset, timens tribunus ne discerperetur Paulus ab ipsis, iussit
milites descendere, et rapere eum de medio
eorum, ac deducere eum in castra.

Sequenti autem nocte adsistens ei Dominus, 11   18. 9, 22. 18.
ait : Constans esto : sicut enim testificatus es   27. 23.
de me Hierusalem, sic te oportet et Romae   19. 21, 27. 24.
testificari.

Facta autem die collegerunt se quidam ex 12
Iudaeis, et deuouerunt se dicentes neque
manducaturos, neque bibituros donec occiderent Paulum. Erant autem plus quam qua- 13
draginta, qui hanc coniurationem fecerant : qui 14
accesserunt ad principes sacerdotum et seniores, et dixerunt : Deuotione deuouimus nos
nihil gustaturos, donec occidamus Paulum.
Nunc ergo uos notum facite tribuno cum con- 15
cilio, ut producat illum ad uos, tamquam aliquid certius cognituri de eo : nos uero prius
quam adpropiet, parati sumus interficere illum.
Quod cum audisset filius sororis Pauli insi- 16
dias, uenit et intrauit in castra, nuntiauitque
Paulo. Uocans autem Paulus ad se unum ex 17
centurionibus, ait : Adulescentem hunc per-

11 de me + in 𝔖ℭ   13 quadraginta + viri 𝔖ℭ

duc ad tribunum : habet enim aliquid indi-
18 care illi.   Et ille quidem adsumens eum duxit ad tribunum, et ait : Uinctus Paulus uocans rogauit me hunc adulescentem perducere
19 ad te, habentem aliquid loqui tibi.   Adprehendens autem tribunus manum illius, secessit cum eo seorsum, et interrogauit illum :
20 Quid est quod habes indicare mihi ? ' Ille autem dixit : Iudaeis conuenit rogare te, ut cra-
stina die Paulum producas in concilium, quasi
21 aliquid certius inquisituri sint de illo : tu uero
ne credideris illis : insidiantur enim ei ex eis
uiri amplius quadraginta, qui se deuouerunt
non manducare neque bibere donec interficiant eum : et nunc parati sunt, expectantes
22 promissum tuum. Tribunus igitur dimisit adulescentem, praecipiens ne cui loqueretur quo-
23 niam haec nota sibi fecisset.   Et uocatis duobus centurionibus, dixit illis : Parate milites
ducentos ut eant usque Caesaream, et equites
septuaginta, et lancearios ducentos, a tertia
24 hora noctis : et iumenta praeparate, ut inpo-
nentes Paulum saluum perducerent ad Fe-
25 licem praesidem.   Scribens epistulam conti-
26 nentem haec :

Claudius Lysias optimo praesidi Felici sa-
27 lutem.   Uirum hunc conprehensum a Iudaeis, et incipientem interfici ab eis, superueniens cum exercitu eripui, cognito quia Ro-
28 manus est : uolensque scire causam quam
obiciebant illi, deduxi eum in concilium eo-

21. 30–35,
22. 25.

22. 30.

---

[18] *om.* uocans $\mathcal{SC}$ [20] > producas Paulum $\mathcal{SC}$ [21] amplius
+ quàm $\mathcal{SC}$ [22] praecipiens + ei $\mathcal{S}$ [24] praesidem : + Timuit enim
ne forte raperent eum Iudaei, et occiderent, et ipse postea calum-
niam sustineret, tamquam accepturus (+ esset D) pecuniam D$\mathcal{SC}$
[25] & [26] : *inc. u.* 25 Timuit, *et* 26 scribens $\mathcal{C}$ [26] scribens + ei $\mathcal{S}$

rum. Quem inueni accusari de quaestionibus 29 18. 15, 25. 19.
legis ipsorum, nihil uero dignum morte aut   Ioh. 18. 31.
uinculis habentem crimen. Et cum mihi per- 30 20.
latum esset de insidiis quas parauerunt ei,
misi ad te, denuntians et accusatoribus ut dicant apud te.

Milites ergo secundum praeceptum sibi, ad- 31
sumentes Paulum, duxerunt per noctem in
Antipatridem. Et postera die dimissis equi- 32
tibus ut irent cum eo, reuersi sunt ad castra.
Qui cum uenissent Caesaream, et tradidissent 33
epistulam praesidi, statuerunt ante illum et
Paulum. Cum legisset autem, et interrogasset 34 22. 3.
de qua prouincia esset, et cognoscens quia de
Cilicia : Audiam te, inquit, cum et accusatores 35
tui uenerint. Iussitque in praetorio Herodis
custodiri eum.

Post quinque autem dies descendit princeps 24
sacerdotum Ananias, cum senioribus quibusdam, et Tertullo quodam oratore: qui adierunt
praesidem aduersus Paulum. Et citato Paulo 2
coepit accusare Tertullus, dicens :

Cum in multa pace agamus per te, et multa
corrigantur per tuam prouidentiam: semper et 3
ubique suscipimus, optime Felix, cum omni
gratiarum actione. Ne diutius autem te pro- 4
traham, oro breuiter audias nos pro tua clementia. Inuenimus hunc hominem pesti- 5 17. 6.
ferum, et concitantem seditiones omnibus Iudaeis in uniuerso orbe, et auctorem seditionis
sectae Nazarenorum : qui etiam templum uio- 6 21. 27-29.

---

8 lare conatus est, quem et adprehendimus : a
quo poteris ipse iudicans, de omnibus istis
cognoscere, de quibus nos accusamus eum.
9 Adiecerunt autem et Iudaei, dicentes haec ita
se habere.

10   Respondit autem Paulus, annuente sibi
praeside dicere :

Ex multis annis esse te iudicem genti huic
sciens, bono animo pro me satis faciam.

21. 17. 11 Potes enim cognoscere quia non plus sunt
dies mihi quam duodecim, ex quo ascendi
12 adorare in Hierusalem : et neque in templo inuenerunt me cum aliquo disputantem, aut con-
cursum facientem turbae, neque in synagogis,
13 neque in ciuitate : neque probare possunt tibi
14 de quibus nunc accusant me. Confiteor autem
hoc tibi, quod secundum sectam, quam dicunt
heresim, sic deseruio patrio Deo meo, credens
omnibus quae in lege et prophetis scripta

Dan. 12. 2.   15 sunt : spem habens in Deum, quam et hi ipsi
Act. 23. 6.
Ioh. 5. 29.   expectant, resurrectionem futuram iustorum
Act. 23. 1.   16 et iniquorum. In hoc et ipse studeo sine offen-
2 Tim. 1. 3.   diculo conscientiam habere ad Deum et ad
Rom. 15.   17 homines semper. Post annos autem plures
25–28, 31.
1 Cor.16.1–3.   elemosynas facturus in gentem meam ueni, et
2 Cor. 9. 1, 2.   18 oblationes et uota : in quibus inuenerunt me
Gal. 2. 10.
Act. 21. 27.   purificatum in templo : non cum turba, neque
20 cum tumultu. Quidam autem ex Asia Iudaei,

[6] adprehendimus *plur.* : adprehensum A^{c}V^c *cum* 𝔖ℭ; *deinde*
+ uoluimus (uolumus V) secundum legem nostram iudicare (+ eum
D) [7] Superueniens (intercedens D) autem tribunus Lysias (> Lys.
tri. A^{c}D) cum ui magna eripuit eum de manibus nostris, iubens
accusatores eius (*om.* D) ad te uenire A^c(D)V𝔖ℭ   [10] > te esse
𝔖ℭ   [11] > mihi dies 𝔖ℭ   [13] > me accusant 𝔖ℭ   [14] patrio
Deo meo G : Patri Deo meo *codd. plur.*, Patri, et Deo meo 𝔖ℭ
[18] tumultu : + et apprehenderunt me clamantes et dicentes : tolle
inimicum nostrum D𝔖   *Inc. u.* [19] Quidam ℭ, *u.* [20] aut hi, *etc.*

quos oportebat apud te praesto esse et accusare si quid haberent aduersum me : aut hi 21
ipsi dicant si quid inuenerunt in me iniquitatis
cum stem in concilio, nisi de una hac solum- 22 23. 6.
modo uoce, qua clamaui inter eos stans :
Quoniam de resurrectione mortuorum ego
iudicor hodie a uobis.

Distulit autem illos Felix, certissime sciens 23
de uia, dicens : Cum tribunus Lysias descen-
derit, audiam uos. Iussitque centurioni custo- 24 27. 3.
diri eum, et habere requiem, nec quemquam
prohibere de suis ministrare ei.

Post aliquot autem dies ueniens Felix cum 25
Drusilla uxore sua, quae erat Iudaea, uocauit
Paulum, et audiuit ab eo fidem quae est in
Iesum Christum. Disputante autem illo de 26 Ioh. 16. 3.
iustitia et castitate, et de iudicio futuro, time-
factus Felix respondit : Quod nunc attinet,
uade : tempore autem oportuno accersiam te :
simul et sperans quia pecunia daretur a Paulo, 27
propter quod et frequenter accersiens eum,
loquebatur cum eo. Biennio autem expleto, 28 12. 3, 25. 9.
accepit successorem Felix Porcium Festum.   Mc. 15. 15.
Uolens autem gratiam praestare Iudaeis Felix,
reliquit Paulum uinctum.

Festus ergo cum uenisset in prouinciam, 25
post triduum ascendit Hierosolymam a Caesarea. Adieruntque eum principes sacerdotum 2 24. 1.
et primi Iudaeorum, aduersus Paulum : et rogabant eum, postulantes gratiam aduersus 3 23. 15-22.
eum, ut iuberet perduci eum Hierusalem, insi-

[23] uia + hac $\mathfrak{SC}$ [24] custodiri G* : custodire *plur. et* $\mathfrak{SC}$
> de suis prohibere $\mathfrak{SC}$ [25] > Christum Iesum $\mathfrak{SC}$ [26] tre-
mefactus $\mathfrak{SC}$ accersam $\mathfrak{C}$ [27] quia : quòd $\mathfrak{SC}$ pecunia
+ ei $\mathfrak{SC}$ accersens $\mathfrak{C}$ [28] Portium $\mathfrak{SC}$ 25. [3] + in (*ante*
Hierusalem) $\mathfrak{SC}$

dias tendentes ut eum interficerent in uia.
4 Festus autem respondit seruari Paulum in
Caesarea: se autem maturius profecturum.
5 Qui ergo in uobis, ait, potentes sunt, descendentes simul, si quod est in uiro crimen, accusent eum.

6   Demoratus autem inter eos dies non amplius
quam octo aut decem, descendit Caesaream,
et altera die sedit pro tribunali, et iussit Pau-
24. 13.   7 lum adduci. Qui cum perductus esset, circumsteterunt eum qui ab Hierosolyma descenderant Iudaei, multas et graues causas
24. 12, 28. 17.   8 obicientes, quas non poterant probare: Paulo
autem rationem reddente: Quoniam neque in
legem Iudaeorum, neque in templum, neque
24. 28.   9 in Caesarem quicquam peccaui. Festus autem
uolens Iudaeis gratiam praestare, respondens
Paulo dixit: Uis Hierosolymam ascendere, et
10 ibi de his iudicari apud me? Dixit autem
Paulus: Ad tribunal Caesaris sto, ubi me oportet iudicari: Iudaeis non nocui, sicut tu melius
11 nosti. Si enim nocui, aut dignum morte aliquid feci, non recuso mori: si uero nihil est
eorum, quae hi accusant me, nemo potest me
12 illis donare. Caesarem appello. ¹ Tunc Festus
cum consilio locutus, respondit: Caesarem
appellasti: ad Caesarem ibis.

13   Et cum dies aliquot transacti essent, Agrippa
rex et Bernice descenderunt Caesaream ad sa-
24. 27.   14 lutandum Festum. Et cum dies plures ibi de-
morarentur, Festus regi indicauit de Paulo,
dicens: Uir quidam est derelictus a Felice

---

³ > interficerent eum 𝔖ℭ   ⁴ seruari + quidem 𝔖   ⁸ *om.*
autem 𝔖𝔗   ⁹ > gratiam praestare Iudaeis 𝔖ℭ   ¹⁰ ubi: ibi
𝔖𝔗   ¹² concilio 𝔖𝔗   Caesarem appellasti? ad Caesarem ibis
𝔖ℭ   ¹⁴ morarentur 𝔖

uinctus, ¹dequo cum essem Hierosolymis, adie- 15
runt me principes sacerdotum et seniores Iudaeorum, postulantes aduersus illum damnationem. Ad quos respondi : Quia non est con- 16
suetudo Romanis donare aliquem hominem
prius quam is qui accusatur praesentes habeat
accusatores, locumque defendendi accipiat ad
abluenda crimina. Cum ergo huc conuenis- 17
sent, sine ulla dilatione, sequenti die sedens
pro tribunali iussi adduci uirum. De quo, cum 18
stetissent accusatores, nullam causam defere-
bant de quibus ego suspicabar malam : quae- 19 18. 15, 23. 29.
stiones uero quasdam de sua superstitione
habebant aduersus eum, et de quodam Iesu
defuncto, quem adfirmabat Paulus uiuere.
Haesitans autem ego de huiusmodi quae- 20
stione, dicebam si uellet ire Hierosolymam, et
ibi iudicari de istis. Paulo autem appellante 21
ut seruaretur ad Augusti cognitionem, iussi
seruari eum donec mittam eum ad Caesarem. Agrippa autem ad Festum : Uolebam 22
et ipse hominem audire. Cras, inquit, au-
dies eum.

Altera autem die cum uenisset Agrippa et 23 26. 30.
Bernice cum multa ambitione, et introissent
in auditorium cum tribunis et uiris principali-
bus ciuitatis, et iubente Festo, adductus est
Paulus. Et dixit Festus : Agrippa rex, et 24
omnes qui simul adestis nobiscum uiri, uidetis hunc, de quo omnis multitudo Iudaeorum
interpellauit me Hierosolymis petens, et hic

---

¹⁶ > Romanis consuetudo 𝔖ℭ donare (χαρίζεσθαι) : damnare
𝔖ℭ crimina + quae ei obijciuntur 𝔖 ¹⁸ caussam 𝔖 malum
𝔖ℭ ²¹ Caesaream ℭ (92) ²² autem + dixit 𝔖ℭ ²³ et
(ante iubente) om. 𝔖ℭ ²⁴ dicit 𝔖ℭ hunc + hominem 𝔖
petens cum AFG*V : petentes CGᶜ𝔖ℭ hic om. CGᶜ𝔖ℭ

clamantes non oportere eum uiuere amplius.
25 Ego uero comperi nihil dignum eum morte admisisse : ipso autem hoc appellante, ad Augu
26 stum iudicaui mittere. De quo quid certum
scribam domino non habeo. Propter quod
produxi eum ad uos, et maxime ad te, rex
Agrippa, ut interrogatione facta habeam quid
27 scribam. Sine ratione enim mihi uidetur
mittere uinctum, et causas eius non significare.

9. 15. **26** Agrippa uero ad Paulum ait : Permittitur
tibi loqui pro temet ipso. Tunc Paulus extenta
manu coepit rationem reddere.
2 De omnibus quibus accusor a Iudaeis, rex
Agrippa, aestimo me beatum apud te cum sim
3 defensurus me hodie: maxime te sciente omnia
quae apud Iudaeos sunt consuetudines et
quaestiones : propter quod obsecro patienter
Gal. 1. 13, 14.   4 me audias. Et quidem uitam meam a iuuentute, quae ab initio fuit in gente mea in Hiero
23. 6.   5 solymis, nouerunt omnes Iudaei : praescientes
Phil. 3. 5.   me ab initio, si uelint testimonium perhibere,
quoniam secundum certissimam sectam no
13. 32, 28. 20.   6 strae religionis uixi Pharisaeus. Et nunc in
spe quae ad patres nostros repromissionis facta
7 est a Deo, sto iudicio subiectus : in qua duodecim tribus nostrae nocte ac die deseruientes
sperant deuenire. De qua spe accusor a Iu
8 daeis, rex. Quid incredibile iudicatur apud uos,
1 Tim. 1. 13.   9 si Deus mortuos suscitat ? Et ego quidem
8. 3.   existimaueram, me aduersus nomen Iesu Naza-

---

[24] acclamantes 𝔖ℭ ; *item disting.* Ierosolymis, petentes et acclamantes 𝔖ℭ   [25] > morte eum 𝔖ℭ   *disting.* appellante ad Augustum, iudicaui mittere ℭ   26. [2] *disting.* beatum, apud te cum
ℭ ; beatum apud te, cum 𝔖   [3] omnia + et 𝔖ℭ   [7] qua *pr.* :
quam 𝔖ℭ

reni debere multa contraria agere : quod et 10
feci Hierosolymis, et multos sanctorum ego in
carceribus inclusi, a principibus sacerdotum
potestate accepta : et cum occiderentur, detuli
sententiam. Et per omnes synagogas fre- 11
quenter puniens eos, conpellebam blasphemare : et amplius insaniens in eos, persequebar usque in exteras ciuitates. In quibus dum 12
irem Damascum cum potestate et permissu
principum sacerdotum, ¹ die media in uia uidi, 13
rex, de caelo supra splendorem solis circum-
fulsisse me lumen, et eos qui mecum simul
erant. Omnesque nos cum decidissemus in 14
terram, audiui uocem loquentem mihi He-
braica lingua : Saule, Saule, quid me persequeris ? durum est tibi contra stimulum calcitrare. Ego autem dixi : Quis es, Domine ? 15
Dominus autem dixit : Ego sum Iesus, quem
tu persequeris. Sed exsurge, et sta super pedes 16
tuos : ad hoc enim apparui tibi, ut constituam
te ministrum et testem eorum quae uidisti, et
eorum quibus apparebo tibi, eripiens te de po- 17
pulo, et gentibus, in quas nunc ego mitto te,
¹ aperire oculos eorum, ut conuertantur a tene- 18
bris ad lucem, et de potestate Satanae ad
Deum, ut accipiant remissionem peccatorum,
et sortem inter sanctos per fidem quae est in
me. Unde, rex Agrippa, non fui incredulus 19
caelestis uisionis : sed his qui sunt Damasci 20
primum et Hierosolymis, et in omnem regionem Iudaeae, et gentibus, adnuntiabam ut
paenitentiam agerent, et conuerterentur ad
Deum, digna paenitentiae opera facientes. Hac 21
ex causa me Iudaei, cum essem in templo,

10-20
9. 1-20,
22. 4-16.

Ezec. 2. 1.
Dan. 10. 11.

Es. 35. 5,
42. 7.
Lc. 4. 18.
Eph. 1. 18.
Col. 1. 13.

Gal. 1. 16.

Mt. 3. 8.
Lc. 3. 8.

21. 30, 31.

---

¹¹ compell. 𝕾ℭ   ¹⁷ populis 𝕾   ¹⁹ caelesti visioni 𝕾ℭ

22 comprehensum temtabant interficere. Auxilio
autem adiutus Dei usque in hodiernum diem,
sto testificans minori atque maiori, nihil extra

Lc. 24. 25, 45.   dicens quam ea quae prophetae sunt locuti
1 Cor. 15. 20, 23. 23 futura esse et Moses : si passibilis Christus, si
Col. 1. 18.   primus ex resurrectione mortuorum lumen
adnuntiaturus est populo, et gentibus.

24   Haec loquente eo et rationem reddente,
Festus magna uoce dixit: Insanis Paule: mul-
25 tae te litterae ad insaniam conuertunt.   At
Paulus : Non insanio, inquit, optime Feste,
26 sed ueritatis et sobrietatis uerba eloquor.   Scit
enim de his rex, ad quem et constanter loquor:
latere enim eum nihil horum arbitror : neque
enim in angulo quicquam horum gestum est.
27 Credis, rex Agrippa, prophetis? Scio quia credis.

11. 26. 28 Agrippa autem ad Paulum : In modico suades
1 Pet. 4. 16. 29 me Christianum fieri.   Et Paulus : Opto apud
Deum, et in modico et in magno, non tantum
te, sed et omnes hos qui audiunt hodie fieri
tales qualis et ego sum, exceptis uinculis his.

30   Et exsurrexit rex et praeses, et Bernice et
31 qui adsidebant eis. Et cum secessissent, loquebantur ad inuicem, dicentes: Quia nihil morte
aut uinculis dignum quid fecit homo iste.
25. 11, 12, 25. 32 Agrippa autem Festo dixit : Dimitti poterat
homo hic, si non appellasset Caesarem.

27   Ut autem iudicatum est eum nauigare in
Italiam, et tradi Paulum cum reliquis custo-
diis centurioni nomine Iulio, cohortis Augu-
2 stae, ascendentes autem nauem Hadrumeti-
nam incipientem nauigare circa Asiae loca,

[22] > locuti sunt 𝔖ℭ   [25] **At:** Et 𝔖ℭ   loquor 𝔖ℭ   [29] sed
et omnes hos : sed etiam omnes (*om.* hos) 𝔖ℭ   27. [1] > nauigare eum 𝔖ℭ   [2] *om.* autem 𝔖ℭ   Adrumetinam 𝔖ℭ   incipientes 𝔖ℭ

sustulimus, perseuerante nobiscum Aristarcho
Macedone Thessalonicense. Sequenti autem 3
die deuenimus Sidonem. Humane autem tra-
ctans Iulius Paulum, permisit ad amicos ire, et
curam sui agere. Et inde cum sustulissemus, 4
subnauigauimus Cypro, propterea quod essent
uenti contrarii. Et pelagus Ciliciae et Pam-5
philiae nauigantes, uenimus Lystram, quae est
Lyciae: et ibi inueniens centurio nauem 6
Alexandrinam nauigantem in Italiam, trans-
posuit nos in eam. Et cum multis diebus 7
tarde nauigaremus, et uix deuenissemus contra
Cnidum, prohibente nos uento, adnauigaui-
mus Cretae secundum Salmonem : et uix iuxta 8
nauigantes, uenimus in locum quendam qui
uocatur Boni portus, cui iuxta erat ciuitas Tha-
lassa.

Multo autem tempore peracto, et cum iam 9
non esset tuta nauigatio, eo quod et ieiunium
iam praeterisset, consolabatur Paulus, ᶦ dicens 10
eis : Uiri, uideo quoniam cum iniuria et multo
damno, non solum oneris et nauis, sed etiam
animarum nostrarum incipit esse nauigatio.
Centurio autem gubernatori et nauclerio ma- 11
gis credebat, quam his quae a Paulo dicreban-
tur. Et cum aptus portus non esset ad hie- 12
mandum, plurimi statuerunt consilium nauigare inde, si quo modo possent deuenientes
Phoenicen hiemare, portum Cretae respicien-
tem ad Africum, et ad Chorum. Adspirante 13
autem Austro, aestimantes propositum se tenere, cum sustulissent de Asson, legebant

19. 29, 20. 4.
Col. 4. 10.
Philem. 24.

24. 23, 28.
16, 30.

Leu. 16. 29-
31, 23. 27-29.
Num. 29. 7.
2 Cor. 11. 25,
26.

---

² Thessalonicensi 𝕾ℭ   ⁴ Cyprum 𝕾ℭ   ⁵ Pamphyliae 𝕾ℭ
(93 *et* 98)   ⁷ Gnidum 𝕾ℭ   secundum : iuxta 𝕾ℭ   ⁸ Boni-
portus *uno uerbo* 𝕾ℭ   ⁹ et *sec. om.* 𝕾   praeterijsset ℭ
consolabatur + eos 𝕾ℭ   ¹¹ nauclero 𝕾ℭ   ¹² Corum 𝕾ℭ

14 Cretam. Non post multum autem misit se
contra ipsam uentus Typhonicus, qui uocatur
15 Euroaquilo. Cumque arrepta esset nauis, et
non posset conari in uentum, data naue flati-
16 bus ferebamur. Insulam autem quandam de-
currentes, quae uocatur Cauda, potuimus uix
17 obtinere scapham : qua sublata, adiutoriis ute-
bantur, accingentes nauem, timentes ne in Syr-
tim inciderent, summisso uase sic ferebantur.
18 Ualide autem nobis tempestate iactatis, se-

Ion. 1. 5.   19 quenti die iactum fecerunt : et tertia die suis
20 manibus armamenta nauis proiecerunt. Ne-
que sole autem, neque sideribus apparentibus
per plures dies, et tempestate non exigua in-
minente, iam ablata erat spes omnis salutis
21 nostrae. Et cum multa ieiunatio fuisset, tunc
stans Paulus in medio eorum, dixit : Oportebat quidem, o uiri, audito me, non tollere a
Creta, lucrique facere iniuriam hanc et iactu-
22 ram. Et nunc suadeo uobis bono animo esse :
amissio enim nullius animae erit ex uobis,
23 praeterquam nauis. Adstitit enim mihi hac
nocte angelus Dei cuius sum ego, et cui de-

9. 6, 22. 17.   24 seruio, ' dicens : Ne timeas, Paule, Caesari te
23. 11.   oportet adsistere : et ecce donauit tibi Deus
25 omnes qui nauigant tecum. Propter quod
bono animo estote, uiri : credo enim Deo, quia

28. 1.   26 sic erit, quemadmodum dictum est mihi. In
insulam autem quandam oportet nos deuenire.
27   Sed postea quam quarta decima nox super-
uenit nauigantibus nobis in Hadria, circa mediam noctem suspicabantur nautae apparere
28 sibi aliquam regionem. Qui summittentes,

---

[16] + in *ad init.* 𝕾ℭ   [18] Valida 𝕾ℭ   [20] > autem sole 𝕾ℭ
[27] quartadecima *uno uerbo* 𝕾ℭ, *et* 33 (ℭ *tantum*)   Adria 𝕾ℭ
[28] qui + et 𝕾ℭ   summittentes + bolidem 𝕾ℭ

358

inuenerunt passus uiginti : et pusillum inde
separati,, inuenerunt passus quindecim. Ti- 29
mentes autem ne in aspera loca incideremus,
de puppi mittentes anchoras quattuor, opta-
bant diem fieri. Nautis uero quaerentibus 30
fugere de naui, cum misissent scapham in
mare, sub obtentu quasi a prora inciperent
anchoras extendere, ' dixit Paulus centurioni 31
et militibus : Nisi hi in naui manserint, uos
salui fieri non potestis. Tunc absciderunt 32
milites funes scaphae, et passi sunt eam exci-
dere. Et cum lux inciperet fieri, rogabat 33
Paulus omnes sumere cibum, dicens : Quarta
décima hodie die expectantes ieiuni permane-
tis, nihil accipientes. Propter quod rogo uos 34   Mt. 10. 30.
accipere cibum pro salute uestra : quia nullius   Lc. 12. 7,
uestrum capillus de capite peribit. Et cum 35   21, 18.
haec dixisset, sumens panem, gratias egit Deo
in conspectu omnium : et cum fregisset, coepit manducare. Animaequiores autem facti 36
omnes, et ipsi adsumserunt cibum. Eramus 37
uero uniuersae animae in naui ducentae septuaginta sex. Et satiati cibo adleuiabant na- 38
uem, iactantes triticum in mare. Cum autem 39
dies factus esset, terram non agnoscebant : sinum uero quendam considerabant habentem
litus, in quem cogitabant si possent eicere nauem. Et cum anchoras abstulissent, commit- 40
tebant se mari, simul laxantes iuncturas guber-
naculorum : et leuato artemone, secundum
flatum aurae tendebant ad litus. Et cum inci- 41
dissemus in locum bithalassum, inpegerunt

---

³⁰ > inciperent a prora $C   ³³ > die hodie $C   ³⁶ sum-
pserunt $C   ³⁸ alleuiabant $C   ³⁹ *disting.* cogitabant, si
possent, eijcere nauem $C   ⁴⁰ abstulissent : sustulissent $C
> aurae flatum $C   ⁴¹ dithalassum $C   impegerunt $C

nauem : et prora quidem fixa manebat inmo-
42 bilis, puppis uero soluebatur a ui maris. Militum autem consilium fuit ut custodias occi-
43 derent, ne quis cum enatasset, effugeret. Centurio autem uolens seruare Paulum, prohibuit
fieri : iussitque eos qui possent natare, mittere
44 se primos et euadere, et ad terram exire : et
ceteros alios in tabulis ferebant : quosdam
super ea quae de naui essent. Et sic factum
est, ut omnes animae euaderent ad terram.

27. 26. **28** Et cum euasissemus, tunc cognouimus quia
2 Militene insula uocatur. Barbari uero prae-
stabant non modicam humanitatem nobis.
Accensa enim pyra, reficiebant nos omnes
3 propter imbrem qui inminebat, et frigus. Cum
congregasset autem Paulus sarmentorum ali-
quantam multitudinem, et inposuisset super
ignem, uipera a calore cum processisset, in-
4 uasit manum eius. Ut uero uiderunt barbari
pendentem bestiam de manu eius, ad inuicem
dicebant : Utique homicida est homo hic, qui
cum euaserit de mari, ultio eum non sinit ui-

Ps. 90 (1). 13.
Mc. 16. 18.
Lc. 10. 19.
Act.14.11,19.

5 uere. Et ille quidem excutiens bestiam in
6 ignem, nihil mali passus est. At illi existimabant eum in tumorem conuertendum, et subito
casurum et mori. Diu autem illis sperantibus,
et uidentibus nihil mali in eo fieri, conuerten-
tes se, dicebant eum esse Deum.

7 In locis autem illis erant praedia principis
insulae, nomine Publii, qui nos suscipiens tri-

Mt. 10. 8.
Lc. 10. 9.

8 duo, benigne exhibuit. Contigit autem patrem
Publii febribus et dysenteria uexatum iacere.

⁴¹ immobilis 𝔖ℭ   ⁴³ emittere 𝔖ℭ   se + in mare 𝔖   ⁴⁴ erant
𝔖ℭ   28. ¹ Militene : Melita 𝔖ℭ   vocabatur 𝔖ℭ   ⁴ > non
sinit eum 𝔖ℭ   ⁶ sperantibus : expectantibus 𝔖ℭ   ⁷ *disting*.
suscipiens. triduo benigne 𝔖ℭ   benigne + se 𝔖
360

Ad quem Paulus intrauit : et cum orasset, et inposuisset ei manus, saluauit eum. Quo 9 facto, et omnes qui in insula habebant infirmi- tates, accedebant et curabantur : qui etiam 10 multis honoribus nos honorauerunt, et naui- gantibus inposuerunt quae necessaria erant.

Post menses autem tres nauigauimus in 11 naui Alexandrina, quae in insula hiemauerat, cui erat insigne Castorum. Et cum uenisse- 12 mus Syracusas, mansimus ibi triduo. Inde 13 circumlegentes deuenimus Regium : et post unum diem flante Austro, secunda die ueni- mus Puteolos : ubi inuentis fratribus rogati su- 14 Rom. 1. 10, mus manere apud eos dies septem : et sic ueni- 11. mus Romam. Et inde cum audissent fratres, 15 occurrerunt nobis usque ad Appii forum, et Tribus Tabernis : quos cum uidisset Paulus, gratias agens Deo, accepit fiduciam.

Cum uenissemus autem Romam, permissum 16 est Paulo manere sibimet cum custodiente se milite.

Post tertium autem diem conuocauit primos 17 Act. 25. 3. Iudaeorum. Cumque conuenissent, dicebat eis : Ego, uiri fratres, nihil aduersus plebem faciens, aut morem paternum, uinctus ab Hie- rosolymis traditus sum in manus Romano- rum : qui cum interrogationem de me habuis- 18 23. 29. 26. sent, uoluerunt me dimittere, eo quod nulla 31, 32. causa esset mortis in me. Contradicentibus 19 25. 11. autem Iudaeis, coactus sum appellare Caesa- rem, non quasi gentem meam habens aliquid accusare. Propter hanc igitur causam rogaui 20

---

⁹ et *pr. om.* 𝕾ℭ ¹² Syracusam 𝕾ℭ ¹³ Rhegium 𝕾ℭ ¹⁵ et *sec.* : ac 𝕾ℭ tres Tabernas 𝕾ℭ ¹⁶ > autem venissemus 𝕾ℭ ¹⁸ > esset causa 𝕾ℭ

26. 6, 7.
Lc. 2. 25.
Eph. 6. 20.
Phil. 1. 7.
2 Tim. 1. 16.

uos uidere, et alloqui : propter spem enim
21 Israhel catena hac circumdatus sum. At illi
dixerunt ad eum : Nos neque litteras accepimus de te a Iudaea, neque adueniens aliquis
fratrum nuntiauit, aut locutus est quid de te

24. 5.
Lc. 2. 34.
1 Pet. 4. 14.

22 malum. Rogamus autem a te audire quae
sentis : nam de secta hac notum est nobis
quia ubique ei contradicitur.

19. 8.

23 Cum constituissent autem illi diem, uenerunt ad eum in hospitium plures, quibus exponebat testificans regnum Dei, suadensque
eos de Iesu ex lege Mosi et prophetis a mane
24 usque ad uesperam. Et quidam credebant
his quae dicebantur : quidam uero non crede-
25 bant. Cumque inuicem non essent consentientes, discedebant, dicente Paulo unum uerbum : Quia bene Spiritus sanctus locutus est
per Esaiam prophetam ad Patres nostros,

Es. 6. 9, 10.
Mt. 13. 14,
15.
Mc. 4. 12.
Lc. 8. 10.
Ioh. 12. 40.

26 dicens :

Uade ad populum istum, et dic :
Aure audietis, et non intellegetis :
et uidentes uidebitis, et non perspicietis.

Rom. 11. 8.

27   Incrassatum est enim cor populi huius,
et auribus grauiter audierunt,
et oculos suos conpresserunt :
ne forte uideant oculis,
et auribus audiant,
et corde intellegant :
et conuertantur, et sanem illos.

13. 46, 48,
18. 6, 22. 21.

28 Notum ergo sit uobis, quoniam gentibus missum est hoc salutare Dei : ipsi et audient.

---

²³ plurimi 𝕾ℭ   eis 𝕾ℭ   ²⁶ dic + ad eos 𝕾ℭ   ²⁷ com-
presserunt 𝕾ℭ   illos : eos 𝕾ℭ   ²⁸ > et ipsi 𝕾ℭ   ²⁹ *Uersum*
omisimus cum AFGV : *habent* CD𝕾ℭ ; *legunt uero sic et cum haec*
dixisset, exierunt (+ ab eo 𝕾ℭ) Iudaei, multam habentes inter se

Mansit autem biennio toto in suo conducto, 30
et suscipiebat omnes qui ingrediebantur ad
eum, ¹ praedicans regnum Dei, et docens quae 31 Phil. 1. 12,
sunt de Domino Iesu Christo cum omni fidu- 13.
cia sine prohibitione. Amen. 2 Tim. 2. 9.

EXPLICIT ACTUS APOSTOLORUM

EPISTULA AD ROMANOS

PAULUS, seruus Christi Iesu, uocatus Aposto- 1 Act. 9. 15,
lus, segregatus in euangelium Dei, ¹ quod ante 2 13. 2.
promiserat per prophetas suos in scripturis Gal. 1. 15.
sanctis ¹ de Filio suo, qui factus est ei ex se- 3 16. 25, 26.
mine Dauid secundum carnem, qui praedesti- 4 Mt. 1. 1.
natus est Filius Dei in uirtute secundum spi- Rom. 9. 5.
ritum sanctificationis ex resurrectione mor- Act. 13. 33,
tuorum Iesu Christi Domini nostri : per quem 5 17. 31.
accepimus gratiam, et Apostolatum ad oboe- Act. 9. 15,
diendum fidei in omnibus gentibus pro nomine 26. 18.
eius, in quibus estis et uos uocati Iesu Christi : 6
omnibus qui sunt Romae, dilectis Dei, uocatis 7
sanctis : gratia uobis et pax a Deo Patre nostro, et Domino Iesu Christo.

Primum quidem gratias ago Deo meo per 8 Eph. 1. 16.
Iesum Christum pro omnibus uobis, quia
fides uestra adnuntiatur in uniuerso mundo.
Testis enim mihi est Deus, cui seruio in spi- 9 Phil. 1. 8.
ritu meo in euangelio Filii eius, quod sine in- Col. 1. 9.
termissione memoriam uestri facio ¹ semper in 10

(> inter se hab. D) quaestionem D𝔖ℭ; et quum non essent intellegentes aegressi sunt iudaei multa secum conquirentes C
³¹ *om.* Amen 𝔖ℭ *Subscr. om.* 𝔖ℭ
Inscr. EPISTOLA BEATI PAVLI APOSTOLI AD ROMANOS
𝔖ℭ 1. ¹ > Iesu Christi 𝔖ℭ

Act. 19. 21.
Rom. 15. 32.

2 Cor. 1. 15.

15. 22.

orationibus meis obsecrans, si quo modo tandem aliquando prosperum iter habeam in uoluntate Dei ueniendi ad uos. Desidero enim uidere uos, ut aliquid inpertiar gratiae uobis 12 spiritalis ad confirmandos uos : id est, simul consolari in uobis, per eam quae inuicem est 13 fidem, uestram atque meam. Nolo autem uos ignorare, fratres, quia saepe proposui uenire ad uos, et prohibitus sum usque adhuc, ut aliquem fructum habeam et in uobis sicut et in 14 ceteris gentibus. Graecis ac barbaris, sa-15 pientibus et insipientibus, debitor sum : ita quod in me promtum est et uobis, qui Ro-

1 Cor. 1. 24.
Act. 3. 26,
13. 46.

16 mae estis, euangelizare. Non enim erubesco euangelium : uirtus enim Dei est in salutem omni credenti, Iudaeo primum, et Graeco.

Rom. 3. 21.
Hab. 2. 4.
Gal. 3. 11.
Heb. 10. 38.

17 Iustitia enim Dei in eo reuelatur ex fide in fidem : sicut scriptum est : Iustus autem ex fide uiuit.

Eph. 5. 6.
Col. 3. 6.

18 ⭐Reuelatur enim ira Dei de caelo super omnem impietatem et iniustitiam hominum, eo-

19-32
Sap. 13-15.
Rom.2.14,15.
Act. 14. 17.
17. 24-27.
Ps. 18 (19).
1-6.
Heb. 11. 3.

19 rum qui ueritatem in iniustitia detinent : quia quod notum est Dei manifestum est in illis : 20 Deus enim illis manifestauit. Inuisibilia enim ipsius a creatura mundi, per ea quae facta sunt intellecta conspiciuntur, sempiterna quoque eius uirtus ac diuinitas : ita ut sint inexcusa-

Eph. 4. 17,
18.

21 biles. Quia cum cognouissent Deum, non sicut Deum glorificauerunt, aut gratias egerunt : sed euanuerunt in cogitationibus suis, et obscura-

Hier. 2. 11.
1 Cor. 1. 20.
Dt. 4. 16-18.

22 tum est insipiens cor eorum : dicentes enim 23 se esse sapientes, stulti facti sunt. Et mutaue-

---

10 *disting.* orationibus meis : obsecrans, si 𝔖ℭ   quomodo *uno uerbo* ℭ   11 impertiar 𝔖ℭ   > vobis gratiae 𝔖ℭ   13 et in uobis : *om.* et 𝔖   15 promptum 𝔖ℭ   17 uiuet G*   18 *disting.* hominum eorum, qui 𝔖ℭ   ueritatem + Dei 𝔖ℭ   20 ac : et 𝔖ℭ

runt gloriam incorruptibilis Dei in similitudinem imaginis corruptibilis hominis, et uolucrum et quadrupedum, et serpentium.
Propter quod tradidit illos Deus in desideria 24
cordis eorum, in inmunditiam : ut contumeliis adficiant corpora sua in semet ipsis : qui 25
conmutauerunt ueritatem Dei in mendacio,
et coluerunt et seruierunt creaturae potius
quam Creatori, qui est benedictus in saecula
Amen.
Propterea tradidit illos Deus in passiones 26
ignominiae. Nam feminae eorum inmutaue-
runt naturalem usum in eum usum qui est
contra naturam. Similiter autem et masculi, 27
relicto naturali usu feminae, exarserunt in desideriis suis in inuicem, masculi in masculos
turpitudinem operantes, et mercedem quam
oportuit erroris sui in semet ipsis recipientes.
Et sicut non probauerunt Deum habere in 28
notitiam, tradidit illos Deus in reprobum
sensum, ut faciant quae non conueniunt : re- 29
pletos omni iniquitate, malitia, fornicatione,
auaritia, nequitia : plenos inuidia, homicidio,
contentione, dolo, malignitate: susurrones, ¡ de- 30
tractores, Deo odibiles, contumeliosos, superbos, elatos, inuentores malorum, parentibus
non oboedientes, ¡ insipientes, inconpositos, 31
sine adfectione, absque foedere, sine misericordia. Qui cum iustitiam Dei cognouissent, 32
non intellexerunt quoniam qui talia agunt,
digni sunt morte : non solum ea faciunt, sed
et consentiunt facientibus.

Ps. 105
(106). 20.
Sap. 11. 16,
12. 24.
Act. 17. 29.
Act. 14. 16.
Eph. 4. 19.
2 Thess. 2.
11.
Rom. 9. 5.
2 Cor. 11. 31.

Leu. 18. 22,
20. 13.

1 Cor. 5. 10,
11.
Eph. 4. 31, 5.
11, 12.
Col. 3. 8.
1 Tim. 1. 9,
10.
Tim. 3. 2-4.

2 Thess. 2.
12.

²⁵ commutauerunt 𝕾ℭ   mendacium 𝕾ℭ   ²⁶ immutauerunt
𝕾ℭ   ²⁸ notitia 𝕾ℭ   faciant + ea 𝕾ℭ   ³¹ incompositos 𝕾ℭ
affectione 𝕾ℭ   ³² morte + et 𝕾ℭ   solum + qui 𝕾ℭ   et :
etiam qui 𝕾ℭ

14. 10.　2　Propter quod inexcusabilis es, o homo omnis qui iudicas : in quo enim iudicas alterum,
te ipsum condemnas : eadem enim agis qui iu-
2 dicas.　Scimus enim quoniam iudicium Dei
est secundum ueritatem in eos qui talia agunt.
3 Existimas autem hoc, o homo qui iudicas eos
qui talia agunt, et facis ea, quia tu effugies iu-

2 Pet. 3. 9,   4 dicium Dei? An diuitias bonitatis eius, et pa-
15.   tientiae et longanimitatis contemnis, ignorans
quoniam benignitas Dei ad paenitentiam te
5 adducit ? Secundum duritiam autem tuam et
inpaenitens cor, thesaurizas tibi iram in die

Ps. 61. 13 (62.   6 irae et reuelationis iusti iudicii Dei, ¹ qui red-
12).
Prou. 24. 12.   7 det unicuique secundum opera eius. His qui-
Mt. 16. 27.   dem qui secundum patientiam boni operis
2 Cor. 5. 10.   gloriam, et honorem, et incorruptionem quae-
2 Thess. 1. 8.   8 rentibus, uitam aeternam.　His autem qui ex
contentione, et qui non adquiescunt ueritati,
credunt autem iniquitati, ira et indignatio,

1. 16.   9 ¹ tribulatio et angustia in omnem animam hominis operantis malum, Iudaei primum, et
10 Graeci : gloria autem, et honor, et pax omni
operanti bonum, Iudaeo primum, et Graeco :

Act. 10. 34.   11 non est enim personarum acceptio apud Deum.
Eph. 6. 9.
Col. 3. 25.   12 Quicumque enim sine lege peccauerunt, sine
1 Pet. 1. 17.   lege et peribunt : et quicumque in lege pecca-

Mt. 7. 21.   13 uerunt, per legem iudicabuntur : non enim
Lc. 6. 46.   auditores legis iusti sunt apud Deum, sed fa-
Iac. 1. 22.
Act. 10. 35.   14 ctores legis iustificabuntur.　Cum enim gentes
quae legem non habent, naturaliter quae legis
sunt faciunt, eiusmodi legem non habentes,

---

2. ¹ qui iudicas : quae iudicas 𝕾ℭ   ⁴ contemnis? ignoras
quoniam 𝕾ℭ   ⁴,⁵ adducit : secundum 𝕾   ⁵ > autem duritiam
𝕾ℭ   ⁷ His : ijs 𝕾ℭ, *et* 8   quaerentibus : quaerunt 𝕾ℭ
⁸ qui *pr.* +sunt 𝕾ℭ   ¹¹ > enim est acceptio personarum 𝕾ℭ
¹² et *pr. om.* 𝕾ℭ   ¹⁴ naturaliter +ea 𝕾ℭ

ipsi sibi sunt lex : qui ostendunt opus legis 15   Hier. 31. 33.
scriptum in cordibus suis, testimonium red-
dente illis conscientia ipsorum, et inter se inuicem cogitationum accusantium, aut etiam
defendentium : in die, cum iudicabit Deus oc- 16   1 Cor. 4. 5.
culta hominum, secundum euangelium meum   Eccles. 12. 14.
per Iesum Christum.

Si autem tu Iudaeus cognominaris, et re- 17   Mich. 3. 11.
quiescis in lege, et gloriaris in Deo, ⎮ et nosti 18   Phil. 1. 10.
uoluntatem, et probas utiliora, instructus per
legem : confidis te ipsum ducem esse caeco- 19   Mt. 15. 14,
rum, lumen eorum qui in tenebris sunt, ⎮ eru- 20   23. 16. 2 Tim. 3. 5.
ditorem insipientium, magistrum infantium,
habentem formam scientiae et ueritatis in lege.
Qui ergo alium doces, te ipsum non doces? qui 21   Ps. 49 (50).
praedicas non furandum, furaris? qui dicis 22   16-21. Mt. 23. 3-23.
non moechandum, moecharis? qui abomi-
naris idola, sacrilegium facis? qui in lege glo- 23
riaris, per praeuaricationem legis Deum in-
honoras? Nomen enim Dei per uos blas- 24   Es. 52. 5.
phematur inter gentes, sicut scriptum est.   Ezec. 36. 20-23.
Circumcisio quidem prodest, si legem ob- 25
serues : si autem praeuaricator legis sis, circumcisio tua praeputium facta est. Si igitur 26
praeputium iustitias legis custodiat, nonne
praeputium illius in circumcisionem reputabitur? et iudicabit quod ex natura est prae- 27
putium, legem consummans, te qui per lit-
teram et circumcisionem praeuaricator legis
es. Non enim qui in manifesto, Iudaeus est : 28
neque quae in manifesto, in carne circumcisio:

---

¹⁵ cogitationibus accusantibus aut etiam defendentibus D𝔖ℭ
¹⁸ uoluntatem +eius 𝔖ℭ   ¹⁹ > esse ducem 𝔖ℭ   ²¹⁻²³ doces :
qui . . . furaris: qui . . . moecharis: qui . . . facis: qui . . . in-
honoras. 𝔖ℭ   ²⁷ iudicabit +id 𝔖ℭ   ²⁷, ²⁸ es? Non 𝔖ℭ
²⁸ manifesto *pr.* +est 𝔖   carne : +est ℭ; + est, est 𝔖

Dt. 10. 16,
30. 6.
Hier. 4. 4.
Phil. 3. 3.
Col. 2. 11.

9. 4.
Dt. 4. 8.
Ps. 147. 19.
20.
Ioh. 4. 22.
Act. 7. 38.
53.
Rom. 9. 6.
2 Tim. 2. 13.
Ps. 115 (116).
11, 50. 6 (51.
4).

Gen. 18. 25.
Iob. 8. 3.

Rom. 6. 1, 2.

1. 18—2. 29.

Ps. 13 (14).
1-3, 52 (53).
1-4.

29 ¹ sed qui in abscondito, Iudaeus: et circumcisio cordis in spiritu, non littera: cuius laus
non ex hominibus, sed ex Deo est.

3   Quid ergo amplius est Iudaeo, aut quae
2 utilitas circumcisionis? Multum per omnem
modum. Primum quidem quia credita sunt
3 illis eloquia Dei. Quid enim si quidam illorum non crediderunt? Numquid incredulitas
4 illorum fidem Dei euacuabit? ¹ Absit. Est autem Deus uerax, omnis autem homo mendax:
sicut scriptum est:

    Ut iustificeris in sermonibus tuis:
    et uincas cum iudicaris.

5 Si autem iniquitas nostra iustitiam Dei commendat, quid dicemus? Numquid iniquus
Deus, qui infert iram? secundum hominem
6 dico: ¹ Absit. Alioquin quomodo iudicabit
7 Deus mundum? Si enim ueritas Dei in meo
mendacio abundauit in gloriam ipsius: quid
8 adhuc et ego tamquam peccator iudicor? et
non sicut blasphemamur, et sicut aiunt nos
quidam dicere, faciamus mala ut ueniant bona?
quorum damnatio iusta est.

9   Quid igitur praecellimus eos? Nequaquam:
causati enim sumus Iudaeos et Graecos om-
10 nes sub peccato esse, sicut scriptum est:

    Quia non est iustus quisquam:
11   non est intellegens, non est requirens
    Deum.
12   Omnes declinauerunt simul, inutiles facti
    sunt:

non est qui faciat bonum, non est usque ad
unum.

Sepulchrum patens est guttur eorum,   13. Ps. 5. 11 (9),
  linguis suis dolose agebant :   139. 4 (140.
uenenum aspidum sub labiis eorum.   3).

Quorum os maledictione, et amaritudine 14 Ps. 10. 7 (sec.
  plenum est.   Hebr.).

Ueloces pedes eorum ad effundendum san- 15 Es. 59. 7, 8.
  guinem.   Prou. 1. 16.

Contritio et infelicitas in uiis eorum :   16
  et uiam pacis non cognouerunt.   17

Non est timor Dei ante oculos eorum.   18 Ps. 35. 2 (36.

Scimus autem quoniam quaecumque lex lo- 19 1).
quitur, his qui in lege sunt loquitur : ut omne   Rom. 2. 12.
os obstruatur, et subditus fiat omnis mundus
Deo : quia ex operibus legis non iustificabitur 20 Ps. 142
omnis caro coram illo. Per legem enim co-   (143). 2.
gnitio peccati. Nunc autem sine lege iustitia 21 Gal. 2. 16.
Dei manifestata est, testificata a lege et pro-   Rom. 7. 7.
phetis. Iustitia autem Dei per fidem Iesu 22 1. 17.
Christi, super omnes qui credunt : non enim   Act. 10. 43.
est distinctio: omnes enim peccauerunt, et 23 Rom. 10. 12.
egent gloriam Dei : iustificati gratis per gra- 24 Gal. 3. 28.
tiam ipsius, per redemptionem quae est in   Col. 3. 11.
Christo Iesu : quem proposuit Deus propitia- 25 5. 1.
tionem per fidem in sanguine ipsius, ad osten-   Tit. 3. 7.
sionem iustitiae suae propter remissionem   Eph. 3. 11.
praecedentium delictorum, in sustentatione 26 2 Tim. 1. 9.
Dei : ad ostensionem iustitiae eius in hoc tem-   1 Ioh. 2. 2.
pore : ut sit ipse iustus, et iustificans eum qui
ex fide est Iesu. Ubi est ergo gloriatio tua ? 27 2. 23.
Exclusa est. Per quam legem ? Factorum ?   Eph. 2. 9.

¹⁹ ijs 𝔖ℭ   ²² Christi + in omnes, et 𝔖ℭ   credunt + in eum
𝔖ℭ   ²³ gloria 𝔖ℭ   ²⁵ propitiationem cum ACGHVℭ : pro-
pitiatorem DF𝔖   ²⁶ > est ex fide 𝔖ℭ   Iesu + Christi 𝔖ℭ

Act. 13. 39.
Gal. 2. 16.
10. 12.
Gal. 3. 8.
Mt. 5. 17, 18.
Gen. 15. 6.
Gal. 3. 6.
Iac. 2. 23.
Rom. 11. 6.
Ps. 31 (32).
1, 2.
Gen. 15. 6.
Gen. 17. 10,
11.
Act. 7. 8.

28 Non : sed per legem fidei. Arbitramur enim iustificari hominem per fidem sine operibus 29 legis. An Iudaeorum Deus tantum? nonne 30 et gentium? Immo et gentium: ¹ quoniam quidem unus Deus, qui iustificabit circumcisio- 31 nem ex fide, et praeputium per fidem. Legem ergo destruimus per fidem? Absit : sed legem statuimus.

4 Quid ergo dicemus inuenisse Abraham pa- 2 trem nostrum secundum carnem? Si enim Abraham ex operibus iustificatus est, habet 3 gloriam, sed non apud Deum. Quid enim scriptura dicit? Credidit Abraham Deo, et re- 4 putatum est illi ad iustitiam. Ei autem qui operatur, merces non imputatur secundum gra- 5 tiam, sed secundum debitum. Ei uero qui non operatur, credenti autem in eum qui iustificat impium, reputatur fides eius ad iustitiam. 6 Sicut et Dauid dicit beatitudinem hominis cui Deus accepto fert iustitiam sine operibus :

7 Beati quorum remissae sunt iniquitates, et quorum tecta sunt peccata.

8 Beatus uir cui non imputabit Dominus peccatum.

9 Beatitudo ergo haec in circumcisione, an etiam in praeputio? Dicimus enim quia reputata est 10 Abrahae fides ad iustitiam. Quomodo ergo reputata est? in circumcisione, an in prae- putio? Non in circumcisione, sed in prae- 11 putio. Et signum accepit circumcisionis, signa- culum iustitiae fidei, quae est in praeputio: ut sit pater omnium credentium per praepu-

³⁰ unus + est 𝔖ℭ   iustificat 𝔖ℭ   4. ² operibus + legis 𝔖 ³ > dicit Scriptura 𝔖ℭ   ⁵ iustitiam *sine addit.* ACGH : + se- cundum propositum gratiae Dei DFV𝔖ℭ   ⁸ imputauit 𝔖ℭ ⁹ circumcisione + tantum manet 𝔖ℭ

tium, ut reputetur et illis ad iustitiam : et sit 12 Mt. 3. 9.
pater circumcisionis non his tantum qui sunt
ex circumcisione, sed et his qui sectantur uestigia quae est in praeputio fidei patris nostri
Abrahae. Non enim per legem promissio 13 Gen. 17. 4-6. 22. 17.
Abrahae aut semini eius, ut heres esset mundi :
sed per iustitiam fidei. Si enim qui ex lege 14
heredes sunt, exinanita est fides, abolita est
promissio. | Lex enim iram operatur. Ubi 15 3. 20, 7. 10.
enim non est lex, nec praeuaricatio : ideo ex 16 Gal. 3. 10.
fide, ut secundum gratiam, ut firma sit promissio omni semini, non ei qui ex lege est
solum, sed et ei qui ex fide est Abrahae, qui
est pater omnium nostrum, sicut scriptum est : 17 Gen. 17. 5.
Quia patrem multarum gentium posui te : ante
Deum, cui credidit, qui uiuificat mortuos, et
uocat quae non sunt, tamquam ea quae sunt.
Qui contra spem in spem credidit, ut fieret 18 Gen. 15. 5.
pater multarum gentium, secundum quod di-
ctum est : Sic erit semen tuum. Et non in- 19 Gen. 17. 17.
firmatus fide, considerauit corpus suum emortuum, cum fere centum annorum esset, et
emortuam uuluam Sarrae : in repromissione 20 Heb. 11. 11.
etiam Dei non haesitauit diffidentia, sed confortatus est fide, dans gloriam Deo : plenis- 21
sime sciens quia quaecumque promisit, potens
est et facere. Ideo et reputatum est illi ad 22 Gen. 15. 6.
iustitiam. Non est autem scriptum tantum 23
propter ipsum, quia reputatum est illi : sed et 24

---

12 ijs *bis* 𝔖ℭ   > fidei, quae est in praeputio 𝔖ℭ   **16** ut secundum gratiam firma sit promissio (*om.* ut *sec.*) 𝔖ℭ   > pater
est 𝔖ℭ   **17** credidisti 𝔖   uocat + ea 𝔖ℭ   **18** dictum est
+ ei 𝔖ℭ   tuum + sicut stellae caeli, et arena maris 𝔖 *fere cum*
DF*HV   **19** infirmatus + est 𝔖 (> est inf.) ℭ ; *deinde* + in (*ante*
fide) 𝔖   fide + nec 𝔖ℭ   cum + iam 𝔖ℭ   > esset annorum 𝔖ℭ
21 promisit + Deus 𝔖   **23** illi + ad iustitiam 𝔖ℭ

15. 4.
10. 9.
1 Pet. 1. 21.
Es. 53. 5, 6.
Mt. 20. 28.

propter nos, quibus reputabitur credentibus in
eum qui suscitauit Iesum Dominum nostrum
25 a mortuis : qui traditus est propter delicta nostra, et resurrexit propter iustificationem nostram.

3. 28.

5 Iustificati igitur ex fide, pacem habeamus
ad Deum per Dominum nostrum Iesum Chri-

Eph. 2. 18,
3. 12.
Heb. 10. 19,
20.
Iac. 1. 3.
2 Pet. 1. 5-7.

2 stum : per quem et accessum habemus fide in
gratiam istam in qua stamus, et gloriamur in
3 spe gloriae filiorum Dei.   Non solum autem,
sed et gloriamur in tribulationibus : scientes
4 quod tribulatio patientiam operatur: patientia

Ps. 118(119).
116.
Phil. 1. 20.

5 autem probationem, probatio uero spem : spes
autem non confundit, quia caritas Dei diffusa
est in cordibus nostris per Spiritum sanctum,
6 qui datus est nobis.   Ut quid enim Christus,
cum adhuc infirmi essemus, secundum tempus
7 pro impiis mortuus est ?   Uix enim pro iusto
quis moritur : nam pro bono forsitan quis au-

Ioh. 3. 16.
1 Ioh. 4. 10.

8 deat mori.   Commendat autem suam caritatem Deus in nos, quoniam cum adhuc peccatores essemus, Christus pro nobis mortuus

1 Thess. 1. 10.

9 est : multo igitur magis iustificati nunc in sanguine ipsius, salui erimus ab ira per ipsum.

8. 32.

10 Si enim cum inimici essemus, reconciliati sumus Deo per mortem filii eius : multo magis
11 reconciliati, salui erimus in uita ipsius.   Non
solum autem, sed et gloriamur in Deo per
Dominum nostrum Iesum Christum, per quem
nunc reconciliationem accepimus.

Gen. 2. 17,
3. 6, 19.

12 Propterea sicut per unum hominem in hunc

---

24 Iesum + Christum $\mathfrak{SC}$ 5. 1 igitur : ergo $\mathfrak{SC}$ 2 et *pr.*
om. $\mathfrak{S}$ > habemus accessum $\mathfrak{SC}$ fide : per fidem $\mathfrak{SC}$
8 > charitatem suam $\mathfrak{SC}$ in nobis $\mathfrak{SC}$ quoniam + si $\mathfrak{S}$
essemus + secundum tempus $\mathfrak{SC}$ 9 > nunc iustificati $\mathfrak{SC}$
12 > peccatum in hunc mundum $\mathfrak{SC}$

mundum peccatum intrauit, et per peccatum
mors, et ita in omnes homines mors pertran-
siit, in quo omnes peccauerunt : usque ad le- 13 4. 15, 7. 7–9.
gem enim peccatum erat in mundo : peccatum
autem non imputatur, cum lex non est. Sed 14 Os. 6. 7.
regnauit mors ab Adam usque ad Mosen etiam $\qquad$ 1 Cor. 15. 21,
$\qquad$ 22, 45.
in eos qui non peccauerunt in similitudinem praeuaricationis Adae, qui est forma fu-
turi. Sed non sicut delictum, ita et donum : 15 Es. 53. 11.
si enim unius delicto multi mortui sunt, multo
magis gratia Dei, et donum in gratiam unius
hominis Iesu Christi, in plures abundauit. Et 16
non sicut per unum peccantem, ita et donum :
nam iudicium ex uno in condemnationem : gratia autem ex multis delictis in iustificationem.
Si enim in unius delicto mors regnauit per 17
unum, multo magis abundantiam gratiae, et donationis, et iustitiae accipientes, in uita regnabunt per unum Iesum Christum. Igitur sicut 18
per unius delictum in omnes homines in condemnationem : sic et per unius iustitiam in
omnes homines in iustificationem uitae. Si- 19
cut enim per inoboedientiam unius hominis,
peccatores constituti sunt multi : ita et per
unius oboeditionem, iusti constituentur multi.
Lex autem subintrauit ut abundaret delictum. 20 3. 20.
Ubi autem abundauit delictum, superabunda- $\qquad$ Gal. 3. 19.
uit gratia : ut sicut regnauit peccatum in morte, 21 Ioh. 1. 17.
ita et gratia regnet per iustitiam in uitam aeternam, per Iesum Christum Dominum nostrum.

    Quid ergo dicemus ? permanebimus in pec- 6 3. 8.
cato ut gratia abundet ? 1 Absit. Qui enim 2 $\qquad$ Col. 3. 3.
$\qquad$ 1 Pet. 2. 24.

---

13 imputabatur . . . esset $\mathfrak{SC}$ 15 in gratia $\mathfrak{SC}$ 16 peccantem
AC(D)F^{c}GH : peccatum V$\mathfrak{SC}$, delictum F* ·   iudicium + quidem
$\mathfrak{SC}$ 17 in pr. om. $\mathfrak{SC}$ disting. accipientes in vita, regnabunt $\mathfrak{S}$
20 superabundauit + et $\mathfrak{S}$ 21 in mortem $\mathfrak{SC}$ 6. 1 manebimus $\mathfrak{S}$

mortui sumus peccato, quomodo adhuc uiue-

Gal. 3. 27. 3 mus in illo? An ignoratis quia quicumque baptizati sumus in Christo Iesu, in morte ip-

Col. 2. 12. 4 sius baptizati sumus? Consepulti enim sumus cum illo per baptismum in mortem : ut quomodo surrexit Christus a mortuis per gloriam Patris, ita et nos in nouitate uitae ambulemus

Phil. 3. 10.
Gal. 5. 24. 5 Si enim conplantati facti sumus similitudini mortis eius, simul et resurrectionis erimus. 6 Hoc scientes, quia uetus homo noster simul crucifixus est, ut destruatur corpus peccati, ut

1 Pet. 4. 1. 7 ultra non seruiamus peccato. Qui enim mor-

2 Tim. 2. 11. 8 tuus est, iustificatus est a peccato. Si autem mortui sumus cum Christo, credimus quia 9 simul etiam uiuemus cum Christo : scientes quod Christus surgens a mortuis iam non mo-

Heb. 7. 27,
9. 26-28. 10 ritur, mors illi ultra non dominabitur. Quod enim mortuus est, peccato mortuus est semel :

2 Cor. 5. 15. 11 quod autem uiuit, uiuit Deo. Ita et uos existimate uos mortuos quidem esse peccato, uiuentes autem Deo in Christo Iesu.

Gal. 5. 16. 12   Non ergo regnet peccatum in uestro mortali corpore, ut oboediatis concupiscentiis eius.

12. 1.
Eph. 6. 11-17. 13 Sed neque exhibeatis membra uestra arma iniquitatis peccato : sed exhibete uos Deo, tamquam ex mortuis uiuentes : et membra uestra

8. 2. 14 arma iustitiae Deo. Peccatum enim uobis non dominabitur : non enim sub lege estis, sed sub gratia.

5. 17, 21, 6. 1.
Mt. 6. 24.
Ioh. 8. 34. 15   Quid ergo? peccauimus, quoniam non su-
16 mus sub lege, sed sub gratia? Absit. ¹ Nesci-

---

³ ignoratis + fratres 𝕾   ⁴ > Christus surrexit 𝕾ℭ   ⁵ complantati 𝕾ℭ   ⁶ ut *sec.* : et 𝕾ℭ   ⁸ Christo *sec.* : illo 𝕾 ⁹ resurgens 𝕾ℭ   a : ex 𝕾ℭ   moritur + et 𝕾   ¹⁰ *disting.* mortuus est peccato, mortuus est semel 𝕾ℭ   ¹¹ Iesu + Domino nostro 𝕾ℭ   ¹⁵ peccabimus 𝕾ℭ   ¹⁶ + an *ad init.* 𝕾

tis quoniam cui exhibetis uos seruos ad oboe-
diendum, serui estis eius cui oboeditis, siue
peccati, siue oboeditionis ad iustitiam? Gra- 17
tias autem Deo, quod fuistis serui peccati,
oboedistis autem ex corde in eam formam do-
ctrinae, in qua traditi estis. Liberati autem a 18 Ioh. 8. 32.
peccato, serui facti estis iustitiae. Humanum 19
dico, propter infirmitatem carnis uestrae : sicut enim exhibuistis membra uestra seruire
inmunditiae et iniquitati, ad iniquitatem, ita
nunc exhibete membra uestra seruire iustitiae,
in sanctificationem. Cum enim serui essetis 20
peccati, liberi fuistis iustitiae. Quem ergo 21 Eph. 5. 12.
fructum habuistis tunc in quibus nunc erube- Rom. 7. 5,
8. 6, 15.
scitis? Nam finis illorum mors est. | Nunc 22 1 Pet. 2. 16.
uero liberati a peccato, serui autem facti Deo,
habetis fructum uestrum in sanctificationem,
finem uero uitam aeternam. Stipendia enim 23
peccati, mors : gratia autem Dei, uita aeterna
in Christo Iesu Domino nostro.

An ignoratis, fratres (scientibus enim legem 7
loquor), quia lex in homine dominatur quanto
tempore uiuit? Nam quae sub uiro est mulier, 2 1 Cor. 7. 39.
uiuente uiro alligata est legi : si autem mortuus fuerit uir eius, soluta est a lege uiri. Igi- 3
tur, uiuente uiro uocabitur adultera, si fuerit
cum alio uiro : si autem mortuus fuerit uir
eius, liberata est a lege uiri, ut non sit
adultera si fuerit cum alio uiro. Itaque, fra- 4 Gal. 2. 19.
tres mei, et uos mortificati estis legi per corpus Eph. 2. 15.
Col. 2. 14.
Christi : ut sitis alterius, qui ex mortuis resurrexit, ut fructificaremus Deo. Cum enim 5 6. 21-23.
essemus in carne, passiones peccatorum quae

---

¹⁶ peccati + ad mortem 𝔖ℭ   ¹⁷ qua : quam 𝔖ℭ   ²¹ in + illis
in 𝔖ℭ   7. ⁴ fructificemus ℭ, fructificetis 𝔖

2 Cor. 3. 6.
Ex. 20. 14, 17.
Dt. 5. 18, 21.
11, 3. 20.
Leu. 18. 5.
Rom. 10. 5.
Iac. 1. 15.
Gen. 3. 1-6.
1 Tim. 1. 8.
Ps. 50. 7
(51. 5).
Gen. 6. 5,
18. 21.
Iob. 14. 4.

per legem erant, operabantur in membris no-
6 stris, ut fructificarent morti. Nunc autem
soluti sumus a lege, morientes in quo detine-
bamur, ita ut seruiamus in nouitate spiritus,
et non in uetustate litterae.

7 Quid ergo dicemus? lex peccatum est?
Absit. Sed peccatum non cognoui, nisi per
legem : nam concupiscentiam nesciebam, nisi
8 lex diceret: Non concupisces. Occasione autem accepta, peccatum per mandatum operatum est in me omnem concupiscentiam : sine
9 lege enim peccatum mortuum erat. Ego autem uiuebam sine lege aliquando : sed cum
10 uenisset mandatum, peccatum reuixit. Ego
autem mortuus sum : et inuentum est mihi
mandatum quod erat ad uitam, hoc esse ad
11 mortem. Nam peccatum, occasione accepta
per mandatum, seduxit me, et per illud occidit.
12 Itaque lex quidem sancta, et mandatum san-
13 ctum, et iustum, et bonum. Quod ergo bonum
est mihi, factum est mors? Absit. Sed peccatum, ut appareat peccatum, per bonum mihi
operatum est mortem : ut fiat supra modum
14 peccans peccatum per mandatum. Scimus
enim quod lex spiritalis est : ego autem carna-
15 lis sum, uenundatus sub peccato. Quod enim
operor, non intellego. Non enim quod uolo,
16 hoc ago : sed quod odi, illud facio. Si autem
quod nolo, illud facio, consentio legi, quoniam
17 bona. Nunc autem iam non ego operor illud,
18 sed quod habitat in me peccatum. Scio enim
quia non habitat in me, hoc est in carne mea,

a lege, morientes in quo *cum* A*G* : a lege mortis, in qua
(quo G^cH) A^cCDFG^cHVℒℭ   13 *disting.* bonum est, mihi factum
ℒℭ   > operatum est mihi ℒℭ   14 quod: quia ℒℭ   15 uolo
+ bonum FVℒℭ   odi + malum Fℒℭ   16 bona + est ℒℭ

bonum. Nam uelle adiacet mihi : perficere
autem bonum, non inuenio. Non enim quod 19
uolo bonum, hoc facio : sed quod nolo malum,
hoc ago. Si autem quod nolo, illud facio : non 20
ego operor illud, sed quod habitat in me peccatum. Inuenio igitur legem uolenti mihi fa- 21
cere bonum, quoniam mihi malum adiacet.
Condelector enim legi Dei secundum interio- 22 Ps. 39. 9 (40.
rem hominem : uideo autem aliam legem in 23 8).
membris meis, repugnantem legi mentis meae, Gal. 5. 17.
et captiuantem me in lege peccati, quae est Iac. 4. 1.
in membris meis. Infelix ego homo, quis me 24 8. 23.
liberabit de corpore mortis huius ? Gratia Dei 25 Phil. 3. 21.
per Iesum Christum Dominum nostrum. Igi- 1 Cor. 15. 57
tur ego ipse mente seruio legi Dei : carne autem, legi peccati.

Nihil ergo nunc damnationis est his qui 8 34.
sunt in Christo Iesu : qui non secundum carnem ambulant. Lex enim Spiritus uitae in 2 6. 14.
Christo Iesu liberauit me a lege peccati et 2 Cor. 3. 6.
mortis. Nam quod inpossibile erat legis in 3 Ioh. 3. 17.
quo infirmabatur per carnem, Deus filium Act. 13. 38.
suum mittens in similitudinem carnis peccati, Heb. 10. 1, 2,
et de peccato, damnauit peccatum in carne : 6, 8.
ut iustificatio legis impleretur in nobis, qui 4 Gal. 5. 16, 25.
non secundum carnem ambulamus, sed se-
cundum spiritum. Qui enim secundum car- 5
nem sunt, quae carnis sunt sapiunt : qui uero
secundum spiritum, quae sunt spiritus sen-
tiunt. Nam prudentia carnis, mors est : pru- 6
dentia autem spiritus, uita et pax. Quoniam 7 1 Cor. 2. 14.
sapientia carnis inimicitia est in Deum : legi Iac. 4. 4.

19 facio : ago S   nolo : odi S   hoc ago : illud facio S
20 non : iam non SС   8. 1 ijs SС   3 legi SС   5 spiritum
+ sunt SС   7 inimicitia AG : inimica CDFHVSС   in Deum :
Deo SС

enim Dei non subicitur: nec enim potest.
8 Qui autem in carne sunt, Deo placere non
9 possunt. Uos autem in carne non estis, sed
in spiritu: si tamen Spiritus Dei habitat in
uobis. Si quis autem Spiritum Christi non
10 habet, hic non est eius. Si autem Christus
in uobis est, corpus quidem mortuum est propter peccatum, spiritus uero uita propter iu-
11 stificationem. Quod si Spiritus eius qui suscitauit Iesum a mortuis, habitat in uobis: qui
suscitauit Iesum Christum a mortuis, uiuificabit et mortalia corpora uestra, propter inhabi-
tantem Spiritum eius in uobis.
12 Ergo, fratres, debitores sumus non carni, ut
13 secundum carnem uiuamus. Si enim secundum carnem uixeritis, moriemini: si autem
14 spiritu facta carnis mortificatis, uiuetis. Quicumque enim Spiritu Dei aguntur, hi filii sunt
15 Dei. Non enim accepistis spiritum seruitutis
iterum in timore: sed accepistis spiritum ado-
ptionis filiorum, in quo clamamus: Abba,
16 Pater. Ipse Spiritus testimonium reddit spiri-
17 tui nostro quod sumus filii Dei. Si autem
filii, et heredes: heredes quidem Dei, coheredes autem Christi: si tamen conpatimur, ut
et conglorificemur.
18 Existimo enim quod non sunt condignae
passiones huius temporis ad futuram gloriam,
19 quae reuelabitur in nobis. Nam expectatio
creaturae reuelationem filiorum Dei expectat.
20 Uanitati enim creatura subiecta est, non uolens, sed propter eum qui subiecit in spem:

Marginal references:

1 Cor. 3. 16,
6. 19.
2 Tim. 1. 14.

2 Cor. 13. 5.
Gal. 2. 20.

Rom. 6. 4.
2 Cor. 4. 14.

Gal. 5. 16, 25,
6. 8.

2 Tim. 1. 7.
Gal. 4. 5.
Eph. 1. 5.
Mc. 14. 36.

2 Cor. 1. 22,
5. 5.
Eph. 1. 13, 14.
Gal. 3. 29,
4. 7.
2 Tim. 2. 11,
12.

2 Cor. 4. 17.

Gen. 3. 18, 19.
Eccl. 1. 2.

---

7 subicitur: est subiecta 𝔖ℭ   10 uita: uiuit 𝔖ℭ   13 morti-
ficaueritis 𝔖ℭ   14 > ij sunt filij 𝔖ℭ   16 Ipse + enim 𝔖ℭ
20 subiecit + eam 𝔖ℭ   in spe 𝔖ℭ

quia et ipsa creatura liberabitur a seruitute cor- 21 1 Ioh. 3. 2.
ruptionis in libertatem gloriae filiorum Dei.
Scimus enim quod omnis creatura ingeme- 22
scit et parturit usque adhuc. Non solum au- 23 2 Cor. 5. 5.
tem illa, sed et nos ipsi primitias Spiritus habentes, et ipsi intra nos gemimus, adoptionem
filiorum expectantes, redemptionem corporis
nostri. ¹ Spe enim salui facti sumus. Spes 24 2 Cor. 5. 7.
autem quae uidetur, non est spes : nam quod
uidet quis, quid sperat? Si autem quod non 25
uidemus, speramus : per patientiam expectamus.

Similiter autem et Spiritus adiuuat infirmi- 26
tatem nostram : nam quid oremus sicut oportet, nescimus : sed ipse Spiritus postulat pro
nobis gemitibus inenarrabilibus. Qui autem 27 Act. 1. 24.
scrutatur corda, scit quid desideret Spiritus : 15. 8.
quia secundum Deum postulat pro sanctis.
Scimus autem quoniam diligentibus Deum 28 Eph. 1. 11.
omnia cooperantur in bonum, his qui secun- 2 Tim. 1. 9.
dum propositum uocati sunt sancti. Nam 29 Col. 1. 18.
quos praesciuit, et praedestinauit conformes Heb. 1. 6.
fieri imaginis Filii eius, ut sit ipse primogeni- 2. 10.
tus in multis fratribus. Quos autem prae- 30
destinauit, hos et uocauit: et quos uocauit, hos
et iustificauit : quos autem iustificauit, illos et
glorificauit.

Quid ergo dicemus ad haec, si Deus pro 31 4 Reg. (2
nobis ? Quis contra nos ? Qui etiam Filio suo 32 Reg.) 6. 16.
non pepercit, sed pro nobis omnibus tradidit Ps. 117 (118). 6.
illum : quomodo non etiam cum illo omnia Ioh. 3. 16.
nobis donabit ? Quis accusabit aduersus ele- 33 Gen. 22. 16.
 Es. 50. 8, 9.
 Apoc. 12. 10.

²² ingemiscit 𝔖ℭ   ²³ filiorum + Dei 𝔖ℭ   ²⁸ ijs 𝔖ℭ
²⁹ eius : sui 𝔖ℭ   ³⁰ glorificauit : magnificauit 𝔖   ³¹ haec ?
si D. pro nobis, 𝔖ℭ   ³² etiam + proprio 𝔖ℭ   donabit
(χαρίσεται) CDFᶜ : donauit *aperto betacismo* AF*GHV𝔖ℭ

Mc. 16. 19.   34 ctos Dei ?   Deus qui iustificat : quis est qui
Heb. 7. 25.   condemnet ?   Christus Iesus qui mortuus est,
1 Ioh. 2. 1.   immo qui et resurrexit, qui est ad dexteram
35 Dei, qui etiam interpellat pro nobis.   Quis
nos separabit a caritate Christi ? tribulatio an
angustia, an persecutio, an fames, an nuditas,
Ps. 43 (4). 22.   36 an periculum, an gladius ? Sicut scriptum est:
Quia propter te mortificamur :
tota die aestimati sumus ut oues occisionis.
Ioh. 16. 33.   37 Sed in his omnibus superamus, propter eum
1 Cor. 15. 57.   38 qui dilexit nos.   Certus sum enim, quia neque
Eph. 1. 21,   mors, neque uita, neque angeli, neque principa-
6. 12.   tus, neque instantia, neque futura, neque forti-
39 tudines, neque altitudo, neque profundum, ne-
que creatura alia poterit nos separarea caritate
Dei, quae est in Christo Iesu Domino nostro.
9   Ueritatem dico in Christo, non mentior :
testimonium mihi perhibente conscientia mea
2 in Spiritu sancto : quoniam tristitia est mihi
Ex. 32. 32.   3 magna, et continuus dolor cordi meo.   Opta-
1 Cor. 16. 22.   bam enim ipse ego anathema esse a Christo
Gal. 1. 8, 9.   pro fratribus meis, qui sunt cognati mei se-
Ex. 4. 22.   4 cundum carnem, qui sunt Israhelitae, quorum
Dt. 7. 6, 14.   adoptio est filiorum, et gloria, et testamen-
1, 2.   ta, et legislatio, et obsequium, et promissa :
Rom. 15. 8.   5 quorum patres, et ex quibus Christus secun-
Col. 1. 16-19.   dum carnem : qui est super omnia Deus
Ioh. 1. 1.   6 benedictus in saecula.   Amen.   Non autem
quod exciderit uerbum Dei : non enim omnes

---

³³, ³⁴ iustificat, quis 𝕮 ; iustificat. Quis 𝕾   ³⁵ quis + ergo 𝕾𝕮
tribulatio ? an angustia ? an fames ? an nuditas ? an periculum ? an
persecutio ? an gladius ? 𝕾𝕮   ³⁶ *disting.* mortificamur tota die :
aestimati 𝕾𝕮   ut : sicut 𝕾𝕮   ³⁸ principatus + neque virtutes 𝕾𝕮
fortitudo 𝕾𝕮   9. ¹ Christo + Iesu 𝕾   ² > mihi magna est 𝕾𝕮
³ > ego ipse 𝕾𝕮   ⁴ testamentum 𝕾𝕮   ⁵ *om.* et 𝕾   quibus
+ est 𝕾𝕮   *disting.* carnem, qui 𝕾𝕮

qui ex Israhel, hi sunt Israhelitae : neque quia 7   Es. 55. 11.
semen sunt Abrahae, omnes filii : sed in Isaac   Gen. 21. 12.
uocabitur tibi semen : id est, non qui filii car- 8   Gal. 4. 23, 23.
nis, hi filii Dei : sed qui filii sunt promissionis,
aestimantur in semine. Promissionis enim 9   Gen. 18. 10,
uerbum hoc est : Secundum hoc tempus ue-   14.
niam, et erit Sarrae filius. Non solum autem, 10   Gen. 25. 21.
sed et Rebecca ex uno concubitum habens,
Isaac patre nostro : cum enim nondum nati 11
fuissent, aut aliquid egissent bonum aut malum : ut secundum electionem propositum
Dei maneret, ¹ non ex operibus sed ex uocante, 12   Gen. 25. 23.
dictum est ei : Quia maior seruiet minori : ¹ si- 13   Mal. 1. 2, 3.
cut scriptum est : Iacob dilexi, Esau autem
odio habui.

Quid ergo dicemus ? numquid iniquitas 14   Rom. 3. 5.
apud Deum ? Absit. ¹ Mosi enim dicit : Mi- 15   Ex. 33. 19.
serebor cuius misereor, et misericordiam prae-
stabo cuius miserebor. Igitur non uolentis, 16   Eph. 2. 3.
neque currentis, sed miserentis est Dei. Dicit 17   Ex. 9. 16.
enim scriptura Pharaoni : Quia in hoc ipsum
excitaui te, ut ostendam in te uirtutem meam,
et adnuntietur nomen meum in uniuersa terra.
Ergo cuius uult miseretur, et quem uult in- 18   Ex. 4. 21, 7.
durat.   3, 9. 12. 10. 20,
  27, 14. 8.
Dicis itaque mihi : Quid adhuc queritur ? 19
uoluntati enim eius quis resistit ? O homo, 20   Es. 29. 16,
tu quis es, qui respondeas Deo ? Numquid   45. 9.
dicit figmentum ei qui se finxit : Quid me fe-   Hier. 18. 6.
cisti sic ? An non habet potestatem figulus 21   Sap. 15. 7.
luti, ex eadem massa facere aliud quidem uas   2. 4.
in honorem, aliud uero in contumeliam ? Quod 22   Iob. 21. 30.
  Prou. 16. 4.
  Hier. 50. 25.

⁶ Israhel + sunt 𝔖ℭ   ij 𝔖ℭ   ⁷ quia : qui 𝔖ℭ   ¹⁰ autem
+ illa 𝔖ℭ   concubitum *cum* F : concubitu *codd. rell.* 𝔖ℭ   patre
nostro ACFG(V) : patris nostri DH𝔖ℭ   ¹¹ aliquid boni egissent,
aut mali 𝔖ℭ   ¹⁷ et + ut 𝔖ℭ

si uolens Deus ostendere iram, et notam facere potentiam suam, sustinuit in multa pa-

8. 29. 23 tientia uasa irae aptata in interitum, ut osten-
Eph. 1. 4 s. deret diuitias gloriae suae in uasa miseri-
Col. 1. 27.
24 cordiae, quae praeparauit in gloriam : quos et
uocauit nos, non solum ex Iudaeis, sed etiam

Os. 2. 24. 25 ex gentibus, sicut in Osee dicit :
1 Pet. 2. 10.
　　Uocabo non plebem meam, plebem meam :
　　et non misericordiam consecutam, miseri-
　　　cordiam consecutam.

Os. 1. 10. 26　Et erit in loco, ubi dictum est eis: Non plebs
　　　mea uos,
　　　ibi uocabuntur filii Dei uiui.

Es. 10. 22, 23. 27 Esaias autem clamat pro Israhel : Si fuerit nu-
Rom. 11. 5. merus filiorum Israhel tamquam arena maris,
28 reliquiae saluae fient. Uerbum enim consummans et breuians in aequitate : quia uerbum breuiatum faciet Dominus super terram.

Es. 1. 9. 29 Et sicut praedixit Esaias :
　　Nisi Dominus sabaoth reliquisset nobis
　　　semen,
　　sicut Sodoma facti essemus, et sicut Go-
　　　morra similes fuissemus.

10. 20. 30　Quid ergo dicemus ? Quod gentes quae
non sectabantur iustitiam, adprehenderunt iu-
10. 2, 3, 11. 7. 31 stitiam : iustitiam autem quae ex fide est: | Is-
rahel uero sectans legem iustitiae, in legem iu-
Es. 8. 14. 32 stitiae non peruenit. | Quare ? Quia non ex
fide, sed quasi ex operibus : offenderunt in
Es. 28. 16. 33 lapidem offensionis, sicut scriptum est :
1 Pet. 2. 6.
　　Ecce pono in Sion lapidem offensionis, et
　　　petram scandali,
　　et omnis qui credit in eum non confundetur.

---

22 > Deus volens 𝔖ℭ　　　aptata : apta ℭ　　　24 *om.* nos 𝔖
25 meam *sec.* + et non dilectam, dilectam 𝔖ℭ　　28 abbreuians 𝔖ℭ
29 Gomorrha 𝔖ℭ　　31 sectando 𝔖ℭ　　32 offenderunt + enim 𝔖ℭ

Fratres, uoluntas quidem cordis mei, et ob- **10** secratio ad Deum, fit pro illis in salutem. Testimonium enim perhibeo illis quod aemu- 2 lationem Dei habent, sed non secundum scientiam. Ignorantes enim Dei iustitiam, et suam 3   9. 31. quaerentes statuere, iustitiae Dei non sunt subiecti. Finis enim legis Christus, ad iusti- 4   Mt. 5. 17. tiam omni credenti. Moses enim scripsit, quo- 5   Gal. 3. 24. niam iustitiam quae ex lege est, qui fecerit   Leu. 18. 5. / Gal. 3. 12. homo uiuet in ea. Quae autem ex fide est 6   Dt. 30. 12, 13. iustitia, sic dicit: Ne dixeris in corde tuo: quis ascendit in caelum? id est, Christum deducere: Aut quis descendit in abyssum? 7 hoc est, Christum ex mortuis reuocare. Sed 8   Dt. 30. 14. quid dicit? Prope est uerbum in ore tuo et in corde tuo: hoc est uerbum fidei, quod praedicamus. Quia si confitearis in ore tuo 9   Act. 16. 31. Dominum Iesum, et in corde tuo credideris   2 Cor. 4. 13. quod Deus illum excitauit a mortuis, saluus eris. Corde enim creditur ad iustitiam: ore 10 autem confessio fit in salutem. Dicit enim 11   9. 33. scriptura: Omnis qui credit in illum, non   Es. 28. 16. confundetur. Non enim est distinctio Iudaei 12   3. 22, 29. et Graeci: nam idem Dominus omnium, diues   Act. 10. 34. in omnes qui inuocant illum. Omnis enim 13   Ioel. 2. 32. quicumque inuocauerit nomen Domini, saluus erit. Quomodo ergo inuocabunt, in quem 14 non crediderunt? Aut quomodo credent ei quem non audierunt? Quomodo autem audient sine praedicante? Quomodo uero prae- 15   Es. 52. 7. dicabunt nisi mittantur? sicut scriptum est: Nah. 1. 15. Quam speciosi pedes euangelizantium pacem, euangelizantium bona.

10. ³ > iustitiam Dei 𝔖ℭ   ⁶ ascendet 𝔖ℭ   ⁷ descendet 𝔖ℭ ex: a 𝔖ℭ   ⁸ dicit + Scriptura 𝔖ℭ   ⁹ suscitauit 𝔖ℭ   ¹⁰ in: ad 𝔖ℭ

Es. 53. 1. 16 Sed non omnes oboedierunt euangelio.
Esaias enim dicit: Domine, quis credidit au-
17 ditui nostro? Ergo fides ex auditu, auditus
Ps. 18. 5 18 autem per uerbum Christi. Sed dico: Num-
(19. 4). quid non audierunt? Et quidem
In omnem terram exiit sonus eorum,
et in fines orbis terrae uerba eorum.
Dt. 32. 21. 19 Sed dico: Numquid Israhel non cognouit?
Primus Moses dicit:
Ego ad aemulationem uos adducam in non
gentem:
in gentem insipientem in iram uos mittam.
Es. 65. 1. 20 Esaias autem audet et dicit:
Inuentus sum non quaerentibus me,
palam apparui his qui me non interrogabant.
Es. 65. 2. 21 Ad Israhel autem dicit: Tota die expandi manus meas ad populum non credentem, et con-
tradicentem.
1 Reg. 11 Dico ergo: Numquid reppulit Deus populum
(1 Sam.) suum? Absit. Nam et ego Israhelita sum,
12. 22.
Ps. 93 (94). 2 ex semine Abraham, tribu Beniamin: Non
14. reppulit Deus plebem suam, quam praesciit.
Hier. 31. 37.
Phil. 3. 5. An nescitis in Helia quid dicit scriptura:
3 Reg. (1 quemadmodum interpellat Deum aduersus Is-
Reg.) 19. 10,
14. 3 rahel? Domine, Prophetas tuos occiderunt,
altaria tua suffoderunt: et ego relictus sum so-
3 Reg. (1 4 lus, et quaerunt animam meam. Sed quid
Reg.) 19. 18. dicit illi responsum diuinum? Reliqui mihi
septem milia uirorum, qui non curuauerunt
9. 27. 5 genu Bahal. Sic ergo et in hoc tempore reliquiae secundum electionem gratiae factae

¹⁶ obediunt 𝕾ℭ   ¹⁸ exiuit 𝕾ℭ   ²⁰ sum +a 𝕾ℭ   ijs 𝕾ℭ   ²¹ con-
tradicentem +mihi 𝕾   11. ¹ > Deus repulit 𝕾ℭ   Abraham + de
𝕾ℭ   ² repulit 𝕾ℭ   praesciuit 𝕾ℭ   aduersum 𝕾ℭ   ⁴ > diuinum
responsum 𝕾ℭ   genua ante Baal 𝕾ℭ   ⁵ gratiae +saluae 𝕾ℭ

sunt. Si autem gratia, non ex operibus : alio- 6
quin gratia iam non est gratia. Quid ergo ? 7
quod quaerebat Israhel, hoc non est consecutus : electio autem consecuta est : ceteri uero
excaecati sunt: ¹ sicut scriptum est: Dedit illis 8
Deus spiritum conpunctionis, oculos ut non
uideant, et aures ut non audiant, usque in hodiernum diem. Et Dauid dicit : 9

    Fiat mensa eorum in laqueum, et in captio-
      nem,
    et in scandalum, et in retributionem illis.
Obscurentur oculi eorum ne uideant, ₁0
    et dorsum illorum semper incurua.

Dico ergo : Numquid sic offenderunt ut cade- 11
rent ? Absit. Sed illorum delicto, salus gentibus ut illos aemulentur. Quod si delictum 12
illorum diuitiae sunt mundi, et deminutio eorum diuitiae gentium : quanto magis plenitudo eorum.

Uobis enim dico gentibus : Quamdiu qui- 13
dem ego sum gentium apostolus, ministerium
meum honorificabo: si quo modo ad aemulan- 14
dum prouocem carnem meam, et saluos faciam aliquos ex illis. Si enim amissio eorum 15
reconciliatio est mundi : quae adsumtio, nisi
uita ex mortuis? Quod si delibatio sancta 16
est, et massa : et si radix sancta, et rami. Quod 17
si aliqui ex ramis fracti sunt, tu autem cum
oleaster esses, insertus es in illis, et socius ra-
dicis et pinguidinis oliuae factus es: noli glo- 18
riari aduersus ramos. Quod si gloriaris, non
tu radicem portas, sed radix te. Dicis ergo : 19

Marginal references:

4. 4.
Gal. 5. 4.
9. 31.

Es. 29. 10.
Dt. 29. 4.

Ps. 68. 23, 24
(69. 22, 23).

10. 19.
Act. 13. 46,
28. 28.

1 Cor. 9. 22.

Num. 15. 18–
21.
Eph. 3. 6.

---

⁶ gratia *pr.* + iam 𝔖ℭ   ⁸ compunctionis 𝔖ℭ   ⁹ eorum
+ coram ipsis 𝔖   ¹⁰ illorum : eorum 𝔖ℭ   ¹¹ salus + est 𝔖ℭ
¹² diminutio 𝔖ℭ   ¹², ¹³ eorum ? Vobis 𝔖ℭ   ¹⁴ quomodo *uno*
uerbo 𝔖ℭ   ¹⁷ pinguedinis 𝔖ℭ   ¹⁹ dices 𝔖ℭ

20 Fracti sunt rami ut ego inserar. Bene: propter incredulitatem fracti sunt : tu autem fide
21 stas. Noli altum sapere, sed time. ' Si enim
Deus naturalibus rámis non pepercit : ne forte

2. 4. 22 nec tibi parcat. Uide ergo bonitatem, et se-
Ioh. 15. 2. ueritatem Dei : in eos quidem qui ceciderunt,
seueritatem : in te autem bonitatem Dei, si
permanseris in bonitate : alioquin et tu exci-

2 Cor. 3. 16. 23 deris. Sed et illi, si non permanserint in incredulitate, inserentur : potens est enim Deus
24 iterum inserere illos. Nam si tu ex naturali
excisus es oleastro, et contra naturam insertus
es in bonam oliuam : quanto magis hi secundum naturam inserentur suae oliuae ?

Lc. 21. 24. 25   Nolo enim uos ignorare, fratres, mysterium
2 Cor. 3. 14. hoc, ut non sitis uobis ipsis sapientes : quia
caecitas ex parte contigit in Israhel, donec

Es. 59. 20, 21, 26 plenitudo gentium intraret, et sic omnis Isra-
27. 9. hel saluus fieret, sicut scriptum est :
Ps. 13 (14). 7. Ueniet ex Sion qui eripiat,
et auertet impietates ab Iacob :

Hier. 31. 31, 27 Et hoc illis a me testamentum :
33, 34. cum abstulero peccata eorum.

28 Secundum euangelium quidem, inimici propter
uos : secundum electionem autem, carissimi

Num. 23. 19. 29 propter patres. Sine paenitentia enim sunt
1 Reg. 30 dona et uocatio Dei. Sicut enim aliquando
(1 Sam.) et uos non credidistis Deo, nunc autem mi-
15. 29. sericordiam consecuti estis propter illorum in-
31 credulitatem : ita et isti nunc non crediderunt
in uestram misericordiam : ut et ipsi miseri-
32 cordiam consequantur. Conclusit enim Deus
3. 9. omnia in incredulitatem, ut omnium misereatur.
Gal. 3. 22.

---

20 stas *cum* ACGHS𝕮 : sta DFV   **24** ij qui secundum 𝕾𝕮
26 auertet ADG : auertat CFHVS𝕮   impietatem a Iacob 𝕾𝕮
30 > incredulitatem illorum 𝕾𝕮   **32** incredulitate·𝕾𝕮

O altitudo diuitiarum sapientiae et scien- 33
tiae Dei : quam incomprehensibilia sunt iudicia eius, et inuestigabiles uiae eius ! Quis 34
enim cognouit sensum Domini ? Aut quis
consiliarius eius fuit ? Aut quis prior dedit 35
illi, et retribuetur ei ? Quoniam ex ipso, et 36
per ipsum, et in ipso sunt omnia : ipsi gloria
in saecula. Amen.

Obsecro itaque uos, fratres, per misericor- 12
diam Dei, ut exhibeatis corpora uestra hostiam
uiuentem, sanctam, Deo placentem, rationabile obsequium uestrum. Et nolite confor- 2
mari huic saeculo, sed reformamini in nouitate sensus uestri : ut probetis quae sit uoluntas Dei bona, et placens, et perfecta.

Dico enim per gratiam quae data est mihi, 3
omnibus qui sunt inter uos : Non plus sapere
quam oportet sapere, sed sapere ad sobrie-
tatem : et unicuique sicut Deus diuisit mensuram fidei. Sicut enim in uno corpore multa 4
membra habemus, omnia autem membra non
eundem actum habent : ita multi unum corpus 5
sumus in Christo, singuli autem alter alterius
membra. Habentes autem donationes secun- 6
dum gratiam quae data est nobis, differentes:
siue prophetiam secundum rationem fidei: siue 7
ministerium in ministrando : siue qui docet in
doctrina: ¹ qui exhortatur in exhortando : qui 8
tribuit in simplicitate : qui praeest in sollicitudine : qui miseretur in hilaritate. Dilectio 9
sine simulatione : odientes malum, adhaerentes
bono : caritatem fraternitatis inuicem diligen- 10
tes : honore inuicem praeuenientes : ¹ sollici- 11

Ps. 35. 6 (36. 5), 91. 6 (92. 5), 138 (139). 6.
Iob. 5. 9, 9. 10.

Es. 40. 13. Iob. 36. 23.
Hier. 23. 18.
Heb. 2. 10.

6. 13.
1 Pet. 2. 5, 11.

Eph. 4. 23, 24, Col. 3. 10.
1 Pet. 1. 14.

Eph. 4. 7.

1 Cor. 12. 12–14.
Eph. 4. 4, 16.
1 Cor. 10. 17, 12. 20, 27.

1 Cor. 12. 4.

1 Pet. 4. 11.

2 Cor. 9. 7.

2 Cor. 6. 6.
1 Tim. 1. 5.
1 Pet. 1. 22.
Phil. 2. 3.
Heb. 13. 1.
1 Pet. 2. 17.

---

³⁶ saecula + saeculorum 𝔖   12. ² beneplacens 𝔖ℭ   ¹⁰ chari-
tate ℭ

Act. 18. 25.
Col. 4. 2.
1 Thess. 5. 17.
Heb. 13. 2,
16.
Mt. 5. 44.
1 Pet. 3. 9.
1 Cor. 12. 26.
Iob. 30. 25.
Ecclus. 7. 38.
Phil. 2. 2.
Ps. 130 (131).
1, 2.
Leu. 19. 18.
Prou. 20. 22,
24. 29.
Mt. 5. 39.
1 Thess. 5.
15.
1 Pet. 3. 9.
2 Cor. 8. 21.
Mc. 9. 50.
Heb. 12. 14.
Dt. 32. 35.
Prou. 25. 21,
22.

tudine non pigri : spiritu feruentes : Domino 12 seruientes: ¹spe gaudentes: in tribulatione pa-13 tientes : orationi instantes: ¹ necessitatibus sanctorum communicantes : hospitalitatem 14 sectantes. Benedicite persequentibus : bene-15 dicite, et nolite maledicere. Gaudere cum 16 gaudentibus : flere cum flentibus : ¹ id ipsum inuicem sentientes : non alta sapientes, sed humilibus consentientes. Nolite esse pruden-17 tes apud uosmet ipsos. Nulli malum pro malo reddentes : prouidentes bona, non tantum coram Deo, sed etiam coram omnibus 18 hominibus. Si fieri potest, quod ex uobis est, cum omnibus hominibus pacem habentes. 19 Non uosmet ipsos defendentes, carissimi, sed date locum irae : scriptum est enim : Mihi 20 uindictam, ego retribuam, dicit Dominus. Sed si esurierit inimicus tuus, ciba illum : si sitit, potum da illi : hoc enim faciens, carbones ig-21 nis congeres super caput eius. Noli uinci a malo, sed uince in bono malum.

Ioh. 19. 11.
Tit. 3. 1.
1 Pet. 2. 13,
14.

13 Omnis anima potestatibus sublimioribus subdita sit : non est enim potestas nisi a Deo : 2 quae autem sunt a Deo, ordinatae sunt. Itaque qui resistit potestati, Dei ordinationi resistit : qui autem resistunt, ipsi sibi damna-3 tionem adquirunt. Nam principes non sunt timori boni operis, sed mali. Uis autem non timere potestatem ? Bonum fac : et habebis

Ps. 81 (82). 6.
Sap. 6. 4.

4 laudem ex illa : Dei enim minister est tibi in bonum. Si autem malum feceris, time : non enim sine causa gladium portat. Dei enim

---

¹⁴ persequentibus + vos 𝔖ℭ   ¹⁵ gaudete . . . flete 𝔖   ¹⁶ id-ipsum *uno uerbo* 𝔖ℭ   ¹⁹ vindicta ℭ ; + et 𝔖   13. ¹ *disting.* sunt a Deo, ord. A𝔖 : sunt, a Deo ord. ℭ   ordinata 𝔖

minister est, uindex in iram ei qui malum agit.
Ideo necessitate subditi estote non solum pro- 5
pter iram, sed et propter conscientiam. Ideo 6
enim et tributa praestatis : ministri enim Dei
sunt, in hoc ipsum seruientes. Reddite om- 7 Mt. 22. 21.
nibus debita : cui tributum, tributum : cui ue- Mc. 12. 17.
Lc. 20. 25.
ctigal, uectigal : cui timorem, timorem : cui
honorem, honorem.

Nemini quicquam debeatis, nisi ut inuicem 8 Mt. 22.39. 40.
diligatis : qui enim diligit proximum, legem Ioh. 13. 34.
Gal. 5. 14.
impleuit. ' Nam: Non adulterabis: Non occi- 9 Ex. 20.13-17.
des: Non furaberis : Non concupisces : et si Dt. 5. 17-21.
Mt. 19. 18.
quod est aliud mandatum, in hoc uerbo in- Mc. 10. 19.
Lc. 18. 20.
stauratur : Diliges proximum tuum sicut te Leu. 19. 18.
ipsum. Dilectio proximi malum non opera- 10 1 Cor. 13.4-7.
tur : plenitudo ergo legis est dilectio.

Et hoc scientes tempus : quia hora est iam 11 1 Cor. 7. 29.
nos de somno surgere. Nunc enim propior Iac. 5. 8.
1 Ioh. 2. 18.
est nostra salus, quam cum credidimus. Nox 12 Eph. 6.11-17.
praecessit, dies autem adpropiauit. Abici- 1 Thess. 5. 8.
amus ergo opera tenebrarum, et induamur
arma lucis. Sicut in die honeste ambulemus : 13
non in comisationibus et ebrietatibus, non in
cubilibus et inpudicitiis, non in contentione
et aemulatione : sed induimini Dominum Ie- 14 Gal. 3. 27.
sum Christum, et carnis curam ne feceritis in
desideriis.

Infirmum autem in fide adsumite, non in 14 15. 1.
disceptationibus cogitationum. Alius enim 2 1 Cor. 8. 9-
11.
credit manducare omnia : qui autem infirmus Gen. 1. 29.
est, holus manducet. Is qui manducat non 3 9. 3.
Col. 2. 16.
manducantem non spernat : et qui non man-

⁵ et : etiam 𝕾ℭ ⁷ reddite + ergo 𝕾ℭ ⁹ furaberis sine
addit. ACFGH : +non falsum testimonium dices DV𝕾ℭ ¹² adpropiauit : appropinquauit 𝕾ℭ ¹³ comessationibus 𝕾ℭ
14. ² credit + se 𝕾ℭ olus 𝕾ℭ

389

ducat, manducantem non iudicet : Deus enim
4 illum adsumsit.   Tu quis es qui iudices alienum seruum ?   Suo Domino stat, aut cadit :
stabit autem : potens est enim Deus statuere
5 illum.   Nam alius iudicat diem inter diem :
alius iudicat omnem diem : unusquisque in
6 suo sensu abundet.   Qui sapit diem Domino
sapit : et qui manducat Domino, manducat :
gratias enim agit Deo : et qui non manducat
Domino, non manducat, et gratias agit Deo.
7 Nemo enim nostrum sibi uiuit, et nemo sibi
8 moritur.   Siue enim uiuimus, Domino uiuimus : siue morimur, Domino morimur. Siue
ergo uiuimus, siue morimur, Domini sumus.
9 In hoc enim Christus et mortuus est, et resurrexit : ut et mortuorum et uiuorum dominetur.
10 Tu autem quid iudicas fratrem tuum ? aut tu
quare spernis fratrem tuum ? Omnes enim
11 stabimus ante tribunal Dei. Scriptum est enim:
     Uiuo ego, dicit Dominus, quoniam mihi
     flectet omne genu :
     et omnis lingua confitebitur Deo.
12 Itaque unusquisque nostrum pro se rationem
reddet Deo.
13   Non ergo amplius inuicem iudicemus : sed
hoc iudicate magis, ne ponatis offendiculum
14 fratri, uel scandalum.   Scio, et confido in
Domino Iesu, quia nihil commune per ipsum :
nisi ei qui existimat quid commune esse, illi
15 commune est.   Si enim propter cibum frater
tuus contristatur, iam non secundum caritatem ambulas.   Noli cibo tuo illum perdere,

Mt. 7. 1.
Iac. 4. 11, 12.

Gal. 4. 10.

Lc. 20. 38.
1 Cor. 6. 19.
Gal. 2. 20.

Mt. 25. 31,32.
Act. 17. 31.
2 Cor. 5. 10.
Es. 45. 23.
Phil. 2. 10,11.

Gal. 6. 5.

Mt. 15. 11.
Mc. 7. 15.
Act. 10. 15.
Tit. 1. 15.

1 Cor. 8. 4,
8. 11–13.

---

4 iudicas 𝔖ℭ   > Domino suo 𝔖ℭ   5 alius *sec.* +autem 𝔖ℭ
6 *disting.* diem, Domino . . . manducat, Domino manducat . . . non
manducat, Domino non 𝔖ℭ   9 et *pr. om.* 𝔖ℭ   10 **Dei : Christi**
𝔖ℭ   11 flectetur 𝔖ℭ

pro quo Christus mortuus est. Non ergo bla- 16 1 Cor. 10. 29,
sphemetur bonum nostrum. Non est regnum 17 30.
Dei esca et potus, sed iustitia et pax, et gau- Lc. 17. 21.
dium in Spiritu sancto : qui enim in hoc ser- 18
uit Christo, placet Deo, et probatus est hominibus. Itaque quae pacis sunt, sectemur : 19 12. 18, 15. 2.
et quae aedificationis sunt, in inuicem custodiamus. Noli propter escam destruere opus 20
Dei. Omnia quidem munda sunt : sed malum
est homini, qui per offendiculum manducat.
Bonum est non manducare carnem, et non bi- 21 1 Cor. 8. 13.
bere uinum, neque in quo frater tuus offendit,
aut scandalizatur, aut infirmatur. Tu fidem 22 1 Ioh. 3. 21.
habes ? penes temet ipsum habe coram Deo. Tit. 1. 15
Beatus, qui non iudicat semet ipsum in eo
quod probat. Qui autem discernit, si mandu- 23
cauerit, damnatus est : quia non ex fide. Omne autem quod non est ex fide, peccatum est.

Debemus autem nos firmiores inbecillitates 15 Gal. 6. 1.
infirmorum sustinere, et non nobis placere. Cor. 10. 33.
Unusquisque uestrum proximo suo placeat in 2
bonum, ad aedificationem. Etenim Christus 3 Phil. 2. 5–8.
non sibi placuit, sed sicut scriptum est : In- Ps. 68. 10
properia inproperantium tibi, ceciderunt super (69. 9).
me. Quaecumque enim scripta sunt, ad no- 4 4. 23, 24.
stram doctrinam scripta sunt : ut per patien- 1 Cor. 10. 11.
tiam et consolationem scripturarum, spem 2 Tim. 3. 16.
habeamus. Deus autem patientiae et solacii 5 12. 16.
det uobis id ipsum sapere in alterutrum secundum Iesum Christum : ut unanimes, uno 6
ore honorificetis Deum et patrem Domini nostri Iesu Christi. Propter quod suscipite in- 7
uicem, sicut et Christus suscepit uos, in hono- Mt. 15. 24.
rem Dei. Dico enim Christum Iesum mini- 8 Act. 3. 26.
 Rom. 4. 16.

17 est + enim 𝕾𝕮 20 > sunt munda 𝕾𝕮 21 offenditur 𝕾𝕮
15. 1 imbecillitates 𝕾𝕮 3 improp. 𝕾𝕮 5 solatij 𝕾𝕮

strum fuisse circumcisionis, propter ueritatem
Dei, ad confirmandas promissiones patrum :

3. 29.
2 Reg. (2
Sam.) 22. 50.
Ps. 17. 50
(18. 49).

9 gentes autem super misericordiam honorare
Deum, sicut scriptum est :
> Propter hoc confitebor tibi in gentibus,
> et nomini tuo cantabo.

Dt. 32. 43.

10 Et iterum dicit :
> Laetamini gentes cum plebe eius.

Ps. 116
(117). 1.

11 Et iterum :
> Laudate omnes gentes Dominum :
> et magnificate eum omnes populi :

Es. 11. 10.

12 Et rursus Esaias ait :
> Erit radix Iesse,
> et qui exsurget regere gentes,
> in eo gentes sperabunt.

13 Deus autem spei repleat uos omni gaudio et
pace in credendo : ut abundetis in spe, et uirtute Spiritus sancti.

14   Certus sum autem, fratres mei, et ego ipse
de uobis, quoniam et ipsi pleni estis dilectione,
repleti omni scientia, ita ut possitis alterutrum

15 monere.   Audacius autem scripsi uobis, fratres, ex parte, tamquam in memoriam uos
reducens : propter gratiam quae data est mihi

11. 13.
Act. 9. 15.

16 a Deo, ut sim minister Christi Iesu in gentibus : sanctificans euangelium Dei, ut fiat oblatio gentium accepta, sanctificata in Spiritu

Phil. 3. 3.

17 sancto.   Habeo igitur gloriam in Christo Iesu

Act. 15. 12,
21. 19.

18 ad Deum.   Non enim audeo aliquid loqui eorum quae per me non effecit Christus in oboe-

2 Cor. 12. 12.

19 dientiam gentium, uerbo et factis, ' in uirtute
signorum et prodigiorum, in uirtute Spiritus
sancti : ita ut ab Hierusalem, per circuitum

9 super misericordia $\mathcal{SC}$ **propter hoc :** **propterea** $\mathcal{SC}$
gentibus + Domine $\mathcal{SC}$ 12 in eum $\mathcal{SC}$ 16 **accepta** + **et**
$\mathcal{SC}$ 18 efficit $\mathcal{SC}$

usque ad Illyricum repleuerim euangelium
Christi. Sic autem hoc praedicaui euange- 20   2 Cor. 10. 13,
lium, non ubi nominatus est Christus, ne su-   15, 16.
per alienum fundamentum aedificarem : sed 21   Es. 52. 15.
sicut scriptum est :
  Quibus non est adnuntiatum, de eo uide-
     bunt :
  et qui non audierunt, intellegent.
Propter quod et inpediebar plurimum uenire 22   1. 13.
ad uos. Nunc uero ulterius locum non habens 23   1. 11.
in his regionibus, cupiditatem autem habens
ueniendi ad uos ex multis iam praecedentibus
annis : cum in Hispaniam proficisci coepero, 24
spero quod praeteriens uideam uos, et a uobis
deducar illuc, si uobis primum ex parte fruitus
fuero. Nunc igitur proficiscar in Hierusalem 25   Act. 19. 21,
ministrare sanctis.   Probauerunt enim Mace- 26   20. 3, 22,
donia et Achaia conlationem aliquam facere   24. 17.
in pauperes sanctorum qui sunt in Hierusalem.   1 Cor. 16. 1–4.
                                                  2 Cor. 8. 1,
Placuit enim eis, et debitores sunt eorum : 27   9. 2.
nam si spiritalium eorum participes facti sunt   1 Cor. 9. 11.
gentiles, debent et in carnalibus ministrare eis. Gal. 6. 6.
Hoc igitur cum consummauero, et adsigna- 28
uero eis fructum hunc, proficiscar per uos in
Hispaniam. Scio autem quoniam ueniens ad 29   1. 11.
uos, in abundantia benedictionis Christi ue-   Eph. 1. 3.
niam.
  Obsecro igitur uos, fratres, per Dominum 30   2 Cor. 1. 11.
nostrum Iesum Christum, et per caritatem   Col. 4. 3.
Spiritus, ut adiuuetis me in orationibus pro me 2 Thess. 3. 1.

---

[20] > praedicaui euangelium hoc 𝔖ℭ   [21] *disting.* annunciatum
de eo, videbunt 𝔖ℭ   audierunt + de eo 𝔖   [22] uos + et (sed
𝔖) prohibitus sum vsque adhuc 𝔖ℭ   [26] collationem 𝔖ℭ   [27] eis *sec.*:
illis 𝔖ℭ   [28] > per vos proficiscar 𝔖ℭ   [29] benedictionis
+ Euangelij 𝔖ℭ   [30] igitur : ergo 𝔖ℭ   caritatem + sancti 𝔖ℭ
adiuuetis + et 𝔖   orationibus + vestris 𝔖ℭ

31 ad Deum, ut liberer ab infidelibus qui sunt in Iudaea, et obsequii mei oblatio accepta fiat in 32 Hierosolyma sanctis : ut ueniam ad uos in gaudio per uoluntatem Dei, et refrigerer uobis-

16. 20. 33 cum. Deus autem pacis sit cum omnibus uobis. Amen.

16 Commendo autem uobis Phoebem sororem nostram, quae est in ministerio ecclesiae 2 quae est Cenchris : ut eam suscipiatis in Domino digne sanctis, et adsistatis ei in quocumque negotio uestri indiguerit : etenim ipsa quoque adstitit multis, et mihi ipsi.

Act. 18. 2, 18, 26. 1 Cor. 16. 19. 2 Tim. 4. 19.

3 Salutate Priscam et Aquilam adiutores 4 meos in Christo Iesu : qui pro anima mea suas ceruices supposuerunt, quibus non solus ego gratias ago, sed et cunctae ecclesiae gen-5 tium : [1] et domesticam eorum ecclesiam. Salutate Epaenetum dilectum mihi, qui est primi-6 tiuus Asiae in Christo. Salutate Mariam, quae 7 multum laborauit in uobis. Salutate Andronicum et Iuniam, cognatos et concaptiuos meos, qui sunt nobiles in Apostolis, qui et 8 ante me fuerunt in Christo. Salutate Amplia-9 tum dilectissimum mihi in Domino. Salutate Urbanum adiutorem nostrum in Christo, et 10 Stachyn dilectum meum. Salutate Apellen probum in Christo. Salutate eos qui sunt ex 11 Aristoboli. Salutate Herodionem cognatum meum. Salutate eos qui sunt ex Narcissi, qui 12 sunt in Domino. Salutate Tryphenam et Tryphosam, quae laborant in Domino. Salu-

---

31 Ierusalem 𝕊ℭ   16. [1] Phoeben 𝕊ℭ   est + in 𝕊ℭ
5 > Ecclesiam eorum 𝕊ℭ   Ephaenetum 𝕊   primitiuus
+ Ecclesiae 𝕊   Christo + Iesu 𝕊   [6] uobis : nobis 𝕊   [7] Iuliam
𝕊   [9] Christo + Iesu 𝕊ℭ   [10] Aristoboli + domo 𝕊ℭ   [11] Narcissi + domo 𝕊ℭ   [12] Tryphaenam 𝕊ℭ

tate Persidam carissimam, quae multum labo-
rauit in Domino. Salutate Rufum electum in 13   Mc. 15. 21.
Domino, et matrem eius et meam. Salutate 14
Asyncritum, Phlegonta, Hermen, Patrobam,
Hermam : et qui cum eis sunt fratres. Salu- 15
tate Philologum et Iuliam, Nereum et sororem eius, et Olympiadem, et omnes qui cum
eis sunt sanctos. Salutate inuicem in os- 16   1 Ccr. 16. 20.
culo sancto. Salutant uos omnes ecclesiae   2 Cor. 13. 12.
1 Thess. 5. 26.
Christi.   1 Pet. 5. 14.

Rogo autem uos, fratres, ut obseruetis eos 17   Tit. 3. 10.
qui dissensiones et offendicula, praeter doctri-   2 Ioh. 10.
nam quam uos didicistis, faciunt, et declinate
ab illis. Huiusmodi enim Christo Domino 18   Phil. 3. 19.
nostro non seruiunt, sed suo uentri : et per   Col. 2. 4.
2 Pet. 2. 3.
dulces sermones et benedictiones seducunt
corda innocentium. Uestra enim oboedientia 19   1. 8.
in omnem locum diuulgata est : gaudeo igitur   1 Cor. 14. 20.
Mt. 10. 16.
in uobis : sed uolo uos sapientes esse in bono,
et simplices in malo. Deus autem pacis conteret 20   Gen. 3. 15.
Satanan sub pedibus uestris uelociter.

    Gratia Domini nostri Iesu Christi uobiscum.   1 Cor. 16. 23.

    Salutat uos Timotheus adiutor meus, et 21   Act. 16. 1,
Lucius, et Iason, et Sosipater, cognati mei.   13. 1 ?, 17. 5 ?,
20. 4 ?.
Saluto uos ego Tertius, qui scripsi epistulam, 22
in Domino. Salutat uos Gaius hospes meus, 23   1 Cor. 1. 14.
et uniuersae ecclesiae. Salutat uos Erastus   Act. 19. 22.
arcarius ciuitatis, et Quartus frater.

    Ei autem, qui potens est uos confirmare 25   Eph. 3. 5, 19,
20.
iuxta euangelium meum, et praedicationem   Col. 1. 26.
Iesu Christi, secundum reuelationem mysterii   Tit. 1. 3.
1 Pet. 1. 20.

---

¹² Persidem 𝔖ℭ   ¹⁴ Phlegontem 𝔖ℭ >Hermam…Hermen 𝔖ℭ
¹⁸ huiuscemodi 𝔖ℭ   ²⁰ conterat Satanam 𝔖ℭ   ²³ Caius 𝔖ℭ
vniuersa Ecclesia 𝔖ℭ   archarius 𝔖   ²⁴ *om. uers.* ACFG*H :
habent DGᶜV𝔖ℭ ; *legunt uero sic :*—Gratia Domini nostri Iesu
Christi cum omnibus uobis. Amen (*om.* Amen D)

26 temporibus aeternis taciti, quod nunc pate-
factum est per scripturas prophetarum, secundum praeceptum aeterni Dei, ad oboeditio-

1 Tim. 1. 17. 27 nem fidei in cunctis gentibus, cognito ¹ solo
Iuda. 25.   sapienti Deo, per Iesum Christum, cui honor
in saecula saeculorum.   Amen.

EXPLICIT EPISTULA AD ROMANOS

EPISTULA
AD CORINTHIOS PRIMA

Rom. 1. 1.   1 PAULUS uocatus Apostolus Christi Iesu per
Act. 18. 17. 2 uoluntatem Dei, et Sosthenes frater, ¹ ecclesiae
Act. 18. 1.
Rom. 1. 7.   Dei, quae est Corinthi, sanctificatis in Christo
Act. 9. 14.   Iesu, uocatis sanctis : cum omnibus qui inuocant nomen Domini nostri Iesu Christi in
3 omni loco ipsorum, et nostro.   Gratia uobis
et pax a Deo Patre nostro, et Domino Iesu
Christo.
4   Gratias ago Deo meo semper pro uobis, in
gratia Dei quae data est uobis in Christo Iesu:
5 quia in omnibus diuites facti estis in illo, in
6 omni uerbo, et in omni scientia : sicut testi-

Phil. 3. 20. 7 monium Christi confirmatum est in uobis : ita
Heb. 9. 28.   ut nihil uobis desit in ulla gratia, expectantibus
2 Pet. 3. 12.
Phil. 1. 6. 8 reuelationem Domini nostri Iesu Christi : qui
1 Thess. 5. 23. et confirmabit uos usque ad finem sine crimine,
in die aduentus Domini nostri Iesu Christi.

1 Thess. 5. 24. 9 Fidelis Deus, per quem uocati estis in socie-
2 Thess. 3. 3.   tatem filii eius Iesu Christi Domini nostri.

26, 27 Gentibus cogniti, soli 𝕊ℭ   27 honor + et gloria 𝕊ℭ   om.
subscr. 𝕊ℭ
 Inscr. EPISTOLA BEATI PAVLI APOSTOLI AD CORIN-
THIOS PRIMA 𝕊ℭ   1. ¹ > Iesu Christi 𝕊ℭ   ⁵ quia : quòd
𝕊ℭ   ⁸ ad : in 𝕊ℭ

Obsecro autem uos, fratres, per nomen Do- 10   11. 18.
mini nostri Iesu Christi, ut id ipsum dicatis   Phil. 4. 2.
omnes, et non sint in uobis schismata : sitis
autem perfecti, in eodem sensu et in eadem
scientia. Significatum est enim mihi de uobis, 11   3. 3, 4.
fratres mei, ab his qui sunt Chloes, quia con
tentiones inter uos sunt. Hoc autem dico, 12   Act. 18. 24.
quod unusquisque uestrum dicit : Ego quidem   19. 1.
                                  Tit. 3. 13.
sum Pauli : ego autem Apollo : ego uero   Ioh. 1. 42.
Cephae : ego autem Christi. Diuisus est 13   Gal. 2. 11.
Christus ? Numquid Paulus crucifixus est pro
uobis ? aut in nomine Pauli baptizati estis ?
Gratias ago Deo quod neminem uestrum bap- 14   Act. 18. 8.
tizaui, nisi Crispum et Gaium : ne quis dicat 15   Rom. 16. 23.
quod in nomine meo baptizati estis. Baptizaui 16   1 Cor. 16. 15,
autem et Stephanae domum : ceterum nescio   17.
si quem alium baptizauerim. Non enim misit 17   Act. 9. 15.
me Christus baptizare, sed euangelizare : non   1 Cor. 9. 16.
in sapientia uerbi, ut non euacuetur crux
Christi.

Uerbum enim crucis pereuntibus quidem 18   2. 14, 3. 19.
stultitia est : his autem, qui salui fiunt, id est   Rom. 1. 16.
nobis, uirtus Dei est. Scriptum est enim : 19   Es. 29. 14.
    Perdam sapientiam sapientium :
    et prudentiam prudentium reprobabo.
Ubi sapiens ? ubi scriba ? ubi inquisitor huius 20   Iob. 12. 17.
saeculi ? Nonne stultam fecit Deus sapientiam   Es. 19. 12,
huius mundi ? Nam quia in Dei sapientia non 21   33. 18.
                                  Mt. 11. 25.
cognouit mundus per sapientiam Deum, placuit   Lc. 10. 21.
Deo per stultitiam praedicationis saluos facere
credentes. Quoniam et Iudaei signa petunt, 22   Mt. 12. 38.
                                  Ioh. 4. 48.
et Graeci sapientiam quaerunt : nos autem 23   Act. 17. 18.

10 scientia *cum* AF(-tiam) G*HV𝕾 : sententia CDG¹𝕮   11 ijs
𝕾𝕮, *et* 18 > sunt inter vos 𝕾𝕮   14 Deo + meo 𝕾   Caium 𝕾𝕮
16 ceterorum 𝕾   alium + vestrum 𝕾 ⎮   18 > Dei virtus 𝕾𝕮
20 inquisitor ACV : conquisitor DFGH𝕾𝕮

praedicamus Christum crucifixum, Iudaeis
quidem scandalum, gentibus autem stultitiam:

24 ¹ ipsis autem uocatis Iudaeis atque Graecis,
Christum Dei uirtutem, et Dei sapientiam:

25 quia quod stultum est Dei, sapientius est hominibus: et quod infirmum est Dei, fortius
est hominibus.

Mt. 11. 25.
Lc. 10. 21.
Iac. 2. 5.

26 Uidete enim uocationem uestram, fratres,
quia non multi sapientes secundum carnem,

27 non multi potentes, non multi nobiles: sed
quae stulta sunt mundi elegit Deus, ut confundat sapientes: et infirma mundi elegit Deus,

28 ut confundat fortia: et ignobilia mundi, et con-
temptibilia elegit Deus, et quae non sunt, ut

Rom. 3. 27.
Eph. 2. 9.
Phil. 3. 9.

29 ea quae sunt destrueret: ut non glorietur om-
30 nis caro in conspectu eius. Ex ipso autem
uos estis in Christo Iesu, qui factus est sapientia nobis a Deo, et iustitia, et sanctificatio,

Hier. 9. 23,
24.
2 Cor. 10. 17.

31 et redemptio: ut quemadmodum scriptum
est: Qui gloriatur, in Domino glorietur.

2 Cor. 1. 12.

2 Et ego, cum uenissem ad uos, fratres, ueni
non per sublimitatem sermonis aut sapientiae,

Gal. 6. 14.

2 adnuntians uobis testimonium Christi. Non
enim iudicaui me scire aliquid inter uos, nisi

Act. 18. 9.
Gal. 4. 13.

3 Christum Iesum, et hunc crucifixum. Et ego
in infirmitate, et timore, et tremore multo fui

Rom. 15. 18,
19.
1 Thess. 1. 5.

4 apud uos: et sermo meus, et praedicatio mea
non in persuasibilibus sapientiae uerbis, sed

5 in ostensione Spiritus, et uirtutis: ut fides
uestra non sit in sapientia hominum, sed in
uirtute Dei.

12. 8.
Phil. 3. 15.

6 Sapientiam autem loquimur inter perfectos:

---

²⁸ **Deus et + ea** 𝔖ℭ　　　³⁰ > nobis sapientia 𝔖ℭ　　　2. ¹ in
sublimitate 𝔖ℭ　　² > Iesum Christum 𝔖ℭ　　⁴ **persuasibilibus**
+ humanae 𝔖ℭ

sapientiam uero non huius saeculi, neque prin-
cipum huius saeculi, qui destruuntur : sed lo- 7   Rom. 16. 25.
quimur Dei sapientiam in mysterio, quae ab-   Col. 1. 26.
scondita est, quam praedestinauit Deus ante
saecula in gloriam nostram, quam nemo prin- 8   Act. 3. 14,
cipum huius saeculi cognouit : si enim cogno-   15; 17.
uissent, numquam Dominum gloriae cruci-
fixissent.   Sed sicut scriptum est :   9   Es. 64. 4.
Quod oculus non uidit, nec auris audiuit,
nec in cor hominis ascendit :
quae praeparauit Deus his qui diligunt illum.
Nobis autem reuelauit Deus per Spiritum suum: 10   Mt. 13. 11.
Spiritus enim omnia scrutatur, etiam profunda   Mc. 4. 11.
                                     Lc. 8. 10.
Dei.   Quis enim scit hominum quae sint homi- 11   Prou. 20. 27.
nis, nisi spiritus hominis, qui in ipso est ? ita
et quae Dei sunt nemo cognouit, nisi Spiritus
Dei.   Nos autem non spiritum mundi accepi- 12   Rom. 8. 15.
mus, sed Spiritum qui ex Deo est, ut sciamus
quae a Deo donata sunt nobis : quae et loqui- 13
mur non in doctis humanae sapientiae uerbis,
sed in doctrina Spiritus, spiritalibus spiritalia
conparantes.   Animalis autem homo non per- 14   Ioh. 8. 47,
cipit ea quae sunt Spiritus Dei : stultitia est   14. 17.
enim illi : et non potest intellegere, quia spiritaliter examinatur.   Spiritalis autem iudicat 15   1 Ioh. 2. 20.
omnia: et ipse a nemine iudicatur.   Quis enim 16   Es. 40. 13.
cognouit sensum Domini, qui instruat eum ?   Rom. 11. 34.
Nos autem sensum Christi habemus.
                                        Eph. 4. 14.
  Et ego, fratres, non potui uobis loqui quasi 3   Heb. 5. 12,
spiritalibus, sed quasi carnalibus : tamquam   13.
                                        1 Pet. 2. 2.

---

⁹ ascenderunt 𝕾   ijs 𝕾ℭ   ¹¹ > hominum scit 𝕾ℭ   .sint :
sunt 𝕾ℭ   ¹² spiritum + huius 𝕾ℭ   ¹⁴ > enim est 𝕾ℭ   disting.
illi, et non potest intellegere : quia 𝕾ℭ   examinantur 𝕾   ¹⁵ iudicatur + sicut scriptum est 𝕾   ¹⁶ qui instruat : aut quis in-
struxit 𝕾ℭ   3. ¹, ² *disting.* carnalibus.   Tamquam paruulis in
Christo, lac 𝕾ℭ

2 paruulis in Christo: lac uobis potum dedi, non escam: nondum enim poteratis: sed nec nunc quidem potestis: adhuc enim estis carnales.

1. 11, 11. 18. 3 Cum enim sit inter uos zelus et contentio, nonne carnales estis, et secundum hominem

1. 12. 4 ambulatis? Cum enim quis dicit: Ego quidem sum Pauli: alius autem: Ego Apollo: nonne 5 homines estis? Quid igitur est Apollo? | quid uero Paulus? Ministri eius, cui credidistis, et

Act. 18. 4–11, 27, 28. 6 unicuique sicut Dominus dedit. Ego plantaui, Apollo rigauit: sed Deus incrementum dedit. 7 Itaque neque qui plantat est aliquid, neque qui rigat: sed qui incrementum dat Deus. 8 Qui plantat autem, et qui rigat, unum sunt. Unusquisque autem propriam mercedem acci-

Eph. 2. 20–22.
Col. 2. 7.
1 Pet. 2. 4–6.
Mt. 16. 18.
Rom. 15. 20. 9 piet secundum suum laborem. Dei enim sumus adiutores: Dei agricultura estis, Dei aedificatio estis.

10 Secundum gratiam Dei, quae data est mihi, ut sapiens architectus, fundamentum posui: alius autem superaedificat. Unusquisque au-11 tem uideat quomodo superaedificet. Fundamentum enim aliud nemo potest ponere, praeter id quod positum est, qui est Christus Iesus. 12 Si quis autem superaedificat supra fundamentum hoc, aurum, argentum, lapides pretiosos,

4. 5.
Mal. 4. 1.
1 Pet. 1. 7. 13 ligna, faenum, stipulam: uniuscuiusque opus manifestum erit: dies enim declarabit, quia in igne reuelabitur: et uniuscuiusque opus, quale 14 sit ignis probabit. Si cuius opus manserit quod 15 superaedificauit, mercedem accipiet. Si cuius opus arserit, detrimentum patietur: ipse autem saluus erit: sic tamen quasi per ignem.

---

² >carnales estis 𝕾𝕮   ⁴ dicat 𝕾𝕮   · ⁸ >autem plantat 𝕾𝕮
¹¹ qui: quod 𝕾𝕮   ¹² supra: super 𝕾𝕮   ¹³ enim + Domini 𝕾𝕮

Nescitis quia templum Dei estis, et Spiritus 16   6. 19.
Dei habitat in uobis? Si quis autem templum 17 2 Cor. 6. 16.
Dei uiolauerit, disperdet illum Deus.   Tem-
plum enim Dei sanctum est, quod estis uos.

Nemo se seducat: si quis uidetur inter uos 18   8. 2.
sapiens esse in hoc saeculo, stultus fiat ut sit   Gal. 6. 3.
sapiens. Sapientia enim huius mundi, stultitia 19 Iob. 5. 13.
est apud Deum.   Scriptum est enim: Com-
prehendam sapientes in astutia eorum.   Et 20 Ps. 93 (94).
iterum: Dominus nouit cogitationes sapientium   11.
quoniam uanae sunt.   Itaque nemo glorietur 21
in hominibus. Omnia enim uestra sunt, | siue 22 4, 1. 12.
Paulus, siue Apollo, siue Cephas, siue mundus,
siue uita, siue mors, siue praesentia, siue futura:
omnia enim uestra sunt: | uos autem Christi: 23 11. 3.
Christus autem Dei.

Sic nos existimet homo ut ministros Christi, 4 1 Pet. 4. 10,
et dispensatores mysteriorum Dei.   Hic iam 2 11.
quaeritur inter dispensatores, ut fidelis quis in- Lc. 12. 42.
ueniatur.   Mihi autem pro minimo est ut a uo- 3
bis iudicer, aut ab humano die: sed neque me
ipsum iudico.   Nihil enim mihi conscius sum: 4 Iob. 9. 2, 15.
sed non in hoc iustificatus sum: qui autem
iudicat me, Dominus est.   Itaque nolite ante 5
tempus iudicare, quoad usque ueniat Dominus:
qui et inluminabit abscondita tenebrarum, et
manifestabit consilia cordium: et tunc laus
erit unicuique a Deo.

Haec autem, fratres, transfiguraui in me et 6 1. 12.
Apollo propter uos: ut in nobis discatis ne
supra quam scriptum est unus aduersus alterum
infletur pro alio.   Quis enim te discernit? 7 1 Par. 29. 14.
Quid autem habes quod non accepisti? Si   Ioh. 3. 27.
                              Iac. 1. 17.
autem accepisti, quid gloriaris quasi non ac-

Apoc. 3. 17, 21.
8 ceperis ? Iam saturati estis, iam diuites facti
estis : sine nobis regnatis : et utinam regnare-
Rom. 8. 36.
Heb. 10. 33.
9 tis, ut et nos uobiscum regnaremus. Puto
enim Deus nos Apostolos nouissimos ostendit,
tamquam morti destinatos : quia spectaculum
facti sumus mundo, et angelis, et hominibus.
10 Nos stulti propter Christum, uos autem prudentes in Christo : nos infirmi, uos autem for-
2 Cor. 11. 23–
27.
Rom. 8. 35.
Phil. 4. 12.
11 tes: uos nobiles, nos autem ignobiles. Usque
in hanc horam et esurimus, et sitimus, et nudi
sumus, et colaphis caedimur, et instabiles su-
Act. 18. 3,
20. 34.
1 Thess. 2. 9.
12 mus, ¦ et laboramus operantes manibus nostris:
maledicimur, et benedicimus : persecutionem
1 Pet. 3. 9.
13 patimur, et sustinemus: blasphemamur, et obsecramus : tamquam purgamenta huius mundi
facti sumus, omnium peripsima usque adhuc.
14 Non ut confundam uos haec scribo, sed ut
Gal. 4. 19.
1 Thess. 2. 11.
15 filios meos carissimos moneo. Nam si decem
milia paedagogorum habeatis in Christo : sed
non multos patres. Nam in Christo Iesu per
11. 1.
Phil. 3. 17.
16. 10.
Act. 19. 22.
Phil. 2. 19.
16 euangelium ego uos genui. Rogo ergo uos,
17 imitatores mei estote. Ideo misi ad uos Timotheum, qui est filius meus carissimus et
fidelis in Domino: qui uos commonefaciat uias
meas quae sunt in Christo, sicut ubique in om-
18 ni ecclesia doceo. Tamquam non uenturus
11. 34, 16.
5, 6.
2 Cor. 1. 15,
16, 23.
19 sim ad uos, sic inflati sunt quidam. Ueniam
autem cito ad uos, si Dominus uoluerit: et cognoscam non sermonem eorum qui inflati sunt,
20 sed uirtutem. Non enim in sermone est reg-
2 Cor. 13. 2,
10.
21 num Dei, sed in uirtute. Quid uultis ? in
uirga ueniam ad uos, an in caritate, et spiritu
mansuetudinis ?

4. ⁸ regnetis . . . regnemus 𝕾ℭ　　⁹ enim + quòd 𝕾ℭ　　¹³ per-
ipsema 𝕾ℭ　　¹⁶ estote + sicut et ego Christi 𝕾ℭ　　¹⁷ commone-
faciet 𝕾ℭ　　**Christo** + Iesu 𝕾ℭ　　¹⁹ ＞ ad vos cito 𝕾ℭ

Omnino auditur inter uos fornicatio, et talis 5
fornicatio qualis nec inter gentes, ita ut uxorem patris aliquis habeat. Et uos inflati estis, 2
et non magis luctum habuistis, ut tollatur de
medio uestrum qui hoc opus fecit. Ego qui- 3
dem absens corpore, praesens autem spiritu,
iam iudicaui ut praesens eum qui sic operatus
est : in nomine Domini nostri Iesu Christi, 4
congregatis uobis et meo spiritu, cum uirtute
Domini Iesu, tradere huiusmodi Satanae in in- 5
teritum carnis, ut spiritus saluus sit in die Domini Iesu. ' Non bona gloriatio uestra. Ne- 6
scitis quia modicum fermentum totam massam
corrumpit? Expurgate uetus fermentum, ut 7
sitis noua consparsio, sicut estis azymi. Etenim Pascha nostrum immolatus est Christus.
Itaque epulemur, non in fermento ueteri, ne- 8
que in fermento malitiae et nequitiae : sed in
azymis sinceritatis et ueritatis.

Scripsi uobis in epistula : Ne commiscea- 9
mini fornicariis : non utique fornicariis huius 10
mundi, aut auaris, aut rapacibus, aut idolis
seruientibus: alioquin debueratis de hoc mundo exisse. Nunc autem scripsi uobis non 11
commisceri : si is qui frater nominatur, est
fornicator, aut auarus, aut idolis seruiens, aut
maledicus, aut ebriosus, aut rapax : cum eiusmodi nec cibum sumere. Quid enim mihi 12
de his qui foris sunt iudicare? Nonne de his
qui intus sunt uos iudicatis? nam eos qui 13
foris sunt Deus iudicabit. Auferte malum ex
uobis ipsis.

Leu. 18. 8.
Dt. 22. 30,
27. 20.

Col. 2. 5.

Mt. 16. 19,
18. 18.
Ioh. 20. 23.
2 Cor. 13. 10.
1 Tim. 5. 20.
1 Tim. 1. 20.
Iac. 4. 16.
Gal. 5. 9.
Mt. 13. 33.
Lc. 13. 21.

Ex. 12. 3–21,
13. 7, 23. 15.
1 Pet. 1. 19.

2 Thess. 3. 14.

Ioh. 17. 15.

2 Thess. 3. 6.
Tit. 3. 10.
2 Ioh. 10.

Dt. 13. 5, 17.
7, 12, 21. 21.

5. ¹ patris + sui 𝕊ℭ   cum uirtute Domini + nostri 𝕊ℭ
⁵ huiusmodi + hominem 𝕊   Domini + nostri 𝕊ℭ   Iesu + Christi
𝕊ℭ   ⁶ non + est 𝕊ℭ   ⁷ consparsio 𝕊ℭ   ¹⁰ exijsse 𝕊ℭ
¹¹ nominatur + inter vos 𝕊   ¹² ijs *bis* 𝕊ℭ

6 Audet aliquis uestrum habens negotium aduersus alterum, iudicari apud iniquos, et non
2 apud sanctos? An nescitis quoniam sancti de
mundo iudicabunt? Et si in uobis iudicabitur
mundus, indigni estis qui de minimis iudi-
3 cetis? Nescitis quoniam angelos iudicabimus?
4 quanto magis saecularia? Saecularia igitur
iudicia si habueritis, contemptibiles qui sunt
in ecclesia, illos constituite ad iudicandum.
5 ' Ad uerecundiam uestram dico. Sic non est
inter uos sapiens quisquam, qui possit iudi-
6 care inter fratrem suum? Sed frater cum
fratre iudicio contendit: et hoc apud infideles?
7 Iam quidem omnino delictum est in uobis,
quod iudicia habetis inter uos. Quare non
magis iniuriam accipitis? quare non magis
8 fraudem patimini? Sed uos iniuriam facitis,
9 et fraudatis, et hoc fratribus. An nescitis
quia iniqui regnum Dei non possidebunt?
Nolite errare : Neque fornicarii, neque idolis
seruientes, neque adulteri, neque molles, ne-
10 que masculorum concubitores, ' neque fures,
neque auari, neque ebriosi, neque maledici,
11 neque rapaces regnum Dei possidebunt. Et
haec quidam fuistis : sed abluti estis, sed
sanctificati estis, sed iustificati estis in nomine
Domini nostri Iesu Christi, et in Spiritu Dei
nostri.
12 Omnia mihi licent, sed non omnia expediunt : omnia mihi licent, sed ego sub nullius
13 redigar potestate. Esca uentri, et uenter escis :
Deus autem et hunc et haec destruet : corpus
autem non fornicationi, sed Domino, et Do-

Sap. 3. 8.
Ecclus. 4. 16.
Dan. 7. 22.
Apoc. 20. 4.

Mt. 5. 39, 40.
Lc. 6. 29.

5. 10.
Rom. 1. 29-
31.
Gal. 5. 19–21.
Eph. 5. 5.
1 Tim. 1. 9-
11.
Tit. 3. 3.

8. 9, 10. 23.

Mt. 15. 17.
1 Thess. 4.
3–5.
Eph. 5. 23.

6. ² de *pr.* + hoc 𝖲𝕮   ¹¹ quidam: quidem 𝖲   ¹³ haec:
has 𝖲𝕮

minus corpori. Deus uero et Dominum su- 14
scitauit: et nos suscitabit per uirtutem suam.
Nescitis quoniam corpora uestra membra 15
Christi sunt? Tollens ergo membra Christi,
faciam membra meretricis? Absit. ¦ An nescitis 16
quoniam qui adhaeret meretrici, unum corpus
efficitur? Erunt enim, inquit, duo in carne una.
Qui autem adhaeret Domino, unus spiritus 17
est. ¦ Fugite fornicationem. Omne peccatum 18
quodcumque fecerit homo, extra corpus est:
qui autem fornicatur, in corpus suum peccat.
An nescitis quoniam membra uestra templum 19
est Spiritus sancti qui in uobis est, quem habetis a Deo, et non estis uestri? Empti enim 20
estis pretio magno. Glorificate et portate
Deum in corpore uestro.

De quibus autem scripsistis: Bonum est **7**
homini mulierem non tangere: propter forni- 2
cationem autem, unusquisque suam uxorem
habeat: et unaquaeque suum uirum habeat.
Uxori uir debitum reddat: similiter autem et 3
uxor uiro. Mulier sui corporis potestatem non 4
habet, sed uir. Similiter autem et uir sui corporis potestatem non habet, sed mulier. No- 5
lite fraudare inuicem, nisi forte ex consensu
ad tempus, ut uacetis orationi: et iterum
reuertimini in id ipsum, ne temtet uos Satanas propter incontinentiam uestram. Hoc 6
autem dico secundum indulgentiam, non secundum imperium. Uolo autem omnes uos 7
esse sicut me ipsum: sed unusquisque proprium habet donum ex Deo: alius quidem sic,
alius uero sic.

15. 20–23.
2 Cor. 4. 14.
Eph. 1. 19,
20.
12. 27.
Eph. 4. 16,
5. 30, 31.
Gen. 2. 24.
Mt. 19. 5.
Mc. 10. 8.

3. 16.

7. 23.
1 Pet. 1. 18,
19.
Phil. 1. 20.

Mt. 19. 11,12.

¹⁵ > sunt Christi 𝕾ℭ   ¹⁸ omne + enim 𝕾   ¹⁹ est *pr.* : sunt
𝕾ℭ   7. ¹ scripsistis + mihi 𝕾ℭ   ⁷ autem : enim ℭ   > donum
habet 𝕾ℭ

8 Dico autem non nuptis, et uiduis : bonum
1 Tim. 5. 14. 9 est illis si sic maneant, sicut et ego. Quod
si non se continent, nubant : melius est enim
12, 25, 40, 11. 10 nubere, quam uri. His autem qui matrimonio
17, 23,
2 Cor. 11. 17. iuncti sunt praecipio, non ego sed Dominus,
Mt. 5. 32, 11 uxorem a uiro non discedere : quod si disces-
19. 9.
Mc. 10. 11. serit, manere innuptam, aut uiro suo recon-
Lc. 16. 18. 12 ciliari : et uir uxorem ne dimittat. Nam
ceteris ego dico, non Dominus : Si quis frater
uxorem habet infidelem, et haec consentit ha-
13 bitare cum illo, non dimittat illam. Et si qua
mulier habet uirum infidelem, et hic consentit
14 habitare cum illa, non dimittat uirum. Sanctificatus est enim uir infidelis in muliere fideli,
et sanctificata est mulier infidelis per uirum
fidelem : alioquin filii uestri inmundi essent :
15 nunc autem sancti sunt. Quod si infidelis
discedit, discedat : non est enim seruituti
Rom. 14. 19. subiectus frater aut soror in eiusmodi : in pace
Col. 3. 15. 16 autem uocauit nos Deus. Unde enim scis,
1 Pet. 3. 1. mulier, si uirum saluum facies ? aut unde scis,
Rom. 12. 3. 17 uir, si mulierem saluam facies ? nisi unicuique
sicut diuisit Dominus, unumquemque sicut
uocauit Deus, ita ambulet, et sicut in omnibus
Act. 15. 1. 18 ecclesiis doceo. Circumcisus aliquis uocatus
Gal. 5. 2. est ? non adducat praeputium. In praeputio
Gal. 5. 6, 19 aliquis uocatus est ? non circumcidatur. Cir-
6. 15.
Col. 3. 11. cumcisio nihil est, et praeputium nihil est : sed
20 obseruatio mandatorum Dei. Unusquisque in
qua uocatione uocatus est, in ea permaneat.
Eph. 6. 6. 21 Seruus uocatus es ? non sit tibi curae : sed et
Philem. 16.
1 Tim. 6. 1, 2. 22 si potes liber fieri, magis utere. Qui enim in

---

8 permaneant 𝕊ℂ   10 ijs 𝕊ℂ   11 ne : non 𝕊ℂ   13 mulier + fidelis 𝕊ℂ   14 per mulierem fidelem 𝕊ℂ   15 > enim
seruituti subiectus est 𝕊ℂ   huiusmodi 𝕊ℂ   21 > fieri liber 𝕊ℂ

Domino uocatus est seruus, libertus est Domini : similiter qui liber uocatus est, seruus
est Christi. Pretio empti estis, nolite fieri serui 23   6. 20.
hominum. Unusquisque in quo uocatus est, 24
fratres, in hoc maneat apud Deum.

De uirginibus autem, praeceptum Domini 25
non habeo : consilium autem do, tamquam
misericordiam consecutus a Domino, ut sim
fidelis. Existimo ergo hoc bonum esse propter 26   Mt. 24. 29.
instantem necessitatem, quoniam bonum est   Mc. 13. 17.
homini sic esse. Alligatus es uxori ? noli quae- 27   Lc. 21. 23.
rere solutionem. Solutus es ab uxore ? noli
quaerere uxorem. Si autem acceperis uxorem, 28
non peccasti : et si nupserit uirgo, non peccauit : tribulationem tamen carnis habebunt
huiusmodi : ego autem uobis parco. Hoc ita- 29   Rom. 13. 11.
que dico, fratres : tempus breue est: reliquum
est, ut qui habent uxores, tamquam non habentes sint : et qui flent, tamquam non flentes : 30
et qui gaudent, tamquam non gaudentes : et
qui emunt, tamquam non possidentes : et qui 31   1 Ioh. 2. 15,
utuntur hoc mundo, tamquam non utantur :   17.
praeterit enim figura huius mundi. Uolo au- 32
tem uos sine sollicitudine esse. Qui sine
uxore est, sollicitus est quae Domini sunt, quomodo placeat Deo. ¹ Qui autem cum uxore est, 33
sollicitus est quae sunt mundi, quomodo pla-
ceat uxori, ¹ et diuisus est. Et mulier innupta et 34   Lc. 14. 20.
uirgo cogitat quae Domini sunt, ut sit sancta
et corpore, et spiritu : quae autem nupta est,

²⁴ unusquisque + ergo ᛋ   vocatus est frater, ᛋ   permaneat ᛋℭ
²⁶ ergo : enim ᛋ   ²⁹ ut + et ᛋℭ   ³³, ³⁴ uxori, et diuisus est.
Et mulier innupta et uirgo etc. distinximus cum A etc. ᛋℭ (ambo
innupta. et virgo) : contra uxori· et diuisus est et mulier innubta· et
uirgo G, cf. uxori ,, Et diuisa est mulier et uirgo· quae innupta est.
F. et ita fere D   ³⁴ et tert. om. ᛋℭ

cogitat quae sunt mundi, quomodo placeat

35 uiro.   Porro hoc ad utilitatem uestram dico:
non ut laqueum uobis iniciam, sed ad id quod
honestum est, etquod facultatem praebeat sine

36 impedimento Dominum obseruandi.   Si quis
autem turpem se uideri existimat super uirginem suam, quod sit superadulta, et ita oportet
fieri: quod uult faciat: non peccat, si nubat.

37 Nam qui statuit in corde suo firmus, non habens necessitatem, potestatem autem habet
suae uoluntatis, et hoc iudicauit in corde suo,

38 seruare uirginem suam, bene facit.   Igitur et
qui matrimonio iungit uirginem suam, bene

Rom. 7. 2.   39 facit: et qui non iungit, melius facit.   Mulier
alligata est quanto tempore uir eius uiuit:
quod si dormierit uir eius, liberata est: cui

40 uult nubat: tantum in Domino.   Beatior autem erit si sic permanserit, secundum meum
consilium: puto autem quod et ego Spiritum
Dei habeo.

Act. 15. 29.   8   De his autem quae idolis sacrificantur, scimus quia omnes scientiam habemus.   Scientia

Gal. 6. 3.   2 inflat, caritas uero aedificat. Si quis se existimat
1 Cor. 3. 18.   scire aliquid, nondum cognouit quemadmo-

Gal. 4. 9.   3 dum oporteat eum scire.   Si quis autem diligit
1 Cor. 13. 12.   4 Deum, hic cognitus est ab eo.   De escis autem
10. 19.
Es. 41. 24.   quae idolis immolantur, scimus quia nihil est
idolum in mundo, et quod nullus Deus, nisi

5 unus.   Nam etsi sunt qui dicantur dii, siue in
Mal. 2. 10.   caelo siue in terra: siquidem sunt dii multi, et
Rom. 11. 36.
Eph. 4. 6.   6 domini multi: nobis tamen unus Deus Pater,

---

35 obseruandi: obsecrandi 𝕾ℭ   36 super virgine sua 𝕾ℭ
37 habet: habens 𝕾ℭ   39 alligata est + legi 𝕾ℭ   40 habeo:
habeam 𝕾ℭ   8. 1 ijs 𝕾ℭ   sacrificantur: immolantur 𝕾
2 quis + autem 𝕾ℭ   4 nullus + est 𝕾ℭ   6 unus + est 𝕾 (et
corr. ℭ 93, 98)

ex quo omnia et nos in illum : et unus Dominus Iesus Christus, per quem omnia et nos per
ipsum. Sed non in omnibus est scientia : qui- 7   10. 28.
dam autem conscientia usque nunc idoli,
quasi idolothytum manducant : et conscientia
ipsorum, cum sit infirma, polluitur. Esca autem 8   Rom. 14. 17.
nos non commendat Deo : neque si non man-
ducauerimus, deficiemus : neque si mandu-
cauerimus, abundabimus. Uidete autem ne 9   Gal. 5. 13.
forte haec licentia uestra offendiculum fiat infirmis. Si enim quis uiderit eum qui habet 10 Rom. 14. 15.
scientiam in idolio recumbentem: nonne con-   20, 21.
scientia eius, cum sit infirma, aedificabitur ad
manducandum idolothyta ? Et peribit in- 11
firmus in tua scientia, frater propter quem
Christus mortuus est ? Sic autem peccantes 12
in fratres, et percutientes conscientiam eorum
infirmam, in Christo peccatis. Quapropter si 13 2 Cor. 6. 3.
esca scandalizat fratrem meum, non mandu-
cabo carnem in aeternum, ne fratrem meum
scandalizem.

Non sum liber? Non sum Apostolus? Nonne 9 15. 8-10.
Iesum Dominum nostrum uidi ? Nonne opus Gal. 1. 1.
                                Act. 9. 5, 17.
meum uos estis in Domino ? Si aliis non sum 2 2 Cor. 3. 1, 2.
Apostolus, sed tamen uobis sum: nam signacu-
lum apostolatus mei uos estis in Domino. Mea 3
defensio apud eos qui me interrogant, haec
est. Numquid non habemus potestatem man- 4 Mt. 10. 10.
ducandi et bibendi ? Numquid non habemus 5 Lc. 10. 7, 8.
                                1 Tim. 5. 18.
potestatem sororem mulierem circumducendi, Mt. 8. 14.
sicut et ceteri Apostoli, et fratres Domini, et Mc. 1. 30.
                                Lc. 4. 38.
Cephas? Aut solus ego et Barnabas, non habe- 6 Act. 1. 14.

---

7 autem + cum 𝔖ℭ   8 neque *pr.* + enim 𝔖ℭ   > si mand., abundabimus : neque si non mand., deficiemus 𝔖ℭ   10 idolo 𝔖   11 scientia : conscientia 𝔖   12 in Christum 𝔖ℭ   9. 1 Christum Iesum
𝔖ℭ   2 + Et *ad init.* 𝔖ℭ   5 > mul. sor. 𝔖ℭ   6 > ego solus 𝔖ℭ

7 mus potestatem hoc operandi? Quis militat suis stipendiis umquam? Quis plantat ui-neam, et fructum eius non edit? Quis pascit gregem, et de lacte gregis non manducat? 8 ¹Numquid secundum hominem haec dico? An 9 et lex haec non dicit? Scriptum est enim in lege Mosi: Non alligabis os boui trituranti. 10 Numquid de bubus cura est Deo? ¹ An pro-pter nos utique dicit? Nam propter nos scri-pta sunt: quoniam debet in spe qui arat arare: 11 et qui triturat in spe fructus percipiendi. Si nos uobis spiritalia seminauimus, magnum est 12 si nos carnalia uestra metamus? Si alii pote-statis uestrae participes sunt, non potius nos? Sed non usi sumus hac potestate : sed omnia sustinemus, ne quod offendiculum demus euan-13 gelio Christi. Nescitis quoniam qui in sacrario operantur, quae de sacrario sunt edunt? qui altario deseruiunt, cum altario participantur? 14 Ita et Dominus ordinauit his qui euangelium 15 adnuntiant, de euangelio uiuere. Ego autem nullo horum usus sum. Non scripsi autem haec ut ita fiant in me : bonum est enim mihi magis mori, quam ut gloriam meam quis eua-16 cuet. Nam si euangelizauero, non est mihi gloria: necessitas enim mihi incumbit: uae 17 enim mihi est, si non euangelizauero. Si enim uolens hoc ago, mercedem habeo: si autem in 18 uitus, dispensatio mihi credita est. Quae est ergo merces mea? Ut euangelium praedicans, sine sumptu ponam euangelium, ut non abutar 19 potestate mea in euangelio. Nam cum liber

Dt. 25. 4.
1 Tim. 5. 18.

2 Tim. 2. 6.

Rom. 15. 27.

Act. 20. 33,
34.
2 Cor. 11. 9,
12. 13.
1 Thess. 2. 9.
2 Thess. 3. 8.
Num. 5. 9,
10, 18. 8–20.
Dt. 18. 1–8.

4.
Gal. 6. 6.

Hier. 20. 9.
Eph. 6. 20.

12.

Mt. 20. 26, 27.
Gal. 5. 13.

---

⁷ de fructu 𝔖ℭ   ⁹ bobus 𝔖ℭ   ¹⁰ utique + hoc 𝔖ℭ   ¹² sunt + quare 𝔖ℭ   ¹³ edunt + et 𝔖ℭ   altari *bis* ℭ; altaria . . . altari 𝔖   participant 𝔖ℭ   ¹⁴ ijs 𝔖ℭ   ¹⁵ >autem scripsi 𝔖ℭ

essem ex omnibus, omnium me seruum feci,
ut plures lucri facerem. Et factus sum Iudaeis 20 Act. 16. 3,
tamquam Iudaeus, ut Iudaeos lucrarer : his 21. 20-26.
qui sub lege sunt, quasi sub lege essem, cum
ipse non essem sub lege, ut eos qui sub lege
erant, lucri facerem : his qui sine lege erant, 21 Gal. 2. 3.
tamquam sine lege essem, cum sine lege Dei
non essem, sed in lege essem Christi, ut lucri
facerem eos qui sine lege erant. Factus sum 22 Rom. 14. 2.
infirmis infirmus, ut infirmos lucri facerem. Cor. 11. 29.
Omnibus omnia factus sum, ut omnes facerem
saluos. Omnia autem facio propter euange- 23
lium, ut particeps eius efficiar. Nescitis quod 24 Act. 20. 24.
hi qui in stadio currunt, omnes quidem cur- Phil. 3. 14.
runt, sed unus accipit brauium ? Sic currite 2 Tim. 4. 7.
ut comprehendatis. Omnis autem qui in agone 25 1 Tim. 6. 12.
contendit, ab omnibus se abstinet. Et illi qui- 2 Tim. 2. 5.
dem ut corruptibilem coronam accipiant : nos Iac. 1. 12.
autem incorruptam. Ego igitur sic curro, non 26 1 Pet. 1. 4,
quasi in incertum : sic pugno, non quasi aerem 5. 4.
uerberans : sed castigo corpus meum, et in 27 Rom. 8. 13.
seruitutem redigo : ne forte cum aliis praedicauerim, ipse reprobus efficiar.

Nolo enim uos ignorare, fratres, quoniam 10 Ex. 13. 21,
patres nostri omnes sub nube fuerunt, et om- 14. 19, 24.
nes mare transierunt, et omnes in Mose bapti- 2
zati sunt, in nube et in mari : et omnes ean- 3 Ex. 16. 15,
dem escam spiritalem manducauerunt, et om- 4 35.
nes eundem potum spiritalem biberunt : bibe- Dt. 8. 3.
bant autem de spiritali consequenti eos petra : Ex. 17. 6.
petra autem erat Christus. Sed non in pluri- 5 Num. 14. 23,
bus eorum beneplacitum est Deo : nam pro- 37, 26. 64, 65.
strati sunt in deserto. Haec autem in figura 6 Num. 11. 4,
33, 34.

[19] lucrifac. *uno uerbo* 𝕾𝕮 *semper*   [20,21] ijs 𝕾𝕮, *et* ij 24   10. [4] con-
sequente 𝕾𝕮

Ex. 32. 6.
Dt. 9. 16.

facta sunt nostri, ut non simus concupiscentes
7 malorum, sicut et illi concupierunt. Neque
idololatrae efficiamini, sicut quidam ex ipsis :
quemadmodum scriptum est : Sedit populus
manducare et bibere, et surrexerunt ludere.

Num. 25. 1, 9.
8 Neque fornicemur, sicut quidam ex ipsis fornicati sunt : et ceciderunt una die uiginti tria mi-
Num. 21. 6.
9 lia. Neque temtemus Christum, sicut quidam
eorum temtauerunt, et a serpentibus perierunt.
Num. 14. 2,
29–37.
10 Neque murmuraueritis, sicut quidam eorum
murmurauerunt : et perierunt ab extermina-
Rom. 4. 23,
13. 11.
11 tore. Haec autem omnia in figura continge-
bant illis : scripta sunt autem ad correptionem
nostram, in quos fines saeculorum deuenerunt.
Rom. 11. 20.
12 Itaque qui se existimat stare, uideat ne cadat.
13 Temtatio uos non adprehendat nisi humana :
fidelis autem Deus est, qui non patietur uos
temtari super id quod potestis, sed faciet cum
temtatione etiam prouentum ut possitis sustinere.
1 Ioh. 5. 21.
14 Propter quod, carissimi mihi, fugite ab ido-
15 lorum cultura. Ut prudentibus loquor : uos
11. 25.
Mt. 26. 27.
Mc. 14. 23.
Lc. 22. 20.
Act. 2. 42, 46.
1 Cor. 12.
12–27.
Rom. 12. 5.
Leu. 3. 3,
7. 15.
Heb. 13. 10.
1 Cor. 8. 4.
16 iudicate quod dico. Calix benedictionis cui
benedicimus, nonne communicatio sanguinis
Christi est ? et panis quem frangimus, nonne
17 participatio corporis Domini est ? Quoniam
unus panis, unum corpus multi sumus: omnes-
18 que de uno pane participamur. Uidete Israhel secundum carnem : nonne qui edunt ho-
19 stias, participes sunt altaris ? Quid ergo dico?
quod idolis immolatum sit aliquid ? aut quod

---

¹³ supra 𝔖ℭ   > etiam cum tentatione 𝔖ℭ   ¹⁵ uos + ipsi
𝔖ℭ   ¹⁶ calix *legimus cum* AD𝔖ℭ : calicem *codd. longe plur.*
¹⁷ panis + et 𝔖   sumus : omnesque : sumus, omnes, qui 𝔖ℭ
pane + et de vno calice 𝔖   participamus 𝔖ℭ   ¹⁹ quid ergo ?
dico quòd 𝔖ℭ

idolum sit aliquid? Sed quae immolant gentes, 20
daemoniis immolant, et non Deo : nolo autem
uos socios fieri daemoniorum. Non potestis
calicem Domini bibere, et calicem daemoniorum : non potestis mensae Domini participes 21
esse, et mensae daemoniorum. An aemula- 22
mur Dominum? Numquid fortiores illo sumus?

Omnia licent, sed non omnia expediunt : 23
omnia licent, sed non omnia aedificant. Ne- 24
mo quod suum est quaerat, sed quod alterius.
Omne quod in macello uenit manducate, nihil 25
interrogantes propter conscientiam. Domini 26
est terra et plenitudo eius. Si quis uocat uos 27
infidelium, et uultis ire, omne quod uobis ad-
ponitur manducate, nihil interrogantes propter
conscientiam. Si quis autem dixerit : Hoc 28
immolaticium est idolis : nolite manducare propter illum qui indicauit, et propter conscientiam. Conscientiam autem dico non tuam, 29
sed alterius : ut quid enim libertas mea iudicatur ab alia conscientia? Si ego cum gratia 30
participo, quid blasphemor pro eo quod gratias
ago? Siue ergo manducatis, siue bibitis, uel 31
aliud quid facitis : omnia in gloriam Dei facite.
Sine offensione estote Iudaeis, et gentibus, et 32
ecclesiae Dei : sicut et ego per omnia omnibus 33
placeo, non quaerens quod mihi utile est, sed
quod multis ut salui fiant. Imitatores mei e- **11**
stote, sicut et ego Christi.

Laudo autem uos, fratres, quod omnia 2
mei memores estis: et sicut tradidi uobis, prae-

Marginal references:

Leu. 17. 7.
Dt. 32. 17.
Ps. 105 (106).
37.
Bar. 4. 7.
Apoc. 9. 20.
Mal. 1. 7, 12.
2 Cor. 6. 15,
16.
Dt. 32. 21.
Rom. 10. 19.

1 Cor. 6. 12.
13. 5.
Gal. 6. 2.
Phil. 2. 4.
8. 7.
Ps. 23 (24). 1.

1Cor. 8. 9–12.

1 Tim. 4. 3, 4.

Col. 3. 17.

Rom. 14. 13.
1 Cor. 9. 22.

4. 16.
Phil. 3. 17.

2Thess. 2. 15,
3. 6.

[23] omnia *pr. et tert.* + mihi 𝔖ℭ   [25] vaenit 𝔖ℭ   [27] infidelium + ad coenam 𝔖   [28] immolatum 𝔖ℭ ·   [29] alia : aliena 𝔖ℭ
[31] uel : siue 𝔖ℭ   11. [2] quod *sine addit.* AF*G*H : + in C ;
+ per DF*G*V𝔖ℭ

3. 23.
Gen. 3. 16.
Eph. 5. 23.

3 cepta mea tenetis.   Uolo autem uos scire quod omnis uiri caput, Christus est: caput autem mulieris, uir : caput uero Christi, Deus.
4 Omnis uir orans aut prophetans uelato capite,
5 deturpat caput suum : omnis autem mulier orans aut prophetans non uelato capite, deturpat caput suum: unum est enim atque si decal-
6 uetur.   Nam si non uelatur mulier, et tondeatur : si uero turpe est mulieri, tonderi aut de-

Gen. 1. 27,
9. 6.

7 caluari, uelet caput suum.   Uir quidem non debet uelare caput, quoniam imago et gloria

Gen. 2. 21-
23.
I Tim. 2. 13.
Gen. 2. 18.

8 est Dei : mulier autem gloria uiri est.   Non enim uir ex muliere est, sed mulier ex uiro.
9 Etenim non est creatus uir propter mulierem,
10 sed mulier propter uirum.   Ideo debet mulier potestatem habere supra caput propter ange-
11 los.   Uerum tamen neque uir sine muliere,
12 neque mulier sine uiro in Domino.   Nam sicut mulier de uiro, ita et uir per mulierem :
13 omnia autem ex Deo.   Uos ipsi iudicate : de-
14 cet mulierem non uelatam orare Deum ?   Nec ipsa natura docet uos, quod uir quidem si co-
15 mam nutriat, ignominia est illi : mulier uero si comam nutriat, gloria est illi : quoniam capilli
16 pro uelamine ei dati sunt.   Si quis autem uidetur contentiosus esse, nos talem consuetudinem non habemus, neque ecclesiae Dei.
17   Hoc autem praecipio, non laudans : quod

1. 10, 11.

18 non in melius, sed in deterius conuenitis. Primum quidem conuenientibus uobis in ecclesia,

I Ioh. 2. 19.
Dt. 13. 3.

19 audio scissuras esse, et ex parte credo.   Nam oportet et hereses esse, ut et qui probati sunt,

---

⁵ > enim est 𝔖ℭ   ac 𝔖ℭ   ⁶ et *om.* 𝔖ℭ   ⁷ caput + suum 𝔖ℭ   > Dei est 𝔖ℭ   ¹⁰ potestatem : velamen 𝔖   caput + suum, et 𝔖   ¹⁵ dati sunt ? 𝔖   ¹⁶ ecclesiae ACDFᶜG : ecclesia F*HV𝔖ℭ   ¹⁸ Ecclesiam 𝔖ℭ   esse + inter vos 𝔖ℭ   ¹⁹ haereses 𝔖ℭ

manifesti fiant in uobis. Conuenientibus ergo 20
uobis in unum, iam non est Dominicam caenam manducare. Unusquisque enim suam 21
caenam praesumit ad manducandum : et alius
quidem esurit, alius autem ebrius est. Num- 22
quid domos non habetis ad manducandum et
bibendum? aut ecclesiam Dei contemnitis, et   Iac. 2. 6.
confunditis eos qui non habent? Quid dicam
uobis? Laudo uos? in hoc non laudo. ¹ Ego 23   Mt. 26.26-28.
enim accepi a Domino, quod et tradidi uobis :   Mc. 14.22-24.
                                      Lc. 22. 19, 20.
quoniam Dominus Iesus in qua nocte trade-
batur, accepit panem, ¹ et gratias agens, fregit 24
et dixit : Hoc est corpus meum, quod pro
uobis tradetur : hoc facite in meam commemorationem. Similiter et calicem, postquam 25   Ex. 24. 8.
caenauit, dicens : Hic calix nouum testamen-   Zech. 9. 11.
                                      Heb. 9. 22,23.
tum est in meo sanguine : hoc facite quotienscumque bibetis, in meam commemorationem.
Quotienscumque enim manducabitis panem 26
hunc, et calicem bibetis, mortem Domini ad-
nuntiatis donec ueniat. Itaque quicumque 27   Ioh. 13. 27.
manducauerit panem, uel biberit calicem Do-   Heb. 10. 29.
mini indigne : reus erit corporis et sanguinis
Domini. Probet autem se ipsum homo : et 28   2 Cor. 13. 5.
sic de pane illo edat, et de calice bibat. Qui 29
enim manducat et bibit indigne, iudicium sibi
manducat et bibit, non diiudicans corpus.
Ideo inter uos multi infirmi et inbecilles, et 30   Eph. 5. 14.
dormiunt multi. Quod si nosmet ipsos diiudi- 31   1 Thess. 5. 6.
caremus, non utique iudicaremur. Dum iudi- 32   Heb.12.5-12.
camur autem, a Domino corripimur, ut non   Apoc. 3. 19.

---

²⁴ dixit + Accipite, et manducate 𝔖ℭ   quod pro uobis
tradetur *cum* A(*om.* quod)FHV𝔖ℭ, *cf.* quod tradidi pro uobis D :
pro uobis *tantum* G (*ex graeco correctum* = τὸ ὑπὲρ ὑμῶν ℵ*ABC*) ;
om. plane C   ²⁶ annunciabitis 𝔖ℭ   ²⁷ panem + hunc 𝔖ℭ
²⁹ corpus + Domini 𝔖ℭ   ³⁰ imbecilles 𝔖ℭ

33 cum hoc mundo damnemur. Itaque, fratres
mei, cum conuenitis ad manducandum, inui-

4. 19. 34 cem expectate. Si quis esurit, domi manducet:
ut non in iudicium conueniatis. Cetera autem cum uenero disponam.

12 De spiritalibus autem, nolo uos ignorare,

Eph. 2. 11, 12. 2 fratres. Scitis quoniam cum gentes essetis,
ad simulacra muta prout ducebamini euntes.

1 Ioh. 4. 2, 3. 3 Ideo notum uobis facio, quod nemo in Spiritu
Mt. 16. 16, 17. Dei loquens, dicit Anathema Iesu. Et nemo
potest dicere, Dominus Iesus, nisi in Spiritu
sancto.

Rom. 12. 6. 4 Diuisiones uero gratiarum sunt, idem autem
Eph. 4. 4–6. 5 Spiritus: et diuisiones ministrationum sunt,
Phil. 2. 13. 6 idem autem Dominus: et diuisiones operatio-
1 Cor. 12. 28. num sunt, idem uero Deus, qui operatur omnia
Eph. 4. 11. 7 in omnibus. Unicuique autem datur mani-
8 festatio Spiritus ad utilitatem. Alii quidem
per Spiritum datur sermo sapientiae: alii autem sermo scientiae, secundum eundem Spi-
9 ritum: ¹ alteri fides in eodem Spiritu: alii gra-
14. 25–29. 10 tia sanitatum in uno Spiritu: alii operatio uir-
tutum: alii prophetia: alii discretio spirituum:
alii genera linguarum: alii interpretatio ser-
11 monum. Haec autem omnia operatur unus
atque idem Spiritus, diuidens singulis prout
uult.

10. 17. 12 Sicut enim corpus unum est, et membra ha-
Rom. 12. 4. bet multa, omnia autem membra corporis cum
sint multa, unum corpus sunt: ita et Christus.

Gal. 3. 27, 28. 13 Etenim in uno Spiritu omnes nos in unum
Eph. 2. 18. corpus baptizati sumus, siue Iudaei, siue gentiles, siue serui, siue liberi: et omnes unum

12. ² scitis + autem S ¹² unum *sec.* + tamen SC ¹³ unum
Spiritum: in vno Spiritu SC

Spiritum potati sumus. Nam et corpus non 14
est unum membrum, sed multa. Si dixerit 15
pes : Quoniam non sum manus, non sum de
corpore : non ideo non est de corpore ? Et 16
si dixerit auris : Quia non sum oculus, non
sum de corpore: non ideo non est de corpore ?
¹ Si totum corpus oculus, ubi auditus ? Si to- 17
tum auditus, ubi odoratus ? Nunc autem po- 18
suit Deus membra, unumquodque eorum in
corpore sicut uoluit. Quod si essent omnia 19
unum membrum, ubi corpus ? Nunc autem 20   12, 14.
multa quidem membra, unum autem corpus.
Non potest dicere oculus manui : Opera tua 21
non indigeo : aut iterum caput pedibus : Non
estis mihi necessarii. Sed multo magis quae 22
uidentur membra corporis infirmiora esse, ne-
cessariora sunt : et quae putamus ignobiliora 23
membra esse corporis, his honorem abundantiorem circumdamus : et quae inhonesta sunt
nostra, abundantiorem honestatem habent.
Honesta autem nostra nullius egent: sed Deus 24
temperauit corpus, ei cui deerat abundantiorem tribuendo honorem : ut non sit schisma 25
in corpore, sed id ipsum pro inuicem sollicita
sint membra. Et si quid patitur unum mem- 26
brum, conpatiuntur omnia membra : siue gloriatur unum membrum, congaudent omnia
membra. Uos autem estis corpus Christi, et 27   Rom. 12. 5.
membra de membro. Et quosdam quidem 28   Eph. 5. 30.
posuit Deus in ecclesia, primum Apostolos,   Rom. 12. 6, 7.
secundo prophetas, tertio doctores, deinde   Eph. 4, 11, 12.
uirtutes, exingratias curationum, opitulationes,

---

¹⁵ *et* ¹⁶ non *tert.* : num 𝔖ℭ   ¹⁶ quia : quoniam 𝔖ℭ   ²¹ potest + autem 𝔖ℭ   > oculus dicere 𝔖ℭ   ²⁵ sed + in 𝔖
²⁸ exinde 𝔖ℭ

29 gubernationes, genera linguarum. Numquid
omnes Apostoli? numquid omnes prophetae?
30 numquid omnes doctores? numquid omnes
uirtutes? numquid omnes gratiam habent curationum? numquid omnes linguis loquuntur?
31 numquid omnes interpretantur? Aemulamini
autem charismata maiora.

Et adhuc excellentiorem uiam uobis de-
13 monstro. Si linguis hominum loquar et angelorum, caritatem autem non habeam, factus
sum uelut aes sonans, aut cymbalum tinniens.
2 Et si habuero prophetiam, et nouerim mysteria
omnia, et omnem scientiam : et si habuero
omnem fidem, ita ut montes transferam, cari-
3 tatem autem non habuero, nihil sum. Et si
distribuero in cibos pauperum omnes facul-
tates meas : et si tradidero corpus meum ut
ardeam, caritatem autem non habuero, nihil
4 mihi prodest. Caritas patiens est, benigna est :
caritas non aemulatur, non agit perperam,
5 non inflatur, | non est ambitiosa, non quaerit
quae sua sunt, non irritatur, non cogitat ma-
6 lum, | non gaudet super iniquitatem, congaudet
7 autem ueritati : omnia suffert, omnia credit,
8 omnia sperat, omnia sustinet. Caritas numquam excidit : siue prophetiae, euacuabuntur :
siue linguae, cessabunt : siue scientia, destrue-
9 tur. Ex parte enim cognoscimus, et ex parte
10 prophetamus : cum autem uenerit quod perfectum est, euacuabitur quod ex parte est.
11 Cum essem paruulus, loquebar ut paruulus,
sapiebam ut paruulus, cogitabam ut paruulus :

Mt. 7. 22,
17 20, 21. 21.
Mc. 11. 23,
Lc. 17. 6.

Mt. 6. 2.
Lc. 19. 8.

Dan. 3. 21.
2 Macc. 7. 5.

Zach. 8. 17.
1 Cor. 10. 24.
Phil. 2. 4, 21.
2 Tim. 2. 24.
2 Ioh. 4.
3 Ioh. 3, 4.
Prou. 10. 12.
1 Cor. 9. 12.
1 Pet. 4. 8.

14. 1, 39.

28 linguarum + interpretationes sermonum 𝔖ℭ   31 maiora
AG : meliora CDFHV𝔖ℭ   13. 3 meum + ita 𝔖ℭ   6 super
iniquitate 𝔖ℭ   8 prophetiae euac., siue linguae cess., siue
scientia destr. 𝔖ℭ

quando factus sum uir, euacuauí quae erant
paruuli. Uidemus nunc per speculum in enig- 12
mate : tunc autem facie ad faciem : nunc cognosco ex parte : tunc autem cognoscam sicut
et cognitus sum.   Nunc autem manet fides, 13
spes, caritas, tria haec : maior autem his est
caritas.

Sectamini caritatem, aemulamini spiritalia :14
magis autem ut prophetetis.   Qui enim loqui- 2
tur lingua, non hominibus loquitur, sed Deo :
nemo enim audit : Spiritu autem loquitur
mysteria.   Nam qui prophetat, hominibus lo- 3
quitur aedificationem, et exhortationem, et
consolationem.   Qui loquitur lingua, semet 4
ipsum aedificat : qui autem prophetat, ecclesiam aedificat.   Uolo autem omnes uos loqui 5
linguis, magis autem prophetare : nam maior
est qui prophetat, quam qui loquitur linguis :
nisi forte ut interpretetur, ut ecclesia aedificationem accipiat.   Nunc autem, fratres, si uene- 6
ro ad uos linguis loquens : quid uobis prodero,
nisi si uobis loquar aut in reuelatione,aut scientia, aut prophetia, aut in doctrina?   Tamen 7
quae sine anima sunt uocem dantia, siue tibia,
siue cithara : nisi distinctionem sonituum de-
derint, quomodo scietur quod canitur, aut
quod citharizatur? Etenim si incertam uocem 8
det tuba, quis parabit se ad bellum?   Ita et 9
uos per linguam nisi manifestum sermonem dederitis, quomodo scietur id quod dicitur? eritis enim in aera loquentes.   Tam multa, ut 10
puta, genera linguarum sunt in hoc mundo : et

Ex. 33. 11.
Num. 12. 8.
2 Cor. 4. 18,
5. 7.
Iac. 1. 23.
1 Thess. 1. 5.

Num. 11. 29.

---

11 quando + autem 𝔖ℭ   12 aenigmate 𝔖ℭ   13 manent 𝔖ℭ
his : horum 𝔖ℭ   14. 2 Spiritus 𝔖   3 loquitur + ad 𝔖ℭ
4 ecclesiam + Dei 𝔖ℭ   5 ut pr. om. 𝔖ℭ   6 si sec. om. 𝔖ℭ
aut sec. et tert. + in 𝔖ℭ   7 scietur + id 𝔖ℭ

11 nihil sine uoce est. Si ergo nesciero uirtutem
uocis, ero ei cui loquor, barbarus : et qui lo-
12 quitur, mihi barbarus. Sic et uos, quoniam
aemulatores estis spirituum, ad aedificationem
13 ecclesiae quaerite ut abundetis. Et ideo qui
14 loquitur lingua, oret ut interpretetur. Nam si
orem lingua, spiritus meus orat, mens autem

Eph. 5. 19.
Col. 3. 16.
Iac. 5. 13.

15 mea sine fructu est. ˡ Quid ergo est ? Orabo
spiritu, orabo et mente : psallam spiritu, psal-
16 lam et mente. Ceterum si benedixeris spiritu:
quis supplet locum idiotae, quomodo dicet,
Amen, super tuam benedictionem ? quoniam
17 quid dicas, nescit. Nam tu quidem bene gra-
18 tias agis : sed alter non aedificatur. Gratias
ago Deo, quod omnium uestrum lingua loquor.
19 Sed in ecclesia uolo quinque uerba sensu meo
loqui, ut et alios instruam, quam decem milia
uerborum in lingua.

Eph. 4. 14.
Heb. 5. 12,
13.
Mt. 10. 16.
Dt. 28. 49.
Es. 28. 11, 12.

20   Fratres, nolite pueri effici sensibus : sed malitia paruuli estote: sensibus autem perfecti
21 estote. In lege scriptum est : Quoniam in
aliis linguis et labiis aliis loquar populo huic :
22 et nec sic exaudient me, dicit Dominus. Itaque linguae in signum sunt non fidelibus,
sed infidelibus: prophetiae autem non infide-

Act. 2. 13.

23 libus, sed fidelibus. Si ergo conueniat uniuersa ecclesia in unum, et omnes linguis loquantur, intrent autem idiotae aut infideles: nonne
24 dicent quod insanitis ? Si autem omnes pro-
phetent, intret autem quis infidelis uel idiota,

Ioh. 16. 8.
Es. 45. 14.
Dan. 2. 47.

conuincitur ab omnibus, diiudicatur ab omni-
25 bus: ˡ occulta cordis eius manifesta fiunt: et ita

---

¹⁶ quis *codd. longe plur. et* 𝔖 (quis suppl. lo. idiotae ?) : qui G𝔏 ;
quid D   ¹⁸ Deo +meo 𝔖𝔏   ²¹ lege +enim 𝔖   et *pr. bis
repetitum* 𝔖   ²³ dicent: quid insanitis ? 𝔖   ²⁵ occulta +enim 𝔖

cadens in faciem adorabit Deum, pronuntians
quod uere Deus in uobis sit.

Quid ergo est,fratres? cum conuenitis, unus- 26
quisque uestrum psalmum habet, doctrinam
habet, apocalypsin habet, linguam habet, in-
terpretationem habet. Omnia ad aedificatio-   Rom. 14. 19.
nem fiant. Siue lingua quis loquitur,secundum 27
duos, aut ut multum tres, et per partes, et
unus interpretetur. Si autem non fuerit inter- 28
pres, taceat in ecclesia, sibi autem loquatur,
et Deo. Prophetae duo aut tres dicant, et 29   1 Ioh. 4. 1.
ceteri diiudicent. Quod si alii reuelatum fue- 30
rit sedenti, prior taceat. Potestis enim om- 31
nes per singulos prophetare : ut omnes discant, et omnes exhortentur : et spiritus pro- 32
phetarum prophetis subiecti sunt. Non enim 33
est dissensionis Deus, sed pacis : sicut in omnibus ecclesiis sanctorum.

Mulieres in ecclesiis taceant: non enim per- 34 11. 3, 5.
mittitur eis loqui, sed subditas esse, sicut et   1 Tim. 2. 11,
lex dicit. Si quid autem uolunt discere, domi 35 12.
uiros suos interrogent. Turpe est enim mu-   Gen. 3. 16.
lieri loqui in ecclesia. An a uobis uerbum 36
Dei processit ? aut in uos solos peruenit ?

Si quis uidetur propheta esse aut spiritalis, 37
cognoscat quae scribo uobis, quia Domini sunt
mandata. Si quis autem ignorat, ignorabitur. 38

Itaque, fratres, aemulamini prophetare : et 39
loqui linguis nolite prohibere. Omnia autem 40 Col. 2. 5.
honeste et secundum ordinem fiant.

Notum autem uobis facio, fratres, euange- 15
lium, quod praedicaui uobis, quod et accepistis,

---

[26] apocalypsim 𝕾ℭ   [29] **Prophetae** + autem 𝕾ℭ   [32] subiectus
est 𝕾   [33] **sicut** + et 𝕾ℭ   sanctorum AG* : + doceo CDFG^c
HV𝕾ℭ   [40] **fiant** + in vobis 𝕾

2 in quo et statis, ¦ per quod et saluamini, qua ratione praedicauerim uobis si tenetis, nisi frustra credidistis. Tradidi enim uobis in primis quod et accepi : quoniam Christus mortuus est pro peccatis nostris secundum scripturas : et quia sepultus est, et quia surrexit tertia die secundum scripturas : et quia uisus est Cephae, et post haec undecim : deinde uisus est plus quam quingentis fratribus simul : ex quibus multi manent usque adhuc, quidam autem dormierunt : deinde uisus est Iacobo, deinde Apostolis omnibus : nouissime autem omnium, tamquam abortiuo, uisus est et mihi. Ego enim sum minimus Apostolorum, qui non sum dignus uocari Apostolus, quoniam persecutus sum ecclesiam Dei. Gratia autem Dei sum id quod sum : et gratia eius in me uacua non fuit, sed abundantius illis omnibus laboraui : non ego autem, sed gratia Dei mecum. Siue enim ego, siue illi : sic praedicamus, et sic credidistis.

12 Si autem Christus praedicatur quod resurrexit a mortuis, quomodo quidam dicunt in uobis, quoniam resurrectio mortuorum non est ? Si autem resurrectio mortuorum non est, neque Christus resurrexit. Si autem Christus non resurrexit, inanis est ergo praedicatio nostra, inanis est et fides uestra : inuenimur autem et falsi testes Dei : quoniam testimonium diximus aduersus Deum quod suscitauerit Christum, quem non suscitauit, si mortui non resurgunt. Nam si mortui non resurgunt, ne-

Marginal references:
Es. 53. 5–12.
Dan. 9. 26.
1 Pet. 1. 11.
Ps. 15 (16). 10.
Os. 6. 3.
Ion. 2. 1.
Lc. 24. 34, 36.
Mc. 16. 14.
Ioh. 20. 19, 26.
Mt. 28. 17.
Act. 1. 14.
1 Cor. 9. 1.
Act. 9. 5.
Eph. 3. 8.
1 Tim. 1. 13–15.
2 Cor. 11. 5, 23, 12. 11.
Act. 17. 32.
Act. 1. 22, 5. 32.

15. ⁴ resurrexit 𝔖ℭ ⁵ haec : hoc 𝔖ℭ ¹¹ praedicauimus 𝔖 ¹⁴ *om.* ergo D𝔖 ¹⁵, ¹⁶ *om.* si mortui non resurgunt *pr.* DF^cV*; *om.* Nam si m. non res. AF*H^c; *nos sequimur codd.* CGH*V^c *et* 𝔖ℭ

que Christus resurrexit. Quod si Christus 17 Ioh. 8. 21, 24.
non resurrexit, uana est fides uestra : adhuc
enim estis in peccatis uestris. Ergo et qui 18
dormierunt in Christo, perierunt. Si in hac 19
uita tantum in Christo sperantes sumus, mi-
serabiliores sumus omnibus hominibus.

Nunc autem Christus resurrexit a mortuis, 20
primitiae dormientium. Quoniam enim per ho- 21
minem mors, et per hominem resurrectio mortuorum. Et sicut in Adam omnes moriuntur, 22
ita et in Christo omnes uiuificabuntur. Unus- 23
quisque autem in suo ordine: primitiae Christus : deinde hi qui sunt Christi, in aduentu
eius. Deinde finis: cum tradiderit regnum Deo 24
et Patri, cum euacuauerit omnem principatum,
et potestatem, et uirtutem. Oportet autem 25
illum regnare donec ponat omnes inimicos sub
pedibus eius. Nouissima autem inimica de- 26
struetur mors. Omnia enim subiecit sub pedi- 27
bus eius. Cum autem dicat : Omnia subiecta
sunt ei : sine dubio praeter eum, qui subiecit
ei omnia. Cum autem subiecta fuerint illi 28
omnia : tunc ipse Filius subiectus erit illi
qui sibi subiecit omnia, ut sit Deus omnia in
omnibus.

Alioquin quid facient qui baptizantur pro 29
mortuis, si omnino mortui non resurgunt? ut
quid et baptizantur pro illis? ut quid et nos 30
periclitamur omni hora? Cotidie morior 31
propter uestram gloriam, fratres, quam habeo
in Christo Iesu Domino nostro. Si secundum 32
hominem ad bestias pugnaui Ephesi, quid mihi

Ioh. 8. 21, 24.

Act. 26. 23.
Col. 1. 18.
Apoc. 1. 5.
Gen. 3. 17–19.
Ioh. 11. 25.
Rom. 5. 12–18.
Lc. 14. 14.
1 Thess. 4. 14-16.
Apoc. 20. 5.
Dan. 2. 44, 7. 14.
Ps. 109 (110). 1.

Ps. 8. 8 (6).

Rom. 8. 36.
2 Cor. 11. 23-27.
2 Cor. 4. 10, 11.
Act. 19. 30.
1 Cor. 16. 8.

---

²¹ enim : quidem 𝕾ℭ   ²³ ij 𝕾ℭ   in aduentu eius : qui in
adu. eius crediderunt 𝕾ℭ   ²⁶ nouissime‑ 𝕾   ²⁷ autem + haec 𝕾
²⁸ tunc + et 𝕾ℭ   illi sec. : ei 𝕾ℭ   > subiecit sibi 𝕾ℭ
³¹ propter : per ℭ

2 Cor. 1. 8.   prodest, si mortui non resurgunt? Manducemus
Es. 22. 13.   33 et bibamus, cras enim moriemur. Nolite se-
duci : Corrumpunt mores bonos conloquia
Rom. 13. 11. 34 mala. Euigilate iuste, et nolite peccare : igno-
Eph. 5. 14.   rantiam enim Dei quidam habent : ad reueren-
tiam uobis loquor.

35   Sed dicet aliquis : Quomodo resurgunt mor-
Ioh. 12. 24. 36 tui ? quali autem corpore ueniunt ? Insipiens,
tu quod seminas non uiuificatur, nisi prius
37 moriatur. Et quod seminas, non corpus quod
futurum est seminas, sed nudum granum, ut
38 puta, tritici aut alicuius ceterorum : Deus autem dat illi corpus sicut uoluit, et unicuique
39 seminum proprium corpus. Non omnis caro
eadem caro : sed alia hominum, alia pecorum,
40 alia caro uolucrum, alia autem piscium. Et
corpora caelestia, et corpora terrestria : sed alia
quidem caelestium gloria, alia autem terre-
41 strium. Alia claritas solis, alia claritas lunae,
alia claritas stellarum : stella enim a stella
42 differt in claritate. Sic et resurrectio mortuorum. Seminatur in corruptione, surgit in in-
Phil. 3. 21. 43 corruptione : seminatur in ignobilitate, surgit
in gloria : seminatur in infirmitate, surgit in
44 uirtute : seminatur corpus animale, surgit corpus spiritale. Si est corpus animale, est et
Gen. 2. 7. 45 spiritale,¹ sicut scriptum est : Factus est primus
Ioh. 6. 63.
Rom. 8. 10.   homo Adam in animam uiuentem, nouissimus
46 Adam in spiritum uiuificantem. Sed non prius
Gen. 2. 7,   quod spiritale est, sed quod animale est : de-
3. 19.
Act. 1. 11. 47 inde quod spiritale. Primus homo de terra,
Phil. 3. 20,   terrenus : secundus homo de caelo, caelestis.
21.

³⁴ iusti 𝔖ℭ   ³⁵ quali autem : qualive 𝔖ℭ   venient 𝔖ℭ
³⁸ uoluit : vult 𝔖ℭ   ³⁹ alia *pr.* + quidem 𝔖ℭ   alia *sec.* + vero
𝔖ℭ   alia volucrum (*om.* caro) 𝔖ℭ   ⁴¹ lunae + et 𝔖ℭ
⁴², ⁴³, ⁴⁴ surget *semper* 𝔖ℭ   ⁴⁶ est *sec. om.* 𝔖ℭ

Qualis terrenus, tales et terreni : et qualis 48
caelestis, tales et caelestes. Igitur sicut porta- 49 Gen. 5. 3.
uimus imaginem terreni, portemus et imagi- 1 Ioh. 3. 2.
nem caelestis.

Hoc autem dico, fratres, quoniam caro et 50 Lc. 20. 35, 36.
sanguis regnum Dei possidere non possunt :
neque corruptio incorruptelam possidebit.
Ecce mysterium uobis dico : Omnes quidem 51 1 Thess. 4.
resurgemus, sed non omnes inmutabimur. In 52 15, 17.
momento, in ictu oculi, in nouissima tuba : Mt. 24. 31.
canet enim, et mortui resurgent incorrupti, et 1 Thess. 4. 16.
ńos inmutabimur. Oportet enim corruptibile 53 2 Cor. 5. 2-4.
hoc induere incorruptelam : et mortale hoc
induere inmortalitatem. Cum autem mortale 54 Es. 25. 8.
hoc induerit inmortalitatem, tunc fiet sermo
qui scriptus est : Absorta est mors in uictoria.
Ubi est, mors, uictoria tua ? ubi est, mors, stimu- 55 Os. 13. 14.
lus tuus ? Stimulus autem mortis peccatum 56 Rom. 7. 13.
est : uirtus uero peccati lex. Deo autem gra- 57 Rom. 7. 25.
tias, qui dedit nobis uictoriam per Dominum
nostrum Iesum Christum. Itaque, fratres mei 58 2 Par. 15. 7.
dilecti, stabiles estote, et inmobiles : abundantes in opere Domini semper, scientes quod
labor uester non est inanis in Domino.

De collectis autem quae fiunt in sanctos, 16 Act. 24. 17.
sicut ordinaui ecclesiis Galatiae, ita et uos Rom. 15. 25,
facite. Per unam sabbati unusquisque ue- 2 26.
strum apud se ponat, recondens quod ei bene 2 Cor. 8, 9.
placuerit : ut non cum uenero, tunc collectae Gal. 2. 10.
fiant. Cum autem praesens fuero, quos pro- 3 Act. 20. 7.
baueritis per epistulas, hos mittam perferre 2 Cor. 8. 18,
gratiam uestram in Hierusalem. Quod si 4 19.

---

50 quoniam : quia $\mathfrak{SC}$ 51 immutabimur $\mathfrak{SC}$, et 52   52 enim
+tuba $\mathfrak{SC}$ 53 incorruptelam : incorruptionem $\mathfrak{SC}$ im-
mortalitatem $\mathfrak{SC}$, et 54   54 absorpta $\mathfrak{SC}$ 58 immobiles $\mathfrak{SC}$
16. 2 apud se seponat $\mathfrak{SC}$

dignum fuerit ut ego eam, mecum ibunt.

Act. 19. 21. 5 Ueniam autem ad uos cum Macedoniam pertransiero: nam Macedoniam pertransibo. 6 Apud uos autem forsitan manebo, uel etiam hiemabo: ut uos me deducatis quocumque 7 iero. Nolo enim uos modo in transitu uidere: spero enim me aliquantum temporis manere Act. 19. 1–10. 8 apud uos, si Dominus permiserit. Permanebo 9 autem Ephesi usque ad Pentecosten. Ostium enim mihi apertum est magnum et euidens: et aduersarii multi.

4. 17.
Phil. 2. 19–
23. 10 Si autem uenerit Timotheus, uidete ut sine timore sit apud uos: opus enim Domini opera- 1 Tim. 4. 12. 11 tur, sicut et ego. Ne quis ergo illum spernat: deducite autem illum in pace, ut ueniat ad Act. 18. 24.
1 Cor. 1. 12,
3. 4. 12 me: expecto enim illum cum fratribus. De Apollo autem fratre, multum rogaui eum ut ueniret ad uos cum fratribus: et utique non fuit uoluntas ut nunc ueniret: ueniet autem, cum ei uacuum fuerit.

Mc. 13. 37.
Eph. 6. 10. 13 Uigilate, state in fide, uiriliter agite, et con- 14 fortamini. Omnia uestra in caritate fiant.

1. 16. 15 Obsecro autem uos, fratres: nostis domum Stephanae, et Fortunati, quoniam sunt primitiae Achaiae, et in ministerium sanctorum ordi- 1 Thess. 5. 12.
Heb. 13. 17. 16 nauerunt se ipsos: ut et uos subditi sitis eius 17 modi, et omni cooperanti et laboranti. Gaudeo autem in praesentia Stephanae, et Fortunati, et Achaici: quoniam id quod uobis 1 Thess. 5. 12. 18 deerat ipsi suppleuerunt: refecerunt enim et meum spiritum, et uestrum. Cognoscite ergo qui eiusmodi sunt.

⁴ ut + et 𝕾ℭ   ⁷ aliquantulum 𝕾ℭ   ¹¹ Nequis *uno uerbo* 𝕾ℭ
¹² fratre *sine addit.* AGV: + notum uobis (> vobis notum 𝕾ℭ) facio (faciam D) quoniam DF𝕾ℭ; + significo uobis quia CH   uoluntas + eius 𝕾   ¹⁵ **Fortunati** + et Achaici 𝕾ℭ   ¹⁸ huiusmodi 𝕾ℭ

¹ Salutant uos ecclesiae Asiae. Salutant uos 19
in Domino multum Aquila et Prisca, cum do-
mestica sua ecclesia. Salutant uos fratres 20
omnes. Salutate inuicem in osculo sancto.
Salutatio mea manu Pauli. Si quis non ²¹
amat Dominum Iesum Christum, sit anathe- ²²
ma, Maranatha. Gratia Domini Iesu uobis- 23
cum. Caritas mea cum omnibus uobis in 24
Christo Iesu. Amen.

EXPLICIT EPISTULA AD CORINTHIOS PRIMA

Act. 1.
18, 26.
Rom. 16. 3.
2 Tim. 4. 19.
Rom. 16. 16.
2 Cor. 13. 12.
1 Pet. 5. 14.
Col. 4. 18.
2 Thess. 3. 17.
Phil. 4. 5.

EPISTULA
AD CORINTHIOS SECUNDA

PAULUS Apostolus Iesu Christi per uolun- 1
tatem Dei, et Timotheus frater, ecclesiae Dei
quae est Corinthi, cum omnibus sanctis qui
sunt in uniuersa Achaia. Gratia uobis et 2
pax a Deo Patre nostro, et Domino Iesu
Christo.

Benedictus Deus et Pater Domini nostri 3
Iesu Christi, pater misericordiarum, et Deus
totius consolationis: qui consolatur nos in 4
omni tribulatione nostra, ut possimus et ipsi
consolari eos qui in omni pressura sunt, per
exhortationem qua exhortamur et ipsi a Deo.
Quoniam sicut abundant passiones Christi in 5
nobis, ita et per Christum abundat consolatio
nostra. Siue autem tribulamur, pro uestra ex- 6

Rom. 1. 7.

Rom. 15. 5.
Eph. 1. 3.
1 Pet. 1. 3.

4. 15, 12. 15.

¹⁹ uos *pr.* + omnes 𝔖   ¹⁹ Priscilla 𝔖ℭ   ecclesia + apud quos
et hospitor 𝔖ℭ   ²⁰ > omnes fratres 𝔖ℭ   ²¹ Dominum
+ nostrum 𝔖ℭ   ²² Maran Atha ℭ   ²³ Domini + nostri 𝔖ℭ
Iesu + Christi 𝔖ℭ   *om. subscr.* 𝔖ℭ
Inscr. EPISTOLA BEATI PAVLI APOSTOLI AD CORIN-
THIOS SECVNDA 𝔖ℭ

hortatione et salute: siue exhortamur, pro uestra
exhortatione, quae operatur in tolerantia ea-
7 rundem passionum quas et nos patimur : et
spes nostra firma pro uobis : scientes quoniam
sicut socii passionum estis, sic eritis et con-

Act. 19. 23. 8 solationis. Non enim uolumus ignorare uos,
1 Cor. 15. 32. fratres, de tribulatione nostra quae facta est in
Asia : quoniam supra modum grauati sumus
supra uirtutem, ita ut taederet nos etiam ui-
9 uere. Sed ipsi in nobis ipsis responsum mortis habuimus, ut non simus fidentes in nobis,

2 Tim. 4. 18. 10 sed in Deo qui suscitat mortuos : qui de tantis
periculis eripuit nos, et eruet : in quem spera-

Rom. 15. 30. 11 mus quoniam et adhuc eripiet : adiuuantibus
2 Cor. 4. 15. et uobis in oratione pro nobis : ut ex multarum personis facierum, eius quae in nobis
est donationis per multos gratiae agantur pro
nobis.

2. 17. 12   Nam gloria nostra haec est, testimonium
conscientiae nostrae, quod in simplicitate et
sinceritate Dei, et non in sapientia carnali,
sed in gratia Dei conuersati sumus in mundo :
13 abundantius autem ad uos. Non enim alia
scribimus uobis quam quae legistis et cognoscitis : spero autem quod usque in finem

5. 12, 9. 3. 14 cognoscetis : sicut et cognouistis nos ex parte,
Phil. 1. 26. quia gloria uestra sumus, sicut et uos nostra,
in die Domini nostri Iesu Christi.

---

⁶ exhortatione *pr.* : *om.* 𝕾   salute + siue consolamur pro
vestra consolatione 𝕾ℭ   exhortatione *sec.* + et salute ℭ   in
tolerantia : tolerantiam 𝕾ℭ   ⁷ et *pr.* : ut 𝕾ℭ   firma + sit 𝕾ℭ
quoniam : quòd 𝕾ℭ   ⁹ nobismetipsis 𝕾ℭ   ¹⁰ > nos eripuit
𝕾ℭ   eruit 𝕾ℭ   ¹¹ ex multarum personis facierum *cum* Fᶜ
Gᶜ (*inepte* facinorum) (H)V𝕾 : ex multorum personis Cℭ, ex multarum personis G* ; ex multarum facierum A, ex multorum faciae
F* ; in multa facie D   ¹² simplicitate + cordis 𝕾ℭ   in hoc
mundo 𝕾ℭ   ¹³ cognouistis 𝕾ℭ   ¹⁴ quia : quòd 𝕾ℭ

Et hac confidentia uolui prius uenire ad uos, 15   Rom. 1. 11.
ut secundam gratiam haberetis : et per uos 16   1 Cor. 16. 5-7.
transire in Macedoniam, et iterum a Macedo-
nia uenire ad uos, et a uobis deduci in Iudaeam.   Cum ergo hoc uoluissem, numquid 17
leuitate usus sum ?   Aut quae cogito, secundum carnem cogito, ut sit apud me Est, et Non?
Fidelis autem Deus, quia sermo noster, qui 18
fuit apud uos, non est in illo Est, et Non. Dei 19
enim filius Iesus Christus, qui in uobis per
nos praedicatus est, per me, et Siluanum, et
Timotheum, non fuit Est et Non, sed Est in illo
fuit.   Quotquot enim promissiones Dei sunt, 20   Apoc. 3. 14.
in illo Est : ideo et per ipsum Amen Deo ad
gloriam nostram.   Qui autem confirmat nos 21   1 Ioh. 2. 20,
uobiscum in Christum, et qui unxit nos Deus: 27.
et qui signauit nos, et dedit pignus Spiritus in 22   2 Cor. 5. 5.
cordibus nostris.   Eph. 1. 13,
   14.
Ego autem testem Deum inuoco in animam 23   13. 2.
meam, quod parcens uobis non ueni ultra
Corinthum : non quia dominamur fidei ue- 24   1 Pet. 5. 3.
strae, sed adiutores sumus gaudii uestri : nam   Rom. 11. 20.
fide stetistis.   Statui autem hoc ipse apud 2   2 Cor. 12. 21,
me, ne iterum in tristitia uenirem ad uos.   13. 10.
Si enim ego contristo uos, et quis est qui me 2
laetificet, nisi qui contristatur ex me ?   Et hoc 3
ipsum scripsi uobis, ut non cum uenero, tristitiam super tristitiam habeam, de quibus
oportuerat me gaudere : confidens in omnibus
uobis, quia meum gaudium, omnium uestrum
est.   Nam ex multa tribulatione, et angustia 4   Act. 20. 31.
cordis scripsi uobis per multas lacrimas : non   Phil. 3. 18.

---

¹⁸ **non** *sec.* + sed est in illo ᴇsᴛ 𝔖   ¹⁹ **fuit** *pr.* + in illo 𝔖
²¹ in̄ Christo 𝔖ℭ   ²² > qui et 𝔖ℭ   ²⁴ statis 𝔖ℭ   2. ¹ ipsum
𝔖ℭ

ut contristemini, sed ut sciatis quam caritatem habeo abundantius in uobis.

1 Cor. 5. 1, 2.   5   Si quis autem contristauit, non me contristauit, sed ex parte, ut non onerem omnes uos.
6 Sufficit illi qui eiusmodi est, obiurgatio haec
7 quae fit a pluribus : ita ut e contrario magis
donetis et consolemini, ne forte abundantiori
8 tristitia absorbeatur qui eiusmodi est : propter
quod obsecro uos, ut confirmetis in illum cari-
7. 16.   9 tatem.   Ideo enim et scripsi, ut cognoscam
experimentum uestrum, an in omnibus oboe-
10 dientes sitis.   Cui autem aliquid donatis, et
ego : nam et ego quod donaui, si quid donaui,
Lc. 22. 31.   11 propter uos in persona Christi, ut non circum-
ueniamur a Satana : non enim ignoramus cogitationes eius.

12   Cum uenissem autem Troadem propter
euangelium Christi, et ostium mihi apertum
Act. 20. 1-6.   13 esset in Domino, non habui requiem spiritui
meo, eo quod non inuenerim Titum fratrem
meum : sed uale faciens eis, profectus sum in
14 Macedoniam.   Deo autem gratias, qui semper
triumphat nos in Christo Iesu, et odorem
notitiae suae manifestat per nos in omni loco:
1 Cor. 1. 18.   15 quia Christi bonus odor sumus Deo, in his
Lc. 2. 34.   16 qui salui fiunt, et in his qui pereunt : aliis
Ioh. 9. 39.   quidem odor mortis in mortem : aliis autem
odor uitae in uitam.   Et ad haec quis tam ido-
2 Cor. 11. 13.   17 neus ?   Non enim sumus sicut plurimi, adulterantes uerbum Dei : sed ex sinceritate, sed si-
cut ex Deo, coram Deo in Christo loquimur.
5. 12.
Act. 18. 27.   3   Incipimus iterum nosmet ipsos commen-

---

⁴ habeam 𝕊ℭ   ⁵ contristauit *pr.* + me 𝕊   ⁷ econtrario *uno uerbo* 𝕊ℭ   ⁹ scripsi + vobis 𝕊   ¹⁰ donastis 𝕊ℭ   ¹³ vale-faciens *uno uerbo* 𝕊ℭ   ¹⁵ ijs *bis* 𝕊ℭ

dare? aut numquid egemus, sicut quidam, commendaticiis epistulis ad uos, aut ex uobis? Epistula nostra uos estis, scripta in cordibus 2 nostris, quae scitur et legitur ab omnibus hominibus: manifestati quoniam epistula estis 3 Christi, ministrata a nobis, et scripta non atra-, mento, sed spiritu Dei uiui: non in tabulis lapideis, sed in tabulis cordis carnalibus. Fi-4 duciam autem talem habemus per Christum ad Deum: non quod sufficientes simus cogi-5 tare aliquid a nobis, quasi ex nobis: sed sufficientia nostra ex Deo est: qui et idoneos 6 nos fecit ministros noui testamenti: non litterae, sed Spiritus; littera enim occidit, Spiritus autem uiuificat. Quod si ministratio mor-7 tis, litteris deformata in lapidibus, fuit in gloria, ita ut non possent intendere filii Israhel in faciem Mosi propter gloriam uultus eius, quae euacuatur: quomodo non magis ministratio 8 Spiritus erit in gloria? Nam si ministratio 9 damnationis gloria est: multo magis abundat ministerium iustitiae in gloria. Nam nec 10 glorificatum est quod claruit in hac parte, propter excellentem gloriam. Si enim quod eua-11 cuatur, per gloriam est: multo magis quod manet, in gloria est.

Habentes igitur talem spem, multa fiducia 12 utimur: et non sicut Moses ponebat uelamen 13 super faciem suam, ut non intenderent filii Israhel in faciem eius, quod euacuatur: sed ob-14 tunsi sunt sensus eorum: usque in hodiernum enim diem, id ipsum uelamen in lectione ue-

Rom. 16. 1.
1 Cor. 16. 3.

1 Cor. 9. 2.

Ex. 24. 12,
31. 18, 34. 1.
Dt. 4. 13,
10. 1.
Prou. 3. 3,
7. 3.
Hier. 31. 33.
Ezec. 11. 19,
36. 26.
Heb. 8. 8–13.
2 Cor. 2. 16.

Hier. 31. 31.
1 Cor. 11. 25.
Ioh. 6. 63.
Rom. 8. 2.

Ex. 34. 29–35.

Heb. 12. 18–24.

Ex. 34. 29, 35.

Ex. 34. 29–35.

Rom. 11. 25.

3. ¹ commendatitijs 𝕾𝕮   ³ quoniam: quòd 𝕾𝕮   ⁶ non
littera, sed Spiritu 𝕾𝕮   ⁹ damnationis + in 𝕾   ¹⁴ obtusi
𝕾𝕮

teris testamenti manet, non reuelatum quo-
15 niam in Christo euacuatur : sed usque in hodiernum diem, cum legitur Moses, uelamen

Rom. 11. 25, 16 est positum super cor eorum.   Cum autem
26.   conuersus fuerit ad Deum, auferetur uelamen.

Ioh. 7. 39, 17 Dominus autem Spiritus est : ubi autem Spi-
8. 32, 36. 18 ritus Domini, ibi libertas.   Nos uero omnes,
1 Cor. 13. 12.   reuelata facie gloriam Domini speculantes, in
eandem imaginem transformamur a claritate
in claritatem, tamquam a Domini Spiritu.

3. 6. 4   Ideo habentes hanc ministrationem, iuxta
1 Tim. 1. 13,   quod misericordiam consecuti sumus, non de-
16.
1 Thess. 2. 5. 2 ficimus: sed abdicamus occulta dedecoris, non
ambulantes in astutia, neque adulterantes uer-
bum Dei, sed in manifestatione ueritatis com-
mendantes nosmet ipsos ad omnem conscien-
1 Cor. 1. 18. 3 tiam hominum coram Deo.   Quod si etiam
2 Thess. 2. 11.   opertum est euangelium nostrum, in his qui
4 pereunt est opertum : in quibus Deus huius
saeculi excaecauit mentes infidelium, ut non
Col. 1. 15.   fulgeat illis inluminatio euangelii gloriae Chri-
Heb. 1. 3.
1 Cor. 9. 19. 5 sti, qui est imago Dei.   Non enim nosmet
ipsos praedicamus, sed Iesum Christum Domi-
num : nos autem seruos uestros per Iesum :
Gen. 1. 3. 6 quoniam Deus, qui dixit de tenebris lucem
2 Pet. 1. 19.   splendescere, qui inluxit in cordibus nostris ad
inluminationem scientiae claritatis Dei, in fa-
cie Christi Iesu.

2 Cor. 5. 1. 7   Habemus autem thesaurum istum in uasis
2 Tim. 2. 20.   fictilibus : ut sublimitas sit uirtutis Dei, et non
1 Cor. 2. 5.
2 Cor. 1.8, 7. 5. 8 ex nobis.   In omnibus tribulationem patimur,

14, 15 *disting.* manet non reuelatum, (quoniam in Christo euacuatur) sed 𝕮, manet non reuelatum (quoniam in Christo euacuatur)
sed 𝕾   15 > positum est 𝕾𝕮   16 Deum : Dominum 𝕾𝕮
4. 1 hanc ministrationem : administrationem 𝕾𝕮   3 ijs 𝕾𝕮
5 Dominum + nostrum 𝕾𝕮   6 qui *sec.* : ipse 𝕾𝕮

sed non angustiamur : aporiamur, sed non de-
stituimur : persecutionem patimur, sed non 9
derelinquimur : deicimur, sed non perimus :
semper mortificationem Iesu in corpore no- 10   1. 5.
stro circumferentes, ut et uita Iesu in corpori-   Rom. 8. 35,
                                                       36.
bus nostris manifestetur. Semper enim nos 11   1 Cor. 15. 30,
qui uiuimus, in mortem tradimur propter   31.
Iesum : ut et uita Iesu manifestetur in carne
nostra mortali. Ergo mors in nobis operatur, 12
uita autem in uobis. Habentes autem eundem 13   Ps. 115 (116).
spiritum fidei, sicut scriptum est : Credidi,   10.
Propter quod locutus sum : et nos credimus,
propter quod et loquimur : scientes quoniam 14   Rom. 8. 11.
qui suscitauit Iesum, et nos cum Iesu suscita-   1 Cor. 6. 14.
bit, et constituet uobiscum. Omnia enim pro- 15   2 Cor. 1. 11,
pter uos : ut gratia abundans per multos gra-   9. 12.
tiarum actione abundet in gloriam Dei.

Propter quod non deficimus : sed licet is 16
qui foris est noster homo corrumpitur : tamen
is qui intus est renouatur de die in diem. Id 17   Rom. 8. 18.
enim quod in praesenti est momentaneum et   1 Pet. 1. 6,
                                                  5. 10.
leue tribulationis nostrae, supra modum in
· sublimitate aeternum gloriae pondus operatur
nobis : non contemplantibus nobis quae ui- 18
dentur, sed quae non uidentur : quae enim
uidentur, temporalia sunt : quae autem non
uidentur, aeterna sunt.

Scimus enim quoniam si terrestris domus 5   Sap. 9. 15.
nostra huius habitationis dissoluatur, quod   2 Pet. 1. 14.
                                                  Ioh. 2. 19.
aedificationem ex Deo habeamus. domum non
manu factam, aeternam, in caelis. Nam et 2   Rom. 8. 23.
in hoc ingemescimus, habitationem nostram,

---

⁹ derelinquimur + humiliamur, sed non confundimur $ ¹⁰ >
manifestetur in corporibus nostris $℃ ¹⁵ multos + in $℃
¹⁶ corrumpatur $℃ ¹⁷ operatur + in $℃ 5. ¹ habemus $℃
manufactam *uno uerbo* $℃ ² ingemiscimus $℃, *et* 4

Apoc. 3. 18.
Rom. 8. 22.

3 quae de caelo est, superindui cupientes : si
4 tamen uestiti, non nudi inueniamur.   Nam et
qui sumus in tabernaculo, ingemescimus grauati : eo quod nolumus expoliari, sed super-

1 Cor. 15. 54.

uestiri, ut absorbeatur quod mortale est a

2 Cor. 1. 22.
Eph. 1. 14.

5 uita.   Qui autem efficit nos in hoc ipsum,
6 Deus, qui dedit nobis pignus Spiritus.   Au-
dentes igitur semper, et scientes quoniam dum
sumus in corpore, peregrinamur a Domino :

Ioh. 20. 29.
1 Pet. 1. 8.
1 Cor. 13. 12.
Phil. 1. 23.

7 per fidem enim ambulamus, et non per spe-
8 ciem : audemus autem, et bonam uoluntatem
habemus, magis peregrinari a corpore, et prae-
9 sentes esse ad Deum.   Et ideo contendimus,

Mt. 25. 31,
32.
Rom. 14. 10.
Apoc. 20. 12.

10 siue absentes siue praesentes placere illi.   Omnes enim nos manifestari oportet ante tribunal Christi, ut referat unusquisque propria corporis prout gessit, siue bonum, siue
malum.

11   Scientes ergo timorem Domini, hominibus
suademus, Deo autem manifesti sumus : spero
autem et in conscientiis uestris manifestos

3. 1.

12 nos esse.   Non iterum nos commendamus
uobis, sed occasionem damus uobis gloriandi
pro nobis : ut habeatis ad eos qui in facie glo-

Mc. 3. 21.

13 riantur, et non in corde.   Siue enim mente
excedimus, Deo : siue sobrii sumus, uobis.

Rom. 8. 35.
Rom. 5. 15,

14 Caritas enim Christi urget nos : aestimantes
hoc, quoniam si unus pro omnibus mortuus

Rom. 14. 7, 8.
Apoc. 1. 5, 6.

15 est, ergo omnes mortui sunt : et pro omnibus
mortuus est, ut et qui uiuunt iam non sibi
uiuant, sed ei qui pro ipsis mortuus est et re-
16 surrexit.   Itaque nos ex hoc neminem noui-

---

⁴ in + hoc 𝕾ℭ   ⁶ *om.* et 𝕾ℭ   in + hoc 𝕾   ⁸ **Deum:**
Dominum 𝕾ℭ   ¹² > commendamus nos 𝕾ℭ.   ¹⁵ **mortuus**
est *pr.* + Christus 𝕾ℭ

mus secundum carnem : et si cognouimus secundum carnem Christum, sed nunc iam non
nouimus. Si qua ergo in Christo, noua crea- 17
tura: uetera transierunt: ecce facta sunt noua.
Omnia autem ex Deo, qui reconciliauit nos 18
sibi per Christum, et dedit nobis ministerium reconciliationis : quoniam quidem Deus 19
erat in Christo mundum reconcilians sibi,
non reputans illis delicta ipsorum, et posuit
in nobis uerbum reconciliationis.

  Pro Christo ergo legatione fungimur, tam- 20
quam Deo exhortante per nos : obsecramus
pro Christo, reconciliamini Deo. Eum qui 21
non nouerat peccatum, pro nobis peccatum
fecit, ut nos efficeremur iustitia Dei in ipso.
Adiuuantes autem et exhortamur ne in ua- 6
cuum gratiam Dei recipiatis. Ait enim :   2
  Tempore accepto exaudiui te,
  et in die salutis adiuui te.
Ecce nunc tempus acceptabile : ecce nunc dies
salutis. Nemini dantes ullam offensionem, ut 3
non uituperetur ministerium nostrum : sed in 4
omnibus exhibeamus nosmet ipsos sicut Dei
ministros, in multa patientia, in tribulationibus,
in necessitatibus, in angustiis,¹ in plagis, in car- 5
ceribus, in seditionibus, in laboribus, in uigiliis, in ieiuniis, ¹ in castitate, in scientia, in lon- 6
ganimitate, in suauitate, in Spiritu sancto, in
caritate non ficta, ¹ in uerbo ueritatis, in uirtute 7
Dei : per arma iustitiae a dextris et sinistris,
¹ per gloriam et ignobilitatem, per infamiam et 8
bonam famam : ut seductores et ueraces : sicut

Marginal references:

Gal. 6. 15.
Apoc. 21. 5.
Es. 43. 19,
65. 17.
Rom. 5. 10.
1 Ioh. 2. 2.
Ps. 31 (32). 2.
Rom. 3. 25.
Col. 1. 20.

Eph. 6. 20.

Ioh. 8. 46.
1 Pet. 2. 22.
Gal. 3. 13.

Es. 49. 8.
Lc. 4. 19.

1 Cor. 8. 13,
9. 12.

2 Cor. 4. 2.

11. 23–27.
Rom. 8. 35,
36.

Rom. 12. 9.
Iac. 3. 17.

1 Cor. 2. 4.
Eph. 6. 13.

---

¹⁷ *disting.* in Christo noua creatura, vetera transierunt 𝔖ℭ   sunt
+omnia 𝔖ℭ   ¹⁸ > nos reconciliauit 𝔖ℭ   6. ¹ *om.* et 𝔖ℭ
⁷ et a sinistris 𝔖ℭ

9 qui ignoti et cogniti : quasi morientes et ecce

Mt. 5. 12.　10 uiuimus : ut castigati et non mortificati : ¹quasi tristes semper autem gaudentes : sicut egentes multos autem locupletantes : tamquam nihil habentes et omnia possidentes.

Ps. 118 (119).　11　Os nostrum patet ad uos, o Corinthii, cor

32.　12 nostrum dilatatum est.　Non angustiamini in nobis, angustiamini autem in uisceribus ue-

13 stris : eandem autem habentes remuneratio-nem, tamquam filiis dico, dilatamini et uos.

Dt. 7. 3.　14　Nolite iugum ducere cum infidelibus. Quae

1 Esdr. 9. 2.　enim participatio iustitiae cum iniquitate? Aut

1 Cor. 7. 39.

Eph. 5. 7, 11.　15 quae societas luci ad tenebras?　Quae autem conuentio Christi ad Belial?　Aut quae pars

1 Cor. 3. 16.　16 fideli cum infidele?　Qui autem consensus

Leu. 26. 12.　templo Dei cum idolis?　Uos enim estis tem-

Ezec. 37. 27.　plum Dei uiui, sicut dicit Deus : Quoniam inhabitabo in illis, et inambulabo : et ero illorum Deus, et ipsi erunt mihi populus.

Es. 52. 11.　17 Propter quod

Apoc. 18. 4.　Exite de medio eorum, et separamini, dicit Dominus, et inmundum ne tetigeritis : et ego recipiam uos :

2 Reg.　18　et ero uobis in patrem,

(2 Sam.) 7. 14.　et uos eritis mihi in filios et filias,

7 dicit Dominus omnipotens.　Has igitur ha-bentes promissiones, carissimi, mundemus nos ab omni inquinamento carnis et spiritus, per-ficientes sanctificationem in timore Dei.

6. 11–13.　2　Capite nos : neminem laesimus, neminem

12. 17. 18.

1 Thess. 2. 5.　3 corrupimus, neminem circumuenimus.　Non

---

¹⁵ infideli $Ⅽ　　¹⁶ qui : quis $　inambulabo + inter eos $Ⅽ
7. ¹ igitur : ergo $Ⅽ　　*disting.* carnis, et spiritus perficientes sanctificationem $Ⅽ

ad condemnationem dico: praedixi enim quod in cordibus nostris estis ad commoriendum et ad conuiuendum. Multa mihi fiducia est apud 4 uos, multa mihi gloriatio pro uobis: repletus sum consolatione, superabundo gaudio, in omni tribulatione nostra.

Nam et cum uenissemus Macedoniam, nul- 5 lam requiem habuit caro nostra, sed omnem tribulationem passi: foris pugnae, intus timores. Sed qui consolatur humiles, consola- 6 tus est nos Deus in aduentu Titi. Non solum 7 autem in aduentu eius, sed etiam in solacio quo consolatus est in uobis, referens nobis uestrum desiderium, uestrum fletum, uestram aemulationem pro me, ita ut magis gauderem. Quoniam etsi contristaui uos in epistula, non 8 me paenitet: etsi paeniteret, uidens quod epistula illa etsi ad horam uos contristauit, ¹ nunc 9 gaudeo: non quia contristati estis, sed quia contristati estis ad paenitentiam: contristati enim estis secundum Deum, ut in nullo detrimentum patiamini ex nobis. Quae enim se- 10 cundum Deum tristitia est, paenitentiam in salutem stabilem operatur: saeculi autem tristitia mortem operatur. Ecce enim hoc ipsum, 11 secundum Deum contristari uos, quantam in uobis operatur sollicitudinem: sed defensionem, sed indignationem, sed timorem, sed desiderium, sed aemulationem, sed uindictam: in omnibus exhibuistis uos incontaminatos esse negotio. Igitur etsi scripsi uobis, non 12 propter eum qui fecit iniuriam, nec propter

2. 13.
Act. 20. 1–3.

2. 2, 4.

---

³ condemnationem + vestram 𝔖ℭ   praediximus 𝔖ℭ   ⁴ nostra: vestra 𝔖   ⁵ uenissemus + in 𝔖ℭ   passi + sumus 𝔖ℭ
⁷ solacio quo: consolatione qua 𝔖ℭ

eum qui passus est: sed ad manifestandam
sollicitudinem nostram, quam pro uobis habe-
13 mus ad uos coram Deo. Ideo consolati sumus:
in consolatione autem nostra, abundantius
magis gauisi sumus super gaudium Titi, quia
refectus est spiritus eius ab omnibus uobis.
14 Et si quid apud illum de uobis gloriatus sum,
non sum confusus: sed sicut omnia uobis in
ueritate locuti sumus, ita et gloriatio nostra,
15 quae fuit ad Titum, ueritas facta est: et uiscera eius abundantius in uobis sunt: remini-
scentis omnium uestrum oboedientiam, quomodo cum timore et tremore excepistis eum.
16 Gaudeo quod in omnibus confido in uobis.

Rom. 15. 26. 8 Notam autem facimus uobis, fratres, gratiam Dei, quae data est in ecclesiiş Mace-
2 doniae: quod in multo experimento tribulationis, abundantia gaudii ipsorum et altissima
paupertas eorum abundauit in diuitias simpli-
3 citatis eorum: quia secundum uirtutem, testimonium illis reddo, et supra uirtutem uolun-
9. 1, 2. 4 tarii fuerunt: cum multa exhortatione obse-
Rom. 15. 31. crantes nos gratiam et communicationem
5 ministerii quod fit in sanctos. Et non sicut
sperauimus, sed semet ipsos dederunt primum
Domino, deinde nobis per uoluntatem Dei:
6 ita ut rogaremus Titum, ut quemadmodum
coepit, ita et perficiat in uos etiam gratiam
1 Cor. 1. 5, 7 istam. Sed sicut in omnibus abundatis, fide,
16. 1. et sermone, et scientia, et omni sollicitudine:
et caritate uestra in nos, ut et in hac gratia
8 abundetis. Non quasi imperans dico: sed per

---

¹² > habemus pro uobis 𝔖ℭ   *om.* ad uos 𝔖ℭ   ¹³ super
gaudio 𝔖ℭ   ¹⁵ eum: illum 𝔖ℭ   8. ² ipsorum + fuit 𝔖ℭ
⁶ in uobis 𝔖ℭ   ⁷ sollicitudine *sine addit.* CF⁰G*H: + insuper
ADF*G⁰V𝔖ℭ

aliorum sollicitudinem etiam uestrae caritatis
ingenium bonum comprobans.   Scitis enim 9   Phil. 2. 6, 7.
gratiam Domini nostri Iesu Christi, quoniam
propter uos egenus factus est, cum esset diues,
ut illius inopia uos diuites essetis.   Et consi- 10
lium in hoc do : hoc enim uobis utile est, qui
non solum facere, sed et uelle coepistis ab anno
priore : ¹ nunc uero et facto perficite : ut quem- 11
admodum promtus est animus uoluntatis,
ita sit et perficiendi ex eo quod habetis. Si 12   Mc. 12. 43,
enim uoluntas promta est, secundum id quod   44.
habet accepta est, non secundum quod non   Lc. 21. 2, 3.
habet.   Non enim ut aliis sit remissio, uobis 13
autem tribulatio, sed ex aequalitate.   In prae- 14
senti tempore uestra abundantia illorum in-
opiam suppleat : ut et illorum abundantia uestrae inopiae sit supplementum, ut fiat aequa-
litas : ¹ sicut scriptum est : Qui multum, non 15   Ex. 16. 18.
abundauit : et qui modicum, non minorauit.

Gratias autem Deo, qui dedit eandem sol- 16
licitudinem pro uobis in corde Titi : quoniam 17
exhortationem quidem suscepit : sed cum solli-
citior esset, sua uoluntate profectus est ad uos.
Misimus etiam cum illo fratrem, cuius laus est 18   12. 18.
in euangeliô per omnes ecclesias : non solum 19   1 Cor. 16. 3, 4.
autem, sed et ordinatus ab ecclesiis comes pe-
regrinationis nostrae in hac gratia quae ministratur a nobis ad Domini gloriam et destina-
tam uoluntatem nostram : deuitantes hoc, ne 20
quis nos uituperet in hac plenitudine, quae
ministratur a nobis.   Prouidemus enim bona 21   Rom. 12. 17.
non solum coram Deo, sed etiam coram homi-

---

¹¹ promptus 𝔖ℭ, *et* prompta 12   ¹² secundum *sec.* + id 𝔖ℭ
¹⁸ fratrem + nostrum 𝔖   ¹⁹ ordinatus + est 𝔖ℭ   in hanc gratiam 𝔖ℭ   ²⁰ nobis + in Domini gloriam 𝔖

22 nibus. Misimus autem cum illis et fratrem
nostrum, quem probauimus in multis saepe
sollicitum esse : nunc autem multo sollicitio-
23 rem confidentia multa in uos : siue pro Tito,
qui est socius meus, et in uos adiutor, siue
fratres nostri, Apostoli ecclesiarum, gloriae
24 Christi. Ostensionem ergo quae est caritatis
uestrae et nostrae gloriae pro uobis, in illos
ostendite in faciem ecclesiarum.

Rom. 15. 31. 9 Nam de ministerio quod fit in sanctos, ex
2 abundanti est mihi scribere uobis. Scio enim
promtum animum uestrum, pro quo de uobis
glorior apud Macedones, quoniam Achaia parata est ab anno praeterito : et uestra aemu-
3 latio prouocauit plurimos. Misi autem fratres,
ut ne quod gloriamur de uobis euacuetur in
hac parte : ut quemadmodum dixi, parati sitis :
4 ne cum uenerint mecum Macedones, et inue-
nerint uos inparatos, erubescamus nos, ut non
5 dicamus uos, in hac substantia. Necessarium
ergo existimaui rogare fratres, ut praeueniant
ad uos, et praeparent promissam benedictionem hanc paratam esse, sic quasi benedictionem, non quasi auaritiam.

Prou. 11. 25,   6 Hoc autem : qui parce seminat, parce et
26.   metet : et qui seminat in benedictionibus, de
Gal. 6. 8.
Tob. 4. 7.   7 benedictionibus et metet. Unusquisque prout
Ecclus. 35.   destinauit corde suo, non ex tristitia aut ex ne-
11.   cessitate : hilarem enim datorem diligit Deus.
Phil. 4. 19.   8 Potens est autem Deus omnem gratiam abun-
dare facere in uobis : ut in omnibus semper

---

²³ in vobis adiutor 𝔖   gloria ℭ   9. ² promptum 𝔖ℭ   quoniam + et 𝔖ℭ   ³ misimus 𝔖   ⁴ > Macedones mecum 𝔖ℭ
imparatos 𝔖ℭ   ⁵ repromissam 𝔖ℭ   quasi *sec.* : tamquam 𝔖ℭ
⁶ autem + dico 𝔖ℭ   ⁷ destinauit + in 𝔖ℭ

omnem sufficientiam habentes, abundetis in
omne opus bonum : sicut scriptum est :   9   Ps. 111 (2). 9.
Dispersit, dedit pauperibus :
iustitia eius manet in aeternum.
Qui autem administrat semen seminanti, et 10 Es. 55. 10.
panem ad manducandum praestabit, et multi-
plicabit semen uestrum, et augebit incrementa
frugum iustitiae uestrae : ut in omnibus locu- 11
pletati abundetis in omnem simplicitatem,
quae operatur per nos gratiarum actionem
Deo. Quoniam ministerium huius officii non 12 1. 11, 4. 15.
solum supplet ea quae desunt sanctis, sed
etiam abundat per multas gratiarum actiones
in Domino : per probationem ministerii huius 13
glorificantes Deum in oboedientia confessionis
uestrae in euangelium Christi, et simplicitate
communicationis in illos et in omnes : et ip- 14
sorum obsecratione pro uobis, desiderantium
uos propter eminentem gratiam Dei in uobis.
Gratias Deo super inenarrabili dono eius.   15

Ipse autem ego Paulus obsecro uos per **10** Rom. 12. 1.
mansuetudinem et modestiam Christi, qui in   1 Cor. 2. 3.
                                             1 Thess. 2. 7.
facie quidem humilis inter uos, absens autem
confido in uobis. Rogo autem ne praesens 2   13. 2, 10.
audeam per eam confidentiam qua existi-   Cor. 4. 21.
mor audere in quosdam, qui arbitrantur nos
tamquam secundum carnem ambulemus. In 3
carne enim ambulantes, non secundum car-
nem militamus. Nam arma militiae nostrae 4   Eph. 6. 13–
non carnalia, sed potentia Deo ad destructio- 17.
                                             Prou. 21. 22.
nem munitionum: consilia destruentes, ¹et om- 5
nem altitudinem extollentem se aduersus scientiam Dei, et in captiuitatem redigentes om-

---

⁹ **aeternum** : saeculum saeculi 𝔖ℭ   ¹⁴ et + in·𝔖ℭ   ¹⁵ **gratias**
+ago 𝔖   10. ¹ **humilis** +sum 𝔖ℭ   ² **autem** +vos 𝔖ℭ
⁴ **carnalia** + sunt 𝔖ℭ

6 nem intellectum in obsequium Christi, et in promtu habentes ulcisci omnem inoboedientiam, cum impleta fuerit uestra oboedientia.

5. 12, 11. 23.
Ioh. 7. 24. 7 ¹ Quae secundum faciem sunt, uidete. Si quis confidit sibi Christi se esse, hoc cogitet iterum apud se, quia sicut ipse Christi est, ita et nos.

7. 14, 12. 6,
13. 10. 8 Nam etsi amplius aliquid gloriatus fuero de potestate nostra quam dedit Dominus in aedificationem et non in destructionem uestram, 9 non erubescam : ut autem non existimer tam-10 quam terrere uos per epistulas : Quoniam quidem epistulae, inquiunt, graues sunt et fortes, praesentia autem corporis infirma, et 11 sermo contemptibilis. Hoc cogitet qui eiusmodi est, quia quales sumus uerbo per epistulas absentes, tales et praesentes in facto.

3. 1, 5. 12. 12 Non enim audemus inserere aut conparare nos quibusdam qui se ipsos commendant : sed ipsi in nobis nosmet ipsos metientes, et 13 conparantes nosmet ipsos nobis. Nos autem non in inmensum gloriabimur, sed secundum mensuram regulae, quam mensus est nobis Deus, mensuram pertingendi usque ad uos. 14 Non enim quasi non pertingentes ad uos superextendimus nos : usque ad uos enim peruе-

Rom. 15. 20. 15 nimus in euangelio Christi : non in inmensum gloriantes in alienis laboribus : spem autem habentes crescentis fidei uestrae, in uobis magnificari secundum regulam nostram in abun-16 dantiam, etiam in illa quae ultra uos sunt,

Hier. 9. 23,
24.
1 Cor. 1. 31. euangelizare, non in aliena regula in his quae 17 praeparata sunt gloriari. Qui autem gloriatur,

---

⁶ promptu 𝔖ℭ   ⁸ et si *duobus uerbis* 𝔖ℭ   dedit + nobis 𝔖ℭ   ¹² comparare 𝔖ℭ   comparantes 𝔖ℭ   ¹³ immensum 𝔖ℭ, *et* 15   quam : qua 𝔖ℭ   ¹⁶ ijs 𝔖ℭ

in Domino glorietur : non enim qui se ipsum 18   1 Cor. 4. 5.
commendat, ille probatus est : sed quem Do-
minus commendat.

Utinam sustineretis modicum quid insipien- **11**
tiae meae : sed et supportate me : ¹ aemulor 2   Os. 2. 19, 20.
enim uos Dei aemulatione. Despondi enim   Eph. 5. 26, 27.
uos uni uiro uirginem castam exhibere Christo.
timeo autem ne sicut serpens Euam seduxit 3   Gen. 3. 4.
astutia sua, ita corrumpantur sensus uestri et
excidant a simplicitate quae est in Christo.
Nam si is qui uenit alium Christum praedicat, 4   Gal. 1. 8, 9.
quem non praedicauimus : aut alium spiritum
accipitis, quem non accepistis : aut aliud euangelium, quod non recepistis: recte pateremini.
Existimo enim nihil me minus fecisse magnis 5   12. 11.
Apostolis. Etsi imperitus sermone, sed non 6   1 Cor. 15. 10. Gal. 2. 6, 9.
scientia : in omnibus autem manifestatus sum   1 Cor. 1. 5, 2. 1, 4, 13.
uobis. Aut numquid peccatum feci, me ip- 7   2 Cor. 12. 13. 1 Cor. 9. 12, 18.
sum humilians ut uos exaltemini, quoniam
gratis euangelium Dei euangelizaui uobis? A- 8
lias ecclesias expoliaui, accipiens stipendium   Phil. 4. 15, 16.
ad ministerium uestrum : et cum essem apud 9
uos et egerem, nulli onerosus fui : nam quod
mihi deerat, suppleuerunt fratres qui uenerunt
a Macedonia : et in omnibus sine onere me
uobis seruaui, et seruabo. Est ueritas Christi 10   1 Cor. 9. 15.
in me, quoniam haec gloria non infringetur
in me in regionibus Achaiae. Quare? quia 11
non diligo uos? Deus scit. ¹ Quod autem fa- 12
cio, et faciam, ut amputem occasionem eorum
qui uolunt occasionem : ut in quo glorientur,
inueniantur sicut et nos. Nam eiusmodi pseu- 13   Gal. 2. 4. Phil. 3. 2.
doapostoli, operarii subdoli, transfigurantes se

---

¹⁸ **Dominus**: Deus 𝔖ℭ   **11**. ³ Heuam 𝔖ℭ   ⁵ fecisse + a 𝔖ℭ
⁶ + Nam *ad init.* 𝔖ℭ   manifestus sum 𝔖 ; manifestati sumus ℭ
¹⁰ gloriatio 𝔖ℭ   ¹³ pseudoapostoli, sunt operarii 𝔖ℭ

14 in apostolos Christi. Et non mirum: ipse enim
15 Satanas transfigurat se in angelum lucis : non
est ergo magnum si ministri eius transfigu-
rentur uelut ministri iustitiae : quorum finis
erit secundum opera ipsorum.

12. 6. 16   Iterum dico, ne quis me putet insipientem:
alioquin uelut insipientem accipite me, ut et
17 ego modicum quid glorier : quod loquor, non
loquor secundum Dominum, sed quasi in insi-
18 pientia, in hac substantia gloriae. Quoniam
multi gloriantur secundum carnem : et ego
19 gloriabor. Libenter enim suffertis insipientes
20 cum sitis ipsi sapientes. Sustinetis enim, si
quis uos in seruitutem redigit, si quis deuorat,
si quis accipit, si quis extollitur, si quis in fa-
21 ciem uos caedit. Secundum ignobilitatem
dico, quasi nos infirmi fuerimus. In quo quis

Phil. 3. 5.   22 audet (in insipientia dico) audeo et ego : He-
braei sunt? et ego: Israhelitae sunt? et ego :

1 Cor. 15. 10.   23 semen Abrahae sunt? et ego: ¹ ministri Christi
sunt? ut minus sapiens dico, plus ego : in la-
boribus plurimis, in carceribus abundantius,

Dt. 25. 3.   in plagis supra modum, in mortibus frequenter:
Mt. 10. 17.
Act. 16. 22,   24 a Iudaeis quinquies quadragenas una minus
23.   25 accepi : ter uirgis caesus sum, semel lapidatus
Act. 14. 19.
Act. 13. 50,   sum, ter naufragium feci, nocte et die in pro-
14. 5.   26 fundo maris fui: in itineribus saepe, periculis flu-
Act. 17. 5, 13,   minum, periculis latronum, periculis ex genere,
18. 12.
Act. 20. 3, 19,   periculis ex gentibus, periculis in ciuitate, peri-
21. 27-31.
Act. 23. 10,   culis in solitudine, periculis in mari, periculis
12, 25. 3.   27 in falsis fratribus : in labore et aerumna, in
1 Thess. 2. 9.
2 Thess. 3. 8.   uigiliis multis, in fame et siti, in ieiuniis multis,

---

¹⁶ insipientem *pr.* + esse 𝔖ℭ   ¹⁷ **Dominum** AG : Deum
CDFHV𝔖ℭ   ²¹ fuerimus + in hac parte 𝔖ℭ   ²² sunt, et
ego : *ter* 𝔖ℭ   ²³ sunt? : sunt, 𝔖ℭ ; *deinde* + et ego 𝔖

in frigore et nuditate : praeter illa quae extrin- 28
secus sunt, instantia mea cotidiana, sollicitudo
omnium ecclesiarum.   Quis infirmatur, et ego 29
non infirmor ? quis scandalizatur, et ego non
uror ? Si gloriari oportet, quae infirmitatis 30
meae sunt gloriabor.   Deus et pater Domini 31
Iesu scit, qui est benedictus in saecula, quod
non mentior.   Damasci praepositus gentis 32   Act. 9. 23-25.
Aretae regis custodiebat ciuitatem Damasce-
norum ut me comprehenderet : et per fene- 33
stram in sporta dimissus sum per murum, et
effugi manus eius.

Si gloriari oportet, non expedit quidem: ue-**12**
niam autem ad uisiones et reuelationes Domini.   Scio hominem in Christo ante annos quat- 2
tuordecim, siue in corpore nescio, siue extra
corpus nescio, Deus scit : raptum eiusmodi
usque ad tertium caelum.   Et scio huiusmodi 3
hominem, siue in corpore siue extra corpus
nescio, Deus scit : quoniam raptus est in Para- 4   Gen. 2. 8.
disum : et audiuit arcana uerba, quae non li-   Cant. 4. 13.
                                                 Ecclus. 40.
cet homini loqui.   Pro eiusmodi gloriabor : 5   17.
pro me autem nihil gloriabor, nisi in infirmi-   Lc. 23. 43.
                                                 Apoc. 2. 7.
tatibus meis.   Nam etsi uoluero gloriari, non 6
ero insipiens : ueritatem enim dicam : parco
autem, ne quis in me existimet supra id quod
uidet me, aut audit ex me.   Et ne magni- 7   Iob. 2. 6, 7.
tudo reuelationum extollat me, datus est
mihi stimulus carnis meae, angelus Satanae,
ut me colaphizet.   Propter quod ter Domi- 8
num rogaui ut discederet a me : et dixit mihi : 9
Sufficit tibi gratia mea : nam uirtus in infirmi-

---

[31] **Domini Iesu** AG : Domini nostri Iesu Christi CDFHV𝕾ℭ
> qui est ben. in saec., scit 𝕾ℭ   [33] et *sec.* +sic 𝕾ℭ   12. [2] nescio
pr. om. 𝕾.   huiusmodi 𝕾ℭ   [5] huiusmodi 𝕾ℭ   [6] in *om.* 𝕾ℭ
uidet + in 𝕾ℭ   aut +aliquid 𝕾ℭ   [7] ut : qui 𝕾ℭ

tate perficitur. Libenter igitur gloriabor in
infirmitatibus meis, ut inhabitet in me uirtus

Rom. 5. 3.   10 Christi. Propter quod placeo mihi in infirmi-
Phil. 4. 13.   tatibus, in contumeliis, in necessitatibus, in
persecutionibus, in angustiis pro Christo: cum
enim infirmor, tunc potens sum.

11. 5.   11   Factus sum insipiens: uos me coegistis.
1 Cor. 15. 10.   Ego enim debui a uobis commendari: nihil
enim minus fui ab his qui sunt supra modum

Rom. 15. 19.   12 Apostoli, tametsi nihil sum. Signa tamen Apo-
Heb. 2. 4.   stoli facta sunt super uos in omni patientia,

11. 9.   13 signis, et prodigiis, et uirtutibus. Quid est
1 Cor. 9. 12,   enim quod minus habuistis prae ceteris eccle-
15, 18.   siis, nisi quod ego ipse non grauaui uos? Do-
nate mihi hanc iniuriam.

3. 1.   14   Ecce tertio hoc paratus sum uenire ad uos,
et non ero grauis uobis: non enim quaero quae
uestra sunt, sed uos. Nec enim debent filii
parentibus thesaurizare, sed parentes filiis.

Gal. 4. 16.   15 Ego autem libentissime inpendam, et super-
Phil. 2. 17.   inpendar ipse pro animabus uestris: licet plus

16 uos diligens, minus diligar. Sed esto, ego uos
non grauaui: sed cum essem astutus, dolo uos

17 cepi. Numquid per aliquem eorum quos misi

8. 6, 17, 18.   18 ad uos, circumueni uos? Rogaui Titum, et
misi cum illo fratrem. Numquid Titus uos
circumuenit? nonne eodem spiritu ambulaui-
mus? nonne isdem uestigiis?

19   Olim putatis quod excusemus nos apud
uos? Coram Deo in Christo loquimur: omnia
autem, carissimi, propter uestram aedificatio-

---

10 infirmitatibus + meis 𝕊ℭ   persequutionibus 𝕊ℭ   **11** > a
vobis debui 𝕊ℭ   fui: feci 𝕊   ijs 𝕊ℭ   **12 Apostoli**: Apostolatus
mei 𝕊ℭ   patientia: potentia AC; + in 𝕊ℭ   **15** impendam
et superimpendar 𝕊ℭ   **18** ijsdem 𝕊ℭ   **19** > aedificationem
vestram 𝕊ℭ

nem. Timeo enim ne forte cum uenero, non 20 2. 1-4, 10. 2.
quales uolo inueniam uos, et ego inueniar 1 Cor. 4. 6.
a uobis qualem non uultis : ne forte contentiones, aemulationes, animositates, dissensiones, detractiones, susurrationes, inflationes,
seditiones sint inter uos : ne iterum cum ue-21
nero, humiliet me Deus apud uos, et lugeam
multos ex his qui ante peccauerunt, et non
egerunt paenitentiam super inmunditia, et fornicatione, et inpudicitia, quam gesserunt.

Ecce tertio hoc uenio ad uos : in ore duo-13 Dt. 19. 15.
rum uel trium testium stabit omne uerbum. Mt. 18. 16.
1 Tim. 5. 19.
Praedixi et praedico, ut praesens bis, et nunc 2 1 Cor. 5. 3.
absens, his qui ante peccauerunt et ceteris omnibus, quoniam si uenero iterum non parcam.
An experimentum quaeritis eius qui in me lo- 3
quitur Christus, qui in uos non infirmatur, sed
potens est in uobis ? Nam etsi crucifixus est 4 Phil. 2. 8, 9.
ex infirmitate, sed uiuit ex uirtute Dei. Nam Rom. 6. 8.
et nos infirmi sumus in illo : sed uiuemus cum
eo, ex uirtute Dei in uobis. Uosmet ipsos 5 1 Cor. 11. 28.
temtate si estis in fide : ipsi uos probate. An
non cognoscitis uosmet ipsos quia Christus
Iesus in uobis est ? nisi forte reprobi estis.
Spero autem quod cognoscetis, quia nos non 6
sumus reprobi. Oramus autem Deum ut ni- 7
hil mali faciatis, non ut nos probati pareamus,
sed ut uos quod bonum est faciatis : nos autem ut reprobi simus. Non enim possumus 8
aliquid aduersus ueritatem, sed pro ueritate.
Gaudemus enim quando nos infirmi sumus, 9 1 Cor. 4. 10.
uos autem potentes estis : hoc et oramus, ue-

---

²¹ ijs 𝔖ℭ   13. ² praedixi + enim 𝔖   bis (τὸ δεύτερον)
CF, his G, *et* secundo D: uobis AH𝔖 ; *om.* V ℭ   ijs 𝔖ℭ
³ uos : vobis 𝔖ℭ   ⁴ viuimus 𝔖   ⁷ appareamus 𝔖ℭ   ⁹ quando :
quoniam 𝔖ℭ

2. 3, 10. 11.　10 stram consummationem. Ideo haec absens scribo, ut non praesens durius agam, secundum potestatem quam Dominus dedit mihi, in aedificationem, et non in destructionem.

Phil. 3. 1, 4. 4.　11　De cetero, fratres, gaudete, perfecti estote, exhortamini, idem sapite, pacem habete : et

Rom. 15, 33.　12 Deus dilectionis et pacis erit uobiscum. Salu-
Rom. 16. 16.　tate inuicem in osculo sancto.

1 Cor. 16. 20.　Salutant uos sancti omnes.

Rom. 16. 20.　13　Gratia Domini nostri Iesu Christi, et caritas Dei, et communicatio sancti Spiritus, cum omnibus uobis. Amen.

EXPLICIT AD CORINTHIOS SECUNDA

INCIPIT EPISTULA
AD GALATAS

Act. 9. 5, 6.　1　PAULUS Apostolus, non ab hominibus neque per hominem, sed per Iesum Christum et Deum Patrem, qui suscitauit eum a mortuis : 2 et qui mecum sunt omnes fratres, ecclesiis Ga-
Rom. 1. 7.　3 latiae. Gratia uobis et pax a Deo Patre, et
Mt. 20. 28.　4 Domino nostro Iesu Christo, qui dedit semet
1 Tim. 2. 6.　ipsum pro peccatis nostris, ut eriperet nos de praesenti saeculo nequam, secundum uolunta-
5 tem Dei et Patris nostri : cui est gloria in saecula saeculorum. Amen.

6　Miror quod sic tam cito transferemini ab eo qui uos uocauit in gratiam Christi, in aliud

---

11 > pacis et dilectionis 𝔖ℭ　　12 > omnes sancti 𝔖ℭ
13 Spiritus + sit 𝔖ℭ　Subscr. om. 𝔖ℭ
Inscr. EPISTOLA BEATI PAVLI APOSTOLI AD GALATAS
𝔖ℭ　　1. 3 et Dom. nostro ACG ℭ : > nostro et Dom. DFH ;
nostro et Dom. nostro 𝔖 ; et Dom. (om. nostro) F　　6 transferimini 𝔖ℭ

euangelium : quod r)n est aliud, nisi sunt 7   Act. 15. 24.
aliqui qui uos conturbant, et uolunt conuertere
euangelium Christi. Sed licet nos, aut angelus 8   2 Cor. 11. 4.
de caelo euangelizet uobis praeterquam quod
euangelizauimus uobis, anathema sit. Sicut 9   1 Cor. 16. 22.
praediximus, et nunc iterum dico : Si quis uo-
bis euangelizauerit praeter id quod accepistis,
anathema sit. Modo enim hominibus suadeo, 10   1 Thess. 2. 4.
aut Deo ? Aut quaero hominibus placere ? Si
adhuc hominibus placerem, Christi seruus non
essem.

Notum enim uobis facio, fratres, euange- 11   1 Cor. 15. 1.
lium quod euangelizatum est a me, quia non
est secundum hominem : neque enim ego ab 12
homine accepi illud, neque didici : sed per reuelationem Iesu Christi. Audistis enim con- 13   Act. 22. 3-21,
uersationem meam aliquando in Iudaismo :   26. 4-23.
                                              Phil. 3. 5, 6.
quoniam supra modum persequebar ecclesiam
Dei, et expugnabam illam : et proficiebam in Iu- 14
daismo supra multos coetaneos in genere meo,
abundantius aemulator existens paternarum
mearum traditionum. Cum autem placuit ei, 15   Es. 49. 1.
qui me segregauit de utero matris meae et uo-   Hier. 1. 5.
                                            Rom. 1. 1.
cauit per gratiam suam, ut reuelaret Filium 16   Act. 9. 15.
suum in me, ut euangelizarem illum in genti-
bus : continuo non adquieui carni et sanguini : neque ueni Hierosolymam ad antecessores 17
meos Apostolos : sed abii in Arabiam, et iterum reuersus sum Damascum.

Deinde post annos tres ueni Hierosolymam 18   Act. 9. 26.
uidere Petrum, et mansi apud eum diebus quindecim : alium autem Apostolorum uidi nemi- 19   Act. 1. 14,
nem nisi Iacobum fratrem Domini. Quae au- 20   12. 17.

---

10 aut *bis* : an *bis* 𝕾ℭ   14 coaetaneos meos 𝕾ℭ   15 de : ex 𝕾ℭ
16 acquieui 𝕾ℭ

tem scribo uobis, ecce coram Deo quia non

Act. 9. 30. 21 mentior. Deinde ueni in partes Syriae et Ci-
22 liciae. Eram autem ignotus facie ecclesiis Iu-
23 daeae quae erant in Christo : tantum autem
auditum habebant, Quoniam qui persequebatur nos aliquando, nunc euangelizat fidem
24 quam aliquando expugnabat : et in me clarificabant Deum.

Act. 15. 2 (?). **2** Deinde post annos quattuordecim, iterum
ascendi Hierosolymam cum Barnaba, adsum-
2 to et Tito. Ascendi autem secundum reuelationem, et contuli cum illis euangelium quod
praedico in gentibus, seorsum autem his qui
uidebantur, ne forte in uacuum currerem, aut
Act. 16. 3. 3 cucurrissem. Sed neque Titus, qui mecum
erat, cum esset gentilis, compulsus est circum-
Act. 15. 24. 4 cidi : sed propter subintroductos falsos fratres,
qui subintroierunt explorare libertatem no-
stram quam habemus in Christo Iesu, ut nos in
5 seruitutem redigerent : quibus neque ad horam cessimus subiectioni, ut ueritas euangelii
6 permaneat apud uos. Ab his autem qui
uidebantur esse aliquid : quales aliquando
fuerint, nihil mea interest : Deus personam
hominis non accipit : mihi enim qui uidebantur,
Act. 9. 15,
22. 21. 7 nihil contulerunt. Sed e contra cum uidissent quod creditum est mihi euangelium prae-
8 putii, sicut Petro circumcisionis : qui enim
operatus est Petro in apostolatum circumcisio-
9 nis, operatus est et mihi inter gentes : et cum
cognouissent gratiam quae data est mihi, Iacobus, et Cephas, et Iohannes, qui uidebantur

2. 2 ijs 𝕾ℭ   uidebantur + aliquid esse 𝕾ℭ   5 subiectione ℭ
6 ijs 𝕾ℭ   uidebantur *sec.* + esse aliquid 𝕾ℭ   7 econtra *uno*
uerbo 𝕾ℭ ; e contrario ADF   sicut + et 𝕾ℭ

columnae esse, dextras dederunt mihi et Barnabae societatis : ut nos in gentes, ipsi autem
in circumcisionem : tantum ut pauperum me- 10 Act. 11. 30,
mores essemus, quod etiam sollicitus fui hoc 12. 25, 24. 17.
ipsum facere.

 Cum autem uenisset Cephas Antiochiam, 11
in faciem ei restiti, quia reprehensibilis erat.
Prius enim quam uenirent quidam ab Iacobo, 12 Act. 11. 3.
cum gentibus edebat : cum autem uenissent,
subtrahebat et segregabat se, timens eos qui
ex circumcisione erant : et simulationi eius 13
consenserunt ceteri Iudaei, ita ut et Barnabas
duceretur ab eis in illa simulatione. Sed cum 14
uidissem quod non recte ambularent ad ueritatem euangelii, dixi Cephae coram omnibus :
Si tu cum Iudaeus sis, gentiliter et non Iudaice uiuis, quomodo gentes cogis Iudaizare?
Nos natura Iudaei, et non ex gentibus pecca- 15
tores : scientes autem quod non iustificatur 16 Act. 13. 39,
homo ex operibus legis, nisi per fidem Iesu 15. 11.
Christi : et nos in Christo Iesu credimus, ut Rom. 3. 23.
iustificemur ex fide Christi, et non ex operibus
legis : propter quod ex operibus legis non iustificabitur omnis caro. Quod si quaerentes 17
iustificari in Christo, inuenti sumus et ipsi peccatores, numquid Christus peccati minister
est? Absit. Si enim quae destruxi, haec ite- 18
rum aedifico, praeuaricatorem me constituo.
Ego enim per legem legi mortuus sum, ut Deo 19 Rom. 6. 2.
uiuam. Christo confixus sum cruci : ¹uiuo au- 20 7. 4, 6.
 5. 24, 6. 14.
tem iam non ego, uiuit uero in me Christus : Rom. 6. 6.
quod autem nunc uiuo in carne, in fide uiuo
filii Dei, qui dilexit me et tradidit se ipsum Ioh. 17. 23.
 1 Ioh. 3. 16.

¹² ab : a 𝕾ℭ ¹³ illam simulationem 𝕾ℭ ¹⁴ > uiuis, et
non Iudaice 𝕾ℭ ¹⁵ > iterum haec 𝕾ℭ ²⁰ semetipsum (*uno
uerbo*) 𝕾ℭ

21 pro me. Non abicio gratiam Dei : si enim
per legem iustitia, ergo gratis Christus mortuus est.

3 O insensati Galatae, quis uos fascinauit,
ante quorum oculos Iesus Christus praescri-
2 ptus est, crucifixus ? Hoc solum uolo a uobis
discere : Ex operibus legis Spiritum accepistis,
3 an ex auditu fidei ? Sic stulti estis, ut cum
spiritu coeperitis, nunc carne consummamini ?
4 Tanta passi estis sine causa ? si tamen sine
5 causa. Qui ergo tribuit uobis Spiritum, et
operatur uirtutes in uobis : ex operibus legis,

Gen. 15. 6.   6 an ex auditu fidei ? Sicut Abraham credidit
Rom. 4. 3.   7 Deo, et reputatum est ei ad iustitiam. Cognoscite ergo quia qui ex fide sunt, hii sunt

Gen. 12. 3,   8 filii Abrahae. Prouidens autem scriptura quia
18. 18, 22. 18.
Act. 3. 25.   ex fide iustificat gentes Deus, praenuntiauit
Abrahae, Quia benedicentur in te omnes gen-
9 tes. Igitur qui ex fide sunt benedicentur cum

Dt. 27. 26.   10 fideli Abraham. Quicumque enim ex operibus
Rom. 4. 15.   legis sunt, sub maledicto sunt. Scriptum est
Iac. 2. 10.   enim : Maledictus omnis qui non permanserit
in omnibus quae scripta sunt in libro legis, ut

Hab. 2. 4.   11 faciat ea. Quoniam autem in lege nemo iusti-
Rom. 1. 17.
Heb. 10. 38.   ficatur apud Deum, manifestum est : quia iu-
Leu. 18. 5.   12 stus ex fide uiuit. Lex autem non est ex fide,
Rom. 10. 5.   13 sed, Qui fecerit ea, uiuet in illis. Christus nos
redemit de maledicto legis, factus pro nobis

Dt. 21. 23.   maledictum : quia scriptum est : Maledictus
2 Cor. 5. 21.   14 omnis qui pendet in ligno : ut in gentibus
Rom. 4. 16,
15. 9-12.   benedictio Abrahae fieret in Christo Iesu, ut
pollicitationem Spiritus accipiamus per fidem.

3. ¹ **fascinauit** *sine addit.* DFG : + ueritati non oboedire A, + non
obedire veritati $\mathcal{SC}$; + non credere ueritati CHV   proscriptus $\mathcal{S}$
est + in vobis $\mathcal{SC}$ ² > a vobis volo $\mathcal{SC}$ ³ consummemini $\mathcal{C}$ ⁶ sicut + scriptum est $\mathcal{SC}$ ei : illi $\mathcal{SC}$ ⁷ ij $\mathcal{SC}$ ¹² ea + homo $\mathcal{S}$

Fratres, secundum hominem dico: tamen 15
hominis confirmatum testamentum nemo spernit aut superordinat. Abrahae dictae sunt 16
promissiones, et semini eius. Non dicit, Et
seminibus, quasi in multis: sed quasi in uno:
Et semini tuo, qui est Christus. Hoc autem 17
dico: testamentum confirmatum a Deo, quae
post quadringentos et triginta annos facta est
lex non irritum facit ad euacuandam promissionem. Nam si ex lege hereditas, iam non ex 18
repromissione. Abrahae autem per repromissionem donauit Deus. Quid igitur lex? Pro- 19
pter transgressiones posita est, donec ueniret
semen cui promiserat, ordinata per angelos in
manu mediatoris. Mediator autem unius non 20
est: Deus autem unus est. Lex ergo aduer- 21
sus promissa Dei? Absit. Si enim data esset
lex quae posset uiuificare, uere ex lege esset
iustitia. Sed conclusit scriptura omnia sub 22
peccato, ut promissio ex fide Iesu Christi daretur credentibus.

Prius autem quam ueniret fides, sub lege 23
custodiebamur, conclusi in eam fidem quae
reuelanda erat. Itaque lex pedagogus noster 24
fuit in Christo, ut ex fide iustificemur: at ubi 25
uenit fides, iam non sumus sub pedagogo.
Omnes enim filii Dei estis, per fidem in 26
Christo Iesu. Quicumque enim in Christo ba- 27
ptizati estis, Christum induistis. Non est Iu- 28
daeus neque Graecus: non est seruus neque
liber: non est masculus neque femina: omnes enim uos unum estis in Christo Iesu. Si 29

Marginal references:

Gen. 12. 7,
13. 15, 17.
Gen. 17. 7,
8, 19, 22. 18,
24. 7.
Ex. 12. 40.

Rom. 4. 14,
11. 6.

Dt. 5. 5.
Act. 7. 38, 53.
Rom. 5. 20.
Heb. 8. 6.

Rom. 7. 12.
8. 2–4.

Rom. 3. 9,
19, 11. 32.

1 Pet. 1. 5.

Rom. 10. 4.

Ioh. 1. 12.
Rom. 8. 14–16.
Rom. 6. 3,
13. 14.
Rom. 10. 12.
1 Cor. 12. 13.
Col. 3. 11.

---

[17] irritum 𝔖ℭ: -tam *codd. plur.*   [18] ex promissione 𝔖ℭ
[19] transgressionem 𝔖   [24] paedagogus 𝔖ℭ, *et* paedagogo 25
[26] fidem + quae est 𝔖ℭ

Rom. 9. 7, 8.
1 Cor. 3. 23.
Eph. 3. 6.

autem uos Christi, ergo semen Abrahae estis, secundum promissionem heredes.

4 Dico autem, quanto tempore heres paruulus est, nihil differt a seruo, cum sit dominus om- 2 nium : sed sub tutoribus est et actoribus usque 3 ad praefinitum tempus a patre. Ita et nos,

3. 23.
Col. 2. 8, 20.

cum essemus paruuli, sub elementis mundi era- 4 mus seruientes : at ubi uenit plenitudo tem-

Mc. 1. 15.
Rom. 1. 3.
Lc. 2. 21, 22,
27.
Gal. 3. 13.

poris, misit Deus Filium suum, factum ex mu- 5 liere, factum sub lege, 1 ut eos qui sub lege erant redimeret, ut adoptionem filiorum reci-

Rom. 8. 15.
Mc. 14. 36.

6 peremus. Quoniam autem estis filii, misit Deus Spiritum Filii sui in corda nostra cla-

Rom. 8. 16,
17.

7 mantem, Abba, Pater. Itaque iam non est seruus, sed filius : quod si filius, et heres per Deum.

1 Cor. 8. 4.
Phil. 3. 12.

8 Sed tunc quidem ignorantes Deum, his qui 9 natura non sunt dii seruiebatis. Nunc autem cum cognoueritis Deum, immo cogniti sitis a Deo, quomodo conuertimini iterum ad infirma

Col. 2. 8, 20.
Rom. 14. 5.
Col. 2. 16.
1 Thess. 3. 5.

et egena elementa, quibus denuo seruire uul- 10 tis ? Dies obseruatis et menses, et tempora et 11 annos. Timeo uos, ne forte sine causa labo-rauerim in uobis.

1 Cor. 11. 1.
Phil. 3. 17.
1 Cor. 2. 3.

12 Estote sicut et ego, quia et ego sicut uos. 13 Fratres, obsecro uos: nihil me laesistis. 1 Scitis autem quia per infirmitatem carnis euangeli-

2 Cor. 10. 10,
12. 7.

14 zaui uobis iam pridem : et temtationem ue-stram in carne mea non spreuistis, neque re-spuistis : sed sicut angelum Dei excepistis me, 15 sicut Christum Iesum. Ubi est ergo beatitudo uestra ? Testimonium enim perhibeo uobis

---

4. **2** > et actoribus est 𝕊ℭ   **4 factum** *pr.:* natum DFV
6 filii *pr. sine addit.* AGVℭ: + Dei CDFH𝕊   nostra : vestra 𝕊ℭ
7 est : es AC   **8 ijs** 𝕊ℭ   **11** *om.* uos 𝕊   **12 et** *pr. om.* 𝕊ℭ
13 iampridem *uno uerbo* 𝕊ℭ

quia, si fieri posset, oculos uestros eruissetis,
et dedissetis mihi. Ergo inimicus uobis fa- 16
ctus sum, uerum dicens uobis? Aemulantur 17
uos non bene : sed excludere uos uolunt, ut
illos aemulemini. Bonum autem aemulamini 18
in bono semper : et non tantum cum praesens
sum apud uos. Filioli mei, quos iterum par- 19   1 Cor. 4. 15.
turio donec formetur Christus in uobis. Uel- 20   Philem. 10.
lem autem esse apud uos modo, et mutare uo-
cem meam, quoniam confundor in uobis.

Dicite mihi, qui sub lege uultis esse : legem 21
non legistis? Scriptum est enim, quoniam 22   Gen. 16. 15.
Abraham duos filios habuit : unum de ancilla,   21. 2.
et unum de libera. Sed qui de ancilla, secun- 23   Gen. 17. 16,
dum carnem natus est : qui autem de libera,   18. 10, 14.
                                               Rom. 9. 7–9.
per repromissionem. Quae sunt per allego- 24   Heb. 11. 11.
riam dicta. Haec enim sunt duo testamenta :
unum quidem a monte Sina,¹ in seruitutem generans : quae est Agar. Sina enim mons est 25
in Arabia, qui coniunctus est ei quae nunc est
Hierusalem, et seruit cum filiis eius. Illa au- 26   Heb. 12. 22.
tem quae sursum est Hierusalem libera est,
quae est mater nostra. Scriptum est enim : 27   Es. 54. 1.
Laetare sterilis, quae non paris :
    erumpe et clama quae non parturis :
        quia multi filii desertae, magis quam eius
            quae habet uirum.
Nos autem, fratres, secundum Isaac promissio- 28   Rom. 9. 8.
nis filii sumus. Sed quomodo tunc qui secun- 29   Gen. 21. 9.
dum carnem natus fuerat, persequebatur eum
qui secundum spiritum : ita et nunc. Sed 30   Gen. 21. 10.
quid dicit scriptura? Eice ancillam et filium   Ioh. 8. 35.
eius : non enim heres erit filius ancillae cum

---

²⁴ a : in 𝕾ℭ   ²⁵ eius AGV : suis CDFH𝕾ℭ   ²⁹ tunc + is
𝕾ℭ   ³⁰ om. enim 𝕾

31 filio liberae. Itaque, fratres, non sumus ancillae filii, sed liberae : qua libertate Christus

Act. 15. 10.   5 nos liberauit : state, et nolite iterum iugo seruitutis contineri.

2 Ecce ego Paulus dico uobis, quoniam si circumcidamini, Christus uobis nihil proderit.

Rom. 2. 25.   3 Testificor autem rursum omni homini circumcidenti se, quoniam debitor est uniuersae le-4 gis faciendae. Euacuati estis a Christo, qui 5 in lege iustificamini : a gratia excidistis. Nos enim spiritu ex fide spem iustitiae expectamus.

6. 15.
1 Cor. 7. 19.
Iac. 2. 18.   6 Nam in Christo Iesu neque circumcisio aliquid ualet, neque praeputium : sed fides quae 7 per caritatem operatur. Currebatis bene : quis

1. 6.   8 uos inpediuit ueritati non oboedire ? Per-

1 Cor. 5. 6.   9 suasio non est ex eo qui uocat uos. Modi-
Mt. 13. 33.
Lc. 13. 20, 21.   cum fermentum totam massam corrumpit.
Gal. 1. 7.   10 Ego confido in uobis in Domino, quod nihil aliud sapietis : qui autem conturbat uos, por-11 tabit iudicium quicumque est ille. Ego autem, fratres, si circumcisionem adhuc praedico, quid

1 Cor. 1. 23.   adhuc persecutionem patior ? Ergo euacua-12 tum est scandalum crucis. Utinam et abscidantur qui uos conturbant.

1 Pet. 2. 16.
1 Cor. 9. 19.   13 Uos enim in libertatem uocati estis, fratres : tantum ne libertatem in occasionem detis car-
Leu. 19. 18.   14 nis, sed per caritatem seruite inuicem. Om-
Mt. 19. 19,
22. 39, 40.   nis enim lex in uno sermone impletur : Diliges 15 proximum tuum sicut te ipsum. Quod si inuicem mordetis et comeditis, uidete ne ab inuicem consumamini.

Rom. 13. 14.   16 Dico autem : Spiritu ambulate, et deside-

5. ¹ *Inc. cap. ad* state *etiam* 𝔖ℭ   ³ rursus 𝔖ℭ   ⁷ oboedire + nemini consenseritis DH𝔖   ⁸ persuasio + haec 𝔖ℭ   ¹² abscidantur DFᶜGHV : abscindantur ACF*𝔖ℭ   ¹³ caritatem + Spiritus 𝔖ℭ   ¹⁶ autem + in Christo 𝔖   desideria 𝔖ℭ

rium carnis non perficietis. Caro enim con- 17 Rom. 7. 15–23, 8. 7.
cupiscit aduersus Spiritum, Spiritus autem ad-
uersus carnem : haec enim inuicem aduersantur : ut non quaecumque uultis, illa faciatis.
Quod si Spiritu ducimini, non estis sub lege. 18 Rom. 8. 14.
Manifesta autem sunt opera carnis, quae sunt : 19 Rom. 1. 29–
fornicatio, inmunditia, luxuria, ¹ idolorum ser- 20 32, 13. 12, 13.
uitus, ueneficia, inimicitiae, contentiones, ae- 1 Cor. 6. 9, 10.
mulationes, irae, rixae, dissensiones, sectae, Eph. 5. 3–5.
Col. 3. 5, 6.
¹ inuidiae, homicidia, ebrietates, comisationes, 21 1 Tim. 1. 9–11.
et his similia : quae praedico uobis, sicut prae-
dixi, quoniam qui talia agunt, regnum Dei
non consequentur. Fructus autem Spiritus 22 Eph. 5. 9.
est : caritas, gaudium, pax, longanimitas, bo- Iac. 3. 18.
nitas, benignitas, ¹ fides, modestia, continentia : 23
aduersus huiusmodi non est lex. Qui autem 24 Rom. 6. 6.
sunt Christi, carnem crucifixerunt cum uitiis
et concupiscentiis.

Si uiuimus Spiritu, Spiritu et ambulemus. 25 Rom. 8. 4.
Non efficiamur inanis gloriae cupidi, inuicem 26 Phil. 2. 3.
prouocantes, inuicem inuidentes.

Fratres, etsi praeoccupatus fuerit homo in 6 Mt. 18. 15.
Lc. 17. 3.
aliquo delicto, uos qui spiritales estis huius- Iac. 5. 19.
modi instruite in spiritu lenitatis, considerans
te ipsum, ne et tu temteris. Alter alterius 2 5. 14.
onera portate, et sic adimplebitis legem Christi.
Nam si quis existimat se aliquid esse, cum sit 3 1 Cor. 3. 18.
8. 2.
nihil, ipse se seducit. Opus autem suum pro- 4 1 Cor. 11. 28.
bet unusquisque, et sic in semet ipso tantum 2 Cor. 13. 5.

---

¹⁷ enim + sibi 𝔖ℭ ¹⁹ > sunt autem 𝔖ℭ inmunditia
+ impudicitia 𝔖ℭ ²¹ comessationes 𝔖ℭ ²² pax + patientia
𝔖ℭ > benignitas, bonitas, longanimitas 𝔖ℭ : et post longan.
+ mansuetudo 𝔖ℭ ²³ continentia + castitas 𝔖ℭ ²⁴ carnem
sine addit. A*G : + suam AᶜCDFGHV𝔖ℭ ²⁵ Inc. cap. 6 Si 𝔖
> spiritu uiuimus 𝔖ℭ 6. ³ > nihil sit 𝔖ℭ

Rom. 14. 12.
5 gloriam habebit, et non in altero. Unusquisque enim onus suum portabit.

Rom. 15. 27.
1 Cor. 9. 11, 14.
6 Communicet autem is qui cathecizatur uerbum ei qui se cathecizat in omnibus bonis.

Iob. 13. 9.
7 Nolite errare : Deus non inridetur. Quae

Ioh. 3. 6.
Rom. 8. 13.
8 enim seminauerit homo, haec et metet : quoniam qui seminat in carne sua, de carne et metet corruptionem : qui autem seminat in

2 Thess. 3. 13.
9 Spiritu, de Spiritu metet uitam aeternam. Bonum autem facientes, non deficiamus : tem-
10 pore enim suo metemus, non deficientes. Ergo dum tempus habemus, operemur bonum ad omnes, maxime autem ad domesticos fidei.

1 Cor. 16. 21.
Col. 4. 18.
2 Thess. 3. 17.
Philem. 19.
Phil. 3. 2.
Rom. 2. 23, 27.
11 Uidete qualibus litteris scripsi uobis mea
12 manu. Quicumque uolunt placere in carne, hi cogunt uos circumcidi, tantum ut crucis
13 Christi persecutionem non patiantur. Neque enim qui circumciduntur, legem custodiunt : sed uolunt uos circumcidi, ut in carne uestra

1 Cor. 1. 31,
2. 2.
Gal. 2. 20,
5. 24.
Rom. 6. 6.
Gal. 5. 6.
2 Cor. 5. 17.
14 glorientur. Mihi autem absit gloriari, nisi in cruce Domini nostri Iesu Christi : per quem mihi mundus crucifixus est, et ego mundo.
15 In Christo enim Iesu neque circumcisio aliquid ualet, neque praeputium : sed noua crea-

Ps. 124 (125).
5, 127 (128). 6.
16 tura. Et quicumque hanc regulam secuti fuerint, pax super illos et misericordia, et super Israhel Dei.

2 Cor. 4. 10,
11. 23–25.
17 De cetero nemo mihi molestus sit : ego enim stigmata Iesu in corpore meo porto.

Phil. 4. 23.
Philem. 25.
18 Gratia Domini nostri Iesu Christi cum spiritu uestro, fratres. Amen.

EXPLICIT EPISTULA AD GALATAS

---

⁶ catechiz. *bis* 𝔖ℭ   verbo 𝔖ℭ   ⁷ irridetur 𝔖ℭ   ¹² quicumque + enim 𝔖ℭ   ¹⁷ stigmata + Domini 𝔖ℭ   *om. subscr.* 𝔖ℭ

INCIPIT EPISTULA
AD EPHESIOS

PAULUS Apostolus Christi Iesu, per uolun- 1
tatem Dei, sanctis omnibus qui sunt Ephesi,
et fidelibus in Christo Iesu. Gratia uobis et 2
pax a Deo Patre nostro, et Domino Iesu
Christo.

Benedictus Deus et Pater Domini nostri 3
Iesu Christi, qui benedixit nos in omni bene-
dictione spiritali in caelestibus in Christo : si- 4
cut elegit nos in ipso ante mundi constitutionem, ut essemus sancti et inmaculati in conspectu eius in caritate : qui praedestinauit nos 5
in adoptionem filiorum per Iesum Christum
in ipsum : secundum propositum uoluntatis
suae, ¹ in laudem gloriae gratiae suae, in qua 6
gratificauit nos in dilecto : in quo habemus 7
redemptionem per sanguinem eius, remissionem peccatorum, secundum diuitias gratiae
eius, ¹ quae superabundauit in nobis, in omni 8
sapientia et prudentia : ut notum faceret nobis 9
sacramentum uoluntatis suae, secundum bonum placitum eius, quod proposuit in eo ¹ in 10
dispensationem plenitudinis temporum, instau-
rare omnia in Christo, quae in caelis et quae in
terra sunt, in ipso : in quo etiam sorte uocati 11
sumus, praedestinati secundum propositum
eius, qui omnia operatur secundum consilium
uoluntatis suae : ut simus in laudem gloriae 12
eius, qui ante sperauimus in Christo : in quo 13

Margin references:
1 Cor. 1. 1–3.
2 Cor. 1. 1, 2.
Col. 1. 1–3.
Rom. 1. 7.

2 Cor. 1. 3.
1 Pet. 1. 3.
Eph. 1. 20, 2.
6, 3. 10, 6. 12.
Rom. 8. 29.
2 Thess. 2. 13.
2 Tim. 1. 9.
Ioh. 1. 12.
Rom. 8. 15.
1 Ioh. 3. 1.

Mt. 3. 17.
Col. 1. 14.

Col. 1. 9.
Rom. 16. 25.
Eph. 3. 9.
Col. 1. 16, 20.

Rom. 8. 23, 30.

Inscr. EPISTOLA BEATI PAVLI APOSTOLI AD EPHE-
SIOS 𝔖ℭ 1. ¹ > Iesu Christi 𝔖ℭ > omnibus sanctis 𝔖ℭ
⁶ dilecto *sine addit.* A*G *Hieron.* : + filio suo CDFHV𝔖ℭ ⁹ beneplacitum 𝔖ℭ ¹⁰ in dispensatione 𝔖ℭ ¹¹ etiam + et nos 𝔖ℭ
> operatur omnia 𝔖ℭ ¹² eius + nos 𝔖ℭ

4. 30. et uos, cum audissetis uerbum ueritatis, euangelium salutis uestrae, in quo et credentes
2 Cor. 1. 22, 14 signati estis Spiritu promissionis sancto, qui
5. 5. est pignus hereditatis nostrae, in redemptionem adquisitionis, in laudem gloriae ipsius.

Col. 1. 4. 15 Propterea et ego, audiens fidem uestram
quae est in Domino Iesu, et dilectionem in
Col. 1. 9. 16 omnes sanctos, non cesso gratias agens pro
uobis, memoriam uestri faciens in orationibus
17 meis : ut Deus Domini nostri Iesu Christi,
pater gloriae, det uobis spiritum sapientiae
18 et reuelationis, in agnitione eius : inluminatos
oculos cordis uestri, ut sciatis quae sit spes
uocationis eius, quae diuitiae gloriae heredi-
Col. 1. 29. 19 tatis eius·in sanctis : et quae sit supereminens
magnitudo uirtutis eius in nos qui credidimus,
secundum operationem potentiae uirtutis eius,
Col. 2. 12. 20 quam operatus est in Christo: suscitans illum
Mc. 16. 19. a mortuis, et constituens ad dexteram suam
Act. 2. 33.
1 Pet. 3. 22. 21 in caelestibus : supra omnem principatum, et
Col. 1. 16, potestatem, et uirtutem, et dominationem, et
2. 10. omne nomen quod nominatur non solum in
Ps. 8. 8 (6). 22 hoc saeculo, sed et in futuro. Et omnia sub-
1 Cor. 15. 25. iecit sub pedibus eius : et ipsum dedit caput
Col. 1. 18.
Eph.4. 12. 16, 23 supra omnia ecclesiae : quae est corpus ip-
5. 30. sius, plenitudo eius qui omnia in omnibus
Col. 1. 18, 24. adimpletur.
Eph. 3. 19,
4. 13. 2 Et uos cum essetis mortui delictis et pecca-
Col. 1. 21, 2 tis uestris, in quibus aliquando ambulastis se-
2. 13. cundum saeculum mundi huius, secundum
Eph. 5. 8. principem potestatis aeris huius, spiritus qui
Col. 3. 7.
Tit. 3. 3. 3 nunc operatur in filios diffidentiae : in quibus

15 Domino: Christo 𝔖   17 disting. Deus, Domini nostri Iesu
Christi pater, gloriae, det 𝔖ℭ (92 ; pater gloriae, 93, 98)   18 eius
pr. + et 𝔖ℭ   19 credimus 𝔖ℭ   21 etiam in futuro 𝔖ℭ   22 omnem
Ecclesiam 𝔖ℭ   23 ipsius + et 𝔖ℭ   2. 1 uos + conuiuificauit 𝔖

et nos omnes aliquando conuersati sumus in
desideriis carnis nostrae, facientes uoluntatem
carnis et cogitationum, et eramus natura filii
irae, sicut et ceteri : Deus autem qui diues est 4   Tit. 3. 5.
in misericordia, propter nimiam caritatem   1 Pet. 1. 3.
suam qua dilexit nos, et cum essemus mortui 5   Col. 2. 13.
peccatis, conuiuificauit nos Christo (gratia estis saluati), et conresuscitauit, et consedere 6   Eph. 1. 20.
fecit in caelestibus in Christo Iesu : ut osten- 7
deret in saeculis superuenientibus abundantes
diuitias gratiae suae in bonitate super nos in
Christo Iesu.   Gratia enim estis saluati per 8   Act. 15. 11.
fidem, et hoc non ex uobis : Dei enim donum   2 Cor. 3. 5.
                                                   Gal. 2. 16.
est : non ex operibus, ut ne quis glorietur. 9   1 Cor. 1. 29.
Ipsius enim sumus factura, creati in Christo 10 Tit. 2. 14.
Iesu in operibus bonis, quae praeparauit Deus
ut in illis ambulemus.

Propter quod memores estote, quod ali- 11   Col. 1. 21,
quando uos gentes in carne, qui dicimini prae-   2. 11, 13.
putium ab ea quae dicitur circumcisio in carne
manu facta : quia eratis illo in tempore sine 12   Rom. 9. 4.
Christo, alienati a conuersatione Israhel, et   1 Thess. 4. 13.
hospites testamentorum promissionis, spem
non habentes, et sine Deo in mundo.   Nunc 13   Es. 57. 19.
autem in Christo Iesu, uos qui aliquando era-
tis longe, facti estis prope in sanguine Christi.
Ipse est enim pax nostra, qui fecit utraque 14   Col. 2. 14.
unum, et medium parietem maceriae soluens,   Gal. 3. 28.
inimicitiam in carne sua : legem mandatorum 15
decretis euacuans, ut duos condat in semet
ipsum in unum nouum hominem, faciens pa-

⁵ nos + in 𝔖ℭ   Christo *sine addit.* ΛGH : + cuius CDFV𝔖ℭ
¹¹ uos + eratis 𝔖   dicebamini 𝔖   ¹² quia : qui 𝔖   *disting.*
hospites testamentorum, promissionis spem non habentes 𝔖ℭ   in
sec. + hoc 𝔖ℭ   ¹⁴ > enim est 𝔖ℭ   inimicitias 𝔖ℭ   ¹⁵ in
semetipso 𝔖ℭ

Col. 1. 20, 22. 16 cem : et reconciliet ambos in uno corpore
Deo, per crucem interficiens inimicitiam in.

Es. 57. 19. 17 semet ipso. Et ueniens euangelizauit pacem
Zach. 9. 10.
Act. 10. 36.   uobis qui longe fuistis, et pacem his qui prope :

Ioh. 14. 6. 18 quoniam per ipsum habemus accessum ambo
Eph. 4. 4. 19 in uno Spiritu ad Patrem. Ergo iam non estis
Heb. 11. 13,
13. 14.   hospites et aduenae : sed estis ciues sancto-
Heb. 12. 22, 20 rum, et domestici Dei : superaedificati super
23.
Mt. 16. 18.   fundamentum Apostolorum et Prophetarum,
Apoc. 21. 14. 21 ipso summo angulari lapide Christo Iesu : in
1 Cor. 12. 28.
1 Cor. 3. 16,   quo omnis aedificatio constructa, crescit in
17. 22 templum sanctum in Domino : in quo et uos
1 Pet. 2. 5, 6.   coaedificamini in habitaculum Dei in Spiritu.

Phil. 1. 13. 3   Huius rei gratia, ego Paulus uinctus Christi
Col. 1. 24, 25.
Rom. 15. 15, 2 Iesu pro uobis Gentibus : si tamen audistis
16.   dispensationem gratiae Dei, quae data est mihi
3 in uobis : quoniam secundum reuelationem
notum mihi factum est sacramentum, sicut
4 supra scripsi in breui : prout potestis legentes
intellegere prudentiam meam in mysterio
Rom. 16. 25, 5 Christi : quod aliis generationibus non est ag-
26.
Col. 1. 26, 27.   nitum filiis hominum, sicuti nunc reuelatum
est sanctis Apostolis eius et prophetis in
6 Spiritu : esse gentes coheredes, et concorpo-
rales, et conparticipes promissionis in Christo
Col. 1. 23, 25. 7 Iesu per euangelium : cuius factus sum minister, secundum donum gratiae Dei, quae data
est mihi secundum operationem uirtutis eius.
1 Cor. 15. 9. 8 Mihi omnium sanctorum minimo data est
2 Cor. 12. 11.
Rom. 11. 33,   gratia haec, in gentibus euangelizare inuesti-
16. 25. 9 gabiles diuitias Christi : et inluminare omnes,
Col. 1. 26.   quae sit dispensatio sacramenti absconditi a

16 inimicitias 𝕊ℭ   17 ijs 𝕊ℭ   22 Spiritu + sancto 𝕊
3. 6 > Gentes esse 𝕊ℭ   comparticipes 𝕊ℭ   promissionis + eius
𝕊ℭ   8 mihi + enim 𝕊

saeculis in Deo, qui omnia creauit: ut inno- 10   1 Pet. 1. 12,
tescat principibus et potestatibus in caelesti-   4. 10.
bus per ecclesiam multiformis sapientia Dei:
secundum praefinitionem saeculorum quam 11   2 Tim. 1. 9.
fecit in Christo Iesu Domino nostro: in quo 12   Heb. 4. 16,
habemus fiduciam et accessum in confidentia   10. 19.
per fidem eius. Propter quod peto ne deficia- 13   Col. 1. 24.
tis in tribulationibus meis pro uobis: quae est
gloria uestra.

Huius rei gratia flecto genua mea ad Patrem 14
Domini nostri Iesu Christi, ex quo omnis pa- 15
ternitas in caelis et in terra nominatur: ut det 16
uobis secundum diuitias gloriae suae, uirtute
conroborari per Spiritum eius in interiori ho-
mine: habitare Christum per fidem in cordi- 17   2 Cor. 6. 16.
bus uestris: in caritate radicati et fundati, ' ut 18   Col. 2. 7.
possitis comprehendere cum omnibus sanctis,   Rom. 11. 33.
quae sit latitudo et longitudo, et sublimitas
et profundum: scire etiam supereminentem 19   Phil. 4. 7.
scientiae caritatem Christi, ut impleamini in   Eph. 1. 23.
omnem plenitudinem Dei.

Ei autem qui potens est omnia facere su- 20   1. 19.
perabundanter quam petimus aut intellegimus,
secundum uirtutem quae operatur in nobis:
ipsi gloria in ecclesia, et in Christo Iesu, in om- 21
nes generationes saeculi saeculorum. Amen.

Obsecro itaque uos, ego uinctus in Domino, 4   Phil. 1. 27.
ut digne ambuletis uocatione qua uocati estis,   Col. 1. 10.
' cum omni humilitate et mansuetudine, cum 2   Col. 3. 12.
  1 Pet. 5. 5.
patientia, supportantes inuicem in caritate: sol- 3   Col. 3. 14, 15.
liciti seruare unitatem Spiritus in uinculo pa-   2. 16, 18.
cis. Unum corpus et unus Spiritus, sicut uo- 4   Rom. 12. 5.
  1 Cor. 8. 6.
cati estis in una spe uocationis uestrae. Unus 5   Gal. 3. 28.

---

10 **principibus**: principatibus 𝔖ℭ   16 virtutem 𝔖   corro-
borari 𝔖ℭ   in interiorem hominem ℭ   17 > Christum habitare 𝔖ℭ

6 Dominus, una fides, unum baptisma. Unus
Deus et Pater omnium, qui super omnes, et

Rom. 12. 3, 6. 7 per omnia, et in omnibus nobis. Unicuique
autem nostrum data est gratia secundum men-

Ps. 67. 19 (68. 18). Col. 2. 15. 8 suram donationis Christi. Propter quod dicit :
Ascendens in altum captiuam duxit capti-
uitatem :
dedit dona hominibus.

Ioh. 3. 13. 9 Quod autem ascendit quid est, nisi quia et
descendit primum in inferiores partes terrae ?

Mc. 16. 19. Eph. 1. 23. Rom. 12. 6, 7. 1 Cor. 12. 28. 10 Qui descendit, ipse est et qui ascendit super
11 omnes caelos, ut impleret omnia. Et ipse de-
dit quosdam quidem Apostolos, quosdam autem prophetas, alios uero euangelistas, alios
12 autem pastores et doctores, ' ad consummationem sanctorum, in opus ministerii, in aedifica-

1 Cor. 14. 20. Col. 1. 28. 13 tionem corporis Christi : donec occurramus
omnes in unitatem fidei et agnitionis filii Dei,
in uirum perfectum, in mensuram aetatis ple-

1 Cor. 3. 1. Heb. 13. 9. 14 nitudinis Christi: ut iam non simus paruuli, flu-
ctuantes et circumferamur omni uento do-
ctrinae, in nequitia hominum, in astutia ad

1. 22, 5. 23. Col. 2. 19. 15 circumuentionem erroris : ueritatem autem facientes in caritate, crescamus in illo per omnia,
16 qui est caput Christus : ex quo totum corpus,
conpactum et conexum per omnem iuncturam
subministrationis, secundum operationem in
mensuram uniuscuiusque membri, augmentum
corporis facit in aedificationem sui in caritate.

Col. 2. 6. 1 Thess. 4. 5. Eph. 2. 12. Col. 1. 21. 17 Hoc igitur dico et testificor in Domino, ut
iam non ambuletis sicut gentes ambulant, in
18 uanitate sensus sui, tenebris obscuratum ha-

4. 6 qui + est $\mathcal{SC}$ 12 *disting.* consummationem sanctorum in opus min. $\mathcal{SC}$ 16 compactum $\mathcal{SC}$ connexum $\mathcal{SC}$ 17 sicut + et $\mathcal{SC}$

bentes intellectum, alienati a uita Dei, per ignorantiam quae est in illis, propter caecitatem
cordis ipsorum : qui desperantes, semet ipsos 19 Rom. 1. 24,
tradiderunt inpudicitiae in operationem in- 26, 28.
munditiae omnis in auaritia.   Uos autem non 20
ita didicistis Christum : si tamen illum audi- 21 Eph. 3. 2.
stis et in ipso edocti estis, sicut est ueritas in
Iesu : deponere uos secundum pristinam con- 22 Rom. 6. 6,
uersationem ueterem hominem, qui corrumpi- 8. 13.
tur secundum desideria erroris : renouamini 23 Rom. 12. 2.
Col. 3. 9.
autem spiritu mentis uestrae, et induite nouum 24 Col. 3. 10.
hominem, qui secundum Deum creatus est in
iustitia et sanctitate ueritatis.
    Propter quod deponentes mendacium, loqui- 25 Col. 3. 8. 9.
mini ueritatem unusquisque cum proximo suo: Rom. 12. 5.
quoniam sumus inuicem membra.   Irascimini 26 Ps. 4. 5 (4).
et nolite peccare : sol non occidat super iracundiam uestram : nolite locum dare diabolo. 27 Rom. 12. 19.
Qui furabatur, iam non furetur, magis autem 28 Iac. 4. 7.
laboret, operando manibus quod bonum est, 1 Thess. 4. 11.
2 Thess. 3. 12.
ut habeat unde tribuat necessitatem patienti.
Omnis sermo malus ex ore uestro non pro- 29 5. 4.
cedat : sed si quis bonus ad aedificationem Col. 4. 6.
oportunitatis, ut det gratiam audientibus.   Et 30 1. 13.
nolite contristare Spiritum sanctum Dei, in quo Es. 63. 10.
signati estis in die redemptionis.   Omnis ama- 31 Col 3. 8.
ritudo, et ira, et indignatio, et clamor, et bla- 1 Tim. 6. 4.
sphemia tollatur a uobis, cum omni malitia : Mt. 6. 14.
estote autem inuicem benigni, misericordes, 32 Col. 3. 12, 13.
donantes inuicem, sicut et Deus in Christo 1 Pet. 3. 8.
donauit nobis.

---

¹⁹ auaritiam 𝔖ℭ   ²² deponere : Deponite 𝔖   ²⁸ manibus
+ suis 𝔖ℭ   ²⁹ oportunitatis (τῆς χρείας 𝔑AB etc.) cum AFᶜG
Hᶜ Hieron. : fidei (τῆς πίστεως D*E*FG) DV𝔖ℭ ; ambas lectiones
coniungunt fidei oportunitatis C. > oportunitatis fidei F* ; ambas
omittit H*   ³⁰ in diem ℭ   ³² nobis : vobis 𝔖ℭ

5 Estote ergo imitatores Dei, sicut filii caris-
2 simi : et ambulate in dilectione, sicut et Christus dilexit nos, et tradidit se ipsum pro nobis,
oblationem et hostiam Deo in odorem suaui-
3 tatis. Fornicatio autem et omnis inmunditia
aut auaritia nec nominetur in uobis, sicut de-
4 cet sanctos : aut turpitudo, aut stultiloquium,
aut scurrilitas, quae ad rem non pertinent :
5 sed magis gratiarum actio. Hoc enim scitote
intellegentes, quod omnis fornicator, aut inmundus, aut auarus, quod est idolorum seruitus, non habet hereditatem in regno Christi
6 et Dei. Nemo uos seducat inanibus uerbis :
propter haec enim uenit ira Dei in filios diffi-
7 dentiae. Nolite ergo effici participes eorum.
8 Eratis enim aliquando tenebrae, nunc autem
9 lux in Domino: ut filii lucis ambulate: ' fructus
enim lucis est in omni bonitate, et iustitia,
10 et ueritate : probantes quid sit beneplacitum
11 Deo : et nolite communicare operibus infru-
ctuosis tenebrarum, magis autem et redarguite:
12 quae enim in occulto fiunt ab ipsis, turpe est
13 et dicere. Omnia autem quae arguuntur, a
lumine manifestantur: omne enim quod mani-
14 festatur, lumen est. Propter quod dicit: Surge
qui dormis, et exsurge a mortuis, et inluminabit tibi Christus.
15 Uidete itaque, fratres, quomodo caute ambuletis : non quasi insipientes, sed ut sapien-
16 tes: redimentes tempus, quoniam dies mali
17 sunt. Propterea nolite fieri inprudentes: sed
18 intellegentes quae sit uoluntas Domini. Et
nolite inebriari uino, in quo est luxuria : sed

Mt. 5. 45, 48.
1 Cor. 4. 16.
1 Pet. 2. 21.
Ioh. 13. 34.
Gal. 2. 20.
Heb. 9. 14,
10. 10.
Ex. 29. 41.
Ezec. 16. 19,
20. 41.
Col. 3. 5.
Col. 3. 8.
1 Cor. 6. 9,
10.
Apoc. 21. 8.
Col. 2. 4.
2 Cor. 6. 14.
Eph. 4. 18.
Ioh. 12. 35, 36.
1 Pet. 2. 9.
Rom. 12. 2.
1 Thess. 5. 21.
Rom. 6. 21,
13. 12.
1 Cor. 5. 9.
Ioh. 3. 20, 21.
Es. 60. 1.
Rom. 13. 11.
Lc. 1. 79.
Col. 4. 5.
Lc. 21. 34.
Rom. 13. 13.
1 Pet. 4. 4.

5. ² semetipsum 𝔖ℭ   ⁴ pertinent ACV : pertinet DFGH𝔖ℭ
¹¹ et *sec. om.* 𝔖ℭ   ¹⁴ tibi: te 𝔖ℭ   ¹⁷ Domini: Dei 𝔖ℭ

implemini Spiritu, loquentes uobismet ipsis in 19 Col. 3. 16.
psalmis et hymnis, et canticis spiritalibus, can- Iac. 5. 13.
tantes et psallentes in cordibus uestris Domino,
gratias agentes semper pro omnibus in no- 20 Col. 3. 17.
mine Domini nostri Iesu Christi Deo et Patri: 1 Thess. 5. 18.
subiecti inuicem in timore Christi. 21 1 Pet. 5. 5.

Mulieres uiris suis subditae sint, sicut Do- 22 Col. 3. 18.
mino : quoniam uir caput est mulieris, sicut 23 1 Cor. 11. 3.
Christus caput est ecclesiae, ipse saluator cor- 1 Pet. 3. 1, 6.
Eph. 1. 22.
poris. Sed sicut ecclesia subiecta est Christo, 24 Col. 1. 18.
ita et mulieres uiris suis in omnibus. Uiri, dili- 25 1 Pet. 3. 7.
gite uxores uestras, sicut et Christus dilexit eccle- Col. 3. 19.
siam, et se ipsum tradidit pro ea, ¹ ut illam 26 Tit. 3. 5.
sanctificaret, mundans lauacro aquae in uerbo:
ut exhiberet ipse sibi gloriosam ecclesiam, non 27 2 Cor. 11. 2.
habentem maculam, aut rugam, aut aliquid Apoc. 19. 7, 8.
eiusmodi, sed ut sit sancta et inmaculata. Ita 28
et uiri debent diligere uxores suas ut corpora
sua. Qui suam uxorem diligit, se ipsum diligit. Nemo enim umquam carnem suam 29
odio habuit, sed nutrit et fouet eam, sicut et
Christus ecclesiam : quia membra sumus cor- 30 Gen. 2. 23.
poris eius, de carne eius et de ossibus eius. 1 Cor. 6. 15.
Propter hoc relinquet homo patrem et matrem 31 Gen. 2. 24.
suam, et adhaerebit uxori suae : et erunt duo Mt. 19. 5.
Mc. 10. 7, 8.
in carne una. Sacramentum hoc magnum 32
est, ego autem dico in Christo et in ecclesia.
Uerum tamen et uos singuli, unusquisque 33
suam uxorem sicut se ipsum diligat : uxor autem ut timeat uirum.

Filii, oboedite parentibus uestris in Domino: 6 Col. 3. 20.

¹⁸ Spiritu + sancto 𝔖ℭ   ²³ corporis + eius 𝔖ℭ   ²⁴ sed sicut
CDH𝔖ℭ, et sicut (sine sed) F : sed ut AGV   ²⁶ mundans
+ eam 𝔖   uerbo + vitae 𝔖ℭ   ²⁷ sibi + in 𝔖   huiusmodi
𝔖ℭ   ³³ > uxorem suam 𝔖ℭ   om. ut 𝔖ℭ   uirum + suum
𝔖ℭ

Ex. 20. 12.
Dt. 5. 16.

hoc enim est iustum. Honora patrem tuum
et matrem, quod est mandatum primum in
3 promissione : ut bene sit tibi, et sis longeuus

Col. 3. 21.

4 super terram. Et patres, nolite ad iracundiam
prouocare filios uestros : sed educate illos in
disciplina et correptione Domini.

Col. 3. 22-24.
Tit. 2. 9, 10.
1 Pet. 2. 18.

5 Serui, oboedite dominis carnalibus cum timore et tremore, in simplicitate cordis uestri,
6 sicut Christo: non ad oculum seruientes, quasi
hominibus placentes, sed ut serui Christi, fa-
7 cientes uoluntatem Dei ex animo, cum bona
uoluntate seruientes, sicut Domino et non ho-

2 Cor. 5. 10.

8 minibus: scientes quoniam unusquisque quodcumque fecerit bonum, hoc percipiet a Do-

Act. 10. 34.
Col. 4. 1.

9 mino, siue seruus, siue liber. Et uos, domini,
eadem facite illis, remittentes minas : scientes
quia et illorum et uester Dominus est in caelis:
et personarum acceptio non est apud eum.

1 Cor. 16. 13.
2 Tim. 2. 1.
1 Ioh. 2. 14.
Rom. 13. 12.
2 Cor. 10. 4.
1 Pet. 5. 8, 9.

10 De cetero, fratres, confortamini in Domino,
11 et in potentia uirtutis eius. Induite uos arma
Dei, ut possitis stare aduersus insidias diaboli.
12 Quia non est nobis conluctatio aduersus carnem et sanguinem : sed aduersus principes
et potestates, aduersus mundi rectores tenebrarum harum, contra spiritalia nequitiae. in

Sap. 5. 18-21.
Es. 11. 5,
59. 17.
Lc. 12. 35.
1 Thess. 5. 8.
Es. 52. 7.
Nah. 1. 15.

13 caelestibus. Propterea accipite arma Dei, ut
possitis resistere in die malo, et in omnibus
14 perfecti stare. State ergo succincti lumbos
uestros in ueritate : et induti loricam iustitiae:
15 et calciati pedes in praeparatione euangelii

6. ¹ > iustum est $\mathfrak{SC}$ ² matrem + tuam $\mathfrak{SC}$ ³ longaeuus
$\mathfrak{SC}$ ⁴ Et pr. + vos $\mathfrak{SC}$ ⁸ hoc recipiet $\mathfrak{SC}$ ¹¹ arma cum
ACDFG* : armatura G²H ; armaturam V$\mathfrak{SC}$ ¹² Quia : quoniam
$\mathfrak{SC}$ colluctatio $\mathfrak{SC}$ ¹³ arma cum ACD : armatura FGH,
armaturam V$\mathfrak{SC}$ in omnibus perfecti : omnibus perfecti A ;
omnibus perfectis G   ¹⁵ praeparationem $\mathfrak{S}$

pacis : in omnibus sumentes scutum fidei, in 16   1 Ioh. 5. 4.
quo possitis omnia tela nequissimi ignea ex-
tinguere : ¹ et galeam salutis adsumite : et gla- 17   Es. 49. 2,
dium Spiritus, quod est uerbum Dei : per om- 18   61. 1c. Heb. 4. 12.
nem orationem et obsecrationem orantes om-   18-20
ni tempore in Spiritu : et in ipso uigilantes in   Col. 4. 2-4.
omni instantia et obsecratione pro omnibus   Rom. 8. 26. 27.
sanctis : et pro me, ut detur mihi sermo in 19   2 Thess. 3. 1
apertione oris mei, cum fiducia notum facere   Act. 4. 13. 29.
mysterium euangelii : pro quo legatione fun- 20   2 Cor. 5. 20.
gor in catena, ita ut in ipso audeam prout   Eph. 3. 1. Phil. 1. 13.
oportet me loqui.

Ut autem et uos sciatis quae circa me sunt, 21   21, 22
quid agam: omnia nota uobis faciet Tychicus,   Col. 4. 7-9.
carissimus frater et fidelis minister in Domino: Act. 20. 4.
quem misi ad uos in hoc ipsum, ut cognosca- 22   2 Tim. 4. 12. Tit. 3. 12.
tis quae circa nos sunt, et consoletur corda
uestra.

Pax fratribus, et caritas cum fide a Deo Pa- 23
tre, et Domino Iesu Christo. Gratia cum om- 24   1 Cor. 16. 22.
nibus qui diligunt Dominum nostrum Iesum
Christum in incorruptione. Amen.

EXPLICIT AD EPHESIOS

INCIPIT EPISTULA
AD PHILIPPENSES

   2 Cor. 1. 1, 2.
   Col. 1. 1.
PAULUS et Timotheus, serui Iesu Christi, 1   Philem. 1.
omnibus sanctis in Christo Iesu qui sunt Phi-   1 Tim. 3. 1, 8. Tit. 1. 7.
lippis, cum episcopis et diaconibus. Gratia uo- 2   Rom. 1. 7.

¹⁹ *disting.* oris mei cum fiducia, notum facere 𝔖ℭ   ²⁰ catena
+ ista 𝔖   ²¹ > vobis nota 𝔖ℭ   ²³ Patre + nostro 𝔖   *om.*
subscr. 𝔖ℭ
   Inscr. EPISTOLA BEATI PAVLI APOSTOLI AD PHILIP-
PENSES 𝔖ℭ

bis et pax a Deo Patre nostro et Domino Iesu
Christo.

Rom. 1. 8.
1 Cor. 1. 4. 3   Gratias ago Deo meo in omni memoria ue-
4 stri : semper in cunctis orationibus meis pro
omnibus uobis cum gaudio deprecationem fa-
5 ciens, super communicatione uestra in euan-
1 Cor. 1. 8. 6 gelio a prima die usque nunc : confidens hoc
ipsum, quia qui coepit in uobis opus bonum,
Act. 26. 29.
Col. 4. 18. 7 perficiet usque in diem Christi Iesu. Sicut est
mihi iustum hoc sentire pro omnibus uobis :
eo quod habeam uos in corde, et in uinculis
meis et in defensione et confirmatione Euan-
8 gelii socios gaudii mei omnes uos esse. Testis enim mihi est Deus, quomodo cupiam om-
1 Thess. 3. 12. 9 nes uos in uisceribus Iesu Christi. Et hoc oro,
ut caritas uestra magis ac magis abundet in
Rom. 2. 18.
1 Cor. 5. 8.
2 Pet. 3. 1. 10 scientia et omni sensu : ut probetis potiora, ut
sitis sinceres et sine offensa in diem Christi :
Iac. 3. 18. 11 repleti fructu iustitiae per Christum Iesum in
gloriam et laudem Dei.

12   Scire autem uos uolo, fratres, quia quae circa
me sunt magis ad profectum uenerunt euan-
4. 22.
2 Tim. 2. 9. 13 gelii : ita ut uincula mea manifesta fierent in
Christo in omni praetorio et in ceteris omni-
14 bus : et plures e fratribus in Domino, confidentes uinculis meis, abundantius audere sine
15 timore uerbum Dei loqui. Quidam quidem et
propter inuidiam et contentionem, quidam
autem et propter bonam uoluntatem, Christum
16 praedicant : quidam ex caritate, scientes quoniam in defensionem euangelii positus sum :
17 quidam autem ex contentione Christum ad-

---

1. ⁵ euangelio + Christi 𝔖ℭ   ⁹ in + omni 𝔖   et *sec.* + in 𝔖ℭ
¹⁰ sinceri 𝔖ℭ   ¹¹ > Iesum Christum 𝔖ℭ   ¹⁴ et : ut 𝔖
confidentes + in 𝔖   auderent 𝔖ℭ

nuntiant non sincere, existimantes pressuram
se suscitare uinculis meis. Quid enim ? Dum 18 2. 17, 4. 4.
omni modo, siue per occasionem siue per ueritatem, Christus adnuntietur : et in hoc gaudeo,
sed et gaudebo. Scio enim quia hoc mihi pro- 19 2 Cor. 1. 11.
ueniet in salutem, per uestram orationem et
subministrationem Spiritus Iesu Christi : se- 20 Rom. 14. 8.
cundum expectationem et spem meam, quia
in nullo confundar : sed in omni fiducia sicut
semper et nunc magnificabitur Christus in corpore meo, siue per uitam, siue per mortem.
Mihi enim uiuere Christus est, et mori lucrum. 21 Gal. 2. 20.
Quod si uiuere in carne, hic mihi fructus ope- 22 Rom. 1. 13.
ris est, et quid eligam ignoro. Coartor autem 23 2 Cor. 5. 8.
e duobus : desiderium habens dissolui, et cum
Christo esse, multo magis melius : permanere 24
autem in carne necessarium est propter uos.
Et hoc confidens scio quia manebo et perma- 25
nebo omnibus uobis ad profectum uestrum et
gaudium fidei : ut gratulatio uestra abundet in 26
Christo Iesu in me, per meum aduentum ite-
rum ad uos. Tantum digne euangelio Christi 27 Eph. 4. 1.
conuersamini : ut siue cum uenero et uidero Col. 1. 10.
uos, siue absens audiam de uobis, quia statis 1 Thess. 2. 12.
in uno spiritu unanimes, conlaborantes fidei
euangelii : et in nullo terreamini ab aduersa- 28 2 Thess. 1. 6.
riis : quae est illis causa perditionis, uobis autem salutis, et hoc a Deo : quia uobis dona- 29
tum est pro Christo, non solum ut in eum credatis, sed ut etiam pro illo patiamini : idem 30 Act. 16. 19–
certamen habentes, quale et uidistis in me, et 40.
nunc audistis de me.   1 Thess. 2. 2.

---

[19] in : ad 𝔖ℭ   [23] coarctor 𝔖ℭ   > esse cum Christo 𝔖ℭ
[24] carne + magis GH   om. est 𝔖ℭ   [27] collaborantes 𝔖ℭ
[28] > illis est 𝔖ℭ

2 Si qua ergo consolatio in Christo, si quod
solacium caritatis, si qua societas Spiritus, si
2 quid uiscera et miserationes: implete gaudium
meum, ut idem sapiatis, eandem caritatem ha-
3 bentes, unanimes, id ipsum sentientes : nihil
per contentionem, neque per inanem gloriam :
sed in humilitate superiores sibi inuicem arbi-
4 trantes : non quae sua sunt singuli conside-
5 rantes, sed et ea quae aliorum. Hoc enim
6 sentite in uobis, quod et in Christo Iesu : qui
cum in forma Dei esset, non rapinam arbitra-
7 tus est, esse se aequalem Deo : sed semet ipsum exinaniuit, formam serui accipiens, in similitudinem hominum factus, et habitu inuen-
8 tus ut homo : humiliauit semet ipsum, factus
oboediens usque ad mortem, mortem autem
9 crucis. Propter quod et Deus illum exaltauit,
10 et donauit illi nomen super omne nomen : ut
in nomine Iesu omne genu flectatur caele-
11 stium, et terrestrium, et infernorum : et omnis
lingua confiteatur quia Dominus Iesus Christus in gloria est Dei Patris.

12 Itaque, carissimi mei, sicut semper oboedistis, non ut in praesentia mei tantum, sed multo magis nunc in absentia mea, cum metu et
13 tremore uestram salutem operamini. Deus est
enim qui operatur in uobis et uelle et perfi-
14 cere pro bona uoluntate. Omnia autem facite sine murmurationibus et haesitationibus :
15 ut sitis sine querella, et simplices filii Dei, sine
reprehensione, in medio nationis prauae et per

1. 27, 4. 2.
Rom. 12. 16.

Rom. 12. 10.
Gal. 5. 26.

Rom. 15. 2.
1 Cor. 10. 24, 33.
Rom. 15. 3.
Ioh. 1. 1, 2, 5. 18, 10. 33.
Heb. 1. 3.
2 Cor. 8. 9.
Mt. 20. 28.
Lc. 22. 27.
Gal. 4. 4.
Ioh. 10. 17, 18.
Rom. 5. 19.
Heb. 5. 8, 12. 2.
Es. 53. 12.
Act. 2. 33.
Eph. 1. 20-22.
Heb. 1. 3.
Es. 45. 23.
Rom. 14. 11.
Apoc. 5. 13.
1 Cor. 12. 3.

1 Pet. 1. 17.

Ioh. 15. 5.
1 Cor. 12. 6, 15. 10.

1 Pet. 4. 9.

Mt. 5. 14, 10. 16.
Dt. 32. 5.
Act. 2. 40.

2. ¹ solatium 𝕾ℭ   quid (τις *gr. longe plur.*) ACFGHᶜ : qua
DH*𝕾ℭ; quae V   et miserationes : miserationis 𝕾ℭ   ⁴ *om*
et 𝕾ℭ   ⁹ > exaltauit illum 𝕾ℭ   nomen *pr. sine addit.* A*CGH¹
(*sed rasura* 2 *litt. post* nomen) : + quod est A*DFV𝕾ℭ   ¹⁰ et *pr.*
om. 𝕾ℭ

uersae : inter quos lucetis sicut luminaria in mundo, uerbum uitae continentes: ad gloriam 16 meam in die Christi, quia non in uacuum cucurri, neque in uacuum laboraui. Sed etsi 17 immolor supra sacrificium et obsequium fidei uestrae, gaudeo et congratulor omnibus uobis: id ipsum autem et uos, gaudete et congratula-18 mini mihi.

Spero autem in Domino Iesu, Timotheum 19 cito me mittere ad uos : ut et ego bono animo sim, cognitis quae circa uos sunt. Neminem 20 enim habeo tam unanimem, qui sincera adfectione pro uobis sollicitus sit. Omnes enim sua 21 quaerunt, non quae sunt Iesu Christi. Experi-22 mentum autem eius cognoscite, quoniam sicut patri filius, mecum seruiuit in euangelio. Hunc 23 igitur spero me mittere mox ut uidero quae circa me sunt. Confido autem in Domino, 24 quoniam et ipse ueniam ad uos cito. Neces-25 sarium autem existimaui Epaphroditum, fratrem et cooperatorem, et commilitonem meum, uestrum autem apostolum et ministrum necessitatis meae, mittere ad uos : quoniam qui-26 dem omnes uos desiderabat, et maestus erat propterea quod audieratis illum infirmatum. Nam et infirmatus est usque ad mortem : sed 27 Deus misertus est eius : non solum autem eius, uerum etiam et mei, ne tristitiam super tristitiam haberem. Festinantius ergo misi illum, 28 ut uiso eo iterum gaudeatis, et ego sine tristitia sim. Excipite itaque illum cum omni gau-29 dio in Domino, et eiusmodi cum honore habe-

Margin notes:
Gal. 2. 2, 4. 11.
2 Tim. 4. 6.
3. 1, 4. 4.
1 Cor. 16. 10.
1 Cor. 10. 24, 33, 13. 5.
1. 25.
Philem. 22.
4. 18.
Rom. 16. 2.
1 Cor. 16. 18.
1 Thess. 5. 12, 13.
1 Tim. 5. 17.

---

¹⁸ idipsum *uno uerbo* 𝔖ℭ ¹⁹ > me cito 𝔖ℭ ²⁰ affectione 𝔖ℭ ²¹ sua : quae sua sunt 𝔖ℭ ²² quoniam : quia 𝔖ℭ ²³ mittere + ad vos 𝔖ℭ ²⁵ mitterre *lapsu* 𝔖 moestus 𝔖ℭ

30 tote : quoniam propter opus Christi usque ad mortem accessit, tradens animam suam, ut impleret id quod ex uobis deerat erga meum obsequium.

3 De cetero, fratres mei, gaudete in Domino. Eadem uobis scribere, mihi quidem non pigrum, uobis autem necessarium. Uidete canes, uidete malos operarios, uidete concisionem. Nos enim sumus circumcisio, qui spiritu Deo seruimus, et gloriamur in Christo Iesu, et non in carne fiduciam habentes : quamquam ego habeam confidentiam et in carne. Si quis alius uidetur confidere in carne, ego magis : circumcisus octaua die, ex genere Israhel, de tribu Beniamin, Hebraeus ex Hebraeis, secundum legem Pharisaeus, secundum aemulationem persequens ecclesiam Dei, secundum iustitiam quae in lege est, conuersatus sine querella. Sed quae mihi fuerunt lucra, haec arbitratus sum propter Christum detrimenta. Uerum tamen existimo omnia detrimentum esse propter eminentem scientiam Iesu Christi Domini mei : propter quem omnia detrimentum feci, et arbitror ut stercora, ut Christum lucri faciam, et inueniar in illo non habens meam iustitiam quae ex lege est, sed illam quae ex fide est Christi : quae ex Deo est iustitia, in fide ad agnoscendum illum, et uirtutem resurrectionis eius, et societatem passionum illius : configuratus morti eius, si quo modo occurram ad resurrectionem quae est ex mortuis. Non quod iam acceperim, aut iam perfectus

3. ³ deo (θεῷ אᶜD*P etc.) codd. plur. 𝕾ℭ : dei H* (ut udtur) et Θεοῦ א*ABCDᶜEFGKL etc.; sancto G*   > seruimus Deo 𝕾ℭ > et ego hab. conf. in carne 𝕾   ⁵ octauo 𝕾ℭ   ⁸ lucrifaciam uno uerbo 𝕾ℭ   ⁹ Christi + Iesu 𝕾ℭ   ¹⁰ cognoscendum 𝕾ℭ

Marginal references:
4. 10.
4. 4.
Apoc. 22. 15.
Cor. 11. 13.
Rom. 2. 29.
15. 17.
Cor. 11. 18,
22.
Act. 22. 3,
23. 6, 26. 5.
Gen. 17. 12.
Lc. 14. 33.
Rom. 9. 30,
10. 3, 5.
Rom. 6. 5,
8. 17.
1 Pet. 4. 13.
Lc. 20. 35.
Apoc. 20. 5, 6.

sim : sequor autem, si comprehendam in quo
et comprehensus sum a Christo Iesu. Fratres, 13
ego me non arbitror comprehendisse. Unum
autem : quae quidem retro sunt obliuiscens,   Lc. 9. 62.
ad ea uero quae sunt priora, extendens me,
13 ad destinatum persequor, ad brauium super- 14 1 Cor. 9. 24.
nae uocationis Dei in Christo Iesu. Quicum- 15 1 Cor. 2. 6.
que ergo perfecti, hoc sentiamus : et si quid   Ioh. 7. 17.
aliter sapitis, et hoc uobis Deus reuelabit. Ue- 16 Gal. 6. 16.
rum tamen ad quod peruenimus ut idem sa-
piamus, et in eadem permaneamus regula.

   Imitatores mei estote, fratres, et obseruate 17 1 Cor. 4. 16,
eos qui ita ambulant sicut habetis formam nos.   11. 1.
                                 1 Thess. 1. 6.
Multi enim ambulant, quos saepe dicebam uo- 18
bis, nunc autem et flens dico, inimicos crucis
Christi : quorum finis interitus, quorum deus 19 Rom. 16. 18.
uenter, et gloria in confusione ipsorum, qui   Rom. 8. 5.
                                 Col. 3. 2.
terrena sapiunt. Nostra autem conuersatio in 20 Col. 3. 1.
caelis est : unde etiam Saluatorem expecta-   1 Cor. 1. 7.
mus Dominum Iesum Christum : qui reforma- 21 2 Pet. 3. 12.
                                 1 Cor. 15. 43-
bit corpus humilitatis nostrae, configuratum   53.
corpori claritatis suae, secundum operationem,   Col. 3. 4.
qua possit etiam subicere sibi omnia.   1 Ioh. 3. 2.

   Itaque, fratres mei carissimi et desideran- 4 1 Thess. 2. 19,
tissimi, gaudium meum et corona mea : sic   20.
state in Domino, carissimi.

   Euhodiam rogo et Syntychen deprecor, id 2   2. 2.
ipsum sapere in Domino. Etiam rogo et te, 3
germane compar, adiuua illas quae mecum la-
borauerunt in euangelio, cum Clemente et

12 si + quomodo 𝔖ℭ   13 me sec. + ipsum 𝔖ℭ   15 perfecti
+ sumus 𝔖ℭ   17 nos cum AG et graeco : nostram CDFHV𝔖ℭ
19 uenter + est 𝔖ℭ   20 dominum + nostrum 𝔖ℭ   21 operationem + virtutis suae 𝔖   > etiam possit 𝔖ℭ   4. 1 deside-
ratissimi 𝔖ℭ   2 Euodiam 𝔖ℭ   Syntycen 𝔖

Lc. 10. 20.
ceteris adiutoribus meis, quorum nomina sunt in libro uitae.

Phil. 1. 4, 3. 1.
2 Cor. 13. 11.
1 Cor. 16. 22.
Heb. 10. 37.
Iac. 5. 8, 9.
Mt. 6. 25–34.
1 Tim. 2. 1.
4   Gaudete in Domino semper: iterum dico 5 gaudete.   Modestia uestra nota sit omnibus 6 hominibus: Dominus prope est.   Nihil solliciti sitis: sed in omni oratione et obsecratione, cum gratiarum actione, petitiones ue-

Ioh. 14. 27.
Col. 3. 15.
Eph. 3. 19.
7 strae innotescant apud Deum.   Et pax Dei, quae exsuperat omnem sensum, custodiat corda uestra et intellegentias uestras in Christo Iesu.

8   De cetero, fratres, quaecumque sunt uera, quaecumque pudica, quaecumque iusta, quaecumque sancta, quaecumque amabilia, quaecumque bonae famae, si qua uirtus, si qua 9 laus, haec cogitate.   Quae et didicistis et accepistis, et audistis et uidistis in me, haec

Rom. 15. 33.
1 Thess. 5. 23.
Phil. 2. 30.
agite: et Deus pacis erit uobiscum.
10   Gauisus sum autem in Domino uehementer, quoniam tandem aliquando refloruistis pro me sentire: sicut et sentiebatis, occupati autem

1 Tim. 6. 8.
11 eratis.   Non quasi propter penuriam dico: ego 12 enim didici in quibus sum sufficiens esse.   Scio et humiliari, scio et abundare: ubique et in omnibus institutus sum, et satiari et esurire, et

2 Cor. 12. 10.
2 Tim. 4. 17.
13 abundare et penuriam pati: omnia possum in 14 eo, qui me confortat.   Uerum tamen bene fe-

2 Cor. 11. 9.
15 cistis, communicantes tribulationi meae.   Scitis autem et uos Philippenses, quod in principio euangelii, quando profectus sum a Macedonia, nulla mihi ecclesia communicauit in

Act. 17. 1.
16 ratione dati et accepti, nisi uos soli: quia et Thessalonicam semel et bis in usum mihi mi-

---

⁶ **Dominus** + enim 𝕾   ⁷ exuperat 𝕾ℭ   ⁸ laus + disciplinae
𝕾ℭ

sistis. Non quia quaero datum, sed requiro 17
fructum abundantem in rationem uestram.
Habeo autem omnia, et abundo: repletus sum, 18 Heb. 13. 16.
acceptis ab Epaphrodito quae misistis, odo-
rem suauitatis, hostiam acceptam, placentem
Deo. Deus autem meus impleat omne desi- 19
derium uestrum secundum diuitias suas in gloria in Christo Iesu. Deo autem et Patri no- 20
stro gloria in saecula saeculorum : Amen.

Salutate omnem sanctum in Christo Iesu. 21
Salutant uos qui mecum sunt fratres. ' Salu- 22
tant uos omnes sancti, maxime autem qui de   1. 13.
Caesaris domo sunt.

Gratia Domini nostri Iesu Christi cum spi- 23 Gal. 6. 18.
ritu uestro. Amen.

EXPLICIT AD PHILIPPENSES

INCIPIT EPISTULA
AD COLOSENSES

PAULUS Apostolus Christi Iesu per uolun- 1   2 Cor. 1. 1.
tatem Dei, et Timotheus frater, ' his qui sunt 2   Eph. 1. 1, 2.
Colossis sanctis, et fidelibus fratribus, in Christo   Rom. 1. 7.
Iesu. Gratia uobis et pax a Deo Patre nostro.

Gratias agimus Deo et Patri Domini nostri 3   1 Thess. 1. 2,
Iesu Christi, semper pro uobis orantes : au- 4   3.
dientes fidem uestram in Christo Iesu, et dile-   Eph. 1. 15, 16.
ctionem quam habetis in sanctos omnes : pro- 5   Philem. 5.
pter spem quae reposita est uobis in caelis,   1 Pet. 1. 4.
quam audistis in uerbo ueritatis euangelii :   Eph. 1. 13.

17 in ratione vestra 𝕾ℭ   18 misistis + in 𝕾   om. subscr. 𝕾ℭ
Inscr. EPISTOLA BEATI PAVLI APOSTOLI AD COLOS·
SENSES 𝕾ℭ   1. 1 > Iesu Christi 𝕾ℭ ·   2 eis 𝕾ℭ   nostro
+ et Domino Iesu Christo 𝕾ℭ   3 disting. Gratias agimus Deo, et
Patri Domini nostri etc. 𝕾ℭ

Mt. 24. 14. 6 quod peruenit ad uos, sicut et in uniuerso mundo est et fructificat, et crescit sicut in uobis, ex.
ea die qua audistis, et cognouistis gratiam Dei
4. 12.
Philem. 23. 7 in ueritate : sicut didicistis ab Epaphra carissimo conseruo nostro, qui est fidelis pro uo-
8 bis minister Christi Iesu, qui etiam manifestauit nobis dilectionem uestram in Spiritu.

Eph. 1. 15.
Phil. 1. 9. 9 Ideo et nos ex qua die audiuimus, non cessa-
mus pro uobis orantes, et postulantes ut impleamini agnitione uoluntatis eius, in omni
Eph. 2. 10,
4. 1. 10 sapientia, et intellectu spiritali : ut ambuletis
digne Deo, per omnia placentes : in omni
opere bono fructificantes, et crescentes in scien-
Eph. 3. 16,
6. 10. 11 tia Dei : in omni uirtute confortati, secun-
dum potentiam claritatis eius, in omni pa-
Eph. 1. 18.
Act. 26. 18. 12 tientia et longanimitate cum gaudio : gratias
agentes Patri, qui dignos nos fecit in partem
Lc. 22. 53.
Eph. 1. 6,
6. 12. 13 sortis sanctorum in lumine : qui eripuit nos
de potestate tenebrarum, et transtulit in reg-
Eph. 1. 7. 14 num Filii dilectionis suae, in quo habemus
Sap. 7. 26.
Ioh. 1. 18. 15 redemptionem, remissionem peccatorum : qui
2 Cor. 4. 4. est imago Dei inuisibilis, primogenitus omnis
Heb. 1. 3.
Apoc. 3. 14. 16 creaturae : quia in ipso condita sunt uniuersa
1 Tim. 6. 16. in caelis et in terra, uisibilia et inuisibilia,
Ioh. 1. 3, 10.
Heb. 1. 2, 3. siue throni, siue dominationes, siue principa-
Eph. 1. 21. tus, siue potestates : omnia per ipsum et in
1 Pet. 3. 22.
Rom. 11. 36. 17 ipso creata sunt : et ipse est ante omnes, et
Ioh. 8. 58.
Ecclus. 43. 28. 18 omnia in ipso constant : et ipse est caput cor-
poris ecclesiae, qui est principium, primogeni-
Eph. 1. 22.
Act. 26. 23. tus ex mortuis : ut sit in omnibus ipse prima-
1 Cor. 15. 20.
Apoc. 1. 5. 19 tum tenens : quia in ipso complacuit omnem
Ioh. 1. 16. 20 plenitudinem habitare : et per eum reconciliare

---

12 agentes *sine addit.* AG : +Deo CFV𝕮 ; +Deo et DH𝕾
nos *hic et* 13 : uos AC   14 redemptionem : +et 𝕾 ; +per sanguinem eius 𝕮   16 quia : quoniam 𝕾𝕮   19 inhabitare 𝕾𝕮

omnia in ipsum, pacificans per sanguinem cru- | Rom. 5. 10.
cis eius, siue quae in terris, siue quae in caelis | 2 Cor. 5. 19. Eph. 1. 10.
sunt. Et uos cum essetis aliquando alienati 21 | Eph. 2. 1, 12.
et inimici sensu, in operibus malis: nunc au- 22 | Eph. 2. 15.
tem reconciliauit in corpore carnis eius per
mortem, exhibere uos sanctos, et inmacula-
tos, et inreprehensibiles coram ipso: si tamen 23 | Heb. 3. 14.
permanetis in fide fundati et stabiles, et in- | Mc. 16. 15. Eph. 3. 7.
mobiles a spe euangelii, quod audistis, quod
praedicatum est in uniuersa creatura quae
sub caelo est: cuius factus sum ego Paulus
minister.

Qui nunc gaudeo in passionibus pro uobis, 24 | 2 Cor. 1. 5, 6.
et adimpleo ea quae desunt passionum Christi | Eph. 3. 1, 13.
in carne mea, pro corpore eius, quod est ec-
clesia: cuius factus sum ego minister secun- 25 | Eph. 3. 7-9.
dum dispensationem Dei, quae data est mihi | Rom. 16. 25, 26.
in uos, ut impleam uerbum Dei: mysterium 26
quod absconditum fuit a saeculis et generationibus, nunc autem manifestatum est sanctis
eius, quibus uoluit Deus notas facere diuitias 27 | Eph. 3. 9.
gloriae sacramenti huius in gentibus, quod est
Christus in uobis, spes gloriae: quem nos ad- 28
nuntiamus, corripientes omnem hominem, et
docentes omnem hominem, in omni sapientia,
ut exhibeamus omnem hominem perfectum | Eph. 4. 13.
in Christo Iesu: in quo et laboro certando 29 | Eph. 1. 13.
secundum operationem eius, quam operatur in
me in uirtute.

Uolo enim uos scire qualem sollicitudinem 2 | 4. 13, 15, 16.
habeam pro uobis, et pro his qui sunt Laodi-
ciae, et quicumque non uiderunt faciem meam

---

[22] ut exhiberet 𝔖   [23] immobiles 𝔖ℭ   [25] in uobis 𝔖
[27] disting. quod est Christus, in uobis spes gloriae 𝔖ℭ   2. [1] ijs 𝔖ℭ

2 in carne: ut consolentur corda ipsorum, in-
structi in caritate, et in omnes diuitias plenitudinis intellectus, in agnitione mysterii Dei,
3 Patris Christi Iesu: in quo sunt omnes the-
4 sauri sapientiae et scientiae absconditi. Hoc
autem dico, ut nemo uos decipiat in subtilitate
5 sermonum. Nam etsi corpore absens sum,
sed spiritu uobiscum sum, gaudens, et uidens
ordinem uestrum, et firmamentum eius quae
in Christo est fidei uestrae.

6   Sicut ergo accepistis Christum Iesum Do-
7 minum, in ipso ambulate, ' radicati et superaedificati in ipso, et confirmati fide, sicut et
didicistis, abundantes in gratiarum actione.

8   Uidete ne quis uos decipiat per philoso-
phiam et inanem fallaciam, secundum traditionem hominum, secundum elementa mundi,
9 et non secundum Christum: quia in ipso inhabitat omnis plenitudo diuinitatis corpora-
10 liter: et estis in illo repleti, qui est caput om-
11 nis principatus et potestatis: in quo et cir-
cumcisi estis circumcisione non manu facta
in expoliatione corporis carnis, in circumci-
12 sione Christi: consepulti ei in baptismo, in
quo et resurrexistis per fidem operationis Dei,
13 qui suscitauit illum a mortuis. Et uos, cum
mortui essetis in delictis et praeputio carnis
uestrae, conuiuificauit cum illo, donans uobis
14 omnia delicta: delens quod aduersus nos erat
chirographum decretis, quod erat contrarium

Margin references:

1. 9.
Eph. 4. 13.

1 Cor. 1. 24,
30.
Col. 1. 27.
Rom. 16. 18.
Eph. 5, 6.
2 Pet. 2. 3.
1 Cor. 5. 3,
14. 40.

1 Thess. 4. 1.
Eph. 3. 17.
2 Thess. 2. 15.

16, 20, 22.
1 Tim. 6. 20.
Gal. 4. 3.

1. 19.
Ioh. 1. 14.

Eph. 1. 21,
3. 19.
Rom. 2. 29.
Eph. 2. 11.
Rom. 6. 6.

Col. 3. 1.
Rom. 6. 4, 5.
1 Cor. 6. 14.
Eph. 1. 19.
Eph. 2. 1, 5.

Eph. 2. 15.
1 Pet. 2. 24.

---

2 agnitione *cum* AFHV: -nem CG𝔖ℭ, *et* agnoscendum D (*et
postea* misterium) Dei Patris + et 𝔖ℭ   4 subtilitate sermonum
(πιθανολογία) *cum* ADFGH: sublimitate sermonum CV𝔖ℭ   6 >
Iesum Christum 𝔖ℭ   7 confirmati + in 𝔖   abundantes + in
illo 𝔖ℭ   11 carnis + sed 𝔖ℭ   14 decretis *cum* ACG: decreti
DFHV𝔖ℭ

nobis, et ipsum tulit de medio, adfigens illud cruci : expolians principatus et potestates, tra- 15 duxit confidenter, palam triumphans illos in semet ipso.

Nemo ergo uos iudicet in cibo, aut in potu, 16 aut in parte diei festi, aut neomeniae, aut sabbatorum : quae sunt umbra futurorum : cor- 17 pus autem Christi. Nemo uos seducat, uolens 18 in humilitate, et religione angelorum, quae non uidit ambulans frustra, inflatus sensu carnis suae : et non tenens caput, ex quo totum 19 corpus per nexus et coniunctiones subministratum et constructum, crescit in augmentum Dei.

Si mortui estis cum Christo ab elementis 20 mundi, quid adhuc tamquam uiuentes in mundo decernitis ? Ne tetigeris, neque gustaueris, 21 neque contrectaueris : quae sunt omnia in in- 22 teritu ipso usu, secundum praecepta et doctrinas hominum : quae sunt rationem quidem 23 habentia sapientiae, in superstitione et humilitate, et ad non parcendum corpori, non in honore aliquo ad saturitatem carnis.

Igitur si consurrexistis Christo, quae sur- 3 sum sunt quaerite, ubi Christus est in dextera Dei sedens : quae sursum sunt sapite, non 2 quae super terram. Mortui enim estis, et uita 3 uestra abscondita est cum Christo in Deo. Cum Christus apparuerit, uita uestra, tunc 4 et uos apparebitis cum ipso in gloria.

Marginal references:

1. 16.
Eph. 1. 21,
4. 8.

Rom. 14. 1–7.
1 Cor. 10. 25 ·
29.
Gal. 4. 10, 11.
Heb. 8. 5,
10. 1.
23.

Eph. 2. 21,
4. 15, 16.

3. 3.
Gal. 4. 3, 9.

1 Tim. 4. 3.

Mt. 15. 9, 17.
Es. 29. 13.
1 Cor. 6. 13.

2. 12.
Eph. 1. 20.

Mt. 6. 33.
Phil. 3. 19, 20.
Col. 2. 20.
Rom. 6. 2.

Phil. 3. 21.
1 Ioh. 3. 2

---

14 affigens SC   15 + et ad init. SC   18 ambulans frustra, inflatus ita A : disting. ambulans, frustra inflatus SC   20 si + ergo SC   elementis + huius SC   21 tetigeris ... gustaueris ... contrectaueris cum ACG : tetigeritis ... gustaueritis ... contrectaueritis DFHVSC   22 in interitum SC.   23 > non ad SC 3. 1 consurrexistis sine addit. A (conresurr. CG : + cum DFHVSC 3 > est abscondita SC   4 cum + autem S

Rom. 8. 13.
Eph. 4. 19,
5. 3, 5.
5 Mortificate ergo membra uestra quae sunt super terram : fornicationem, inmunditiam, libidinem, concupiscentiam malam, et auari-

Eph. 5. 6.
6 tiam, quae est simulacrorum seruitus : propter quae uenit ira Dei super filios incredulitatis : 7 in quibus et uos ambulastis aliquando cum

Eph. 4. 26,
29, 31, 5. 4.
8 uiueretis in illis. Nunc autem deponite et uos omnia : iram, indignationem, malitiam, blasphemiam, turpem sermonem de ore uestro.

Eph.4. 22,25.
9 Nolite mentiri inuicem, expoliantes uos ue-

Eph.4. 23, 24.
Rom. 12. 2.
10 terem hominem cum actibus eius : et induentes nouum, eum qui renouatur in agnitionem secundum imaginem eius qui creauit

Rom. 10. 12.
1 Cor. 12. 13.
Gal. 3. 28,
5. 6.
11 eum : ubi non est gentilis et Iudaeus, circumcisio et praeputium, barbarus et Scytha, seruus et liber : sed omnia et in omnibus Christus.

Eph. 4. 2, 32.
12 Induite uos ergo sicut electi Dei sancti et dilecti, uiscera misericordiae, benignitatem,

Mt. 6. 14,
18. 35.
Mc. 11. 25.
13 humilitatem, modestiam, patentiam : supportantes inuicem, et donantes uobis ipsis si quis aduersus aliquem habet querellam : sicut et

Rom. 13. 10.
Eph. 5. 2.
1 Pet. 4. 8.
14 Dominus donauit uobis, ita et uos. Super omnia autem haec caritatem, quod est uincu-

Phil. 4. 7.
1 Cor. 12. 13.
15 lum perfectionis : et pax Christi exultet in cordibus uestris, in qua et uocati estis in uno cor-

Eph. 5. 19.
16 pore : et grati estote. Uerbum Christi habitet in uobis abundanter, in omni sapientia docentes et commonentes uosmet ipsos, psalmis, hymnis, canticis spiritalibus, in gratia cantantes in cordibus uestris Deo. Omne quod-

1 Cor. 10. 31.
Eph. 5. 20.
17 cumque facitis in uerbo aut in opere, omnia

---

5 simulachrorum 𝔖   9 eius : suis 𝔖ℭ   10 agnitionem + Dei 𝔖   eum *sec.* : illum 𝔖ℭ   11 est + masculus, et femina 𝔖   13 vobismetipsis 𝔖ℭ   14 caritatem + habete 𝔖ℭ   16 in psalmis 𝔖 hymnis + et 𝔖ℭ

in nomine Domini Iesu, gratias agentes Deo
et Patri per ipsum.

Mulieres, subditae estote uiris, sicut opor- 18
tet, in Domino. Uiri, diligite uxores, et nolite 19
amari esse ad illas. Filii, oboedite parentibus 20
per omnia : hoc enim placitum est in Domino.
Patres, nolite ad indignationem prouocare 21
filios uestros, ut non pusillo animo fiant.
Serui, oboedite per omnia dominis carnalibus, 22
non ad oculum seruientes, quasi hominibus
placentes, sed in simplicitate cordis, timentes
Dominum. Quodcumque facitis, ex animo 23
operamini, sicut Domino et non hominibus :
scientes quod a Domino accipietis retributio- 24
nem hereditatis. Domino Christo seruite.
Qui enim iniuriam facit, recipiet id quod in- 25
ique gessit : et non est personarum acceptio.
Domini, quod iustum est et aequum seruis 4
praestate : scientes quoniam et uos Dominum
habetis in caelo.

Orationi instate, uigilantes in ea in gratia- 2
rum actione : orantes simul et pro nobis, ut 3
Deus aperiat nobis ostium sermonis ad loquendum mysterium Christi, propter quod etiam
uinctus sum, ut manifestem illud ita ut opor- 4
tet me loqui. In sapientia ambulate ad eos 5
qui foris sunt : tempus redimentes. Sermo 6
uester semper in gratia sale sit conditus, ut
sciatis quomodo oporteat uos unicuique re-
spondere.

Quae circa me sunt omnia, uobis nota fa- 7

18—4. 1
Eph. 5. 22—
6. 9.
1 Pet. 3. 1.
1 Pet. 3. 7.

1 Tim. 6. 1.
Tit. 2. 9.
1 Pet. 2. 18.

Rom. 2. 11.

2-4
Eph. 6. 18-20.
Rom. 12. 12.
1 Thess. 5. 17.
Rom. 15. 30.
1 Cor. 16. 9.
2 Thess. 3. 1.
Eph. 5. 15, 16.
Dan. 2. 8.
Mc. 9. 50.
1 Pet. 3. 15.

7-9
Eph. 6. 21, 22

---

17 Domini Iesu : Domini Iesu Christi 𝕮 ; Domini nostri Iesu
Christi 𝕾 ; *deinde* + facite 𝕾   19 uxores *sine addit.* CFGH :
+ uestras ADV𝕾𝕮   22 Dominum : Deum 𝕾𝕮   25 acceptio
sine addit. ACG : + apud Deum DFHV𝕾𝕮   4. 1 quoniam : quòd
𝕾𝕮

ciet Tychicus carissimus frater, et fidelis mini-
8 ster, et conseruus in Domino : quem misi ad
uos ad hoc ipsum, ut cognoscat quae circa uos

Philem. 10. 9 sunt, et consoletur corda uestra, ᵗ cum Onesimo carissimo et fideli fratre, qui est ex uobis.
Omnia quae hic aguntur, nota facient uobis.

Act. 19. 29,
20. 4, 27. 2.
Act. 15. 37,
39.
2 Tim. 4. 11.
Philem. 24. 10   Salutat uos Aristarchus concaptiuus meus,
et Marcus consobrinus Barnabae, de quo accepistis mandata : si uenerit ad uos, excipite
11 illum : ᵗ et Iesus qui dicitur Iustus : qui sunt
ex circumcisione : hi soli sunt adiutores in

1. 7.
Philem. 23. 12 regno Dei, qui mihi fuerunt solacio. Salutat
uos Epaphras, qui ex uobis est, seruus Christi
Iesu, semper sollicitus pro uobis in orationibus, ut stetis perfecti et pleni, in omni uolun-

2. 1. 13 tate Dei. Testimonium enim illi perhibeo
quod habet multum laborem pro uobis, et pro

2 Tim. 4. 9,
11.
Philem. 24. 14 his qui sunt Laodiciae, et qui Hierapoli. Salutat uos Lucas medicus carissimus, et Demas.
15 Salutate fratres qui sunt Laodiciae, et Nym-

1 Thess. 5. 27. 16 pham, et quae in domo eius est ecclesia. Et
cum lecta fuerit apud uos epistula, facite ut et
in Laodicensium ecclesia legatur: et eam quae

Philem. 2. 17 Laodicensium est, uos legatis. Et dicite Archippo : Uide ministerium quod accepisti in
Domino, ut illud impleas.

1 Cor. 16. 21.
Gal. 6. 11.
2 Thess. 3. 17.
Philem. 19. 18   Salutatio mea manu Pauli. Memores es-
tote uinculorum meorum. Gratia uobiscum.
Amen.

EXPLICIT AD COLOSENSES

---

⁹ > ex vobis est 𝕊ℭ ; *deinde* + Qui 𝕊   ¹¹ adiutores + mei 𝕊ℭ
solatio 𝕊ℭ   ¹³ ijs 𝕊ℭ   ¹⁵ Ecclesiam 𝕊ℭ   ¹⁶ epistula
+ haec 𝕊ℭ   eam : ca 𝕊   uos legatis : vobis legatur 𝕊
¹⁸ gratia + Domini nostri Iesu Christi 𝕊   *om. subscr.* 𝕊ℭ

INCIPIT EPISTULA AD THESSALONICENSES PRIMA

PAULUS, et Siluanus, et Timotheus eccle-1 siae Thessalonicensium in Deo Patre et Domino Iesu Christo. Gratia uobis et pax.
Gratias agimus Deo semper pro omnibus 2 uobis, memoriam uestri facientes in orationibus nostris, sine intermissione memores ope-3 ris fidei uestrae, et laboris, et caritatis, et sustinentiae spei Domini nostri Iesu Christi, ante Deum et Patrem nostrum : scientes, fratres di-4 lecti a Deo, electionem uestram : quia euan-5 gelium nostrum non fuit ad uos in sermone tantum, sed in uirtute, et in Spiritu sancto, et in plenitudine multa, sicut scitis quales fuerimus in uobis propter uos. Et uos imitatores 6 nostri facti estis et Domini, excipientes uerbum in tribulatione multa, cum gaudio Spiritus sancti : ita ut facti sitis forma omnibus 7 credentibus, in Macedonia et in Achaia. A 8 uobis enim diffamatus est sermo Domini, non solum in Macedonia et in Achaia, sed in omni loco fides uestra, quae est ad Deum, profecta est, ita ut non sit nobis necesse quicquam loqui. Ipsi enim de nobis adnuntiant, qualem 9 introitum habuerimus ad uos : et quomodo conuersi estis ad Deum a simulacris, seruire Deo uiuo et uero : et expectare Filium eius 10

2 Thess. 1. 1.
Act. 15. 22,
16. 1, 17. 1.
2 Cor. 1. 19.
1 Pet. 5. 12.
1 Thess. 2. 13,
5. 17.

5. 8.
1 Cor. 13. 13.
Col. 1. 4, 5.

2 Thess. 2. 13.
1 Cor. 2. 4.

2. 14.
1 Cor. 4. 16.

1 Pet. 5. 3.
Rom. 1. 8.

Act. 17. 1–5.
Ioh. 17. 3.

Inscr. EPISTOLA BEATI PAVLI APOSTOLI AD THESSA-LONICENSES PRIMA 𝔖ℭ   1. ¹ Patre + nostro 𝔖   ² uestri *cum* CDFGH𝔖ℭ : *om.* AV   ²·³ *disting.* nostris sine intermissione, memores 𝔖ℭ   ⁶ sed + et 𝔖ℭ   ⁸ sed + et 𝔖ℭ   ⁹ simula-chris 𝔖

Tit. 2. 13.
Rom. 5. 9.

de caelis, quem suscitauit ex mortuis, Iesum
qui eripuit nos ab ira uentura.

1. 9.

2 Nam ipsi scitis, fratres, introitum nostrum

Act. 16. 20–
24,37,17. 1–5.

2 ad uos, quia non inanis fuit : sed ante passi
et contumeliis affecti, sicut scitis, in Philippis,
fiduciam habuimus in Deo nostro loqui ad
uos euangelium Dei in multa sollicitudine.

2 Cor. 2. 17.

3 Exhortatio enim nostra non de errore, neque

Gal. 2. 7,1.10.

4 de inmunditia, neque in dolo : sed sicut probati sumus a Deo ut crederetur nobis euangelium, ita loquimur : non quasi hominibus
placentes, sed Deo qui probat corda nostra.

Act. 20. 33.
2 Pet. 2. 3.

5 Neque enim aliquando fuimus in sermone adu-
lationis, sicut scitis : neque in occasione aua-

Ioh. 5. 41.

6 ritiae: Deus testis est : ¹ nec quaerentes ab hominibus gloriam, neque a uobis neque ab aliis,

2 Cor. 11. 9.
1 Cor. 14. 20.
1 Cor. 4. 15.
2 Cor. 12. 15.

7 cum possimus oneri esse ut Christi Apostoli :
sed facti sumus paruuli in medio uestrum,

8 tamquam si nutrix foueat filios suos. Ita desiderantes uos, cupide uolebamus tradere uobis non solum euangelium Dei, sed etiam animas nostras: quoniam carissimi nobis facti estis.

Act 18. 3,
20. 34.
1 Cor. 4. 12.
2 Cor. 11. 27.
2 Thess. 3. 8.

9 Memores enim estis, fratres, laborem nostrum
et fatigationem : nocte et die operantes, ne
quem uestrum grauaremus, praedicauimus in

10 uobis euangelium Dei. Uos testes estis et
Deus, quam sancte, et iuste, et sine querella

11 uobis qui credidistis fuimus : sicut scitis, qualiter unumquemque uestrum, tamquam pater

Eph. 4. 1.
1 Pet. 5. 10.

12 filios suos, ¹ deprecantes uos et consolantes,
testificati sumus ut ambularetis digne Deo,
qui uocauit uos in suum regnum et gloriam.

---

2. ¹ nam + et 𝕾   ² passi + multa 𝕾   ⁷ possemus 𝕾ℭ ; et
+ vobis 𝕾ℭ   ⁹ laboris nostri et fatigationis HV𝕾ℭ ; laborum
nostrorum et fatigationis C   et *sec.* : ac 𝕾ℭ   ¹⁰ affuimus 𝕾
¹¹ tamquam : sicut 𝕾ℭ

Ideo et nos gratias agimus Deo sine inter-13
missione : quoniam cum accepissetis a nobis
uerbum auditus Dei, accepistis non ut uerbum
hominum, sed sicut est uere uerbum Dei, qui
operatur in uobis qui credidistis. Uos enim 14
imitatores facti estis, fratres, ecclesiarum Dei
quae sunt in Iudaea in Christo Iesu : quia eadem passi estis et uos a contribulibus uestris,
sicut et ipsi a Iudaeis : qui et Dominum occi-15
derunt Iesum et prophetas, et nos persecuti
sunt, et Deo non placent, et omnibus hominibus aduersantur, prohibentes nos gentibus 16
loqui ut saluae fiant, ut impleant peccata sua
semper : praeuenit enim ira Dei super illos
usque in finem.

Nos autem, fratres, desolati a uobis ad tem-17
pus horae, aspectu non corde, abundantius
festinauimus faciem uestram uidere cum multo
desiderio : quoniam uoluimus uenire ad uos, 18
ego quidem Paulus, et semel et iterum : sed
inpediuit nos Satanas. Quae est enim nostra 19
spes, aut gaudium, aut corona gloriae ? Nonne
uos ante Dominum nostrum Iesum Christum
estis in aduentu eius ? uos enim estis gloria 20
nostra et gaudium.

Propter quod non sustinentes amplius, pla-3
cuit nobis remanere Athenis solis : et misimus 2
Timotheum, fratrem nostrum et ministrum Dei
in euangelio Christi, ad confirmandos uos, et
exhortandos pro fide uestra : ut nemo mouea-3
tur in tribulationibus istis : ipsi enim scitis
quod in hoc positi sumus. Nam et cum apud 4
uos essemus, praedicebamus uobis passuros
nos tribulationes, sicut et factum est et scitis.

Marginal references

13 | 1. 2.
Act. 20. 32.

14 | Act. 17. 5, 6, 3.
2 Thess. 1. 4,
6, 7.

15 | Act. 7. 52.

16 | Act. 13. 50,
14. 2, 13,
17. 5, 13,
18. 12.
Lc. 21. 23.

18 | Rom. 1. 13,
15. 22.

19 | Phil. 4. 1.

3 | Act. 17. 15.

2 | Act. 16. 1.

3 | 2 Tim. 3. 12.
1 Pet. 4. 12.

4 | Act. 14. 21.

---

¹³ accepistis + illud ℵℂ ¹⁶ peruenit ℵℂ

Gal. 2. 2,
4. 11.
Phil. 2. 16.

5 Propterea et ego amplius non sustinens, misi ad cognoscendam fidem uestram : ne forte temtauerit uos is qui temtat, et inanis fiat la-

Act. 18. 5.

6 bor noster. Nunc autem ueniente Timotheo ad nos a uobis, et adnuntiante nobis fidem et caritatem uestram, et quia memoriam nostri habetis bonam semper, desiderantes nos uidere,

2 Thess. 1. 4.

7 sicut nos quoque uos : ideo consolati sumus, fratres, in uobis in omni necessitate et tribula- 8 tione nostra, per uestram fidem : quoniam 9 nunc uiuimus, si uos statis in Domino. Quam enim gratiarum actionem possumus Deo retribuere pro uobis, in omni gaudio quo gaudemus 10 propter uos, ante Deum nostrum : nocte et die abundantius orantes, ut uideamus faciem uestram, et compleamus ea quae desunt fidei uestrae ?

2 Thess. 3. 5.
Phil. 1. 9.

11 Ipse autem Deus et Pater noster, et Domi- 12 nus Iesus dirigat uiam nostram ad uos. Uos autem Dominus multiplicet et abundare faciat caritatem in inuicem et in omnes, quemadmo-

2 Thess. 1.
10.

13 dum et nos in uobis : ad confirmanda corda uestra sine querella in sanctitate, ante Deum et Patrem nostrum, in aduentu Domini nostri Iesu Christi cum omnibus sanctis eius. Amen.

Phil. 4. 9.
Col. 1. 10.
2 Thess. 3. 6.

4 De cetero ergo, fratres, rogamus uos et obsecramus in Domino Iesu, ut quemadmodum accepistis a nobis quomodo uos oporteat ambulare, et placere Deo, sicut et ambulatis, ut 2 abundetis magis. Scitis enim quae praecepta

Tob. 4. 13.
1 Cor. 6. 18.
Heb. 12. 14.

3 dederimus uobis per Dominum Iesum. Haec est enim uoluntas Dei, sanctificatio uestra :

3. [6] sicut + et 𝕾𝕮   [7] > fidem vestram 𝕾𝕮   [10] et *pr.* : ac 𝕾𝕮
[11] **Dominus** + noster 𝕾𝕮   Iesus + Christus 𝕾𝕮   [12] caritatem
+ vestram 𝕾𝕮   4. [1] > oporteat vos 𝕾𝕮   sicut et ambulatis :
sic et ambuletis 𝕾𝕮   [2] dederim 𝕾𝕮

ut abstineatis uos a fornicatione, ut sciat unus- 4   1 Cor. 6. 15, 16.
quisque uestrum suum uas possidere in san-
ctificatione et honore, non in passione desi- 5   Rom. 1. 26.
derii, sicut et gentes quae ignorant Deum : ut 6   1 Cor. 6. 8.
ne quis supergrediatur, neque circumueniat   Heb. 13. 4.
in negotio fratrem suum : quoniam uindex est
Dominus de his omnibus, sicut praediximus
uobis, et testificati sumus : non enim uocauit 7   1 Pet. 1. 15.
nos Deus in inmunditia, sed in sanctificatione.
Itaque qui haec spernit, non hominem spernit, 8
sed Deum, qui etiam dedit Spiritum suum
sanctum in uobis.

De caritate autem fraternitatis non necesse 9   Heb. 13. 1.
habemus scribere uobis : ipsi enim uos a Deo   Ioh. 13. 34.
didicistis ut diligatis inuicem. Etenim facitis 10
illud in omnes fratres in uniuersa Macedonia.
Rogamus autem uos, fratres, ut abundetis ma-
gis, ' et operam detis ut quieti sitis, et uestrum 11   Eph. 4. 28.
negotium agatis, et operemini manibus uestris,   2 Thess. 3. 10, 12.
sicut praecepimus uobis : et ut honeste ambu- 12   Col. 4. 5.
letis ad eos qui foris sunt : et nullius aliquid   Rom. 13. 13.
desideretis.

Nolumus autem uos ignorare, fratres, de 13   1 Cor. 15. 17–20.
dormientibus, ut non contristemini, sicut et   Sap. 3. 1–4.
ceteri qui spem non habent. Si enim credi- 14   1 Cor. 15. 3
mus quod Iesus mortuus est et resurrexit : ita   4, 23.
et Deus eos qui dormierunt per Iesum addu-
cet cum eo. Hoc enim uobis dicimus in uerbo 15   1 Cor. 15. 51.
Domini, quia nos qui uiuimus, qui residui su-
mus in aduentum Domini, non praeueniemus
eos qui dormierunt. Quoniam ipse Dominus 16   Mt. 24. 31.
in iussu et in uoce Archangeli, et in tuba Dei   1 Cor. 15. 52.   2 Thess. 1. 7.

⁴ > vas suum 𝔖ℭ   ⁶ ut : et 𝔖ℭ   ⁷ inmunditia . . . sanctificatione *cum* ACFH : -tiam . . . -nem DV𝔖ℭ; -tiam . . . -ne G
⁸ uobis : nobis 𝔖ℭ   ¹⁰ > illud facitis 𝔖ℭ   ¹¹ et ut vestrum 𝔖ℭ
praecipimus 𝔖   ¹⁵ aduentu 𝔖

descendet de caelo : et mortui qui in Christo
17 sunt, resurgent primi. Deinde nos qui uiuimus, qui relinquimur, simul rapiemur cum illis
in nubibus obuiam Domino in aera, et sic
18 semper cum Domino erimus. Itaque consolamini inuicem in uerbis istis.

5   De temporibus autem et momentis, fratres,
2 non indigetis ut scribamus uobis. Ipsi enim
diligenter scitis, quia dies Domini sicut fur in
3 nocte, ita ueniet. Cum enim dixerint Pax et
securitas : tunc repentinus eis superueniet interitus, sicut dolor in utero habenti, et non effu-
4 gient. Uos autem, fratres, non estis in tenebris,
ut uos dies ille tamquam fur comprehendat :
5 omnes enim uos filii lucis estis, et filii diei :
6 non sumus noctis, neque tenebrarum. Igitur
non dormiamus sicut ceteri, sed uigilemus et
7 sobrii simus. Qui enim dormiunt, nocte dor-
8 miunt: et qui ebrii sunt, nocte ebrii sunt. Nos
autem qui diei sumus, sobrii sumus, induti
loricam fidei et caritatis, et galeam spem salu-
9 tis : quoniam non posuit nos Deus in iram,
sed in adquisitionem salutis per Dominum
10 nostrum Iesum Christum : qui mortuus est
pro nobis, ut siue uigilemus, siue dormiamus,
11 simul cum illo uiuamus. Propter quod consolamini inuicem, et aedificate alterutrum, sicut
et facitis.

12   Rogamus autem uos, fratres, ut noueritis
eos qui laborant inter uos, et praesunt uobis
13 in Domino, et monent uos : ut habeatis illos
abundantius in caritate, propter opus illorum :
14 pacem habete cum eis. Rogamus autem uos,

Mt. 24. 43.
2 Pet. 3. 10.
Apoc. 3. 3,
16. 15.
Hier. 6. 14,
24.
Mt. 24. 39.
Lc. 17. 26-
30, 21. 34, 35.
Ioh. 12. 35.
Eph. 5. 8.
Mc. 13. 36.
Rom. 13. 11-
13.

Sap. 5. 18.
Es. 59. 17.
Eph. 6. 14-
17.
2 Thess. 2.
14.
Heb. 10. 39.
Rom. 14.8,9.
2 Tim. 2. 11.

4. 18.

1 Cor. 16. 18.
Phil. 2. 29.
1 Tim. 5. 17.

2 Thess. 3. 6,
11.

17 Domino *pr.* : Christo 𝔖ℭ   5. 3 habentis 𝔖   4 illa 𝔖ℭ
5 sumus *cum* ACGH𝔖ℭ : estis DFV   6 sicut + et 𝔖ℭ
8 sumus *sec. cum* CFGH : simus ADV𝔖ℭ   13 illorum + et 𝔖

fratres, corripite inquietos, consolamini pusil-
lanimes, suscipite infirmos, patientes estote ad
omnes. Uidete ne quis malum pro malo ali- 15 Prou. 20. 22.
cui reddat : sed semper quod bonum est se- Rom. 12. 17.
1 Pet. 3. 9.
ctamini et in inuicem, et in omnes. Semper 16 Phil. 3. 1,
gaudete. | Sine intermissione orate. | In omni- 17 4. 4.
bus gratias agite : haec enim uoluntas Dei est 18 Lc. 18. 1.
Eph. 5. 20.
in Christo Iesu in omnibus uobis. Spiritum 19 1 Cor. 14. 30.
nolite extinguere : prophetias nolite spernere. 20 1 Cor.14. 1,6.
Omnia autem probate : quod bonum est te- 21 1 Ioh. 4. 1.
nete : ab omni specie mala abstinete uos. 22

Ipse autem Deus pacis sanctificet uos per 23 2 Thess. 3. 16.
omnia : et integer spiritus uester, et anima, et Heb. 13. 20,
21.
corpus sine querella in aduentu Domini nostri
Iesu Christi seruetur. Fidelis est qui uocauit 24 1 Cor. 1. 9.
uos, qui etiam faciet. Phil. 1. 6.
2 Thess. 3. 3.
Fratres, orate pro nobis. 25 2 Thess. 3. 1.
Salutate fratres omnes in osculo sancto. 26 Rom. 16. 16.
Adiuro uos per Dominum ut legatur epistula 27 1 Cor. 16. 20.
2 Cor. 13. 12.
omnibus sanctis fratribus. 1 Pet. 5. 14.
Gratia Domini nostri Iesu Christi uobiscum. 28 Col. 4. 16.
Rom. 16. 20.
Amen.

EXPLICIT AD THESSALONICENSES PRIMA

INCIPIT EPISTULA
AD THESSALONICENSES
SECUNDA

PAULUS, et Siluanus, et Timotheus, eccle- 1 1 Thess. 1. 1.
siae Thessalonicensium in Deo Patre nostro,
et Domino Iesu Christo. Gratia uobis et 2 Rom. 1. 7.

15 et pr. om. $\mathcal{SC}$ 18 > est enim uoluntas Dei $\mathcal{SC}$ 23 et pr. :
ut $\mathcal{SC}$ conseruetur $\mathcal{S}$ 27 epistula + haec $\mathcal{SC}$ om. subscr. $\mathcal{SC}$
Inscr. EPISTOLA BEATI PAVLI APOSTOLI AD THESSA-
LONICENSES SECVNDA $\mathcal{SC}$

pax a Deo Patre nostro, et Domino Iesu Christo.

2. 13. 　3 Gratias agere debemus Deo semper pro uo-
1 Thess. 1. 2. 　bis, fratres, ita ut dignum est, quoniam super-
crescit fides uestra, et abundat caritas unius-
2 Cor. 7. 4, 　4 cuiusque omnium uestrum in inuicem : ita ut
14. 　et nos ipsi in uobis gloriemur in ecclesiis Dei,
1 Thess. 2. 19.
1 Thess. 2. 14. 　pro patientia uestra et fide, in omnibus persecutionibus uestris et tribulationibus quas susti-
Phil. 1. 28. 　5 netis : in exemplum iusti iudicii Dei, ut digni
Apoc. 6. 10. 　6 habeamini regno Dei, pro quo et patimini : si
tamen iustum est apud Deum retribuere tribu-
1 Thess. 4. 16. 　7 lationem his qui uos tribulant : et uobis qui
tribulamini, requiem nobiscum in reuelatione
Domini Iesu de caelo cum angelis uirtutis eius,
Rom. 2. 8. 　8 in flamma ignis dantis uindictam his qui non
Es. 66. 15, 16. 　nouerunt Deum, et qui non oboediunt euan-
Mal. 3. 2, 3.
1 Pet. 4. 17. 　9 gelio Domini nostri Iesu Christi : qui poenas
2 Pet. 3. 7. 　dabunt in interitu aeternas a facie Domini, et
Col. 3. 4.
Ps. 88. 8 (89. 　10 a gloria uirtutis eius : cum uenerit glorificari
7), 67. 36 (68. 　in sanctis suis, et admirabilis fieri in omnibus
35).
1 Thess. 2. 13. 　qui crediderunt : quia creditum est testimo-
1 Thess. 1. 2. 　11 nium nostrum super uos in die illo. In quo
etiam oramus semper pro uobis : ut dignetur
uos uocatione sua Deus noster, et impleat omnem uoluntatem bonitatis, et opus fidei in uir-
12 tute : ut clarificetur nomen Domini nostri Iesu
Christi in uobis, et uos in illo secundum gratiam Dei nostri et Domini Iesu Christi.

1 Thess. 4. 　2 Rogamus autem uos, fratres, per aduentum
15-17. 　Domini nostri Iesu Christi, et nostrae congre-
1 Thess. 5.
21. 　2 gationis in ipsum : ut non cito moueamini a

---

1. 3 > semper Deo $\mathfrak{SC}$　　omnium CDFGV : om. AH$\mathfrak{SC}$
4 fide +et $\mathfrak{SC}$　　5 habeamini *sine addit.* AG : +in CDFHV$\mathfrak{SC}$
6 ijs $\mathfrak{SC}$, *et* 8　　9 interitu *cum* DFGV$\mathfrak{SC}$: interitum ACH
11 bonitatis +suae $\mathfrak{S}$　　12 Domini *sec.* +nostri $\mathfrak{SC}$ (92*)

uestro sensu, neque terreamini, neque per spi- | *1 Ioh. 4. 1.*
ritum, neque per sermonem, neque per epistu- | *2Thess. 3. 17.*
lam tamquam per nos,quasi instet dies Domini. | *1 Thess. 5. 2.*
Ne quis uos seducat ullo modo : quoniam nisi 3 | *Eph. 5. 6.*
uenerit discessio primum, et reuelatus fuerit | *1 Tim. 4. 1.*
homo peccati, filius perditionis, | qui aduersatur 4 | *1 Ioh. 2. 18,*
et extollitur supra omne quod dicitur Deus, | *4. 3.*
aut quod colitur, ita ut in templo Dei sedeat, | *Dan. 7. 25,*
ostendens se tamquam sit Deus. Non retine- 5 | *11. 36.*
tis quod cum adhuc essem apud uos, haec dice- | *Ezec. 28. 2.*
bam uobis? Et nunc quid detineat scitis, ut 6
reueletur in suo tempore. Nam mysterium 7 | *Apoc. 17. 5.*
iam operatur iniquitatis : tantum ut qui tenet
nunc, teneat donec de medio fiat. Et tunc 8 | *Es. 11. 4.*
reuelabitur ille iniquus, quem Dominus Iesus | *Apoc. 19. 15.*
interficiet spiritu oris sui, et destruet inlustra-
tione aduentus sui : eum cuius est aduentus 9 | *Mt. 24. 24.*
secundum operationem Satanae, in omni uir- | *Apoc. 13. 14.*
tute, et signis, et prodigiis mendacibus, | et in 10
omni seductione iniquitatis his qui pereunt :
eo quod caritatem ueritatis non receperunt ut
salui fierent. Ideo mittit illis Deus operatio- 11 | *3 Reg. (1*
nem erroris, ut credant mendacio : ut iudicen- 12 | *Reg.) 22. 22.*
tur omnes qui non crediderunt ueritati, sed | *Rom. 1. 25,*
consenserunt iniquitati. | *32.*

Nos autem debemus gratias agere Deo sem- 13 | *1 Thess. 1. 2,*
per pro uobis, fratres dilecti a Deo, quod ele- | *4; 4. 7.*
gerit nos Deus primitias in salutem, in san- | *Eph. 1. 4.*
ctificatione Spiritus, et fide ueritatis : in qua 14 | *1 Thess. 5. 9.*
et uocauit uos per euangelium nostrum in ad-
quisitionem gloriae Domini nostri IesuChristi.

2. [2] per nos *cum* ACG : per nos missam HVS𝕮 ; per nos
uobis missam D ; a nobis missam F   [5] essemus ... dicebamus
AF*   [8] illustratione S𝕮   [8,9] *disting.* aduentus sui eum : cuius
est S𝕮   [10] ijs S𝕮   [11] mittit AF : mittet CDGHVS𝕮
[13] nos : uos S𝕮   et + in S𝕮

15 Itaque, fratres, state, et tenete traditiones quas didicistis, siue per sermonem, siue per epistulam nostram.

1 Thess. 3. 11-13.

16 Ipse autem Dominus noster Iesus Christus, et Deus et Pater noster, qui dilexit nos et dedit consolationem aeternam, et spem bonam 17 in gratia, [1] exhortetur corda uestra, et confirmet in omni opere et sermone bono.

Col. 4. 3.
1 Thess. 5. 25.
Eph. 6. 19.

3 De cetero, fratres, orate pro nobis, ut sermo Domini currat et clarificetur sicut et apud

Rom. 15. 31.

2 uos : et ut liberemur ab inportunis et malis

1 Thess. 5. 24.

3 hominibus : non enim omnium est fides. Fidelis autem Dominus est, qui confirmabit uos,

2 Cor. 7. 16.

4 et custodiet a malo. Confidimus autem de uobis, in Domino, quoniam quae praecipimus, 5 et facitis et facietis. Dominus autem dirigat corda uestra in caritate Dei, et patientia Christi.

Rom. 16. 17.
1 Thess. 5. 14.

6 Denuntiamus autem uobis, fratres, in nomine Domini nostri Iesu Christi, ut subtrahatis uos ab omni fratre ambulante inordinate, et non secundum traditionem quam accepe-

1 Thess. 1. 6.

7 runt a nobis. Ipsi enim scitis quemadmodum oporteat imitari nos : quoniam non inquieti

1 Cor. 9. 12.
1 Thess. 2. 9,
4. 11.

8 fuimus inter uos : neque gratis panem manducauimus ab aliquo, sed in labore et fatigatione, nocte et die operantes, ne quem uestrum gra-

1 Cor. 9. 4.

9 uaremus. Non quasi non habuerimus potestatem : sed ut nosmet ipsos formam daremus

Gen. 3. 19.

10 uobis ad imitandum nos. Nam et cum essemus apud uos, hoc denuntiabamus uobis : quoniam si quis non uult operari, nec mandu-

11 cet. Audiuimus enim inter uos quosdam am-

---

3. [1] Domini : Dei A𝕾ℭ   [2] importunis 𝕾ℭ   [3] Dominus : Deus DF𝕾ℭ   [4] uobis + fratres 𝕾   quae : quaecumque 𝕾   [8] et *pr.* + in 𝕾ℭ   [11] audimus AG

bulare inquiete, nihil operantes, sed curiose
agentes.   His autem qui eiusmodi sunt, de- 12 1Thess. 4. 11.
nuntiamus et obsecramus in Domino Iesu
Christo, ut cum silentio operantes, suum panem manducent.   Uos autem, fratres, nolite 13 Gal. 6. 9.
deficere bene facientes.   Quod si quis non 14 Mt. 18. 15-17.
oboedit uerbo nostro per epistulam, hunc no-   Tit. 3. 10.
tate et non commisceamini cum illo, ut con-
fundatur : et nolite quasi inimicum existimare, 15 1Thess. 5. 14
sed corripite ut fratrem.

Ipse autem Dominus pacis det uobis pacem 16 Rom. 15. 33.
sempiternam in omni loco.   Dominus cum
omnibus uobis.·

Salutatio mea manu Pauli, quod est signum 17 1 Cor. 16. 21.
in omni epistula : ita scribo.   Gratia Domini 18   Rom. 16. 22.
nostri Iesu Christi cum omnibus uobis. Amen.

EXPLICIT AD THESSALONICENSES SECUNDA

INCIPIT EPISTULA
AD TIMOTHEUM PRIMA

PAULUS Apostolus Christi Iesu secundum 1
imperium Dei Saluatoris nostri et Christi Iesu,
spei nostrae : Timotheo dilecto filio in fide. 2   2 Tim. 1. 2.
Gratia, misericordia, et pax a Deo Patre et   Tit. 1. 4.
Christo Iesu Domino nostro.

Sicut rogaui te ut remaneres Ephesi cum 3
irem in Macedoniam, ut denuntiares quibusdam
ne aliter docerent, neque intenderent fabulis 4   4. 7.
et genealogiis interminatis, quae quaestiones   2 Tim. 4. 4.
                                                  Tit. 1. 14.

praestant, magis quam aedificationem Dei

Rom. 12. 9,
13. 10.
Gal. 5. 6.
2 Tim. 1. 5.
6. 4, 21.
Tit. 1. 10.

5 quae est in fide. Finis autem praecepti est caritas de corde puro, et conscientia bona, et 6 fide non ficta : a quibus quidam aberrantes, 7 conuersi sunt in uaniloquium, uolentes esse legis doctores, non intellegentes neque quae lo-

Rom. 7. 12,
16.

8 quuntur, neque de quibus affirmant. Scimus autem quia bona est lex, si quis ea legitime

Rom. 1. 29.
2 Tim. 3. 2–4.

9 utatur : sciens hoc, quia iusto lex non est posita, sed iniustis et non subditis, impiis et peccatoribus, sceleratis et contaminatis, patricidis 10 et matricidis, homicidis, fornicariis, masculorum concubitoribus, plagiariis, mendacibus, pe-

6. 3.
Tit. 1. 3.

riuris, et si quid aliud sanae doctrinae aduer- 11 satur, quae est secundum euangelium gloriae beati Dei, quod creditum est mihi.

Act. 9. 15.

12   Gratias ago ei qui me confortauit, Christo Iesu Domino nostro, quia fidelem me existi-

1 Cor. 15. 9,
10.
Gal. 1. 13–17.

13 mauit, ponens in ministerio : qui prius fui blasphemus, et persecutor et contumeliosus : sed misericordiam consecutus sum quia ignorans

Rom. 5. 20.

14 feci in incredulitate. Superabundauit autem gratia Domini nostri cum fide et dilectione

3. 1, 4. 9.
2 Tim. 2. 11.
Tit. 3. 8.
Mt. 9. 12, 13.
Mc. 2. 17.
Lc. 5. 32,
19. 10.

15 quae est in Christo Iesu. Fidelis sermo, et omni acceptione dignus, quia Christus Iesus uenit in hunc mundum peccatores saluos fa- 16 cere, quorum primus ego sum : sed ideo misericordiam consecutus sum, ut in me primo ostenderet Christus Iesus omnem patientiam, ad deformationem eorum qui credituri sunt

Rom. 16. 27.

17 illi, in uitam aeternam. Regi autem saeculo-

---

9 scientes 𝔖   > lex iusto non est A𝔖ℭ; > iusto non est lex F parricidis ℭ   10 mendacibus + et 𝔖ℭ   12 confortauit + in DHV𝔖   13 > blasphemus fui 𝔖ℭ   misericordiam + Dei 𝔖ℭ 15 quia : quòd 𝔖ℭ   16 deformationem cum AGH : informationem CV𝔖ℭ ; exemplum DF

rum, inmortali, inuisibili, soli Deo, honor et
gloria in saecula saeculorum.   Amen.

Hoc praeceptum commendo tibi, fili Timo- 18
thee, secundum praecedentes in te prophetias,
ut milites in illis bonam militiam,¹ habens fidem 19
et bonam conscientiam, quam quidam repel-
lentes, circa fidem naufragauerunt : ex quibus 20
est Hymeneus et Alexander : quos tradidi
Satanae, ut discant non blasphemare.

Obsecro igitur primo omnium fieri obsecra- 2
tiones, orationes, postulationes, gratiarum actiones, pro omnibus hominibus : pro regibus 2
et omnibus qui in sublimitate sunt, ut quie-
tam et tranquillam uitam agamus in omni pietate et castitate.   Hoc enim bonum est, et 3
acceptum coram Saluatore nostro Deo, qui 4
omnes homines uult saluos fieri, et ad agnitionem ueritatis uenire. Unus enim Deus, 5
unus et mediator Dei et hominum, homo Christus Iesus : qui dedit redemptionem semet ip- 6
sum pro omnibus, testimonium temporibus
suis : in quo positus sum ego praedicator et 7
Apostolus, ueritatem dico, non mentior, doctor
gentium in fide et ueritate.

Uolo ergo uiros orare in omni loco, leuantes 8
puras manus, sine ira et disceptatione.   Simi- 9
liter et mulieres in habitu ornato, cum uere-
cundia et sobrietate, ornantes se non in tortis
crinibus, aut auro, aut margaritis, uel ueste
pretiosa : sed quod decet mulieres promit- 10
tentes pietatem, per opera bona.   Mulier in 11
silentio discat, cum omni subiectione.   Do- 12

Phil. 4. 20.
Iuda. 25.

4. 14.

3. 9, 6. 10.

2 Tim. 2. 17.
(2 Tim. 4. 14.)
1 Cor. 5. 5.

Phil. 4. 6.

Ezec. 18. 23,
32.
2 Pet. 3. 9.
Rom. 3. 30.
Gal. 3. 20.
Heb. 12. 24.
Mt. 20. 28.
Mc. 10. 45.
Gal. 1. 4.
Tit. 2. 14.
2 Tim. 1. 11.
Act. 9. 15.

Iac. 4. 8.

1 Pet. 3. 3-5.

5. 10.
1 Cor. 14. 34.
Eph. 5. 22.
Tit. 2. 5.
1 Pet. 3. 1.

¹⁷ immortali 𝕾ℭ ; + et 𝕾   ²⁰ Hymenaeus 𝕾ℭ   2. ¹ primùm
𝕾ℭ   ² sublimitate + constituti 𝕾   .   ³ Saluatore : salutari
CGH   ⁶ omnibus + cuius 𝕾   suis + confirmatum est 𝕾   ⁹ se
+ et 𝕾ℭ (et disting. sobrietate ornantes se, et non)

cere autem mulieri non permitto, neque domi-
13 nari in uirum, sed esse in silentio. Adam
14 enim primus formatus est: deinde Eua. Et
Adam non est seductus: mulier autem seducta,
15 in praeuaricatione fuit. Saluabitur autem per
filiorum generationem, si permanserint in fide,
et dilectione, et sanctificatione cum sobrietate.

3   Fidelis sermo: si quis episcopatum desi-
2 derat, bonum opus desiderat. Oportet ergo
episcopum inreprehensibilem esse, unius uxoris
uirum, sobrium, prudentem, ornatum, hospi-
3 talem, doctorem: 'non uinolentum, non percussorem, sed modestum: non litigiosum, non
4 cupidum: suae domui bene praepositum, filios
5 habentem subditos cum omni castitate. Si
quis autem domui suae praeesse nescit, quo-
6 modo ecclesiae Dei diligentiam habebit? Non
neophytum: ne in superbia elatus, in iudicium
7 incidat diaboli. Oportet autem illum et testimonium habere bonum ab his qui foris sunt,
ut non in obprobrium incidat, et laqueum dia-
8 boli. Diaconos similiter pudicos, non bilin-
gues, non multo uino deditos, non turpe lu-
9 crum sectantes: habentes mysterium fidei
10 in conscientia pura. Et hi autem probentur
primum: et sic ministrent nullum crimen ha-
11 bentes. Mulieres similiter pudicas, non de-
12 trahentes, sobrias, fideles in omnibus. Dia-
cones sint unius uxoris uiri: qui filiis suis bene
13 praesunt, et suis domibus. Qui enim bene

Gen. 1. 27,
2. 18, 22.
1 Cor. 11. 8.
Gen. 3. 6, 13.
2 Cor. 11. 3.

Act. 20. 28.
2–4
Tit. 1. 6-9.
1 Tim. 3. 12,
5. 9.

12.

5. 10.
Act. 6. 3.
2 Tim. 2. 26.

Phil. 1. 1.
1 Pet. 5. 2.

5. 22.

Tit. 2. 3.

ministrauerint, gradum sibi bonum adquirent,
et multam fiduciam in fide quae est in Christo
Iesu.

Haec tibi scribo sperans uenire ad te cito : 14
si autem tardauero, ut scias quomodo oporteat 15
te in domo Dei conuersari, quae est ecclesia
Dei uiui, columna et firmamentum ueritatis.
Et manifeste magnum est pietatis sacramen- 16
tum, quod manifestatum est in carne, iustifica-
tum est in spiritu, apparuit angelis, praedicatum
est gentibus, creditum est in mundo, adsum-
tum est in gloria.

Spiritus autem manifeste dicit, quia in no- 4
uissimis temporibus discedent quidam a fide,
attendentes spiritibus erroris, et doctrinis daemoniorum : in hypocrisi loquentium menda- 2
cium, et cauteriatam habentium suam conscientiam : prohibentium nubere, abstinere a 3
cibis, quos Deus creauit ad percipiendum cum
gratiarum actione fidelibus et his qui cognouerunt ueritatem. Quia omnis creatura Dei 4
bona, et nihil reiciendum quod cum gratiarum
actione percipitur : sanctificatur enim per 5
uerbum Dei et orationem.

Haec proponens fratribus, bonus eris mini- 6
ster Christi Iesu, enutritus uerbis fidei et bonae doctrinae quam adsecutus es. Ineptas 7
autem et aniles fabulas deuita : exerce te ipsum ad pietatem. Nam corporalis exercitatio 8
ad modicum utilis est : pietas autem ad omnia utilis est, promissionem habens uitae quae
nunc est et futurae. Fidelis sermo, et omni 9

Margin references:

4. 13.
Eph. 2. 21, 22.
Heb. 3. 6.

Rom. 16. 25.
1 Ioh. 1. 2.
1 Pet. 3. 18.
Mt. 4. 11.
Lc. 22. 43.
Gal. 2. 2.
2 Thess. 1. 10.
Mc. 16. 19.
2 Tim. 3. 1.
2 Pet. 2. 1,
3. 3.
Iud. 18.
1 Ioh. 2. 18,
19.

Gen. 1. 30.
Rom. 14. 6.
1 Cor. 10. 31.
Col. 2. 16.

Gen. 1. 31.
Act. 10. 15.

2 Tim. 3. 10.

1. 4. 6. 20.
2 Tim. 2. 16,
23.
Tit. 1. 14,
3. 9.
6. 6.

1. 15.

---

13 > bonum sibi $C   adquirunt DFH, -rant V   14 scribo
+ fili Thimothee $ sperans + me $C   > ad te venire $C
4. 3 nubere + et $ ijs $C   4 bona + est $C   6 assecutus
$C   7 exerce + autem $C

2. 3. 4.
1 Ioh. 2. 2.
10 acceptione dignus.　　In hoc enim laboramus
et maledicimur, quia sperauimus in Deum uiuum, qui est Saluator omnium hominum, ma-
Tit. 2. 15.
1 Cor. 16. 11.
11 xime fidelium.　Praecipe haec, et doce.　Ne-
12 mo adulescentiam tuam contemnat : sed
exemplum esto fidelium in uerbo, in conuersatione, in caritate, in fide, in castitate.
3. 14.
13 Dum uenio, attende lectioni, exhortationi,
2 Tim. 1. 6.
Act. 6. 6,
8. 17.
14 doctrinae.　　Noli neglegere gratiam quae in
te est, quae data est tibi per prophetiam cum
15 inpositione manuum presbyterii.　Haec medi-
Act. 20. 28.
tare, in his esto : ut profectus tuus manifestus
16 sit omnibus.　Attende tibi et doctrinae: insta
Rom. 11. 14.
in illis.　Hoc enim faciens et te ipsum saluum facies et qui te audiunt.

Leu. 19. 32.
Tit. 2. 6.
5　　Seniorem ne increpaueris, sed obsecra ut
2 patrem : iuuenes ut fratres : ' anus ut matres :
3 iuuenculas ut sorores, in omni castitate.　Ui-
3. 4. 12.
Tit. 1. 6.
Mt. 15. 4-6.
Mc. 7. 10-13.
4 duas honora, quae uere uiduae sunt.　Si qua
autem uidua filios aut nepotes habet, discant
primum domum suam regere, et mutuam uicem reddere parentibus : hoc enim acceptum
Hier. 49. 11.
Lc. 2. 37.
1 Tim. 2. 1.
5 est coram Deo.　Quae autem uere uidua est,
et desolata, sperauit in Deum, et instat obse-
6 crationibus et orationibus nocte ac die.　Nam
Apoc. 3. 1.
7 quae in deliciis est, uiuens mortua est.　Et
8 hoc praecipe, ut inreprehensibiles sint.　Si quis
autem suorum, et maxime domesticorum, curam non habet, fidem negauit, et est infideli
9 deterior.　Uidua eligatur non minus sexaginta
3. 2, 12.
10 annorum, quae fuerit unius uiri uxor, ' in operi-

---

10 sperauimus FGH, cf. 5. 5 : speramus ACDV$C　　　13 ex-
hortationi + et $C　　14 negligere $C　　16 et tert. + eos $C
5. 4 discant cum A*DG : -cat AᶜCFHV$C　5 sperauit AFG(V),
cf. 4. 10 : sperat CDH ; speret $C　instet $C

bus bonis testimonium habens, si filios educa-
uit, si hospitio recepit, si sanctorum pedes lauit, si tribulationem patientibus subministrauit,
si omne opus bonum subsecuta est. Adule- 11
scentiores autem uiduas deuita : cum enim
luxuriatae fuerint in Christo, nubere uolunt :
habentes damnationem, quia primam fidem 12
irritam fecerunt : simul autem et otiosae di- 13
scunt circumire domos : non solum otiosae,
sed et uerbosae et curiosae, loquentes quae
non oportet. Uolo ergo iuueniores nubere, 14
filios procreare, matres familias esse, nullam
occasionem dare aduersario maledicti gratia.
Iam enim quaedam conuersae sunt retro Sa- 15
tanan. Si qua fidelis habet uiduas, submini- 16
stret illis, et non grauetur ecclesia: ut his quae
uere uiduae sunt sufficiat.

Qui bene praesunt presbyteri, duplici ho- 17
nore digni habeantur : maxime qui laborant in
uerbo et doctrina : ¹ dicit enim scriptura: Non 18
infrenabis os boui trituranti : et : Dignus est
operarius mercede sua. Aduersus presbyte- 19
rum accusationem noli recipere, nisi sub duobus et tribus testibus. Peccantes coram omni- 20
bus argue, ut ceteri timorem habeant. Testor 21
coram Deo et Christo Iesu, et electis angelis,
ut haec custodias sine praeiudicio, nihil faciens in aliam partem declinando. Manus cito 22
nemini inposueris, neque communicaueris peccatis alienis. Te ipsum castum custodi. ¹ Noli 23

Act. 9. 36.
Ioh. 13. 14.
Heb. 13. 2.

Apoc. 2. 4.

2 Thess. 3. 11.

1 Cor. 7. 9.
Tit. 2. 5, 6. 8.

Rom. 12. 3.
1 Thess. 5. 12.

Dt. 25. 4.
Lc. 10. 7.
1 Cor. 9. 9,
14.
Dt. 19. 15.
Mt. 18. 16.
2 Cor. 13. 1.

2 Ioh. 11.
Apoc. 18. 4.

¹⁴ iuueniores ACFHᶜ: iuniores DGV$C   ¹⁵ retro + post $
satanam $C   ¹⁶ si qua fidelis *cum* AGH : si quis fidelis $C ; si
quis fidelis uel (aut D) si qua fidelis CDFV   ijs $C   ¹⁸ in-
frenabis : alligabis $ mercedem suám A*FH   ¹⁹ et : aut
C(H)$C ; uel D   ²⁰ ut *sine addit.* CDF*GH : + et AFᶜV$C
²¹ aliam : alteram $C   angelis + eius $

adhuc aquam bibere, sed uino modico utere
propter stomachum tuum, et frequentes tuas
24 infirmitates. Quorundam hominum peccata
manifesta sunt, praecedentia ad iudicium :
25 quosdam autem et subsequuntur. Similiter et
facta bona manifesta sunt : et quae aliter se
habent abscondi non possunt.

Eph. 6. 5.
Tit. 2. 9, 10.
1 Pet. 2. 18.

6 Quicumque sunt sub iugo serui, dominos
suos omni honore dignos arbitrentur, ne no-
2 men Domini et doctrina blasphemetur. Qui
autem fideles habent dominos, non contem-

Philem. 16.

nant quia fratres sunt : sed magis seruiant quia
fideles sunt et dilecti qui beneficii participes
sunt. Haec doce et exhortare.

3 Si quis aliter docet, et non adquiescit sanis
sermonibus Domini nostri Iesu Christi, et ei

2 Tim. 2. 23.
Tit. 3. 9.
1 Tim. 1. 4.

4 quae secundum pietatem est doctrinae : superbus, nihil sciens, sed languens circa quaestiones et pugnas uerborum : ex quibus oriun-
tur inuidiae, contentiones, blasphemiae, suspi-

2 Tim. 3. 8,
4. 4.
Tit. 1. 14.

5 ciones malae, conflictationes hominum mente
corruptorum, et qui ueritate priuati sunt, exi-

1 Tim. 4. 8.
Phil. 4. 11.
Heb. 13. 5.
Iob. 1. 21.
Eccl. 5. 14.

6 stimantium quaestum esse pietatem. Est autem quaestus magnus pietas cum sufficientia.
7 Nihil enim intulimus in hunc mundum : haut
8 dubium quia nec auferre quid possumus : habentes autem alimenta, et quibus tegamur, his

Prou. 23. 4,
28. 20.
Mt. 13. 22.

9 contenti simus. Nam qui uolunt diuites fieri,
incidunt in temtationem, et laqueum, et desideria multa inutilia et nociua, quae mergunt

Lc. 12. 15.

10 homines in interitum et perditionem. Radix

---

²³ > modico vino 𝔖ℭ   ²⁴ quosdam : quorundam 𝔖   *om. et* 𝔖
6. ¹ superbus + est 𝔖ℭ   ⁷ in mundum (*om.* hunc) G, in mundo Λ
haud 𝔖ℭ   quia : quod 𝔖ℭ   ⁸ sumus ℭ (92*)   ⁹ et *pr.* + in
𝔖ℭ   laqueum *sine addit.* AG : + diaboli CDFHV𝔖ℭ

enim omnium malorum est cupiditas : quam
quidam appetentes errauerunt a fide, et in-
seruerunt se doloribus multis.

Tu autem, o homo Dei, haec fuge : sectare 11
uero iustitiam, pietatem, fidem, caritatem, patientiam, mansuetudinem. Certa bonum cer- 12
tamen fidei, adprehende uitam aeternam, in qua
uocatus es et confessus bonam confessionem
coram multis testibus. Praecipio tibi coram 13
Deo qui uiuificat omnia, et Christo Iesu qui
testimonium reddidit sub Pontio Pilato, bonam confessionem : ut serues mandatum sine 14
macula, inreprehensibile, usque in aduentum
Domini nostri Iesu Christi : quem suis tem- 15
poribus ostendet beatus et solus potens, Rex
regum, et Dominus dominantium : qui solus 16
habet inmortalitatem, lucem habitans inacces-
sibilem : quem uidit nullus hominum, sed nec
uidere potest : cui honor et imperium sempiternum. Amen.

Diuitibus huius saeculi praecipe non sub- 17
lime sapere, neque sperare in incerto diuitiarum, sed in Deo qui praestat nobis omnia
abunde ad fruendum : bene agere, diuites fieri 18
in operibus bonis, facile tribuere, communicare, thesaurizare sibi fundamentum bonum 19
in futurum, ut adprehendant ueram uitam.

O Timothee, depositum custodi, deuitans 20
profanas uocum nouitates, et oppositiones falsi
nominis scientiae, quam quidam promittentes, 21
circa fidem exciderunt. Gratia tecum. Amen.

EXPLICIT AD TIMOTHEUM PRIMA

Marginal references:

11   2 Tim. 3. 17, 2. 22.
12   1 Cor. 9. 25. 2 Tim. 4. 7.
13   5. 21. Mt. 27. 11. Ioh. 18. 37.
15   Dt. 10. 17. Apoc. 17. 14, 19. 16.
16   Ex. 33. 20. Ioh. 1. 18. 1 Ioh. 4. 12.
17   Ps. 61. 11 (62. 10). Rom. 12. 16. Iac. 1. 10.
19   Mt. 6. 20. Lc. 12. 33.
20   2 Tim. 1. 12, 14. 2. 16. 1 Tim. 1. 4.
21   2 Tim. 2. 18. 1 Tim. 1. 19.

16 lucem habitans *cum* ACG, *cf.* et l. habitans H, et l. inhabitans
F : et l. habitat DV, et l. inhabitat 𝕾ℭ ⟩nullus hominum vidit 𝕾ℭ
imperium *sine addit.* AFV𝕾ℭ : +in CDGH   **17** sublime : su
perbe AD   **Deo** +viuo 𝕾ℭ   **18** ⟩bonis operibus 𝕾ℭ   *om. subscr.* 𝕾ℭ

INCIPIT EPISTULA
AD TIMOTHEUM SECUNDA

2 Cor. 1. 1.   **1** PAULUS Apostolus Christi Iesu per uoluntatem Dei, secundum promissionem uitae quae

1 Tim. 1. 2.   2 est in Christo Iesu : Timotheo carissimo filio. Gratia, misericordia, pax a Deo Patre, et Christo Iesu Domino nostro.

Act. 23. 1,
24. 16.
Rom. 1. 9.   3 Gratias ago Deo, cui seruio a progenitoribus in conscientia pura, quam sine intermissione habeam tui memoriam in orationibus meis
4 nocte ac die : desiderans te uidere, memor la-

Act. 16. 1.   5 crimarum tuarum, ut gaudio implear : recordationem accipiens eius fidei quae est in te non ficta, quae et habitauit primum in auia tua Loide, et matre tua Eunice, certus sum autem

Tim. 4. 14.   6 quod et in te. Propter quam causam admoneo te ut resuscites gratiam Dei quae est in te

Rom. 8. 15.   7 per inpositionem manuum mearum. Non enim dedit nobis Deus spiritum timoris, sed uirtu-

Rom. 1. 16.
Lc. 9. 26.
2 Tim. 2. 9.   8 tis, et dilectionis, et sobrietatis. Noli itaque erubescere testimonium Domini nostri, neque me uinctum eius : sed conlabora euangelio se-

Tit. 3. 5.   9 cundum uirtutem Dei : qui nos liberauit, et uocauit uocatione sancta, non secundum opera nostra, sed secundum propositum suum et gratiam, quae data est nobis in Christo Iesu ante

Rom. 16. 26.
1 Cor. 15. 26,
54, 55.
Heb. 2. 14.   10 tempora saecularia, manifestata est autem nunc per inluminationem Saluatoris nostri Iesu Christi, qui destruxit quidem mortem, inlumi-

---

Inscr. EPISTOLA BEATI PAVLI APOSTOLI AD TIMO-
THEVM SECVNDA 𝕾ℭ   1. ¹ > Iesu Christi 𝕾ℭ   ² misericordia + et 𝕾   Patre + nostro 𝕾   ³ Deo + meo 𝕾   progenitoribus + meis 𝕾   quam : quòd 𝕾ℭ   ³, ⁴ *distinguunt* meis, nocte ac die desiderans 𝕾ℭ   ⁹ uocatione + sua 𝕾ℭ

nauit autem uitam et incorruptionem per euangelium : in quo positus sum ego praedicator, 11 1 Tim. 2. 7.
et Apostolus, et magister gentium. Ob quam 12 2 Tim. 2. 9.
1 Pet. 4. 19.
causam etiam haec patior, sed non confundor :
scio enim cui credidi, et certus sum quia potens est depositum meum seruare in illum
diem. Formam habe sanorum uerborum quae 13 1 Tim. 6. 3.
Tit. 1. 9.
a me audisti, in fide et dilectione in Christo
Iesu. Bonum depositum custodi, per Spiritum 14
sanctum qui habitat in nobis.

Scis hoc, quod auersi sunt a me omnes qui 15
in Asia sunt, ex quibus est Phygelus, et Her-
mogenes. Det misericordiam Dominus One- 16 4. 19.
sifori domui : quia saepe me refrigerauit, et
catenam meam non erubuit : sed cum Romam 17
uenisset, sollicite me quaesiuit, et inuenit. Det 18
illi Dominus inuenire misericordiam a Domino
in illa die. Et quanta Ephesi ministrauit,
melius tu nosti.

Tu ergo, fili mi, confortare in gratia quae 2
est in Christo Iesu : et quae audisti a me per 2 3. 14.
multos testes, haec commenda fidelibus hominibus, qui idonei erunt et alios docere. Labora 3
sicut bonus miles Christi Iesu. Nemo mili- 4
tans Deo implicat se negotiis saecularibus : ut
ei placeat, cui se probauit. Nam et qui certat 5 1 Cor. 9. 24,
25.
in agone, non coronatur nisi legitime certa-
uerit. Laborantem agricolam oportet primum 6 1 Cor. 9.7, 10.
de fructibus accipere. Intellege quae dico : 7
dabit enim tibi Dominus in omnibus intellectum. Memor esto Iesum Christum re- 8
surrexisse a mortuis ex semine Dauid, se-

---

¹³ et + in 𝕊ℭ   ¹⁵ scis + enim 𝕊   Phigelus ℭ (92), -ellus (93,
98) ; Philetus 𝕊   ¹⁶ Onesiphori 𝕊ℭ   ¹⁷ uenissem AD   ¹⁸ Domino: Deo 𝕊   ministrauit + mihi 𝕊ℭ   > tu melius 𝕊ℭ   2. ⁵ coro-
nabitur 𝕊   ⁶ accipere : percipere 𝕊ℭ   ⁸ esto + Dominum 𝕊ℭ

Rom. 2. 16,
1 Cor. 15. 1, 4.
Mt. 1. 1.
9 cundum euangelium meum, in quo laboro usque ad uincula, quasi male operans : sed uer-

Act. 28. 31.
Eph. 3. 1.
Phil. 1. 7, 13.
10 bum Dei non est alligatum. Ideo omnia sus-
tineo propter electos, ut et ipsi salutem consequantur quae est in Christo Iesu, cum gloria

1 Tim. 1. 15.
Rom. 6. 8.
Apoc. 20. 4.
Mt. 10. 33.
11 caelesti. Fidelis sermo : nam si commortui
12 sumus, et conuiuemus : si sustinebimus, et
conregnabimus : si negabimus, et ille negabit

Rom. 3. 3.
Num. 23. 19.
13 nos : si non credimus, ille fidelis manet, negare se ipsum non potest.

1 Tim. 6. 4.
Tit. 3. 9, 11.
14   Haec commone testificans coram Domino.
Noli uerbis contendere in nihil utile, ad sub-
15 uersionem audientium. Sollicite cura te ipsum
probabilem exhibere Deo, operarium incon-
fusibilem, recte tractantem uerbum ueritatis.

1 Tim. 4. 7,
6. 20.
Tit. 3. 9.
16 Profana autem inaniloquia deuita : multum
17 enim proficient ad impietatem, et sermo eo-

1 Tim. 1. 20.
rum ut cancer serpit: ex quibus est Hymeneus,

1 Cor. 15. 12.
18 et Philetus, qui a ueritate exciderunt, dicentes
resurrectionem iam factam, et subuertunt quo-

Num. 16. 5.
19 rundam fidem. Sed firmum fundamentum
Dei stetit, habens signaculum hoc : Cognouit
Dominus qui sunt eius, et Discedat ab iniqui-

Rom. 9. 21.
Sap. 15. 7.
20 tate omnis qui nominat nomen Domini. In
magna autem domo non solum sunt uasa aurea et argentea, sed et lignea et fictilia : et
quaedam quidem in honorem, quaedam autem

---

[12] sustinebimus *cum* CFG𝔖ℭ : sustinemus AHV, *et* tolleramus
D   negabimus ACG, *et* -uimus F^c : negauerimus DF*HV𝔖ℭ
[13] manet ACF^cG : permanet DF*HV𝔖ℭ   [14] Domino : Deo 𝔖
u. contendere in (ad A) nihil utile, ad *cum* AG : u. contendere
in nihil utile nisi ad CF^c ; u. contendere in nihil utile est. nisi ad F*,
u. contendere ad nihilum utile est nisi ad D ; contendere verbis :
ad nihil enim vtile est, nisi ad 𝔖ℭ   [16] inaniloquia : et vani-
loquia 𝔖ℭ   proficiunt 𝔖ℭ   [17] Hymenaeus 𝔖ℭ   [18] resurrectionem + esse 𝔖ℭ   subuerterunt 𝔖ℭ   [19] stat 𝔖ℭ   nominat : inuocat 𝔖

in contumeliam. Si quis ergo emundauerit se 21
ab istis, erit uas in honorem sanctificatum, et
utile Domino ad omne opus bonum paratum.   Tit. 3. 1.
Iuuenilia autem desideria fuge, sectare uero 22   1 Tim. 6. 11.
iustitiam, fidem, caritatem, pacem cum his qui
inuocant Dominum de corde puro. Stultas 23   16.
autem et sine disciplina quaestiones deuita,
sciens quia generant lites. Seruum autem Do- 24   1 Tim. 3. 2.
mini non oportet litigare: sed mansuetum esse   Tit. 1. 7.
ad omnes, docibilem, patientem, ' cum mode- 25   1 Tim. 5. 1.
stia corripientem eos qui resistunt : ne quando
det illis Deus paenitentiam ad cognoscendam
ueritatem, ' et resipiscant a diaboli laqueis, a 26   1 Tim. 3. 6. 7.
quo capti tenentur ad ipsius uoluntatem.   2 Cor. 2. 11.

Hoc autem scito, quod in nouissimis diebus 3   1 Tim. 4. 1.
instabunt tempora periculosa : et erunt homi- 2   1 Ioh. 2. 13.
nes se ipsos amantes, cupidi, elati, superbi,   Rom. 1. 29 s.   1 Tim. 1. 9. 10.
blasphemi, parentibus inoboedientes, ingrati,
scelesti, ' sine adfectione, sine pace, criminato- 3
res, incontinentes, inmites, sine benignitate,
' proditores, proterui, tumidi, uoluptatium ama- 4
tores magis quam Dei : habentes speciem qui- 5   Rom. 2. 20.
dem pietatis, uirtutem autem eius abnegantes :   Tit. 1. 16.
et hos deuita. Ex his enim sunt qui penetrant 6   Tit. 1. 11.
domos, et captiuas ducunt mulierculas onera-
tas peccatis, quae ducuntur uariis desideriis :
semper discentes, et numquam ad scientiam 7
ueritatis peruenientes. Quemadmodum autem 8   Ex. 7. 11, 22.
Iamnes et Mambres restiterunt Mosi, ita et   1 Tim. 6. 5.
hi resistunt ueritati, homines corrupti mente,
reprobi circa fidem. Sed ultra non proficient : 9
insipientia enim eorum manifesta erit omnibus,

---

22 fidem + spem $\mathfrak{SC}$ caritatem + et $\mathfrak{SC}$ ijs $\mathfrak{SC}$ 25 resistunt + veritati $\mathfrak{SC}$ > Deus det illis $\mathfrak{SC}$ 26 captiui $\mathfrak{SC}$
3. 2 om. et $\mathfrak{SC}$ non obedientes $\mathfrak{SC}$ 3 affectione $\mathfrak{SC}$ im-
mites $\mathfrak{SC}$ 4 tumidi + et $\mathfrak{SC}$ voluptatum $\mathfrak{SC}$ 8 Iannes $\mathfrak{SC}$

10 sicut et illorum fuit. Tu autem adsecutus es meam doctrinam, institutionem, propositum, fidem, longanimitatem, dilectionem, patien-

Act. 13. 45, 50, 14. 2, 5, 6, 18, 19.   11 tiam, persecutiones, passiones: qualia mihi facta sunt Antiochiae, Iconii, Lystris: quales

Ps. 33. 18 (34. 17).   persecutiones sustinui, et ex omnibus me

Mc. 10. 30.   12 eripuit Dominus. Et omnes qui uolunt pie

Act. 14. 22.   uiuere in Christo Iesu persecutionem patien-

13 tur. Mali autem homines et seductores proficient in peius, errantes et in errorem mitten-

1. 13, 2. 2.   14 tes. Tu uero permane in his quae didicisti

Ioh. 5. 39.   15 et credita sunt tibi : sciens a quo didiceris, et quia ab infantia sacras litteras nosti, quae te possint instruere ad salutem, per fidem quae

2 Pet. 1. 20, 21.   16 est in Christo Iesu. Omnis scriptura diuinitus

Rom. 15. 4.   inspirata et utilis ad docendum, ad arguendum, ad corrigendum, ad erudiendum in iu-

1 Tim. 6. 11.   17 stitia: ut perfectus sit homo Dei, ad omne opus bonum instructus.

1 Tim. 5. 21. Act. 10. 42.   **4** Testificor coram Deo, et Christo Iesu qui iudicaturus est uiuos ac mortuos, et aduentum

Act. 20. 31.   2 ipsius, et regnum eius : praedica uerbum, insta oportune, inportune : argue, obsecra, increpa

1 Tim. 4. 1.   3 in omni patientia et doctrina. Erit enim tempus cum sanam doctrinam non sustinebunt, sed ad sua desideria coaceruabunt sibi magi-

1 Tim. 1. 4, 6.   4 stros, prurientes auribus, et a ueritate quidem auditum auertent, ad fabulas autem conuer-

5 tentur. Tu uero uigila in omnibus, labora,

---

10 assecutus 𝕊ℭ   11 Iconii + et 𝕊ℭ   > eripuit me 𝕊ℭ
12 > pie volunt 𝕊ℭ   14 ijs 𝕊ℭ   15 possint ACGH : possent F, possunt (D)V𝕊ℭ   16 omnis + enim 𝕊   et utilis AFG* : utilis est CDGᶜHV𝕊ℭ   corrigendum : corripiendum 𝕊ℭ   4. 1 > Iesu Christo 𝕊ℭ   ac : et 𝕊ℭ   et aduentum : per aduentum 𝕊ℭ
2 importune 𝕊ℭ   5 *disting.* vigila, in omnibus labora 𝕊ℭ

508

opus fac euangelistae, ministerium tuum imple. Ego enim iam delibor, et tempus meae 6 resolutionis instat. Bonum certamen certaui, 7 cursum consummaui, fidem seruaui. In reli- 8 quo reposita est mihi corona iustitiae, quam reddet mihi Dominus in illa die, iustus iudex : non solum autem mihi, sed et his qui diligunt aduentum eius.

Festina uenire ad me cito. Demas enim 9 me dereliquit, diligens hoc saeculum, et abiit 10 Thessalonicam : Crescens in Galliam, Titus in Dalmatiam. ˈ Lucas est mecum solus. Mar- 11 cum adsume et adduc tecum : est enim mihi utilis in ministerium. Tychicum autem misi 12 Ephesum. Paenulam quam reliqui Troade 13 apud Carpum, ueniens affer, et libros, maxime autem membranas. Alexander aerarius multa 14 mala mihi ostendit : reddat Dominus secundum opera eius : ˈ quem et tu deuita : ualde 15 enim restitit uerbis nostris. In prima mea de- 16 fensione nemo mihi adfuit, sed omnes me dereliquerunt : non illis reputetur. Dominus 17 autem mihi adstitit, et confortauit me, ut per me praedicatio impleatur, et audiant omnes gentes : et liberatus sum de ore leonis. Libe- 18 rabit me Dominus ab omni opere malo, et saluum faciet in regnum suum caeleste : cui gloria in saecula saeculorum. Amen.

Saluta Priscam et Aquilam, et Onesifori do- 19 mum. ˈ Erastus remansit Corinthi. Trophi- 20

Act. 21. 3.
Eph. 4. 11.
Phil. 2. 17.
Act. 20. 24.
1 Cor. 9. 25.
Phil. 3. 14.
1 Tim. 6. 12.

Iac. 1. 12.
1 Pet. 5. 4.
Apoc. 2. 10.

Tit. 3. 12.
Col. 4. 14.
Philem. 24.

Col. 4. 14.
Act. 15. 37.
Col. 4. 10.
Act. 20. 4.
Eph. 6. 21.
Col. 4. 7.
Tit. 3. 12.

1 Tim.
1. 20 (?).
Ps. 27 (28). 4,
61. 13 (62. 12).

1. 15.

Act. 23. 11,
27. 23.
Ps. 21. 22
(22. 21).

Act. 18. 2.
2 Tim. 1. 16.
Rom. 16. 3,
23.
Act. 19. 22,
20. 4, 21. 29.

---

⁵ imple + Sobrius esto FV𝕾ℭ   ⁶ > resolutionis meae 𝕾ℭ
⁸ ijs 𝕾ℭ   ⁹ > ad me venire 𝕾ℭ   ¹⁰ reliquit 𝕾ℭ   Galliam
cum A*CG* : galatiam AᶜD (galitiam) F (galatia) GᶜH¹ (H* *non liquet*) V𝕾ℭ   ¹¹ ministerio 𝕾   ¹³ penulam 𝕾ℭ   affer + tecum
𝕾ℭ   ¹⁴ reddet illi 𝕾ℭ   ¹⁶ affuit 𝕾ℭ   imputetur 𝕾ℭ
¹⁸ liberabit *cum* ACH : -uit DFGV𝕾ℭ   ¹⁹ Onesiphori 𝕾ℭ

21 mum autem reliqui infirmum Mileti. Festina
ante hiemem uenire. Salutat te Eubulus, et
Pudens, et Linus, Claudia, et fratres omnes.

Col. 4. 18. 22 Dominus Iesus Christus cum spiritu tuo.
Gratia uobiscum. Amen.

EXPLICIT AD TIMOTHEUM SECUNDA

INCIPIT EPISTULA
AD TITUM

1 PAULUS seruus Dei, Apostolus autem Iesu
Christi, secundum fidem electorum Dei, et
agnitionem ueritatis quae secundum pietatem

Rom. 16. 26. 2 est : in spem uitae aeternae, quam promisit
qui non mentitur Deus ante tempora saecu-

Gal. 2. 7. 3 laria, manifestauit autem temporibus suis uerbum suum, in praedicatione quae credita est
mihi secundum praeceptum Saluatoris nostri

1 Tim. 1. 2. 4 Dei : Tito dilecto filio secundum communem
fidem. Gratia et pax a Deo Patre, et Christo
Iesu Saluatore nostro.

1 Tim. 1. 3. 5 Huius rei gratia reliqui te Cretae, ut ea quae
Act. 14. 22. desunt corrigas, et constituas per ciuitates pres-

6-8 6 byteros, sicut et ego tibi disposui. Si quis
1 Tim. 3. 2-4. sine crimine est, unius uxoris uir, filios habens
fideles, non in accusatione luxuriae aut non

1 Cor. 4. 2. 7 subditos. Oportet enim episcopum sine cri-
2 Tim. 2. 24. mine esse sicut Dei dispensatorem : non su-
1 Pet. 4. 10. perbum, non iracundum, non uinolentum, non

---

21 salutant 𝕾ℭ   Linus + et 𝕾ℭ   22 uobiscum : nobiscum
aperto errore ACFGHV   om. subscr. 𝕾ℭ
Inscr. EPISTOLA BEATI PAVLI APOSTOLI AD TITVM
𝕾ℭ   1. 5 > disposui tibi 𝕾ℭ

percussorem, non turpis lucri cupidum : sed 8   Rom. 12. 13.
hospitalem, benignum, sobrium, iustum, san-
ctum, continentem : amplectentem eum qui 9   2 Tim. 1. 13.
secundum doctrinam est fidelem sermonem,
ut potens sit et exhortari in doctrina sana, et
eos qui contra dicunt arguere.

Sunt enim multi et inoboedientes, uaniloqui 10   1 Tim. 1. 6.
et seductores, maxime qui de circumcisione
sunt: quos oportet redargui: qui uniuersas do- 11   2 Tim. 3. 6.
mos subuertunt, docentes quae non oportet   1 Pet. 5. 2.
turpis lucri gratia. Dixit quidam ex illis pro- 12   Act. 17. 28.
prius ipsorum propheta : Cretenses semper
mendaces, malae bestiae, uentres pigri. Testi- 13
monium hoc uerum est. Quam ob causam   1 Tim. 5. 20.
increpa illos dure, ut sani sint in fide, ¹ non in- 14   1 Tim. 1. 4,
tendentes Iudaicis fabulis, et mandatis homi-   4. 7.
num auersantium se a ueritate. Omnia munda 15   Mt. 15. 11,
mundis: coinquinatis autem et infidelibus nihil   Mc. 7. 19.
   Lc. 11. 41.
mundum, sed inquinatae sunt eorum et mens   Rom. 14. 20.
et conscientia. Confitentur se nosse Deum, 16   2 Tim. 3. 5.
factis autem negant, cum sint abominati, et
incredibiles, et ad omne opus bonum reprobi.

Tu autem loquere quae decet sanam doctri- 2   2 Tim. 1. 13.
nam. Senes ut sobrii sint, pudici, prudentes, 2
sani in fide, in dilectione, in patientia. Anus 3   1 Tim. 2. 9,
   3. 11.
similiter in habitu sancto, non criminatrices,
non uino multo seruientes, bene docentes : ut 4   1 Tim. 5. 14.
prudentiam doceant adulescentulas, ut uiros   Eph. 5. 22.

---

⁷ turpis lucri *cum* CDHV⳩ℭ, *cf. u.* 11 : turpilucri AFG
⁸ benignum + prudentem ⳩   ⁹ et *pr. om.* ⳩ℭ   contradicunt
uno uerbo ⳩ℭ   ¹⁰ et *pr. cum* A*CFᶜGV: etiam F*⳩ℭ ; *om.* AᶜDH
distng. inobedientes vaniloqui, et ⳩   ¹¹ turpilucri *tantum* F ;
cf. u. 7   ¹² ipsorum *cum* DFGH⳩ℭ: eorum ACV   ventris
⳩   ¹⁵ nihil + est ⳩ℭ   ¹⁶ cum sunt A*CFG   2. ¹ decent
D⳩ℭ   ² pudidici *lapsu* ⳩   in *pr. et sec. om.* AG   in *tert.* :
om. AᶜG ; et CD   ³ > multo vino ⳩ℭ

5 suos ament, filios diligant : prudentes, castas, domus curam habentes, benignas, subditas suis 6 uiris, ut non blasphemetur uerbum Dei. Iuue-

1 Tim. 4. 12.
1 Pet. 5. 3.

7 nes similiter hortare ut sobrii sint. In omnibus te ipsum praebe exemplum bonorum operum, in doctrina, in integritate, in grauitate :

1 Pet. 2. 12, 3. 16.

8 uerbum sanum, inreprehensibile, ut is qui ex aduerso est uereatur, nihil habens malum dicere de nobis. Seruos dominis suis subditos

Eph. 6. 5.
Col. 3. 22.
1 Tim. 6. 1.
1 Pet. 2. 18.

9 cere de nobis. Seruos dominis suis subditos esse, in omnibus placentes, non contradicentes, 10 non fraudantes, sed in omnibus fidem bonam ostendentes, ut doctrinam Saluatoris nostri Dei 11 ornent in omnibus. Apparuit enim gratia Dei

Lc. 1. 75.

12 Saluatoris nostri omnibus hominibus : erudiens nos ut abnegantes impietatem et saecularia desideria, sobrie, et iuste, et pie uiuamus in hoc

Phil. 3. 20.
2 Pet. 3. 12.

13 saeculo, expectantes beatam spem et aduentum gloriae magni Dei et Saluatoris nostri Iesu

Mt. 20. 28.
1 Tim. 2. 6.
1 Pet. 1. 18,
2. 9.
Eph. 2. 10.

14 Christi : qui dedit semet ipsum pro nobis, ut nos redimeret ab omni iniquitate, et mundaret sibi populum acceptabilem, sectatorem bonorum operum.

1 Tim. 4. 12.

15 Haec loquere et exhortare, et argue cum omni imperio. Nemo te contemnat.

Rom. 13. 1.
1 Pet. 2. 13.

3 Admone illos principibus et potestatibus subditos esse, dicto oboedire, ad omne opus

2 Tim. 2. 24.

2 bonum paratos esse : neminem blasphemare, non litigiosos esse, sed modestos, omnem ostendentes mansuetudinem ad omnes homines.

1 Cor. 6. 11.
Eph. 2. 2, 5. 8.

3 Eramus enim et nos aliquando insipientes, in-

---

4 filios + suos 𝔖ℭ   5 castas + sobrias 𝔖ℭ   > viris suis 𝔖ℭ
7 in integritate, in grauitate *plur.*, *cf. Hieron. comm. in Tit.*: integritatem, grauitatem AG *cum graeco*   10 Saluatoris CDHVZ𝔖ℭ, *cf. Hieron. comm. in Tit.*: salutaris A (*sic*) FG 11 Saluatoris : salutaris CG   13 Saluatoris : salutaris G *disting.* magni Dei, et Saluatoris nostri 𝔖ℭ   3. 3 > aliquando et nos 𝔖ℭ

creduli, errantes, seruientes desideriis et uoluptatibus uariis, in malitia et inuidia agentes,
odibiles, odientes inuicem. Cum autem be- 4   2. 11.
nignitas et humanitas apparuit Saluatoris no-
stri Dei: non ex operibus iustitiaequae fecimus 5   Eph. 2. 8, 9,
nos, sed secundum suam misericordiam saluos   5. 26.
                                                 Ioh. 3. 5.
nos fecit per lauacrum regenerationis et reno-   1 Pet. 3. 21.
uationis Spiritus sancti, quem effudit in nos 6   Ioel. 2. 28.
abunde per Iesum Christum Saluatorem no-   Rom. 5. 5.
strum : ut iustificati gratia ipsius, heredes si- 7
mus secundum spem uitae aeternae. Fidelis 8   1 Tim. 1. 15,
sermo est : et de his uolo te confirmare, ut   6. 18.
curent bonis operibus praeesse qui credunt
Deo. Haec sunt bona et utilia hominibus.
Stultas autem quaestiones, et genealogias, et 9   2 Tim. 2. 23.
contentiones, et pugnas legis deuita : sunt enim
inutiles et uanae. Haereticum hominem post 10   Mt. 18. 15.
unam et secundam correptionem deuita: sciens 11   2 Ioh. 10.
quia subuersus est qui eiusmodi est, et delinquit, proprio iudicio condemnatus.

Cum misero ad te Artheman aut Tychicum, 12   2 Tim. 4. 12.
festina ad me uenire Nicopolim : ibi enim sta-
tui hiemare. Zenam legis peritum et Apollo 13   Act. 18. 24.
sollicite praemitte, ut nihil illis desit. Discant 14   1 Cor. 1. 12.
autem et nostri bonis operibus praeesse ad
usus necessarios, ut non sint infructuosi.

Salutant te qui mecum sunt omnes : saluta 15   Eph. 6. 24.
qui nos amant in fide.

Gratia Dei cum omnibus uobis. Amen.

EXPLICIT AD TITUM

---

⁴ Saluatoris : salutaris G   ¹¹ delinquit *sine addit. cum* ACG
H : +cum sit DFV𝔖ℭ   ¹² Artemam 𝔖ℭ   ¹⁴ nostri ACDV
𝔖ℭ : nostris FGH   ¹⁵ saluta+eos DV𝔖ℭ   *om. subscr.* 𝔖ℭ

INCIPIT EPISTULA
AD PHILEMONEM

Eph. 3. 1.
Act. 16. 1.
Col. 4. 15. 17.
Rom. 16. 5.

Rom. 1. 7, 8, 9.

1 PAULUS uinctus Iesu Christi, et Timotheus 2 frater: Philemoni dilecto et adiutori nostro, ¹ et Appiae sorori, et Archippo commilitoni nostro, 3 et ecclesiae quae in domo tua est. Gratia uobis et pax a Deo Patre nostro et Domino Iesu Christo.

4 Gratias ago Deo meo, semper memoriam tui 5 faciens in orationibus meis, audiens caritatem tuam, et fidem quam habes in Domino Iesu, 6 et in omnes sanctos : ut communicatio fidei tuae euidens fiat in agnitione omnis boni in

2 Cor. 7. 4.

7 uobis in Christo Iesu. Gaudium enim magnum habui et consolationem in caritate tua : quia uiscera sanctorum requieuerunt per te, frater. 8 Propter quod multam fiduciam habens in Christo Iesu imperandi tibi quod ad rem perti- 9 net : propter caritatem magis obsecro, cum sis talis ut Paulus senex, nunc autem et uinctus

Col. 4. 9.
1 Cor. 4. 15.
Gal. 4. 19.

10 Iesu Christi : obsecro te pro meo filio, quem 11 genui in uinculis, Onesimo, ¹ qui tibi aliquando inutilis fuit, nunc autem et tibi et mihi utilis : 12 quem remisi. Tu autem illum, id est mea ui- 13 scera, suscipe. Quem ego uolueram mecum detinere, ut pro te mihi ministraret in uinculis

2 Cor. 9. 7.
1 Pet. 5. 2.

14 euangelii : sine consilio autem tuo nihil uolui facere, uti ne uelut ex necessitate bonum tuum 15 esset, sed uoluntarium. Forsitan enim ideo

Inscr. EPISTOLA BEATI PAVLI APOSTOLI AD PHILE-
MONEM 𝔖ℭ   1. ¹ > Christi Iesu 𝔖ℭ   ² Apiae 𝔖ℭ (92)
sorori + carissimae DFV𝔖ℭ   ⁶ omnis + operis 𝔖ℭ in uobis GH,
in nobis C : quod est in uobis (D)𝔖ℭ, *et* q. in nobis est F ; *om.* AV
¹¹ > mihi et tibi 𝔖ℭ   remisi + tibi 𝔖ℭ   ¹² id est : ut 𝔖ℭ

discessit ad horam a te, ut aeternum illum
reciperes : iam non ut seruum, sed plus seruo, 16   1 Tim. 6. 2.
carissimum fratrem, maxime mihi, quanto au-
tem magis tibi et in carne et in Domino. Si 17
ergo habes me socium, suscipe illum sicut me.
Si autem aliquid nocuit tibi, aut debet : hoc 18
mihi imputa. Ego Paulus scripsi mea manu, 19   1 Cor. 16. 21.
ego reddam : ut non dicam tibi quod et te   Gal. 6. 11.
ipsum mihi debes. Ita frater, ego te fruar in 20   2 Thess. 3. 17.
Domino : refice uiscera mea in Domino. Con- 21
fidens oboedientia tua scripsi tibi : sciens quoniam et super id quod dico facies. Simul au- 22   Phil. 2. 24.
tem et para mihi hospitium : nam spero per
orationes uestras donari me uobis.

   Salutat te Epaphras concaptiuus meus in 23   Col. 1.7, 4. 12.
Christo Iesu, | Marcus, Aristarchus, Demas, 24   Col. 4. 10, 14.
Lucas, adiutores mei.

   Gratia Domini nostri Iesu Christi cum spi- 25   Gal. 6. 18.
ritu uestro. Amen.

   EXPLICIT AD PHILEMONEM

INCIPIT EPISTULA
AD HEBRAEOS

MULTIFARIAM, et multis modis olim Deus 1   Rom. 15. 8.
loquens patribus in prophetis, nouissime die- 2
bus istis locutus est nobis in Filio : quem con-

---

15 ut + in 𝔖   16 plus AGH : pro CDFV𝔖ℭ   Domino? 𝔖ℭ
20 frater : facies 𝔖   Domino sec. : Christo 𝔖   21 oboedientia tua
ACG : oboedientiae tuae F*; in oboedientia tua FᶜV𝔖ℭ, de tua
oboedientia D, de oboedientiae tuae H   24 Demas + et FGH𝔖ℭ
om. subscr. 𝔖ℭ

Inscr. EPISTOLA BEATI PAVLI APOSTOLI AD HEBRAEOS
𝔖ℭ   1. 1 multifariam CFG𝔖ℭ : multifarie D, et -iae AHV
et multis : multisque CFᶜH𝔖ℭ

Ps. 2. 8.
Mt. 28. 18.
Col. 1. 15 17.
Ioh. 1. 3.
Sap. 7. 26.
2 Cor. 4. 4.
Ps. 109(10).1.
Mc. 16. 19.
Eph. 1. 21.
Ps. 2. 7.
Act. 13. 33.
Heb. 5. 5.
2 Reg. (2
Sam.) 7. 14.

stituit heredem uniuersorum, per quem fecit et
3 saecula : qui cum sit splendor gloriae et figura
substantiae eius, portans quoque omnia uerbo
uirtutis suae, purgationem peccatorum faciens,
4 sedit ad dexteram maiestatis in excelsis : tanto
melior angelis effectus, quanto differentius prae
5 illis nomen hereditauit.   Cui enim dixit aliquando angelorum :
>   Filius meus es tu,
>   ego hodie genui te ?
Et rursum :
>   Ego ero illi in patrem,
>   et ipse erit mihi in filium ?

Dt. 32. 43
(LXX).
Ps. 96 (97). 7.
Ps. 103 (104).
4.

6 Et cum iterum introducit primogenitum in
orbem terrae, dicit : Et adorent eum omnes
7 angeli Dei.   Et ad angelos quidem dicit :
>   Qui facit angelos suos spiritus,
>   et ministros suos flammam ignis.

Ps. 44. 7, 8
(45. 6, 7).

8 Ad filium autem :
>   Thronus tuus, Deus, in saeculum saeculi :
>   et uirga aequitatis, uirga regni tui.
> 9   Dilexisti iustitiam et odisti iniquitatem :
>   propterea unxit te Deus, Deus tuus,
>   oleo exultationis prae participibus tuis.

Ps. 101. 26–
28 (102. 25–
27).

10 Et :
>   Tu in principio, Domine, terram fundasti :
>   et opera manuum tuarum sunt caeli.
> 11 Ipsi peribunt, tu autem permanebis,
>   et omnes ut uestimentum ueterescent :
> 12 et uelut amictum mutabis eos et mutabuntur :
>   tu autem idem es,
>   et anni tui non deficient.

---

³ portans quoque : portansque CGHV𝕾𝕮   sedit ACDG :
-et FHV𝕾𝕮   ⁸ et *om.* 𝕾𝕮   ⁹ exultationis : laetitiae DF
¹¹ omnes : omnia AF   veterascent 𝕾𝕮   ¹² idem + ipse 𝕾𝕮

Ad quem autem angelorum dixit aliquando : 13   Ps. 109 (110). 1.
  Sede a dextris meis,
  quoad usque ponam inimicos tuos scabellum pedum tuorum ?
Nonne omnes sunt administratorii spiritus, in 14   Gen. 28. 12.
ministerium missi propter eos qui hereditatem   Ps. 90 (91).11. Dan. 6. 22.
capient salutis ?   Act. 5. 19.
Propterea abundantius oportet obseruare 2
nos ea quae audiuimus, ne forte effluamus. Si 2   Act. 7. 53.
enim qui per angelos dictus est sermofactus est   Gal. 3. 19.
firmus, et omnis praeuaricatio et inoboedientia
accepit iustam mercedis retributionem : quo- 3   Heb. 10. 28,
modo nos effugiemus si tantam neglexerimus   29, 12. 25.
salutem ? quae cum initium accepisset enarrari
per Dominum ab eis qui audierunt, in nos
confirmata est, contestante Deo signis et por- 4   Mc. 16. 20.
tentis, et uariis uirtutibus, et Spiritus sancti   Rom. 15. 18, 19.
distributionibus secundum suam uoluntatem.   1 Cor. 12. 4, 11.
Non enim angelis subiecit orbem terrae 5   2 Cor. 12. 12.
futurum, de quo loquimur. Testatus est autem 6   Ps. 8. 5-7
in quodam loco quis, dicens :   (4-6).
  Quid est homo quod memor es eius,
    aut filius hominis quoniam uisitas eum ?
  Minuisti eum paulo minus ab angelis :   7
    gloria et honore coronasti eum :
    et constituisti eum super opera manuum
    tuarum.
  Omnia subiecisti sub pedibus eius :   8   1 Cor. 15. 27.
In eo enim quod ei omnia subiecit, nihil dimisit non subiectum ei. Nunc autem necdum
uidemus omnia subiecta ei. Eum autem qui 9
modico quam angeli minoratus est, uidemus

---

[14] *disting.* spiritus in ministerium, missi A   capiunt DFS
2. [1] **effluamus** *cum* ACDHV : pereffluamus FGSℭ   [5] subiecit
sine addit. CFG : +deus ADHVSℭ   [7] paulominus *uno uerbo*
Sℭ   [8] > omnia ei Sℭ

Phil. 2. 7-9.
2 Cor. 5. 14.

Rom. 11. 36.

Mt. 25. 40.
Ioh. 17. 19.
Mc. 3. 34, 35.

Ps. 21. 23 (22. 22).

2 Reg. (2 Sam.) 22. 3.
Ps. 17. 3 (18. 2).
Es. 8. 18.
Ioh. 1. 14, 12.
31, 32.
1 Cor. 15. 54-56.
2 Tim. 1. 10.

Phil. 2. 7.

15.

4. 14.

Num. 12. 7.

Iesum, propter passionem mortis gloria et
honore coronatum : ut gratia Dei pro omnibus
10 gustaret mortem. Decebat enim eum, propter
quem omnia, et per quem omnia, qui multos
filios in gloriam adduxerat, auctorem salutis
11 eorum per passiones consummare. Qui enim
sanctificat, et qui sanctificantur, ex uno omnes.
Propter quam causam non confunditur fratres
12 eos uocare, dicens :

Nuntiabo nomen tuum fratribus meis :
in medio ecclesiae laudabo te.

13 Et iterum : Ego ero fidens in eum. Et iterum :
Ecce ego et pueri mei, quos dedit mihi Deus.
14 Quia ergo pueri communicauerunt sanguini
et carni, et ipse similiter participauit eisdem :
ut per mortem destrueret eum qui habebat
15 mortis imperium, id est diabolum : et libera-
ret eos qui timore mortis per totam uitam
16 obnoxii erant seruituti. Nusquam enim angelos adprehendit, sed semen Abrahae adpre-
17 hendit. Unde debuit per omnia fratribus similari, ut misericors fieret, et fidelis pontifex ad
18 Deum, ut repropitiaret delicta populi. In eo
enim, in quo passus est ipse temtatus, potens
est eis qui temtantur auxiliari.

3   Unde, fratres sancti, uocationis caelestis
participes, considerate Apostolum et pontifi-
2 cem confessionis nostrae Iesum : qui fidelis
est ei qui fecit illum, sicut et Moses in omni
3 domo illius. Amplioris enim gloriae iste prae
Mose dignus habitus est, quanto ampliorem

---

¹⁰ passionem 𝔖ℭ   consummari 𝔖   ¹¹ qui *sec. om.* ACH
¹⁴ >carni, et sanguini 𝔖ℭ   ¹⁷ similari *legimus cum* C𝔖ℭ :
similare *aperto itacismo* ADFGHV   Deum + et 𝔖   ¹⁸ ipse + et
𝔖ℭ   est *sec. sine addit.* CFGH : + et ADV𝔖ℭ   3. ² praefecit
𝔖   illius : eius 𝔖ℭ   ³ >est habitus 𝔖ℭ

honorem habet domus qui fabricauit illam.
Omnis namque domus fabricatur ab aliquo : 4
qui autem omnia creauit, Deus. Et Moses 5
quidem fidelis erat in tota domo eius tamquam
famulus, in testimonium eorum quae dicenda
erant : Christus uero tamquam filius in domo 6
sua : quae domus sumus nos, si fiduciam et
gloriam spei usque ad finem firmam retineamus. Quapropter sicut dicit Spiritus sanctus : 7
   Hodie si uocem eius audieritis,
   nolite obdurare corda uestra, sicut in ex- 8
      acerbatione,
   secundum diem temtationis in deserto :
   ubi temtauerunt me patres uestri, 9
      probauerunt et uiderunt opera mea ' qua- 10
      draginta annis.
Propter quod infensus fui generationi huic,
et dixi : Semper errant corde :
   ipsi autem non cognouerunt uias meas,
sicut iuraui in ira mea : 11
   Si introibunt in requiem meam.
Uidete, fratres, ne forte sit in aliquo uestrum 12
cor malum incredulitatis, discedendi a Deo
uiuo : sed adhortamini uosmet ipsos per singu- 13
los dies, donec Hodie cognominatur, ut non
obduretur quis ex uobis fallacia peccati. Par- 14
ticipes enim Christi effecti sumus : si tamen
initium substantiae eius usque ad finem firmum retineamus. Dum dicitur : 15
   Hodie si uocem eius audieritis,
   nolite obdurare corda uestra, quemadmo-
      dum in illa exacerbatione.
Quidam enim audientes exacerbauerunt : sed 16
non uniuersi qui profecti sunt ab Aegypto per

Marginal references:
1 Cor. 3. 16.
Col. 1. 23.
Heb. 10. 23.
Ps. 94 (95).
7-11.
Ex. 17. 1-7.
Num. 20. 2-5.
11 Num. 14. 22-
30.
14 1 Cor. 1. 9.
15 Ps. 94 (95). 8.
16 Num. 14. 2 ss.

Num. 14. 29. 17 Mosen. Quibus autem infensus est quadraginta
1 Cor. 10. 11.   annos? Nonne illis qui peccauerunt, quorum
Num. 14. 30. 18 cadauera prostrata sunt in deserto? Quibus
autem iurauit non introire in requiem ipsius,
19 nisi illis qui increduli fuerunt? Et uidemus
quia non potuerunt introire propter incredulitatem.

4   Timeamus ergo ne forte relicta pollicitatione
introeundi in requiem eius, existimetur aliquis
2 ex uobis deesse. Etenim et nobis nuntiatum
est quemadmodum et illis: sed non profuit illis
sermo auditus, non admixtis fidei ex his quae

3. 11.   3 audierunt. Ingrediemur enim in requiem qui
Ps. 94 (95). 11.   credidimus: quemadmodum dixit:
Sicut iuraui in ira mea:
Si introibunt in requiem meam:
et quidem operibus ab institutione mundi

Gen. 2. 2.   4 factis. Dixit enim quodam loco de die septima sic: Et requieuit Deus die septima ab

Ps. 94 (95). 11.   5 omnibus operibus suis. Et in isto rursum:
Si introibunt in requiem meam.

6 Quoniam ergo superest quosdam introire in
illam, et hii quibus prioribus adnuntiatum est,

Ps. 94 (95).   7 non introierunt propter incredulitatem: iterum
7, 8.   terminat diem quendam, Hodie, in Dauid dicendo, post tantum temporis, sicut supra dictum est:
Hodie si uocem eius audieritis,
nolite obdurare corda uestra.

Dt. 31. 7.   8 Nam si eis Iesus requiem praestitisset, num-
Iud. 1. 1.   9 quam de alia loqueretur posthac die. Itaque
Gen. 2. 2.
Apoc. 14. 13. 10 relinquitur sabbatismus populo Dei. Qui enim

---

17 annos CDFG* : annis AG°HV𝕾𝕮   **19** introire + in requiem
ipsius DF𝕾   4. **1** uobis : nobis 𝕾   **2** admistus 𝕾𝕮   ijs 𝕾𝕮,
et ij *u.* 6   **3** sicut : quibus 𝕾   factis : perfectis 𝕾𝕮   **4** enim
+ in 𝕾𝕮   **6** > introire quosdam 𝕾𝕮

ingressus est in requiem eius, etiam ipse requieuit ab operibus suis, sicut a suis Deus.
Festinemus ergo ingredi in illam requiem, ut 11
ne in id ipsum quis incidat incredulitatis exemplum. Uiuus enim est Dei sermo, et efficax, 12
et penetrabilior omni gladio ancipiti : et per-
tingens usque ad diuisionem animae ac spiritus, compagum quoque et medullarum, et dis-
cretor cogitationum et intentionum cordis. Et 13
non est ulla creatura inuisibilis in conspectu
eius : omnia autem nuda et aperta sunt oculis
eius, ad quem nobis sermo.

Habentes ergo pontificem magnum, qui 14
penetrauit caelos, Iesum filium Dei, teneamus
confessionem. Non enim habemus pontifi- 15
cem, qui non possit conpati infirmitatibus
nostris : temtatum autem per omnia pro simi-
litudine absque peccato. Adeamus ergo cum 16
fiducia ad thronum gratiae, ut misericordiam
consequamur, et gratiam inueniamus in auxilio
oportuno.

Omnis namque Pontifex ex hominibus ad- **5**
sumtus, pro hominibus constituitur in his quae
sunt ad Deum, ut offerat dona et sacrificia pro
peccatis: qui condolere possit his qui ignorant 2
et errant, quoniam et ipse circumdatus est infirmitate. Et propterea debet, quemadmodum 3
et pro populo, ita etiam pro semet ipso offerre
pro peccatis. Nec quisquam sumit sibi hono- 4
rem, sed qui uocatur a Deo, tamquam Aaron.
Sic et Christus non semet ipsum clarificauit 5

Sap. 18. 15,
16.
Hier. 23. 29.
Eph. 6. 17.
Apoc. 1. 16.

2. 17, 3. 1, 6.
20, 7, 26, 8. 1.
9. 11.
Eph. 4. 10.
Heb. 2. 17.

Eph. 3. 12.

4. 15.

Leu. 9. 7, 16.
17.
Ex. 28. 1.
1 Par. 23. 13.
Num. 16. 10.

Rom. 15. 3.

---

12 > est enim sermo Dei $C quoque ac medullarum $C
13 autem : enim $ 14 teneamus + spei nostrae $ 16 gratiae
+ eius $ 5. 1 ijs $C, et u. 2 3 et sec. om. $C etiam
+ et $C

Ps. 2. 7.
Act. 13. 33.

ut pontifex fieret : sed qui locutus est ad eum :
Filius meus es tu,
ego hodie genui te.

Ps. 109 (110). 4.

6 Quemadmodum et in alio dicit :
Tu es sacerdos in aeternum,
secundum ordinem Melchisedech.

Mt. 26. 39,44,
Mc. 14. 36,39.
Lc. 22. 41, 44.

7 Qui in diebus carnis suae preces supplicationesque ad eum qui possit saluum illum a morte facere cum clamore ualido et lacrimis

Phil. 2. 8.

8 offerens, et exauditus pro sua reuerentia : et quidem cum esset Filius, didicit ex his quae 9 passus est oboedientiam : et consummatus, factus est omnibus obtemperantibus sibi causa

Ps. 109 (110). 4.

10 salutis aeternae, appellatus a Deo pontifex iuxta ordinem Melchisedech.

11 De quo grandis nobis sermo, et ininterpretabilis ad dicendum : quoniam inbecilles facti 12 estis ad audiendum. Etenim cum deberetis magistri esse propter tempus, rursum indigetis ut uos doceamini quae sint elementa exordii

1 Cor. 3. 2.
1 Pet. 2. 2.

sermonum Dei: et facti estis quibus lacte opus 13 sit, non solido cibo. Omnis enim qui lactis est particeps, expers est sermonis iustitiae :

Gen. 2. 17.
Eph. 4. 13.

14 paruulus enim est. Perfectorum autem est solidus cibus, eorum qui pro consuetudine exercitatos habent sensus ad discretionem boni ac mali.

6 Quapropter intermittentes inchoationis Christi sermonem, ad perfectionem feramur, non rursum iacientes fundamentum paenitentiae ab operibus mortuis, et fidei ad Deum,

6 alio *sine addit.* A*GH : + loco AᶜCDFV𝕊ℭ   7 > illum saluum facere a morte 𝕊ℭ   et exauditus: exauditus est 𝕊ℭ   8 Filius + Dei 𝕊ℭ   ijs 𝕊ℭ   11 > nobis grandis 𝕊ℭ   interpretabilis 𝕊   imbecilles 𝕊ℭ   6. 1 perfectionem : perfectiora 𝕊ℭ

baptismatum doctrinae, inpositionis quoque 2
manuum, ac resurrectionis mortuorum, et iudicii aeterni. Et hoc faciemus, si quidem per- 3
miserit Deus. Inpossibile est enim eos qui 4   10. 26, 27.
semel sunt inluminati, gustauerunt etiam do-   2 Pet. 2. 21.
num caeleste, et participes sunt facti Spiritus   Mt. 12. 31.
sancti, gustauerunt nihilominus bonum Dei 5   1 Pet. 2. 3.
uerbum, uirtutesque saeculi uenturi, ¹ et pro- 6
lapsi sunt, renouari rursus ad paenitentiam,
rursum crucifigentes sibimet ipsis filium Dei,
et ostentui habentes. Terra enim saepe ue- 7   Gen. 1. 11.
nientem super se bibens imbrem, et generans
herbam oportunam illis a quibus colitur, accipit benedictionem a Deo : proferens autem 8   Gen. 3. 18.
spinas ac tribulos reproba est, et maledicto
proxima : cuius consummatio in combustio-
nem.

Confidimus autem de uobis, dilectissimi, 9
meliora et uiciniora saluti, tametsi ita loquimur. Non enim iniustus Deus, ut obliuisca- 10   10. 32–34.
tur operis uestri, et dilectionis quam ostendistis
in nomine ipsius, qui ministrastis sanctis, et
ministratis. Cupimus autem unumquemque 11   3. 6, 14.
uestrum eandem ostentare sollicitudinem ad
expletionem spei usque in finem : ut non segnes 12
efficiamini, uerum imitatores eorum qui fide et
patientia hereditabunt promissiones.

Abrahae namque promittens Deus, quoniam 13   Gen. 22. 16,
neminem habuit per quem iuraret maiorem,   17.
iurauit per semet ipsum, dicens : Nisi bene- 14
dicens benedicam te, et multiplicans multipli-
cabo te. Et sic longanimiter ferens, adeptus 15
est repromissionem. Homines enim per 16   Ex. 22. 11.

---

⁴ > facti sunt 𝔖ℭ   ⁶ > rursus renouari 𝔖ℭ   ⁷ generans: germinans 𝔖   ¹⁰ iniustus + est 𝔖

maiorem sui iurant : et omnis controuersiae
eorum finis ad confirmationem est iuramen-
17 tum. In quo abundantius uolens Deus ostendere pollicitationis heredibus inmobilitatem

Num. 23. 19. 18 consilii sui, interposuit iusiurandum : ut per
1 Reg. (1   duas res inmobiles, quibus inpossibile est men-
Sam.) 15. 29.   tiri Deum, fortissimum solacium habeamus,
qui confugimus ad tenendam propositam spem :

Ex. 26. 31,33. 19 quam sicut anchoram habemus animae tutam
Leu. 16. 12.   ac firmam, et incedentem usque in interiora
Heb. 9. 3, 7.
4. 14. 20 uelaminis, ubi praecursor pro nobis introiit
Ps. 109 (110).   Iesus, secundum ordinem Melchisedech ponti-
4.   fex factus in aeternum.

Gen. 14. 18- **7**   Hic enim Melchisedech, rex Salem, sacer-
20.   dos Dei summi, qui obuiauit Abrahae regresso
2 a caede regum, et benedixit ei, ¹ cui decimas
omnium diuisit Abraham : primum quidem
qui interpretatur rex iustitiae, deinde autem et
3 rex Salem, quod est rex pacis : sine patre,
sine matre, sine genealogia, neque initium
dierum neque finem uitae habens, adsimilatus
autem Filio Dei, manet sacerdos in perpetuum.

Gen. 14. 20. 4   Intuemini autem quantus sit hic, cui et
decimas dedit de praecipuis Abraham patri-

Num. 18. 21, 5 archa. Et quidem de filiis Leui sacerdotium
26.   accipientes, mandatum habent decimas sumere a populo secundum legem, id est, a fratribus suis, quamquam et ipsi exierint de lum-
6 bis Abrahae. Cuius autem generatio non
adnumeratur in eis, decimas sumsit Abraham,
et hunc qui habebat repromissiones benedixit.
7 Sine ulla autem contradictione, quod minus

¹⁷ immobilitatem 𝕾ℭ, *et* immobiles *u.* 18   ¹⁸ solatium 𝕾ℭ
¹⁹ in : ad 𝕾ℭ   ²⁰ introiuit 𝕾ℭ   7. ² cui + et 𝕾ℭ   ⁶ annu-
meratur 𝕾ℭ   sumsit + ab 𝕾ℭ

est a meliore benedicitur. Et hic quidem 8
decimas morientes homines accipiunt : ibi autem contestatus quia uiuit. Et ut ita dictum 9
sit, per Abraham et Leui, qui decimas accepit
decimatus est: adhuc enim in lumbis patris erat, 10
quando obuiauit ei Melchisedech.

   Si ergo consummatio per sacerdotium Leui- 11 8. 6, 7.
ticum erat (populus enim sub ipso legem accepit) quid adhuc necessarium secundum ordinem Melchisedech alium. surgere sacerdotem, et non secundum ordinem Aaron dici?
Translato enim sacerdotio, necesse est ut et 12
legis translatio fiat. In quo enim haec dicun- 13
tur, de alia tribu est, de qua nullus altario
praesto fuit. Manifestum enim quod ex Iuda 14 Es. 11. 1.
ortus sit Dominus noster : in qua tribu nihil   Mich. 5. 2.
                                 Mt. 1. 3, 2. 6.
de sacerdotibus Moses locutus est. Et am- 15 Lc. 3. 33.
plius adhuc manifestum est, si secundum si-   Apoc. 5. 5.
militudinem Melchisedech exsurget alius sacerdos : qui non secundum legem mandati 16
carnalis factus est, sed secundum uirtutem uitae insolubilis. Contestatur enim :   17 5. 6.
                                      Ps. 109 (110).
   Quoniam tu es sacerdos in aeternum,   4.
   secundum ordinem Melchisedech.
Reprobatio quidem fit praecedentis mandati, 18 Rom. 8. 3.
propter infirmitatem eius et inutilitatem :
[|] nihil enim ad perfectum adduxit lex : intro- 19 Heb. 9. 9.
ductio uero melioris spei, per quam proxima-
mus ad Deum. Et quantum est non sine iure- 20
iurando : alii quidem sine iureiurando sacerdotes facti sunt, hic autem cum iureiurando, 21
per eum qui dixit ad illum :

---

  ⁸ contestatur 𝔖ℭ   ¹¹ necessarium + fuit 𝔖ℭ   ¹³ altari 𝔖ℭ
¹⁴ manifestum *sine addit.* ACGH : + est DFV𝔖ℭ   ¹⁵ exsurget
plur. : exsurgit H ; exurgat 𝔖ℭ ; exsurgeret D, exsurrexisset V

Iurauit Dominus et non paenitebit eum :
Tu es sacerdos in aeternum :

8. 6. 22 in tantum melioris testamenti sponsor factus
23 est Iesus. Et alii quidem plures facti sunt
sacerdotes, idcirco quod morte prohiberentur
24 permanere : hic autem eo quod maneat in
aeternum, sempiternum habet sacerdotium.

Rom. 8. 34.   25 Unde et saluare in perpetuo potest acce-
1 Ioh. 2. 1.   dentes per semet ipsum ad Deum, semper
uiuens ad interpellandum pro eis.

Heb. 2. 17,   26 Talis enim decebat ut nobis esset pontifex,
4. 14.   sanctus, innocens, inpollutus, segregatus a pec-

Leu.16. 6, 15.   27 catoribus, et excelsior caelis factus : qui non
Heb. 10. 11.   habet cotidie necessitatem, quemadmodum
Eph. 5. 2.   sacerdotes, prius pro suis delictis hostias offerre, deinde pro populi : hoc enim fecit semel,
28 se offerendo. Lex enim homines constituit
sacerdotes infirmitatem habentes : sermo autem iurisiurandi, qui post legem est, Filium in
aeternum perfectum.

4. 14. **8** Capitulum autem super ea quae dicuntur :
talem habemus Pontificem, qui consedit in

Ex. 33. 7.   2 dextera sedis magnitudinis in caelis, sanctorum minister, et tabernaculi ueri, quod fixit

Heb. 5. 1.   3 Dominus et non homo. Omnis enim pontifex
ad offerenda munera et hostias constituitur :
unde necesse est et hunc habere aliquid quod
4 offerat. Si ergo esset super terram, nec esset
sacerdos, cum essent qui offerrent secundum

Col. 2. 17.   5 legem munera, qui exemplari et umbrae de-
Ex. 25. 40.   seruiunt caelestium : sicut responsum est Mosi, cum consummaret tabernaculum : Uide,

---

23 sacerdotes + secundum legem 𝕾   25 perpetuum 𝕾ℭ accedens 𝕾   eis : nobis 𝕾ℭ   26 impollutus 𝕾ℭ   27 >necessi-
tatem quotidie 𝕾ℭ   seipsum 𝕾ℭ   8. 2 **Dominus** : Deus 𝕾
3 offerendum 𝕾ℭ

inquit, omnia facito secundum exemplar quod
tibi ostensum est in monte. Nunc autem me- 6
lius sortitus est ministerium, quanto et melioris
testamenti mediator est, quod in melioribus repromissionibus sanctum est. Nam si illud 7
prius culpa uacasset, non utique secundi locus
inquireretur. Uituperans enim eos dicit : 8

> Ecce dies ueniunt, dicit Dominus,
>> et consummabo super domum Israhel, et
>> super domum Iuda testamentum no-
>> uum :
> non secundum testamentum quod feci pa- 9
> tribus eorum,
>> in die qua adprehendi manum illorum ut
>> educerem illos de terra Aegypti :
> quoniam ipsi non permanserunt in testa-
> mento meo,
>> et ego neglexi eos, dicit Dominus.
> Quia hoc testamentum quod disponam do- 10
> mui Israhel
>> post dies illos, dicit Dominus :
> dando leges meas in mentem eorum,
>> et in corde eorum superscribam eas :
> et ero eis in Deum,
>> et ipsi erunt mihi in populum :
> et non docebit unusquisque proximum 11
> suum,
>> et unusquisque fratrem suum, dicens : Co-
>> gnosce Dominum :
> quoniam omnes scient me,
>> a minore usque ad maiorem eorum :
> quia propitius ero iniquitatibus eorum, 12
>> et peccatorum illorum iam non memorabor.

Heb. 7. 22,
12. 24.
2Cor. 3. 6–11.

Hier. 31. 31–
34.

Ex. 19. 4, 5.

Rom. 11. 27.

---

6 sanctum (sancti H) : sancitum D$C 8 venient $C 9 illorum :
eorum $C 10 hoc + est $C dando : dabo $ 12 illorum :
eorum $C

13 Dicendo autem nouum, ueterauit prius. Quod autem antiquatur et senescit, prope interitum est.

Ex. 25-27. 9   Habuit quidem et prius iustificationes cul-

Ex.25. 23-39.   2 turae, et Sanctum saeculare. Tabernaculum enim factum est primum, in quo inerant candelabra et mensa, et propositio panum, quae

Ex. 26.31-33.   3 dicitur Sancta. Post uelamentum autem secundum tabernaculum, quod dicitur Sancta

Leu. 16. 12,   4 sanctorum : aureum habens turibulum, et ar-

13.
Ex. 25. 10.   cam testamenti circumtectam ex omni parte

Ex. 16. 33.
Num. 17. 8-   auro, in qua urna aurea habens manna, et

10.   uirga Aaron quae fronduerat, et tabulae testa-

Ex. 25. 16,21.   5 menti, superque eam Cherubin gloriae obum-
Ex. 25.18-22,
26. 34.   brantia propitiatorium : de quibus non est

Num. 28. 3.   6 modo dicendum per singula. His uero ita compositis, in priori quidem tabernaculo semper introibant sacerdotes, sacrificiorum officia

Leu. 16. 29,   7 consummantes : in secundo autem semel in
30, 34.   anno solus pontifex, non sine sanguine, quem

10. 19, 20.   8 offert pro sua et populi ignorantia : hoc significante Spiritu sancto, nondum propalatam esse sanctorum uiam adhuc priore taberna-

10. 1, 2.   9 culo habente statum. Quae parabola est temporis instantis : iuxta quam munera et hostiae offeruntur, quae non possunt iuxta conscien-

Leu.11. 2-47. 10 tiam perfectum facere seruientem, solummodo
Col. 2. 16.   in cibis, et in potibus, et uariis baptismis, et iustitiis carnis usque ad tempus correctionis inpositis.

2. 17, 4. 14. 11   Christus autem adsistens pontifex futuro-
13. 12.   rum bonorum, per amplius et perfectius taber-

9. ² inerant : erant 𝔖ℭ   ³ *disting.* secundum, tabernaculum, quod dicitur ℭ   ⁴ thuribulum ℭ   ⁵ eam + erant 𝔖ℭ   Cherubim 𝔖ℭ   > modo non est AHV   ⁷ offerret 𝔖   ¹⁰ et *sec.* + in 𝔖 baptismatibus 𝔖ℭ

naculum non manu factum, id est, non huius
creationis: neque per sanguinem hircorum 12
et uitulorum, sed per proprium sanguinem
introiuit semel in sancta, aeterna redemptione
inuenta. Si enim sanguis hircorum et tauro- 13 Leu. 16. 14–
rum, et cinis uitulae aspersus inquinatos san- 16.
ctificat ad emundationem carnis: quanto ma- 14 17, 18.
gis sanguis Christi, qui per Spiritum sanctum Tit. 2. 14.
semet ipsum optulit inmaculatum Deo, emun- 1 Pet. 1. 18,
dabit conscientiam uestram ab operibus mor- 1 Ioh. 1. 7.
tuis ad seruiendum Deo uiuenti? Et ideo noui 15 7. 14.
testamenti mediator est: ut morte interce- Heb. 8. 6,
dente, in redemptionem earum praeuarica- 12. 24.
tionum quae erant sub priore testamento, repromissionem accipiant qui uocati sunt aeternae hereditatis. Ubi enim testamentum, mors 16
necesse est intercedat testatoris. Testamen- 17
tum enim in mortuis confirmatum est: alioquin nondum ualet, dum uiuit qui testatus
est. Unde ne primum quidem sine sanguine 18
dedicatum est. Lecto enim omni mandato 19 Ex. 24. 6–8.
legis a Mose uniuerso populo, accipiens san- Leu. 14. 4–7.
guinem uitulorum et hircorum, cum aqua et 17, 18.
lana coccinea et hysopo, ipsum quoque librum
et omnem populum aspersit, ¹dicens: Hic 20 Ex. 24. 8.
sanguis testamenti quod mandauit ad uos Mc. 14. 24,
Deus. Etiam tabernaculum et omnia uasa 21 Lc. 22. 20.
ministerii sanguine similiter aspersit: et omnia 22 Leu. 8. 15, 19.
paene in sanguine mundantur secundum legem: Leu. 17. 11.
et sine sanguinis fusione non fit remissio.
Necesse est ergo exemplaria quidem caele- 23

---

¹¹ manufactum *uno uerbo* 𝕾ℭ ¹² et: aut 𝕾ℭ ¹⁴ emunda-
bit (καθαριεῖ) *cum* D𝕾ℭ: -uit *aperto betacismo codd. plur.* uestram: nostram 𝕾ℭ ¹⁵ priori 𝕾ℭ ¹⁶ testamentum + est 𝕾ℭ
¹⁸ ne ACF: nec DGHV𝕾ℭ ¹⁹ hyssopo 𝕾ℭ ²² pene 𝕾ℭ > secundum legem mundantur 𝕾ℭ fusione AFG: effusione CDHV𝕾ℭ

stium his mundari : ipsa autem caelestia me-

4. 14. 24 lioribus hostiis quam istis. Non enim in manu factis sanctis Iesus introiit, exemplaria
uerorum : sed in ipsum caelum, ut appareat
25 nunc uultui Dei pro nobis. Neque ut saepe
offerat semet ipsum, quemadmodum pontifex
intrat in sancta per singulos annos in sanguine

1 Cor. 10. 11. 26 alieno : alioquin oportebat eum frequenter
Gal. 4. 4. pati ab origine mundi : nunc autem semel in
consummatione saeculorum, ad destitutionem

Gen. 3. 19. 27 peccati, per hostiam suam apparuit. Et quem-
Eccl. 12. 7. admodum statutum est hominibus semel

Es. 53. 12. 28 mori, post hoc autem iudicium: sic et Christus
1 Pet. 2. 24. semel oblatus ad multorum exhaurienda pec-
Tit. 2. 13. cata, secundo sine peccato apparebit expectantibus se in salutem.

8. 5. 7. 19. **10**   Umbram enim habens lex bonorum futuro-
Col. 2. 17. rum, non ipsam imaginem rerum, per singulos annos isdem ipsis hostiis, quas offerunt
indesinenter, numquam potest accedentes per-
2 fectos facere : alioquin non cessassent offerri,
ideo quod nullam haberent ultra conscientiam

Leu. 16. 21. 3 peccati cultores semel mundati ? Sed in ipsis
commemoratio peccatorum per singulos annos

Mic. 6. 6, 7. 4 fit : inpossibile enim est sanguine taurorum et

Ps. 39. 7-9 5 hircorum auferri peccata. Ideo ingrediens
(40. 6-8). mundum dicit :

Hostiam et oblationem noluisti :
corpus autem aptasti mihi :
6   holocaustomata et pro peccato non tibi
placuit.

---

²⁴ manufacta Sancta 𝕊ℭ   introiuit 𝕊ℭ   uerorum : uerborum
F ; uirorum GᶜH   ²⁸ oblatus +est 𝕊ℭ   apparebit +omnibus 𝕊
10. ¹ > futurorum bonorum 𝕊ℭ   eisdem 𝕊ℭ   ² om. non 𝕊ℭ
mundati *sine nota interrogationis* 𝕊ℭ   ⁶ holocautomata ℭ *et* 8 ;
deinde om. et 𝕊ℭ *et* 8   piacuerunt 𝕊ℭ

Tunc dixi : Ecce uenio : 7
  in capite libri scriptum est de me :
ut faciam, Deus, uoluntatem tuam.

Superius dicens : Quia hostias et oblationes, 8
et holocaustomata et pro peccato noluisti, nec
placita sunt tibi, quae secundum legem offeruntur : ¹ tunc dixit : Ecce uenio ut faciam, 9
Deus, uoluntatem tuam :· aufert primum, ut
sequens statuat. In qua uoluntate sanctificati 10 7. 27.
sumus per oblationem corporis Christi Iesu
in semel. Et omnis quidem sacerdos praesto 11 Ex. 29. 38.
est cotidie ministrans, et easdem saepe of- Num. 28. 3.
ferens hostias, quae numquam possunt au-
ferre peccata. Hic autem unam pro peccatis 12
offerens hostiam, in sempiternum sedit in
dextera Dei, de cetero expectans donec po- 13 Ps. 109 (110).
nantur inimici eius scabellum pedum eius. 1. Cor. 15. 25,
Una enim oblatione consummauit in sem- 14 26.
piternum sanctificatos. Contestatur autem 15
nos et Spiritus sanctus : postquam enim
dixit :

  Hoc autem testamentum quod testabor ad 16 Hier. 31. 33.
    illos
  post dies illos, dicit Dominus,
  dando leges meas in cordibus eorum,
et in mente eorum superscribam eas : Hier. 31. 34.
et peccatorum et iniquitatum eorum iam 17 Heb. 8. 12.
  non recordabor amplius.

Ubi autem horum remissio, iam non oblatio 18
pro peccato.

  Habentes itaque, fratres, fiduciam in in- 19 9. 3.
troitu sanctorum in sanguine Christi, quam 20 9. 8.
    Ioh. 14. 6.

---

⁹ dixi 𝕾ℭ   ¹⁰ > Iesu Christi AV𝕾̇ℭ   *om. in sec.* 𝕾ℭ
¹² sedet 𝕾ℭ   ¹⁶ dando : Dabo 𝕾   mentibus V𝕾ℭ; sensibus H
¹⁸ non + est 𝕾ℭ

initiauit nobis uiam nouam et uiuentem per
21 uelamen, id est, carnem suam, ¹ et sacerdotem
22 magnum super domum Dei : accedamus cum
uero corde in plenitudine fidei, aspersi corda
a conscientia mala, et abluti corpus aqua
23 munda : teneamus spei nostrae confessionem
indeclinabilem, fidelis enim est qui repromisit:
24 et consideremus inuicem in prouocationem
25 caritatis et bonorum operum : non deserentes
collectionem nostram, sicut est consuetudinis
quibusdam, sed consolantes, et tanto magis
quanto uideritis adpropinquantem diem.
26   Uoluntarie enim peccantibus nobis post acceptam notitiam ueritatis, iam non relinquitur
27 pro peccatis hostia, terribilis autem quaedam
expectatio iudicii, et ignis aemulatio, quae con-
28 sumptura est aduersarios. Irritam quis faciens
legem Mosi, sine ulla miseratione duobus uel
29 tribus testibus moritur : quanto magis putatis
deteriora mereri supplicia qui filium Dei con-
culcauerit, et sanguinem testamenti pollutum
duxerit in quo sanctificatus est, et Spiritui gra-
30 tiae contumeliam fecerit? Scimus enim qui
dixit : Mihi uindictam, ego reddam. Et iterum : Quia iudicabit Dominus populum suum.
31 Horrendum est incidere in manus Dei uiuentis.
32   Rememoramini autem pristinos dies, in quibus inluminati magnum certamen sustinuistis
33 passionum : et in altero quidem obprobriis et
tribulationibus spectaculum facti : in altero
34 autem socii taliter conuersantium effecti. Nam
et uinctis conpassi estis, et rapinam bonorum
uestrorum cum gaudio suscepistis, cognoscen-

Zach. 6. 11–
13.
Ezec. 36. 25.
Heb. 4. 16.
Num. 5. 17.

Heb. 4. 14.

Iac. 5. 8.

Heb. 6. 4–8.
1 Ioh. 5. 16.

Es. 26. 11.
Soph. 1. 18.
2 Thess. 1. 8.
Num. 15. 30,
35, 30.
Dt. 17. 2–6,
19. 15.
Heb. 2. 3,
9. 20.

Dt. 32. 35, 36.
Ps. 134 (135).
14.
Rom. 12. 19.

Lc. 12. 5.

Heb. 6. 4.

1 Cor. 4. 9.
Heb. 12. 4,
13. 3.
Mt. 25. 36.
2 Tim. 1. 16.
Mc. 10. 29, 30.

---

25 > consuetudinis est 𝔖ℭ   ³⁰ vindicta ℭ, *sed cf. Rom.* 12. 19
ego reddam : et ego retribuam D𝔖ℭ   ³³ opprobrijs 𝔖ℭ

tes uos habere meliorem et manentem substantiam. Nolite itaque amittere confidentiam 35
uestram, quae magnam habet remunerationem.
Patientia enim uobis necessaria est : ut uolun- 36   12. 1-7.
tatem Dei facientes, reportetis promissionem.   Lc. 21. 19.
> Adhuc enim modicum quantulum, 37   Hab. 2. 3, 4.
> qui uenturus est ueniet et non tardabit.
> Iustus autem meus ex fide uiuit : 38   Rom. 1. 17.
> quod si subtraxerit se, non placebit ani-   Gal. 3. 11.
> mae meae.

Nos autem non sumus subtractionis in perdi- 39
tionem, sed fidei in adquisitionem animae.

Est autem fides sperandorum substantia, 11   27.
rerum argumentum non parentum. In hac 2
enim testimonium consecuti sunt senes. Fide 3   Gen. 1. 3.
intellegimus aptata esse saecula uerbo Dei :   Ioh. 1. 3.
ut ex inuisibilibus uisibilia fierent. Fide pluri- 4   Gen. 4. 4 8.
mam hostiam Abel quam Cain optulit Deo,   Mt. 23. 35.
per quam testimonium consecutus est esse
iustus, testimonium perhibente muneribus eius
Deo : et per illam defunctus adhuc loquitur.
Fide Enoch translatus est ne uideret mortem : 5   Gen. 5. 22-
et non inueniebatur, quia transtulit illum Deus :   24.
ante translationem enim testimonium habebat   Ecclus.44.16.
placuisse Deo. Sine fide autem inpossibile est 6   Sap. 4. 10.
placere : credere enim oportet accedentem ad
Deum quia est, et inquirentibus se remune-
rator fit. Fide Noe responso accepto de his 7   Gen. 6. 13-
quae adhuc non uidebantur, metuens aptauit   22.
arcam in salutem domus suae, per quam dam-   Ecclus.44.17.
  Sap. 10. 4.
  Rom. 9. 30.

---

³⁷ quantulum *cum* AG : quantulumque H*. quantulumcumque
CHᶜ, aliquantulum FV𝕮, aliquantulumque 𝕾   ³⁹ subtractionis *sine*
addit. ACGH : + filii DFV𝕾𝕮   11. ¹ sperandarum *et* apparentium
𝕾𝕮, *et disting.* sperandarum substantia-rerum, argumentum non
apparentium   ⁵ Henoch 𝕾𝕮   habuit 𝕾𝕮   ⁶ est *pr. om.* FG
placere + Deo AᶜDFS𝕮   fit : sit 𝕾𝕮   ⁷ de ijs 𝕾𝕮

nauit mundum, et iustitiae quae per fidem est
8 heres est institutus. Fide qui uocatur Abraham oboediuit in locum exire quem accepturus
erat in hereditatem : et exiit nesciens quo iret.
9 Fide moratus est in terra repromissionis, tamquam in aliena, in casulis habitando cum Isaac
et Iacob coheredibus repromissionis eiusdem.
10 Expectabat enim fundamenta habentem ciui-
11 tatem, cuius artifex et conditor Deus.   Fide
et ipsa Sarra sterilis uirtutem in conceptionem
seminis accepit, etiam praeter tempus aetatis :
quoniam fidelem credidit esse qui promiserat.
12 Propter quod et ab uno orti sunt, et hoc emortuo, tamquam sidera caeli in multitudinem,
et sicut harena quae est ad oram maris innumerabilis.
13   Iuxta fidem defuncti sunt omnes isti, non
acceptis repromissionibus, sed a longe eas
aspicientes, et salutantes, et confitentes quia
14 peregrini et hospites sunt supra terram.   Qui
enim haec dicunt, significant se patriam in-
15 quirere.   Et si quidem illius meminissent de
qua exierunt, habebant utique tempus reuer-
16 tendi.   Nunc autem meliorem appetunt, id est
caelestem.   Ideo non confunditur Deus uocari
Deus eorum : parauit enim illis ciuitatem.
17   Fide optulit Abraham Isaac cum temtaretur, et unigenitum offerebat qui susceperat re-
18 promissiones : ad quem dictum est : Quia in
19 Isaac uocabitur tibi semen : arbitrans quia et
a mortuis suscitare potens est Deus : unde
20 eum et in parabola accepit.   Fide et de

Gen. 12. 1–4.
Act. 7. 2–4.
Ecclus. 44.
20–23.

Gen. 23. 4,
35. 27.
Act. 7. 5.

Apoc. 21. 2,
10.
Gen. 17. 19,
18. 11–14,
21. 2.

Rom. 4. 19.
Gen. 22. 17.

39.
Gen. 47. 9,
49. 18.
1 Par. 29. 15.
Ps. 38. 13 (39.
12), 118 (119).
19.
1 Pet. 2. 11.

Ex. 3. 6.
Mc. 12. 26.
Gen. 22. 1–
10.
Ecclus. 44.21.
1 Macc. 2. 52.
Iac. 2. 21.
Gen. 21. 12.
Rom. 9. 7.
Rom. 4. 17–
21.
Gen. 27. 27–
29, 39, 40.

9 moratus ACF : demoratus DGHV𝕾ℭ   11 conceptione 𝕾
esse + eum 𝕾ℭ   repromiserat 𝕾ℭ   13 super 𝕾ℭ   15 illius :
ipsius 𝕾ℭ   17 qui : in quo 𝕾   19 parabolam 𝕾ℭ

534

futuris benedixit Isaac Iacob et Esau. Fide 21 Gen. 48. 1, 5,
Iacob moriens singulos filiorum Ioseph bene- 16, 20, 47. 31.
dixit : et adorauit fastigium uirgae eius. Fide 22 Gen. 50. 24,
Ioseph moriens de profectione filiorum Israhel 25. Ex. 13. 19.
memoratus est, et de ossibus suis mandauit.
Fide Moses natus, occultatus est mensibus 23 Ex. 2. 2, 3.
tribus a parentibus suis, eo quod uidissent
elegantem infantem, et non timuerunt regis
edictum. Fide Moses grandis factus negauit 24 Ex. 2. 10, 11.
se esse filium filiae Pharaonis : magis eligens 25
affligi cum populo Dei, quam temporalis peccati
habere iucunditatem, maiores diuitias aesti- 26 Ps. 68. 10
mans thesauro Aegyptiorum inproperium Chri- (69. 9). 88. 52 (89. 51).
sti : aspiciebat enim in remunerationem. Fide 27 1 Pet. 4. 14.
reliquit Aegyptum, non ueritus animositatem Ex. 2. 15. Ex. 10. 28, 29.
regis : inuisibilem enim tamquam uidens susti-
nuit. Fide celebrauit pascha, et sanguinis 28 Ex. 12. 21, 22.
effusionem : ne qui uastabat primitiua tangeret
eos. Fide transierunt mare rubrum tamquam 29 Ex. 14. 22, 29,
per aridam terram : quod experti Aegyptii, de- 15. 19.
uorati sunt. Fide muri Hiericho ruerunt, cir- 30 Ios. 6. 20.
cuitu dierum septem. Fide Raab meretrix non 31 Ios. 2. 1-21,
periit cum incredulis, excipiens exploratores 6. 25. Iac. 2. 25.
cum pace. | Et quid adhuc dicam ? Deficiet 32 Iud. 6. 11,
enim me tempus enarrantem de Gedeon, Barac, 4. 6, 13. 24, 11. 1.
Samson, Iepthe, Dauid et Samuhel, et pro- 1 Reg. (1
phetis : qui per fidem deuicerunt regna, ope- Sam.) 16. 12, 13, 1. 20.
rati sunt iustitiam, adepti sunt repromissiones, 33 Act. 3. 24.
obturauerunt ora leonum, | extinxerunt im- 34 Iud. 14. 5, 6.
petum ignis, effugerunt aciem gladii, conualue- 1 Reg. (1 Sam.) 17. 34-
runt de infirmitate, fortes facti sunt in bello, 36.
castra uerterunt exterorum. Acceperunt mu- 35 Dan. 6. 22. Dan. 3. 94 (27).

21 adorauit + super D   26 improperium 𝕾ℭ   30 corruerunt
DG*V𝕾ℭ   circuitu DF*GᶜV𝕾ℭ : circumiti A(C)H, et circuiti
FᶜG*   31 Rahab 𝕾ℭ   32 Iephte 𝕾ℭ   et sec. om. 𝕾ℭ
Samuel 𝕾ℭ   33 uicerunt 𝕾ℭ   34 effugauerunt 𝕾

3 Reg. (1
Reg.) 17. 22.
4 Reg. (2
Reg.) 4. 35.
2 Macc. 6.
19–7. 42.
Hier. 20. 2,
37. 15.
2 Par. 24. 21.

1 Macc. 2.
28–30.
2 Macc. 5. 27.

13.

1 Cor. 9. 24.

Phil. 2. 8.
Es. 50. 6, 7.
Mc. 16. 19.

10. 33, 34.

Prou. 3. 11,
12.

Apoc. 3. 19.

lieres de resurrectione mortuos suos: alii autem
distenti sunt, non suscipientes redemptionem,
36 ut meliorem inuenirent resurrectionem. Alii
uero ludibria et uerbera experti, insuper et
37 uincula et carceres : lapidati sunt, secti sunt,
temtati sunt, in occisione gladii mortui sunt,
circumierunt in melotis, in pellibus caprinis,
38 egentes, angustiati, afflicti, ¹ quibus dignus non
erat mundus : in solitudinibus errantes, et
montibus et speluncis, et in cauernis terrae.
39 Et hi omnes testimonio fidei probati, non ac-
40 ceperunt repromissionem, Deo pro nobis melius aliquid prouidente, ut ne sine nobis consummarentur.

12 Ideoque et nos tantam habentes inpositam
nubem testium, deponentes omne pondus, et
circumstans nos peccatum, per patientiam cur-
2 ramus propositum nobis certamen : aspicientes
in auctorem fidei, et consummatorem Iesum,
qui proposito sibi gaudio sustinuit crucem,
confusione contempta, atque in dextera sedis
3 Dei sedit. Recogitate enim eum qui talem
sustinuit a peccatoribus aduersum semet ipsos
contradictionem : ut ne fatigemini animis ue-
4 stris deficientes. Nondum usque ad sanguinem restitistis, aduersum peccatum repugnan-
5 tes : et obliti estis consolationis, quae uobis
tamquam filiis loquitur, dicens :
Fili mi, noli neglegere disciplinam Domini :
neque fatigeris dum ab eo argueris.
6 Quem enim diligit Dominus castigat :
flagellat autem omnem filium quem recipit.

---

³⁸ et *pr.* : in 𝕾ℭ   ⁴⁰ ne : non 𝕾ℭ   12. ¹ curramus + ad 𝕾ℭ
² sedet 𝕾ℭ   ³ ipsos *cum* ACF*G*H (ipso) : ipsum DF°G°V𝕾ℭ
⁴ nondum + enim 𝕾ℭ   aduersus 𝕾ℭ   ⁵ negligere 𝕾ℭ

[superscript 1] In disciplina perseuerate. Tamquam filiis uo- 7   Prou. 13. 24,
bis offert Deus : quis enim filius, quem non   23. 13.
corripit pater? Quod si extra disciplinam 8
estis, cuius participes facti sunt omnes, ergo
adulteri, et non filii estis. Deinde patres qui- 9
dem carnis nostrae habuimus eruditores, et
reuerebamur : non multo magis obtempera-
bimus Patri spirituum et uiuemus? Et illi 10
quidem in tempore paucorum dierum secundum uoluntatem suam erudiebant nos : hic
autem ad id quod utile est, in recipiendo   Leu. 11. 44.
sanctificationem eius. Omnis autem disciplina 11
in praesenti quidem uidetur non esse gaudii,
sed maeroris : postea autem fructum pacatis-
simum exercitatis per eam reddit iustitiae.
Propter quod remissas manus et soluta genua 12   Es. 35. 3.
erigite, et gressus rectos facite pedibus ue- 13   Iob. 4. 3, 4.
stris : ut non claudicans erret, magis autem   Prou. 4. 27.
sanetur.

Pacem sequimini cum omnibus, et sancti- 14   Rom. 12. 18,
moniam, sine qua nemo uidebit Dominum :   14. 19.
  Mt. 5. 8.
[superscript 1] contemplantes ne quis desit gratiae Dei : ne 15   Act. 8. 23.
qua radix amaritudinis sursum germinans in-
pediat, et per illam inquinentur multi : ne 16   Heb. 13. 4.
quis fornicator, aut profanus ut Esau, qui pro-   Gen. 25. 33,
pter unam escam uendidit primitiua sua : sci- 17   34.
tote enim quoniam et postea cupiens here-   Gen. 27. 30–
ditare benedictionem, reprobatus est : non   40.
enim inuenit paenitentiae locum, quamquam
cum lacrimis inquisisset eam.
Non enim accessistis ad tractabilem et ac- 18   Ex. 19.18-20.
  Dt. 4. 11.

7 offert + se CDG^c𝔖ℭ   **9** > eruditores habuimus 𝔖ℭ   reuerebamur + eos DFV𝔖ℭ   **11** moeroris 𝔖ℭ   reddit DFG, *et*
reddidit A : reddet CHV𝔖ℭ   **13** claudicans + quis FG^cV𝔖ℭ, *et*
> quis claud. D   **14** Dominum : Deum 𝔖ℭ   **18** tractabilem
+ montem 𝔖ℭ

censibilem ignem, et turbinem et caliginem,

Ex. 19. 16, 19 et procellam ¹ et tubae sonum, et uocem uerbo-
20. 18, 19.
Dt. 5. 23-27.   rum, quam qui audierunt excusauerunt se, ne

Ex. 19. 12,13. 20 eis fieret uerbum.   Non enim portabant quod
dicebatur : Et si bestia tetigerit montem, la-

Dt. 9. 19. 21 pidabitur. Et ita terribile erat quod uidebatur,
Moses dixit : Exterritus sum et tremebundus.

Apoc. 5. 11, 22 Sed accessistis ad Sion montem, et ciuitatem
14. 1.
Heb. 11. 10.   Dei uiuentis Hierusalem caelestem, et multo-

Iac. 1. 18. 23 rum milium angelorum frequentiae, et eccle-
Cor. 15. 23.
Lc. 10. 20.   siam primitiuorum qui conscripti sunt in caelis,

Apoc. 7. 15-   et iudicem omnium Deum, et spiritus iustorum
17.

Heb. 9. 15, 24 perfectorum, et testamenti noui mediatorem
11. 4.   Iesum, et sanguinis sparsionem melius lo-

1 Pet. 1. 2. 25 quentem quam Abel. Uidete ne recusetis lo-
Gen. 4. 10.   quentem. Si enim illi non effugerunt, recu-

Heb. 2. 2, 3,   santes eum qui super terram loquebatur : multo
10. 28, 29.   magis nos, qui de caelis loquentem nobis auerti-

Agg. 2. 7. 26 mur : ¹ cuius uox mouit terram tunc : modo
autem repromittit, dicens : Adhuc semel ego
mouebo non solum terram, sed et caelum.

27 Quod autem, Adhuc semel, dicit : declarat
mobilium translationem tamquam factorum,

Dt. 4. 24. 28 ut maneant ea quae sunt inmobilia. Itaque
Ex. 24. 17.
Es. 33. 14.   regnum inmobile suscipientes, habemus gra-
Soph. 1. 18,   tiam per quam seruiamus placentes Deo, cum
3. 8.

Rom. 12. 10. 29 metu et reuerentia. Etenim Deus noster ignis
2 Pet. 1. 7.   consumens est.
1 Ioh. 4. 7.

Rom. 12. 13. 13 2 Caritas fraternitatis maneat. Et hospitali-
1 Pet. 4. 9.   tatem nolite obliuisci, per hanc enim latuerunt
Gen. 18. 3,
19. 2. 3 quidam angelis hospitio receptis. Mementote

<hr>

¹⁸ uccensibilem (κεκαυμένῳ) AFℂ (om. G) : accessibilem errore
facili CDHVS   ²² frequentiae ACFGHV : -iam DSℂ   ²³ spiritum S   ²⁴ aspersionem Sℂ   ²⁵ auertimus GVSℂ, et aduertimus
D   ²⁶ modo : nunc Sℂ   semel + et Sℂ   13. ¹ maneat + in
vobis Sℂ   ² latuerunt ACG*ℂ : placuerunt DFGᶜHVS

uinctorum tamquam simul uincti : et laborantium tamquam et ipsi in corpore morantes. Honorabile conubium in omnibus, et torus 4 inmaculatus : fornicatores enim et adulteros iudicabit Deus. Sint mores sine auaritia, con- 5 tenti praesentibus : ipse enim dixit : Non te deseram, neque derelinquam : ita ut confi- 6 denter dicamus :

Dominus mihi adiutor est :
non timebo quid faciat mihi homo.

Mementote praepositorum uestrorum, qui 7 uobis locuti sunt uerbum Dei : quorum intuentes exitum conuersationis, imitamini fidem. Iesus Christus heri et hodie, ipse et in sae- 8 cula. Doctrinis uariis et peregrinis nolite ab- 9 duci : optimum enim est gratia stabiliri cor, non escis, quae non profuerunt ambulantibus in eis. Habemus altare, de quo edere non 10 habent potestatem qui tabernaculo deseruiunt. Quorum enim animalium infertur sanguis pro 11 peccato in sancta per pontificem, horum corpora cremantur extra castra. Propter quod 12 et Iesus, ut sanctificaret per suum sanguinem populum, extra portam passus est. Exeamus 13 igitur ad eum extra castra, inproperium eius portantes. Non enim habemus hic manentem 14 ciuitatem, sed futuram inquirimus. Per ipsum 15 ergo offeramus hostiam laudis semper Deo, id est fructum labiorum confitentium nomini eius. Beneficentiae autem et communionis 16 nolite obliuisci : talibus enim hostiis promeretur Deus. Oboedite praepositis uestris, et 17 subiacete eis. Ipsi enim peruigilant quasi ra-

Margin references:

10. 34.
Mt. 25. 36.

Eph. 5. 5.
1 Thess. 4. 6.
1 Tim. 6. 6-8.
Ios. 1. 5.
Dt. 31. 6, 8.
Ps. 117 (118).
6.

17, 24.

Apoc. 1. 4, 8,
17.
Eph. 4. 14.
Col. 2. 8, 16.
Rom. 14. 17.

Heb. 8. 4, 5.

Ex. 29. 14.
Leu. 16. 27.
Num. 19. 3,5.

Mt. 27. 33.
Ioh. 19. 20.

Heb. 11. 26.

11. 10, 16.

Leu. 7. 12.
2 Par. 29. 31,
33. 16.
Ps. 49 (50).
14, 115 (116).

17.
Os. 14. 3.
Rom. 12. 13.
Phil. 4. 18.
1 Thess. 5.12.
Ezec. 3. 18.

---

⁴ connubium 𝔖ℭ thorus 𝔖ℭ ⁶ *om.* est F*G𝔖ℭ
⁹ > est enim 𝔖ℭ stabilire 𝔖ℭ ¹³ improperium 𝔖ℭ

tionem pro animabus uestris reddituri, ut cum gaudio hoc faciant, et non gementes: hoc enim non expedit uobis.

1Thess. 5. 25.
Act. 23. 1,
24. 16.

18 Orate pro nobis : confidimus enim quia bonam conscientiam habemus, in omnibus bene 19 uolentes conuersari. Amplius autem deprecor uos hoc facere, ut quo celerius restituar uobis.

Es. 63. 11.
Ioh. 10. 11.
Zach. 9. 11.
Es. 55. 3.
1 Pet. 2. 25.

20 Deus autem pacis, qui eduxit de mortuis pastorem magnum ouium, in sanguine testamenti 21 aeterni, Dominum nostrum Iesum, aptet uos in omni bono, ut faciatis uoluntatem eius : faciens in uobis quod placeat coram se per Iesum Christum : cui gloria in saecula saeculorum. Amen.

1 Pet. 5. 12.

22 Rogo autem uos, fratres, ut sufferatis uerbum solatii : etenim perpaucis scripsi uobis. 23 Cognoscite fratrem nostrum Timotheum dimissum : cum quo, si celerius uenerit, uidebo uos.

24 Salutate omnes praepositos uestros et omnes sanctos. Salutant uos de Italia.

25 Gratia cum omnibus uobis. Amen.

EXPLICIT AD HEBRAEOS

INCIPIT EPISTULA IACOBI

1 Pet. 1. 1.
Iud. 1. 1.

1 IACOBUS Dei et Domini nostri Iesu Christi seruus, duodecim tribubus quae sunt in dispersione, salutem.

Rom. 5. 3–5.
1 Pet. 1. 6, 7.

2 Omne gaudium existimate, fratres mei, cum

18 *disting.* habemus : in 𝔖, habemus in ℭ   19 *om.* ut 𝔖ℭ
20 Iesum *sine addit.* AF*G : + Christum CDF^cHV𝔖ℭ   21 > eius
voluntatem 𝔖ℭ   cui + est 𝔖ℭ   22 *om.* ut AGH   24 Italia
+ fratres 𝔖ℭ   *om. subscr.* 𝔖ℭ
Inscr. EPISTOLA CANONICA BEATI IACOBI APOSTOLI
𝔖, EPISTOLA CATHOLICA BEATI IACOBI APOSTOLI ℭ

in temtationibus uariis incideritis : scientes 3
quod probatio fidei uestrae patientiam operatur. Patientia autem opus perfectum habeat, 4
ut sitis perfecti et integri, in nullo deficientes.
Si quis autem uestrum indiget sapientiam, 5
postulet a Deo, qui dat omnibus affluenter et
non inproperat : et dabitur ei. Postulet autem 6
in fide, nihil haesitans : qui enim haesitat, similis est fluctui maris, qui a uento mouetur
et circumfertur. Non ergo aestimet homo ille 7
quod accipiat aliquid a Domino : uir duplex 8
animo, inconstans in omnibus uiis suis.
Glorietur autem frater humilis in exaltatione 9
sua : diues autem in humilitate sua, quoniam 10
sicut flos faeni transibit : exortus est enim sol 11
cum ardore, et arefecit faenum, et flos eius decidit, et decor uultus eius deperiit : ita et diues
in itineribus suis marcescet.
Beatus uir qui suffert temtationem : quia 12
cum probatus fuerit, accipiet coronam uitae,
quam repromisit Deus diligentibus se. Nemo 13
cum temtatur, dicat quoniam a Deo temtatur :
Deus enim intemtator malorum est, ipse autem neminem temtat. Unusquisque uero tem- 14
tatur a concupiscentia sua abstractus et inlec-
tus. Dein concupiscentia cum conceperit, 15
parit peccatum : peccatum uero cum consummatum fuerit, generat mortem. Nolite itaque 16
errare, fratres mei dilectissimi. Omne datum 17
optimum, et omne donum perfectum de sursum est, descendens a Patre luminum, apud

3 Reg. (1
Reg.)3. 9-12.
Prou. 2. 3-6.
Sap. 8. 21-
9. 18.
Ecclus. 41.
28 (22).
Mc. 11. 24.
Eph. 4. 14.

Lc. 1. 52.
Iac. 2. 5.
Iob. 14. 2.
Ps. 102 (3).
15.
Es. 40. 6, 7.
Ecclus.14.18.
1 Pet. 1. 24.

Ecclus.31.10.
Apoc. 2. 10.

Ecclus. 15.
11, 12.

Rom. 7. 7, 8.

Rom. 5. 12.

Ecclus. 39.
39 (33).
1 Ioh. 1. 5.
Gen. 1. 14.

1. ² tentationes varias 𝔖ℭ *cum codd.* DHV   ⁴ habet 𝔖ℭ
⁵ sapientia F𝔖ℭ   improperat 𝔖ℭ   ⁸ inconstans *sine addit.*
ACFH* : +est DGHᶜV𝔖ℭ   ¹¹ marcescet AGV𝔖ℭ : -cit CDFH
¹² quia : quoniam 𝔖ℭ   ¹³ temtatur *sec.* : temptor GH*V
¹⁴ illectus 𝔖ℭ   ¹⁵ deinde GH𝔖ℭ ; dehinc AD

Mal. 3. 6.

Ioh. 1. 13.

Rom. 8. 19-
23.

Apoc. 14. 4.

Eccl. 5. 1, 2,
7. 9.

Ecclus. 5. 13,
14 (11, 12).

Eph. 4. 26.

Col. 3. 8.

1 Pet. 2. 1.

Ioh. 5. 24.

Mt. 7. 21, 24-
27.

Rom. 2. 13.

1 Cor. 13. 12.

Iac. 2. 12.

Iac. 3. 2, 3.

Ps. 33. 14
(34. 13).

Mt. 25. 36.

Iob. 29. 16.

1 Cor. 2. 8.

Eph. 6. 9.

Col. 3. 25.

Dt. 1. 17.

quem non est transmutatio, nec uicissitudinis
18 obumbratio. Uoluntarie genuit nos uerbo
ueritatis, ut simus initium aliquod creaturae
eius.

19 Scitis, fratres mei dilecti. Sit autem omnis
homo uelox ad audiendum, tardus autem ad
20 loquendum, et tardus ad iram : ira enim uiri
21 iustitiam Dei non operatur. Propter quod abi-
cientes omnem inmunditiam et abundantiam
malitiae, in mansuetudine suscipite insitum
uerbum, quod potest saluare animas uestras.
22 Estote autem factores uerbi, et non auditores
23 tantum, fallentes uosmet ipsos. Quia si quis
auditor est uerbi et non factor, hic compara-
bitur uiro consideranti uultum natiuitatis suae
24 in speculo : considerauit enim se et abiit, et
25 statim oblitus est qualis fuerit. Qui autem
perspexerit in lege perfecta libertatis, et permanserit in ea, non auditor obliuiosus factus,
sed factor operis : hic beatus in facto suo erit.
26 Si quis autem putat se religiosum esse, non
refrenans linguam suam, sed seducens cor
27 suum, huius uana est religio. Religio munda et
inmaculata apud Deum et Patrem, haec est :
uisitare pupillos et uiduas in tribulatione eorum, inmaculatum se custodire ab hoc saeculo.

2 Fratres mei, nolite in personarum acceptione
habere fidem Domini nostri Iesu Christi glo-
2 riae. Etenim si introierit in conuentu uestro
uir aureum anulum habens in ueste candida,
introierit autem et pauper in sordido habitu,

---

[18] uoluntarie + enim AV𝔖ℭ   [19] dilectissimi CGᶜHV𝔖ℭ
[21] uerbum + dei AD   [25] legem perfectam CH*ℭ ; lege perfectae 𝔖   [25] in ea ADGV𝔖ℭ : *om.* CFH   [27] eorum *sine*
addit. CFGV : + et ADH𝔖ℭ   2. [2] conuentum uestrum 𝔖ℭ
annulum 𝔖ℭ

et intendatis in eum qui indutus est ueste 3
praeclara, et dixeritis : Tu sede hic bene :
pauperi autem dicatis : Tu sta illic, aut sede
sub scabello pedum meorum : nonne iudicatis 4
apud uosmet ipsos, et facti estis iudices cogitationum iniquarum ? Audite, fratres mei di- 5
lectissimi : nonne Deus elegit pauperes in hoc
mundo, diuites in fide, et heredes regni quod
promisit Deus diligentibus se ? Uos autem ex- 6
honorastis pauperem. Nonne diuites per potentiam opprimunt uos, et ipsi trahunt uos ad
iudicia ? Nonne ipsi blasphemant bonum no- 7
men quod inuocatum est super uos ? Si tamen 8
legem perficitis regalem secundum scripturas :
Diliges proximum tuum sicut te ipsum : bene
facitis : si autem personas accipitis, peccatum 9
operamini, redarguti a lege quasi transgres-
sores. Quicumque autem totam legem serua- 10
uerit, offendat autem in uno, factus est omnium reus. Qui enim dixit: Non moechaberis, 11
dixit et : Non occides. Quod si non moechaberis, occides autem, factus es transgressor
legis. Sic loquimini et sic facite, sicut per le- 12
gem libertatis incipientes iudicari. Iudicium 13
enim sine misericordia illi qui non fecerit
misericordiam : superexultat autem misericordia iudicio.

Quid proderit, fratres mei, si fidem quis 14
dicat se habere, opera autem non habeat ?
Numquid poterit fides saluare eum? ᶦ Si autem 15
frater aut soror nudi sint, et indigeant uictu
cotidiano, dicat autem aliquis de uobis illis : 16

ɪ Cor. 1. 26–
28.
Lc. 12. 21.

Act. 13. 45.
ɪ Tim. 1. 13.
Leu. 19. 18.
Mt. 19. 19.

Mt. 5. 19.
Gal. 3. 10.

Ex. 20. 13,
14.
Dt. 5. 17, 18.

Iac. 1. 25.

Mt. 6. 15,
18. 32–35.

ɪ Ioh. 3. 17,
18.

³ dixeritis + ei ADV𝕾ℭ   ⁵ promisit ADGV : repromisit
CFH𝕾ℭ   ¹³ fecit ℭ, facit 𝕾   superexultat FGH* : -altat
ACDHᶜV𝕾ℭ   iudicio : iudicium 𝕾ℭ   ¹⁵ aut : et 𝕾ℭ   ¹⁶ de :
ex 𝕾ℭ

Ite in pace, calefacimini et saturamini : non
dederitis autem eis quae necessaria sunt cor-
17 poris, quid proderit ? Sic et fides, si non ha-
18 beat opera, mortua est in semet ipsa. Sed dicet
quis : Tu fidem habes, et ego opera habeo :
ostende mihi fidem tuam sine operibus, et ego
19 ostendam tibi ex operibus fidem meam. Tu
credis quoniam unus est Deus : bene facis :
20 et daemones credunt, et contremescunt. Uis
autem scire, o homo inanis, quoniam fides sine
21 operibus otiosa est ? Abraham pater noster
nonne ex operibus iustificatus est, offerens
22 Isaac filium suum super altare ? Uides quoniam fides cooperabatur operibus illius : et ex
23 operibus fides consummata est ? Et suppleta
est scriptura, dicens : Credidit Abraham Deo,
et reputatum est illi ad iustitiam, et amicus
24 Dei appellatus est. Uidetis quoniam ex operibus iustificatur homo, et non ex fide tantum.
25 Similiter et Raab meretrix, nonne ex operibus
iustificata est, suscipiens nuntios et alia uia
26 eiciens ? Sicut enim corpus sine spiritu emortuum est, ita et fides sine operibus mortua
est.

3 Nolite plures magistri fieri, fratres mei,
2 scientes quoniam maius iudicium sumitis. In
multis enim offendimus omnes. Si quis in
uerbo non offendit, hic perfectus est uir : potest etiam freno circumducere totum corpus.
3 Si autem equorum frenos in ora mittimus ad
consentiendum nobis, et omne corpus illorum
4 circumferimus : ecce et naues, cum magnae

Marginal references:

Mt. 7. 20.
Gal. 5. 6.

Mc. 1. 24,
5. 7.

Gen. 22. 9-18.

Heb. 11. 17.

Gen. 15. 6.
2 Par. 20. 7.
Es. 41. 8.
Rom. 4. 3.

Heb. 11. 31.
Ios. 2. 1, 15,
6. 23.

Iac. 1. 26.

Ps. 31 (32). 9.

---

16 corporis ACGH : corpori DFV𝕾ℭ　　19 Benefacis *uno uerbo*
𝕾　　contremiscunt 𝕾ℭ　　20 otiosa *codd. plur.* : mortua A*𝕾ℭ
24 tantum? 𝕾ℭ　　25 Rahab 𝕾ℭ　　26 emortuum : mortuum
AH𝕾ℭ　　3. 3 equis A𝕾ℭ　　frena 𝕾ℭ　　4 > Et ecce 𝕾

sint et a uentis ualidis minentur, circumferuntur a modico gubernaculo ubi impetus diri-
gentis uoluerit : ita et lingua modicum quidem 5
membrum est, et magna exultat. Ecce quantus ignis quam magnam siluam incendit ! Et 6
lingua ignis est, uniuersitas iniquitatis : lingua constituitur in membris nostris, quae ma-
culat totum corpus, et inflammat rotam natiuitatis nostrae, inflammata a gehenna. Omnis 7
enim natura bestiarum, et uolucrum, et serpentium, etiam ceterorum domantur, et domita
sunt a natura humana : linguam autem nullus 8
hominum domare potest : inquietum malum,
plena ueneno mortifero. In ipsa benedicimus 9
Deum et Patrem : et in ipsa maledicimus homines qui ad similitudinem Dei facti sunt.
Ex ipso ore procedit benedictio et maledictio. 10
Non oportet, fratres mei, haec ita fieri. Num- 11
quid fons de eodem foramine emanat dulcem
et amaram aquam ? Numquid potest, fratres 12
mei, ficus oliuas facere, aut uitis ficus ? Sic
neque salsa dulcem potest facere aquam.

Quis sapiens et disciplinatus inter uos ? 13
Ostendat ex bona conuersatione operationem
suam in mansuetudine sapientiae. Quod si 14
zelum amarum habetis et contentiones in cordibus uestris, nolite gloriari et mendaces esse
aduersus ueritatem. Non est ista sapientia de 15
sursum descendens, sed terrena, animalis, dia-
bolica. Ubi enim zelus et contentio, ibi in- 16
constantia et omne opus prauum. Quae autem 17
de sursum est sapientia, primum quidem pudi-

Prou. 16. 27.
Mt. 15. 18.
Mc. 7. 20.

Gen. 1. 26, 28.
Ecclus. 17. 4.

Ps. 139. 4
(140. 3).
Ecclus. 28.
16-23.

Gen. 1. 26,
27.

Mt. 7. 16-20.
Lc. 6. 44.

1 Pet. 2. 12.

Gal. 5. 26

Iac. 1. 5, 17.

---

⁴ circumferuntur + autem 𝔖   ⁵ exultat CFH : -altat ADGV
𝔖ℭ   ⁷ et ceterorum 𝔖ℭ   ⁹ ad + imaginem et 𝔖   ¹² oliuas
cum CDGH *et graeco* : uuas AFV𝔖ℭ   ¹⁴ contentiones + sint
𝔖ℭ   ¹⁵ est + enim 𝔖ℭ

ca est, deinde pacifica, modesta, suadibilis, bonis consentiens, plena misericordia et fructibus bonis, non iudicans, sine simulatione.

Prou. 11. 18. 18 Fructus autem iustitiae in pace seminatur
Es. 32. 17.
Mt. 5. 9. facientibus pacem.

1 Pet. 2. 11. 4 Unde bella et lites in uobis? Nonne hinc, ex concupiscentiis uestris, quae militant in 2 membris uestris? Concupiscitis et non habetis: occiditis et zelatis, et non potestis adipisci: litigatis et belligeratis: non habetis, 3 propter quod non postulatis. Petitis et non accipitis, eo quod male petatis, ut in concupi-

Mt. 6. 24. 4 scentiis uestris insumatis. Adulteri, nescitis
Ioh. 7. 7.
Rom. 8. 7. quia amicitia huius mundi inimica est Dei?
1 Ioh. 2. 15. Quicumque ergo uoluerit amicus esse saeculi
Gal. 5. 17. 5 huius, inimicus Dei constituitur. Aut putatis quia inaniter scriptura dicat: Ad inuidiam concupiscit spiritus, qui inhabitat in uobis?

Prou. 3. 34 6 Maiorem autem dat gratiam: propter quod
(LXX).
Iob. 22. 29. dicit: Deus superbis resistit, humilibus autem
Mt. 23. 12. 7 dat gratiam. Subditi igitur estote Deo: resi-
1 Pet. 5. 5.
Eph. 6. 11. 8 stite autem diabolo, et fugiet a uobis. Ad-
1 Pet. 5. 8, 9. propinquate Domino, et adpropinquabit uobis.
Zach. 1. 3. Emundate manus, peccatores: et purificate
Mal. 3. 7.
Es. 1. 16. 9 corda, duplices animo. Miseri estote, et lu-
Ioel. 1. 13, gete, et plorate: risus uester in luctum con-
2. 12, 13.
1 Pet. 5. 6. 10 uertatur, et gaudium in maerorem. Humiliamini in conspectu Domini, et exaltabit uos.

Mt. 7. 1. 11 Nolite detrahere alterutrum, fratres. Qui de-
Rom. 2. 1,
14. 4. trahit fratri aut qui iudicat fratrem suum, detrahit legi et iudicat legem. Si autem iudicas

17 *om.* bonis consentiens AG   non iudicans, sine simulatione: iudicans sine simulatione S   4. 1 *om.* hinc ACS
2 belligeratis *sine addit.* CFGV* : + et ADHVᶜSℭ   5 Aut: An
Sℭ   habitat ADVSℭ   7 igitur: ergo Sℭ   8 Domino *cum*
DFGHV: Deo ACSℭ   9 moerorem Sℭ   11 fratres + mei S

legem, non es factor legis, sed iudex. Unus 12
est legislator et iudex, qui potest perdere et
liberare : tu autem quis es qui iudicas proximum?

Ecce nunc qui dicitis : Hodie aut crastino 13
ibimus in illam ciuitatem, et faciemus quidem
ibi annum, et mercabimur et lucrum faciemus :
¹ qui ignoratis quid erit in crastinum. Quae 14
enim est uita uestra? uapor est ad modicum
parens, deinceps exterminabitur; pro eo ut 15
dicatis : Si Dominus uoluerit, et si uixerimus,
faciemus hoc aut illud. Nunc autem exulta- 16
tis in superbiis uestris : omnis exultatio talis
maligna est. Scienti igitur bonum facere, et 17
non facienti, peccatum est illi.

Agite nunc, diuites, plorate ululantes in mi- 5
seriis quae aduenient uobis. Diuitiae uestrae 2
putrefactae sunt, et uestimenta uestra a tineis
comesta sunt. Aurum et argentum uestrum eru· 3
ginauit : et erugo eorum in testimonium uobis
erit, et manducabit carnes uestras sicut ignis.
Thesaurizastis in nouissimis diebus. ¹ Ecce 4
merces operariorum qui messuerunt regiones
uestras, qui fraudatus est a uobis, clamat : et
clamor ipsorum in aures Domini sabaoth introiit. Epulati estis super terram, et in luxu- 5
riis enutristis corda uestra in die occisionis.
Addixistis, occidistis iustum : non restitit 6
uobis.

Prou. 27. 1.
Lc. 12. 18–20.

Mt. 6. 34.
Ps. 101. 4
(102. 3).
Iob. 7. 7.
Sap. 5. 9–13.

Lc. 12. 47,
48.
2 Pet. 2. 21.
Lc. 6. 24.
Am. 6. 1.
Mt. 6. 19, 20.

Iudith 16.
20, 21 (17).

1 Ioh. 2. 18.
Leu. 19. 13.
Dt. 24. 13–15.
Mal. 3. 5.

Iob. 21. 7–
13.
Lc. 16. 19.
Es. 34. 2.
Hier. 12. 3.
Sap. 2. 10–20.
Act. 3. 14.

¹² est + enim 𝕾   ¹³ > ibi quidem 𝕾ℭ   ¹⁴ erit *cum* CDFH𝕾ℭ :
sit AGV   crastino Gℭ   > est enim 𝕾ℭ   parens + et AV𝕾ℭ
¹⁵ *disting.* voluerit. Et: Si vixerimus, 𝕾ℭ   5. ¹ miseriis
+ vestris 𝕾ℭ   ³ aerug. *bis* 𝕾ℭ   thesaurizastis : + iram AD ;
+ uobis iram V𝕾ℭ   ⁴ quae fraudata 𝕾ℭ   ipsorum : eorum 𝕾ℭ
sabbaoth introiuit 𝕾ℭ   ⁶ adduxistis 𝕾 ; *deinde* + et 𝕾ℭ   iustum
sine addit. CDFH* : + et AGHᶜV𝕾ℭ   restitit FGH𝕾ℭ : resistit
ADV ; resistentem C

Dt. 11. 14.
Hier. 5. 24.
Ioel. 2. 23.
Lc. 21. 19.

1 Thess. 3.

13.
Rom. 13. 11,
12.

Apoc. 22. 10.

Mt. 5. 12,
Lc. 6. 23.

Dan. 12. 12.
Iob. 1. 21, 22,
42. 10, 12.

Ex. 20. 7.
Ecclus. 23. 9.
Mt. 5. 34–37.

Eph. 5. 19.
Col. 3. 16.
Mc. 6. 13,
16. 18.

Act. 9. 40,
28. 8.

3 Reg. (1
Reg.) 17. 1,
18. 1.
Ecclus. 48.
1–4.
Lc. 4. 25.

7 Patientes igitur estote, fratres, usque ad aduentum Domini. Ecce agricola expectat pretiosum fructum terrae, patienter ferens donec 8 accipiat temporaneum et serotinum. Patientes estote et uos, confirmate corda uestra: quoniam aduentus Domini adpropinquauit. 9 Nolite ingemescere, fratres, in alterutrum, ut non iudicemini : ecce iudex ante ianuam adsistit. 10 Exemplum accipite, fratres, laboris et patientiae, prophetas qui locuti sunt in nomine Domini. 11 Ecce beatificamus qui sustinuerunt : sufferentiam Iob audistis, et finem Domini uidistis, quoniam misericors est Dominus, et miserator.

12 Ante omnia autem, fratres mei, nolite iurare, neque per caelum, neque per terram, neque aliud quodcumque iuramentum. Sit autem uestrum, Est, est : Non, non : ut non sub iudicio decidatis.

13 Tristatur aliquis uestrum ? oret aequo animo et psallat. 14 Infirmatur quis in uobis ? inducat presbyteros ecclesiae, et orent super eum, ungentes eum oleo in nomine Domini : 15 et oratio fidei saluabit infirmum, et adleuiabit eum Dominus : et si in peccatis sit, dimitten- 16 tur ei. Confitemini ergo alterutrum peccata uestra, et orate pro inuicem ut saluemini : multum enim ualet deprecatio iusti assidua. 17 Helias homo erat similis nobis passibilis : et

---

⁷ temporaneum : temporiuum CF*G, temporeum D　　⁸ patientes + igitur 𝔖ℭ　　uos + et 𝔖ℭ　　appropinquabit 𝔖　　⁹ ingemiscere 𝔖ℭ　　¹⁰ fratres + exitus mali D𝔖ℭ　　¹¹ beatif. + eos 𝔖ℭ > Dom. est 𝔖ℭ　　¹² uestrum cum FGH : uerbum uestrum C, iuramentum uestrum D (> iur. autem sit ues.) ; sermo uester AV 𝔖ℭ　　¹³ tristatur + autem 𝔖　　vestrum : 𝔖　　oret aequo animo et psallat codd. et 𝔖 : oret : Aequo animo est ? psallat ℭ　　¹⁴ in vobis, 𝔖　　¹⁵ alleuiabit 𝔖ℭ　　remittentur 𝔖ℭ

oratione orauit ut non plueret super terram, et
non pluit annos tres et menses sex.   Et rur- 18   3 Reg. (1
sum orauit, et caelum dedit pluuiam, et terra   Reg.)
dedit fructum suum.   18. 42. 45.

Fratres mei, si quis ex uobis errauerit a ueri- 19   Mt. 18. 15.
tate, et conuerterit quis eum: scire debet quo- 20   Gal. 6. 1.
niam qui conuerti fecerit peccatorem ab er-   Prou. 10. 12.
rore uiae suae, saluabit animam eius a morte,   1 Pet. 4. 8.
et operit multitudinem peccatorum.

EXPLICIT EPISTULA IACOBI

INCIPIT EPISTULA PETRI PRIMA

PETRUS Apostolus Iesu Christi, electis ad- 1   2 Pet. 1. 1.
uenis dispersionis Ponti, Galatiae, Cappado-   Iac. 1. 1.
ciae, Asiae, et Bithyniae 'secundum praescien- 2   Rom. 8. 29.
tiam Dei Patris, in sanctificationem ·Spiritus,   Ieb. 12. 24.
in oboedientiam et aspersionem sanguinis
Iesu Christi. Gratia uobis et pax multiplicetur.

Benedictus Deus et Pater Domini nostri 3   2 Cor. 1. 3.
Iesu Christi, qui secundum magnam miseri-   1 Pet. 1. 23.
cordiam suam regenerauit nos in spem uiuam,
per resurrectionem Iesu Christi ex mortuis: in 4   Mt. 6. 20.
hereditatem incorruptibilem, et incontamina-   1 Cor. 9. 25.
tam et inmarcescibilem, conseruatam in caelis   2 Tim. 4. 8.
in uobis, qui in uirtute Dei custodimini per fi- 5   1 Cor. 2. 5.
dem, in salutem paratam reuelari in tempore
nouissimo.   In quo exultatis, modicum nunc 6   Iac. 1. 2, 3.

20 operit *cum* DFGV, cooperit AC (cohop.) : operiet 𝔖ℭ, co-
operiet H   *om. subscr.* 𝔖ℭ
Inscr. EPISTOLA BEATI PETRI APOSTOLI PRIMA ℭ :
EPISTOLA CANONICA BEATI PETRI APOSTOLI PRIMA 𝔖
1. ³ > misericordiam suam magnam 𝔖ℭ   ⁴ immarcescibilem 𝔖ℭ
⁶ **exultatis** AF*GV : exultabitis CDFᶜH𝔖ℭ

si oportet contristari in uariis temtationibus:
7 ut probatio uestrae fidei multo pretiosior sit
auro, quod per ignem probatur, inueniatur
in laudem, et gloriam, et honorem in reuela-
8 tione Iesu Christi: quem cum non uideritis,
diligitis: in quem nunc quoque non uidentes, credentes autem exultatis laetitia inenar-
9 rabili et glorificata: reportantes finem fidei
10 uestrae, salutem animarum. De qua salute
exquisierunt atque scrutati sunt prophetae, qui
de futura in uobis gratia prophetauerunt:
11 scrutantes in quod uel quale tempus significa-
ret in eis Spiritus Christi, praenuntians eas
quae in Christo sunt passiones, et posteriores
12 glorias: quibus reuelatum est quia non sibi
ipsis, uobis autem ministrabant ea quae nunc
nuntiata sunt uobis, per eos qui euangelizaue-
runt uobis, Spiritu sancto misso de caelo: in
quem desiderant angeli prospicere.
13   Propter quod succincti lumbos mentis uestrae, sobrii perfecte sperate in eam quae of-
fertur uobis gratiam in reuelatione Iesu Christi:
14 quasi filii oboedientiae, non configurati priori-
15 bus ignorantiae uestrae desideriis: sed secundum eum qui uocauit uos sanctum, et ipsi
16 sancti in omni conuersatione sitis: quoniam
scriptum est: Sancti eritis, quia ego sanctus
17 sum.   Et si Patrem inuocatis eum qui sine acceptione personarum iudicat secundum unius-

Iob. 23. 10.
Prou. 17. 3.
Mal. 3. 3.

Ioh. 20. 29.

Mt. 13. 17.
Lc. 10. 24.
2 Pet. 1. 19-
21.

Dan. 9. 24-
26.
Ps. 21 (22).
Es. 53.
Lc. 24. 26,
27, 46.

Lc. 12. 35.
Eph. 6. 14.
1 Thess. 5. 8.

Rom. 12. 2.

1 Ioh. 3. 3.

Leu. 11. 44,
19. 2, 20. 7.

Hier. 3. 19.
Mt. 16. 27.

---

7 om. sit 𝔖ℭ   quod + perit CF*G*   reuelatione D°FGV𝔖ℭ :
reuelationem ACD*H   8 uidentes + creditis 𝔖ℭ   exultabitis
𝔖ℭ   9 animarum sine addit. CF*GVℭ : + uestrarum ADF°H𝔖
12 sibimetipsis (uno uerbo) 𝔖ℭ   13 perfecti 𝔖   reuelationem
𝔖ℭ   15 sanctum + ut V𝔖   > in omni conu. sancti 𝔖ℭ
16 eritis cum FGHV𝔖ℭ : estote ACD   quia cum ADGH : quoniam CFV𝔖ℭ ; deinde + et ACH

cuiusque opus, in timore incolatus uestri
tempore conuersamini: scientes quod non cor- 18   Es. 52. 3.
ruptibilibus, argento uel auro, redempti estis   Mt. 20. 28.
de uana uestra conuersatione paternae tradi-   1 Cor. 6. 20,
tionis, sed pretioso sanguine quasi agni incon- 19 Heb. 9. 14.
taminati et inmaculati Christi : praecogniti 20   Ex. 12. 5.
quidem ante constitutionem mundi, manife-   Rom. 16. 25,
stati autem nouissimis temporibus propter uos,   26.
ʲqui per ipsum fideles estis in Deo qui susci- 21 Act. 2. 24.
tauit eum a mortuis, et dedit ei gloriam, ut
fides uestra et spes esset in Deo.   Animas 22   Heb. 13. 1.
uestras castificantes in oboedientiam caritatis,   1 Tim. 1. 5.
in fraternitatis amore simplici, ex corde in-
uicem diligite attentius : renati non ex se- 23   Iac. 1. 18.
mine corruptibili, sed incorruptibili per uer-
bum Dei uiui et permanentis in aeternum :
quia   24   Es. 40. 6-8.
                                             Iac. 1. 10, 11.
  Omnis caro ut faenum :

    et omnis gloria eius tamquam flos faeni :
  exaruit faenum, et flos decidit.

  Uerbum autem Domini manet in aeternum. 25
Hoc est autem uerbum, quod euangelizatum
est in uobis.

  Deponentes igitur omnem malitiam et om- 2   Eph. 4. 31.
nem dolum, et simulationes et inuidias, et om-   Iac. 1. 21.
nes detractiones, sicut modo geniti infantes, 2   1 Cor. 3. 2.
rationabile et sine dolo lac concupiscite, ut in   Heb. 5. 12,
                                                     13.
eo crescatis in salutem : si tamen gustatis 3   Ps. 33. 9
                                                   (34. 8).

---

¹⁸ > auro uel argento AHVℌℭ   ¹⁹ incontam. et inmac. Christi
codd. plur. : > immac. Christi et incontam. ℌℭ ; > inmac. et incontam. Iesu Christi A ; item Iesu Christi AD, et Christi Iesu CH
²⁰ > mundi constitutionem ℌℭ   ²² obedientia ℌℭ   amore
simplici, ex corde distinximus cum AF : contra amore, simplici ex
corde ℌℭ   ²³ om. in aeternum F*GV   ²⁴ flos sine addit. cum
ADFH* : + eius CGHᶜVℌℭ   ²⁵ in uos ℭ   2. ² rationabiles
(i. e. infantes rationabiles) FHℌ, et rationales V   et cum ACD :
om. FGHVℌℭ   ³ gustatis cum ACFG : gustastis DHVℌℭ

4 quoniam dulcis est Dominus. Ad quem accedentes lapidem uiuum, ab hominibus quidem reprobatum, a Deo autem electum et

Eph. 2. 20-
Rom. 12. 1.²²·
Heb. 13. 15.

5 honorificatum : et ipsi tamquam lapides uiui
superaedificamini, domus spiritalis, sacerdotium sanctum, offerre spiritales hostias, acce-

Es. 28. 16.
Rom. 9. 33,
.10. 11.

6 ptabiles Deo per Iesum Christum. Propter
quod continet scriptura :
　　Ecce pono in Sion lapidem summum angu-
　　　larem, electum, pretiosum :
　　et qui crediderit in eum, non confundetur.

Ps. 117 (8).
Mt. 21. 42.²²·

7 Uobis igitur honor credentibus : non credentibus autem,
　　Lapis quem reprobauerunt aedificantes,
　　hic factus est in caput anguli :

Es. 8. 14.

8 et
　　Lapis offensionis et petra scandali,
　　his qui offendunt uerbo, nec credunt, in quo

Es. 43. 20, 21.
Ex. 19. 6.
Dt. 7. 6.
Act. 26. 18.

9 et positi sunt. Uos autem genus electum,
regale sacerdotium, gens sancta, populus adquisitionis : ut uirtutes adnuntietis eius, qui
de tenebris uos uocauit in admirabile lumen

Os. 1. 6, 9,
10, 2. 23.
Rom. 9. 25.

10 suum : qui aliquando non populus, nunc autem populus Dei : qui non consecuti misericordiam, nunc autem misericordiam consecuti.

Ps. 38. 13
(39. 12).
Rom. 7. 23.
Gal. 5. 17, 24.
Iac. 4. 1.

11 Carissimi, obsecro tamquam aduenas et
peregrinos, abstinere uos a carnalibus deside-
12 riis quae militant aduersus animam, conuersationem uestram inter gentes habentes bonam:

Mt. 5. 16.
Phil. 2. 15.
1 Pet. 3. 16.

ut in eo quod detractant de uobis tamquam

---

⁵ *om.* est FGHV   ⁵ domus spiritalis *cum* FG*℃ *et graeco* :
uariant rell., domus spiritales AV, domos spiritales G¹H𝔖 ; domum
spiritalem D, in domum spiritalem C   ⁶ angularem + probatum
𝔖   ¹⁰ populus *pr.* + Dei 𝔖   ¹¹ obsecro + uos G𝔖℃   ¹² detractant FG*H (-tunt), *et* detrectant Gᶜ𝔖℃ : detrahunt ACV, -hant D

de malefactoribus, ex bonis operibus uos con
siderantes, glorificent Deum in die uisitationis.

Subiecti estote omni humanae creaturae 13   Rom. 13. 1–7.
propter Deum : siue regi quasi praecellenti :   Tit. 3. 1.
siue ducibus tamquam ab eo missis ad uin- 14
dictam malefactorum, laudem uero bonorum.
Quia sic est uoluntas Dei, ut bene facientes 15   1 Pet. 3. 16,
obmutescere faciatis inprudentium hominum   17.
ignorantiam : quasi liberi, et non quasi uela- 16   Gal. 5. 13.
men habentes malitiae libertatem, sed sicut   Rom. 6. 22.
serui Dei. Omnes honorate : fraternitatem 17   Prou. 24. 21.
diligite : Deum timete : regem honorificate.   Mt. 22. 21.
                                                          Rom. 12. 10,
Serui, subditi in omni timore dominis, non 18   13. 7.
tantum bonis et modestis, sed etiam discolis.   Eph. 6. 5.
                                                           Col. 3. 22.
Haec est enim gratia, si propter conscientiam 19   1 Tim. 6. 1.
Dei sustinet quis tristitias, patiens iniuste.   Tit. 2. 9.
                                                           Mt. 5. 10.
Quae enim gloria est, si peccantes et colaphi- 20   1 Pet. 3. 14,
zati suffertis ? Sed si bene facientes et patien-   17, 4. 14.
tes sustinetis, haec est gratia apud Deum.
In hoc enim uocati estis : quia et Christus 21   Mt. 16. 21.
passus est pro uobis, relinquens uobis exem-
plum ut sequamini uestigia eius : qui peccatum 22   Es. 53. 9.
non fecit, nec inuentus est dolus in ore eius :   1 Ioh. 3. 5.
¹qui cum malediceretur, non maledicebat : cum 23   Es. 53. 5, 7.
pateretur, non comminabatur : tradebat au-   11, 12.
tem iudicanti se iniuste : qui peccata nostra 24
ipse pertulit in corpore suo super lignum : ut
peccatis mortui, iustitiae uiueremus : cuius li-   Rom. 6. 11,
uore sanati estis. Eratis enim sicut oues er- 25   12.
                                                           Es. 53. 6.
rantes, sed conuersi estis nunc ad pastorem   Ps. 118 (9).
                                                           176.
et episcopum animarum uestrarum.   Ioh. 10. 11.

---

¹³ subiecti + igitur 𝔖ℭ   ¹⁸ subditi + estote CDF°V°𝔖ℭ
dyscolis 𝔖ℭ   ¹⁹ > Dei consc. 𝔖ℭ   ²⁰ > est gloria ℭ ; est gratia 𝔖
et patientes : patienter 𝔖ℭ   ²¹ uobis *pr.* : nobis F𝔖ℭ   relinquens uobis *cum* ACDH : > uobis relinquens FGV𝔖ℭ   ²¹ uiuamus FV𝔖ℭ

Eph. 5, 22.
Tit. 2, 5.
1 Cor. 7. 16.

3 Similiter et mulieres subditae sint suis uiris.
ut et si qui non credunt uerbo, per mulierum
2 conuersationem sine uerbo lucrifiant, conside-
rantes in timore castam conuersationem ue-

Es. 3. 18-23.
1 Tim. 2. 9.

3 stram. Quarum sit non extrinsecus capilla-
tura, aut circumdatio auri, aut indumenti ue-

1 Reg. (1
Sam.) 16. 7.
Rom. 2. 29.

4 stimentorum cultus : sed qui absconditus cordis est homo, in incorruptibilitate quieti et
modesti spiritus, quod est in conspectu Dei
5 locuples. Sic enim aliquando et sanctae mulieres sperantes in Deo ornabant se, subiectae

Gen. 18. 12.

6 propriis uiris : sicut Sarra oboediebat Abrahae,
dominum eum uocans : cuius estis filiae bene
facientes, et non timentes ullam perturba-
tionem.

Eph. 5. 25.
Col. 3. 19.

7 Uiri similiter cohabitantes secundum scientiam, quasi infirmiori uaso muliebri inpertien-
tes honorem, tamquam coheredibus gratiae
uitae : ut ne inpediantur orationes uestrae.

Rom. 12. 16.
Heb. 13. 1.

8 In fine autem omnes unanimes, conpatien-
tes, fraternitatis amatores, misericordes, hu-

Mt. 5. 44.
Rom. 12. 17.

9 miles : non reddentes malum pro malo, uel
maledictum pro maledicto, sed e contrario
benedicentes : quia in hoc uocati estis, ut
benedictionem hereditate possideatis.

Ps. 33. 13-
17 (34. 12-16).

10 Qui enim uult uitam diligere,
et uidere dies bonos,
coerceat linguam suam a malo,
et labia eius ne loquantur dolum.

---

3. [1] > uiris suis CDV§℃   [3] > non sit §℃   indumenti.
vestimentorumve §   [4] > est cordis G§℃   quod : qui CD§℃
[5] Deo DFV§℃, *et* Deum G : Domino ACH   [6] pertimentes §℃
[7] uaso : uasculo V§℃   impartientes §℃   tamquam *sine addit.*
CDGH : + et AFV§℃   ne : non §℃   [8] fine G℃, finem DF :
fide *aperto errore* ACHV§   misericordes + modesti C§℃   [9] uel :
nec §℃   econtrario *uno uerbo* §℃   [10] > dies uidere §℃

Declinet autem a malo, et faciat bonum : 11
  inquirat pacem, et sequatur eam.
Quia oculi Domini super iustos, 12
  et aures eius in preces eorum :
uultus autem Domini super facientes mala.
Et quis est qui uobis noceat, si boni aemu- 13 Ecclus. 33. 1.
latores fueritis? Sed et si quid patimini propter 14 Mt. 5. 10.
iustitiam, beati. Timorem autem eorum ne 1 Pet. 2. 20.
  Is. 8. 12, 1.
timueritis, et non conturbemini : Dominum 15
autem Christum sanctificate in cordibus uestris : parati semper ad satisfactionem omni
poscenti uos rationem de ea quae in uobis est
spe, sed cum modestia et timore : conscientiam 16 2. 12.
habentes bonam, ut in eo quod detrahunt de
uobis confundantur, qui calumniantur uestram
bonam in Christo conuersationem. Melius 17 2. 15, 4. 19.
est enim bene facientes, si uoluntas Dei uelit,
pati quam male facientes. Quia et Christus 18 2. 21.
  Rom. 4. 25.
semel pro peccatis mortuus est, iustus pro in- Heb. 9. 28.
iustis, ut nos offerret Deo, mortificatus carne,
uiuificatus autem spiritu : in quo et his qui in 19 1 Pet. 4. 6.
carcere erant spiritibus ueniens praedicauit :
qui increduli fuerant aliquando, quando ex- 20 Gen. 6. 13, 14,
pectabat Dei patientia in diebus Noe, cum 7. 7, 23.
  2 Pet. 2. 5.
fabricaretur arca : in qua pauci, id est octo
animae saluae factae sunt per aquam. Quod 21 Rom. 6. 3-6.
  Heb. 10. 22.
et uos nunc similis formae saluos facit baptisma : non carnis depositio sordium, sed conscientiae bonae interrogatio in Deum per re-

---

¹¹ om. autem A*𝕾ℭ   ¹⁵ est + fide et 𝕾   ¹⁶ om. de GHℭ
¹⁷ enim + ut 𝕾   ¹⁸ peccatis + nostris DF^c𝕾ℭ   pro sec. bis
repetitum 𝕾   mortificatus cum FG*Hℭ : -tos ACDG^cV𝕾 :
deinde + quidem CD𝕾ℭ   uiuificatus cum A*FG*Hℭ : -tos A^cC
DG^cV𝕾   ²⁰ expectabant V𝕾ℭ   patientia cum A (sic : perperam
Tisch. clementia) DFG : -tiam CHV𝕾ℭ   ²¹ facit cum DFG𝕾ℭ :
fecit ACHV

Mt.28.18,19. Act.2.32,33. Eph.1.20,21.	22 surrectionem Iesu Christi, qui est in dextera Dei, deglutiens mortem ut uitae aeternae he- redes efficeremur : profectus in caelum sub- iectis sibi angelis, et potestatibus, et uirtutibus.
Phil. 2. 5. Rom. 6. 7, 13.	4 Christo igitur passo in carne, et uos eadem cogitatione armamini : quia qui passus est 2 carne, desiit a peccatis : ut iam non hominum desideriis sed uoluntate Dei quod reliquum
Eph. 2. 2, 3, 4. 17, 18. 1 Thess. 4. 5. Tit. 3. 3. Rom. 13. 13.	3 est in carne uiuat temporis. Sufficit enim praeteritum tempus ad uoluntatem gentium consummandam, qui ambulauerunt in luxuriis, desideriis, uinolentiis, comisationibus, pota- 4 tionibus, et inlicitis idolorum cultibus : in quo admirantur non concurrentibus uobis in ean- dem luxuriae confusionem, blasphemantes :
Act. 10. 42. 2 Cor. 5. 10. 1 Pet. 3. 19. Rom. 8. 10.	5 qui reddent rationem ei qui paratus est iudi- 6 care uiuos et mortuos. Propter hoc enim et mortuis euangelizatum est : ut iudicentur qui- dem secundum homines in carne, uiuant autem secundum Deum in spiritu.
Iac. 5. 8. 1 Ioh. 2. 18. Mc. 13. 33. Prou. 10. 12. 1 Cor. 13. 5, 6. Iac. 5. 20. Heb. 13. 2. Rom. 12. 6, 7. 1 Cor. 4. 1.	7 Omnium autem finis adpropinquauit. Est- ote itaque prudentes, et uigilate in orationibus : 8 ante omnia mutuam in uosmet ipsos caritatem continuam habentes : quia caritas operit multi- 9 tudinem peccatorum. Hospitales inuicem 10 sine murmuratione : unusquisque sicut accepit gratiam in alterutrum illam administrantes, sicut boni dispensatores multiformis gratiae
1 Cor. 10. 31.	11 Dei. Si quis loquitur, quasi sermones Dei : si quis ministrat, tamquam ex uirtute quam

---

22 *om.* deglutiens ... efficeremur F* *cum graeco*   4. ¹ est
+ in CHℨℭ   ² > desiderijs hominum ℨℭ   uoluntate DF*G*
V, *et* -tem H : uoluntati ACF^cG^cℨℭ   ³ consummandam + his
ℨℭ   comessationibus ℨℭ   potationibus + ebrietatibus ℨ
illicitis ℨℭ *Post hunc uersum deficit* H   ⁸ omnia + autem FVℨℭ
uobismet ipsis Fℨℭ   cooperit ACD

administrat Deus : ut in omnibus honorificetur
Deus per Iesum Christum, cui est gloria et
imperium in saecula.

Carissimi, nolite peregrinari in feruore qui
ad temtationem uobis fit, quasi noui aliquid
uobis contingat : sed communicantes Christi
passionibus gaudete, ut et in reuelatione gloriae eius gaudeatis exultantes. Si exprobramini
in nomine Christi, beati eritis : quoniam gloriae Dei Spiritus in uobis requiescit, ab aliis
blasphematus, a uobis autem honorificatus.
Nemo enim uestrum patiatur quasi homicida,
aut fur, aut maledicus, aut alienorum appe-
titor : si autem ut Christianus, non erubescat,
glorificet autem Deum in isto nomine. Quoniam tempus ut incipiat iudicium de domo
Dei. Si autem primum a nobis, qui finis
eorum qui non credunt Dei Euangelio? Et
si iustus uix saluabitur, impius et peccator ubi
parebunt? Itaque et hii qui patiuntur secundum uoluntatem Dei, fideli Creatori commendant animas suas in benefactis.

· Seniores ergo qui in uobis sunt obsecro 5
consenior et testis Christi passionum, qui et
eius quae in futuro reuelanda est gloriae com-
municator : pascite qui est in uobis gregem 2
Dei, prouidentes non coacto, sed spontanee

12	1 Pet. 1. 6, 7.
13	Act. 5. 41. Rom. 8. 17. Phil. 3. 10.
14	Ps. 88. 52 (89. 51). Mt. 5. 11. Es. 11. 2.
15	
16	Act. 11. 26, 26. 28.
17	Hier. 25. 29. Ezec. 9. 5. 2 Thess. 1. 8.
18	Prou. 11. 31.
19	Ps. 30. 6 (31. 5). Lc. 23. 46.
5	2 Ioh. 1. Rom. 8. 17.
	Ioh. 10. 12, 21. 16.
2	Act. 20. 28. 1 Tim. 3. 2-7. Tit. 1. 7-9.

---

¹¹ saecula ADF : + saeculorum CGV𝕾ℭ ; *deinde omisimus* amen
cum CDFV ; + amen AG𝕾ℭ   ¹⁴ gloriae Dei Spiritus *plur.* :
quod est honoris, (+ gloriae, 𝕾ℭ) et uirtutis Dei, et qui (quis
C) est eius Spiritus C𝕾ℭ   in uobis : super uos C𝕾ℭ   blasphe-
matur CDFᶜ   honorificatur CFᶜ   *om.* ab aliis . . . honorificatus
F*G𝕾ℭ   ¹⁵ enim : autem CDV𝕾ℭ   quasi : ut 𝕾ℭ   ¹⁷ tempus + est V𝕾ℭ   de : a 𝕾ℭ   qui *pr.* : quis DV𝕾ℭ   ¹⁸ iustus
+ quidem DV𝕾   ¹⁹ hi 𝕾ℭ   commendent 𝕾ℭ   5. ² > in
vobis est 𝕾ℭ   coacto F*G, *et* coactos (*ante* sed) ADFᶜV : coacte
𝕾ℭ, quoactac C

secundum Deum : neque turpis lucri gratia,
3 sed uoluntarie : neque ut dominantes in cleris,
4 sed formae facti gregi ex animo. Et cum apparuerit princeps pastorum, percipietis in-
5 marcescibilem gloriae coronam. Similiter
adulescentessubditi estote senioribus. Omnes
autem inuicem humilitatem insinuate, quia
Deus superbis resistit, humilibus autem dat
6 gratiam. Humiliamini igitur sub potenti manu
Dei, ut uos exaltet in tempore uisitationis :
7 omnem sollicitudinem uestram proicientes in
8 eum, quoniam ipsi cura est de uobis. Sobrii
estote, uigilate : quia aduersarius uester diabolus tamquam leo rugiens circumit, quaerens
9 quem deuoret : cui resistite fortes in fide,
scientes eandem passionem ei quae in mundo
10 est uestrae fraternitati fieri. Deus autem omnis
gratiae, qui uocauit nos in aeternam suam
gloriam in Christo Iesu, modicum passos ipse
11 perficiet, confirmabit, solidabit. Ipsi imperium in saecula saeculorum. Amen.
12   Per Siluanum uobis fidelem fratrem, ut
arbitror, breuiter scripsi, obsecrans et con-
testans hanc esse ueram gratiam Dei in qua
13 state. Salutat uos ecclesia quae est in Ba-
14 bylone conelecta, et Marcus filius meus. Salutate inuicem in osculo sancto.
     Gratia uobis omnibus qui estis in Christo.
Amen.

EXPLICIT EPISTULA PETRI PRIMA

Marginal references (left column):

Mt. 20. 25.
Ezec. 34. 4, 8.
Phil. 3. 17.
Tit. 2. 7.
1 Pet. 2. 25.
Heb. 13. 20.
Iac. 1. 12.

Lc. 22. 26.
Ioh. 13. 4, 14.
Eph. 5. 21.
Iac. 4. 6.
Iac. 4. 10.
1 Pet. 2. 12.

Ps. 54. 23
(55. 22).
Mt. 6. 25.
Phil. 4. 6.

Mt. 24. 42.
Eph. 6. 11–13.
2 Tim. 4. 17.

1 Pet. 1. 6.
2 Thess. 2. 17.

Act. 15. 22.
2 Cor. 1. 19.
Heb. 13. 22.

Act. 12. 12.
2 Ioh. 1, 13.
Rom. 16. 16.
1 Cor. 16. 20.

---

³ forma DℨℭC   gregis ℨℭ   ⁴ immarcescibilem ℨℭ
⁸ estote +et FVℨℭ   ¹⁰ solidabitque AℨℭC   ¹¹ ipsi +gloria et
GℨℭC   ¹² > fidelem fratrem vobis ℨℭ   statis DFᶜℨℭ   ¹³ conelecta A, *et* cumelecta CF*V. coëlecta ℭ, collecta ℨ : electa DFᶜG
¹⁴ Christo *sine addit.* DF*GV : +Iesu ACFᶜℨℭ   **Amen** CFGVᶜ :
om. ADV*   *om. subscr.* ℨℭ

INCIPIT EPISTULA PETRI SECUNDA

SIMON Petrus, seruus et Apostolus Iesu 1
Christi, his qui coaequalem nobis sortiti sunt
fidem, in iustitia Dei nostri et Saluatoris Iesu
Christi. Gratia uobis et pax adimpleatur in 2
cognitione Domini nostri : quomodo omnia 3
nobis diuinae uirtutis suae quae ad uitam et
pietatem donata est, per cognitionem eius qui
uocauit nos propria gloria et uirtute, per quem 4
maxima et pretiosa nobis promissa donauit :
ut per haec efficiamini diuinae consortes na-
turae, fugientes eius quae in mundo est concupiscentiae corruptionem. Uos autem curam 5
omnem subinferentes, ministrate in fide uestra
uirtutem, in uirtute autem scientiam, ' in scien- 6
tia autem abstinentiam, in abstinentia autem
patientiam, in patientia autem pietatem, ' in pie- 7
tate autem amorem fraternitatis, in amore autem
fraternitatis caritatem. Haec enim si uobis- 8
cum adsint et superent, non uacuos nec sine
fructu uos constituent in Domini nostri Iesu
Christi cognitione. Cui enim non praesto 9
sunt haec, caecus est et manu temtans, obli-
uionem accipiens purgationis ueterum suorum
delictorum. Quapropter, fratres, magis sata- 10
gite ut per bona opera certam uestram uocationem et electionem faciatis : haec enim facientes, non peccabitis aliquando. Sic enim 11

1 Pet. 1. 1, 2.

Iuda 2.

Phil. 4. 8.

Gal. 6. 10.
Heb. 13. 1.

1 Ioh. 2. 9, 11.
1 Cor. 6. 11.

Inscr. EPISTOLA BEATI PETRI APOSTOLI SECVNDA 𝔠.
EPISTOLA CANONICA B. PETRI APOSTOLI SECVNDA
𝔖   1. ¹ ijs 𝔖𝔠   nobiscum 𝔖𝔠   ² Domini nostri: Dei et
Christi Iesu Domini nostri C𝔖𝔠; Domini nostri et Iesu Christi D
³ donata est *plur.* : donata sunt 𝔖𝔠 : pertinent, donata sunt C ;
pertinent donauit F^c   ⁴ quem DFV𝔖𝔠 : quam A, quae CG

abundanter ministrabitur uobis introitus in
aeternum regnum Domini nostri et Saluatoris
Iesu Christi.

Iuda 5.   12 Propter quod incipiam uos semper com-
Rom. 15. 14.   monere de his : et quidem scientes et confir-

2 Cor. 5. 1.   13 matos in praesenti ueritate. Iustum autem
2 Pet. 3. 1.   arbitror, quamdiu sum in hoc tabernaculo,

Ioh. 21. 18, 14 suscitare uos in commonitione : certus quod
19.   uelox est depositio tabernaculi mei, secundum
quod et Dominus noster Iesus Christus signi-
15 ficauit mihi. Dabo autem operam et frequenter habere uos post obitum meum, ut horum
16 memoriam faciatis. Non enim doctas fabulas
secuti notam fecimus uobis Domini nostri Iesu
Christi uirtutem et praesentiam : sed specula-

Mt. 17. 5.   17 tores facti illius magnitudinis. Accipiens
Mc. 9. 7.   enim a Deo Patre honorem et gloriam, uoce
Lc. 9. 35.   delapsa ad eum huiuscemodi a magnifica gloria : Hic est Filius meus dilectus, in quo mihi
18 complacui. Et hanc uocem nos audiuimus
de caelo allatam, cum essemus cum ipso in

Rom. 16. 26. 19 monte sancto. Et habemus firmiorem pro-
pheticum sermonem : cui bene facitis attendentes quasi lucernae lucenti in caliginoso loco,

Lc. 1. 78, 79.   donec dies lucescat, et lucifer oriatur in cordi-
Mal. 4. 2.   20 bus uestris : hoc primum intellegentes, quod
omnis prophetia scripturae propria interpreta-

2 Tim. 3. 16. 21 tione non fit. Non enim uoluntate humana
allata est aliquando prophetia : sed Spiritu
sancto inspirati, locuti sunt sancti Dei homines.

---

¹¹ *disting.* nostri, et Saluatoris 𝔖ℭ   ¹² confirmatos *sine addit.*
ACDG*: +uos FG°V𝔖ℭ   ¹⁵ horum +omnium 𝔖   ¹⁶ indoctas
V𝔖   et praesentiam *cum* FG𝔖ℭ, *et* et et praescientiam DV : *om.*
AC   ¹⁷ complacui +ipsum audite V𝔖ℭ   ¹⁹ dies lucescat
cum A (> luc. dies A*) D (lucescet) F : dies inluc. GV, dies eluc.
C𝔖ℭ

Fuerunt uero et pseudoprophetae in populo, **2** sicut et in uobis erunt magistri mendaces, qui introducent sectas perditionis, et eum qui emit eos Dominum negant: superducentes sibi celerem perditionem. Et multi sequentur **2** eorum luxurias, per quos uia ueritatis blasphemabitur : et in auaritia fictis uerbis de uobis **3** negotiabuntur: quibus iudicium iam olim non cessat, et perditio eorum non dormitat. Si **4** enim Deus angelis peccantibus non pepercit, sed rudentibus inferni detractos in tartarum tradidit in iudicium cruciatos reseruari : et ori- **5** ginali mundo non pepercit, sed octauum Noe iustitiae praeconem custodiuit, diluuium mundo impiorum inducens: et ciuitates Sodo- **6** morum et Gomorraeorum in cinerem redigens euersione damnauit, exemplum eorum qui impie acturi sunt ponens : et iustum Loth, **7** oppressum a nefandorum iniuria conuersatione eripuit : aspectu enim et auditu iustus erat **8** habitans apud eos qui diem de die animam iustam iniquis operibus cruciabant: nouit Do- **9** minus pios de temtatione eripere, iniquos uero in diem iudicii cruciandos reseruare : magis **10** autem eos qui post carnem in concupiscentia inmunditiae ambulant, dominationemque contemnunt : audaces, sibi placentes, sectas non metuunt blasphemantes: ubi angeli, fortitudine **11** et uirtute cum sint maiores, non portant ad-

Margin references:

Dt. 13. 1-5.
Mt. 7. 15,
24. 11.
1 Tim. 4. 1.
Iuda 4.

Rom. 2. 24.

Rom. 16. 18.

Iuda 6.
M:. 25. 41.

Gen. 7. 7.
Ecclus. 16. 8.
1 Pet. 3. 20.

Gen. 19. 24.
Iuda 7.

Gen. 19. 5-7.

Ecclus. 33. 1.
1 Cor. 10. 13.

Iuda 8.

Iuda 9.

---

⁴ cruciatos DF*G : cruciandos ACFᶜV𝔖ℭ ⟩ cruciandos, in iudicium 𝔖ℭ ⁶ Gomorrhaeorum 𝔖ℭ ⁷ Lot 𝔖ℭ iniuria AF*G : iniusta DFᶜ ; inpudica C ; iniuria, ac luxuriosa V𝔖ℭ ⁸ *disting.* iustus erat : habitans 𝔖ℭ diem de die F*G*, *et* die de diaem C : de die in diem ADFᶜGᶜV𝔖ℭ ⁹ ⟩ reseruare cruciandos 𝔖ℭ ¹⁰ metuunt *sine addit.* CF*GV : + facere ADFᶜ ; + introducere 𝔖ℭ

Iuda 10. 12 uersum se execrabile iudicium. Hi uero uelut
inrationabilia pecora, naturaliter in captionem
et in perniciem, in his quae ignorant blasphe-
13 mantes in corruptione sua peribunt, percipien-
tes mercedem iniustitiae, uoluptatem existi-
Iuda 12. mantes diei delicias : coinquinationes et ma-
Rom. 13. 13. culae, deliciis affluentes, in conuiuiis suis luxuri-
14 antes uobiscum, oculos habentes plenos adul-
terio, et incessabiles delicti, pellicentes animas
instabiles, cor exercitatum auaritiae habentes,
Num. 22. 5, 7. 15 maledictionis filii: derelinquentes rectam uiam
2 Esdr. 13. 2.
Iuda 11. errauerunt, secuti uiam Balaam ex Bosor, qui
Apoc. 2. 14. 16 mercedem iniquitatis amauit : correptionem
Num. 22. 21, uero habuit suae uesaniae : subiugale mutum,
23, 28. in hominis uoce loquens, prohibuit prophetae
Iuda 12, 13. 17 insipientiam. Hi sunt fontes sine aqua, et
nebulae turbinibus exagitatae, quibus caligo
Iuda 16. 18 tenebrarum reseruatur. Superba enim uani-
tatis loquentes, pellicent in desideriis carnis
luxuriae eos qui paululum effugiunt, qui in er-
Ioh. 8. 34. 19 rore conuersantur : libertatem illis promitten-
Rom. 6. 16. tes, cum ipsi serui sint corruptionis: a quo enim
Mt. 12. 45. 20 quis superatus est, huius et seruus est. Si enim re-
Ecclus. 34. 31 fugientes coinquinationes mundi in cognitione
(26). Domini nostri et Saluatoris Iesu Christi, his rursus inpliciti superantur, facta sunt eis posteriora
Heb. 6. 4-6, 21 deteriora prioribus. Melius enim erat illis non
10. 26, 27. cognoscere uiam iustitiae, quam post agnitio-
nem, retrorsum conuerti ab eo quod illis

¹² irrationabilia 𝔖ℭ   ¹³ coinquinationis ADV𝔖   *disting.* coinquinationes, et maculae deliciis (𝔖)ℭ   conuiuiis (= ἀγάπαις) *omnes*
¹⁴ adulteriis D ; adulterii CV𝔖ℭ   incessabiles delicti *cum* DF :
incessabili delicto A, incessabilis delicti GV𝔖ℭ, indesinentis delicti C
pellicientes 𝔖ℭ   auaritia AV𝔖ℭ   ¹⁶ mutum + animal Fᶜ𝔖ℭ, *et*
> animal mutum DV   *om.* in ℭ   ¹⁸ pelliciunt 𝔖ℭ   ²⁰ *disting.*
nostri, et Saluatoris 𝔖ℭ   inplicati ΛV *et* implicati 𝔖ℭ ; inplexi D

traditum est sancto mandato. Contigit enim 22   Prou. 26. 11.
eis illud ueri prouerbii : Canis reuersus ad
suum uomitum : et, Sus lota in uolutabro luti.

Hanc ecce uobis, carissimi, secundam scri- 3   1. 12, 13.
bo epistulam, in quibus excito uestram in
commonitione sinceram mentem: ut memores 2   Iuda 17.
sitis eorum quae praedixi uerborum sanctorum
prophetarum et Apostolorum uestrorum, prae-
ceptorum Domini et Saluatoris. Hoc primum 3   Iuda 18.
scientes, quod uenient in nouissimis diebus   1 Tim. 4. 1.
                                     1 Ioh. 2. 18.
in deceptione inlusores, iuxta proprias concu-
piscentias ambulantes, [1] dicentes: Ubi est pro- 4   Ezec. 12. 22.
missio, aut aduentus eius ? ex quo enim patres   Mt. 24. 48.
dormierunt, omnia sic perseuerant ab initio
creaturae. Latet enim eos hoc uolentes, quod 5   Gen. 1. 6, 9.
caeli erant prius, et terra de aqua et per aquam   Ps. 32 (31). 6,
                                       23 (4). 2.
consistens Dei uerbo : per quae ille tunc mun- 6   Gen. 7. 11, 21.
dus aqua inundatus periit. Caeli autem qui 7
nunc sunt et terra eodem uerbo repositi sunt,
igni seruati in diem iudicii et perditionis impiorum hominum.

Unum uero hoc non lateat uos, carissimi, quia 8   Ps. 89 (90). 4.
unus dies apud Dominum sicut mille anni, et
mille anni sicut dies unus. Non tardat Dominus 9   Hab. 2. 3.
promissis, sed patienter agit propter uos, nolens   Lc. 18. 7, 8.
                                       1 Tim. 2. 4.
aliquos perire, sed omnes ad paenitentiam re-
uerti. Adueniet autem dies Domini ut fur : 10   1 Thess. 5. 2.
                                       Mt. 24. 43.
in qua caeli magno impetu transient, elementa   Apoc. 20. 11.
uero calore soluentur. Cum haec igitur om- 11

3. [1] > vestram excito $\mathfrak{SC}$ [2] sanctorum prophetarum *cum*
ACG (*om.* sanctorum): a sanctis prophetis DFV$\mathfrak{SC}$ [3] illusores
$\mathfrak{SC}$ [7] reseruati AV$\mathfrak{SC}$ [9] promissi G ; promissum C, promissionem suam $\mathfrak{SC}$; *deinde* + sicut quidam existimant $\mathfrak{SC}$, *cf.*
sicut quidam tarditatem existimant C   [10] quo A$\mathfrak{SC}$ soluentur
sine addit. ADFV : +terra autem (et terra C) et quae in ipsa sunt
opera, exurentur CG$\mathfrak{SC}$ [11] > igitur haec $\mathfrak{SC}$

1 Pet. 1. 15.   nia dissoluenda sint, quales oportet esse uos
12 in sanctis conuersationibus et pietatibus, expectantes et properantes in aduentum diei Dei,
per quam caeli ardentes soluentur, et elementa
Es. 65. 17, 66.   13 ignis ardore tabescent. Nouos uero caelos et
22.
Apoc. 21. 1,   nouam terram, et promissa ipsius expectamus,
27.   in quibus iustitia habitat.
Iuda 24. 14   Propter quod, carissimi, haec expectantes,
satis agite inmaculati et inuiolati ei inueniri in
15 pace. Et Domini nostri longanimitatem, salutem arbitramini : sicut et carissimus frater
noster Paulus secundum datam sibi sapientiam
16 scripsit uobis, ' sicut et in omnibus epistulis,
loquens in eis de his: in quibus sunt quaedam
difficilia intellectu, quae indocti et instabiles
deprauant, sicut et ceteras scripturas, ad suam
Mc. 13. 23. 17 ipsorum perditionem. Uos igitur fratres prae-
Iuda 5.   scientes custodite, ne insipientium errore
1 Pet. 2. 2. 18 transducti excidatis a propria firmitate. Cre-
Iuda 25.   scite uero in gratia, et in cognitione Domini
nostri et Saluatoris Iesu Christi. Ipsi gloria
et nunc et in die aeternitatis. Amen.

EXPLICIT EPISTULA PETRI SECUNDA

---

[11] >uos esse FV𝕾ℭ   [12] diei **Dei** CF *et* Dei diei G : diei
Domini A𝕾ℭ, *et* Domini diei D ; diei *tantum* V   quam : quem
𝕾ℭ tabescent? 𝕾ℭ   [13] et *sec.* : secundum CD ℭ   [14] satagite
V𝕾ℭ   [15] arbitremini 𝕾ℭ   [17] traducti 𝕾ℭ   [18] diem F*V𝕾ℭ
om. subscr. 𝕾ℭ

INCIPIT EPISTULA IOHANNIS PRIMA

Quod fuit ab initio, quod audiuimus, quod 1 uidimus oculis nostris, quod perspeximus, et manus nostrae contrectauerunt de uerbo uitae: et uita manifestata est, et uidimus et testamur, 2 et adnuntiamus uobis uitam aeternam, quae erat apud Patrem, et apparuit nobis : quod 3 uidimus et audiuimus, adnuntiamus uobis, ut et uos societatem habeatis nobiscum, et societas nostra sit cum Patre, et cum Filio eius Iesu Christo. Et haec scribimus uobis ut gaudea- 4 tis, et gaudium nostrum sit plenum.

Et haec est adnuntiatio quam audiuimus 5 ab eo et adnuntiamus uobis : quoniam Deus lux est, et tenebrae in eo non sunt ullae. Si 6 dixerimus quoniam societatem habemus cum eo, et in tenebris ambulamus, mentimur, et non facimus ueritatem. Si autem in luce am- 7 bulemus, sicut et ipse est in luce, societatem habemus ad inuicem, et sanguis Iesu Christi, Filii eius, mundat nos ab omni peccato. Si 8 dixerimus quoniam peccatum non habemus, ipsi nos seducimus et ueritas in nobis non est. Si confiteamur peccata nostra, fidelis est et 9 iustus ut remittat nobis peccata nostra, et emundet nos ab omni iniquitate. Si dixerimus 10

Margin references:

Ioh. 1. 1, 4, 14, 19. 35. Lc. 24. 39.

Ioh. 17. 21–3.

Ioh. 15. 11. 2 Ioh. 12.

Iac. 1. 17.

2 Cor. 6. 14. 1 Ioh. 2. 11. Ioh. 3. 21.

1 Pet. 2. 9. Heb. 9. 14. Apoc. 1. 5.

Prou. 20. 9. Hier. 2. 35.

Prou. 28. 13. 1 Cor. 11. 31.

Inscr. EPISTOLA B. IOANNIS APOSTOLI PRIMA ℭ. EPISTOLA CANONICA B. IOANNIS APOSTOLI PRIMA 𝔖 1. ¹ quod *tert.* : et A, et quod D   tractauerunt D, temtauerunt AG   ³ adnuntiamus *cum* CF𝔖ℭ : et adnuntiamus AD, > adnuntiamus et GV   ⁴ nostrum : vestrum 𝔖ℭ   ⁶ > veritatem non facimus 𝔖ℭ   ⁷ ambulamus ACV𝔖ℭ   *om.* Christi CFV emundat FV𝔖ℭ

1 Ioh. 5. 10.
Ioh. 5. 38.

Rom. 8. 34.
Heb. 7. 25.
Ioh. 14. 16,
26.

Ioh. 1. 29.

1 Ioh. 5. 2.

1. 6, 8, 4. 20.

5. 3.

Ioh. 15. 4.

2 Ioh. 5.
Leu. 19. 18.
Mt. 19. 19.

Ioh. 13. 34.

Rom. 13. 12.

1 Ioh. 4. 20.

Ps. 118 (9).
165.
Ioh. 11. 9, 10.

Ioh. 12. 35.
Es. 6. 10.

quoniam non peccauimus, mendacem facimus eum, et uerbum eius non est in nobis.

2 Filioli mei, haec scribo uobis, ut non peccetis. Sed et si quis peccauerit, aduocatum habemus apud Patrem, Iesum Christum iu-
2 stum, et ipse est propitiatio pro peccatis nostris: non pro nostris autem tantum, sed etiam
3 pro totius mundi. Et in hoc scimus quoniam cognouimus eum, si mandata eius obseruemus.
4 Qui dicit se nosse eum, et mandata eius non custodit, mendax est, et in hoc ueritas non est.
5 Qui autem seruat uerbum eius, uere in hoc caritas Dei perfecta est : in hoc scimus quo-
6 niam in ipso sumus. Qui dicit se in ipso manere, debet sicut ille ambulauit et ipse ambulare.

7 Carissimi, non mandatum nouum scribo uobis, sed mandatum uetus quod habuistis ab initio : mandatum uetus est uerbum quod au-
8 distis. Iterum mandatum nouum scribo uobis, quod est uerum et in ipso, et in uobis : quoniam tenebrae transierunt, et lumen uerum
9 iam lucet. Qui dicit se in luce esse, et fratrem suum odit, in tenebris est usque adhuc.
10 Qui diligit fratrem suum, in lumine manet et
11 scandalum in eo non est. Qui autem odit fratrem suum, in tenebris est et in tenebris ambulat et nescit quo eat : quoniam tenebrae obcaecauerunt oculos eius.

12 Scribo uobis, filioli, quoniam remittuntur
13 uobis peccata propter nomen eius. Scribo uobis, patres, quoniam cognouistis eum qui ab

10 faciemus A*CG   2. 4 eum : Deum 𝔖   5 est + et 𝔖𝔠
8 > uerum est 𝔖𝔠   quoniam : quia 𝔖𝔠   > uerum lumen 𝔖𝔠
11 **quoniam** : quia 𝔖𝔠

initio est. Scribo uobis, adulescentes, quoniam uicistis malignum. Scribo uobis, in- 14 Ioh. 14. 7.
fantes, quoniam cognouistis patrem. Scribo
uobis, patres, quia cognouistis eum qui ab ini-
tio est. Scribo.uobis, adulescentes, quia fortes   Eph. 6. 10.
estis, et uerbum Dei in uobis manet, et uicistis   Ioh. 15. 7.
malignum. Nolite diligere mundum, neque 15 Iac. 4. 4.
ea quae in mundo sunt. Si quis diligit mun-
dum, non est caritas Patris in eo : quoniam 16 Gal. 5. 16.
omne quod est in mundo, concupiscentia car-   Gen. 3. 6.
nis, et concupiscentia oculorum est, et superbia   Iac. 4. 16.
uitae : quae non est ex Patre, sed ex mundo
est. Et mundus transit, et concupiscentia 17 1 Cor. 7. 31.
eius. Qui autem facit uoluntatem Dei, ma-   2 Cor. 4. 18.
net in aeternum.

    Filioli, nouissima hora est : et sicut audi- 18 1 Cor. 7. 29.
stis quia Antichristus uenit, nunc Antichristi   1 Pet. 4. 7.
multi facti sunt ; unde scimus, quia nouissima   1 Tim. 4. 1,
hora est. Ex nobis prodierunt, sed non erant 19 Act. 20. 30
ex nobis : nam si fuissent ex nobis, perman-   1 Cor. 11. 19.
sissent utique nobiscum : sed ut manifesti sint
quoniam non sunt omnes ex nobis. Sed uos 20 1 Cor. 2. 15.
unctionem habetis a Sancto, et nostis omnia.   Rom. 15. 14.
Non scripsi uobis quasi ignorantibus uerita- 21
tem, sed quasi scientibus eam, et quoniam
omne mendacium ex ueritate non est. Quis 22 1 Ioh. 4. 3.
est mendax, nisi is qui negat quoniam Iesus   2 Ioh. 7.
non est Christus? Hic est Antichristus, qui

---

¹⁴ scribo *sec.* : scripsi D   quia *pr.* : quoniam D   *om.* est G
om. clausulam scr. uob. patres . . . ab initio est ACS𝕮   scribo
tert. : scripsi ADG   adulescentes : iuuenes AVS𝕮   quia *sec.* :
quoniam S𝕮   > manet in vobis S𝕮   ¹⁶ est *sec. post* oculorum *posuimus cum* FG ; *post* carnis *ponunt* ACVS𝕮 : *om. plane*
D   *om.* quae G   ¹⁸ nunc *cum* FGV : nunc autem ACD ; et
nunc S𝕮   ²² non est *codd. longe plur.* (*gr.* ὁ ἀρνούμενος ὅτι 'Ι. οὐκ
ἔστιν ὁ Χ.): *om.* non GᶜV*S𝕮 ; *om.* non est G*

23 negat Patrem et Filium. Omnis qui negat
Filium, nec Patrem habet : qui confitetur Fi-
24 lium, et Patrem habet. Uos quod audistis ab
initio, in uobis permaneat : si in uobis permanserit quod ab initio audistis, et uos in Filio
25 et Patre manebitis. Et haec est repromissio,
quam ipse pollicitus est nobis, uitam aeter-
26 nam. Haec scripsi uobis de his qui seducunt
27 uos. Et uos unctionem quam accepistis ab
eo, maneat in uobis. Et non necesse habetis
ut aliquis doceat uos : sed sicut unctio eius
docet uos de omnibus, et uerum est, et non
est mendacium, et sicut docuit uos, manete in
28 eo. Et nunc, filioli, manete in eo : ut cum
apparuerit, habeamus fiduciam, et non confun-
29 damur ab eo in aduentu eius. Si scitis quoniam iustus est, scitote quoniam et omnis qui
facit iustitiam, ex ipso natus est.

3 Uidete qualem caritatem dedit nobis Pater,
ut filii Dei nominemur, et sumus. Propter
hoc mundus non nouit nos, quia non nouit
2 eum. Carissimi, nunc filii Dei sumus : et
nondum apparuit quid erimus. Scimus quoniam cum apparuerit, similes ei erimus : quo-
3 niam uidebimus eum sicuti est. Et omnis qui
habet spem hanc in eo, sanctificat se, sicut et
4 ille sanctus est. Omnis qui facit peccatum,
et iniquitatem facit : et peccatum est iniquitas.
5 Et scitis quoniam ille apparuit ut peccata no-
6 stra tolleret : et peccatum in eo non est. Omnis qui in eo manet, non peccat : et omnis qui
7 peccat, non uidit eum nec cognouit eum. Fi-

Marginal references (left column):
1 Ioh. 5. 1.
2 Ioh. 9.
Ioh. 5. 23.

20.
Ioh. 16. 13.
Es. 54. 13.
Hier. 31. 34

1 Ioh. 3. 2.
Col. 3. 4.

1 Ioh. 3. 7, 9.

Ioh. 1. 12.
Rom. 9. 8.

Rom. 8. 17.
2 Cor. 3. 18.
Phil. 3. 21.
Col. 3. 4.
Apoc. 22. 4.
2 Cor. 7. 1.

Ioh. 1. 29.
Heb. 9. 26.
1 Pet. 2. 22.

1 Ioh. 5. 18.
3 Ioh. 11.

1 Ioh. 2. 29.

²⁴ permaneat + Quia 𝔖   > audistis ab initio 𝔖ℭ   ²⁵ nobis :
uobis AF   ²⁷ uos *pr. om.* 𝔖   *disting.* et non est mendacium.
Et sicut docuit 𝔖ℭ   3. ¹ sumus *cum* CFG : simus ADV𝔖ℭ
³ > hanc spem 𝔖ℭ   ⁵ quoniam : quia 𝔖ℭ

lioli, nemo uos seducat.   Qui facit iustitiam,
iustus est, sicut et ille iustus est.   Qui facit 8   Ioh. 8. 44.
peccatum, ex diabolo est : quoniam ab initio
diabolus peccat.   In hoc apparuit Filius Dei,   Heb. 2. 14.
ut dissoluat opera diaboli.   Omnis qui natus 9
est ex Deo peccatum non facit, quoniam semen ipsius in eo manet : et non potest pec-
care, quoniam ex Deo natus est.   In hoc ma- 10   1 Ioh. 4. 20,
nifesti sunt filii Dei, et filii diaboli.   Omnis   21.
qui non est iustus non est de Deo, et qui non
diligit fratrem suum : quoniam haec est ad- 11   Ioh. 13. 34.
nuntiatio quam audistis ab initio, ut diligamus   15. 12, 17.
alterutrum.   Non sicut Cain ex maligno erat, 12   Gen. 4. 8.
et occidit fratrem suum.   Et propter quid occidit eum ?   Quoniam opera eius maligna erant,
fratris autem eius iusta.

    Nolite mirari fratres, si odit uos mundus. 13   Ioh. 15. 18,
Nos scimus quoniam translati sumus de morte 14   19.
in uitam, quoniam diligimus fratres : qui non   Ioh. 5. 24.
diligit, manet in morte.   Omnis qui odit fra- 15   Mt. 5. 21 22.
trem suum homicida est : et scitis quoniam
omnis homicida non habet uitam aeternam in
se manentem.   In hoc cognouimus caritatem, 16   Ioh. 15. 13.
quoniam ille pro nobis animam suam posuit :   Phil. 2. 17.
et nos debemus pro fratribus animas ponere.
Qui habuerit substantiam mundi, et uiderit 17   Iac. 2. 15, 16.
fratrem suum necesse habere, et clauserit ui-   Dt. 15. 7.
scera sua ab eo, quomodo caritas Dei manet
in eo ?   Filioli mei, non diligamus uerbo, nec 18   Iac. 1. 22.
lingua, sed opere et ueritate.   In hoc cogno- 19

---

¹⁰ de : ex ASℂ   ¹¹ diligatis VSℂ   ¹² Cain *sine addit.* AFG :
+qui CDVSℂ   ¹³ uos : nos AF   ¹⁴ in *pr.* : ad Sℂ   ¹⁵ se :
semetipso VSℂ   ¹⁶ caritatem *sine addit.* DFG* : + Dei ACG^c
VSℂ   > animam suam pro nobis Sℂ   ¹⁷ substantiam +
huius D.Sℂ   necesse habere AC^cG : necessitatem habere DFV
Sℂ ; aegere C*

scimus quoniam ex ueritate sumus : et in con-
20 spectu eius suademus corda nostra. Quoniam
si reprehenderit nos cor nostrum, maior est

Rom. 14. 22. 21 Deus corde nostro, et nouit omnia. Carissimi,
si cor nostrum non reprehenderit nos, fiduciam

Mc. 11. 23. 22 habemus ad Deum : et quodcumque petieri-
Ioh. 14. 13-
15. mus, accipiemus ab eo, quoniam mandata eius
custodimus, et ea quae sunt placita coram eo

Ioh. 6. 29, 23 facimus. Et hoc est mandatum eius, ut cre-
15. 17. damus in nomine Filii eius Iesu Christi, et
diligamus alterutrum, sicut dedit mandatum
24 nobis. Et qui seruat mandata eius, in illo

Ioh. 14. 16. manet et ipse in eo : et in hoc scimus quo-
17.
1 Ioh. 4. 13. niam manet in nobis, de Spiritu quem nobis
dedit.

1 Thess. 5. 21. **4**   Carissimi, nolite omni spiritui credere, sed
2 Pet. 2. 1.
Mt. 7. 15. probate spiritus si ex Deo sint : quoniam multi
1 Cor. 12. 3. 2 pseudoprophetae exierunt in mundum. In hoc
cognoscitur Spiritus Dei : omnis spiritus qui
confitetur Iesum Christum in carne uenisse,

1 Ioh. 2. 22. 3 ex Deo est : et omnis spiritus qui soluit Iesum,
2 Ioh. 7. ex Deo non est : et hic est Antichristi, quem

2 Thess. 2. 7. audistis quoniam uenit, et nunc iam in mundo
4 est. Uos ex Deo estis, filioli, et uicistis eos,
quoniam maior est qui in uobis est, quam qui

Ioh. 15. 19. 5 in mundo. Ipsi de mundo sunt : ideo de
Ioh. 8. 47. 6 mundo loquuntur, et mundus eos audit. Nos
ex Deo sumus : qui nouit Deum, audit nos :
qui non est ex Deo, non audit nos. In hoc
cognoscimus Spiritum ueritatis, et spiritum
erroris.

---

¹⁹ **suademus** ADF^cG^c : suadebimus CV𝔖ℭ ; suadeamus F*G*
²² **quodcumque**: quidquid V𝔖ℭ   ²⁴ > dedit nobis AC𝔖ℭ
4. ³ **Antichristi** FG*, *et* illius hantychristi C : Antichristus ADG^c
V𝔖ℭ   **quem** *cum* C : quod AFG ; de quo DV𝔖ℭ   ⁴ **eos** : eum
AV𝔖ℭ

Carissimi, diligamus inuicem: quoniam ca- 7   1 Ioh. 3. 11.
ritas ex Deo est, et omnis qui diligit ex Deo
natus est, et cognoscit Deum.   Qui non dili- 8
git, non nouit Deum : quoniam Deus caritas
est. In hoc apparuit caritas Dei in nobis, quo- 9   Ioh. 3. 16, 17.
niam Filium suum unigenitum misit Deus in
mundum, ut uiuamus per eum.   In hoc est 10   Rom. 5. 8.
caritas : non quasi nos dilexerimus Deum, sed   1 Ioh. 2. 2.
quoniam ipse dilexit nos, et misit Filium suum
propitiationem pro peccatis nostris.   Caris- 11   Eph. 4. 32.
simi, si sic Deus dilexit nos, et nos debemus
alterutrum diligere.   Deum nemo uidit um- 12   Ioh. 1. 18.
quam.   Si diligamus inuicem, Deus in nobis
manet, et caritas eius in nobis perfecta est.   In 13   1 Ioh. 3. 24.
hoc intellegimus quoniam in eo manemus et
ipse in nobis, quoniam de Spiritu suo dedit
nobis. Et nos uidimus, et testificamur quo- 14   Ioh. 3. 17.
niam Pater misit Filium Saluatorem mundi.
Quisquis confessus fuerit quoniam Iesus est 15
Filius Dei, Deus in eo manet, et ipse in Deo.
Et nos cognouimus et credimus caritati quam 16
habet Deus in nobis.   Deus caritas est : et
qui manet in caritate, in Deo manet, et Deus
in eo.   In hoc perfecta est caritas nobiscum, 17   1 Ioh. 2. 28.
ut fiduciam habeamus in die iudicii : quia sicut
ille est, et nos sumus in hoc mundo.   Timor 18   Rom. 8. 15.
non est in caritate : sed perfecta caritas foras
mittit timorem, quoniam timor poenam habet :
qui autem timet, non est perfectus in caritate.
Nos ergo diligamus, quoniam Deus prior di- 19
lexit nos.   Si quis dixerit quoniam diligo 20   1 Ioh. 2. 4.

---

⁷ **diligamus** + nos 𝔖ℭ   **quoniam** : quia 𝔖ℭ   ¹⁰ **ipse** + prior
𝔖ℭ   ¹³ **intellegimus** : cognoscimus V𝔖ℭ   **Spiritu** + sancto 𝔖
¹⁴ **Filium** *sine addit.* FG (*non* A, *ut uult Tisch.*) : + suum ACDV
𝔖ℭ   ¹⁶ **credidimus** F𝔖ℭ   ¹⁷ **caritas** + Dei CG𝔖ℭ   ¹⁹ **dili-**
gamus *sine addit.* FG : + Deum CV𝔖ℭ ; + inuicem AD

Deum, et fratrem suum oderit, mendax est.
Qui enim non diligit fratrem suum quem uidet,
Deum quem non uidet quomodo potest dili-

Mc. 12. 31. 21 gere? Et hoc mandatum habemus ab eo: ut
qui diligit Deum, diligat et fratrem suum.

Ioh. 8. 42. **5** Omnis qui credit quoniam Iesus est Christus, ex Deo natus est: et omnis qui diligit
eum qui genuit, diligit eum qui natus est ex

2 eo. In hoc cognoscimus quoniam diligimus
natos Dei, cum Deum diligamus, et mandata

Ioh. 14. 15. 3 eius faciamus. Haec est enim caritas Dei, ut
Mt. 11. 30. mandata eius custodiamus: et mandata eius

Ioh. 16. 33. 4 grauia non sunt. Quoniam omne quod natum
est ex Deo uincit mundum: et haec est uicto-

5 ria quae uincit mundum, fides nostra. Quis
est qui uincit mundum, nisi qui credit quoniam

Ioh. 19. 34. 6 Iesus est Filius Dei? Hic est qui uenit per
aquam et sanguinem, Iesus Christus: non in
aqua solum, sed in aqua et sanguine. Et Spiritus est qui testificatur, quoniam Christus est

Ioh. 14. 6, 7 ueritas. Quia tres sunt qui testimonium dant,
15. 26. 8 Spiritus et aqua et sanguis: et tres unum sunt.

Ioh. 5. 32, 36, 9 Si testimonium hominum accipimus, testimo-
8. 18.

---

²¹ ab eo CDFG : a Deo AV𝔖ℭ   5. ¹ diligit *sec.* + et 𝔖ℭ
⁶ sanguinem + et spiritum CG   sanguine + et spiritu CDG
⁷, ⁸ **Quia tres sunt qui testimonium dant, Spiritus et aqua et
sanguis: et tres unum sunt** *legimus cum* ADFGV* : quia tres
sunt qui testimonium dant in terra. spiritus et aqua et sanguis, et
hii tres unum sunt in christo ihesu. Et tres sunt qui testimonium
dicunt in caelo. Pater. uerbum et spiritus. Et hii tres hunum
sunt C, quoniam tres sunt qui test. dant in terra, spiritus, aqua, et
sanguis, et tres unum sunt; sicut tres sunt qui test. dant in caelo.
pater, uerbum, et spiritus sanctus; et tres unum sunt Vʳᵉᶜ;
> Quoniam tres sunt, qui testimonium dant in caelo: Pater,
Verbum, et Spiritus sanctus: et hi tres vnum sunt. Et tres sunt,
qui testimonium dant in terra: Spiritus, et aqua, et sanguis: et hi
tres vnum sunt 𝔖ℭ

nium Dei maius est : quoniam hoc est testimonium Dei quod maius est, quia testificatus
est de Filio suo. Qui credit in Filio Dei, 10   Rom. 8. 16.
habet testimonium Dei in se. Qui non credit   1 Ioh. 1. 10.
Filio, mendacem facit eum : quia non credidit
in testimonio quod testificatus est Deus de
Filio suo. Et hoc est testimonium, quoniam 11   Ioh. 17. 2.
uitam aeternam dedit nobis Deus: et haec uita
in Filio eius est. Qui habet Filium, habet 12
uitam : qui non habet Filium Dei, uitam non
habet.

Haec scripsi uobis ut sciatis quoniam uitam 13   Ioh. 3. 36,
habetis aeternam, qui creditis in nomine Filii   20. 31.
Dei. Et haec est fiducia quam habemus ad 14   1 Ioh. 3. 21.
eum: quia quodcumque petierimus secundum   Ioh. 14. 13.
uoluntatem eius, audit nos. Et scimus quo- 15
niam audit nos quicquid petierimus : scimus
quoniam habemus petitiones quas postulamus
ab eo. Qui scit fratrem suum peccare pecca- 16   Mt. 12. 31,
tum non ad mortem, petet et dabit ei uitam   32.
                                                  Mc. 3. 29.
peccanti non ad mortem. Est peccatum ad   Heb. 6. 4–6,
mortem : non pro illo dico ut roget. Omnis 17   10. 26.
iniquitas peccatum est : et est peccatum ad
mortem.

Scimus quoniam omnis qui natus est ex 18   1 Ioh. 3. 6, 9.
Deo, non peccat : sed generatio Dei conseruat   Ioh. 17. 11,
eum, et malignus non tangit eum. Scimus 19   12.
quoniam ex Deo sumus : et mundus totus in
maligno positus est. Et scimus quoniam Fi- 20

⁹ quia : quoniam $C   ¹⁰ Filio *pr.* : filium $C   credidit
cum A*DF : credit AᶜCGV$C   testimonio : testimonium $C
¹² Filium *pr.* + Dei C$ *om.* Dei A*C   ¹³ scribo FV$C
¹⁴ eum : Deum $ *disting.* petierimus : secundum C   ¹⁵ quon-
iam *pr.* : quia $C   ¹⁶ petet FG : petat CD$C ; petit AV
dabit ei uitam *cum* ACFGV : dabitur ei uita D$C   roget *sine*
addit. CDFG : + quis AV$C   ¹⁸ quoniam : quia $C

lius Dei uenit, et dedit nobis sensum ut cognoscamus uerum Deum, et simus in uero Filio eius. Hic est uerus Deus, et uita aeterna.

21 Filioli, custodite uos a simulacris.

EXPLICIT EPISTULA IOHANNIS PRIMA

INCIPIT EPISTULA IOHANNIS SECUNDA

1 Pet. 5. 1, 13.
3 Ioh. 1.
1 SENIOR electae dominae et natis eius, quos ego diligo in ueritate, et non ego solus, sed et 2 omnes qui cognouerunt ueritatem, propter ueritatem quae permanet in nobis, et nobiscum

1 Tim. 1. 2,
2 Tim. 1. 2.
3 erit in aeternum. Sit uobiscum gratia, misericordia, pax a Deo Patre, et a Christo Iesu Filio Patris in ueritate et caritate.

3 Ioh. 3.
4 Gauisus sum ualde, quoniam inueni de filiis tuis ambulantes in ueritate, sicut mandatum

1 Ioh. 2. 7,
3. 11.
5 accepimus a Patre. Et nunc rogo te, domina, non tamquam mandatum nouum scribens tibi, sed quod habuimus ab initio, ut diligamus alter-

1 Ioh. 5. 3.
6 utrum. Et haec est caritas, ut ambulemus secundum mandata eius. Hoc mandatum est, ut quemadmodum audistis ab initio, in eo

1 Ioh. 2. 18,
4. 2.
7 ambuletis. Quoniam multi seductores exierunt in mundum, qui non confitentur Iesum Christum uenientem in carne : hic est seductor et

Heb. 10. 35.
8 Antichristus. Uidete uosmet ipsos, ne perdatis

21 **simulacris** (-chris 𝔖) + Amen F𝔖ℭ *om. subscr.* 𝔖ℭ
Inscr. EPISTOLA BEATI IOANNIS APOSTOLI SECVNDA ℭ, EPISTOLA CANONICA BEATI IOANNIS APOSTOLI SECVNDA 𝔖 3 **uobiscum** DFG𝔖ℭ : nobiscum ACV 6 **mandatum est** (*sine* enim) *cum* AFG : > est enim mandatum CDV𝔖ℭ 7 **uenientem in carne** : venisse in carnem 𝔖ℭ

quae operati estis, sed ut mercedem plenam accipiatis. Omnis qui praecedit, et non manet 9 in doctrina Christi, Deum non habet : qui permanet in doctrina, hic et Filium et Patrem habet. Si quis uenit ad uos, et hanc doctri- 10 nam non adfert, nolite recipere eum in domum, nec Haue ei dixeritis. Qui enim dicit illi Haue, 11 communicat operibus illius malignis. 12

Plura habens uobis scribere, nolui per char- 13 tam et atramentum : spero enim me futurum apud uos, et os ad os loqui : ut gaudium uestrum plenum sit. Salutant te filii sororis tuae 14 electae.

EXPLICIT EPISTULA IOHANNIS SECUNDA

INCIPIT EPISTULA IOHANNIS TERTIA

SENIOR Gaio carissimo, quem ego diligo in 1 ueritate.

Carissime, de omnibus orationem facio pro- 2 spere te ingredi et ualere, sicut prospere agit anima tua. Gauisus sum ualde uenientibus 3 fratribus, et testimonium perhibentibus ueritati tuae, sicut tu in ueritate ambulas. Ma- 4 iorem horum non habeo gratiam, quam ut audiam filios meos in ueritate ambulantes.

Marginal references:

1 Ioh. 2. 23.

Rom. 16. 17.
2 Thess. 3. 6, 14.
Apoc. 18. 4.

3 Ioh. 13, 14.

2 Ioh. 1.
Act. 19. 29, 20. 4.
Rom. 16. 23.
1 Cor. 1. 14.

2 Ioh. 4.

9 praecedit *cum* ADFV : recedit G$\mathfrak{SC}$: credit C   manet ADFG* : permanet CG^cV$\mathfrak{SC}$ ⟩ Patrem et Filium $\mathfrak{SC}$ 10, 11 AVE $\mathfrak{SC}$ *bis*   12 illius : eius $\mathfrak{SC}$ malignis + Ecce praedixi vobis, vt in die Domini non confundamini : $\mathfrak{S}$ *om. subscr.* $\mathfrak{SC}$
Inscr. EPISTOLA BEATI IOANNIS APOSTOLI TERTIA $\mathfrak{C}$, EPISTOLA CANONICA BEATI IOANNIS APOSTOLI TERTIA $\mathfrak{S}$ 4 ambulare CV$\mathfrak{SC}$

5 Carissime, fideliter facis quicquid operaris in
6 fratres, et hoc in peregrinos, | qui testimonium
reddiderunt caritati tuae in conspectu ecclesiae: quos bene facies deducens digne Deo.
7 Pro nomine enim profecti sunt, nihil acci-
8 pientes a gentibus.   Nos ergo debemus suscipere huiusmodi, ut cooperatores simus ueritatis.
9 Scripsissem forsitan ecclesiae : sed is qui
amat primatum gerere in eis, Diotrephes, non
10 recipit nos.   Propter hoc si uenero, commo-
neam eius opera quae facit, uerbis malignis
garriens in nos : et quasi non ei ista sufficiant,
nec ipse suscipit fratres, et eos qui cupiunt
11 prohibet, et de ecclesia eicit.   Carissime, noli
imitari malum, sed quod bonum est.   Qui

1 Ioh. 3. 6.   bene facit, ex Deo est : qui male facit, non
Ioh. 19. 35, 12 uidit Deum.   Demetrio testimonium redditur
21. 24.   ab omnibus, et ab ipsa ueritate : et nos testimonium perhibemus : et nosti quoniam testi-
monium nostrum uerum est.

2 Ioh. 13. 13 Multa habui scribere tibi : sed nolui per
14 atramentum et calamum scribere tibi.   Spero
autem protinus te uidere, et os ad os loquemur.
15 | Pax tibi.   Salutant te amici.   Saluta amicos
per nomen.

EXPLICIT EPISTULA IOHANNIS TERTIA

---

[6] benefaciens, deduces 𝔖ℭ   [7] enim + eius DV𝔖ℭ   gentilibus CFV   [10] commonebo 𝔖ℭ   neque 𝔖ℭ   cupiunt
ADFG (cap. G*): suscipiunt CV𝔖ℭ   [11] uidet A𝔖   [12] ueritate
+ sed G𝔖ℭ   [13] > tibi scribere *pr.* 𝔖ℭ   [15] saluta + tu 𝔖   per
nomen : nominatim CV𝔖ℭ   *om. subscr.* 𝔖ℭ

INCIPIT EPISTULA IUDAE

IUDAS Iesu Christi seruus, frater autem 1 Iacobi, his qui in Deo Patre dilectis, et Christo Iesu conseruatis, uocatis. Misericordia uobis, 2 et pax, et caritas adimpleatur.

Carissimi, omnem sollicitudinem faciens 3 scribendi uobis de communi uestra salute, necesse habui scribere uobis deprecans supercertari semel traditae sanctis fidei. Subintroi- 4 erunt enim quidam homines, qui olim praescripti sunt in hoc iudicium, impii, Dei nostri gratiam transferentes in luxuriam, et solum Dominatorem et Dominum nostrum Iesum Christum negantes.

Commonere autem uos uolo, scientes semel 5 omnia, quoniam Iesus populum de terra Aegypti saluans, secundo eos qui non crediderunt perdidit : angelos uero qui non seruaue- 6 runt suum principatum, sed dereliquerunt suum domicilium, in iudicium magni diei uinculis aeternis sub caligine reseruauit. Sicut Sodo- 7 ma et Gomorra, et finitimae ciuitates simili modo exfornicatae. et abeuntes post carnem alteram, factae sunt exemplum, ignis aeterni poenam sustinentes. Similiter et hii carnem 8 quidem maculant, dominationem autem spernunt, maiestatem autem blasphemant : cum 9 Michahel archangelus cum diabolo disputans altercaretur de Mosi corpore, non est ausus

Mc. 6. 3.
Lc. 6. 16.
Ioh. 14. 22.
Act. 1. 13.
Iac. 1. 1.
2 Pet. 1. 2.

Gal. 2. 4.
2 Pet. 2. 1.

Num. 14. 36, 37.
Ecclus. 16. 7-11.
1 Cor. 10. 5.
2 Pet. 2. 4.

Gen. 19. 24, 25.
2 Pet. 2. 6.

2 Pet. 2. 10

Dan. 10. 13, 21, 12. 1.
Apoc. 12. 7.
2 Pet. 2. 11.

Inscr. EPISTOLA CATHOLICA BEATI IVDAE APOSTOLI
ℭ, EPISTOLA CANONICA BEATI IVDAE APOSTOLI 𝔖
¹ qui + sunt 𝔖ℭ   conseruatis + et V𝔖ℭ   ⁷ Gomorrha 𝔖ℭ
⁸ hi 𝔖ℭ, *et* 10, 12, 16, 19   ⁹ Michael 𝔖ℭ

iudicium inferre blasphemiae, sed dixit : Im-
2 Pet. 2. 12. 10 peret tibi Dominus.　Hii autem quaecumque
quidem ignorant, blasphemant : quaecumque
autem náturaliter, tamquam muta animalia,
Gen. 4. 5-8. 11 norunt, in his corrumpuntur.　Uae illis, quia
Num. 16. 1-
35. uia Cain abierunt, et errore Balaam mercede
2 Pet. 2. 15. effusi sunt, et contradictione Core perierunt.
Apoc. 2. 14.
2 Pet. 2. 13, 12 Hii sunt in epulis suis maculae, conuiuantes
17. sine timore, semet ipsos pascentes, nubes sine
aqua, quae a uentis circumferuntur, arbores
autumnales, infructuosae, bis mortuae, eradi-
Es. 57. 20. 13 catae, | fluctus feri maris, despumantes suas
2 Pet. 2. 17. confusiones, sidera errantia, quibus procella
Gen. 5. 18. 14 tenebrarum in aeternum seruata est.　Pro-
Ecclus. 44.
16. phetauit autem de his septimus ab Adam
Dt. 33. 2. Enoch, dicens : Ecce uenit Dominus in san-
Zach. 14. 5.
15 ctis milibus suis, facere iudicium contra omnes,
et arguere omnes impios de omnibus operibus
impietatis eorum quibus impie egerunt, et de
omnibus duris quae locuti sunt contra eum
1 Cor. 10. 10. 16 peccatores impii.　Hii sunt murmuratores
2 Pet. 2. 18. querellosi, secundum desideria sua ambulantes,
et os illorum loquitur superbiam, mirantes
personas quaestus causa.
2 Pet. 3. 2. 17　Uos autem, carissimi, memores estote uerborum quae praedicta sunt ab Apostolis Do-
1 Tim. 4. 1. 18 mini nostri Iesu Christi, qui dicebant uobis,
2 Pet. 3. 3. quoniam in nouissimo tempore uenient inlusores, secundum sua desideria ambulantes
1 Cor. 2. 14. 19 impietatum.　Hii sunt qui segregant semet
20 ipsos, animales, Spiritum non habentes.　Uos

11 quia (qui 𝔖) + in CD𝔖ℭ　et sec. + in D𝔖ℭ　　13 > seruata
est in aeternum 𝔖ℭ　　14 autem + et 𝔖ℭ　　15 eum : Deum 𝔖ℭ
16 querulosi 𝔖ℭ　　illorum : eorum 𝔖ℭ　　superbiam : superba
G ℭ　　18 nouissimis temporibus 𝔖　 > desideria sua 𝔖ℭ　　in
impietatibus CD𝔖ℭ

autem, carissimi, superaedificantes uosmet   Col. 2. 7.
ipsos sanctissimae uestrae fidei, in Spiritu
sancto orantes, ipsos uos in dilectione Dei 21
seruate. Et hos quidem arguite iudicatos : 22
| illos uero saluate, de igne rapientes : aliis au- 23   Am. 4. 11.
tem miseremini in timore : odientes et eam   Zach. 3. 2.
                                                     Apoc. 3. 4.
quae carnalis est maculatam tunicam.

  Ei autem qui potest uos conseruare sine 24   Rom. 16. 25-
peccato, et constituere ante conspectum gloriae   27.
suae inmaculatos in exultatione : soli Deo 25   1 Tim. 1. 17.
Saluatori nostro, per Iesum Christum Domi-
num nostrum, gloria, magnificentia, imperium
et potestas, ante omne saeculum, et nunc et
in omnia saecula.   Amen.

EXPLICIT EPISTULA IUDAE

INCIPIT APOCALYPSIS
IOHANNIS APOSTOLI

APOCALYPSIS Iesu Christi, quam dedit illi 1   Dan. 2. 28.
Deus palam facere seruis suis, quae oportet   Apoc. 22. 16.
fieri cito : et significauit mittens per angelum
suum seruo suo Iohanni: qui testimonium per- 2   6. 9.
hibuit uerbo Dei, et testimonium Iesu Christi,

---

20 uestrae : nostrae $ disting. fidei in Sp. sancto, orantes, $
21 ipsos uos : uosmet ipsos CD$€ seruate + expectantes miseri-
cordiam Domini (+ Dei D) nostri Iesu Christi in uitam aeternam
CDV$€   23 et FG$€ : om. ACDV   24 potest ADG : potens
est CFV$€ exultatione : + in aduentu Domini nostri Iesu
Christi $€ cum V (sed inmaculatos in aduentum etc., omisso ex-
ultatione V)   25 gloria + et $€ saecula + saeculorum DG$€
om. subscr. $€
  Inscr. APOCALYPSIS BEATI IOANNIS APOSTOLI €,
LIBER APOCALYPSIS BEATI IOANNIS APOSTOLI $

22. 7, 10. 3 quaecumque uidit. Beatus qui legit, et qui audiunt uerba prophetiae huius, et seruant ea quae in ea scripta sunt: tempus enim prope est.

1. 8.
Ex. 3. 14.
Apoc. 3. 1,
4. 5, 5. 6.
Zach. 4. 10.
Ps. 88 (89).
28, 38 (27, 37).
1 Tim. 6. 13.
Col. 1. 18.
Apoc. 7. 14.
5. 10, 20. 6.
Ex. 19. 6. 4   Iohannes septem ecclesiis quae sunt in Asia. Gratia uobis et pax, ab eo qui est, et qui erat, et qui uenturus est: et a septem spiritibus 5 qui in conspectu throni eius sunt: et ab Iesu Christo, qui est testis fidelis, primogenitus mortuorum, et princeps regum terrae: qui dilexit nos, et lauit nos a peccatis nostris in sanguine 6 suo, ¹ et fecit nostrum regnum, sacerdotes Deo et Patri suo: ipsi gloria, et imperium in saecula

Dan. 7. 13.
Zach. 12. 10.
Mt. 26. 64.
Ioh. 19. 37. 7 saeculorum. Amen. ¹ Ecce uenit cum nubibus, et uidebit eum omnis oculus, et qui eum pupugerunt: et plangent se super eum omnes tribus terrae: Etiam: Amen.

Es. 41. 4.
Apoc. 21. 6,
22. 13. 8   Ego sum α et ω, principium et finis, dicit Dominus Deus, qui est, et qui erat, et qui uenturus est, omnipotens.

9   Ego Iohannes frater uester, et particeps in tribulatione et regno et patientia in Iesu, fui in insula quae appellatur Pathmos propter uer-

4. 1, 2.
Apoc. 2. 8,
12, 18, 24,
3. 1, 4, 7, 14. 10 bum Dei, et testimonium Iesu. Fui in spiritu in dominica die, et audiui post me uocem 11 magnam tamquam tubae ¹ dicentis: Quod uides, scribe in libro: et mitte septem ec-

Act. 19. clesiis, Ephesum, et Zmyrnam, et Pergamum, et Thyatiram, et Sardis, et Philadelphiam, et

Col. 2. 1. 12 Laodiciam. Et conuersus sum ut uiderem

---

1. ³ *om.* qui *sec.* D𝕾ℭ   audit DV*𝕾ℭ   seruat D𝕾ℭ   ⁵ ab :
a 𝕾ℭ   ⁶ nostrum : nos D𝕾ℭ   regnum + et D𝕾ℭ   ⁹ in
sec. + Christo D𝕾ℭ   Patmos 𝕾ℭ   ¹¹ ecclesiis + quae sunt in
Asia 𝕾ℭ   Epheso 𝕾ℭ   Smyrnae 𝕾ℭ   Pergamo 𝕾ℭ
Thyatirae 𝕾ℭ   Philadelphiae 𝕾ℭ   Laodiciae 𝕾ℭ

uocem quae loquebatur mecum :· et conuersus
uidi septem candelabra aurea : et in medio 13 Dan. 7. 13,
septem candelabrorum similem Filio hominis, 10. 6.
uestitum podere, et praecinctum ad mamillas
zonam auream : caput autem eius et capilli 14 Dan. 7. 9.
erant candidi tamquam lana alba, et tamquam
nix, et oculi eius uelut flamma ignis, et pedes 15 Ezec. 1. 24.
eius similes orichalco, sicut in camino ardenti,
et uox illius tamquam uox aquarum multarum: Ezec. 43. 2.
¹ et habebat in dextera sua stellas septem : et 16 Iud. 5. 31.
de ore eius gladius utraque parte acutus exie- Apoc. 19. 15.
bat : et facies eius sicut sol lucet in uirtute Mt. 17. 2.
sua. Et cum uidissem eum, cecidi ad pedes 17 Es. 6. 5.
eius tamquam mortuus. Et posuit dexteram Dan. 8. 18,
suam super me, dicens : Noli timere : ego sum 10. 15.
primus et nouissimus : et uiuus, et fui mortuus, 18 Lc. 5. 8.
et ecce sum uiuens in saecula saeculorum, et Apoc. 1. 5. 8.
habeo claues mortis et inferni. Scribe ergo 19 Rom. 6. 9.
quae uidisti, et quae sunt, et quae oportet fieri
post haec : sacramentum septem stellarum 20
quas uidisti in dextera mea, et septem candelabra aurea: septem stellae angeli sunt septem ecclesiarum : et candelabra septem,
septem ecclesiae sunt.

Angelo Ephesi ecclesiae scribe : 2
Haec dicit, qui tenet septem stellas in dextera sua, qui ambulat in medio septem candelabrorum aureorum : Scio opera tua, et labo- 2 19, 3. 1, 8, 15.
rem, et patientiam tuam, et quia non potes
sustinere malos : et temtasti eos qui se dicunt 1 Ioh. 4. 1.
Apostolos, et non sunt, et inuenisti eos men- 2 Cor. 11. 13.
daces : et patientiam habes, et sustinuisti pro- 3

---

¹³ candelabrorum + aureorum GVℬℭ zona aurea Cℬℭ
¹⁴ uelut : tamquam ℬℭ ¹⁶ aurichalco ℬℭ ¹⁶ exibat ℬℭ
2. ¹ + Et *ad init.* ℬ ² Apostolos + esse Vℬℭ, *et* > esse
Apostolos CF

4 pter nomen meum, et non defecisti. Sed habeo aduersus te, quod caritatem tuam primam 5 reliquisti. Memor esto itaque unde excideris, et age paenitentiam, et prima opera fac : sin autem, uenio tibi, et mouebo candelabrum 6 tuum de loco suo, nisi paenitentiam egeris. Sed hoc habes, quia odisti facta Nicolaitarum. 7 quae et ego odi. Qui habet aurem, audiat quid Spiritus dicat ecclesiis : Uincenti, dabo ei edere de ligno uitae, quod est in Paradiso Dei mei.

8 Et angelo Zmyrnae ecclesiae scribe :

Haec dicit primus et nouissimus, qui fuit 9 mortuus, et uiuit : Scio tribulationem tuam, et paupertatem tuam, sed diues es : et blasphemaris ab his qui se dicunt Iudaeos esse, 10 et non sunt, sed sunt synagoga Satanae. Nihil horum timeas quae passurus es. Ecce missurus est diabolus ex uobis in carcerem ut temtemini : et habebitis tribulationem diebus decem. Esto fidelis usque ad mortem, et da- 11 bo tibi coronam uitae. Qui habet aurem, audiat quid Spiritus dicat ecclesiis : Qui uicerit, non laedetur a morte secunda.

12 Et angelo Pergami ecclesiae scribe :

Haec dicit qui habet rompheam utraque 13 parte acutam : Scio ubi habitas, ubi sedes est Satanae : et tenes nomen meum, et non negasti fidem meam : et in diebus Antipas testis meus fidelis, qui occisus est apud uos, ubi 14 Satanas habitat. Sed habeo aduersus te pauca: habes illic tenentes doctrinam Balaam, qui

Apoc. 2. 16,
3. 3, 19.

2. 15.

11, 17, 26, 29,
3. 5, 6, 12. 13,
21, 22, 12. 11,
21. 7.
Gen. 2. 9,
3. 22.
Apoc. 22. 2,
14, 19.
Lc. 23. 43.
2 Cor. 12. 4.
Apoc. 1. 17.
Lc. 6. 20.
Iac. 2. 5.
Apoc. 3. 9.

2 Tim. 4. 8.
Iac. 1. 12.

7, 20. 6.

1. 16, 19. 15.
Heb. 4. 12.

Apoc. 3. 8.

Num. 25. 1,
2, 31. 8, 16.
2 Pet. 2. 15.
Iuda 11.
Act. 15. 20.
1 Cor. 10. 28.

4 aduersum Ѕℭ te + pauca DЅ 5 veniam Ѕ tibi + cito Ѕ 7 om. ei DVЅℭ 8 Smyrnae Ѕℭ 9 synagogae Ѕ 10 diabolus + aliquos Ѕℭ 12 rhomphaeam Ѕℭ; + ex VЅ 13 diebus + illis Ѕℭ 14 pauca: + quia GЅℭ; + quoniam V

docebat Balac mittere scandalum coram filiis
Israhel, edere et fornicari : ita habes et tu 15 Apoc. 2. 6.
tenentes doctrinam Nicolaitarum.   Similiter 16 1. 16, 2. 12.
paenitentiam age : si quo minus, ueniam tibi
cito, et pugnabo cum illis in gladio oris mei.
Qui habet aurem, audiat quid Spiritus dicat 17 7.
ecclesiis : Uincenti, dabo ei manna abscondi-   Ioh. 6. 48-50.
                                                   Es. 62. 2.
tum, et dabo illi calculum candidum, et in
calculo nomen nouum scriptum, quod nemo
scit nisi qui accipit.

Et angelo Thyatirae ecclesiae scribe :   18
Haec dicit Filius Dei, qui habet oculos ut   Apoc. 1. 14.
flammam ignis, et pedes eius similes ori-   15.
chalco : Noui opera tua, et caritatem et fi- 19
dem, et ministerium, et patientiam tuam, et
opera tua nouissima plura prioribus.   Sed ha- 20 3 Reg. (1
beo aduersus te, quia permittis mulierem Hie-   Reg.) 16. 31.
                                                   4 Reg. (2
zabel, quae se dicit propheten, docere, et se-   Reg.) 9. 7.
ducere seruos meos fornicari et manducare
de idolothytis.   Et dedi illi tempus ut paeni- 21
tentiam ageret : et non uult paeniteri a fornicatione sua.   Ecce mitto eam in lectum : et 22
qui moechantur cum ea, in tribulationem
maximam, nisi paenitentiam egerint ab operi-
bus eius : et filios eius interficiam in morte, et 23 Ps. 7. 10 (9).
scient omnes ecclesiae quia ego sum scrutans   Hier. 11. 20,
                                                   17. 10.
renes et corda : et dabo unicuique uestrum
secundum opera uestra.   Uobis autem dico 24 1 Cor. 2. 10.
ceteris qui Thyatirae estis, quicumque non

---

¹⁷ *om.* ei DV𝔖ℭ   ¹⁸ **ut :** tamquam 𝔖ℭ   aurichalco 𝔖ℭ
¹⁹ > fidem, et caritatem + tuam 𝔖ℭ   ²⁰ te + pauca 𝔖ℭ Iezabel
𝔖ℭ   ²¹ poenitere 𝔖ℭ   ²² ecce + ego 𝔖 mittam ℭ   in
tribulatione maxima erunt 𝔖ℭ   egerint ab operibus eius *cum*
A (*sic* ; *perperam* suis *Tisch.*) CFG, *et* eg. ab op. suis DV: > ab operibus suis egerint 𝔖ℭ   ²³ uestra : sua CD𝔖ℭ   ²⁴ dico
+ et 𝔖ℭ qui *pr.* : quia 𝔖ℭ*

habent doctrinam hanc, qui non cognouerunt
altitudines Satanae, quemadmodum dicunt :
3. 11. 25 Non mittam super uos aliud pondus : ᴵ tamen
26 id quod habetis tenete donec ueniam.   Et qui
uicerit, et qui custodierit usque in finem opera
Ps. 2. 8, 9. 27 mea, dabo illi potestatem super gentes, ᴵ et re-
Apoc. 19. 15. get illas in uirga ferrea, tamquam uas figuli
28 confringentur, sicut et ego accepi a Patre meo:
29 et dabo illi stellam matutinam.   Qui habet
aurem, audiat quid Spiritus dicat ecclesiis.

3   Et angelo ecclesiae Sardis scribe :

1. 4, 16.   Haec dicit qui habet septem spiritus Dei,
et septem stellas. Scio opera tua, quia nomen
2 habes quod uiuas, et mortuus es. Esto uigi-
lans, et confirma cetera quae moritura erant :
non enim inuenio opera tua plena coram Deo
16. 15. 3 meo.   In mente ergo habe qualiter acceperis
Mt. 24. 43. et audieris, et serua et paenitentiam age. Si
Lc. 12. 39. ergo non uigilaueris, ueniam tamquam fur, et
1 Thess. 5. 2.
2 Pet. 3. 10. 4 nescies qua hora ueniam ad te. Sed habes
pauca nomina in Sardis qui non inquinauerunt
uestimenta sua : et ambulabunt mecum in al-
Ex. 32. 32. 5 bis, quia digni sunt. Qui uicerit, sic uestietur
Ps. 68. 29
(69. 28). uestimentis albis, et non delebo nomen eius
Phil. 4. 3. de libro uitae, et confitebor nomen eius co-
Apoc. 20. 12.
Mt. 10. 32. 6 ram Patre meo, et coram angelis eius. Qui
Lc. 12. 8. habet aurem, audiat quid Spiritus dicat eccle-
Apoc. 2. 7. siis.

7   Et angelo Philadelphiae ecclesiae scribe :
Iob. 12. 14.   Haec dicit sanctus et uerus, qui habet cla-
Es. 22. 22. uem Dauid : qui aperit, et nemo claudit :
8 claudit, et nemo aperit. ᴵ Scio opera tua. Ecce

---

²⁴ hanc + et D𝔖ℭ   ²⁶ qui *sec. om.* 𝔖ℭ   ²⁷ illas : eas 𝔖ℭ
ferrea + et 𝔖ℭ   3. ³ ueniam *pr. sine addit.* CDFG : + ad te
AV𝔖ℭ   ⁴ ambulabant CG𝔖ℭ : ambulant AFV, ambulauerunt D

dedi coram te ostium apertum, quod nemo potest claudere: quia modicam habes uirtutem, et seruasti uerbum meum, et non negasti nomen meum. Ecce dabo de synagoga Satanae, 9 qui dicunt se Iudaeos esse, et non sunt, sed mentiuntur : ecce faciam illos ut ueniant, et adorent ante pedes tuos : et scient quia ego dilexi te : quoniam seruasti uerbum patientiae 10 meae, et ego te seruabo ab hora temtationis, quae uentura est in orbem uniuersum temtare habitantes in terra. Uenio cito : tene quod 11 habes, ut nemo accipiat coronam tuam. Qui 12 uicerit, faciam illum columnam in templo Dei mei, et foras non egredietur amplius : et scribam super eum nomen Dei mei, et nomen ciuitatis Dei mei nouae Hierusalem quae descendit de caelo a Deo meo, et nomen meum nouum. Qui habet aurem, audiat quid Spiri- 13 tus dicat ecclesiis.

Et angelo Laodiciae ecclesiae scribe : 14

Haec dicit Amen, testis fidelis et uerus, qui est principium creaturae Dei. Scio opera 15 tua, quia neque frigidus es neque calidus : utinam frigidus esses aut calidus : sed quia 16 tepidus es, et nec frigidus nec calidus, incipiam te euomere ex ore meo. Quia dicis, 17 quod diues sum, et locupletatus, et nullius egeo : et nescis quia tu es miser, et miserabilis et pauper, et caecus et nudus : suadeo 18 tibi emere a me aurum ignitum probatum ut locuples fias, et uestimentis albis induaris, et non appareat confusio nuditatis tuae, et collyrio inunge oculos tuos ut uideas. Ego quos 19

Act. 14. 27.
1 Cor. 16. 9.

Apoc. 2. 9.
Es. 45. 14,
49. 23, 60. 14.

Ioh. 17. 6.
Apoc. 2. 10.

1. 3, 2. 5, 10.
Hier. 1. 13.
Gal. 2. 9.
Ezec. 48. 35.
Apoc. 21. 2.
2. 17.

1. 5.
2 Cor. 1. 20.
Col. 1. 15, 18.

Os. 12. 3.
Lc. 12. 19-21.
Ioh. 9. 39-41.
1 Cor. 4. 3.

Mt. 13. 44,
46.
Prou. 8. 19.
1 Pet. 1. 7.
Apoc. 16. 15.
2 Cor. 5. 3.

---

¹⁰ >seruabo te F𝕾ℭ   ¹¹ + Ecce *ad init.* DFV𝕾ℭ   ¹⁴ ecclesie : Scribae 𝕾*   ¹⁷ *om.* quod 𝕾   ¹⁸ et *sec.* : ut 𝕾

Prou. 3. 12.
Heb. 12. 6.
Lc. 12. 36.
Ioh. 14. 23.

Mt. 19. 28.

Apoc. 2. 7.

Ex. 19. 19.

Dan. 2. 29.
Apoc. 1. 10.
Es. 6. 1.
Ezec. 1. 26,
10. 1.
Ex. 24. 10.
Ezec. 1. 26–
28.
Apoc. 5. 11,
7. 11.

Ex. 19. 16.
Apoc. 1. 4,
11. 19.

Ezec. 1. 5, 18.
Apoc. 15. 2.

Ezec. 1. 10,
10. 14.

amo, arguo et castigo : aemulare ergo, et
20 paenitentiam age. Ecce sto ad ostium et
pulso : si quis audierit uocem meam, et aperuerit ianuam, introibo ad illum, et caenabo cum
21 illo, et ipse mecum. Qui uicerit, dabo ei sedere mecum in throno meo : sicut et ego uici,
22 et sedi cum patre meo in throno eius. Qui
habet aurem, audiat quid Spiritus dicat ecclesiis.

4 Post haec uidi, et ecce ostium apertum
in caelo, et uox prima quam audiui, tamquam
tubae loquentis mecum, dicens : Ascende huc,
et ostendam tibi quae oportet fieri post haec.
2 Statim fui in spiritu : et ecce sedes posita erat
3 in caelo, et supra sedem sedens. Et qui sedebat similis erat aspectui lapidis iaspidis, et
sardini : et iris erat in circuitu sedis similis
4 uisioni zmaragdinae. Et in circuitu sedis
sedilia uiginti quattuor : et super thronos
uiginti quattuor seniores sedentes, circum-
amictos uestimentis albis, et in capitibus eorum
5 coronas aureas. Et de throno procedunt fulgura, et uoces, et tonitrua : et septem lampades
ardentes ante thronum, quae sunt septem
6 spiritus Dei. Et in conspectu sedis tamquam
mare uitreum simile crystallo : et in medio
sedis, et in circuitu sedis quattuor animalia
7 plena oculis ante et retro. Et animal primum
simile leoni, et secundum animal simile uitulo,
et tertium animal habens faciem quasi hominis, et quartum animal simile aquilae uolanti.
8 Et quattuor animalia, singula eorum habebant

---

20 aperuerit + mihi 𝔖ℭ   intrabo 𝔖ℭ   4. ¹ fieri + cito 𝔖
² + Et *ad init.* ℭ   ³ sardinis D𝔖ℭ   smaragdinae 𝔖ℭ   ⁴ uiginti-
quattuor *uno uerbo* 𝔖ℭ, *et* 10   circumamicti D𝔖ℭ   coronae
aureae 𝔖ℭ   ⁵ procedebant D𝔖ℭ   quae : qui G*𝔖ℭ

alas senas : et in circuitu et intus plena sunt
oculis : et requiem non habent die et nocte,
dicentia : Sanctus, Sanctus, Sanctus, Dominus
Deus omnipotens, qui erat, et qui est, et qui
uenturus est. Et cum darent illa animalia 9
gloriam, et honorem, et benedictionem sedenti
super thronum, uiuenti in saecula saeculorum,
procident uiginti quattuor seniores ante seden- 10
tem in throno, et adorabunt uiuentem in saecula saeculorum, et mittent coronas suas ante
thronum dicentes : Dignus es, Domine Deus 11
noster, accipere gloriam, et honorem, et uirtutem : quia tu creasti omnia, et propter
uoluntatem tuam erant, et creata sunt.

Et uidi in dextera sedentis super thronum, **5**
librum scriptum intus et foris, signatum sigillis
septem. Et uidi angelum fortem, praedican- 2
tem uoce magna : Quis est dignus aperire librum, et soluere signacula eius ? Et nemo 3
poterat in caelo, neque in terra, neque subtus
terram aperire librum, neque respicere illum.
Et ego flebam multum, quoniam nemo dignus 4
inuentus est aperire librum, nec uidere eum.
Et unus de senioribus dicit mihi : Ne fleueris : 5
ecce uicit leo de tribu Iuda, radix Dauid,
aperire librum, et septem signacula eius. Et 6
uidi, et ecce in medio throni et quattuor animalium, et in medio seniorum, agnum stantem
tamquam occisum, habentem cornua septem,

Es. 6. 2, 3.
Ex. 3. 14,
6. 3.

Apoc. 5. 13,
14.

4. 2.
Ezec. 2. 9.
Dan. 12. 4.

Apoc. 4. 4,
22. 16.
Gen. 49. 9, 10.
Es. 11. 1, 10.
Es. 11. 2,
53. 7.
Apoc. 13. 8.

---

⁸ senas in circuitu : 𝕾 (*om.* et)   habent *cum* CFGV : habebant
AD𝕾ℭ   die et n. CFG : die ac n. ADV𝕾ℭ   ⁹ *om.* uiuenti in
s. saeculorum A   ¹⁰ procident *cum* CF, *cf.* procedunt G :
procidebant 𝕾ℭ, procedebant ADV   adorabunt *cum* G : -bant
ACDFV𝕾ℭ   mittent ACFG : mittebant DV𝕾ℭ   5. ¹ supra
G𝕾ℭ   ³ poterat + neque 𝕾ℭ   ⁵ dixit A𝕾ℭ   et *sec.*
+soluere 𝕾ℭ

et oculos septem : qui sunt spiritus Dei, missi
7 in omnem terram. Et uenit, et accepit de
8 dextera sedentis in throno. Et cum aperuisset
librum, quattuor animalia, et uiginti quattuor
seniores ceciderunt coram agno, habentes
singuli cithuras, et fialas aureas plenas odora-
9 mentorum, quae sunt orationes sanctorum : et
cantant nouum canticum, dicentes : Dignus
es accipere librum, et aperire signacula eius :
quoniam occisus es, et redemisti nos Deo in
sanguine tuo ex omni tribu et lingua, et populo
10 et natione : et fecisti eos Deo nostro regnum
11 et sacerdotes : et regnabunt super terram. Et
uidi, et audiui uocem angelorum multorum
in circuitu throni, et animalium et seniorum :
12 et erat numerus eorum milia milium, ¹ dicentium uoce magna : Dignus est Agnus qui
occisus est, accipere uirtutem et diuinitatem,
et sapientiam et fortitudinem, et honorem et
13 gloriam, et benedictionem. Et omnem crea-
turam, quae in caelo est, et super terram, et
quae sunt in mari, et quae in ea, omnes audiui dicentes : Sedenti in throno, et Agno,
benedictio et honor, et gloria et potestas in
14 saecula saeculorum. Et quattuor animalia
dicebant : Amen. Et seniores ceciderunt et
adorauerunt.

Marginal references:
14. 2, 3.
8. 3, 4.
Ps. 140 (1). 2.
Apoc. 14. 3.
1. 5, 6.
Ex. 19. 6.
Dan. 7. 10.
Phil. 2. 9, 10.
1 Tim. 1. 17.

---

⁶ sunt + septem AᶜCV𝕾𝕮　⁷ throno *sine addit.* A*G* : +librum
FV𝕾𝕮, *et* > librum de dex. sed. in thr. AᶜCDGᶜ　⁸ uiginti-
quattuor *uno uerbo* 𝕾𝕮　phialas 𝕾𝕮　⁹ cantabant 𝕾𝕮　>canticum
nouum DV𝕾𝕮　es + Domine V𝕾𝕮　¹⁰ eos ACG : nos DFV𝕾𝕮
regnabimus 𝕾𝕮　¹³ terram *sine addit.* DFG* : +et sub terra A
(terram) CGᶜV𝕾𝕮　ea AFG*V : eo CGᶜ𝕾𝕮 ; eis D　¹⁴ Et
sec. + uiginti quattuor (*uno uerbo* 𝕾𝕮) V𝕾𝕮　ceciderunt + in
facies suas DV𝕾𝕮　adorauerunt + uiuentem in saecula saeculorum D𝕾𝕮

Et uidi quod aperuisset Agnus unum de 6
septem signaculis, et audiui unum de quattuor
animalibus dicentem, tamquam uocem tonitrui : Ueni. ¹ Et uidi : et ecce equus albus, et 2
qui sedebat super illum habebat arcum, et
data est ei corona, et exiuit uincens ut uin-
ceret.

Et cum aperuisset sigillum secundum, au- 3
diui secundum animal dicens : Ueni. Et exi- 4
uit alius equus rufus : et qui sedebat super
illum, datum est ei ut sumeret pacem de terra,
et ut inuicem se interficiant, et datus est illi
gladius magnus.

Et cum aperuisset sigillum tertium, audiui 5
tertium animal dicens : Ueni. Et uidi : et ecce
equus niger : et qui sedebat super eum, habebat stateram in manu sua. Et audiui tamquam 6
uocem in medio quattuor animalium dicentem : Bilibris tritici denario, et tres bilibres
hordei denario : et uinum et oleum ne laeseris.

Et cum aperuisset sigillum quartum, audiui 7
uocem quarti animalis dicentis : Ueni. Et
uidi : ¹ et ecce equus pallidus : et qui sedebat 8
desuper, nomen illi Mors, et inferus sequebatur eum : et data est illi potestas super
quattuor partes terrae, interficere gladio, fame,
et morte, et bestiis terrae.

Et cum aperuisset quintum sigillum, uidi 9

Apoc. 5. 1,
6. 7, 4. 6.

Zach. 6. 1-3.

4. 7.

Zach. 1. 8,
6. 2.

Apoc. 4. 7.
Zach. 6. 2.

Apoc. 4. 7.
Zach. 6. 3.
Ezec. 5. 12,
17, 14. 15, 21,
33. 27.
Hier. 15. 3.

6. ¹ signaculis : sigillis DF𝔖ℭ   dicens 𝔖ℭ   ¹,² Ueni. Et
uidi ACG* : Ueni, et uide DFGᶜ ; Ueni, et uide. Et uidi V𝔖ℭ
³ Ueni + et uide DGᶜV𝔖ℭ   ⁴ illi : ei D𝔖ℭ   ⁵ Et uidi AFG* :
et uide CDGᶜV𝔖ℭ   eum : illum 𝔖ℭ   ⁶ dicentium DFG𝔖ℭ
denario + uno bis D𝔖   ⁷ Ueni. Et uidi AFG (om. et) : Ueni,
et uide CV𝔖ℭ ; ueni, et uide. Et uidi D   ⁸ desuper CGV : super
eum ADF𝔖ℭ   inferus ACG : infernus DFV𝔖ℭ   ⁹ > sigillum
quintum C𝔖ℭ

subtus altare animas interfectorum propter uerbum Dei, et propter testimonium quod

16. 7, 20. 4.
Ps. 78 (9). 10.
Zach. 1. 12,
13.
Lc. 18. 7, 8.
Apoc. 3. 4.
Heb. 11. 40.

10 habebant, et clamabant uoce magna, dicentes: Usque quo Domine, sanctus et uerus, non iudicas et uindicas sanguinem nostrum de his 11 qui habitant in terra? Et datae sunt illis singulae stolae albae: et dictum est illis ut requiescerent adhuc tempus modicum donec impleantur conserui eorum, et fratres eorum, qui interficiendi sunt sicut et illi.

Es. 13. 10.
Ezec. 32. 7.
Ioel. 2. 31.
Amos. 1. 1.
Zach. 14. 5.
Lc. 21. 25.
Mt. 24. 29.
Es. 34. 4.
Nah. 3. 12.
Apoc. 16. 20.

12 Et uidi cum aperuisset sigillum sextum : et terrae motus factus est magnus, et sol factus est niger tamquam saccus cilicinus, et luna tota 13 facta est sicut sanguis, et stellae caeli ceciderunt super terram, sicut ficus mittit grossos 14 suos cum uento magno mouetur : et caelum recessit sicut liber inuolutus : et omnis mons

Es. 2. 10, 19,
21.

15 et insulae de locis suis motae sunt. Et reges terrae, et principes, et tribuni, et diuites, et fortes, et omnis seruus, et liber absconderunt

Os. 10. 8.
Lc. 23. 30.

16 se in speluncis, et petris montium : et dicunt montibus et petris : Cadite super nos, et abscondite nos a facie sedentis super thronum,

Ioel. 2. 11.
Nah. 1. 6.
Mal. 3. 2.

17 et ab ira Agni : quoniam uenit dies magnus irae ipsorum : et quis poterit stare ?

Hier. 49. 36.
Ezec. 7. 2.
Zach. 6. 5.
Mt. 24. 31.

7 Post haec uidi quattuor angelos stantes super quattuor angulos terrae, tenentes quattuor uentos terrae ne flaret uentus super terram, neque super mare, neque in ullam ar-2 borem. Et uidi alterum angelum ascendentem ab ortu solis, habentem signum Dei uiui: et clamauit uoce magna quattuor angelis, quibus

10 et *tert.* +non 𝕾ℭ   ijs 𝕾ℭ   11 compleantur 𝕾ℭ   12 et *sec.* + ecce V𝕾ℭ   > magnus factus est 𝕾ℭ   13 caeli : de caelo 𝕾ℭ ; *om.* DF   emittit 𝕾ℭ   cum +a FV𝕾ℭ   15 et in petris A𝕾ℭ 7. 1 flarent (*et om.* uentus) FV𝕾ℭ

datum est nocere terrae et mari, ' dicens : No- 3 Ezec. 9. 4, 6.
lite nocere terrae neque mari, neque arboribus,
quoad usque signemus seruos Dei nostri in
frontibus eorum. Et audiui numerum signa- 4 Apoc. 14. 1, 3.
torum, centum quadraginta quattuor milia
signati, ex omni tribu filiorum Israhel.

Ex tribu Iuda duodecim milia signati :   5
Ex tribu Ruben duodecim milia :
Ex tribu Gad duodecim milia :
Ex tribu Aser duodecim milia :   6
Ex tribu Nepthalim duodecim milia :
Ex tribu Manasse duodecim milia :
Ex tribu Symeon duodecim milia :   7
Ex tribu Leui duodecim milia :
Ex tribu Issachar duodecim milia :
Ex tribu Zabulon duodecim milia :   8
Ex tribu Ioseph duodecim milia :
Ex tribu Beniamin duodecim milia signati.
Post haec uidi turbam magnam, quam dinu- 9
merare nemo poterat, ex omnibus gentibus, et
tribubus, et populis, et linguis, stantes ante
thronum, et in conspectu Agni, amicti stolas
albas, et palmae in manibus eorum : et clama- 10 19. 1.
bant uoce magna dicentes: Salus Deo nostro
qui sedet super thronum, et Agno. Et om- 11 4. 4, 5. 11.
nes angeli stabant in circuitu throni, et seniorum, et quattuor animalium : et ceciderunt in
conspectu throni in facies suas, et adorauerunt
Deum, ' dicentes : Amen. Benedictio et clari- 12 5. 12.
tas, et sapientia et gratiarum actio, et honor
et uirtus, et fortitudo Deo nostro in saecula
saeculorum. Amen. ' Et respondit unus de se- 13

---

³ neque *pr.* : et AV𝕾ℭ   ⁵⁻⁸ signati *bis tantum, sc. primo et
ultimo loco, posuimus cum* FG *et gr. fere omn.* : *duodecies ponunt
post* milia ACDV𝕾ℭ *cum gr. min. pauc.*   ⁶ Nephtali 𝕾ℭ
⁷ Simeon 𝕾ℭ   ⁹ stolis albis 𝕾ℭ   ¹² *om.* et (*post* actio) 𝕾ℭ

nioribus, dicens mihi: Hi qui amicti sunt stolis
14 albis, qui sunt et unde uenerunt? Et dixi illi:
Domine mi, tu scis. Et dixit mihi: Hi sunt
qui ueniunt de tribulatione magna, et lauerunt
stolas suas, et dealbauerunt eas in sanguine
15 Agni. Ideo sunt ante thronum Dei, et seruiunt ei die ac nocte in templo eius: et qui
16 sedet in throno habitabit super illos: non esu-
rient neque sitient amplius, nec cadet super
17 illos sol neque ullus aestus: quoniam Agnus
qui in medio throni est, reget illos, et deducet
eos ad uitae fontes aquarum, et absterget Deus
omnem lacrimam ex oculis eorum.

8   Et cum aperuisset sigillum septimum, factum est silentium in caelo, quasi media hora.
2 Et uidi septem angelos stantes in conspectu
Dei: et datae sunt illis septem tubae.
3   Et alius angelus uenit, et stetit ante altare
habens turibulum aureum: et data sunt illi in-
censa multa, ut daret orationibus sanctorum
omnium super altare aureum, quod est ante
4 thronum. Et ascendit fumus incensorum de
orationibus sanctorum de manu angeli coram
5 Deo. Et accepit angelus turibulum, et impleuit illud de igne altaris et misit in terram, et
facta sunt tonitrua, et uoces et fulgura, et terrae motus.
6   Et septem angeli qui habebant septem tu-
bas, parauerunt se ut tuba canerent.
7   Et primus angelus tuba cecinit: et facta est

Side references (left margin):
Ezec. 37. 3.
Dan. 12. 1, 10.
Heb. 9. 14.
1 Ioh. 1. 7.
Apoc. 22. 14.

Ps. 120 (1).
Es. 49. 5, 6. 10.
Ps. 22 (3).
Es. 25. 1, 2. 8.
Ezec. 34. 23.
Apoc. 21. 4.

Hab. 2. 20.
Zach. 2. 13.

Apoc. 5. 8.
Ex. 30. 1-6.

Ps. 140 (1). 2.

Leu. 16. 12.
Apoc. 4. 5.

13 dicens: et dixit 𝕾ℭ   14 ueniunt *cum* FG: uenerunt ACD
V𝕾ℭ   17 ex: ab DV𝕾ℭ   8. 3 thuribulum ℭ (*non* 𝕾)
daret + de DV𝕾ℭ   thronum + Dei 𝕾ℭ   5 thuribulum ℭ (*non*
𝕾); + aureum 𝕾   motus: + magnus V𝕾ℭ (*non* A *ut uult*
Tisch.); + factus est (*om.* est G*) magnus G   6 praeparaue-
runt 𝕾ℭ

grando et ignis, mixta in sanguine, et missum
est in terram : et tertia pars terrae combusta
est, et tertia pars arborum combusta est, et
omne faenum uiride combustum est.

Et secundus angelus tuba cecinit : et tam- 8
quam mons magnus igne ardens missus est in
mare, et facta est tertia pars maris sanguis, ¦ et 9
mortua est tertia pars creaturae quae habent
animas, et tertia pars nauium interiit.

Et tertius angelus tuba cecinit : et cecidit 10
de caelo stella magna, ardens tamquam facula,
et cecidit in tertiam partem fluminum, et in
fontes aquarum : et nomen stellae dicitur Ab- 11
sinthius ; et facta est tertia pars aquarum in
absinthium : et multi hominum mortui sunt
de aquis, quia amarae factae sunt.

Et quartus angelus tuba cecinit : et percussa 12
est tertia pars solis, et tertia pars lunae, et tertia pars stellarum, ut obscuraretur tertia pars
eorum, et diei non luceret pars tertia, et nox
similiter.

Et uidi, et audiui uocem unius aquilae uo- 13
lantis per medium caelum, dicentis uoce magna : Uae, uae, uae habitantibus in terra de ceteris uocibus tubae trium angelorum, qui erant
tuba canituri.

Et quintus angelus tuba cecinit : et uidi 9
stellam de caelo cecidisse in terram, et data
est illi clauis putei abyssi. Et aperuit puteum 2
abyssi : et ascendit fumus putei, sicut fumus

Ex. 9. 23, 24.
Ezec. 38. 22.
Ioel. 2. 30.

Hier. 51. 25.
Ex. 7. 17, 19.
Apoc. 16. 3.

Es. 14. 12.

Ex. 15. 23.

Ex. 10. 21-3.
Es. 13. 10.

Apoc. 9. 1, 13,
11. 15.

Apoc. 8. 10,
20. 1.

Gen. 19. 28.
Ioel. 2 10.

---

⁷ mista 𝔖ℭ   combusta *sec.* : concremata 𝔖ℭ   ⁹ creaturae
+eorum 𝔖ℭ   habebant V𝔖ℭ   animas + in mari C𝔖ℭ   ¹¹ Ab-
sinthius ADV, absentius F, absinthus G, habsintus C : Absinthium
𝔖ℭ   ¹² stellarum + ita V𝔖ℭ   nox ACG: nocte FV: noctis D𝔖ℭ
¹³ caeli 𝔖ℭ   tubae *om.* V𝔖ℭ   9. ¹ illi : ei 𝔖ℭ   ² *om.* et aper.
p. abyssi AD

fornacis magnae : et obscuratus est sol et aer
3 de fumo putei. Et de fumo exierunt lucustae
in terram, et data est illis potestas, sicut ha-
4 bent potestatem scorpiones terrae : et praeceptum est illis ne laederent faenum terrae, neque
omne uiride, neque omnem arborem : nisi tantum hómines qui non habent signum Dei in
5 frontibus suis. Et datum est illis ne occiderent eos, sed ut cruciarentur mensibus quinque :
et cruciatus eorum, ut cruciatus scorpii cum
6 percutit hominem. Et in diebus illis quaerent
homines mortem, et non inuenient eam : et
7 desiderabunt mori, et fugiet mors ab ipsis. Et
similitudines lucustarum, similes equis paratis
in proelium : et super capita earum tamquam
coronae similes auro : et facies earum sicut
8 facies hominum. Et habebant capillos sicut
capillos mulierum : et dentes earum sicut leo-
9 num erant : et habebant loricas sicut loricas
ferreas, et uox alarum earum sicut uox curruum
10 equorum multorum currentium in bellum : et
habebant caudas similes scorpionum, et aculei
in caudis earum : potestas earum nocere ho-
11 minibus mensibus quinque. Et habebant super se regem, angelum abyssi, cui nomen Hebraice Abaddon, Graece autem Apollyon : et
Latine habet nomen Exterminans.
12   Uae unum abiit : ecce ueniunt adhuc duo
uae post haec.
13   Et sextus angelus tuba cecinit : et audiui

Ex. 10. 4.
Ioel. 2. 25.

Apoc. 7. 3.

Iob. 3. 21.
Hier. 8. 3.

Ioel. 2. 4.

Ioel. 1. 6.

Ioel. 2. 5.

Apoc. 8. 13,
11. 14.

8. 3.

---

³ fumo + putei FV𝔖ℭ   locustae 𝔖ℭ   ⁴ *om.* suis ACD
⁵ cruciarent 𝔖ℭ   ⁶ ipsis : eis DF𝔖ℭ, illis V   ⁷ locustarum
𝔖ℭ   praelium ℭ (*non* 𝔖)   sicut : tamquam 𝔖ℭ   sicut
sec. + dentes D𝔖ℭ   ¹⁰ aculei + erant FV𝔖ℭ   earum *pr.* + et
D𝔖ℭ   ¹¹ et *sec. om.* 𝔖ℭ   habens V𝔖ℭ   ¹² abiit ADF :
+ et CGV𝔖ℭ

uocem, unum ex cornibus altaris aurei, quod
est ante oculos Dei, dicentem sexto angelo, 14 10. 12.
qui habebat tubam : Solue quattuor angelos,
qui alligati sunt in flumine magno Eufrate. Et 15 8. 7.
soluti sunt quattuor angeli, qui parati erant in
horam, et diem, et mensem, et annum : ut occiderent tertiam partem hominum. Et nume- 16
rus equestris exercitus uicies milies dena milia:
audiui numerum eorum. Et ita uidi equos in 17
uisione : et qui sedebant super eos, habebant
loricas igneas, et hyacintinas, et sulphureas, et
capita equorum erant tamquam capita leonum:
et de ore ipsorum procedit ignis, et fumus, et
sulphur. Ab his tribus plagis occisa est tertia 18
pars hominum, de igne, et fumo, et sulphure,
qui procedebat ex ore ipsorum. Potestas enim 19
equorum in ore eorum est, et in caudis eorum:
nam caudae eorum similes serpentibus, ha-
bentes capita : et in his nocent. Et ceteri 20 Ps. 113 (5). 4,
homines, qui non sunt occisi in his plagis, ne-   134 (5). 15
que paenitentiam egerunt de operibus ma-   17.
nuum suarum, ut non adorarent daemonia et   Es. 2. 8, 44.
                                             10-20.
simulacra aurea et argentea, et aerea et lapidea, Dan. 5. 4.
et lignea, quae neque uidere possunt, neque   1 Cor. 10. 20.
audire, neque ambulare : et non egerunt pae- 21 4 Reg. (2
nitentiam ab homicidiis suis, neque a uenefi-   Reg) 9. 22.
ciis suis, neque a fornicatione sua, neque a
furtis suis.

  Et uidi alium angelum fortem descenden- 10 Apoc. 5. 2,
tem de caelo, amictum nube et iris in capite   18. 21.
eius, et facies eius erat ut sol, et pedes eius

---

13 uocem unam CD𝔖ℭ   ex +quattuor 𝔖ℭ   14 Euphrate 𝔖ℭ
16 milia + et CD𝔖ℭ   17 hyacinthinas 𝔖ℭ   ipsorum : eorum
𝔖ℭ   18 + Et ad init. 𝔖ℭ   et pr. + de 𝔖ℭ   quae procedebant
𝔖ℭ   ex : de 𝔖ℭ   20 adorent AG   simulacra etiam ℭ :
simulachra 𝔖

sua libellum apertum : et posuit pedem suum
dextrum super mare, sinistrum autem super
3 terram : et clamauit uoce magna, quemadmodum cum leo rugit. Et cum clamasset, locuta
4 sunt septem tonitrua uoces suas. Et cum
locuta fuissent septem tonitrua, scripturus
eram : et audiui uocem de caelo dicentem :
Signa quae locuta sunt septem tonitrua : noli
5 ea scribere. Et angelus, quem uidi stantem
supra mare, et supra terram, leuauit manum
6 suam ad caelum : et iurauit per uiuentem in
saecula saeculorum, qui creauit caelum et ea
quae in illo sunt, et terram et ea quae in ea
sunt, et mare et ea quae in eo sunt : Quia tem-
7 pus amplius non erit : sed in diebus uocis sep-
timi angeli, cum coeperit tuba canere, consum-
mabitur mysterium Dei, sicut euangelizauit
8 per seruos suos prophetas. Et uox quam audiui de caelo iterum loquentem mecum, et dicentem : Uade, accipe librum apertum de manu angeli stantis supra mare, et supra terram.
9 Et abii ad angelum, dicens ei ut daret mihi
librum. Et dicit mihi : Accipe librum, et de-
uora illum : et faciet amaricare uentrem tuum,
10 sed in ore tuo erit dulce tamquam mel. Et
accepi librum de manu angeli, et deuoraui
eum : et erat in ore meo tamquam mel dulce :

Hier. 25. 30.
Os. 11. 10.
Ioel. 3. 16.
Am. 1. 2.
Dan. 8. 26, 12. 4.
Gen. 14. 22.
Dan. 12. 7.
Am. 3. 7.
Dan. 9. 10.
Ezec. 2. 8– 3. 3.

10. ¹ columnae C𝔖ℭ   ⁴ tonitrua *pr.* + uoces suas V𝔖ℭ ;
deinde + ego ℭ, + et ego 𝔖   dicentem + mihi 𝔖ℭ   tonitrua
sec. + et 𝔖ℭ   ⁵ angelum ACFG   super *bis* DG𝔖ℭ, *sec.* V
⁶ illo : eo D𝔖ℭ   ea *quart.* ADV𝔖ℭ : *om.* CFG   > non erit
amplius 𝔖ℭ   ⁷ canere *sine addit.* CFV𝔖ℭ : + et AG, + tunc D
⁸ Et uox quam audiui : et uocem audiui D, > Et audiui vocem
𝔖ℭ   Uade + et D𝔖ℭ   super *bis* D𝔖ℭ, *sec.* V   ⁹ dixit 𝔖ℭ
amaricari 𝔖ℭ   ¹⁰ eum *pr.* : illum D𝔖ℭ

et cum deuorassem eum, amaricatus est uenter
meus. Et dicunt mihi : Oportet te iterum pro- 11   Hier. 1. 10
phetare populis et gentibus, et linguis, et regibus multis.

Et datus est mihi calamus similis uirgae, di- **11** Ezec. 40. 3.
cens : Surge et metire templum Dei, et altare,   Zach. 2. 1, 2.
et adorantes in eo. Atrium autem, quod est 2   Apoc. 21.
foris templum, eice foras, et ne metieris eum :   15, 16.
quoniam datum est gentibus, et ciuitatem   Ezec. 40. 17.
sanctam calcabunt mensibus quadraginta duo-   20.
bus. Et dabo duobus testibus meis, et pro- 3   Ps. 78 (9). 1.
phetabunt diebus mille ducentis sexaginta,   l.c. 21. 24.
amicti saccos. Hi sunt duae oliuae et duo 4   Apoc. 13. 5.
candelabra in conspectu Domini terrae stantes.   12. 6.
Et si quis eos uoluerit nocere, ignis exiet de 5   Zach. 4. 3.
ore illorum, et deuorabit inimicos eorum : et   11-14.
si quis uoluerit eos laedere, sic oportet eum   4 Reg. (2
occidi. Hi habent potestatem claudendi cae- 6   Reg.) 1. 10,
lum, ne pluat diebus prophetiae ipsorum : et   12.
potestatem habent super aquas conuertendi   Lc. 9. 54.
eas in sanguinem, et percutere terram omni   3 Reg. (1
plaga quotienscumque uoluerint. Et cum 7   Reg.) 17. 1.
finierint testimonium suum, bestia quae as-   Iac. 5. 17.
cendit de abysso faciet aduersus illos bellum,   Ex. 7. 20.
et uincet illos, et occidet illos. Et corpora 8   Apoc. 13. 1
eorum in plateis ciuitatis magnae quae uoca-   17. 8.
tur spiritaliter Sodoma et Aegyptus, ubi et Do-   Dan. 7. 21.
minus eorum crucifixus est. Et uidebunt de 9   Apoc. 16. 19
populis et tribubus, et linguis et gentibus cor-   17. 18, 18.
  Es. 1. 10.

---

[11] dicunt A*CG : dicit AᶜDFV, dixit 𝔖ℭ   > Gentibus, et populis
𝔖ℭ   **11.** [1] dicens : et dictum est mihi 𝔖ℭ   [2] foris : infra 𝔖
metiaris A𝔖ℭ   eum : illud 𝔖ℭ   [3] saccis V𝔖ℭ   [4] stantia 𝔖
[5] > voluerit eos *pr.* 𝔖ℭ   illorum : eorum D𝔖ℭ, ipsorum A
[7] aduersum 𝔖ℭ   illos *pr.* : eos DG𝔖ℭ   illos *tert.* : eos D𝔖ℭ
[8] **eorum** *sine addit.* A*FG : +iacebunt DV𝔖ℭ, *et* > in plat. ciu.
magnae iacebunt AᶜC   [9] > tribubus, et populis 𝔖ℭ

pora eorum per tres dies et dimidium : et corpora eorum non sinunt poni in monumentis.

10 Et inhabitantes terram gaudebunt super illos,
et iucundabuntur: et munera mittent inuicem,
quoniam hi duo prophetae cruciauerunt eos

Ezec. 37. 10.   11 qui inhabitant super terram.   Et post dies
tres et dimidium, spiritus uitae a Deo intrauit
in eos : et steterunt super pedes suos, et timor
magnus cecidit super eos qui uiderunt eos.

Apoc. 4. 1.   12 Et audierunt uocem magnam de caelo dicen
4 Reg. (2   tem illis : Ascendite huc.   Et ascenderunt in
Reg.) 2. 11.   caelum in nube : et uiderunt illos inimici eo-

Apoc. 6. 12.   13 rum.   Et in illa hora factus est terrae motus
magnus, et decima pars ciuitatis cecidit : et
occisi sunt in terrae motu nomina hominum

Ios. 7. 19.   septem milia: et reliqui in timorem sunt missi,
Ioh. 9. 24.   et dederunt gloriam Deo caeli.

Apoc. 9. 12.   14   Uae secundum abiit : ecce uae tertium ueniet cito.

10. 7.   15   Et septimus angelus tuba cecinit : et factae
Dan. 2. 44,   sunt uoces magnae in caelo dicentes : Fa-
7. 27.   ctum est regnum huius mundi, Domini nostri
Lc. 1. 33.   et Christi eius, et regnabit in saecula saeculo-

Apoc. 4. 4,   16 rum.   Et uiginti quattuor seniores, qui in con-
10.   spectu Dei sedent in sedibus suis, ceciderunt

4. 8, 19. 6.   17 in facies suas, et adorauerunt Deum, dicentes :
Gratias agimus tibi Domine Deus omnipotens,
qui es, et qui eras : quia accepisti uirtutem

Ps. 2. 1, 5.   18 tuam magnam, et regnasti. Et iratae sunt gentes,
Dan. 7. 10.   et aduenit ira tua, et tempus mortuorum iudi-
Apoc. 20. 12.   cari, et reddere mercedem seruis tuis prophe-
2 Thess. 1. 6,   tis, et sanctis, et timentibus nomen tuum pu-
7.

---

9 sinent 𝔖ℭ   10 habitabant 𝔖ℭ   12 illis : eis 𝔖ℭ   13 occisa
F𝔖ℭ   14 abiit + et A𝔖ℭ   15 saeculorum + Amen C𝔖ℭ
17 Deus + noster G𝔖   eras + et qui uenturus es 𝔖ℭ

sillis et magnis, et exterminandi eos qui cor-
ruperunt terram.

Et apertum est templum Dei in caelo : et 19   Apoc. 11. 1,
uisa est arca testamenti eius in templo eius,   15. 5.
et facta sunt fulgura, et uoces, et terrae motus,   3 Reg. (1 Reg.) 8. 6.
et grando magna.   Heb. 9. 4.

Et signum magnum apparuit in caelo : mu- 12   Apoc. 15. 1.
lier amicta sole, et luna sub pedibus eius, et
in capite eius corona stellarum duodecim : et 2
in utero habens et clamat parturiens, et crucia-
tur ut pariat.   Et uisum est aliud signum in 3   13. 2, 4,
caelo : et ecce draco magnus rufus, habens   16. 13, 20. 2.
capita septem et cornua decem : et in capiti-   Dan. 7. 7.
bus suis septem diademata, et cauda eius tra- 4   Dan. 8. 10.
hebat tertiam partem stellarum caeli, et misit
eas in terram : et draco stetit ante mulierem
quae erat paritura, ut cum peperisset, filium   Mt. 2. 16.
eius deuoraret.   Et peperit filium masculum, 5   Ps. 2. 9.
qui recturus erit omnes gentes in uirga ferrea :   Apoc. 2. 27, 19. 15.
et raptus est filius eius ad Deum, et ad thro-
num eius.   Et mulier fugit in solitudinem, ubi 6   11. 2, 3, 13. 5.
habet locum paratum a Deo, ut ibi pascant
illam diebus mille ducentis sexaginta.

Et factum est proelium in caelo : Michahel 7   Dan. 10. 13,
et angeli eius proeliabantur cum dracone : et   21, 12. 1.
draco pugnabat et angeli eius : et non ualu- 8   Iuda 9.
erunt, neque locus inuentus est eorum amplius
in caelo.   Et proiectus est draco ille magnus, 9   Lc. 10. 18.
serpens antiquus, qui uocatur Diabolus, et Sa-   Ioh. 12. 31.
tanas, qui seducit uniuersum orbem : proiectus   Gen. 3. 1, 14.

---

19 uoces + et tonitrua $ 12. 1 paruit AG   2 et *sec. om.*
D$ℭ   clamat CG, clamabat DFV$ℭ : clamans A   cruciabatur
$ℭ   3 suis : eius CF$ℭ   > diademata septem $ℭ   5 erit :
erat $ℭ   6 habebat D$ℭ   illam : eam $ℭ   7 proelium
(prael. ℭ) + magnum $ℭ   Michael $ℭ   praeliabantur ℭ (*non*
$)   9 orbem + et $ℭ

est in terram, et angeli eius cum illo missi sunt.

Apoc. 11. 15. 10 Et audiui uocem magnam in caelo dicentem : Nunc facta est salus et uirtus, et regnum Dei

Iob. 1. 9, 2. 5. Zach. 3. 1. nostri et potestas Christi eius : quia proiectus est accusator fratrum nostrorum, qui accusabat illos ante conspectum Dei nostri die ac

Apoc. 7. 14, 15. 2. 11 nocte. Et ipsi uicerunt illum propter sanguinem Agni, et propter uerbum testimonii sui, et non dilexerunt animas suas usque ad mortem.

Ps. 95 (6). 11. Es. 44. 23. 12 Propterea laetamini caeli, et qui habitatis in eis. Uae terrae et mari, quia descendit diabolus ad uos, habens iram magnam, sciens quod modicum tempus habet.

13 Et postquam uidit draco quod proiectus est in terram, persecutus est mulierem quae pe-

Dan. 7. 25, 12. 7. 14 perit masculum : et datae sunt mulieri duae alae aquilae magnae ut uolaret in desertum in locum suum, ubi alitur per tempus et tempora, et dimidium temporis a facie serpentis.

15 Et misit serpens ex ore suo post mulierem aquam tamquam flumen, ut eam faceret trahi

16 a flumine. Et adiuuit terra mulierem, et aperuit terra os suum, et absorbuit flumen quod

Gen. 3. 15. 17 misit draco de ore suo. Et iratus est draco in mulierem: et abiit facere proelium cum reli-

Apoc. 14. 12. quis de semine eius, qui custodiunt mandata

18 Dei, et habent testimonium Iesu. Et stetit super harenam maris.

12. 3, 16. 13, 17. 12. **13** Et uidi de mare bestiam ascendentem, habentem capita septem et cornua decem, et super cornua eius decem diademata, et super

Dan. 7. 4—7. 2 capita eius nomina blasphemiae. Et bestia

---

¹¹ illum : eum 𝕾ℭ   animam suam AG   ¹³ est *pr.* : esset F𝕾ℭ   ¹⁴ >alae duae 𝕾ℭ   ¹⁷ praelium ℭ (*non* 𝕾)   Iesu + Christi C𝕾ℭ   ¹⁸ steti CG   supra F𝕾ℭ   13. ¹ mari DV𝕾ℭ

600

quam uidi, similis erat pardo, et pedes eius
sicut ursi, et os eius sicut os leonis. Et dedit
illi draco uirtutem suam, et potestatem magnam. Et unum de capitibus suis quasi occi- 3
sum in mortem : et plaga mortis eius curata
est. Et admirata est uniuersa terra post bestiam. Et adorauerunt draconem, quia dedit 4
potestatem bestiae : et adorauerunt bestiam,
dicentes : Quis similis bestiae ? et quis poterit
pugnare cum ea ? Et datum est ei os loquens 5
magna, et blasphemiae : et data est illi potestas
facere menses quadraginta duos. Et aperuit 6
os suum in blasphemias ad Deum, blasphemare
nomen eius et tabernaculum eius, et eos qui
in caelo habitant. Et datum est illi bellum 7
facere cum sanctis, et uincere illos : et data
est ei potestas in omnem tribum et populum,
et linguam et gentem : et adorabunt eum om- 8
nes qui inhabitant terram, quorum non sunt
scripta nomina in libro uitae Agni qui occisus
est ab origine mundi. Si quis habet aurem, 9
audiat. Qui in captiuitatem, in captiuitatem 10
uadit : qui in gladio occiderit, oportet eum
gladio occidi. Hic est patientia et fides
sanctorum.

Et uidi aliam bestiam ascendentem de terra, 11
et habebat cornua duo similia Agni, et loquebatur sicut draco. Et potestatem prioris be- 12
stiae omnem faciebat in conspectu eius : et
fecit terram et inhabitantes in ea adorare be-

Marginal references:

Apoc. 17. 8. 11.

Dan. 7. 8, 11, 20. 2 Thess. 2. 4. Apoc. 11. 2, 12. 6.

11. 7. Dan. 7. 21.

Dan. 12. 1. Apoc. 17. 8.

Hier. 15. 2. Zach. 11. 9. Mt. 26. 52. Apoc. 14. 12.

16. 13.

² sicut *pr.* + pedes 𝔖ℭ   ³ et *ad init. sine addit.* ACG : + uidi
DFV𝔖ℭ   ⁴ quia : qui 𝔖ℭ   ⁵ et blasphemiae : et
blasphemias D𝔖ℭ; blasphemiae (*sine* et) A   illi : ei D𝔖ℭ
⁷ > est datum 𝔖ℭ   illos : eos 𝔖ℭ   ei : illi 𝔖ℭ   ⁸ adorauerunt V𝔖ℭ   eam G*𝔖ℭ   ¹⁰ captiuitatem *pr.* + duxerit DV𝔖ℭ
uadet C𝔖ℭ   ¹² habitantes AG𝔖ℭ

stiam primam, cuius curata est plaga mortis.

Mt. 24. 24.
2 Thess. 2.
9-11.
3 Reg. (1
Reg.) 18. 38.
4 Reg. (2
Reg.) 1. 10.
Apoc. 19. 20.
14. 9, 11.

13 Et fecit signa magna, ut etiam ignem faceret de caelo descendere in terram in conspectu 14 hominum. Et seducit habitantes terram propter signa quae data sunt illi facere in conspectu bestiae, dicens habitantibus in terra, ut faciant imaginem bestiae quae habet plagam gladii, et 15 uixit. Et datum est illi ut daret spiritum imagini bestiae, ut et loquatur imago bestiae : et faciat ut quicumque non adorauerit imaginem

16. 2.

16 bestiae, occidatur. Et faciet omnes, pusillos et magnos, et diuites et pauperes, et liberos et seruos, habere caracter in dextera manu aut 17 in frontibus suis : et ne quis possit emere aut uendere, nisi qui habet caracter nominis be-

17. 9.

18 stiae, aut numerum nominis eius. Hic sapientia est. Qui habet intellectum, computet numerum bestiae: numerus enim hominis est : et numerus eius est sescenti sexaginta sex.

7. 4, 22. 4.

14 Et uidi : et ecce Agnus stabat supra montem Sion, et cum illo centum quadraginta quattuor milia habentes nomen eius et nomen Patris

1. 15, 19. 6.
15. 2, 3.

2 eius scriptum in frontibus suis. Et audiui uocem de caelo, tamquam uocem aquarum multarum, et tamquam uocem tonitrui magni : et uocem quam audiui, sicut citharoedorum

5. 9.
Ps. 32 (3). 3.

3 citharizantium in citharis suis. Et cantabant quasi canticum nouum ante sedem, et ante quattuor animalia, et seniores : et nemo poterat dicere canticum, nisi illa centum quadra-

---

14 seduxit 𝕾ℭ terram: in terra D𝕾ℭ, in terram V   15 > et
vt 𝕾ℭ   ut *tert. om.* AG   adorauerint G𝕾ℭ   occidantur AG𝕾ℭ
16 characterem (D)𝕾ℭ   manu + sua 𝕾ℭ   17 caracterem (D)G,
characterem 𝕾ℭ   nominis CDFV : nomen G, aut nomen 𝕾ℭ ;
nomine A   18 est *tert. om.* C𝕾ℭ   sexcenti C𝕾ℭ   14. 1 illo :
eo 𝕾ℭ   3 discere Gᶜ

ginta quattuor milia, qui empti sunt de terra.
Hi sunt qui cum mulieribus non sunt coinqui- 4
nati : uirgines enim sunt. Hi sunt qui sequuntur Agnum quocumque abierit. Hi empti
sunt ex hominibus primitiae Deo et Agno, | et 5
in ore ipsorum non est inuentum mendacium :
sine macula sunt.

Et uidi alterum angelum uolantem per me- 6
dium caelum, habentem euangelium aeternum,
ut euangelizaret sedentibus super terram, et
super omnem gentem, et tribum, et linguam,
et populum : | dicens magna uoce : Timete 7
Deum, et date illi honorem, quia uenit hora
iudicii eius : et adorate eum qui fecit caelum,
et terram, et mare, et fontes aquarum.

Et alius angelus secutus est dicens: Cecidit, 8
cecidit Babylon illa magna : quae a uino irae
fornicationis suae potionauit omnes gentes.

Et alius angelus tertius secutus est illos, di- 9
cens uoce magna : Si quis adorauerit bestiam,
et imaginem eius, et acceperit caracterem in
fronte sua, aut in manu sua : et hic bibet de 10
uino irae Dei, qui mixtus est mero in calice
irae ipsius, et cruciabitur igne et sulphure in
conspectu angelorum sanctorum, et ante conspectum Agni : et fumus tormentorum eorum 11
in saecula saeculorum ascendit : nec habent
requiem die ac nocte, qui adorauerunt bestiam
et imaginem eius, et si quis acceperit caracte-

Marginal references:
2 Cor. 11. 2.
Iac. 1. 18.
Soph. 3. 13.
Apoc. 8. 13.
Mt. 24. 14.
Mc. 13. 10.
Apoc. 15. 4.
18. 2.
Es. 21. 9.
Hier. 51. 3.
Apoc. 13.
14-16.
16. 19. 18. 6.
Es. 34. 9, 10.
Gen. 19. 24.
2 Thess. 1. 3.
Ps. 74. 9 (75. 8).
Apoc. 16. 19,
19. 15, 20. 10.
19. 3.
Es. 34. 10.
Apoc. 13.
14-17.

---

⁴ hi sunt qui *sec. cum* DF : hi qui AG ; hi *tantum* CV𝔖ℭ ierit
FV𝔖ℭ hominibus : omnibus A*CF ⁵ ipsorum : eorum 𝔖ℭ
macula + enim AᶜCD𝔖ℭ sunt + ante thronum Dei 𝔖ℭ ⁶ caeli
𝔖ℭ ⁷ Deum : Dominum 𝔖ℭ *om.* et (*ante* mare) DF𝔖ℭ
⁸ potionauit : potauit CV𝔖ℭ ⁹ *om.* alius AᶜV𝔖ℭ > tertius
Angelus 𝔖ℭ characterem 𝔖ℭ ¹⁰ quod mixtum D, quod
mistum 𝔖ℭ ¹¹ ascendit AF : ascendet CDGV𝔖ℭ > asc. in
saec. saeculorum 𝔖ℭ accepit AC(D)Gᶜ characterem 𝔖ℭ

12. 17, 13. 10. 12 rem nominis eius. Hic patientia sanctorum est, qui custodiunt mandata Dei, et fidem Iesu.

20. 6.
1 Cor. 15.
54-58.
13 Et audiui uocem de caelo dicentem: Scribe: Beati mortui qui in Domino moriuntur. A modo iam dicit Spiritus, ut requiescant a laboribus suis : opera enim illorum sequuntur illos.

Dan. 7. 13.
Apoc. 1. 13.
14 Et uidi et ecce nubem candidam : et super nubem sedentem similem Filio hominis, habentem in capite suo coronam auream, et in

Ioel. 3. 13.
Mc. 4. 29.
Hier. 51. 33.
15 manu sua falcem acutam. Et alter angelus exiuit de templo, clamans uoce magna ad sedentem super nubem : Mitte falcem tuam et mete, quia uenit hora ut metatur, quoniam 16 aruit messis terrae. Et misit qui sedebat super nubem falcem suam in terram, et messa est terra.

17 Et alius angelus exiuit de templo quod est 18 in caelo, habens et ipse falcem acutam. Et alius angelus de altari, qui habet potestatem supra ignem : et clamauit uoce magna ad eum qui habebat falcem acutam, dicens : Mitte falcem tuam acutam, et uindemia botros uineae

Apoc. 19. 15. 19 terrae : quoniam maturae sunt uuae eius. Et misit angelus falcem suam in terram, et uindemiauit uineam terrae, et misit in lacum irae

Es. 63. 3.
Lam. 1. 15.
20 Dei magnum : et calcatus est lacus extra ciuitatem, et exiuit sanguis de lacu usque ad frenos equorum per stadia mille sescenta.

Apoc. 16. 1.
17. 1, 21. 9.
15 Et uidi aliud signum in caelo, magnum et mirabile, angelos septem habentes plagas se-

---

¹³ dicentem + mihi D𝔖ℭ   ¹⁵ alter : alius 𝔖ℭ   ¹⁶ messa est terra AC (terram) DG. et demessa est terra ℭ : messuit terram FV ; demessuit eam 𝔖   ¹⁸ angelus + exiuit 𝔖ℭ   habet : habebat 𝔖ℭ   om. ad eum Λ*CFG   ¹⁹ suam + acutam 𝔖ℭ   ²⁰ sescenta AD (cf. 13. 18) : sexcenta CFGV𝔖ℭ

ptem nouissimas, quoniam in illis consummata
est ira Dei.

Et uidi tamquam mareuitreummixtum igne, 2
et eos qui uicerunt bestiam, et imaginem illius,
et numerum nominis eius, stantes supra mare
uitreum, habentes citharas Dei : et cantantes 3
canticum Mosi serui Dei, et canticum Agni,
dicentes : Magna et mirabilia opera tua, Domine Deus omnipotens : iustae et uerae uiae
tuae, Rex saeculorum. Quis non timebit te, 4
Domine, et magnificabit nomen tuum ? quia
solus pius : quoniam omnes gentes uenient et
adorabunt in conspectu tuo, quoniam iudicia
tua manifestata sunt.

Et post haec uidi, et ecce apertum est tem- 5
plum tabernaculi testimonii in caelo : et exie- 6
runt septem angeli habentes septem plagas de
templo, uestiti lapide mundo candido, et praecincti circa pectora zonis aureis. Et unus ex 7
quattuor animalibus dedit septem angelis septem fialas aureas plenas iracundiae Dei uiuentis in saecula saeculorum. Et impletum 8
est templum fumo a maiestate Dei, et de uirtute
eius : et nemo poterat introire in templum
donec consummarentur septem plagae septem
angelorum.

Et audiui uocem magnam de templo di- 16
centem septem angelis : Ite, et effundite septem fialas irae Dei in terram.

Et abiit primus et effudit fialam suam in 2

Marginal references:

4. 6, 12. 11,
13. 14, 17.

Ex. 15. 1.
Dt. 32.
Apoc. 5. 9,
12.
Ps. 65 (6). 3,
138 (9). 14.
Hier. 10. 7.
Ps. 85 (6). 9,
64. 3 (65. 2).
Mal. 1. 11.

Apoc. 11. 19.
Ex. 25. 21, 22.
Ezec. 28. 13.
Apoc. 1. 13.

4. 6.

Ex. 40. 32,
33.
3 Reg. (1
Reg.) 8. 10.
11.
Es. 6. 4.

Ps. 78 (9). 6.
Hier. 10. 25.
Soph. 3. 8.

15. ² mistum 𝔖ℭ   illius : eius V𝔖ℭ   supra : super AD𝔖ℭ
³ mirabilia + sunt 𝔖ℭ   uerae + sunt 𝔖ℭ   tuae + Domine 𝔖
⁴ pius *sine addit.* A*CG : + es AᶜDFV𝔖ℭ   manifestata *cum*
AGᶜV, *et* manifesta DF𝔖ℭ : magnificata CG*   ⁶ lapide : lintiamine
D ; lino 𝔖ℭ   mundo + et 𝔖ℭ   ⁷ unum D𝔖ℭ   ex : de C𝔖ℭ
16. ² primus + Angelus 𝔖

Dt. 28. 35.
Ex. 9. 9–11.
Apoc. 13.
13–16.
terram : et factum est uulnus saeuum ac pessimum in homines qui habent caracterem bestiae, et eos qui adorauerunt imaginem eius.

Ex. 7. 20.
Apoc. 8. 8, 9.
Sap. 11. 7.
3 Et secundus effudit fialam suam in mare, et
factus est sanguis tamquam mortui : et omnis
anima uiuens mortua est in mari.

4 Et tertius effudit fialam suam super flumina,
et super fontes aquarum, et factus est sanguis.

Ps. 118 (9).
137.
Apoc. 11. 17.
18. 24.
Es. 49. 26.
5 Et audiui angelum aquarum dicentem: Iustus
es, qui es et qui eras, sanctus, quia haec iudi-
6 casti : quia sanguinem sanctorum et prophetarum effuderunt, et sanguinem eis dedisti

Apoc. 15. 3,
19. 2.
7 bibere : digni sunt. Et audiui altare dicens :
Etiam, Domine Deus omnipotens, uera et iusta
iudicia tua.

8 Et quartus effudit fialam suam in solem, et
datum est illi aestu afficere homines et igni :
9 et aestuauerunt homines aestu magno, et blasphemauerunt nomen Dei habentis potestatem
super has plagas, neque egerunt paenitentiam
ut darent illi gloriam.

13. 2 ; 8. 12.
Ex. 10. 22.
Es. 8. 21, 22.
10 Et quintus effudit fialam suam super sedem
bestiae : et factum est regnum eius tenebrosum, et conmanducauerunt linguas suas prae
11 dolore : et blasphemauerunt Deum caeli prae
doloribus et uulneribus suis, et non egerunt
paenitentiam ex operibus suis.

---

² ac: et 𝔖ℭ   habent *cum* CFG : habebant ADV𝔖ℭ
characterem 𝔖ℭ   et eos CDFG : et in eos AV𝔖ℭ   adorauerunt
+ bestiam et 𝔖   ³ secundus + Angelus 𝔖ℭ   ⁴ tertius + Angelus 𝔖   ⁵ es *pr.* + Domine D𝔖ℭ   quia ADG : qui CFV𝔖ℭ
⁶ digni sunt *cum* CF : ut digni sunt AGV; digni enim sunt 𝔖ℭ ;
quia digni sunt morti D   ⁷ altare dicens FG, *cf.* alterum dicens
A : de altare (-ri D) dicentem CD, ab altari (-teri *) dicens V :
alterum dicentem 𝔖; alterum ab altari dicentem ℭ   ⁸ quartus
+ Angelus D𝔖ℭ   afficere: affligere DV𝔖ℭ   igne 𝔖   ¹⁰ quintus + Angelus D𝔖ℭ   commanducauerunt 𝔖ℭ

Et sextus effudit fialam suam in flumen 12
illud magnum Eufraten, et siccauit aquam
eius, ut praepararetur uia regibus ab ortu solis. Et uidi de ore draconis, et de ore bestiae, 13
et de ore pseudoprophetae, spiritus tres inmundos in modum ranarum : sunt enim spi- 14
ritus daemoniorum facientes signa, et procedunt ad reges totius terrae congregare illos in
proelium ad diem magnum Dei omnipotentis.
¹ Ecce uenio sicut fur. Beatus qui uigilat et 15
custodit uestimenta sua, ne nudus ambulet, et
uideant turpitudinem eius. Et congregauit 16
illos in locum qui uocatur Hebraice Herma-
gedon.

Et septimus effudit fialam suam in aerem, 17
et exiuit uox magna de templo a throno dicens : Factum est. Et facta sunt fulgura, et 18
uoces, et tonitrua, et terrae motus factus est
magnus, qualis numquam fuit ex quo homines
fuerunt super terram, talis terrae motus sic
magnus. Et facta est ciuitas magna in tres 19
partes : et ciuitates gentium ceciderunt : et
Babylon magna uenit in memoriam ante
Deum, dare ei calicem uini indignationis irae
eius. Et omnis insula fugit, et montes non 20
sunt inuenti. Et grando magna sicut talentum 21
descendit de caelo in homines : et blasphemauerunt homines Deum propter plagam
grandinis, quoniam magna facta est uehementer.

Et uenit unus de septem angelis, qui habe- **17**

Apoc. 9. 14.
Es. 11. 15,
44. 27.
Hier. 50. 38,
51. 32, 36.
Apoc. 12. 3,
13. 1, 19. 20.

19. 19.
Mt. 24. 24.

Apoc. 3. 3,
18.
1 Thess. 5. 2.
Apoc. 19. 19.
Iud. 5. 19.
2 Par. 35.
22—24.
Zach. 12. 11.
Apoc. 11. 15,
21. 6.

4. 5, 6. 12.

11. 8, 13, 14.
8, 10, 17. 18.

6. 14, 20. 11.

Ex. 9. 23.
Ios. 10. 11.

¹² sextus + Angelus D𝕾ℭ Euphraten 𝕾ℭ ¹³ pseudoprophetae + exire 𝕾 ¹⁴ praelium ℭ (*non* 𝕾) > omnip. Dei 𝕾ℭ
¹⁶ congregabit DG𝕾ℭ Armageddon 𝕾, Armagedon ℭ ¹⁷ septimus + Angelus D𝕾ℭ ¹⁹ ei : illi 𝕾ℭ ²¹ > Deum homines
𝕾ℭ magna facta : magnificata DG*

15. 1, 19. 2.
Es. 23. 15–17.
Hier. 51. 13.
Nah. 3. 4.

Apoc. 14. 8,
18. 3, 9.

12. 3, 13. 1.

18. 6, 12, 16.
Hier. 51. 7.

2 Thess. 2. 7.
Apoc. 14. 8.

18. 6, 18. 24.

13. 1, 2, 3, 12.

3. 5, 13. 8.

13. 18.

bant septem fialas, et locutus est mecum dicens : Ueni, ostendam tibi damnationem meretricis magnae, quae sedet super aquas mul-
2 tas, ¹ cum qua fornicati sunt reges terrae, et inebriati sunt qui inhabitant terram de uino
3 prostitutionis eius. Et abstulit me in desertum in spiritu. Et uidi mulierem sedentem super bestiam coccineam, plenam nominibus blasphemiae, habentem capita septem et cornua
4 decem. Et mulier erat circumdata purpura et coccino, et inaurata auro, et lapide pretioso et margaritis, habens poculum aureum in manu sua, plenum abominationum, et inmun-
5 ditia fornicationis eius : et in fronte eius nomen scriptum : Mysterium : Babylon magna, mater fornicationum, et abominationum terrae.
6 Et uidi mulierem ebriam de sanguine sanctorum, et de sanguine martyrum Iesu. Et miratus sum cum uidissem illam admiratione
7 magna. Et dixit mihi angelus : Quare miraris? Ego tibi dicam sacramentum mulieris, et bestiae quae portat eam, quae habet capita
8 septem, et cornua decem. Bestia quam uidisti, fuit et non est, et ascensura est de abysso, et in interitum ibit : et mirabuntur inhabitantes terram, quorum non sunt scripta nomina in libro uitae a constitutione mundi, uidentes
9 bestiam quia erat et non est. Et hic est sensus, qui habet sapientiam. Septem capita septem montes sunt super quos mulier sedet, et
10 reges septem sunt. Quinque ceciderunt, unus est, et alius nondum uenit : et cum uenerit,

---

17. ³ > in spiritu in desertum 𝔖ℭ ⁴ inaurato ℭ (1593, 1598) abominatione Fᶜ (-nem *) 𝔖ℭ inmunditiae Aᶜ, inmunditiarum D ⁷ > dicam tibi 𝔖ℭ ⁸ mirabantur AFGᶜ quia : quae DV𝔖ℭ

oportet illum breue tempus manere. Et be- 11
stia quae erat et non est, et ipsa octaua est : et
de septem est, et in interitum uadet. Et de- 12 18. 1.
cem cornua quae uidisti, decem reges sunt, qui
regnum nondum acceperunt, sed potestatem
tamquam reges una hora accipiunt post bestiam. Hi unum consilium habent, et uirtutem 13
et potestatem suam bestiae tradent. Hi cum 14 19. 14, 16.
Agno pugnabunt, et Agnus uincet illos : quo- 1 Tim. 6. 15.
niam Dominus dominorum est et Rex regum, Dt. 10. 17.
et qui cum illo sunt, uocati, electi, et fideles.
Et dixit mihi : Aquas quas uidisti ubi mere- 15 Es. 8. 7.
trix sedet, populi sunt, et gentes et linguae.
Et decem cornua quae uidisti, et bestiam : hi 16
odient fornicariam, et desolatam facient illam
et nudam, et carnes eius manducabunt, et ipsam igni concremabunt. Deus enim dedit in 17
corda eorum ut faciant quod est illi placitum :
ut dent regnum suum bestiae donec consummentur uerba Dei. Et mulier quam uidisti 18 Apoc. 11. 8,
est ciuitas magna, quae habet regnum super 16. 19, 18. 10.
reges terrae.

Et post haec uidi alium angelum descen- **18** 10. 1.
dentem de caelo, habentem potestatem ma- Ezec. 43. 2.
gnam : et terra inluminata est a gloria eius.
Et exclamauit in forti uoce dicens : Cecidit, 2 Apoc. 14. 8.
cecidit Babylon magna : et facta est habitatio Es. 13. 21.
daemoniorum, et custodia omnis spiritus in- 34. 14.
mundi, et custodia omnis uolucris inmundae: Hier. 50. 39,
quia de ira fornicationis eius biberunt omnes 3 51. 37.
gentes : et reges terrae cum illa fornicati sunt: Soph. 2. 14.
Es. 23. 17.
Hier. 25. 27.
Ezec. 27. 33.

---

11 uadit 𝔖ℭ 12 accipiunt AFG : accipient CDV𝔖ℭ 14 uocati
+ et DG𝔖 15 aquae D𝔖ℭ 16 et bestiam : in bestia 𝔖ℭ
igne 𝔖 17 > placitum est illi D𝔖ℭ 18. 2 forti uoce :
fortitudine 𝔖ℭ inmundae + et odibilis C𝔖ℭ 3 ira : uino
irae 𝔖ℭ

et mercatores terrae de uirtute deliciarum eius
diuites facti sunt.

Es. 48. 20,
52. 11.
Hier. 50. 8,
51. 6, 45.
2 Cor. 6. 17.
Gen. 18. 20,
21.
Hier. 51. 9.
Ps. 136 (7). 8.
Hier. 50. 29,
51. 49.

4 Et audiui aliam uocem de caelo, dicentem :
Exite de illa populus meus : ut ne participes
sitis delictorum eius, et de plagis eius non ac-
5 cipiatis. Quoniam peruenerunt peccata eius
usque ad caelum, et recordatus est Dominus
6 iniquitatum eius. Reddite illi sicut ipsa reddidit : et duplicate duplicia secundum opera
eius : in poculo quod miscuit, miscite illi du-

Es. 47. 7, 8.
Ezec. 28. 2-8.
Soph. 2. 15.

7 plum. Quantum glorificauit se, et in deliciis
fuit, tantum date illi tormentum et luctum.
Quia in corde suo dicit : Sedeo regina, et ui-

Es. 47. 9.
Apoc. 17. 6.

8 dua non sum, et luctum non uidebo : ideo in
una die uenient plagae eius, mors et luctus
et fames, et igni comburetur : quia fortis est

Es. 23. 17.
Ezec. 26. 16,
17, 27. 30, 35.

9 Deus qui iudicabit illam. Et flebunt et plangent se super illam reges terrae, qui cum illa
fornicati sunt, et in deliciis uixerunt, cum uide-

Es. 21. 9,
Hier. 51. 8.
Apoc. 14. 8.

10 rint fumum incendii eius : longe stantes propter timorem tormentorum eius, dicentes :
Uae, uae, ciuitas illa magna Babylon, ciuitas
illa fortis : quoniam una hora uenit iudicium

11-19
Ezec. 27. 12-
36.

11 tuum. Et negotiatores terrae flebunt et luge-
bunt super illam, quoniam merces eorum ne-
12 mo emet amplius : merces auri et argenti, et
lapidis pretiosi et margaritae, et byssi et pur-
purae, et serici, et cocci : et omne lignum thyi-
num, et omnia uasa eboris, et omnia uasa de
lapide pretioso, et aeramento, et ferro, et mar-
13 more : et cinnamomum et amomum et odora-
mentorum, et ungenti et turis, et uini et olei,

---

⁶ sicut + et A𝔖ℭ   reddidit + uobis V𝔖ℭ   quod : quo FG𝔖ℭ
miscuit + uobis 𝔖   miscete 𝔖ℭ   ⁸ igne 𝔖ℭ   ¹² merces CDF𝔖ℭ :
mercem AG, mercedem V   ¹³ et amomum *om.* ℭ   thuris ℭ
610

et similae et tritici, et iumentorum et ouium,
et equorum et redarum, et mancipiorum et
animarum hominum. Et poma tua desiderii 14
animae discessit a te, et omnia pinguia et clara
perierunt a te, et amplius illa iam non inuenient. Mercatores horum, qui diuites facti sunt 15
ab ea, longe stabunt propter timorem tormentorum eius, flentes ac lugentes, ¹ et dicentes : 16
Uae, uae, ciuitas illa magna, quae amicta erat
byssino, et purpura et cocco, et deaurata est
auro, et lapide pretioso et margaritis : quo- 17 Es. 23. 14.
niam una hora destitutae sunt tantae diuitiae.
Et omnis gubernator, et omnes qui in locum
nauigant, et nautae, et qui maria operantur,
longe steterunt, et clamauerunt uidentes locum 18
incendii eius, dicentes : Quae similis ciuitati
huic magnae ? Et miserunt puluerem super 19
capita sua, et clamauerunt flentes et lugentes,
dicentes : Uae, uae, ciuitas magna, in qua diuites facti sunt omnes qui habent naues in
mari de pretiis eius : quoniam una hora deso-
lata est. Exulta super eam, caelum, et sancti, 20 Dt. 32. 43.
et Apostoli, et prophetae : quoniam iudicauit   Hier. 51. 48.
Deus iudicium uestrum de illa.

Et sustulit unus angelus fortis lapidem 21 Hier. 51.
quasi molarem magnum, et misit in mare, di-   63, 64.
cens : Hoc impetu mittetur Babylon magna
illa ciuitas, et ultra iam non inuenietur. Et 22 Es. 24. 8.
uox citharoedorum, et musicorum, et tibia   Ezec. 26. 13.

---

¹³ rhedarum $C   ¹⁴ *om.* tua D$C   animae + tuae D$C
discesserunt V$C ; discendent D   clara ACG : praeclara DFV$C
¹⁵ *disting.* sunt, ab ea longe stabunt $C   ¹⁶ bysso DV$C   est :
erat D$C   ¹⁷ omnes : omnis CDF$C   locum : lacum $C
nauigat DF$C, nauigauit C   maria ACG : mari DF ; in mari
V$C   ¹⁹ dicentes *cum* FG$C : et dic. AV, dicentesque
C ; *om. plane* D   ciuitas + illa V$C   habebant $C   ²⁰ et
sec. om. CD$C   ²¹ > illa magna ciu. A, > ciu. illa magna $C

canentium, et tuba non audietur in te amplius:
et omnis artifex omnis artis non inuenietur in
te amplius : et uox molae non audietur in te

Hier. 7. 34, 23 amplius : et lux lucernae non lucebit tibi am-
16. 9, 25. 10,
33. 11.   plius : et uox sponsi et sponsae non audietur
Es. 47. 9.   adhuc in te : quia mercatores tui erant principes terrae, quia in ueneficiis tuis errauerunt

Hier. 51. 49. 24 omnes gentes. Et in ea sanguis prophetarum
Apoc. 16. 6,
17. 6.   et sanctorum inuentus est : et omnium qui in-
terfecti sunt in terra.

7. 10. **19**   Post haec audiui quasi uocem magnam turbarum multarum in caelo dicentium: Alleluia:

18. 20. 2 salus, et gloria, et uirtus Deo nostro est : quia
4 Reg. (2
Reg.) 9. 7.   uera et iusta iudicia sunt eius, qui iudicauit de
meretrice magna quae corrupit terram in pro-
stitutione sua, et uindicauit sanguinem seruo-

Apoc. 14. 11. 3 rum suorum de manibus eius. Et iterum
dixerunt : Alleluia : et fumus eius ascendit in

4. 4, 6, 10. 4 saecula saeculorum. Et ceciderunt seniores
uiginti quattuor, et quattuor animalia, et adorauerunt Deum sedentem super thronum, di-

Ps. 21. 24 5 centes : Amen : Alleluia. Et uox de throno
(22. 23), 134.
1.   exiuit, dicens : Laudem dicite Deo nostro,
omnes serui eius et qui timetis eum, pusilli et

Apoc. 1. 15, 6 magni. Et audiui quasi uocem turbae magnae,
4. 1, 6. 1.   et sicut uocem aquarum multarum, et sicut
uocem tonitruum magnorum, dicentium: Alle-

Eph. 5. 25   luia : quoniam regnauit Dominus Deus noster
32.
Apoc. 21.   7 omnipotens. Gaudeamus et exultemus, et de-
2, 9.
Ps. 44. 11-16   mus gloriam ei : quia uenerunt nuptiae Agni,
(45. 10-15).
Es. 61. 10.   8 et uxor eius praeparauit se. Et datum est illi

---

22 te *pr.* : ea CF   te *sec.* : ea CV (*def.* F)   te *tert.* : ea CFV
23 tibi : in te 𝔖ℭ   19. 1 *om.* magnam 𝔖ℭ   turbarum *cum*
FG𝔖ℭ : tubarum ACV ; aquarum D   salus CDFℭ : laus AGV𝔖
4 vigintiquattuor *uno uerbo* ℭ   6 turbae G𝔖ℭ : tubae *rell.*   toni-
truorum D𝔖ℭ

ut cooperiat se byssinum splendens, candidum.
Byssinum enim iustificationes sunt sanctorum.
Et dicit mihi : Scribe : Beati, qui ad caenam 9
nuptiarum Agni uocati sunt. Et dicit mihi :
Haec uerba uera Dei sunt. Et cecidi ante 10
pedes eius, ut adorarem eum. Et dicit mihi:
Uide ne feceris : conseruus tuus sum, et fra
trum tuorum habentium testimonium Iesu.
Deum adora : testimonium enim Iesu est
spiritus prophetiae.

Et uidi caelum apertum, et ecce equus al- 11
bus, et qui sedebat super eum uocabatur Fidelis, et Uerax uocatur, et cum iustitia iudicat et
pugnat. Oculi autem eius sicut flamma ignis,et 12
in capite eius diademata multa, habens nomen
scriptum, quod nemo nouit nisi ipse. Et ue- 13
stitus erat uestem aspersam sanguine : et uocatur nomen eius, Uerbum Dei. Et exercitus 14
qui sunt in caelo, sequebantur eum in equis
albis, uestiti byssinum album, mundum. Et 15
de ore ipsius procedit gladius acutus, ut in ipso
percutiat gentes : et ipse reget eos in uirga
ferrea : et ipse calcat torcular uini furoris irae
Dei omnipotentis. Et habet in uestimento et 16
in femore suo scriptum : Rex regum, et Dominus dominantium.

Et uidi unum angelum stantem in sole : et 17
clamauit uoce magna, dicens omnibus auibus
quae uolabant per medium caeli : Uenite, con-
gregamini ad caenam magnam Dei: ut mandu- 18

Lc. 14. 15.
Apoc. 21. 5.

22. 8. 9.
Act. 10. 25.
26.

Ioh. 1. 51.
Zach. 6. 3.
Es. 11. 3. 4.
Apoc. 6. 2.

1. 14.
Dan. 10. 6.

Es. 63. 2, 3.
Ioh. 1. 1.

Apoc. 3. 4.

1. 16, 2. 27,
14. 20.
Ps. 2. 9.
Es. 11. 4.
63. 3.

Apoc. 17. 14.

Hier. 12. 9.
Ezec. 39. 17
20.

---

⁸ byssino Cꓢℭ splendenti ꓢℭ ; *deinde* + et Dꓢℭ candidð
Cꓢℭ ⁹ dicit : dixit *bis* ℭ, *pr.* ꓢ > Dei uera Gꓢℭ ¹¹ *om.* uocatur Vꓢℭ ¹³ ueste aspersa CGꓢℭ uocabatur FVꓢ ¹⁴ byssino
Cꓢℭ albo Cꓢℭ ; *deinde* + et ꓢℭ mundo Cꓢℭ ¹⁵ ipsius :
eius ꓢℭ gladius + ex vtraque parte ꓢℭ eas Cꓢℭ ¹⁶ foemore
ꓢℭ ¹⁷ uenite + et ꓢℭ

<table>
<tr><td>Apoc. 6. 15.</td><td>cetis carnes regum, et carnes tribunorum, et carnes fortium, et carnes equorum et sedentium in ipsis, et carnes omnium liberorum ac seruorum, et pusillorum ac magnorum.</td></tr>
</table>

11. 7. 13. 1, 17. 14. 19 Et uidi bestiam, et reges terrae, et exercitus eorum congregatos ad faciendum proelium cum illo qui sedebat in equo, et cum exercitu

13. 11-17, 20. 20 eius.   Et adprehensa est bestia, et cum illo

Dan. 7. 10. 11. pseudopropheta, qui fecit signa coram ipso, quibus seduxit eos qui acceperunt caracterem bestiae, qui et adorant imaginem eius.   Uiui missi sunt hi duo in stagnum ignis ardentis sul-

21 phure.   Et ceteri occisi sunt in gladio sedentis super equum, qui procedit de ore ipsius : et omnes aues saturatae sunt carnibus eorum.

10. 1, 9. 1. **20**   Et uidi angelum descendentem de caelo, habentem clauem abyssi, et catenam magnam

Gen. 3. 1. 2 in manu sua.   Et adprehendit draconem, ser-
Iob. 1. 6.
Zach. 3. 1. pentem antiquum, qui est Diabolus et Satanas,
Apoc.12. 3, 9. 3 et ligauit eum per annos mille : et misit eum in abyssum, et clausit, et signauit super illum ut non seducat amplius gentes, donec consummentur mille anni : post haec oportet illum solui modico tempore.

Dan. 7. 9. 4   Et uidi sedes, et sederunt super eas, et iu-
Mt. 19. 28.
Lc. 22. 30. dicium datum est illis : et animas decollatorum
1 Cor. 6. 2, 3. propter testimonium Iesu, et propter uerbum Dei, et qui non adorauerunt bestiam, neque imaginem eius, nec acceperunt caracterem

Lc. 20. 35. eius in frontibus aut in manibus suis, et uixe-
1 Cor. 15. 23. runt et regnauerunt cum Christo mille annis.
1 Thess. 4.
16. 5 Ceteri mortuorum non uixerunt donec con-

---

18 ac: et *bis* 𝕾ℭ 19 praelium ℭ (*non* 𝕾) 20 illo : illa D,
ea 𝕾ℭ characterem 𝕾ℭ > et qui CD𝕾ℭ adorauerunt
CD𝕾ℭ 20. 3 anni + et V𝕾ℭ 4 characterem 𝕾ℭ

summentur mille anni. Haec est resurrectio
prima. Beatus et sanctus qui habet partem 6
in resurrectione prima : in his secunda mors
non habet potestatem : sed erunt sacerdotes
Dei et Christi, et regnabunt cum illo mille
annis.

Et cum consummati fuerint mille anni, sol- 7
uetur Satanas de carcere suo, ' et exibit, et se- 8
ducet gentes quae sunt super quattuor angulos terrae, Gog et Magog, et congregabit eos
in proelium, quorum numerus est sicut harena
maris. Et ascenderunt super latitudinem ter- 9
rae, et circumierunt castra sanctorum, et ciuitatem dilectam. Et descendit ignis a Deo de
caelo, et deuorauit eos : et diabolus qui sedu- 10
cebat eos missus est in stagnum ignis et sul-
phuris, ubi et bestia et pseudopropheta, et
cruciabuntur die ac nocte in saecula saeculorum.

Et uidi thronum magnum candidum, et se- 11
dentem super eum, a cuius conspectu fugit
terra et caelum, et locus non est inuentus ab
eis. Et uidi mortuos magnos et pusillos stantes 12
in conspectu throni, et libri aperti sunt : et
alius liber apertus est, qui est uitae : et iudi-
cati sunt mortui ex his quae scripta erant in
libris, secundum opera ipsorum. Et dedit 13
mare mortuos qui in eo erant : et mors et inferus dederunt mortuos qui in ipsis erant : et
iudicatum est de singulis secundum opera ipsorum. Et inferus, et mors missi sunt in 14
stagnum ignis : haec mors secunda est, sta-

Marginal references

2. 11, 21. 8.
5. 10.

Ezec. 38. 2,
39. 1.

Ezec. 38.
9, 16.
Hab. 1. 6.

Apoc. 14. 10,
16. 13, 19. 20.

4. 2.
6. 14, 21. 1.
2 Pet. 3. 10.
Mt. 16. 27,
25. 31.
Dan. 7. 10.
2 Cor. 5. 10.

1 Cor. 15. 26.

---

8 praelium ℭ   *Inc. u.* 8 Et ascend., 9 Et descendit, 10 et
pseudopr. ℭ   10 *om.* et *quint.* D𝔖ℭ   11 *om.* ab G𝔖ℭ
13 infernus D𝔖ℭ   mortuos + suos 𝔖ℭ   14 infernus DF𝔖ℭ
> est mors secunda 𝔖ℭ ; *deinde om.* stagnum ignis 𝔖ℭ

Apoc. 3. 5.
Mt. 13. 42,
50, 25. 41.
15 gnum ignis. Et qui non est inuentus in libro
uitae scriptus, missus est in stagnum ignis.

Es. 65. 17.
2 Pet. 3. 13.
21 Et uidi caelum nouum et terram nouam :
primum enim caelum et prima terra abiit, et

Apoc. 3. 12.
Es. 61. 10.
2 mare iam non est. Et ciuitatem sanctam Hierusalem nouam uidi descendentem de caelo
a Deo, paratam sicut sponsam ornatam uiro

Ezec. 37. 27.
2 Cor. 6. 16.
3 suo. Et audiui uocem magnam de throno dicentem : Ecce tabernaculum Dei cum hominibus, et habitabit cum eis : et ipsi populus eius
erunt, et ipse Deus cum eis erit eorum Deus:

Es. 35. 10.
Apoc. 7. 17.
4 et absterget Deus omnem lacrimam ab oculis
eorum : et mors ultra non erit, neque luctus,
neque clamor, neque dolor erit ultra, quia

2 Cor. 5. 17.
5 prima abierunt. Et dixit qui sedebat in
Es. 65. 17.
throno : Ecce noua facio omnia. Et dicit :
Scribe, quia haec uerba fidelissima sunt et uera.

Apoc. 1. 8,
22. 13.
Es. 55. 1.
6 ¹ Et dixit mihi : Factum est. Ego sum α et ω :
initium et finis. Ego sitienti dabo de fonte
2 Reg (2
Sam.) 7.
14, 24.
2 Cor. 6. 18.
7 aquae uiuae, gratis. Qui uicerit, possidebit
haec, et ero illi Deus, et ille erit mihi filius.
Apoc. 22. 15.
Rom. 1. 29-
32.
1 Tim. 1. 9-
11.
1 Cor. 6. 9,
10.
8 Timidis autem, et incredulis, et execratis, et
homicidis, et fornicatoribus, et ueneficis, et
idolatris, et omnibus mendacibus, pars illorum
erit in stagno ardenti igne et sulphure, quod
est mors secunda.

Apoc. 15. 1,
7, 17. 1, 19. 7.
9 Et uenit unus de septem angelis habentibus fialas plenas septem plagis nouissimis, et
locutus est mecum dicens : Ueni, ostendam
Ezec. 40. 2.
10 tibi sponsam, uxorem Agni. Et sustulit me
in spiritu in montem magnum et altum, et

---

¹⁵ > inuentus est 𝔖𝔠   21. ² Et + ego Iohannes V𝔖𝔠   > uidi
ciu. sanctam (sanctam ciu. 𝔖𝔠) Hierus. nouam V𝔖𝔠   *disting.*
de caelo, a Deo paratam 𝔖   ⁵ dicit : dixit F𝔖𝔠 : *deinde* + mihi
DFV𝔖𝔠   ⁶ uiuae : uitae D𝔖𝔠   ⁸ idololatris 𝔖𝔠   ⁹ ueni
+ et G𝔖𝔠

ostendit mihi ciuitatem sanctam Hierusalem
descendentem de caelo a Deo, habentem clari- 11
tatem Dei : lumen eius simile lapidi pretioso
tamquam lapidi iaspidis, sicut crystallum. Et 12 Ezec. 48. 31-
habebat murum magnum et altum, habens   34.
portas duodecim : et in portis angelos duodecim, et nomina scripta, quae sunt nomina duodecim tribuum filiorum Israhel. Ab oriente 13
portae tres : et ab aquilone portae tres : et ab
austro portae tres : et ab occasu portae tres.
Et murus ciuitatis habens fundamenta duode- 14
cim, et in ipsis duodecim nomina duodecim
Apostolorum Agni. Et qui loquebatur me- 15 Ezec. 40. 3-5.
cum, habebat mensuram harundineam auream,   Apoc. 11. 1.
ut metiretur ciuitatem, et portas eius et mu-
rum. Et ciuitas in quadro posita est, et longi- 16 Ezec. 43. 16;
tudo eius tanta est quanta et latitudo : et   48. 16, 17.
mensus est ciuitatem de harundine per sta-
dia duodecim milia : longitudo et latitudo et
altitudo eius aequalia sunt. Et mensus est 17
murus eius centum quadraginta quattuor cubi-
torum, mensura hominis, quae est angeli. Et 18
erat structura muri eius ex lapide iaspide : ipsa
uero ciuitas auro mundo simile uitro mundo.
Fundamenta muri ciuitatis omni lapide pre- 19 Es. 54. 11, 12.
tioso ornata. Fundamentum primum, iaspis :
secundus, saphirus: tertius, carcedonius: quartus, zmaragdus: quintus, sardonix: sextus, sar- 20

¹¹ Dei + et $ᴄ   ¹² habens : habentem $ᴄ   angelos *cum*
DG$ᴄ : angulos ACV ; *om.* et in por. ang. duod. F   inscripta
AG$ᴄ   ¹⁴ duodecim *tert. etiam* A (*perperam om. Tisch.*)
¹⁵ harundine + aurea $ᴄ   milia + et $ᴄ   > altitudo et latitudo
$ᴄ   ¹⁷ murus AFG : muros CDV ; murum $ᴄ   ¹⁸ aurum
mundum $ᴄ   ¹⁹ + Et *ad init.* $ᴄ   fudamenta *lapsu* $
¹⁹, ²⁰ secundus, tertius, *etc.* : secundum, tertium, *etc.* $ᴄ   sap-
phirus $ᴄ   carcedonius FGV (carcid.) : calcidonius AC, calced.
$ᴄ ; sardonicus D   smaragdus $ᴄ   sardonyx $ᴄ   sardius V$ᴄ

dinus : septimus, crysolitus : octauus, beryllus :
nonus, topazius : decimus, crysoprassus : un-
decimus, iacinthus : duodecimus, amethystus.

21 Et duodecim portae, duodecim margaritae sunt
per singulas : et singulae portae erant ex singulis
margaritis : et platea ciuitatis aurum mundum,

22 tamquam uitrum perlucidum. Et templum non
uidi in ea : Dominus enim Deus omnipotens tem-

Apoc. 22. 5. 23 plum illius est, et Agnus. Et ciuitas non eget
Es. 60. 19, 20.   sole neque luna, ut luceant in ea : nam claritas
Dei inluminauit eam, et lucerna eius est Agnus.

Es. 60. 3. 24 Et ambulabunt gentes per lumen eius : et reges
terrae adferent gloriam suam et honorem in

Es. 60. 11. 25 illam. Et portae eius non claudentur per
26 diem : nox enim non erit illic. Et adferent

Apoc. 22. 15. 27 gloriam et honorem gentium in illam. Nec
3. 5.   intrabit in ea aliquod coinquinatum, et faciens
abominationem et mendacium, nisi qui scripti

Ezec. 47. 1, 22 sunt in libro uitae Agni. Et ostendit mihi flu-
12.
Zach. 14. 8.   uium aquae uiuae, splendidum tamquam crystallum, procedentem de sede Dei et Agni.

Gen. 2. 9. 2 In medio plateae eius, et ex utraque parte flu-
minis lignum uitae, adferens fructus duode-
Zach. 14. 11.   cim, per menses singulos reddens fructum
Gen. 3. 17.
Mt. 5. 8.
1 Cor. 13. 12. 3 suum, et folia ligni ad sanitatem gentium. Et
1 Ioh. 3. 2.   omne maledictum non erit amplius : et sedes
Apoc. 3. 12,   Dei et Agni in illa erunt, et serui eius seruient
14. 1.
21. 25. 4 illi. Et uidebunt faciem eius : et nomen eius
Dan. 7. 18, 5 in frontibus eorum. Et nox ultra non erit :
27.

20 crysolitus V, et -lytus G, crisolitus AD : chrysolitus F, cryso-
lithus C, chrysolithus 𝕾ℭ   crysoprassus G, et A (chrysso.), cryso-
prasus C : chrysoprasus 𝕾ℭ ; chrysoliprassus (F)V   hyacinthus
𝕾ℭ   23 inluminabit DGV𝕾 (ill.)   24 in lumine V𝕾ℭ   27 nec :
non D𝕾ℭ   eam 𝕾ℭ   et pr. : aut 𝕾ℭ   > abom. faciens 𝕾ℭ
22. 1 uiuae ACF𝕾 : uitae DGVℭ   2 per menses singulos
reddens DV𝕾ℭ : per m. singula reddentia A*FG, per m. singulos
reddentes AᶜC (reddentia)   3 et sec. : sed 𝕾ℭ

et non egebunt lumine lucernae, neque lumine solis, quoniam Dominus Deus inluminat
illos, et regnabunt in saecula saeculorum.
Et dixit mihi : Haec uerba fidelissima et 6
uera sunt. Et Dominus Deus spirituum prophetarum misit angelum suum ostendere seruis suis quae oportet fieri cito. Et ecce uenio 7
uelociter. Beatus qui custodit uerba prophetiae libri huius.

Et ego Iohannes, qui audiui et uidi haec : et 8
postquam audissem et uidissem, cecidi ut adorarem ante pedes angeli qui mihi haec osten-
debat. Et dicit mihi : Uide ne feceris : con- 9
seruus tuus sum, et fratrum tuorum prophetarum, et eorum qui seruant uerba libri huius :
Deum adora.

Et dicit mihi : Ne signaueris uerba prophe- 10
tiae libri huius : tempus enim prope est. Qui 11
nocet, noceat adhuc : et qui in sordibus est,
sordescat adhuc : et iustus iustitiam faciat adhuc : et sanctus sanctificetur adhuc. Ecce 12
uenio cito, et merces mea mecum est, reddere
unicuique secundum opera sua. Ego a et ω, 13
primus et nouissimus, principium et finis.
Beati qui lauant stolas suas, ut sit potestas 14
eorum in ligno uitae, et portis intrent in ciuitatem. Foris canes et uenefici, et inpudici et 15
homicidae, et idolis seruientes, et omnis qui
amat et facit mendacium.
Ego Iesus misi angelum meum testificari 16

Apoc. 21. 5.
1 Cor. 14. 32.

Apoc. 3. 11.
1. 3.

19. 13.
Act. 10. 26.
Mt. 4. 13.

Apoc. 10. 4.
1. 3.
Dan. 12. 13.

Es. 40. 13,
62. 11.

Apoc. 1. 8,
17, 21. 6.

7. 14, 2. 7, 21.
27.
Gen. 2. 9.
Apoc. 21. 3.
1 Cor. 6 9,
10.
Gal. 5. 19–21.

Apoc. 1. 1.

---

5 inluminabit DF (-uit), illuminabit 𝔖ℭ   6 > sunt et uera
D𝔖ℭ   spirituum 𝔖ℭ, et -tum FGV, -tu D : omnipotens A :
homnipotens spiritus C   9 dixit D𝔖ℭ   conseruus + enim
𝔖ℭ   uerba + prophetiae 𝔖ℭ   11 iustus : qui iustus est 𝔖ℭ
iustitiam faciat : iustificetur 𝔖ℭ   13 ego + sum DV𝔖ℭ   14 suas
+ in sanguine agni D𝔖ℭ   portis : per portas DV𝔖ℭ

uobis haec in ecclesiis.   Ego sum radix et genus Dauid, stella splendida et matutina.

17 Et Spiritus et sponsa dicunt : Ueni.   Et qui audit, dicat : Ueni.   Et qui sitit, ueniat : qui uult, accipiat aquam uitae gratis.

18 Contestor ego omni audienti uerba prophetiae libri huius : Si quis adposuerit ad haec, adponet Deus super illum plagas scriptas in 19 libro isto.   Et si quis diminuerit de uerbis libri prophetiae huius, auferet Deus partem eius de ligno uitae, et de ciuitate sancta, et de his quae scripta sunt in libro isto.

20 Dicit qui testimonium perhibet istorum :
Etiam uenio cito: Amen.   Ueni Domine Iesu.
21 Gratia Domini nostri Iesu Christi cum omnibus.   Amen.

EXPLICIT APOCALYPSIS IOHANNIS APOSTOLI

---

17 ueniat + et 𝔖ℭ   18 ego : enim 𝔖ℭ   19 ligno ACG : libro FV𝔖ℭ ; libro uitae et de ligno D   21 omnibus + uobis FV𝔖ℭ   om. subscr. 𝔖ℭ